황극편皇極編 5

이 책은 2023년도 정부(교육부)의 재원으로
한국고전번역원의 지원을 받아 수행된 특수고전협동번역사업의 결과물임

황극편 皇極編 5

번역과 주해

김용흠·원재린·김정신 역주

혜안

책머리에

　조선후기 정치사는 흔히 당쟁사로 인식되었다. 조선왕조 국가의 멸망 원인으로서 지금까지도 당쟁망국론이 거론될 정도로 당쟁은 조선후기 정치사를 부정적으로 묘사하는 개념이 되었다. 16세기에 붕당이 형성된 이후 이를 기반으로 삼아서 전개된 정치적 대립과 갈등을 17세기 붕당정치, 18세기 탕평정치, 19세기 세도정치로 유형화하여 이해하는 시각이 제시되기도 하였지만 당쟁에 대한 부정적 인식이 크게 불식되지는 못하였다.

　조선후기 정치사에서 개인의 권력욕이나 사리사욕, 당리당략에 의한 모략과 음모 등이 난무한 것은 사실이지만 이것만으로 모든 정치적 갈등을 설명할 수는 없다. 여기에는 개인의 권력욕이나 당리당략을 합리화하는 논리와 이에 의거하여 기득권을 유지 고수하려는 세력만이 있었던 것이 아니라 민생을 안정시켜 국가를 유지 보존하려는 세력과 논리도 역시 존재하였다. 이들은 현실 정치 속에서 서로 대립 갈등할 수밖에 없었는데, 당론서에는 바로 이러한 배경 속에서 발생한 다양한 사건들과 갈등 당사자들의 현실인식, 사유형태 등이 풍부하게 담겨 있다. 당론서를 통해서 표출된 주장과 논리는 이처럼 정책과도 긴밀하게 연관되어 있었다.

　조선후기에는 당쟁이 격렬하였던 것만큼이나 각 당파의 정당성을 주장하는 수많은 당론서가 생산되고 필사를 통해 전파되었다. '당론서(黨論書)'란 17세기 이후 서인과 남인의 대립 갈등이 격화되는 가운데 생성되어, 이후 노론과 소론, 시파와 벽파의 갈등을 거치면서 각 정파의 행적과 논리의 정당성을 천명하기 위해 의도적으로 편찬된 자료를 지칭한다. 당론서는 국가의 공식 기록인 《조선왕조실록》이나 《승정원일기》와 같은 연대기, 또는 개인이나 문중에서 편찬하는 문집이나 전기류 등과는 구별되는 독특한 체제와 내용을 담고 있다.

여기에는 해당 시기 정계와 학계를 주도했던 인물들의 정치 행적뿐만 아니라 그들의 현실인식과 세계관, 이에 입각하여 정치적 과제를 설정하고 대처해 나가는 모습 등이 구체적으로 담겨있다. 이에 대해서 당대의 사회경제적 제반 조건과 관련지어 체계적이고 과학적으로 분석해야만 조선후기 정치적 갈등이 정책과 어떻게 관련되어 있는지를 드러낼 수 있을 것이다. 따라서 당론서는 조선후기 정치사를 과학적으로 인식하는 관건이 되는 자료라고 말할 수 있다.

조선후기 당론서는 현재 확인되는 것만도 그 규모가 방대하고 대부분이 한문 원자료 상태로 남아 있어 일반인의 접근이 어려운 것이 현실이다. 그리고 일부 번역된 것도 있지만 원문 번역에 그쳐서 일반인이 이해하기는 쉽지 않다는 문제가 있었다. 그리하여 관련 연구자가 전공 지식에 바탕을 두고 정밀한 역주를 통해서 친절하게 안내할 필요가 있다는 지적이 있어왔다.

본서의 번역에 참여한 세 사람의 전임연구원들은 모두 조선시대 정치사, 정치사상사 전공자들로서 다년간에 걸쳐서 당론서 번역 사업을 수행해왔다. 2006년에는 한국연구재단의 지원을 받아서 '당론서 3종 번역과 주석 및 표점 작업'을 진행하여 《갑을록(甲乙錄)》(소론), 《아아록(我我錄)》(노론), 《동소만록(桐巢漫錄)》(남인)을 번역하는 사업을 완료하고, 《동소만록》은 2017년에 간행하였다. 이어서 2013년과 2014년에는 '신규장각 자료구축사업'의 일환으로 서울대 규장각 한국학연구원의 지원을 받아 한국학자료총서로서 『사도세자의 죽음과 그 후의 기억-《현고기(玄皐記)》 번역(飜譯)과 주해(註解)』(2015), 『충역의 시비를 정하다-《정변록(定辨錄)》 역주』(2016)를 간행하였다. 이와 병행하여 2011년에는 한국역사연구회, 2016년에는 한국사상사학회 주관으로

학술대회를 통해서 연구 성과를 발표하기도 하였다. 또한 한국고전번역원의 '특수고전 정치사분야 협동번역사업'의 일환으로 2015년 《형감(衡鑑)》, 2016년 《족징록(足徵錄)》과 《진감(震鑑)》, 2017년 《유문변록(酉門辨錄)》과 《대백록(待百錄)》 등의 번역이 완료되었고, 2019년 《형감》(혜안)을, 2020년 《대백록》(혜안)을 각각 출간한 바 있다.

　현재 본 번역팀에서는 2018년부터 2단계 사업에 착수하여 대상서목 3종 가운데 《동남소사(東南小史)》와 《수문록(隨聞錄)》, 《황극편(皇極編)》의 번역과 주해 작업을 완료하였다. 그 중에서 《동남소사》와 《수문록 1》은 2020년 특수고전협동번역사업(정치사) 1차년도 우수성과 원고 출판지원을 받아 2021년 출간을 완료하였고, 《수문록 2》와 《황극편 1》은 2021년도 우수성과 원고 출판지원을 받아서 2022년에 출간되었으며, 《황극편 2》와 《황극편 3》은 2022년도 우수성과 원고 출판지원을 받아서 2023년에 출간하였다. 올해에는 2023년도 우수성과 원고 출판지원을 받아서 《황극편 4》와 《황극편 5》를 출간하게 되었다.

　《황극편(皇極編)》은 정조가 탕평책을 추진하는 과정에서 붕당으로 분열되어 있던 신료들을 설득하여 정치에서 타협과 공존을 모색하기 위해 편찬한 당론서이다. 그 궁극적인 목적은 국가의 유지 발전을 위한 정책 마련이라는 정치의 본령을 회복하려는 것에 있었으므로, 그 가장 큰 걸림돌이 되었던 붕당은 타파되어야 한다는 시각에서 이전의 당쟁을 정리한 당론서이다. 이를 통해서 독자들은 선조부터 영조대까지 진행된 조선후기 당쟁에 대해 당대인의 시각으로 정리한 가장 객관적인 내용을 살펴볼 수 있을 것이다.

　현존하는 《황극편(皇極編)》은 전체가 13권으로 구성되어 있는데, 본 팀은 전체를 5책으로 나누어 《황극편(皇極編)》 권1~3을 《황극편 1》로, 권4~6을 《황극편 2》로, 권7~9를 《황극편 3》으로 출간한 것에 이어서, 《황극편(皇極編)》 권10~11을 《황극편 4》로, 권12~13을 《황극편 5》로 출간하게 되었다.

　《황극편 1》에서는 사림(士林)이 동인과 서인으로, 그리고 동인이 남인과 북인으로, 다시 북인이 대북·소북, 골북·육북으로 분열되기에 이른 과정을 보여주었다면, 《황극편 2》에서는 서인과 남인의 대립에 초점을 맞추어서, 예송(禮訟)과 환국(換局) 등 17세기 약 100년에 이르는 기간에 걸쳐서 정치적 갈등이 격화되어 가는 과정과 이를 극복하기 위해 탕평론(蕩平論)이 등장한 것을 보여주었다. 이어서 《황극편 3》에서는 노론과 소론의 대립에 초점을 맞추어서 숙종대 후반과 경종 원년에 이르는 약 25년이라는, 상대적으로 짧은 기간에 걸쳐서 진행된 정치적 갈등이 왕위 계승과 관련되어 전개되고 있음을 볼 수 있다.

《황극편 4》에서는 노소갈등이 최고조에 달하면서 발생했던 신임옥사의 전개과정을 경종 2년으로부터 영조 즉위년까지에 걸쳐 집중적으로 다루고 있다. 《황극편 5》에서는 영조대 거의 전 시기를 아우르면서 탕평책이 추진되는 양상을 기록하였다. 1725년 을사환국에서 1727년 정미환국으로, 그리고 1729년 기유처분, 1740년의 경신처분과 1741년의 신유대훈 등으로 탕평책이 굴절되는 과정을 정리하였다.

본 사업을 진행하면서 많은 분들의 도움을 받았다. 한국고전번역원의 김언종 원장님, 전임 원장이신 신승운 선생님을 위시한 여러 임직원분들이 당론서의 사료 가치를 공유하고 적극적으로 지원하여 이 사업이 완수될 수 있었다. 《황극편》 역주본의 출간을 앞두고 진심으로 감사를 표하는 바이다.

또한 한국고전번역원 출범의 산파 역할을 했던 유기홍 국회의원의 적극적인 후원에도 감사드린다. 연세대학교 국학연구원의 김성보 원장님 이하 임직원 여러분들의 도움에도 감사드린다.

특히 《황극편》의 간본은 전국의 도서관에 산재되어 있는데, 본 연구팀이 이들 간본을 검토할 수 있도록 제공하는 호의를 베풀어주신 서울대 규장각한 국학연구원, 국립중앙도서관과 함께 전남대학교 중앙도서관 담당자에게도 감사의 마음을 전한다.

그리고 세 사람의 전임연구원과 함께 20년이 넘는 기간 같이 전공 세미나를

전개하며 물심양면으로 도움을 준 정호훈, 구만옥, 정두영 선생 등과도 출간의
기쁨을 함께 나누고 싶다. 당론서를 비롯한 국학 자료 출판에 애정을 갖고
더딘 번역 작업을 인내심을 갖고 기다려 주신 도서출판혜안 오일주 사장님과
난삽한 원고를 깔끔하게 정리해주신 김현숙, 김태규 선생께도 감사드린다.

2024년 2월

김 용 흠

차례

번 역

皇極編五　標點·校勘

《황극편 5》 해제

　《황극편 5》는 《황극편》 권12와 권13을 번역하고 주해한 책이다. 원래 계획은 《황극편 4》에 《황극편》 권10에서 권13까지를 모두 넣을 예정이었으나,[1] 번역 사업을 마치고 보니 분량이 방대하여, 권12와 권13은 《황극편 5》로 분리하여 출판하기로 결정하였다.

　《황극편》 권1~12는 영인본으로 출간된 서울대학교 규장각 한국학연구원 소장본(奎古 4250-34)을 저본(底本)으로 하고, 국립중앙도서관 소장 《어제(御製) 황극편》(한古朝56-나105)과 전남대학교 중앙도서관 소장 《황극편》(OC 2A5 황18ㅈ)을 대교본으로 삼았다. 본서의 마지막인 《황극편》 권13은 영인본에 누락된 간본으로, 국립중앙도서관 소장 《황극편》(古215-27-7)을 저본으로 하고, 서울대학교 규장각 한국학연구원 소장본(奎 4878)을 대교본으로 삼았다.[2]

　《황극편》 권12는 1725년(영조1)부터 1727년(영조3)까지의 정치적 사건들이 수록되어 있고, 권13에는 1728년(영조4)에서 1772년(영조48)까지를 포괄하고 있다. 권12와 권13 모두 '노소(老少)'를 제목으로 삼고 있어서, 두 당파가 탕평책 추진의 대상이자 주체임을 밝혔는데, 권13에는 '준탕(峻蕩)'이 부제로 달려 있다. 이것은 학계에서 밝힌 '준론 탕평'을 의미할 수도 있지만, 이전의 용례로 보아서 노·소론에 각기 존재했던 '준론(峻論)'과 '탕평파'를 지칭하는

---

[1] 김용흠·원재린·김정신 역주, 2022, 「《황극편(皇極編)》과 《황극편 1》 해제」, 《황극편 번역과 주해 1》, 혜안, 32쪽.

[2] 《황극편(皇極編)》 간본(刊本)에 대한 자세한 내용은 김용흠·원재린·김정신 역주, 2022, 「《황극편(皇極編)》과 《황극편 1》 해제」, 위 책, 29~32쪽을 참고할 수 있다.

것으로 이해하였다.

권12에서 1725년(영조1)은 정국주도 세력이 소론에서 노론으로 뒤바뀌는 과정을 봄과 겨울로 구분하여 수록하였다. 1724년 8월에 즉위한 이후로 영조는 민진원을 석방하고 노론을 등용하겠다는 의지를 표명하였으며, 김일경과 목호룡을 국문하여 처형하였으므로 노론의 소론에 대한 공세가 갈수록 격화되는 것은 피할 수 없는 일이 되었다.

1725년에 들어서 소론 측에서 헌납 윤진(尹晉)이 김일경 옥사를 철저하게 수사할 것을 청한 권성(權惺)의 관작을 삭탈할 것과 이희조의 신원을 청한 신집(申鏶)을 정배할 것을 청하였지만 영조가 들어주지 않았다. 또한 도사(都事) 유응환(柳應煥)이 백망(白望)의 초사에서 이름이 거론된 조태구·유봉휘 등을 모두 국문하라고 청한 노론 측 상소 역시 거부하였다.

그렇지만 이후 소론을 공격하는 노론 측 상소가 쇄도하였는데, 충주 유생 이덕창(李德昌)이 상소하여 숙종의 유교(遺敎)는 영원히 변치 않을 법이고, 경종의 처분은 소론의 강요에 따른 것에 불과하다고 주장하자 영조는 말이 "매우 합당하다."고 긍정하고, 이성조(李聖肇)가 상소하여 윤회(尹會)와 이광덕(李匡德)을 공격하고, 유배 간 노론 신하들의 석방을 청하자 "가상하다."고 받아들였다. 이어서 경종대 소론의 행적을 일일이 거론하면서, 이들을 처벌하고 고묘(告廟)하라고 주장한 허석(許錫)의 상소를 길게 인용해 두었는데, 영조는 한번의 상소로 조정 신료들을 무함하고 대신을 비방하였다고 비판하였다.

이와 함께 윤선거(尹宣擧)를 처벌하라고 청하는 상소 역시 쇄도하였다. 유학(幼學) 이진(李撍)과 충청도 유학 한세기(韓世基) 등이 상소하여 효종을 모함하고 욕보인 죄로 윤선거를 처벌하라고 청하였으며, 충주 유학 강조열(姜祖烈)은 김범갑(金范甲)·최탁(崔鐸) 등이 송시열을 비방한 죄를 지었다고 상소하였다. 경기도 생원 안택인(安宅仁) 등은 윤선거 부자의 관작을 복구하라고 청한 황욱(黃昱)이 송시열을 무함하였다고 배척하고, 권상하와 이희조 등의 복관을 청하였다. 이에 대해 소론 측에서는 스승 윤선거의 원통함을 변론하는 승지 이정걸(李廷傑)의 상소가 있을 뿐이었다.

이때 전 정언 임술(任述)은 시비(是非)를 조제(調劑)할 수 있냐고 묻고, 시비를 분명하게 밝혀서 호오(好惡)를 엄중히 보이라고 요구하자 영조는 피차가 모두 임금을 무함한다고 말하는 것은 성토하는 것이 아니라 도리어 무함하는 것이라고 비판하였다.

유학 우덕삼(禹德三)은 김일경이 세제 시절 영조를 해치려 한 것은 모두 유봉휘와 조태구의 말을 따른 것이라고 주장하고, 이사상(李師尙)과 윤서교(尹恕敎)의 말을 나열하면서 인륜의 큰 변고라고 공격하였으며, 이세최(李世最)는 김일경을 비호하였다고 비난하였다. 아울러 숙종의 병신처분을 부정한 최탁(崔鐸)을 국문하여 처형할 것을 청하니, 영조는 도로 내주고 명하였다.

이때 조지서 별제 방만규(方萬規)가 상소하여, 임인년(1722, 경종2) 옥사에서 이른바 '소급수(小急手)'는 은연중에 인원왕후(仁元王后)가 관여한 것처럼 보이게 한 것이라고 폭로하고, 소론 측에서 색출할 것을 요구한 '김씨 성의 궁인'에 대해 윤서교가 비유한 말은 음험하고 사특하다면서 이것은 소론의 무리가 그렇게 생각하기 때문에 나온 말이라고 공격하였다.

이에 대해 영조는 신하된 자가 거론할 말이 아니라고 하면서 방만규를 사판에서 삭제하라고 명하였지만 소론과 남인의 반발을 피할 수는 없었다. 좌참찬 강현(姜鋧)과 병조판서 심수현(沈壽賢) 등은 방만규를 국문하여 처형하라고 청하였고, 교리 이광보(李匡輔)는 방만규에 대해 역적을 비호한 죄를 다스려야 한다고 주장하였으며, 수찬 강박(姜樸)은 유응환과 방만규의 죄를 동시에 논핵하였다. 사간 윤회와 영의정 이광좌는 물론 성균관 유생 이복령(李復齡) 등도 상소하여 방만규가 음흉하고 사특하다고 논핵하였다. 이로 인해 방만규는 결국 친국을 받고 처형되었는데, 이에 대한 기록은 보이지 않는다.

그 대신 영조는 비망기를 내려 신임(申銋)을 석방하고, 김상옥(金相玉)·박성로(朴聖輅)·황일하(黃一夏) 등을 서용하였으며, 유명홍(兪命弘)을 대사간에, 윤봉조(尹鳳朝)를 이조참의에 임명하여 소론에서 노론으로 정국 주도세력을 교체하려는 의도를 분명히 드러냈다.

이로 인해 노론 측 공세는 가일층 격화되었다. 직강(直講) 안세갑(安世甲)은 김일경 상소에 연명한 6인을 국문해야 하며, 이진유(李眞儒) 등 김일경 일파를 처벌하지 않을 수 없다고 주장하였다. 또한 조태억이 종형인 조태채의 처벌에 동조한 일을 꼬집어 공격하였다. 김국려(金國蠣)는 유봉휘와 최탁의 죄상을 논하였는데, 영조는 이들 상소를 돌려주라고 명하여 받아들이지 않았다.

그렇지만 전 군수 김경연(金慶衍)이 특히 전조(銓曹)에 포진하고 있던 이조(李肇)·이세최(李世最)·심공(沈珙) 등을 모두 김일경 일파로 몰아서 내쫓으라고 요구한 것에 대해서 영조는 매우 공평함이 부족하다고 답하는 것으로 그쳤다. 이어서 민진원을 예조판서로 기용하는 등 노론 등용에 박차를 가하였다.

따라서 노론의 공세는 더욱 거세졌는데, 영조는 이것을 선택적으로 수용하고 있었다. 대사간 유명홍은 사문시비(斯文是非)에 대해 숙종의 본의가 아니었다고 한 사람들을 삭탈하라고 청하니, 영조가 그들의 명단을 써서 들이라고 명하였다. 그렇지만 이삼(李森)을 김일경의 심복이니 위리안치하라고 청한 것은 허용하지 않았다. 이어서 양사 합계로 좌의정 유봉휘를 탄핵하고, 영의정 이광좌와 우의정 조태억을 파직하라고 청한 것은 따르지 않았지만 이사상(李師尙)을 외딴 섬에 안치하라는 청은 받아들였다.

지평 이의천(李倚天)이 이이명이 지은 숙종 지문을 개찬하라고 청하였다가 문외 출송된 박장윤(朴長潤)을 처형하라고 청한 것은 따르지 않았지만 정언 김상석(金相奭)이 윤취상(尹就商)을 극변에 원찬하라고 청한 것은 따랐다.

이와 함께 서원에 노론 인사들을 다시 배향하라는 청이 쇄도하였다. 충주 유학 정언형(丁彦珩) 등은 송시열과 민정중을 제향한 누암서원(樓巖書院)의 향사(享祀)를 복설하라고 청하고, 양주 유학 이지항(李志沆) 등은 석실서원(石室書院)에 배향된 김수항(金壽恒) 부자에 대한 향사를 복설하게 할 것을 청하였으며, 전 현감 서행원(徐行遠) 등은 스승 이상(李翔)의 관작을 회복시켜 달라고 청하여 영조의 허락을 받았다. 이러한 흐름 위에서 전라도 유학 김택현(金宅賢)

등은 송시열과 권상하를 공격했던 황욱 등과 신치운(申致雲)·신경제(申慶濟) 등을 처벌하라고 청하였다.

그렇지만 정언 김상석이 심단(沈檀)을 삭출하고 신치운을 원찬하라고 청한 것이나, 장령 김담(金墰) 등이 이진망(李眞望)을 파직하라고 청한 것, 그리고 장령 이휘진(李彙晉)이 남태징(南泰徵)과 박찬신(朴纘新)을 유배 보내라고 청한 것 등은 따르지 않았다.

여기서 당시 새로 이조판서가 된 이의현(李宜顯)이 누군가에게 보낸 편지에서 "한강 물을 붉게 물들게 해야 한다."고 한 말을 베껴서 기록해 두었다. 또한 판의금 민진원이 임인년 옥사에서 자백하지 않은 죄인에게 노적(孥籍)의 법을 시행한 잘못을 지적하니, 영조가 따르고, 이후 정형(正刑)에 처하지 않은 자는 노적의 법을 추후에 시행하지 않는 것을 정식(定式)으로 삼게 하였다.

이러한 흐름 위에서 좌의정 정호(鄭澔)가 차자를 올려 노론 4대신의 관작을 복구하라고 요구하였으며, 신임옥사에서 사망한 이만성(李晚成) 등을 신원하고, 유배된 자들을 석방하라고 청하니 영조가 하교하여 모두 허락하였다.

이에 대사간 이교악(李喬岳)은 한세량(韓世良)을 추탈하라고 청하고, 진사 강주우(姜柱宇)와 심운희(沈運熙) 등은 윤지술(尹志述)의 신원을 청하였으며, 심지어 강주우는 사현사(四賢祠)에 배향하라고까지 주장하였는데, 영조는 한세량의 일은 다시 거론할 필요가 없다고 거부하고, 윤지술의 일을 "아직 윤허하지 않는 것은 나에게 다 생각이 있어서이다."고 답하였다. 우의정 민진원이 윤지술과 임창(任敞) 등을 포장(襃獎)하라고 청한 것에 대해서도 영조는 "너무 이르다."고 타일렀다. 승정원에서 숙종의 처분이 경종대 변경된 것을 복구할 것을 청한 것이나 한배하(韓配夏)에 대한 가자(加資)를 환수할 것을 청한 것은 거부하였다.

이에 교리 이기진(李箕鎭)이 상소하여 국청에서 역적에 대한 토죄가 느슨한 것을 비판하니 영조는 수괴 이외에는 불문에 부치겠다고 받아쳤다. 이어서 본서에서는 보기 드물게, 영조의 뜻이 화평과 관대함을 위주로 하였기 때문에 이기진의 상소가 나왔다고 짧은 논평을 덧붙였다.

지평 이의천(李倚天)이 임인년 옥사에 대해 그 옥안을 살펴서 소론 당인들을 처벌할 일을 조목조목 나열해 올리게 하라고 청한 것은 윤허하지 않았지만 장령 이휘진 등이 송시열을 '난역(亂逆)'으로 규정한 신경제를 먼 변방으로 유배 보내라고 청한 것은 따랐다. 그러나 경기·황해 유생 조덕기(趙德器) 등이 윤선거 서원을 훼철하고 윤증의 관작을 삭탈하며, 최탁·김범갑 등을 처벌하라고 주장한 것은 다시 제기할 가치가 없다고 무시하였다.

헌납 정택하(鄭宅河) 등이 이거원(李巨源)·이진수(李眞洙)·유시모(柳時模)·김시빈(金始鑌) 등을 유배보내기를 청한 것 역시 따르지 않았으며, 국청에서 서리(胥吏)와 하례(下隸)를 모두 잡아들이기를 청하자 핵심만 잡아들이라고 명하였다. 정언 이병태(李秉泰)가 4대신 처벌을 발론한 삼사의 신하들을 국문하고 이에 참여한 신하들을 모두 멀리 유배 보내라고 청한 것도 거부하였다.

그렇지만 영조는 비망기를 내려서 임인년 옥사가 소론이 목호룡을 사주하여 옥사를 조작하였다고 비판하면서도 자신이 심하게 다스리지 않는 것은 다 이유가 있다고 탕평책을 추진하겠다는 뜻을 암시하고 단지 시비를 밝히는 것은 인주(人主)의 소관이므로 반교문을 발표하게 하였다. 그런데 좌의정 정호는 역적 토벌이 먼저라고 주장하면서, 오히려 너무 이른 처사라고 반대하고, 경종에게 질병이 있었다는 것을 고묘문(告廟文)에 명시해야 한다고 주장하여, 이를 두고 논란이 일어났다. 좌의정 정호와 우의정 민진후 등이 집요하게 요구하자 영조는 경종이 "병이 있었다.[有疾]"고 할 필요는 없고, "편찮았다.[違豫]"라고만 하자고 물러섰다.

이에 대해 정석삼(鄭錫三)·송인명(宋寅明)·서명균(徐命均) 등은 상소하여 반대하였는데, 여기서는 정석삼의 상소문을 비교적 길게 인용하였다. 이에 영조는 정석삼을 삭출하라고 명하였는데, 노론 언관들이 그를 위리안치하라고 청한 것은 들어주지 않았다.

 이 시기에 충청도 진사 안후석(安后奭) 등이 송규렴(宋奎濂)을 제향한 사액서원의 복설을 청하고, 민진원이 조성복에 대한 포증을 청한 것과 전라도 유생 이세추(李世樞) 등이 이경여(李敬輿) 부자의 서원 향사를 복구하기를 청한 것, 그리고 경기도 유학 윤래성(尹來成) 등이 4대신의 사우(祠宇)를 세우라고 청하고, 이희조(李喜朝)를 제사할 서원을 건립하자고 청한 것 등은 모두 따랐다.

 1725년 겨울에는 이제 노론이 조정의 요직을 거의 장악한 상태에서 유봉휘·이광좌·조태억·조태구·최석항에 대한 탄핵이 본격화되어, 마침내 정청(庭請)을 하기에 이르렀지만 영조는 따르지 않았다. 여기에 경기·충청·강원 3도의 유생을 대표하여 백시청(白時淸) 등이 상소로 가세하였다.

 1726년(영조2)에는 장령 임징하(任徵夏) 상소에 대한 논란을 수록하였다. 그 상소에서 임징하는 경종대 정치가 어지러웠고, 이를 담당한 조태구와 유봉휘의 무리는 역적이라고 주장하였다. 이에 대해 영조가 문제의 두 구절을 꼬집어서 적합한 말인지 모르겠다고 말하자 임징하가 변명하였다. 정언 홍봉조가 처치하여 출사를 청하자 영조가 특명으로 체차하였다.

 임징하 상소에 대한 반발이 소론과 남인 사이에서 거세게 일어났다. 전주부 권부(權扶)가 상소하여 선왕인 경종을 방자하게 욕하였으니 처벌하라고 청하자 영조는 자신의 의중을 떠보려 했다면서 권부를 극변에 원찬하였다. 그런데 남인 측에서 이선행(李善行)·오광운(吳光運)·강박(姜樸) 등이 연명으로 상소하고, 소론 측에서 유학(幼學) 이순흠(李舜欽) 등이 상소하여 임징하의 처벌을 청하자 영조는 비망기를 내려서 상소의 의도가 임징하에게만 있는 것이 아니라고 하면서 이선행과 이순흠, 임징하를 먼 지역으로 유배보냈다.

 임징하 상소에 대해서는 용강 현령 조현명(趙顯命)이 이를 조목조목 비판하는 상소문을 길게 인용해 두었으며, 이에 대한 정언 민응수(閔應洙)의 반박 상소 역시 길게 인용하였는데, 조현명 상소의 분량이 더 많다. 그 사이에 좌의정 민진원과 노론이 장악한 홍문관 및 집의 이단장, 좌의정 이관명(李觀命)

등이 임징하의 처벌을 항의했지만 영조는 들어주지 않았다. 또한 조현명을 극변에 원찬하라는 정언 윤섭(尹涉)의 주장 역시 수용하지 않았다.

1727년(영조3)은 정국주도 세력이 다시 노론에서 소론으로 바뀐 해였는데, 여기서는 봄과 여름으로만 구분하여 기록하였다. 먼저 노론의 소론에 대한 공격이 갈수록 격화되고 있는 양상을 보였다. 경기도 유학 이영조(李永祚) 등이 상소하여 임인옥사에 연루되어 사망한 이만성(李晩成) 등을 4대신의 서원에 배향해달라고 청하였지만 영조는 거절하였다. 이어 예조참의 김조택(金祖澤)이 상소하여 좌의정 홍치중(洪致中)과 우의정 조도빈(趙道彬)이 소론 처벌을 등한히 한다고 욕하자 영조가 삭출하고, 이것을 승지 홍용조(洪龍祚)가 왕명을 작환(繳還)하자 추고하라 하였다.

삼사에서는 합계하여 이광좌와 조태억에 대한 처벌을 강화하고, 조태구와 최석항을 노적(孥籍)할 것을 청하였으며, 교리 조명택이 유봉휘에게 노적의 형전을 시행하라고 청한 것을 영조는 모두 거부하였으며, 양사에서 숙종 묘정에 배향된 남구만(南九萬)·윤지완(尹趾完)·최석정(崔錫鼎)을 출향하라고 청하니, 참으로 한심하다고 비판하였다.

이어서 김일경 상소에 연명한 이른바 '소하(疏下) 5적'에 대한 논란을 상세히 기록하였다. 논란이 된 것은 처벌의 범위와 강도에 있었다. 영조는 삼사에서 '소하 5적' 가운데 이진유와 박필몽을 먼저 처형하라고 주장한 것은 옳지 않다고 말하면서도 이들을 한꺼번에 처벌하는 것도 반대하였으며, 또 이진유에게 차율을 적용하여야 한다고 모순된 발언을 하여, 이에 반대하는 노론 중신들과 낯을 붉히며 논란을 벌였다.

결국 이러한 논란이 여름에도 이어지면서 영조는 노론 신하들이 군부를 농락하고 있다고 화를 내면서 삼사를 모두 삭출하라 하였다. 이를 기록하던 기사관 우세준(禹世準)이 눈물을 흘리다가 삭판되는 장면을 그대로 기록하였다. 이어서 하교와 비망기를 연이어 내려서 노론을 몰아내고 소론을 등용하였으니, 이것이 정미환국(丁未換局)이었다. 영조는 이러한 조치의 불가피성을 밝히는 비망기에서 노론의 당파적 행태를 비판하고 송인명의 '탕평(蕩平)' 주장에 깨달은 것이 있어서 행한 것이라고 피력하였다.

이어서 승지 송인명의 발언과 영조의 답변을 길게 수록하였다. 송인명은 선조대 붕당으로 분열되었지만 인조반정 이후 보합하여 100년의 태평성세를 누렸고, 숙종대 당론이 나뉘어 번복이 무상하였지만 방자하거나 원망하지는 않았다고 보았다. 그런데 경종대 다른 당색을 처벌하여 원망이 골수에 사무쳤으며, 영조가 즉위한 이후에도 이러한 경향을 억제하지 못하였다고 비판하였다. 송인명은 '죽인다.[殺]'는 한 글자는 입 밖으로 내지 않겠다고 맹세하면서 파붕당(破朋黨)의 당위성을 천명하고, 마지막으로 남인들을 등용해야 한다고 역설하였다. 이에 영조는 1727년 노론이 정청한 일을 비판하여, 정미환국의 계기가 되었음을 암시하였다.

이때 노론 측에서는 경기감사 유숭(兪崇)이 상소하여 환국을 비판하였다가 삭출되었다. 그 대신 새롭게 임명된 영의정 이광좌와 좌의정 조태억을 부르는 기사를 이어서 배치하였다. 이때 이조참의 조문명(趙文命)은 상소하여 '파붕당'을 삼자부(三字符)로 삼아서 영조의 탕평책에 신명을 바치겠다고 맹세하였다.

이어서 소론 가운데 처벌받은 사람들을 풀어주고 서용하라는 비망기를 연이어 내렸는데, 특히 유봉휘의 복관도 명하였다. 이에 대해 노론 측에서 사복시정(司僕寺正) 이응(李膺)이 상소하여 비판하였다가 파직당했다.

또한 영조가 승지 송인명 등과 대화한 내용을 상세히 수록하였다. 송인명이 임징하와 함께 윤서교는 풀어줄 수 없다고 말하니 영조가 공평한 말이라고 칭찬하였다. 그리고 1721년 이후 정치적 혼란은 모두 사문시비에서 비롯되었다고 하면서 특별히 정호를 파직하였다. 이때 송인명이 노론과 소론의 습속 차이를 비교하면서 노론은 당론에 강하지만 소론은 그렇지 않다고 주장한 말을 기록한 것이 흥미롭다. 그리고 이정응이 임징하를 절도에 위리안치하라고 청하고, 이진유에게 차율을 시행하라는 명을 환수하라고 청하니 따랐다.

송인명은 이때 이정응이 김일경의 이름을 모두 갖추어 호명하였다고 비판하니 영조가 또 공평무사하다고 칭찬하였다. 이어서 송인명이 조태구를 구원하자 영조는 조태구와 최석항에게 직첩을 돌려주게 하였지만, 최석항이 조제(調劑)할 수 있는 역량이 있는데도 많은 잘못을 저질렀다고 아쉬움을 표출하였다.

영조가 또 비망기를 내려서 정호를 삭출하였다고 기록하고, 이어서 그동안 유배되었다가 석방된 문무 관료들의 명단을 나열하였다. 그 뒤에 영조의 긴 비망기를 또한 수록하였는데, 여러 가지 측면에서 주목할 만하다. 첫째는 탕평책이 숙종대 이래의 가법(家法)이라고 천명하고, 그 핵심이 파붕당에 있다는 것을 분명히 한 점이다. 둘째는 소론이 병신처분을 수정한 것이나 1725년 이후 소론을 내친 일을 모두 탕평의 도리를 넓히기 위한 것이라고 주장한 점이다. 셋째로 노론이 세제 책봉에 공이 있다고 내세우는 것을 비판하고, 이것을 비판한 소론을 공격한 것은 "임금을 붕당의 수괴로 삼은" 것이라고 반박한 점이다. 넷째로, 이광좌·조태억을 역적이 아니라고 밝히면서도 김일경 소하에 연명한 5인은 엄히 다스리지 않을 수 없다고 명시한 점이다. 다섯째로, 이와 대조적으로 민진원·정호·이관명 등이 당습만 일삼았다고 밝히고, 유봉휘 등을 처벌하라고 정청한 일, 숙종 묘정에 배향한 남구만 등을 출향하라는 주장, 무관과 음관까지 처벌한 일 등을 나열하면서 이것은 "임금을 농락"한 것이라고 비난하고, 이 때문에 대경장(大更張)이 불가피하였다고 정미환국을 정당화 한 점이다.

이것은 영조가 국정 운영 기조로서 탕평책을 명백하게 천명한 비망기였는데, 소론과 남인은 여기에 적극 호응하였지만 노론은 강력하게 반발하였다. 소론 측에서는 승지 김동필, 지평 조현명 등이 영조 탕평책을 적극 협찬하겠다고 표명하였다. 특히 조현명은 12개 조항의 상소 가운데 파붕당 조목을 설정하고, 경종대 신임옥사에서의 소론과 을사환국 당시의 노론을 모두 비판하면서 정미환국 당시 영조가 똑같은 잘못을 반복하고 있다고 비판하였다.

따라서 노론에 대한 처벌은 핵심 주모자로 제한해야 하며 그 밖의 무고한 사람들은 수용해야 하고, 소론 가운데서도 김일경의 사주를 받고 선류(善類)를 배척한 자들에 대해서는 시비를 분명히 가려야 하며, 기사 남인들은 분별하여 등용해야 한다고 주장하였다. 조현명은 박세채(朴世采)의 탕평론을 거론하면서 이러한 주장을 정당화하였다. 마지막으로 정호를 처벌하는 비망기에서 "모질고 강퍅하다.[狠愎]"는 표현을 꼬집어 비판하니, 영조가 즉각 "각박함에 힘썼다.[務刻]"는 표현으로 수정하겠다고 수용하였다.

남인 측에서는 지평 오광운(吳光運)이 상소하여 임징하의 상소를 비판하는 것으로 탕평책에 호응하니, 영조는 내용은 진부하지만 대의는 옳다고 답하였다.

그런데 노론 측에서는 반발하였다. 호조참의 이병태(李秉泰), 전 정랑 이흡(李潝), 성균관 유생 한덕옥(韓德玉), 병조참지 조명봉(趙鳴鳳), 형조참판 김상옥(金相玉), 개성유수 조영복(趙榮福), 판윤 권업(權僕), 검열 윤득화(尹得和), 예조판서 김유경(金有慶), 장령 김호(金滈) 등이 상소하여 탕평을 핑계로 충역을 혼동하였다고 비판하였다가 처벌받거나 체직되었다.

권13은 1728년(영조4)부터 1772년(영조48)까지 영조 탕평책 관련 주요 사건을 간략하게 기록하였다. 1728년에는 정미환국에도 불구하고 소론 강경파와 남인 일부가 일으킨 무신란(戊申亂)에 대해 본서의 일반적인 서술 방식과는 달리 사건 개요를 직접 설명하는 방식으로 서술하였다.

특히 소론 탕평파가 김일경의 당과는 입장을 달리하여 영조 또한 신임하였고, 이들이 반란을 평정하였는데도 노론 측에서는 이들이 역적과 당을 맺었다고 의심하며 고집하였다고 기록해 두었다. 그리고 대사간 송인명이 무신란은 김일경의 교문에 근원이 있다고 하면서 김일경을 대역(大逆)으로 감단(勘斷)하여 집을 허물고 못을 파는 일 등을 거행하라고 청하자 영조가 따랐다는 기록을 첨부하였다.

1729년(영조5) 사건은 여름과 가을로 구분하여 기록하였다. 여름에는 이석효(李錫孝) 옥사를 계기로 영조가 탕평이 실효가 없다고 자책하고 영의정 홍치중(洪致中)과 영부사 이광좌가 나오지 않는 것을 개탄하는 기사를 실었다.

이어서 부수찬 이양신(李亮臣)이 영의정 이광좌의 12가지 죄를 나열한 상소문과 이것을 반박하는 이광좌의 상소문 및 이것을 다시 반박하는 정언 오원(吳瑗)의 상소문을 길게 인용하였다. 이양신의 상소에 대해 국문해야 하는지를 물으니, 이종성(李宗城)과 김상성(金尙星) 모두 국문은 불가하다고 말하자 변방에 유배 보내는 것으로 종결하고, 오원의 상소에 대해서는 이광좌에 대해 터무니없는 말을 날조하였다고 질책하고 삭직하였다.

당시 소론 측에서는 노론 4대신을 등급을 나누어 처벌할 일을 논의하였는데, 오원이 이것을 비판하였으므로, 당사자인 이조참판 송인명이 상소하여 그것이 고심의 산물이라고 변명하고, '주상의 뜻에 영합하려 한다.'는 비판에 대해서는 그것이 당을 위해 죽는 습속보다는 낫다고 주장하였다.

다음으로 영조와 소론 당인들이 모여서 토론한 내용은 주목할 만하다. 이때 좌의정 이태좌(李台佐)는 정재륜(鄭載崙)의 말을 인용하여 인조대 이래 당론의 추이를 정리하였다. 영조는 이광좌의 고집을 당론으로 간주하고, 이조판서 조현명의 인사가 노론이 나올 수 있는 방도를 취하지 않는다고 비판하면서, 소론이 마음을 연다면 자신도 마음을 열 것이라고 말하였다. 이것은 결국 노론 4대신을 등급을 나누어 처벌하는 것을 가리키는 것으로서, 이에 대해서는 소론 내부에서도 의견이 분분하였다.

이에 영조는 1728년 무신란 이후 노론·소론·남인에서 모두 역적이 나왔다고 하면서, 건저와 대리청정을 주장한 것은 당론이 아니라고 주장하였다. 결론적으로 세제의 대리청정을 청한 연명 차자는 반역이 아니며, 김창집과 이이명은 그 자손의 이름이 임인년 옥사에서 거론되었으니 관작은 추탈하고, 이건명과 조태채는 복관시키되 서원을 세우고 시호를 내리는 일은 허용하지 말자고 제안하였다. 이것은 노론 4대신을 등급을 나누어서 처벌하여 노론에게 출사의 명분을 제공하려는 시도였다.

이에 대해 윤순(尹淳) 등은 연명 차자 자체가 문제가 아니라 당시 노론 당인들이 정청과 연차를 반복하여 경종에 대해 불순한 마음이 드러난 것이 문제라고 지적하자 영조는 그것은 잘못이지만 그 죄를 논한다면 삭탈에 불과하다고 반박하였다.

가을에는 소론 측에서 상소하여 노론 측 상소를 반박하였다. 경상감사 박문수(朴文秀)는 이양신(李亮臣)이 당파를 단위로 충역을 가려서 살육하려 든다고 반박하였고, 부수찬 김상성(金尙星)은 노론이 기세등등해진 것은 대방(大防)이 해이해진 결과에 불과하다고 하면서 건극(建極)에 더욱 힘쓰라고 요청하였다.

노론 측에서 지평 유최기(兪最基)와 헌납 조명익(趙明翼)은 이이명과 김창집을 신원해 달라고 상소하고, 영의정 홍치중은 노론 4대신을 사사하고, 관작을 추탈한 것은 연명 차자 때문이었는데, 이제 그것이 잘못이 아니라고 선언하고도 죄를 자복하지 않은 아들과 손자 때문에 추후에 벌하는 것을 합당한 법률이 아니라고 주장하니, 영조는 만약 4대신 모두를 신설한다면 노론은 통쾌하겠지만 소론은 따르지 않을 것이라고 설득하였다.

소론 측에서는 이광좌와 조현명이 서로 입장을 달리하였다. 이광좌는 조태채의 관작을 복구할 수 없으며, 4대신 모두 관작을 추탈해야 한다고 주장한 것에 비해 조현명은 갈등을 완화할 방도를 생각해야 한다고 주장하면서 영조 면전에서 논란을 벌였다.

노론 측에서도 분등론을 비판하는 상소가 쇄도하였다. 대사간 홍경보(洪景輔)는 굽은 것을 고치려다가 너무 곧게 만들었다고 비판하였고, 대사헌 조상경(趙尙絅)은 연명 차자의 의리를 펼치려면 4대신을 모두 신설해야 한다고 주장하였다. 정언 민형수(閔亨洙)는 백성들이 경종의 질병 여부를 알지 못하는 틈을 타서 역적 심유현(沈維賢)이 반란을 일으켜 의거(義擧)라 하고, 이천해(李天海)의 흉언이 나왔는데, 영조가 관대히 용서하려고 하다 보니 흉도들이 기세를 올린다고 비판하였다. 이에 대해 윤순(尹淳)은 조태구와 최석항이 있는 힘을 다해 조제(調劑)하지 않았다면 그 화가 말할 수 없을 정도였을 것이라고 옹호하면서, 이들을 공격하는 노론을 등용하지 말라고 청하였다.

1730년(영조6)은 봄, 가을, 겨울로 구분하여 서술하였다. 봄에는 영조가 이광좌와 민진원의 손을 잡고 서로 협력하여 국정운영에 참여해 주기를 부탁하였지만 실패하는, 유명한 장면을 길게 기록하였다.

가을에는 기유처분(己酉處分, 1729)을 비판하는 노론 측 상소문 세 편을 수록하였다. 정언 박필균(朴弼均)은 이이명과 김창집에게 연차(聯箚)가 아닌 '별건(別件)의 죄목', 즉 임인년 옥사에 자손들이 관련되었다는 사실을 들어서 관작을 추탈한 채로 둔 것은 슬픈 일이라고 말하였다. 부교리 한현모(韓顯謩)는 노론 4대신을 억지로 둘로 나누어 처벌한 것은 황극(皇極)을 세우는 법이 아니라고 비판하였다. 이어서 대사간 김치후(金致垕)의 상소문을 길게 인용하였다.

그 상소에서 김치후는 대의리(大義理)를 내세우고, 소론에서 영조를 무함한 것이 여러 차례였다고 하면서 목호룡·김일경·이천해 등과 심유현 등 무신란 관련자들의 이름을 나열하였다. 이러한 임금의 무함을 변별하는 것[辨聖誣]은 당론이 아니라면서, 국가를 위한 계책은 이러한 사람들을 뿌리까지 제거하는 일인데, 말단만 제거하고 근원을 남겨 두었다고 비판하였다. 탕평책을 시행하였는데 무당무편(無黨無偏)의 아름다움은 볼 수 없고, 단지 역당(逆黨)만 거듭 나왔다고 비난하였다.

겨울에도 이러한 노론의 비판은 계속되었다. 지평 정익하(鄭益河)는 이명언(李明彦)과 권익관(權益寬)이 역적이 아니라고 말한 것을 비판하고, 영조 즉위 초에 박필몽을 죽이지 않아서 무신란이 일어났고, 무신년에 정사효(鄭思孝)를 죽이지 않아서 오늘날의 재앙을 초래했다고 주장하였다. 이어서 이명언의 아들인 이하택(李夏宅)이 반역에 가담한 것 역시 의심할 나위가 없다고 주장하였다.

지평 최명상(崔命相)은 국청(鞫廳)에서 소론 오명신(吳命新)과 남인 채성윤(蔡成胤)·채응만(蔡膺萬) 부자(父子)를 수사하지 않는다고 비판하였다가 영조로부터 구습을 그대로 따른다는 질책을 받았다.

1732년(영조8)에는 여름에 나온 대사간 유복명(柳復明)의 상소 한 편만 실려 있는데, 경종의 행록(行錄)에 박상검 옥사를 신지 않은 것을 비판하는 내용이었다. 이어서 김창집과 이이명을 신원하고, 유봉휘의 관작을 추탈하라고 주장하였는데, 영조는 상소를 돌려주라고 명하였다.

1735년(영조11)에는 봄에 나온 지중추부사 신사철(申思喆)의 상소문을 수록하였다. 이 상소에서 신사철은 기유처분을 비판하고, 또 이이명과 김창집을 나누어서 이이명만을 신원하려는 영조의 의중을 간파하고 김창집의 죄목이 때에 따라 바뀌었다고 지적하였다.

1736년(영조12)에는 남인인 교리 김성탁(金聖鐸)의 상소와 노론 윤급(尹汲)의 상소에 대한 논란을 기록하였다. 김성탁은 이현일(李玄逸)의 억울함을 호소하였다가 유배되었는데, 그 상소 내용에 대해 노론 측에서는 진사 이덕신(李德臣)이 상소하여 이현일이 역적임을 알고도 비호하였으니, 김성탁은 역적이므로 사형에 처해야 하는데, 유배 보낸 것은 겉으로는 공평하다는 명분을 취하면서 속으로는 사악한 뜻을 부린 것이라고 비난하였다.

이에 대해 조현명이 상소하여 이현일을 역률로 처단한 적이 없는데 김성탁을 역적을 비호하였다고 처벌하는 것은 지나치다고 반박하였다. 이때 조현명은 조정의 명론(名論)이 너무나 지나쳐서 공평함을 잃었다고 비판하면서 당시 사대부의 규모와 기상이 문제라고 지적하였다. 이에 좌의정 김재로(金在魯)가 상소하여 이현일에 대해 형벌을 잘못 시행하였다 하여 김성탁이 역적을 비호한 죄를 면할 수는 없다고 다시 반박하였다.

윤급은 상소하여 김창집과 이이명의 복관을 청하면서 이들을 처벌한 것은 "대리청정을 원수로 여긴[讎代理]" 것과 같다고 하였는데, 여기서는 윤급의 상소문은 신지 않고, 이에 대해 소론 측에서 비판한 상소문만을 수록하였다. 부교리 조영국(趙榮國)은 이것이 소론에 화를 전가시키려는 계책이라고 비난하였다. 우참찬 윤혜교(尹惠敎) 등 소론 중신들이 연명한 상소에서는, 김창집과 이이명의 죄는 전후로 세 번이나 태도를 바꾸어서 더 이상 신하로서의 절개가 없다고 여겼기 때문이지 대리청정 그 자체를 반대한 것은 아니었다고 주장하면서, 윤급을 처벌하라고 청하였고, 봉조하 이광좌 역시 동일한 내용으로 상소하면서, 윤급이 군신(君臣) 사이를 이간질하려 하니 통탄스럽다고 하였다.

끝으로 조현명의 상소를 수록하였다. 조현명은 이 상소에서 숙종대 노론 정승 이여(李畬)도 이현일을 석방하라고 청하였고, 영조 즉위년에 나학천도 이것을 호소하여 칭찬받고 등용되었는데, 김성탁은 주륙하라고 청하였다고 비판하고, 명의(名義)가 때에 따라 경중이 다르고, 법률을 사람에 따라서 올리고 내려도 되는 것이냐고 반문하였다.

1739년(영조15)에는 봄과 겨울로 구분하였는데, 봄에는 민진원의 아들들인 민형수(閔亨洙)와 민통수(閔通洙)가, 민진원이 이광좌에게 화해를 시도하였다가 중단한 전말을 전하는 상소문을 수록하였다. 이 상소문에서 민진원은 1725년 정승이 된 뒤 노론 일각에서 유봉휘와 이광좌를 모두 처형하자는 주장을 따르지 않았다고 주장하고, 이광좌의 친척인 이형좌(李衡佐)를 통해서 이광좌가 경종의 질병을 인정한다면 타협할 수 있다고 전하였는데, 이광좌가 이것을 거부하였기 때문에 민진원이 이광좌를 역적으로 단정한 것이라고 주장하였다. 1730년에 영조가 두 사람의 손을 잡고 화해할 것을 종용하였을 때 민진원이 이것을 말하려 했는데, 영조가 거부하여 말하지 못하였다면서, 민진원이 이광좌와 화해할 수 없었던 것은 당파적 편견에서 나온 것이 아닌데, 붕당의 죄과에 빠졌으니 원통하다고 말하였다.

겨울에는 우의정 유척기(兪拓基)가 김창집과 이이명을 복관시켜 줄 것을 청한 사실만을 기록해 두었다.

1740년(영조16)은 봄과 여름으로 나누어 기록하였는데, 영조 탕평책과 관련된 핵심적인 내용을 담았다. 봄에는 시·원임 대신과 비변사가 입시했을 때 나온 이이명과 김창집의 관작을 복구하라는 비교적 상세한 영조의 하교와 이에 대한 논란을 수록하였는데, 소론 측 탕평파조차도 거세게 반발하였다.

송인명과 조현명은 기유처분으로 실현된 분등설을 내세우며, 두 사람을 복관한다면 자신들이 처벌받을 수밖에 없다고 반론하였다. 그리고 공조판서 조현명, 호조판서 김시형, 영의정 이광좌가 상소하여 반론하다가 김시형은 파직당했다. 호조판서 조현명은 다시 상소하여 자신의 출처 명분은 박세채(朴世采)와 죽은 형 조문명(趙文命)의 탕평론을 실천하는 것이었다고 환기시키고, 그 성과를 내지 못했으니 사직하겠다고 말하였다.

이어서 다시 시·원임 대신들과 임인년 옥안에 대한 토론 내용을 수록하였다. 영조는 임인년 옥사에 연루된 사람들이 경종에게 불평하는 마음이 있다면 역적이라고 말하자 우의정 유척기와 좌의정 김재로가 반발하였다. 유척기는 당초에 임인년 역안(逆案)을 을사년(1725)에 무안(誣案)으로 고쳤는데, 정미년(1727)에 다시 '삼수(三手) 역안(逆案)'이라고 적어서 놀랍고 통탄스럽다고 말하였다. 이때 영조가 《속영정행(續永貞行)》 시를 거론한 것도 기록해 두었다.

여름에는 삼사가 합계하여 유봉휘와 조태구의 관작을 추탈하고, 이광좌를 파직하라고 논계하자 영조가 "앞뒤 가리지 않고 시끄럽게 떠든다."고 비판하면서 언관의 편을 든 우의정 유척기의 사면을 허락하고, 복역한 승지 홍용조(洪龍祚)는 체차하였다. 그리고 영조가 여러 달 동안 집무를 거부하다가 대비전의 수찰(手札)을 받고서야 업무에 복귀한 사실을 기록으로 남겼다.

다음으로 비국 당상들과 더불어 임인년 옥안을 처리할 방도를 논의한 내용을 수록하였다. 좌의정 김재로가 임인년 무안(誣案)을 제거할 것을 청하자 송인명과 조현명이 반발하였다. 조현명은 김용택(金龍澤) 등이 평문할 때 승복하였으며, 그 내용이 1719년에서 1720년, 즉 숙종 말년의 일이니 환국을 도모한 것이 아니라 반역이라고 주장하였다. 그렇지만 영조는 부정(不正)한 옥안을 어떻게 믿겠느냐고 반론하였다. 이어서 조현명과 김재로의 토론을 듣고 난 뒤, 임인년 국안(鞫案)을 바로잡으라고 명하고, 1723년에 시행된 과거의 명칭을 토역과(討逆科)에서 별시(別試)로 고쳤다.

1741년(영조17)에는 김일경과 목호룡의 죄와 함께 김용택·이천기·이희지·

심상길·정인중의 죄를 기록한 《대훈(大訓)》을 반포하고, 이것을 당론(黨論)으로 수정하려는 사람에게는 역률을 시행하라고 《속대전(續大典)》에 수록한 사실을 기록하였다. 그리고 세주(細註)로 1755년 을해옥사 뒤에 조태구·이광좌·최석항·유봉휘 등에게 역률을 추가로 시행하고, 김일경 상소에 연명한 6인과 함께 《대훈》에 추가한 사실과 1772년(영조48)에 김용택 등 5인을 김재로의 청으로 《대훈》에서 뽑아낸 사실을 기록하였다.

이어서 사직 오광운의 상소문을 길게 인용해 두었는데, 《영조실록》과 《승정원일기》에는 이 상소가 1740년에 나온 것으로 되어 있다. 이 상소에서 오광운은 본인이 남인에 속하면서도 당시 화란의 근원을 민암(閔黯)과 민종도(閔宗道)로 규정하며, 인현왕후에게 불충한 사람은 경종과 영조에게도 충성할 이치가 없다고 하였다.

이어서 시비(是非)란 군주만이 결정할 수 있고, 또 변화할 수 있다고 말하였다. 그리고 선조(宣祖) 이래 붕당의 폐단을 나열하고 나서, 역시 기사년(1689) 남인 정권을 비판한 뒤 탕평론의 정당성을 천명하였다. 또한 동료가 있는 줄만 알고 군부가 있는 것을 모르는 것이 당론의 화(禍)이지만, 붕당이 서로 견제하여 특정 당파의 소굴이 될 수 없게 만든 것은 붕당의 힘이라고도 하였다. 그리고 시비가 뒤섞여서 오직 작록(爵祿)을 기준으로 삼은 것이 탕평의 폐단이지만 한 당파가 상대 당파를 어육으로 만들지 못하게 한 것은 탕평의 공이라고 하면서 영조에게 탕평의 도리를 다하라고 청하는 것으로 끝을 맺었다.

1746년(영조22)에는 이조판서 박필주(朴弼周)가 수차(袖箚)를 올려서 《대훈》을 수정하라고 청하였다. 박필주는 여기에 경종의 질병을 명시하고, 당시의 괘서(掛書)에서 영조를 무함한 내용을 첨가하며, 신축·임인년의 죄인 가운데 빠진 사람을 첨가해 넣으라고 주장하였다.

이에 우의정 조현명이 상소하여 박필주의 상소를 비판하고, 《대훈》에 대한 제방(隄防)을 엄하게 하라고 요구하였다. 그리고 유봉휘와 조태구에 대한 죄를 씻어달라고 청하였다. 이어서 박문수(朴文秀)가 상소하여 박필주의 수차 내용을 배척한 사실만 기록해 두었다. 끝으로 대사헌 이종성(李宗城)이 당시 삼사에서 이광좌와 조태억의 관작을 추탈하라고 청하는 계사를 논의하는 것을 비판하고, 이광좌는 자신에게 스승과 같은 사람인데, 한번도 그의 억울함을 말하지 못하여 부끄럽다고 말한 상소문을 수록하였다.

1755년(영조31)에는 봄에 나주에서 괘서 사건이 발생한 사실과 여기에 다수의 소론 폐족이 연루되었다고 기록하였다. 그 관련자 가운데 이하징(李夏徵)이 김일경의 상소를 신하로서 절개가 있다고 말하여 삼사에서 조태구와 유봉휘를 추후 처벌하지 않았기 때문에 이러한 말이 나왔다고 다투어 말하였다고 한다. 이어서 탕평론을 주장한 사람들이 스스로 의견이 일치되지 않아서 신축년과 임인년의 일을 제대로 정리하지 못하였다고 말한 것을 적어 놓았다.

부사직 정휘량(鄭翬良) 등 5인이 전 판서 이익정(李益炡)을 소두(疏頭)로 하여 조태구와 유봉휘 등에게 역률을 추가로 시행하라고 청하는 상소문을 길게 인용하고 나서, 이것을 영조가 수용하는 하교를 기록하였다. 그리고 소론 가운데 준론(峻論)을 표방하던 자들이 화가 미칠 것을 두려워하여 이전의 견해를 바꾸는 상소를 다투어 올린 사실을 기록해 두었다.

1764년(영조40)에는 여름에 영조가 탕평론의 정당성을 천명하고, 그것을 처음 주장했던 박세채를 문묘에 종사하라고 명한 하교를 수록하였다.

1772년(영조48)에는 영조가 이광좌·최석항·조태억의 관작을 회복하라고 특별히 명한 사실만 기록으로 남겼다.

《황극편 5》에서는 영조대 거의 전 시기를 아우르면서 탕평책이 추진되는 과정을 기록으로 남겼다. 1725년 을사환국에서 1727년 정미환국으로, 그리고 1729년 기유처분, 1740년의 경신처분과 1741년의 신유대훈 등으로 탕평책이 굴절되는 과정을 아주 간략하게 정리하였다. 그리고 마지막으로 박세채를 문묘에 배향하고, 이광좌 등의 관작을 복구한 사실을 기록하여 탕평책에 대한 영조의 의지를 확인하는 것으로 마감하였다.

그 서술 방식은 역시 사실을 제시하는 《황극편》 전체의 서술 원칙을 따랐지만 1728년 무신란이나 1755년 을해옥사에서 볼 수 있듯이 직접 서술하는 방법도 자주 나타났다. 그렇지만 영조대 일어난 큰 사건 가운데 하나인 사도세자(思悼世子) 관련 사실이나 이후 《대훈》이 수정된 사실 등은 보이지 않는다. 아마도 이러한 사건들이 정조 탕평책과 긴밀하게 연관되어 있으며, 여러 사건들이 복잡하게 전개되었으므로, 또 다른 저술이 필요하다고 보았기 때문이 아닐까 한다.

어쨌든 간략한 내용에도 불구하고 《황극편 5》에서는 영조 탕평책이 얼마나 지난한 과정을 거쳐서 진행되었는지를 보여주기에는 손색이 없다고 볼 수 있다. 조선후기 정치가 당쟁으로 점철된 혼란만 있었던 것이 아니라 탕평을 통해서 이를 극복하려는 노력도 있었다는 것을 본서는 시사하고 있다.

---

* 《황극편5 번역과 주해》는 《皇極編》 권12와 권13으로 구성되어 있는데, 번역의 대본으로 사용한 底本은 다음과 같다.
  - 《皇極編》 권12 : 서울대학교 규장각 한국학연구원 소장 《皇極編》(奎古 4250-34)이며, 대교본(對校本)으로서 국립중앙도서관 소장 《御製皇極編》(한古朝56-나105)과 전남대학교 중앙도서관 소장 《皇極編》(OC 2A5 황18ㅈ)을 사용하였다.
  - 《皇極編》 권13 : 국립중앙도서관 소장 《皇極編》(古215-27-7)이며, 서울대학교 규장각 한국학연구원 소장본(奎4878)을 대교본으로 사용하였다.

* 《皇極編》 간본(刊本)에 대한 자세한 해제는 《황극편1 번역과 주해》에 실린 「《황극편(皇極編)》과 《황극편 1》 해제」를 참고할 수 있다.

번역

황극편(皇極編) 권12

노소(老少)

을사년(1725, 영조1)1) 봄, 헌납 윤진(尹晉)2)이 아뢰었는데, 그 대략에,

---

1) 영조(英祖) : 1694~1776. 조선 제21대 왕이다. 재위 기간은 1724~1776년으로 조선 역대 왕 중 가장 오랫동안 왕위에 있었다. 이름은 이금(李昑), 자 광숙(光叔), 호 양성헌(養性軒)이다. 숙종의 세 아들[景宗·英祖·延齡君] 중 둘째이며, 어머니는 화경숙빈(和敬淑嬪) 최씨이다. 비는 서종제(徐宗悌)의 딸 정성왕후(貞聖王后)이고, 계비는 김한구(金漢耉)의 딸 정순왕후(貞純王后)이다. 1699년(숙종25) 연잉군(延礽君)에 봉해졌으나 어머니의 출신이 미천했던 관계로, 노론 유력자인 김창집(金昌集)의 종질녀로서 숙종 후궁이던 영빈(寧嬪) 김씨의 양자노릇을 하였다. 이로 인해 숙종 말년 왕위계승문제가 표면화되었을 때, 이복형인 왕세자(후일의 경종)를 앞세우는 소론에 대립했던 노론의 지지와 보호를 받을 수 있었다. 1720년 숙종이 승하하고 왕세자가 즉위해 경종이 되었지만, 건강이 좋지 않고 또 아들이 없었다. 이에 노론 측은 1717년 좌의정 이이명(李頤命)의 독대에서 논의된 대로, 연잉군을 경종의 후계자로 삼는 일에 착수하였다. 정언 이정소(李廷熽)의 세제책봉 상소를 계기로 영의정 김창집·좌의정 이건명·영중추부사 이이명·판중추부사 조태채 등 이른바 노론 4대신의 요구와, 이들과 연결되어 있던 왕실의 최고 존장자인 대비 김씨(숙종의 제2계비인 人元王后)의 삼종혈맥(三宗血脈) 논리의 지원을 받아, 연잉군이라는 일개 왕자의 신분으로부터 벗어나 경종의 뒤를 이을 왕세제로 책봉되었다. 이후 동궁요속(東宮僚屬)이던 김동필·조현명·송인명·박문수 등과 대비 및 경종의 보호로, 불안한 속에서도 세제의 자리를 지켜 1724년 경종의 죽음에 따라 왕위에 올라 영조가 되었다. 영조는 52년이라는 오랜 기간 왕위에 있었고, 또 비상한 정치적 능력을 바탕으로 탕평책을 추진하여 어느 정도 정치적 안정을 구축하였으므로 국정운영을 위한 제도개편이나 문물의 정비, 민생대책 등 여러 방면에 적지 않은 치적을 쌓았다. 1776년 83세로 승하하니, 처음에 올린 묘호(廟號)는 영종(英宗)이었으나, 1890년(고종27)에 영조로 고쳐 올렸다. 능은 경기도 구리시 인창동에 있는 원릉(元陵)이다.

2) 윤진(尹晉) : 1674~?. 본관은 파평(坡平), 자는 자삼(子三)이다. 1717년(숙종43) 정시 문과에 급제하여 1724년(경종4) 장령이 되고, 영조가 즉위한 뒤 사간·헌납 등을 지냈다. 이듬해 김일경 등을 탄핵한 권성(權惺)과 이희조가 억울하게 죽었다고 주장한 신집(申鏶)을 동시에 탄핵하였다.

"김일경(金一鏡)·목호룡(睦虎龍)3)의 옥사가 있은 뒤로 한편의 불령(不逞)한 무리가 조정의 신하들을 무함하고 헐뜯는 일이 앞뒤로 이어지고 있는데, 이들은 스스로 위험한 말을 지어내고, 도리어 남을 모함하려는 음모를 꾀하고 있습니다. 청컨대 지사 권성(權偗)4)의 관작을 삭탈하소서.

일전에 유생 신집(申鏶)5) 등이 방자하게 상소하여 감히 죄인 이희조(李喜朝)6)를 위해 송변(訟辨)하였으니, 청컨대 신집을 정배하소서."

하였으나, 윤허하지 않았다.

○ 도사(都事) 유응환(柳應煥)7)이 상소하여 대략 다음과 같이 말하였다.

---

3) 김일경(金一鏡)·목호룡(睦虎龍) : 원래 대역부도한 죄를 짓고 죽임을 당한 역적은 그 성명을 갖추어 호명하지 않고 이름의 일부만을 지칭하여 멸시의 뜻을 나타낸다. 또한 극형까지는 아니라 해도 현재 죄를 지어 처벌을 받고 있다면, 이 또한 성(姓)을 붙이지 않고 멸칭(蔑稱)의 의미로 이름만을 호명하는 것이 일반적이었다. 다만 이 번역에서는 그러한 경우 일일이 주를 다는 번거로움이 수반될 수가 있으므로, 독자의 이해를 돕기 위해 가능한 온전한 성명을 붙여 번역하되, '賊鏡'과 같은 경우 '역적 김일경'으로 번역하여 그 뜻과 의미는 온전하게 살리려고 하였다.

4) 권성(權偗) : 1653~1730. 본관은 안동, 자 경중(敬仲), 호 제월재(霽月齋)이다. 1683년(숙종9) 진사가 되고, 1687년 문과에 장원급제하여 청요직을 두루 지냈다. 1721년(경종1) 한성부 판윤 재직시 신축환국으로 삭직되었다가, 1725년(영조1) 노론이 집권하자 공조판서 등을 역임하였다. 정미환국(1727)으로 다시 물러났다가 형조판서 등에 여러 차례 기용되었으나, 사퇴하고 여생을 마쳤다. 권성은 1724년(영조 즉위년) 12월 8일 상소하여 치도책(治道策) 8조목을 진달하였는데, 그 중 한 조목에서 김일경 등의 옥사를 철저하게 조사하여 영조에 대한 무고를 밝힐 것을 주장하고, 아울러 조태억(趙泰億) 등 조정 신료들이 이에 소극적으로 임했다고 비판하였다. 《英祖實錄 卽位年 12月 18日》

5) 신집(申鏶) : 1693~?. 본관은 평산(平山), 자는 계중(季重)이다. 이희조 문인이다. 1723년(경종3) 증광시에 급제하여 진사가 되어, 1724년(영조 즉위) 이희조의 억울한 죽음을 신원해 달라고 상소하였고, 1725년에는 윤지술을 신원해 달라는 상소, 이광좌와 유봉휘를 토죄하는 상소 등에 연명하였다. 1735년과 1740년에는 송시열과 송준길의 문묘배향을 청하는 상소에, 1741년에는 서원 훼철을 반대하는 상소 등에 연명하였다.

6) 이희조(李喜朝) : 1655~1724. 본관은 연안(延安), 자 동보(同甫), 호 지촌(芝村)이다. 이단상(李端相)의 아들이며, 송시열 문인이다. 1680년(숙종6) 경신환국 뒤 유일(遺逸)로 천거되어 건원릉참봉(健元陵參奉) 등을 역임하다가 1717년 대사헌에 올랐다. 신임옥사로 영암(靈巖)에 찬배되었다가 1723년(경종3) 11월 철산(鐵山)으로 이배(移配) 도중 정주(定州)에서 죽었다. 저서로 《지촌집(芝村集)》이 있다. 시호는 문간(文簡)이다.

"전하께서 저위(儲位)에 오르시는 일에 누가 감히 문제를 제기하겠습니까? 그런데도 조태구(趙泰耉)[8]는 앞에서 조종하고 유봉휘(柳鳳輝)[9]는 뒤에서 지시하였으니, 이들이 전하에게 다른 마음을 품은 것은 하루아침 하루저녁의 일이 아닙니다.

최석항(崔錫恒)[10]은 먼저 '왕위를 선양한다.[傳禪]'는 설로 인심을 현혹시키

---

7) 유응환(柳應煥) : 1695~?. 본관은 진주(晉州), 자는 숙장(叔章)이다. 1719년(숙종45) 증광문과에 급제하여 1721년(경종1) 전적(典籍)·강원도사(江原都事)를 지냈다. 1725년(영조1) 상소하여 김일경을 극형에 처하고, 그 당여(黨與)인 조태구 등의 죄를 다스리라고 청하였다.

8) 조태구(趙泰耉) : 1660~1723. 본관은 양주(楊州), 자 덕수(德叟), 호 소헌(素軒)·하곡(霞谷)이다. 형조판서 조계원(趙啓遠)의 손자이고, 우의정 조사석(趙師錫)의 아들이며, 조태채(趙泰采)와 조태억(趙泰億)의 종형이다. 1683년(숙종9) 생원이 되고, 1686년 별시문과에 급제하여 청요직을 두루 거쳐 1720년(경종 즉위) 우의정에 올랐다. 당시 소론의 영수로서 노론과 대립하던 중 1721년 정언 이정소(李廷熽)의 건저 상소(建儲上疏)와 김창집 등 노론 4대신의 주청에 의해 연잉군이 세제로 책봉되자, 유봉휘로 하여금 반대 상소를 올리게 하였다. 또한 노론이 세제의 대리청정을 주장하자 최석항·조태억·박태항·이광좌 등과 함께 대리청정의 환수를 청하여 관철시켰다. 같은 해 12월 전 승지 김일경과 이진유·윤성시 등이 상소하여 건저를 주장하던 노론 4대신을 4흉(四凶)으로 몰아 탄핵한 뒤, 이듬해 이들을 사사(賜死)하게 하였다. 그 뒤 영의정에 올라 최석항·김일경 등과 함께 국론을 주도하였다. 1725년(영조1) 신임옥사의 원흉으로 탄핵을 받고 관작이 추탈되었다가 1908년(순종2)에 복관되었다.

9) 유봉휘(劉鳳輝) : 1659~1727. 본관은 문화(文化), 자 계창(季昌), 호 만암(晩菴)이다. 영의정 유상운(柳尙運)의 아들이다. 1684년(숙종10) 진사가 되고, 1699년 식년문과에 급제하여 청요직을 두루 지냈다. 1721년(경종1) 노론이 왕세제 연잉군의 대리청정을 시도하자 강력히 반대하여 철회시키고 임금을 우롱하고 협박한 죄를 다스려야 한다는 명분으로 노론을 실각시켰다. 1724년 영조가 즉위한 뒤 탕평책에 힘입어 우의정에 이어 좌의정에 올랐으나 신임옥사를 일으킨 주동자라는 노론의 집요한 공격을 받고 이듬해 면직되었고, 이후 민진원 등의 논척으로 경흥에 안치되어 유배지에서 죽었다.

10) 최석항(崔錫恒) : 1654~1724. 본관은 전주(全州), 자 여구(汝久), 호 손와(損窩)이다. 영의정 최명길(崔鳴吉)의 손자이고, 좌윤 최후량(崔後亮)의 아들인데, 최후원(崔後遠)에게 입양되었다. 영의정 최석정(崔錫鼎)의 아우이다. 1678년(숙종4) 진사가 되고 1680년 별시문과에 급제하여 청요직을 두루 지내며 형 최석정과 함께 소론으로 활약하였다. 1685·1688년 홍문록, 1689년 도당록에 올랐지만 기사환국으로 파직 당했다. 갑술환국 이후 다시 등용되어 1696년 승지에 올랐다. 1706년 이조참판으로서 예문관 제학이 되었다. 1708년 형조판서에 올라 이후 각조의 판서를 두루 거쳤다. 1721년(경종1) 좌참찬 재직시 세제 대리청정의 지시를 철회시키고, 우의정이 되었으며, 1723년 좌의정에 오르고, 나이

고,11) 또 한세량(韓世良)12)에게 '은밀히 천위를 옮긴다.[陰移天位]'13)는 주장을 잇달아 제기하게 함으로써 세제를 책봉하는 일과 더불어 우리 전하를 노골적으로 압박하였습니다.

김일경(金一鏡)14)은 앞장서서 곧바로 '양기(梁冀)와 염현(閻顯)15)처럼 찬시(簒

70이 되어 기로소(耆老所)에 들어갔다. 경종대 소론 4대신 가운데 한 사람으로 꼽혔다. 저서로 《손와유고》가 있다.

11) 최석항(崔錫恒)은 …… 현혹시켰고 : 1721년 10월 경종이 처음 왕세제의 대리 청정을 명하였을 때 최석항이 입시하여 을유년(1705, 숙종31) 겨울에 있었던 숙종의 선위(禪位) 명령을 적극 간쟁하여 중지시켰던 일을 설명하면서 극력 반대한 일을 이른다. 유응환은 대리청정의 명이었을 뿐인데, 이를 곧 선위의 뜻으로 여겨 극력 반대한 최석항의 행위는 인심을 현혹시킨 일이라고 비판하였다.

12) 한세량(韓世良) : 1653~1723. 본관은 청주(淸州), 자는 상오(相五)이다. 1675년(숙종1) 증광시에 합격하여 진사가 되고, 1699년 증광문과에 장원 급제하여, 1714년 승지가 되었다. 1721년(경종1) 노론이 세제의 대리청정을 주장하자 조태구·유봉휘 등과 함께 반대하였다. 이 일로 노론의 반발을 초래했지만 경종이 비호하여 무사하였다. 1721년 함경도 관찰사로 나갔다가 1723년 대사헌에 임명되었지만 감영에서 사망하였다.

13) 은밀히 …… 옮긴다[陰移天位] : 1721년(경종1) 10월, 한세량(韓世良)이 세제의 참정(參政)을 청한 집의 조성복(趙聖復)을 징토(懲討)하라고 청하는 상소에서 "하늘에는 두 개의 태양이 없고, 땅에는 두 임금이 없다.[天無二日, 地無二王.]"라고 하며, "몰래 천위를 옮기려 한다.[陰移天位]"라고 한 말을 가리킨다. 《景宗實錄 1年 10月 12日》

14) 김일경(金一鏡) : 1662~1724. 본관은 광산(光山), 자 인감(人鑑), 호 아계(丫溪)이다. 김익렴(金益廉)의 손자이다. 1687년(숙종13)에 생원·진사가 되고, 1702년 식년문과, 1707년 문과 중시에 모두 장원으로 합격하였다. 1709년 승지가 되었으나 1710년 최석정이 실각할 때 파직되었다. 1720년 경종 즉위 후 다시 승지가 되었지만 노론의 집요한 공격을 받았다. 1721년 연잉군을 세제에 책봉한 뒤 경종의 병약함을 이유로 세제의 대리청정을 강행하려 하자, 이에 반대해 결국 대리청정의 요구를 철회하게 하였다. 이어서 이진유 등과 함께 상소하여, 노론 4대신이 세제의 대리청정을 주장한 일은 나라를 망칠 죄목이라고 탄핵해 노론을 내쫓고 이조참판에 올랐다. 또한 이듬해인 1722년(경종2) 목호룡이 백망·정인중 등과 모의해 경종의 시해와 이이명의 추대 음모에 가담했다고 고변하여, 유배 중이던 노론 4대신은 모두 사사되었고, 노론 수백 명이 살해 또는 추방되는 임인옥사가 일어났다. 1724년 영조가 즉위하자 노론의 재집권으로 유배되었다가, 청주 유생 송재후(宋載厚)의 상소를 발단으로 신임옥사가 무고(誣告)였다는 노론의 집중 탄핵을 받고 목호룡과 함께 투옥되어 친국을 받았다. 그러나 공모자들의 이름을 끝까지 밝히지 않고 참형을 당하였다.

15) 양기(梁冀)와 염현(閻顯) : 이들은 모두 태후와 내통하여 사군(嗣君)을 독살하거나 정권을 전횡한 자들이다. 양기는 후한 순제(順帝)의 황후 양씨의 오라비로, 순제와 충제(沖帝)가

弑)하려 한다.'는 등의 말을 조금의 거리낌도 없이 늘어놓았는데, 이른바 양기와 염현은 태후(太后)를 끼고 임금을 폐하거나 시해하는 모략을 자행한 자들이니, 이는 전하를 위태롭게 할 것을 모의하였을 뿐만 아니라 자성(慈聖)16) 까지 아울러 무함한 것이 너무도 명백합니다. 김일경과 더불어 백망(白望)17)의 초사에 이름이 거론된 자들18)을 모두 국문하도록 명하신다면 김일경의 정상

죽자 질제(質帝)를 세워 정권을 천단하였는데, 자신의 권력 남용을 비판했다는 이유로 질제를 독살하고 환제(桓帝)를 다시 옹립하였다. 염현은 안제(安帝)의 비 염후(閻后)의 아우로 장제(章帝)의 손자 북향후(北鄕侯) 의(懿)를 태자로 세웠다. 《後漢書 順帝本紀》《後漢 書 梁冀列傳》

16) 자성(慈聖) : 인원왕후(仁元王后, 1687~1757) 김씨를 가리킨다. 조선 제19대 왕인 숙종의 계비이다. 본관 경주(慶州)이고, 경은부원군(慶恩府院君) 주신(柱臣)의 딸이다. 인현왕후 가 죽은 후 1702년(숙종 28) 왕비에 책봉되었으며, 소생은 없다. 영조가 왕위에 오르는 데 결정적인 역할을 함으로써 영조와 정성왕후로부터 극진한 효도를 받았다. 71세에 창덕궁 영모당에서 사망하였는데 영조는 직접 행장을 썼다. 능은 고양의 명릉이다. 신축년(1721) 8월 21일, 경종은 대비인 인원왕후의 교지를 받들어 연잉군(延礽君)을 세제(世弟)로 책봉하였다. 인원왕후는 언문 교서에서 효종 대왕의 혈맥과 선대왕의 골육으로 경종과 연잉군만이 있음을 거론하며 연잉군의 왕세제 책봉에 정당성을 부여하 였다. 《景宗實錄 1年 8月 20日》 대비의 언문 교서는 다시 전지(傳旨)로 작성되어 연잉군의 왕세제 책봉을 대외적으로 천명하였다. 왕대비가 거론한 삼종혈맥(三宗血脈), 즉 연잉군 이 효종과 현종, 숙종을 잇는 혈육이라는 명분은 연잉군의 왕세제 책봉에 정통성을 부여하는 중요한 논거가 되었다.

17) 백망(白望) : 1627~1722. 왕세제 연잉군의 응사(鷹師)였다. 1722년(경종2) 3월 28일 목호룡 의 고변으로 인하여 경종의 시해 또는 폐출을 모의한 죄목으로 사로잡혔다. 그는 공초에서 목호룡의 소개로 김용택·정인중 등과 교우하였으며, 모든 일의 배후에는 목호룡이 관계되어 있다고 진술하였다. 그러나 그의 집에서 단검과 갑옷이 발견되어 칼로 경종을 시해하는 대급수(大急手) 관련자로 지목되어 처형되었다. 또한 공초에서 소론과 남인이 세제를 모해하려 하였다고 역으로 고변하였는데, 여기에는 당시 추국을 담당하고 있던 조태구·최석항·김일경·심단 등의 이름도 거론되었다. 국청에서는 이 일을 불문에 붙였으며, 문목에서 벗어난다고 하여 기록하지 않았다. 《景宗修正實錄 2年 3月 29日, 4月 4日》

18) 백망(白望)의 …… 자들 : 1722년(경종2) 3월 28일 목호룡의 고변으로 인하여 경종의 시해 또는 폐출을 모의한 죄목으로 백망(白望) 등이 수금되었다. 그 공초에서 세제를 모해(謀害)하려고 하는 사류(士類)들의 세 가지 의론을 고하였는데, 구체적으로는 주청사 가 귀환하기 전에 모해하려고 하는 자, 귀환한 후에 모해하려고 하는 자, 귀환 시기를 따지지 않고 다른 방법으로 모해하려고 하는 자 등이라고 하였다. 이 중 사행이 귀환한 뒤에 모해하려 하는 부류로서 소론 조태구, 최석항, 이태좌, 이광좌, 유봉휘 등을 지적하였

을 또한 속속들이 밝힐 수 있을 것입니다.”

주상이 그 상소를 돌려주라고 명하였다.

○ 충청도 유생 이제담(李齊聃) 등이 정호(鄭澔)[19]의 문인을 자칭하며 상소하여, 김홍석(金弘錫)[20]·이세덕(李世德)[21]·심준(沈埈)[22]·신치운(申致雲)[23] 등이

다. 백망의 이 발언으로 인해 조태구·최석항 등이 대명(待命)하였다. 《景宗修正實錄 2年 3月 29日, 4月 4日》

19) 정호(鄭澔) : 1648~1736. 본관은 연일(延日), 자 중순(仲淳), 호 장암(丈巖)이다. 정철(鄭澈)의 현손, 정종명(鄭宗溟)의 증손으로, 송시열 문인이다. 1682년(숙종8) 진사가 되고, 1684년 정시문과에 급제하여 청요직을 두루 거쳤다. 1688년 정언이 되어 오도일(吳道一)이 붕당을 키우고 권세를 부린다고 탄핵하였다. 1689년 기사환국으로 유배되었다가 갑술환국(1694) 때 풀려나 수찬·교리 등을 역임하고, 1696년 이사상(李師尙)을 논핵하는 등 과격한 발언으로 파직되었다. 이후 동래부사 등을 거쳐 대사헌 등을 지냈다. 1713년 대사성 재직 시 송시열의 묘정배향을 건의하였고, 1715년에 유계의 유저(遺著)인 《가례원류》의 발문을 썼는데, 윤증이 송시열을 배반했다는 내용이 문제되어 파직되었다. 이듬해 대사헌 재직시 《노서유고(魯西遺稿)》가 간행되자, 효종에게 불손한 내용으로 썼다 하여 훼판(毁板)하고 윤선거 부자의 관작도 추탈하게 하였다. 1717년 소론의 반대에도 불구하고 세자 대리청정을 강행하였다. 그 뒤 이조판서에 올랐다가 1721년(경종1) 신임옥사로 노론 4대신과 함께 파직되어 유배되었다. 1725년(영조1) 풀려나와 우의정에 올랐고, 4대신의 신원(伸寃)을 위해 노력하였다. 좌의정을 거쳐 영의정을 역임하였다. 저서로 《장암집》이 있고, 편서로 《문의통고(文義通攷)》가 있다. 시호는 문경(文敬)이다.

20) 김홍석(金弘錫) : 1676~?. 본관은 광산(光山), 자는 윤보(胤甫)이다. 승지 김세정(金世鼎)의 손자이고, 박세당(朴世堂)의 사위이다. 1702년(숙종28) 생원시에 장원, 1714년 증광문과에 급제하여 1716년 승문원정자가 되었지만 경신환국 때 송시열(宋時烈)을 비판하는 성균관 유생들과 내응했다는 이유로 사간원의 탄핵을 받아 파직되었다. 1717년 사직 이대성(李大成) 등과 연명으로 세자청정(世子聽政)을 반대하는 상소를 올렸다. 1722년(경종2) 지평으로서 김창집 등을 탄핵하는 한편, 조태구를 공격하였다. 1723년 홍문록, 1724년 도당록에 올랐지만 1725년(영조1) 삭출되었다.

21) 이세덕(李世德) : 1662~1724. 본관은 용인(龍仁), 자는 백소(伯邵)이다. 1705년(숙종31) 증광문과에 급제하여 청요직을 두루 역임하였다. 1712년(숙종38) 지평으로서 이돈(李墪)을 변론하다가 유배되었다. 1716년 다시 지평이 되고, 홍문록에 올랐다. 1717년에는 윤증 부자를 신원(伸寃)하는 상소를 올렸다가 유배되었다. 1722년(경종2) 다시 수찬이 되어 이후 삼사에서 주로 활동하였다.

22) 심준(沈埈) : 1674~?. 본관은 청송(靑松), 자는 숙평(叔平)이다. 윤순거(尹舜擧)의 아들 윤진(尹搢)의 사위이다. 1699년(숙종25) 생원이 되고, 1713년 증광문과에 급제하였다. 1723년(경종3) 지평이 되어 김상헌을 제사하는 양주 석실서원에 추배된 김수항과 김창협

거짓을 날조하여 무함한 말들24)을 분변하였다.

○ 유학(幼學) 권유(權瑜)가 상소하여 처벌받은 이덕보(李德普)25)를 신구하였다.

○ 충주 생원 이덕창(李德昌)이 상소하여 대략 말하기를,

"숙종[肅廟]의 유교(遺敎)26)는 바로 영원히 변치 않을 법이고, 대행조(大行朝)

의 위패를 철거하라고 상소하여 관철시켰다. 이 일로 1725년(영조1) 유배되었다가
1727년 풀려나 1728년 평산부사(平山府使), 1730년 대사간, 1731년 승지 등을 역임하였다.

23) 신치운(申致雲) : 1700~1755. 본관은 평산(平山), 자는 공망(公望)이다. 영의정 신흠(申欽)
의 5세손, 대사간 신면(申冕)의 증손으로서, 신종화(申宗華)의 손자이다. 1721년(경종1)
증광문과에 급제하여 청요직을 두루 지냈다. 1723년 노론의 거두 권상하·이희조 등을
축출하는 데 앞장섰다. 1725년(영조1) 노론의 탄핵을 받고 관작을 삭탈 당했다가 1727년
다시 청요직에 진출하여 승지 등을 역임하였지만 노론의 탄핵이 집요하게 이어졌다.
1755년 나주괘서사건 직후 심정연(沈鼎衍)·김인제(金寅濟)·박사집(朴師緝) 등과 함께
모반사건에 연루되어 경상북도 흥해군에 유배되었다가 처형당하였다.

24) 김홍석(金弘錫) …… 말들 : 지평 김홍석은 왕세제를 제거하려다 발각된 박상검(朴尙儉)
사건을 샅샅이 조사해야 한다고 주장하는 정호를 비판하여 그를 유배시켰다.《景宗實錄
2年 5月 15日》집의 이세덕(李世德)은 정호에 대해, 윤선거의 원향(院享)을 철폐하자는
주장에 앞장선 것은 물론 윤선거를 추형(追刑)하고 무덤을 헐자고 상소를 올렸다고
공격하였다.《承政院日記 景宗 2年 10月 20日》지평 심준(沈埈)은 정호가 괴산에 한 채의
원우(院宇)를 지었는데, 자신의 생서원(生書院)으로 삼아 선정(先正)을 무함하는 자들을
숨겨주는 소굴로 삼았다고 비판하였다.《景宗實錄 3年 6月 3日》지평 신치운(申致雲)은
권상하(權尙夏)의 관작을 추탈하고 이희조, 정호 등을 축출하라는 계사를 올렸다.《承政院
日記 景宗 3年 11月 27日》

25) 이덕보(李德普) : 1689~1751. 본관은 벽진(碧珍), 자는 군시(君施)이다. 1721년(경종1) 증광
시에 합격하여 생원이 되었다. 1724년(영조 즉위) 생원으로서 상소하여 송시열을 도봉서
원에 복향하고, 권상하와 이희조를 복관하라고 청하면서 윤증 일당을 처벌해 달라고
청하였다. 이 일로 3년간 정거(停擧)하는 처벌을 받았다.

26) 숙종[肅廟]의 유교(遺敎) : 1716년(숙종42), 윤선거(尹宣擧)·윤증(尹拯) 부자와 송시열 간
회니시비(懷尼是非)에 대하여 숙종이 윤선거의 문집인《노서유고(魯西遺稿)》에 효종을
무함하는 내용이 있으니 훼판하고, 윤선거의 사액서원(賜額書院)을 철거하라 명함으로써
노론을 지지하였다. 이를 병신처분(丙申處分)이라 하는데, 이로써 노론이 정국을 주도하
게 되었다. 일련의 처분에 대하여 숙종은 "나의 자손들은 모름지기 이 뜻을 준수하여
굳게 지켜 흔들리지 말라."라고 당부하였다.《肅宗實錄 42年 7月 25日, 7月 29日, 8月
24日》

의 처분[27]은 한때 힘써 따라야 할 일에 불과합니다."

하고, 또 이병상(李秉常)[28]·신사철(申思喆)[29]·정형익(鄭亨益)[30] 등[31]이 벌을 받은 원통함을 신구하니, 주상이 "말이 매우 절실하다." 답하였다.

○ 사과 이성조(李聖肇)[32]가 상소하여 사헌부 관원 윤회(尹會)[33]의 말은

---

27) 대행조(大行朝)의 처분 : 숙종이 내린 병신처분에 대해 신임옥사를 거치며 정국의 주도권을 회복한 소론은 병신처분이 선왕의 본의에서 나온 것이 아니라는 의론을 앞세워 경종대에 윤선거·윤증 부자의 관작과 시호를 회복하고, 서원 사액의 환급 및 문집의 간행 등 일련의 조처들을 시행한 일을 가리킨다. 《景宗實錄 2年 8月 7日》·《承政院日記 景宗 2年 7月 18日, 8月 7日》

28) 이병상(李秉常) : 1676~1748. 본관은 한산(韓山), 자 여오(汝五), 호 삼산(三山)이다. 1705년 (숙종31) 생원시, 1710년 춘당대 문과에 급제하여 청요직을 두루 거쳤다. 1721년(경종1) 이조참판 등을 지내다가 신축환국으로 파직되었다. 1725년(영조1) 대제학을 거쳐 지의금부사를 지냈으나 정미환국(1727)으로 파직되었다가 이듬해 한성부판윤으로 기용되었다. 1742년 공조판서·판돈녕부사에 이르러 기로소에 들어가 치사하고 봉조하(奉朝賀)를 받았다. 시호는 문청(文淸)이다.

29) 신사철(申思喆) : 1671~1759. 본관은 평산(平山), 자는 명서(明敍)이다. 공조좌랑으로 재직하던 중 1709년(숙종35)에 알성문과에 급제하여, 1713년 홍문록(弘文錄)에 올랐다. 1723년 (경종3) 권익관의 탄핵을 받고 장기(長鬐)에 유배되었다가 1725년(영조1) 풀려나 대사헌을 거쳐 호조·예조·공조판서 등을 역임하고, 1745년 판중추부사로 기로소에 들어갔다.

30) 정형익(鄭亨益) : 1664~1737. 본관은 동래(東萊), 자 시해(時偕), 호 화암(花巖)이다. 1687년 (숙종13) 사마시에 합격하고, 1704년 송시열의 뜻을 받들어 유생 160여 명과 함께 명나라 신종(神宗)의 사우(祠宇)를 세울 것을 상소하여 처음으로 금원(禁苑)에 황단(皇壇)을 건립하게 하였다. 1719년 증광문과에 장원 급제하여 동부승지가 되었다. 1721년 신축환국으로 유배 갔다가 영조가 즉위하자 1725년 대사간이 되었다. 1727년 정미환국으로 파직되었다가 다시 등용되어 예조판서 등을 역임하였다.

31) 이병상(李秉常)·신사철(申思喆)·정형익(鄭亨益) 등 : 신축년(1721, 경종1) 왕세제 책봉과 함께 왕세제의 대리청정을 도모하던 과정에서 찬출된 노론 측 인사들이다.

32) 이성조(李聖肇) : 1662~1739. 본관은 전의(全義), 자 시중(時中), 호 정묵재(鄭默齋)이다. 1692년(숙종18)에 성균관 유생들에게 보이는 시험에서 장원하고, 이듬해 식년문과에 급제하였다. 1700년 청요직에 진출하여 1717년 승지가 되었으며, 영조대 병조참의·광주부윤 등을 역임하였다.

33) 윤회(尹會) : 1657~1733. 본관은 파평, 자는 성제(聖際)이다. 사헌부 장령을 지낸 윤겸(尹㻠) 의 손자이고, 회덕현감 윤징하(尹徵夏)의 아들이다. 아버지는 원래 송시열의 제자였으나 뒤에 소론에 동참하여 비난을 받았다. 1683년(숙종9) 생원이 되고, 1691년 증광문과에 급제하여 청요직을 두루 지냈다. 1709년 노론 중신 이관명과 이만성을 탄핵하였고,

선후(先后)를 범하였고,34) 유신(儒臣) 이광덕(李匡德)35)의 의도는 주상의 속마음을 한번 떠보는 데 있었다36)고 논하고, 또 말하기를,

"역적 김일경이 복주되었으니, 마땅히 즉시 교문을 찬술하여 그가 역적이 된 실상을 밝히소서. 또한 근래 몇 년 동안 찬출된 신하들을 석방하소서."

하니, 주상이 답하기를, "참으로 임금을 사랑하는 데서 나온 말들이니, 매우 가상(嘉尚)하다." 하였다.

○ 전 전적(典籍) 허석(許錫)37)이 상소하여 대략 다음과 같이 말하였다.

최석정을 변론하였다. 경종대 신임옥사 당시 노론 일파를 논죄하고 숙청하는 데 앞장섰다가 1725년(영조1) 유배되었는데, 1727년 정미환국으로 풀려났다.

34) 윤회(尹會)의 …… 범하였고 : 영조가 인현왕후의 오빠인 민진원을 석방하라고 하면서, "하늘에 계신 성후(聖后)의 영령께서 기뻐하실 것이다."라고 하자, 집의 윤회가 민진원을 석방하라는 명을 취소할 것을 청하면서, "하늘에 계신 선후(先后)의 영령께서 매우 싫어하실 것입니다."라고 하였다. 《英祖實錄 卽位年 10月 8日, 10日, 13日》

35) 이광덕(李匡德) : 1690~1748. 본관은 전주(全州), 자 성뢰(聖賴, 聖賚), 호 관양(冠陽)이다. 아버지는 대제학 이진망(李眞望), 어머니는 박세채(朴世采)의 손녀이다. 소론 중 완소(緩少) 계열의 일원으로서 송인명·조문명·정석삼(鄭錫三) 등과 함께 탕평론을 주장해, 경종연간의 노·소분쟁의 와중에서 김일경 등 급소(急少) 계열로부터 특히 심한 배척을 받았다. 1724년(경종4) 정언·부교리를 거쳐 지평에 임명되었으나, 민진원을 구하려다가 사간원의 탄핵으로 체직(遞職)되었다. 1727년(영조3) 전에 조태억의 아들 조지빈(趙趾彬)이 이조참의에 오르려는 것을 막아 조태억으로부터 미움을 받던 중, 홍문관 관원의 천거 시비를 계기로 다시 조태억·조지빈과 심하게 다투다가 대사간 조지빈과 함께 파직되었다. 1741년 이른바 위시사건(僞詩事件)이 일어났을 때 아우인 지평 이광의(李匡誼)가 김복택(金福澤)을 논죄하다가 국문을 받자 이광의를 구하려고 변론하다가 정주에 유배된 뒤 다시 친국을 받고 해남에 이배되었다. 이듬해 풀려나와 과천에 은거하던 중, 1744년 서용(敍用)하도록 명이 내려 한성부 우윤·좌윤 등에 임명되었으나 관직을 사양하였다. 만년에는 급소계열로 노선을 바꾸었으나 쓰이지 못한 채 죽었다.

36) 이광덕(李匡德)의 …… 있었다 : 수찬 이광덕이 상소하여, 왕이 신하를 자신의 생각대로 옭아매고 몰아붙이려 하므로, 삼정승이 남의 배척을 받고서도 진퇴를 스스로 결정하지 못하고 왕의 명령만을 따른다고 지적한 일을 이른다. 《承政院日記 英祖 卽位年 12月 7日》

37) 허석(許錫) : 1695~?. 본관은 양천(陽川), 자는 여산(汝三)이다. 1717년(숙종43) 식년문과에 급제하여, 1721년(경종1) 승문원부정자(承文院副正字)를 거쳐 1724년 전적(典籍)이 되었다. 영조 즉위 후 상소하여 조태구·유봉휘·조태억 등 소론을 탄핵하였다. 1726년(영조2)

"처음에는 경자년(1720, 경종 즉위년) 조문을 위해 칙사가 나왔을 때 그들이 위로의 말을 한 것으로 말미암아 조태구가 '혐의를 무릅썼다.[冒嫌]'38)라는 말을 앞장서서 주창하며 전하를 헤아릴 수 없는 죄과로 몰아넣었으니, 이야말로 흉악한 무리의 근본 바탕입니다.

유봉휘가 명호(名號)가 이미 정해진 뒤에 감히 이의를 제기하며 '하라고 시켰다.', '협박했다.' 등의 말39)을 한 것은 더군다나 신하로서는 감히 입에 올릴 수 없는 말이었으니, 이는 다만 성궁을 무함한 일일 뿐만 아니라 실상은 대행 대왕을 무함한 것입니다.

대행 대왕께서 유봉휘에 대해 끝내 혐의를 벗겨 주는 하교를 내리지 않으셨으니, 그의 죄악은 그대로 남아 있습니다. 전하께서 개의치 않는다고 하교하셨다 해도 이는 전혀 그렇지 않은 점이 있습니다. 전하의 죄인은 곧 종사의 죄인이니, 비록 일이 자신에 관계된다 하여 용서하셨다지만 어찌 종사의 흉적임을 생각하지 않으십니까?

박상검(朴尙儉)40)의 옥사는 비록 속속들이 조사하지는 못하였다 해도 공초

5월 장령이 되자 송진명 등의 용서를 청한 좌의정 홍치중을 탄핵하였다가 삭출되었는데, 7월에 서용되었다. 1727년 정미환국으로 파면 당했다가 1732년 다시 장령이 되었다.

38) 혐의를 무릅썼다[冒嫌] : 1720년(경종 즉위년) 11월에 청나라 칙사가 조선에 조문 와서 세자와 종실의 자질(子姪)을 만나 보기를 청하자, 우의정 조태구가 이를 받아들여서는 안 된다는 내용의 차자를 올렸는데, 거기에 "상국(上國)에서 열국(列國)의 임금을 조문함에 있어서 그 배신(陪臣)이 된 아우와 조카에까지 아울러 미치는 경우는 옛적에 이런 사례가 없었습니다. 상국에서 이를 시행하는 것은 실례가 되고, 배신이 이를 받아들이는 것은 혐의를 무릅쓰는 것이 됩니다."라고 하였다. 《景宗修正實錄 卽位年 11月 26日》 청나라 사신을 만나는 것은 국왕 자리를 노리고 있다는 의도를 드러낸 것으로 간주한 것이다.

39) 유봉휘가 …… 말 : 1721년(경종1)에 연잉군을 저위(儲位)로 세우고 위호(位號)를 '왕세제(王世弟)'로 정한 이튿날인 8월 23일, 행 사직 유봉휘가 상소하여 저위를 세우는 일이 마치 일을 시키며 재촉하듯이 급하게 결정됐다고 비판하고, 이 과정에서 노론 측 신하들이 임금을 우롱하고 협박한 죄를 다스려야 한다고 주장한 것을 가리킨다. 《承政院日記 景宗 1年 8月 23日》

40) 박상검(朴尙儉) : 1702~1722. 평안도 영변 출신 내시이다. 경종대 김일경과 박필몽 등은 연잉군이 세제로 책봉되는 것을 저지하려다 실패하자, 그를 이용해 세제를 제거하려

받은 결안(結案)의 말이 명백하지 않았던 것은 입을 막으려는 계책을 세우고 오로지 일의 단서가 드러날 것만 두려워하였기 때문입니다. 두 역비(逆婢)⁴¹⁾의 경우 즉시 잡아 가두지 않고 모두 자살하게 하였으니 이렇게 옥사를 다스리는 일이 어디에 있습니까?

책봉의 승인을 알리는 선래(先來)⁴²⁾가 돌아온 다음 날 목호룡(睦虎龍)⁴³⁾의

하였다. 먼저 그는 은화 수천 냥을 이용해 내시와 궁녀들을 매수하였다. 그리고 궁궐 안에 돌아다니는 여우를 잡는다는 구실로 청휘문(淸暉門)에 덫을 놓고 함정을 파놓아 세제가 경종에게 문안드리거나 시선(視膳)하러 가는 길을 가로막아 경종과 연잉군 사이에 불화를 조성하였다. 또한 대전의 궁녀들로 하여금 세제를 헐뜯어 연잉군을 제거하려 하였다. 이에 세제가 그날 밤 입직 궁관과 익위사관(翊衛司官)을 불러 모아 놓고 "내시 한두 명이 나를 제거하려 하니 그들의 독수(毒手)를 피하기 위해 사위(辭位)하겠다."는 뜻을 밝혔다. 이튿날 아침 대신들의 주청으로 주모자를 국문하라는 경종의 명이 내려져 국문이 시작되었다. 이때 세제로부터 지목받은 그와 내시 문유도(文有道)는 곧 주륙되었고, 나인 석렬과 필정은 자살해 전모가 채 밝혀지기도 전에 사건이 마무리되었다. 이후 1725년(영조1) 김일경 등이 박상검의 배후로 지목되어 탄핵되었고, 내시 손형좌(孫荊佐) 등에 대한 국문이 이루어지면서 이 사건은 다시 재소환되어 노·소론 간 갈등을 격화시켰다. 노론은 신임옥사를 주도한 조태구·김일경·목호룡 등을 공격하기 위해 이 사건에 대한 재조사와 관련자의 처벌을 주장하였다. 결국 정조 때에 다시 만든 《경종수정실록》에는 "박상검이 김일경의 손발이 되어 은밀한 기회를 몰래 주선하여 안팎에서 선동하였다."고 기록되었다. 《景宗實錄 1年 12月 22日·23日·24日·25日, 2年 1月 4日·6日》·《景宗修正實錄 1年 12月 22日》

41) 두 역비(逆婢) : 나인 석렬(石烈), 필정(必貞)을 이른다. 이들은 김일경의 사주를 받은 환관 박상검에게 매수되어 왕세제인 연잉군이 경종에게 문안을 드리거나 왕의 수라상을 살피러 가는 길을 가로막아 경종과 왕세제 사이에 불화를 조성하였다는 혐의를 받는데 본격적인 국문이 시작되기 전에 모두 자진하였다. 《景宗實錄 1年 12月 23日·24日·25日》·《承政院日記 景宗 1年 12月 27日》

42) 선래(先來) : 외국에 갔던 사신이 돌아올 때 사신보다 앞서 오는 역관이나 그동안의 경과를 보고하도록 사신이 먼저 보낸 원역(員役)을 이른다.

43) 목호룡(睦虎龍) : 1684~1724. 본관은 사천(泗川)으로, 참판 목진공(睦進恭)의 후손이며, 남인(南人)의 서얼(庶孽)이다. 일찍이 종실인 청릉군(靑陵君)의 가동(家僮)으로 있으면서 풍수술(風水術)을 배워 지사(地師)가 되었다. 처음에는 노론인 김용택·이천기·이기지 등과 함께 세제를 보호하는 편에 속하였으나, 1721년(경종1) 김일경 등의 상소로 김창집 등 노론 4대신이 실각하여 유배되고 소론 정권이 들어서자, 다음 해인 1722년 소론편에 가담하여 경종을 시해하려는 모의가 있었다는 이른바 삼수설(三手說)을 고변(告變)하였다. 이 고변으로 인하여 역모로 지목된 60여 명이 처벌되는 옥사가 일어나고, 건저(建儲) 4대신인 이이명·김창집·이건명·조태채 등이 사형 당하였다. 목호룡은 고변의 공으로

고변서[44]가 나와 성궁을 무함하여 욕보인 것이 망극한 지경에 이르렀지만 예사롭게 보아 넘기고 전하를 위해 변론하는 말 한 마디가 없었으니, 당시 옥사를 잘못 다스린 죄는 올바르게 밝히지 않을 수 없습니다.

이명언(李明彦)[45]은 '보위를 달갑게 여기지 않으셨다.'[46]고 말하였고, 권익관(權益寬)[47]·윤용(尹容)[48]·조익명(趙翼命)[49] 등은 지극히 패악한 말을 하였으

부사공신(扶社功臣) 3등으로 동성군(東城君)에 봉해지고 동지중추부사(同知中樞府事)에 올랐다. 그 뒤 1724년 영조가 즉위하자 노론이 상소하여 임인옥사를 무고로 일어난 일이라고 주장하자, 영조가 이것을 받아들여 김일경과 함께 붙잡혀 옥중에서 급사하였다. 죽은 뒤 당고개에서 효수되었다.

44) 목호룡의 고변서 : 1722년(경종2) 3월 27일, 목호룡은 노론이 숙종 승하 직후부터 세 가지 방법을 통해 경종을 시해하려 했다고 고변하였다. 이른바 삼수(三手)로써 왕세자였던 경종을 제거하고 이이명을 옹립하려 했다는 것이다. 고변 내용 중에는 왕세제는 물론 대비에까지 저촉되는 불온한 말이 적지 않았으므로, 이틀 뒤 세제가 사위(辭位)할 뜻을 표명하기도 하였다. 소론은 이 고변을 계기로 노론 4대신을 역괴로 몰아서 처벌하여, 이를 임인옥사(壬寅獄事)라고 한다. 《景宗實錄 2年 3月 27日·29日》이 임인옥사에 대해 소론은 역정(逆情)이 분명한 역옥이라 하였고, 반면 노론은 소론에 의해 조작된 무옥(誣獄)이라 하여 팽팽히 대립하였다.

45) 이명언(李明彦) : 1674~1755. 본관은 한산(韓山), 자는 계통(季通)이다. 형조판서 이규령(李奎齡)의 아들이다. 1699년(숙종25) 식년시 진사가 되고, 1712년 정시 문과에 급제하였다. 1713년 정언이 되어 정호(鄭澔) 등을 탄핵하였다. 1716년 홍문록에 올랐으며, 1719년 통신사 종사관으로 일본에 다녀왔다. 1722년 부제학으로서 상소하여 장희빈을 추보하라고 청하였다. 이후 대사간·승지·대사헌 등을 역임하면서 노론 처벌에 앞장섰다가 1725년(영조1) 유배되었다. 1727년 풀려나 형조참판이 되었다가 1728년 무신란에서 이일좌(李日佐)의 공초에서 아들 이하택(李夏宅)의 이름이 나와 국문을 받았지만 풀려났다. 그렇지만 이후 노론의 집요한 탄핵으로 1737년 부자가 다시 붙잡혀서 심문 받고 각각 대정현(大靜縣)과 정의현(旌義縣)에 정배되었는데, 이명언은 1753년 석방되었지만 1755년 을해옥사에 연루되어 처형되고 일가친척이 노륙(孥戮)되었다.

46) 보위 …… 않으셨다 : 1724년(영조 즉위년) 11월, 이의연이 노론 4대신의 신원과 소론의 처단을 주장하는 상소를 올리자, 이명언이 상소하여 그를 국문할 것을 청하였는데, 그 내용 중에 "전하께서 처음 즉위하였을 때는 보위를 달갑게 여기지 않으셨다." 한 구절이 있었다. 《承政院日記 英祖 即位年 11月 10日》

47) 권익관(權益寬) : 1676~1730. 본관은 안동, 자는 홍보(弘甫)이다. 사간 권두기(權斗紀)의 아들이다. 1711년(숙종37) 식년문과에 급제하여 청요직을 두루 지내고, 1723년(경종3) 충청감사가 되었다. 1725년(영조1) 노론의 탄핵을 받고 유배되었다가 1727년(영조3) 풀려나와 공조참의 등을 역임하였다. 1728년 무신란에 연좌되어 다시 외딴섬에 안치되었다가 이듬해 풀려났는데, 그 해 사간원의 탄핵을 받아 또다시 변방에 정배되었다.

니, 너무나 통탄스럽습니다. 또 명색이 대신이라는 자가 '정책국로(定策國老)'니 '문생천자(門生天子)'니 하는 말을 방자하게 아뢰었으니,[50] 지금이 어떠한 때라고 그가 감히 이러한 말들을 오늘에 비유한단 말입니까? 그 저의는 길 가는 사람도 모두 알 것입니다.

심지어 이세최(李世最)[51]는 작년에 한 통의 상소[52]를 올려 역적 김일경을 위해 송변(訟辨)하면서, 첫째로 '하늘을 떠받치고 태양을 들어올렸다.〔扶天擎日〕' 하였고, 둘째로 '가슴 가득 붉은 피〔一腔丹血〕'라고 하며, 김일경을 법정(法正)에

1735년 관작이 회복되었으나, 1776년에 다시 반역의 죄상이 추궁되어 관작이 추탈되었다.

48) 윤용(尹容) : 1684~1746. 본관은 파평(坡平), 자는 수보(受甫)이다. 병조판서 윤지인(尹趾仁)의 아들이며, 소론의 영수인 영의정 윤지완(尹趾完)의 조카이다. 어머니는 판중추부사 이정영(李正英)의 딸이다. 1722년(경종2) 정시 문과에 급제하여 다음 해 홍문록에 선발되었다. 이후 청요직을 두루 역임하다가 1724년 영조 즉위 직후 파직 당했다. 1727년(영조3) 다시 부수찬이 되고, 1728년 형조참의, 1733년 승지, 1745년 공조판서에 올랐다가 1746년 대사헌을 끝으로 사망하였다.

49) 조익명(趙翼命) : 1677~1744. 본관은 풍양(豊壤), 자는 사필(士弼)이다. 직장(直長) 조형(趙珩)의 증손으로, 조원명(趙遠命)의 동생이다. 1705년(숙종31) 진사가 되고, 그 해 별시문과에 급제하여, 1709년 정언이 되었다. 1716년 지평 재직시 《가례원류(家禮源流)》의 서문에서 윤증을 비난한 권상하(權尙夏)를 비판하였다. 경종대 삼사의 언관을 역임하였다. 영조가 즉위하자 노론 4대신의 옥사 때 삼사의 언관직에 있으면서 이를 제지하지 못한 책임을 지고 파직 당하였다. 1727년(영조3) 복직되어 보덕(輔德)이 되었으며, 1729년 윤순(尹淳)·권일형(權一衡)과 같이 동지사(冬至使)로 청나라에 다녀와 대사간·승지 등을 역임하였다.

50) 대신이라는 …… 아뢰었으니 : 1724년(영조 즉위년) 11월, 조태억이 청대하여 아뢰면서 경종 때 왕세제의 대리청정을 청한 노론을 '정책국로(定策國老)'·'문생천자(門生天子)'에 빗대어 비판한 일을 이른다. 문생천자란 당나라 말기에 환관이 권세를 자행하여 천자를 마치 시관(試官)이 문생 보듯 하였기 때문에 생겨난 말이며, '정책국로'란 정책을 좌우하며 천자를 세운 국가의 원로라는 의미로 역시 환관을 의미한다. 곧 환관과 같은 소인배들이 어리석은 임금을 옹립한다는 의미로 쓰이는 용어들이었다. 《英祖實錄 即位年 11月 8日》

51) 이세최(李世最) : 1664~1726. 본관은 용인(龍仁), 자는 유량(幼良)이다. 아버지는 이순악(李舜岳)이며, 어머니는 윤문거(尹文擧)의 딸이고, 부인은 영의정 유상운(柳尙運)의 딸이다. 1699년(숙종25) 정시 문과에 급제하여 1704년 정언 재직 시 호조판서 조태채(趙泰采)의 불법을 논죄하였다. 1711년 승지가 되고, 1724년(경종4) 이조참판에 올랐다. 1725년(영조1) 김일경을 비호하였다는 탄핵을 받고 유배 가서 유배지에서 죽었다.

52) 이세최(李世最)는 …… 상소 : 1723년(경종3) 2월 24일, 이세최가 대사헌으로서 올린 소를 이른다. 《承政院日記 景宗 3年 2月 24日》

견주기까지 하였습니다.[53] 법정의 일에 대하여 '손부인(孫夫人)이 지척에서 변란을 일으킬 수 있었는데, 법정이 주공(主公)을 잘 보필하였다.'[54] 하였는데, 이 고사를 끌어와 지금을 증명한 것은 그 말뜻이 음흉하고 사특합니다.

저 김동필(金東弼)[55]은 김일경 당의 공갈에 겁을 먹고, 김일경을 일러 망발을 하였다 하면서도 그 죄가 악독한 대역죄에 해당되는 것은 아니라는 등의 말로 그를 신구하는데 심혈을 기울였습니다.[56] 이로 말미암아 김일경의 당이 크게 칭찬하고, 자급을 뛰어 강화 유수(江華留守)로 승진[57]하게 하였습니

---

53) 김일경을 …… 하였습니다 : 법정이 촉군 태수(蜀郡太守)가 되어 제멋대로 일을 처리하자 어떤 사람이 제갈량에게 와서 주공(主公)인 유비(劉備)에게 알려 억제하기를 청하였는데, 제갈량이 말하기를 "주공이 …… 행동하기 어려운 상황에서 법정이 주공을 보좌하여 펄펄 날게 되었으니 다시 억제할 수 없다. 어떻게 법정을 금지시켜 조금이라도 자기 뜻대로 하지 못하게 할 수 있겠는가." 하였다. 《三國志 法正傳》 이세최가 상소에서 위의 내용을 인용하고서 "今一鏡未有法正之矯橫, 論其輔翼之功, 則視法正尤大." 하여 김일경은 법정처럼 제멋대로 일을 처리하지 않았고 임금을 보필한 공이 법정보다 더욱 크다고 하였는데, 허석은 이세최가 김일경을 법정에 비교하였다고 비난하였다.

54) 손부인 …… 보필하였다 : 이것은 제갈량이 법정을 비호하며 한 말이다. 손부인은 유비와 결혼한 손권의 누이동생이었다. 당시 유비의 촉나라는 손권의 오나라와 대립관계였으므로, 유비는 손부인이 궁중 안에서 변란을 일으킬까 근심하였는데, 제갈량은 이것을 법정이 잘 보필하여 막았다고 말하였다.

55) 김동필(金東弼) : 1678~1737. 본관은 상산(商山), 자 자직(子直), 호 낙건정(樂健亭), 이다. 1704년(숙종30) 춘당대 문과(春塘臺文科)에 급제하고, 1707년부터 청요직을 두루 역임하였다. 1721년(경종1) 보덕으로 재직시 세제를 모해하려는 환관 박상검·문유도 등을 탄핵해 처벌하게 하였다. 1722년 임인옥사를 마무리하면서 홍문관 제학 김일경이 종묘에 토역(討逆)을 고하는 교문을 지었는데, 김동필은 이 교문에 인용한 말들이 문제가 있음을 들어 김일경을 논핵하였다. 1727년(영조3) 도승지와 한성판윤을 역임하면서 영조의 탕평책에 협조하였다. 1728년 무신란이 일어나자 남한순무 겸 동로경략사(南漢巡撫兼東路經略使)로 출전해 공을 세우고, 난이 평정된 뒤에 이조판서 등을 지냈다. 시호는 충혜(忠惠)이다. 저서로 《인접설화(引接說話)》가 있다.

56) 그를 …… 기울였습니다 : 김동필이 경연에 입시한 자리에서 김일경이 대찬한 교문이 '망발(妄發)'이라고 하며 그 때문에 죄를 준다면 달갑게 여기겠으나 대역부도(大逆不道)로 죄를 준다면 정실을 캐내어 단죄하는 뜻이 아닐 것이라고 한 일을 이른다. 이에 대한 원문은 "聖上亦以其重大文字之妄發做錯爲罪, 則雖黜之竄之, 渠必死且甘心, 而若以此, 直斷之以不道大逆, 則恐非聖朝原情定罪之意, 故朝廷之不爲請討, 蓋以此也."이다. 《承政院日記 英祖即位年 11月 12日》

57) 강화 …… 승진 : 1724년(영조 즉위년) 12월, 승지였던 김동필은 강화 유수에 임명되었다.

다. 전후로 역적 김일경을 옹호한 간사한 무리가 거의 다 처벌 받았으나 그만은 요행히 모면하였습니다.

아! 사문(斯文)의 시비는 금석처럼 견고한데[58] 저들이 감히 이기기에만 힘써 '숙종[肅廟]의 본의가 아니었다.' 하니, 아, 또한 통분스럽습니다. 삼가 바라건대 전하께서는 과감하게 결단하시어 전후 악독한 역적 무리에게 전형을 분명하게 시행하신 뒤 종묘에 공경히 고하고 온 나라에 선포하소서.

근래 '선왕의 본의가 아니었다.[非先王本意]'는 주장을 한 사람이 끝내 극형에 처해졌습니다.[59] 아! 이 다섯 글자는 전후로 같은데, 유생은 벌을 받고 조정의 신하는 그대로 두었으니 이 무슨 이치란 말입니까?"

주상이 답하기를,

"한번 상소하여 모든 조정 신료들을 무함하고 심지어는 대신을 침해하여 비방하기까지 하니 참으로 놀랍다."

하였다.

《承政院日記 英祖 即位年 12月 2日》

58) 사문(斯文)의 …… 견고한데 : 사문(斯文)은 유학(儒學)에서 말하는 성인(聖人)의 도(道), 곧 유교 문화 또는 유학자를 지칭하는 말인데, 조선후기에는 주로 당시의 지배 사상이었던 주자학(朱子學)을 지칭하는 말로 쓰였다. 송시열(宋時烈)이 윤휴(尹鑴)를, 그리고 노론이 박세당(朴世堂)을 사문난적(斯文亂賊)으로 규정한 것이 그 대표적인 사례이다. 숙종대인 1680년 경신환국 이후에는 송시열과 윤증 사이의 대립, 즉 회니시비(懷尼是非)가 사문시비를 대표하게 되었다. 여기서는 1716년(숙종42) 숙종이 이전까지 윤증을 편들던 태도를 돌변하여 송시열이 옳다고 판정한 병신처분을 이른다. 이는 회니시비를 둘러싸고 심각해진 노·소의 대립과 분쟁에 왕이 직접 관여하여 노론을 지지하는 처분을 내린 것이었다. 《肅宗實錄 42年 8月 24日》숙종대의 사문시비가 격화되어 경종대에는 왕위 계승과 결부된 충역시비로 발전하면서 상대 당파를 역적으로 몰아서 죽이는 사태가 발생하였다. 영조 탕평책은 바로 이러한 정치적 난맥상을 극복하고 정치를 정상화시키려는 의도에서 나온 것이었다.

59) 근래 …… 처해졌습니다 : 영조 즉위년(1724), 유학 이의연(李義淵)이 "신축년(1721, 경종1) 이후의 일은 모두 선왕의 본의가 아니었다." 하며, 노론 4대신의 신원과 소론의 처단을 주장하는 상소를 올렸다. 이 상소로 인해 영의정 이광좌, 좌의정 유봉휘, 우참찬 김일경 등이 상소하여 인책하며 이의연을 죄주기를 청하였고, 이의연은 외딴섬에 정배되었다. 이후 이의연에 대한 국문 요청이 이어지자 영조는 이를 허락하였고, 이의연은 국문을 받던 도중에 사망하였다. 《英祖實錄 即位年 11月 6日·7日·8日·26日, 12月 5日》

○ 유학(幼學) 이진(李搢)이 상소하여 윤선거(尹宣擧)60)가 성조(聖朝)를 무함하고 능멸한 죄61)를 논핵하였다.

○ 충주 유학(幼學) 강조열(姜祖烈)이 상소하여, 김범갑(金范甲), 최탁(崔鐸)이 선정을 비방한 죄62)를 논핵하였다.

---

60) 윤선거(尹宣擧) : 1610~1669. 본관은 파평(坡平), 자 길보(吉甫), 호 미촌(美村)·노서(魯西)· 산천재(山泉齋)이다. 성혼의 외손이자 윤황(尹煌)의 아들이며 윤증(尹拯)의 부친이고 김집(金集) 문인이다. 1633년(인조11) 증광시에서 생원·진사에 모두 급제하여 성균관에 들어갔다. 1636년 청나라의 사신이 입국하자 성균관의 유생들을 규합, 사신의 목을 베어 대의를 밝힐 것을 주청하였다. 그 해 12월 병자호란이 일어나자 가족과 함께 강화도로 피신하였다. 이듬해 강화도가 함락되자 처 이씨가 자결하였으나 자신은 탈출하였다. 1651년(효종2) 이래 사헌부지평·장령 등이 제수되었으나, 강화도에서 대의를 지켜 죽지 못한 것을 자책하고 끝내 취임하지 않았다. 유계(兪棨)와 함께 저술한 《가례원류(家禮源流)》·《후천도설(後天圖說)》 및 이에 관하여 유계와 논변한 편지를 비롯한 많은 저술을 남겼다. 영의정에 추증되었으며, 영춘(永春)의 송파서원(松坡書院), 영광(靈光)의 용암사(龍巖祠), 노성(魯城)의 노강서원(魯岡書院) 등에 제향되었다. 저서로 《노서유고(魯西遺稿)》가 있고, 시호는 문경(文敬)이다.

61) 윤선거(尹宣擧)가 …… 죄 : 1725년(영조1) 1월, 유학 이진이 상소에서 거론한 '성조(聖朝)를 무함하고 능멸'한 윤선거의 죄란 윤선거가 '구천(句踐)은 속이고, 연광(延廣)은 광망(狂妄)하였으며, 강왕(康王)은 실제로 군전(軍前)에 있었다.'는 등의 말을 한 것을 가리킨다. 《英祖實錄 1年 1月 4日》 먼저 "구천(句踐)은 속임수를 썼다.", "경연광(景延廣)은 광망스러웠다."라는 말은 윤선거가 1669년 송시열에게 보내려 썼던 〈기유의서〉에서 나온 말들이다. 춘추시대 월왕(越王) 구천은 적을 속이는 계책으로 오나라를 쳐부수어 복수하였으므로 간사하다는 비판을 면할 수 없고, 오대(五代) 때의 경연광은 국력을 헤아리지 않고 함부로 오랑캐[契丹]에 도전하였으므로 광망스럽다는 비난을 면할 수 없다는 내용으로, 윤선거는 무모하게 복수의 말만 앞세우면서 실공(實功)을 뒤로 해서는 안 된다는 경계의 의미로 이 말을 하였다. 뒤에 이 구절을 가지고 노론 쪽에서는 '구천을 효종(孝宗)에, 경연광을 송시열에 비긴 것'이라고 해석하여 소론을 공박하는 구실로 삼았다. 《魯西遺稿 擬答宋英甫 己酉》 "강왕(康王)은 실제로 군전(軍前)에 있었다."는 말은 1716년(숙종42) 좌의정 김창집이 차자를 올려 윤선거의 문집인 《노서유고》에 효종을 무함한 내용이 있으니 윤선거의 문집을 훼판해야 한다고 주장한 데서 문제로 부각되었다. 구체적으로는 윤선거의 글에 "금나라 군사가 강을 건너 쳐들어올 때 강왕은 실로 그 군중에 있었다.[比師 渡江, 康王實在軍前.]"라고 한 윤휴의 답서 내용을 인용한 것을 말하는데, 이 내용은 청나라 군사가 침입하였을 때 당시 대군이었던 효종은 아무것도 하지 못하고 청나라 군사의 포로가 되었던 것을 비꼰 말이라는 혐의를 받았다. 《魯西遺稿 日記 乙未十二月初》 《肅宗實錄 42年 7月 25日》

○ 승지 이정걸(李廷傑)⁶³⁾이 상소하여, 선사(先師) 윤선거의 원통함을 변론하자, 주상이 "사직하지 말라."고 답하였다.

○ 충청도 유학(幼學) 한세기(韓世基) 등이 상소하여, 성조(聖朝)를 무함하고 욕보인 윤선거의 죄를 청하였다.

○ 전 정언 임술(任述)이 상소하여 대략 다음과 같이 말하였다.

"현재의 국면을 담당한 신하들과 국외(局外)의 신하들이 지향하는 바가 서로 다른 것이 음과 양, 흑과 백 같을 뿐만이 아니니, 한편에서는 이의연(李義淵)⁶⁴⁾·이봉명(李鳳鳴)⁶⁵⁾을 흉역이라 하고 또 다른 한편에서는 유봉휘·김일경을 흉역이라 합니다. 동류이면 비록 흉악하고 패역한 말이라도 곡진하게 엄호해 주고, 자기와 다른 편이면 충언이고 직언이더라도 알력을 일으킨다고 지목하여, 이것이 점점 더 강도를 더해서 성궁(聖躬)을 무함하고 모욕하는

---

62) 김범갑(金范甲) …… 죄 : 1723년(경종3) 3월 2일, 관학 유생 김범갑 등이 상소하여 송시열을 도봉서원에서 출향할 것을 청하였고, 이어 3월 13일 사도(四道)의 유생 최탁 등이 김범갑 등의 상소에 동조하는 소를 올렸다. 《承政院日記 景宗 3年 3月 2日·13日》

63) 이정걸(李廷傑) : 1666~1730. 본관은 전주(全州), 자 수이(秀爾)·순보(舜甫), 호 백파(栢坡)이다. 윤증(尹拯) 문인이고, 이정필(李廷弼)·이정철(李廷喆)의 형이다. 1712년(숙종38) 정시문과에 급제, 경종 때 정언·장령 등을 지냈다. 1725년(영조1) 승지에 올라 윤증 부자의 억울함을 신변하였다. 1727년 다시 승지가 되고 1729년 한성부우윤으로 승진하였다. 이해 공조참판을 거쳐 이듬해 동지의금부사가 되었다. 저서로 《노회록(魯懷錄)》이 있다.

64) 이의연(李義淵) : 1692~1724. 본관은 전주(全州), 자 방숙(方叔), 호 유시재(有是齋)이다. 1724년 영조 즉위 후 겨울에 구언(求言)이 있었는데, 포의(布衣)로서 이에 응하여 신임옥사를 일으킨 소론 주동자의 축출을 주장하다가 유배되었다. 그런데 소론의 집요한 탄핵으로 국문을 받다가 옥사하였다.

65) 이봉명(李鳳鳴) : 1682~1746. 본관은 서림(西林), 자 방서(邦瑞), 호 구포(九苞)이다. 1708년(숙종34) 식년시 진사가 되었다. 1721년(경종1) 유봉휘를 토죄하라는 상소에 연명하였다. 1723년 증광문과에 급제한 뒤 이듬해에 동학(東學)의 훈도(訓導)가 되었다. 1724년 영조 즉위 직후 김일경 등을 토죄하라고 상소하였다가 유배되었다. 1725년(영조1) 풀려나 1726년 병조좌랑·전라도사 등을 지내다가 1727년 정미환국으로 의금부에 수금되었다가 1729년 풀려나 1731년 전적, 1735년 어천찰방(魚川察訪) 등을 지냈다.

데 이르러 극에 달합니다.

잘 모르겠습니다만 전하께서는 오늘날의 시비를 조제(調劑)하여 보합(保合)할 수 있다고 여기십니까? 차라리 시비를 분명하게 변별하고 호오(好惡)를 엄중하게 보이시어 서로 다투는 단서를 끊어 버리는 것만 못하니, 조제의 실제가 여기에 있습니다."

주상이 답하기를,

"고금 천하에 어찌 한쪽이 어질면 한쪽은 역적이 되고 한쪽이 역적이 되면 한쪽은 어질게 되는 이치가 있겠는가? 더욱 통분스러운 것은 피차가 모두 임금을 무함한다고 말하는데, 이는 성토하는 것이 아니라 도리어 무함하는 것이다."

하였다.

유학(幼學) 우덕삼(禹德三)이 상소하여, 대략 다음과 같이 말하였다.

"동궁에 책봉된 초기부터 역적 환관이 위해(危害)를 끼칠 것을 꾀하고[66] 흉적 김일경이 무함하고 모독하였던 것은 모두 유봉휘의 음흉한 상소[67]와 조태구의 지극히 패악한 말[68]을 따라 나온 것인데, 역적 환관은 이미 주륙되고

---

66) 역적 …… 꾀하고 : 1722년(경종2) 1월 왕세제가 입직궁관(立直宮官)과 익위사관(翊衛司官)에게, 내관들이 생명을 위협하니 독수(毒手)를 피하고자 사위(辭位)한다는 뜻을 알리면서 이른바 '박상검의 옥사'가 일어났다. 다음날 대신들의 주청으로 경종은 박상검과 문유도(文有道)를 국문하였는데, 당시 혐의 내용은 박상검이 김일경의 사주를 받고 왕세제가 경종에게 문침(問寢)하는 길을 막아 불화를 조성하는 한편 대전의 궁녀들로 하여금 왕세제를 헐뜯는 말을 하도록 시켜 왕세제를 제거하려고 하였다는 것이었다. 《경종수정실록 2년 9월 21일》 기사에는 "박상검이 김일경의 손발이 되어 안팎에서 선동하였다"는 내용이 보인다. 그러나 사건의 전모가 밝혀지기 전 박상검이 환열(轘裂)에 처해진 관계로 이 사건은 전모가 채 밝혀지기 전에 흐지부지 마무리되었다.

67) 유봉휘의 …… 상소 : 노론 측의 주장으로, 연잉군이 왕세제로 책봉된 문제를 두고 소론 측에서는 연잉군의 왕세제 책봉 자체는 반대하지 않았으나 그 절차에 대해서는 문제를 제기하였다. 대표적인 예가 1721년 8월 23일 유봉휘가 올린 상소로서, 여기에서 그는 현직 대신인 우의정 조태구가 논의를 몰랐고, 전직 대신도 제대로 불러 논의하지 않았으며, 신하가 군주를 압박하여 위복의 권한이 아래로 옮겨지는 결과를 초래했다고 주장하였다. 《景宗實錄 1年 8月 23日》

68) 조태구의 …… 말 : 1722년(경종2) 3월 노론이 이른바 삼수를 통해 경종을 시해하려

흉적 김일경도 이미 주살(誅殺)되었으나 원악(元惡)은 법망에서 빠져나가 왕법
이 펴지지 못하였으니 신은 적이 통탄스럽습니다.

또한 숙종의 신하들을 거론하며 이사상(李師尙)[69]이 '혼조(昏朝) 때의 간신들
보다 더 심하다.' 하였고, 이미 역적 궁비(宮婢)의 소행이라고 하였는데 윤서교
(尹恕敎)[70]가 감히 '선왕이 총애한 사람'이라고 지목[71]하였으니, 이는 인륜의
큰 변고요, 천고에 수치스러운 도리인데, 그런데도 이세최(李世最)는 구실을
대어 변명하며 역적 김일경을 비호하였습니다.

병신년(1716, 숙종42)의 처분은 마땅히 백세토록 지켜야 하는데 역적 최탁

모의했다는 목호룡의 고변이 일어나자 영의정 조태구가 양왕의 고사를 거론하면서
목호룡의 초사 가운데 한 가지 조항은 추문하지 말라고 청한 일이 있다. 《景宗實錄
2年 3月 29日》양왕(梁王)은 한 경제(漢景帝)의 동모제(同母弟)이다. 그의 반역 음모가
발각되어 전숙(田叔)을 보내어 조사하게 하였더니, 전숙이 돌아와서 말하기를 "양왕의
일은 묻지 마소서. 바른대로 말하면 처단해야 하고, 처단하면 태후의 마음을 상하게
할 것입니다."라고 하여, 양왕의 신하 몇 사람만 처벌한 일이 있다. 《史記 梁孝王世家》

69) 이사상(李師尙) : 1656~1725. 본관은 전주, 자는 성망(聖望)이다. 1689년(숙종15) 통덕랑으
로 증광문과에 장원 급제해 홍문관에 들어갔다. 이후 김일경 등과 교유하였는데 1722년
(경종2) 목호룡의 고변 직후 노론 4대신의 처벌을 강력히 주장하고, 경종 시해를 모의한
노론들을 일망타진한 임인옥사에 큰 역할을 하였다. 소론 중에서 준소(峻少) 계열로
활약하면서 대사헌·부제학 등을 역임하였다. 영조가 즉위한 뒤인 1725년(영조1) 신임옥
사의 주동인물로 탄핵 받고 절도에 안치되었다가 김일경·목호룡과 함께 사형에 처해졌
다. 이사상이 지은 경종의 시책문(諡冊文)이 《의릉지장(懿陵誌狀)》에 실려 있다.

70) 윤서교(尹恕敎) : 1677~1739. 본관은 파평(坡平), 자는 근보(近甫)이다. 증조부는 윤전(尹
烇), 조부는 윤원거(尹元擧), 부친은 윤유(尹揄)이다. 1713년(숙종39) 증광문과에 급제하여
1723년(경종3) 정언이 되었다. 김씨 성을 가진 궁인을 논한 것 때문에 1725년(영조1)
탄핵 받고 경상도 남해현 외딴섬에 위리안치 되었다가 1727년 석방되었다.

71) 윤서교(尹恕敎)가 …… 지목 : 임인옥사와 관련되어, 김씨 성의 궁인이 경종의 음식에
독약을 탔다는 김성절(金盛節)의 공초에 따라 1722년(경종2) 8월 18일 신하들이 김씨
성의 궁인을 조사하여 색출할 것을 요청하였다. 경종은 처음에는 이를 조사하도록
허락하였으나 곧 뚜렷한 실체가 없다는 이유를 들어 조사 요청을 거부하였다. 그러던
중 1724년 4월 24일 사간원 정언 윤서교가 상소하여, 그 궁인이 선왕인 숙종을 모셔
온 사람이므로 감싸는 것이라는 의혹을 제기하며, 인조의 총애를 받다가 김자점(金自點)
의 역모 사건에 연루되어 사사된 숙원(淑媛) 조씨의 일을 거론하였다. 이는 은연중에
숙종의 후궁으로서 연잉군을 돌봐온 영빈(寧嬪) 김씨를 모해하려 하였다는 혐의를
받았다. 《景宗實錄 2年 8月 18日, 4年 4月 24日》《承政院日記 景宗 4年 4月 24日》

(崔鐸)은 '스며드는 참소에 빠져들었다.'고 하였습니다.72) 그들 또한 모두 숙종의 신하인데 어찌 감히 이럴 수 있습니까? 이들의 죄는 참으로 모두 엄히 국문해야 마땅하니 속히 떳떳한 법을 시행하소서."

주상이 상소를 도로 내주라고 명하였다.

○ 조지서(造紙署) 별제 방만규(方萬規)73)가 상소하여, 대략 말하기를,

"김일경이 찬술한 교문과 소장 중에는 곽현(霍顯),74) 양기(梁冀), 염현(閻顯) 등의 일을 인용하였는데, 이 세 가지 일은 한(漢)나라 역사서에 실려 있는 일로, 태후와 내통하여 사군(嗣君)을 독살한 자들입니다. 이른바 소급수(小急手)란 은연중 자성(慈聖)이 그 사이에서 관여하여 아는 것이 있는 것처럼 한 것이니, 아! 통탄스럽습니다!"

하였다. 또 말하기를,

"'궁중의 인척(姻戚)과 연결하였다.[內屋戚聯]'75)고 했는데, 궁중은 어디이며

---

72) 최탁(崔鐸)은 …… 하였습니다 : 1723년(경종3) 3월 13일에 생원 최탁이 상소하여 "옛날 우리 선대왕께서 오랫동안 깊은 병을 앓아 차츰차츰 스며드는 참소가 이르지 않음이 없었다."라고 한 말을 가리킨다. 《承政院日記 景宗 3年 3月 13日》

73) 방만규(方萬規) : 1680~1725. 본관은 남양(南陽)이다. 1715년(숙종41) 식년문과에 급제하여 수찬, 조지서별제 등을 지냈다. 1725년(영조1) 상소하여 김일경 옥사 관련자인 심수현 (沈壽賢)·오수원(吳遂元)·윤진(尹晉) 등을 처벌하라고 주장하였다. 그렇지만 부교리 이광 보(李匡輔)가 국문을 청하고, 관학유생 이복령(李復齡) 등이 참형에 처하라고 주장하여, 결국 국청에서 고문 받다 죽었다.

74) 곽현(霍顯) : 한(漢)나라 때 대장군 곽광(霍光)의 아내이다. 곽광이 죽은 뒤 자신의 딸을 선제(宣帝)의 황후로 삼기 위해, 황후 허씨(許氏)가 출산할 때 어의인 순우연(淳于衍)을 시켜 황후를 독살하였으며, 외손인 상관 태후(上官太后)로 하여금 선제의 외조모인 박평군(博平君)을 위해 술자리를 베풀게 하고 술잔에 독약을 넣어 선제를 폐하려고 도모하였지만 실패하여, 아들 곽우(霍禹)와 종손 곽운(霍雲)·곽산(霍山) 등 일문이 멸족을 당하고, 그녀는 기시(棄市)되었다. 《漢書 霍光傳》

75) 궁중의 …… 연결하였다[內屋戚聯] : 1722년(경종2) 임인옥사를 마무리하면서 홍문관 제학 김일경이 종묘에 토역을 고하는 교문을 지었는데, 그 내용 중에 "궁중의 인척과 연결하여 주상의 동정을 살펴서 형세를 이루었다." 한 말을 가리킨다. 《景宗實錄 2年 9月 21日》

연결하였다는 인척은 누구입니까?"

하였고, 또 말하기를,

"'한 통의 서찰을 얻으려고 구중궁궐에 다시 도모하였다.[一札更圖於重宸]'76) 하였는데, 구중궁궐이란 어디를 가리켜 한 말입니까? 김씨 성의 궁인이 있었는지 없었는지 신은 알 수 없지만, 대행조(大行朝)께서 내리신 '원래 없다.', '본래 없다.'는 등의 하교77)로 본다면 그런 사람이 실제로 존재하지 않았음을 어찌 모르겠습니까?

그런데도 종국에는 윤서교(尹恕敎)란 자를 내세워 한 통의 소를 올려 이르기를, '이 역적이 선왕 때부터 받들어 모신 지 이미 오래되어 전하께서 「부모가 사랑한 바를 또한 사랑한다.」78)는 효심으로 차마 어쩌지 못하는 바가 있어서 그러한 것입니까?' 하였고, 또 말하기를, '또 흉적 숙원 조씨79)의 경우 선왕의 총희(寵姬)였는데도 오히려 현륙(顯戮)80)을 가하였습니다.' 하였습니다.81) 아,

---

76) 한 …… 도모하였다[一札更圖於重宸] : 김일경이 지은 반교문 중에 나오는 말로, 노론 대신이 세제(世弟)를 정하기 위해 인원왕후에게 수찰(手札)을 받았던 것처럼 경종을 폐출하기 위해 또 다시 인원왕후의 하교를 받으려 하였다는 말이다. 《景宗實錄 2年 9月 21日》

77) 대행조(大行朝)께서 …… 하교 : 1722년(경종2) 8월 18일 김씨 성을 가진 궁인이 경종의 음식에 독약을 탔다는 김성절의 공초 내용이 밝혀져 신하들이 그 궁인을 조사하여 색출할 것을 요청하였는데, 경종은 처음에 이를 허락하여 조사하였으나 뚜렷한 실체가 없자, 그 이후로는 조사 요청을 거부하였다.

78) 부모가 …… 사랑하라 : 《예기(禮記)》〈내칙(內則)〉의 "이 때문에 부모가 사랑하신 바를 또한 사랑하며, 부모가 공경하신 바를 또한 공경해야 하니, 개와 말의 경우도 모두 그렇게 해야 하는데, 더군다나 사람에 대해서이겠는가?[是故父母之所愛亦愛之, 父母之所敬 亦敬之, 至於犬馬盡然, 而況於人乎?]"라고 한 구절을 인용한 것이다.

79) 숙원 조씨 : 인조의 후궁 조씨(趙氏, ?~1651)를 이른다. 조씨는 1649년(인조27)에 귀인(貴人)에 책봉되고 인조의 총애를 한 몸에 받았으나 인조와 장렬왕후(莊烈王后)를 이간하고 소현 세자빈 강씨를 죽음으로 내몰았다. 효종 즉위 후에도 사돈 김자점과 함께 궁으로 무녀(巫女)를 불러들여 임금이 거처하는 대전과 대비, 인평대군(麟坪大君) 등의 처소에 저주를 행하며, 승려들과 불상을 세워서 효종을 무고(巫蠱)하다가 1651년(효종2) 12월 사사되었다. 《孝宗實錄 2年 12月 14日》

80) 현륙(顯戮) : 처형한 뒤에 그 시체를 공개적으로 전시하는 처벌을 이른다.

81) 종국에는 …… 하였습니다 : 이것은 모두 1724년 정언 윤서교의 상소문에서 인용한

'받들어 모셨다.'느니 '또한 사랑한다.'느니 하는 등의 말은 가리키는 뜻을 헤아리기 어렵고 숙원을 인용하여 비유한 말 역시 지극히 음험하고 사특하니, 이는 실로 그들 무리가 함께 그렇다고 여기는 말입니다."

하였다. 전교하기를,

"이러한 문자는 비록 김일경의 상소에서 나왔더라도 신하 된 자가 어찌 감히 제론한단 말인가? 특별히 명하노니 방만규는 사판에서 삭거하고, 그 소는 도로 내주도록 하라."

하였다.

○ 유학(幼學) 이근(李瑾)이 상소하여, 시비를 분명하게 가리고 충역을 분별해야 하는 의리에 대해 아뢰고, 김진상(金鎭商)[82]·신임(申銋)[83] 등의 유배를 풀어 달라 청하였다.

것이다. 《承政院日記 景宗 4年 4月 24日》

82) 김진상(金鎭商) : 1684~1755. 본관은 광산(光山), 자 여익(汝翼), 호 퇴어(退漁)이다. 김익훈(金益勳)의 손자, 김만채(金萬埰)의 아들이다. 1699년(숙종25) 진사가 되고 1712년 정시문과에 급제하여 청요직을 두루 거쳐 1720년 홍문록에 올랐다. 1716년 병신처분(丙申處分) 뒤 윤선거를 봉안한 서원과 문집 목판을 훼철하라고 청하였다. 1719년 장희빈의 묘를 이장할 때 동궁이 망곡(望哭)하려는 것을 저지하였다. 1722년(경종2) 신임옥사로 유배되었다가 영조가 즉위하자 이조정랑에 등용되었다. 1729년 탕평책의 일환으로 단행된 기유처분(己酉處分)에 반발하여 사직하였다가 대사헌·좌참찬 등을 역임하였다. 문집으로 《퇴어당유고(退漁堂遺稿)》가 전한다.

83) 신임(申銋) : 1639~1725. 본관은 평산(平山), 자 화중(華仲), 호 한죽(寒竹)이다. 박세채(朴世采) 문인이다. 1657년(효종8) 진사시, 1686년(숙종12) 별시문과에 급제하여, 1694년 정언이 되었다. 1696년 소론 탕평파 대신을 비판하였다가 정의현감(旌義縣監)으로 출보되었다. 이해 홍문록에는 올랐으나 도당록에서는 누락되었다. 1703년 승지가 되고, 1720년 공조판서에 올랐다. 1722년(경종2) 임인옥사 당시 사직(司直)이던 신임은 조태구·최석항·김일경 등의 이름이 죄인 백망(白望)의 공초에서 거론되었는데도 옥사를 상규(常規)대로 처리하지 않고 허실(虛實)을 변정(辨正)하지도 않은 채 마무리 지으려 한다고 비판한 상소로 인해 대사간 이사상(李師尙)·승지 황이장(黃爾章) 등의 논핵을 받고 제주에 위리안치 되었다. 영조 즉위 후 사면되어 돌아오던 도중 죽었다. 영의정에 추증되었으며, 시호는 충경(忠景)이다.

○ 경기도 생원 안택인(安宅仁) 등이 상소하여 황욱(黃昱) 등이 거짓을 날조하여 무함한 일[84]을 배척하고, 권상하(權尙夏)[85]·이희조 등의 복관(復官)을 청하였다.

○ 유학(幼學) 유조(柳組)가 상소하여 열조(列祖)를 본받아 당습(黨習)을 제거할 것, 옥안(獄案)을 조사하여 성상이 받은 무함을 씻을 것, 유교(遺敎)[86]를 준수하여 사문(斯文)을 부호할 것을 청하자, 전교하기를, "유조의 상소는 우덕삼의 상소와 똑같으니 돌려주어라." 하였다.

○ 전교하기를,
"신임(申鈮)을 특별히 방송하라. 승지에 궐원이 있으니, 김상옥(金相玉)[87]·박

---

84) 황욱(黃昱) …… 일 : 1722년(경종2) 7월, 황욱은 관학 유생으로서 진사(進士) 이보성(李普成)·이정주(李挺柱)·정동량(鄭東良), 유학 김준 등과 함께 상소하여 송시열이 윤선거를 시기하여 비난한 것을 논변하고 윤선거 부자의 관작을 회복할 것을 청하였다.《承政院日記 景宗 2年 7月 18日》

85) 권상하(權尙夏) : 1641~1721. 본관은 안동(安東), 자 치도(致道), 호 수암(遂菴)·한수재(寒水齋)이다. 송준길·송시열의 문인이다. 1660년(현종1) 진사가 되어 성균관에 들어가 수학하였다. 1689년(숙종15) 기사환국으로 남인이 득세하여 송시열이 사약(賜藥)을 받게 되자 그는 유배지로 달려가 스승의 임종을 지켰으며, 의복과 서적 등의 유품을 가지고 돌아왔다. 그 후 송시열의 유언에 따라 괴산 화양동(華陽洞)에 만동묘(萬東廟)와 대보단(大報壇)을 세워 명나라 신종(神宗)과 의종(毅宗)을 제향하였다. 1703년 찬선, 1712년 이조판서, 1717년 좌의정, 1721년(경종1) 판중추부사에 임명되었으나 나가지 않았다. 충북 청풍(淸風)의 한수면 황강리에 한수재(寒水齋)를 짓고 평생 벼슬을 하지 않은 채 은거하며 제자들을 길렀다. 저서로《한수재집(寒水齋集)》·《삼서집의(三書輯疑)》 등이 있다. 시호는 문순(文純)이다.

86) 유교(遺敎) : 숙종이 내린 병신년(1716)의 처분을 이른다.

87) 김상옥(金相玉) : 1683~1739. 본관은 연안(延安), 자 언장(彦章), 호 소와(疏窩)이다. 장령 김호(金灝)의 아들이다. 1709년(숙종35) 알성문과에 장원 급제하여 1718년 도당록에 올랐다. 1724년 영조가 즉위하자, 노론의 선비들과 함께 상소하여 소론의 김일경·목호룡·유봉휘 등을 제거하는 데 앞장섰다. 1728년 무신란이 일어나자 동지의금부사(同知義禁府事)가 되었다. 난이 평정된 뒤 탕평책을 반대하여 영조의 노여움을 사서 귀양 갔다가 이듬해 풀려났다. 1739년에 호조참판이 되었다.

성로(朴聖輅)[88]를 제수하고 전 참판 황일하(黃一夏)[89]를 서용하라."

하였다.

○ 비망기를 내렸다.

"허윤(許玩)[90]을 예조참판에, 김흥경(金興慶)[91]을 대사헌에, 유명홍(俞命弘)[92]을 대사간에 제수하고, 승지 윤봉조(尹鳳朝)[93]를 이조참의에 제수하라."

---

88) 박성로(朴聖輅) : 1681~?. 본관은 함양(咸陽), 자는 재중(載仲)이다. 1705년(숙종31) 증광문과에 급제하여 1713년 정언이 되었다. 1717년 헌납으로서 좌의정 이이명이 독대한 잘못을 논하였다. 1724년 영조가 즉위하자 김일경을 비호하는 소론을 탄핵하였다. 이듬해 승지·형조참의 등을 역임하였다.

89) 황일하(黃一夏) : 1644~1726. 본관은 창원, 자는 자우(子羽)이다. 1696년(숙종22) 정시문과에 급제하여 청요직을 두루 거쳐 1717년 도승지가 되었고, 1722년(경종2) 한성좌윤으로 있다가 조정 신하들을 모함하였다고 삭출되었다. 1725년(영조1) 서용되어 공조판서·좌참찬 등을 역임하였다.

90) 허윤(許玩) : 1645~1729. 본관은 양천(陽川), 자 윤옥(允玉), 호 계주(桂洲)이다. 1672년(현종13) 생원·진사 양시에 합격했으며, 1683년(숙종9) 증광문과에 장원 급제하여 청요직을 두루 거쳤다. 1689년 기사환국 당시 파직되었다가 갑술환국(1694) 때 재등용되어 풍기군수 등을 역임했다. 경종대 신임옥사로 삭탈되었다가 영조 즉위 후 예조판서에 올라 박필몽을 탄핵하여 유배 보냈다. 시호는 양경(良景)이다.

91) 김흥경(金興慶) : 1677~1750. 본관은 경주(慶州), 자 자유(子有)·숙기(叔起), 호 급류정(急流亭)이다. 황해도관찰사 김홍욱(金弘郁)의 종손이다. 1699년(숙종25) 정시문과에 급제하여 대사간 등 청요직을 두루 거쳐, 경종 때 한성부 우윤이 되었다가 신임옥사에 관련되어 파직되었다. 1724년 영조가 즉위한 뒤 도승지가 되고, 1734년(영조10) 우의정에 이어 1735년 영의정에 올랐다. 시호는 정헌(靖獻)이다.

92) 유명홍(俞命弘) : 1655~1729. 본관은 기계(杞溪), 자 계의(季毅), 호 죽리(竹里)이다. 1673년(현종14) 진사가 되고, 1682년(숙종8) 증광문과에 급제하여 1688년 지평이 되었으나, 이듬해 기사환국으로 파직되었다. 1692년 사헌부의 탄핵을 받고 형 유명웅(俞命雄)과 같이 사판(仕版)에서 삭거(削去)되었다. 1694년 갑술환국 이후 청요직을 두루 거치고 1718년 도승지가 되었다. 경종대 한성좌윤·전라감사를 지내고, 1724년 영조가 즉위하여 노론이 득세하자 이듬해 대사간·경기감사를 거쳐 1726년(영조2) 예조판서, 1727년 우참찬 등을 역임하였다. 시호는 장헌(章憲)이다.

93) 윤봉조(尹鳳朝) : 1680~1761. 본관은 파평(坡平), 자 명숙(鳴叔), 호 포암(圃巖)이다. 1705년(숙종 31) 증광문과에 급제하여 청요직을 두루 거쳤다. 영조 즉위 후 방만규 상소사건에 관련되어 하옥되었다가 사주에 귀양 갔으나 곧 석방되었다. 1727년(영조3) 정미환국 이듬해 귀양 가서 오랫동안 안치되었다. 1735년 석방되고, 1741년 관작이 복구되어

○ 좌참찬 강현(姜鋧)94), 판중추 심단(沈檀)95), 병조판서 심수현(沈壽賢)96), 이조판서 이조(李肇)97) -40여 인- 등이 연명으로 상소하여 방만규를 국문하고 신속히 나라의 법을 바로잡으라고 청하자, 주상이 답하기를,

"이러한 말은 한번도 차마 듣기 어려운데 또 죄안(罪案)을 만들어서 조사하고 다스리라는 것인가?"

하였다.

공조참판이 되었다. 1743년 지중추부사로 기로소(耆老所)에 들어갔으며, 1757년 판돈녕부사를 거쳐 1758년에 대제학이 되었다. 저서로 《포암집》이 있다.

94) 강현(姜鋧) : 1650~1733. 본관은 진주(晉州), 자 자정(子精), 호 백각(白閣)·경암(敬庵)이다. 판중추부사 강백년(姜栢年)의 아들이다. 1675년(숙종1) 진사시에서 장원하고 1680년 정시문과, 1686년 문과 중시에 연이어 급제하였다. 1689년 이조참의, 1708년 대제학, 다음해 예조판서·한성부판윤을 거쳐 경종 때 다시 판의금부사를 지냈다. 경종대 신임옥사에서 노론을 치죄하였는데, 그 죄로 1725년(영조1) 삭출되었지만 곧 석방되어 판의금부사·좌참찬에 올랐다. 시호는 문안(文安)이다.

95) 심단(沈檀) : 1645~1730. 본관은 청송(靑松), 자 덕여(德輿), 호 약현(藥峴)·추우당(追尤堂)이다. 아버지는 평시령(平市令) 심광면(沈光沔)이고, 어머니는 예조참의 윤선도의 딸이다. 1662년(현종3) 진사가 되고, 1673년 정시문과에 급제하여 청요직을 두루 거쳤다. 1680년(숙종6) 경신환국으로 10년, 1701년 민언량의 무고로 다시 10년간 유배되었다가 1711년 풀려났다. 1721년(경종1) 이조·예조판서 등을 역임하면서 경종과 세제인 영조에게 우애하기를 항상 권장하였다. 당시 김일경이 중심이 되어 내시 박상검을 매수, 세제를 해치려 했던 사건을 비난하였다. 이어 세제 우빈객(世弟右賓客)을 겸하면서 세제를 보도(輔導)하였다. 이후 형조·예조판서 등을 지냈다. 영조 즉위 후에는 판의금부사·판중추부사·도총관 등을 역임하였다. 1728년 노론의 탄핵을 받고 다시 유배 갔다가 1729년 영조의 탕평책으로 풀려나와 1730년 봉조하(奉朝賀)가 되었다.

96) 심수현(沈壽賢) : 1663~1736. 본관은 청송(靑松), 자 기숙(耆叔), 호 지산(止山)이다. 심억(沈檍)의 증손이며, 응교(應敎) 심유(沈濡)의 아들이다. 1704년(숙종30) 춘당대 문과에 급제하여 1706년 홍문록에 올랐다. 1722년(경종2) 공조판서를 거쳐, 1727년(영조3) 우의정, 1733년 영의정에 올랐는데, 1736년 판중추부사로 있다가 사망하였다.

97) 이조(李肇) : 1666~1726. 본관은 전주, 자 자시(子始), 호 학산(鶴山)이다. 1696년(숙종22) 정시문과에 급제하여 청요직을 두루 거쳤다. 1720년 고부사(告訃使)의 부사(副使)로 청나라를 다녀온 뒤 예조참판에 올랐다. 이듬해 도승지 재직시 노론이 연잉군을 앞세워 대리청정을 요청하면서 정권을 차지하려 하자 경종 보호에 앞장섰다. 1722년(경종2) 형조판서로서 임인옥사를 다스려 노론 4대신을 축출하는 데 가담하였다. 1725년(영조1)에 관작을 삭탈당하고 문외출송 되었고, 이듬해 경상도 밀양으로 유배되어 그곳에서 병사하였다.

○ 직강(直講) 안세갑(安世甲)[98]이 상소하여 다음과 같이 논하였다.

"김일경의 상소에 참여한 여섯 명의 역적[99]은 마땅히 국문을 해야 합니다. 이진유(李眞儒)[100]는 역적 김일경을 위해 김동필을 외직에 단망으로 올린 죄[101]가 있고, 권익관(權益寬)은 옛 악행을 떨쳐버리지 못하였으며 유수(柳綏)[102]는 역적 김일경의 우익(羽翼)이었고, 이명언(李明彦)은 역적 김일경의 심복이었으며, 구명규(具命圭)[103]·이보욱(李普昱)[104]은 3흉[105]에게 충성을 바

---

98) 안세갑(安世甲) : 1693~1763. 본관은 순흥(順興), 자는 길보(吉甫)이다. 1717년(숙종 43) 식년문과에 급제, 성균관학유(成均館學諭), 경양도찰방(慶陽道察訪)을 거쳐 직강(直講)으로 승진하였다. 1725년(영조1) 영조 즉위로 노론이 득세하자, 소론 이광좌(李光佐)·조태억(趙泰億) 등을 논척하다가 투옥되었지만 곧 풀려나왔다. 그 뒤 사예(司藝)·맹산현감 등을 역임하였다. 1728년 무신란이 평정되자 선전관으로 임명되었으나 나아가지 않았다.

99) 김일경의 …… 역적 : 1721년(경종1) 12월 6일 김일경이 올린 상소에 연명한 박필몽(朴弼夢), 이명의(李明誼), 이진유(李眞儒), 윤성시(尹聖時), 정해(鄭楷), 서종하(徐宗廈)를 노론 측에서 부른 명칭으로 '김일경의 상소에 연명한 여섯 흉적[疏下六賊]'이라는 뜻이다. 김일경 등은 이 상소에서 대리청정을 제기한 조성복과 이를 강행하고자 했던 노론 4대신 등을 역모로 공격하여 정국의 반전을 이끌었다. 《景宗實錄 1年 12月 6日》

100) 이진유(李眞儒) : 1669~1730. 본관은 전주, 자 사진(士珍), 호 북곡(北谷)이다. 이경직(李景稷)의 증손, 이정영(李正英)의 손자, 참판 이대성(李大成)의 아들이다. 1707년(숙종33) 진사가 되고, 그 해 별시문과에 급제하여 청요직을 두루 지냈다. 1722년(경종2) 노론 4대신을 제거하는 일에 가담하였다. 1724년 경종이 죽자 이조참판이 되어 고부 겸 주청사(告訃兼奏請使)의 부사로 청나라에 다녀왔다. 이듬해 노론이 등용되자 유배되었다가 중앙으로 압송되어 문초를 받던 중 옥사하였다.

101) 이진유(李眞儒)는 …… 죄 : 1723년(경종3)에 이조참의 이진유가 청대한 자리에서 김동필과 유수원을 외직으로 내보낼 것을 청하여, 경종의 윤허를 받았다. 이에 김동필을 광주목사(廣州牧使)로, 유수원을 예안현감(禮安縣監)으로 단부(單付)하였다. 이 일은, 1722년 대사간 김동필이 상소하여 김일경이 교문(敎文)을 지은 일을 탄핵한 일이 있는데, 이와 관련하여 이진유가 김일경을 비호하기 위해 한 일로 해석되었다. 《景宗實錄 2年 11月 26日, 3年 1月 14日, 2月 23日》

102) 유수(柳綏) : 1678~1755. 본관은 진주(晉州), 자는 여회(汝懷)이다. 문성공 유순정(柳順汀)의 9대손이며 이조참판 유진운(柳振運)의 아들이고, 남구만에게 수학하였다. 1705년(숙종31) 생원·진사가 되고, 1721년(경종1) 증광문과에 급제하여, 1722년 정언이 되었다. 1725년(영조1) 김일경 일파로 몰려 삭출 당했다가 1727년 정미환국으로 다시 등용되어 승지가 되었다. 그런데 1755년 윤지(尹志)와 왕복한 편지가 발각되어 유배되었다.

103) 구명규(具命圭) : 1693~1754. 본관은 능성(綾城), 자 성오(性五), 호 존재(存齋)이다. 후에 구택규(具宅奎)로 개명하였다. 1714년(숙종40) 증광문과에 급제하여, 1722년(경종2) 지평

첫습니다. 승지 조경명(趙景命)106)이 역적 김일경의 출사를 면려한 것과 조태

억(趙泰億)107)이 ‘문생천자(門生天子)’·‘정책국로(定策國老)’라고 주장한 것은 죄

를 주지 않을 수 없습니다.”

　하고, 또 말하기를,

　“조태억이 그 종형(從兄)108)의 죄상을 조사하여 처벌을 논의할 때 재신(宰臣)

　　　·정언 등을 역임하였다. 1725년(영조1) 유배되었다가 1727년 풀려나 1739년에는 승지가

　　　되었고 회양부사·부사직(副司直)을 역임한 뒤, 1744년 《속대전(續大典)》의 편찬에 찬집당

　　　상(纂輯堂上)으로 관여하였다. 1748년 공조참판, 1753년 한성부판윤이 되었다.

104) 이보욱(李普昱) : 1688~?. 본관은 용인(龍仁), 자는 휘백(輝伯)이다. 1719년(숙종45) 증광문

　　　과에 급제하여 청요직을 두루 거쳤다. 1723년(경종3) 이만성 등이 노론 4대신의 흉역에

　　　참여하였다 하여 국문하기를 청하였다. 또 임인옥을 고변한 목호룡만 녹훈(錄勳)되자,

　　　옥사를 다스린 여러 신하들이 함께 녹훈되어야 한다고 주장하였다. 이때 옥사를 담당한

　　　대신들이 모두 소론이었던 만큼, 영조 즉위로 노론이 득세하자 김일경·목호룡의 여당으

　　　로 몰려 탄핵을 받고 유배되었다. 1727년(영조3) 정미환국으로 다시 삼사에 진출하여

　　　1743년과 1750년 승지가 되었다. 사후 1755년 을해옥사 당시 관작을 삭탈 당하였다.

105) 3흉 : 김일경, 이사상(李師尙), 이명언(李明彦)을 이른다. 《承政院日記 英祖 1年 1月 11日》

106) 조경명(趙景命) : 1674~1726. 본관은 풍양(豊壤), 자 군석(君錫), 호 귀락정(歸樂亭)이다.

　　　좌의정 조문명, 영의정 조현명의 형이다. 1702년(숙종28) 진사시에 합격하여 음보(蔭補)

　　　로 현감이 되었으며, 1722년(경종2) 49세의 나이로 정시문과에 장원 급제하여 승지가

　　　되었다. 1725년(영조1) 대사간으로 있을 때 노론의 탄핵을 받고, 이듬해 죽었다.

107) 조태억(趙泰億) : 1675~1728. 본관은 양주(楊州), 자 대년(大年), 호 겸재(謙齋)·태록당(胎祿

　　　堂)이다. 조태구·태채의 종제이며, 최석정 문인이다. 1693년(숙종19) 진사가 되고, 1702년

　　　식년문과에 급제하여 청요직을 두루 지냈다. 1721년 조태구·최석항·이광좌 등과 함께

　　　대리청정을 반대하여 철회시켰다. 영조 즉위 후 우의정, 1727년(영조3) 정미환국 이후

　　　좌의정에 올랐다. 1755년 나주괘서사건(羅州掛書事件)으로 관작이 추탈되었다가 1908년

　　　(순종2)에 복관되었다. 저서로 문집인 《겸재집》이 있고, 시호는 문충(文忠)이다.

108) 종형(從兄) : 조태채(趙泰采, 1660~1722)를 이른다. 본관은 양주(楊州), 자 유량(幼亮), 호

　　　이우당(二憂堂)이다. 조태구의 종제이며, 조태억(趙泰億)의 종형이다. 1686년(숙종12)

　　　별시문과에 종형 태구와 함께 급제하여 청요직을 두루 역임하고 1717년 우의정에

　　　올랐다. 1721년(경종1) 연잉군의 세제 책봉을 건의하여 실현시켰으며, 이어 세제의

　　　대리청정을 주장하다가 소론에 의해 경종에 대한 불충으로 몰려 진도에 유배되어

　　　다음 해 사사되었다. 1725년(영조1) 우의정 정호의 청으로 관작이 회복되고, 외딴섬에

　　　나누어 유배되었던 자녀들도 모두 풀려나게 되었다. 노론 4대신의 한 사람으로서,

　　　과천의 사충서원(四忠書院)과 진도의 봉암사(鳳巖祠)에 제향되었다. 시호는 충익(忠翼)이

　　　다. 숙종 말년부터 노론 청류로 자처였는데, 그가 낙동(駱洞)에 살았으므로 그와 교류하는

　　　인물들을 낙당(駱黨)이라고 칭하였다.

들과 함께 입대하자, 역적 김일경이 '지금 조태억이 함께 입대한 것을 보건대 그의 종형이 역적임을 알 수 있다.'라고까지 하며 청한 일을 윤허 받을 핑계로 삼았습니다. 그 참혹하고 악독하게 해를 끼친 정상에 대해서는 아녀자와 어린아이도 모두 이를 갈고 있습니다."

하자, 주상이 특명으로 상소를 돌려주게 하였다.

○ 문겸(文兼)[109] 김국려(金國礪)가 상소하여, 유봉휘가 저지른 흉적의 정상과 최탁이 임금을 무함하고 사당(私黨)을 비호한 죄를 논핵하자, 주상이 소를 돌려주라고 명하였다.

○ 경상도 유학(幼學) 김인수(金麟壽) -500인- 등이 상소하여 송시열(宋時烈)[110]의 출향과 권상하의 추삭(追削)이 원통하다고 변론하자, 주상이 좋은 말로 비답을 내렸다.

○ 교리 이광보(李匡輔)[111]가 상소하여, 대략 다음과 같이 말하였다.

---

109) 문겸(文兼) : 조선시대 문신으로서 선전관을 겸임한 사람의 칭호이다.

110) 송시열(宋時烈) : 1607~1689. 본관은 은진(恩津), 자 영보(英甫), 호 우암(尤菴)·우재(尤齋)이다. 사옹원 봉사 갑조(甲祚)의 아들이며, 김장생(金長生)·김집(金集)의 문인이다. 1633년(인조11) 생원시에 합격하여 1636년 봉림대군의 사부가 되었다. 이후 병자호란과 그에 이은 삼전도의 치욕으로 은거하여 호서산림(湖西山林)의 일원이 되었다. 1658년(효종9) 효종은 호서산림 세력을 재등용하는 일환으로 송시열을 이조판서에 특서(特敍)하였다. 이후 현종대 두 차례 예송(禮訟)에 깊이 간여했다가 1674년 서인들이 패배하자 유배되었다. 1680년(숙종6) 경신환국으로 다시 조정에 돌아와서, 서인이 노론과 소론으로 분열하는 과정에서 노론의 종장(宗匠)이 되었다. 1689년(숙종15) 기사환국으로 남인이 재집권했는데, 이때 세자 책봉에 반대하는 소를 올렸다가 유배되었고, 그 해 6월 정읍에서 사약을 받고 죽었다. 1694년 갑술환국으로 관작이 복구되고, 이듬해 문정(文正)이라는 시호가 내려졌다. 1756년(영조32) 문묘에 종사되고, 1785년(정조9) 효종의 영릉이 있는 여주에 송시열 사당의 건립을 명하고 대로사(大老祠)라 사액하였다. 문집으로서 1787년 평안감영이 간행한 《송자대전(宋子大全)》이 있다.

111) 이광보(李匡輔) : 1687~1745. 본관은 전주(全州), 자는 좌백(左伯)이다. 이경직(李景稷)의 현손이고 이진우(李眞遇)의 아들이다. 유생 시절에 최석정이 지은 글을 가지고 윤증을

"방만규가 김씨 성의 궁인(宮人)에 대한 계사를 가지고 억지로 차마 자성을 무함하였다는 죄명을 만들어냈으니,[112] 이 무슨 말이며 어찌 통탄스럽다 하지 않겠습니까? 수라간 상궁이라는 말은 역안(逆案)에 분명하게 실려 있고, 누런 물을 토한 사실[113]은 《약원일기(藥院日記)》와도 부합하니, 조사를 청하지 않을 수 있겠습니까? 방만규 또한 한 명의 신하이거늘 어찌하여 천지 귀신을 두려워하지 않는단 말입니까?

성상의 비답에 이른바 '이는 성토하는 것이 아니라 도리어 무함하는 것'이라 하신 하교는 참으로 이러한 정상을 간파한 것입니다. 만약 역적을 비호한 죄에 대해 형률을 시행하지 않으신다면 지난날의 비망기는 한낱 종이 위의 빈말이 됨을 면치 못할 것입니다."

주상이 "광망한 주장인데, 어찌 깊이 책망할 가치가 있겠는가?" 하였다.

○ 경기도 유생 한익신(韓翊宸) -30여 인- 등이 상소하여, 송시열을 도봉서원

제사한 일 때문에 노론 측의 공격을 받아 정거(停擧) 당하였다. 1714년(숙종40) 증광문과에 급제하였으나 파방되었다가, 1715년 식년문과에 급제하여 청요직을 두루 지냈다. 1721년 (경종1) 지평으로서 노론 4대신 등을 탄핵하였다. 영조 즉위 직후 유배되었다가 1727년 정미환국으로 다시 청현직에 복직되어, 오랫동안 승지를 지내며 영조의 측근으로 활약하였다.

112) 방만규가 …… 만들어냈으니 : 조지서 별제 방만규가 상소하여, 성궁(聖躬)에 약을 시행한 김씨 성의 궁인이 동조(東朝)의 궁인이라는 말은 인원왕후를 무함한 것이라고 하면서 김일경의 옥사와 관련된 자들을 엄히 징토하기를 청하였다. 그러나 방만규는 이때의 상소에서, 김일경이 상소에 썼던 '기현(冀顯)', 즉 양기(梁冀)와 염현(閻顯)을 언급한 일로 인해, 영조로부터 차마 입에 올릴 수 없는 말을 했다는 이유로 사판(仕版)에서 삭제되는 벌을 받았다. 이로 인해 방만규는 인원왕후가 역모에 참여하였음을 암암리에 주장했다는 역공을 받고 이후 처형되었다. 《英祖實錄 1年 1月 8日》·《承政院日記 英祖 1年 1月 8日·16日·17日·18日》

113) 수라간 …… 사실 : 역적 궁비와 관련된 일은 임인옥사에 연루된 김성절의 공초(供招)에서 처음 나온 말로, 1720년(경종 즉위) 김씨 성의 수라간 궁인이 어선(御膳)에 독약을 탔다는 내용이었다. 1720년 12월 14일 경종이 실제 누런 물을 토한 일이 있었으므로, 이때부터 이 궁인을 찾아내어 토죄하라는 신하들의 청이 영조 즉위년까지 계속 이어졌다. 《景宗實錄 2年 8月 18日·26日》

에 복향(復享)할 것과, 윤선거·윤증(尹拯)[114] 부자에 대한 선정(先正)의 칭호를 금지시켜 줄 것을 청하고, 이어 흉적들이 선정을 해친 죄를 다스릴 것을 청하자 주상이 "이미 처분을 내렸다."고 답하였다.

○ 진사 유언일(兪彦鎰) 등이 상소하여 최탁이 임금을 무함한 죄를 변별하고, 유교(遺敎)를 재차 선양하여 영원히 공안(公案)으로 삼으라고 주장하자, 주상이 "이미 처분을 내렸다."고 답하였다.

○ 수찬 강박(姜樸)[115]이 상소하여 유응환(柳應煥)의 죄[116]와 방만규(方萬規)의 죄를 논핵하였다.

○ 전 군수 김경연(金慶衍)이 상소하여 대략 다음과 같이 말하였다.

---

114) 윤증(尹拯) : 1629~1714. 본관은 파평(坡平), 자 자인(子仁), 호 명재(明齋)이다. 성혼의 외증손이자 윤선거의 아들이다. 그 장인은 남인 권시(權諰)이다. 1657년(효종8) 김집의 권유로 회덕으로 가서 송시열을 스승으로 섬겼다. 그렇지만 송시열과 정치·사상적으로 대립하여 서인이 노·소론으로 분당되는 계기가 되었다. 송시열은 회덕(懷德)에 살았고 윤증은 니산(尼山)에 살았으므로 이들 사이의 갈등을 회니시비(懷尼是非)라고 칭하였다. 이들 간에 벌어진 정치사상적 대립은 이후 노·소 분당(老少分黨)을 초래하였다. 1694년(숙종20) 갑술환국 이후 1709년 우의정에 제수되었으나 나가지 않았다. 저서로 《명재유고(明齋遺稿)》를 남겼다.

115) 강박(姜樸) : 1690~1742. 본관은 진주, 자 자순(子淳), 호 국포(菊圃)이다. 1714년(숙종40) 절일제(節日製)에 장원하고, 이듬해 식년문과에 급제하여 민진원과 어유귀 등을 탄핵하다가 유배되었다. 1723년(경종3) 풀려나 홍문록에 오르고, 수찬이 되었다. 1727년(영조3) 윤지술을 탄핵하여 다시 유배되었는데, 정미환국(丁未換局)으로 소론이 집권하자 기용되어 장례원 판결사 등을 역임하였지만, 1728년 무신란에 연루되어 출사가 막히게 되었다. 저서로 《국포집》·《국포쇄록(菊圃瑣錄)》 등이 있다.

116) 유응환(柳應煥)의 죄 : 1725년(영조1) 1월 2일 전 도사 유응환이 김일경의 옥사를 재조사하기를 청하는 상소를 올렸다. 유응환은 이 소에서, 김일경이 교문(敎文)과 장소(章疏)에서 인용한 양기(梁冀)와 염현(閻顯)에 대한 고사를 세세하게 열거하여 아뢰었는데, 이에 대해 영조가 "다만 양기와 염현의 출처가 《자치통감강목(資治通鑑綱目)》에 있다고만 하면 되지 이에 대해 주각을 단 것은 입으로 말할 수 없는 의리를 크게 그르친 것이다." 하였다. 《英祖實錄 1年 1月 2日》

"대행 대왕께서는 스스로 생각하시기에 주요한 정무에 힘쓰다 보면 심신을 안정하여 요양하는 데 해롭다고 여기시고 정유년(1717, 숙종43)의 유교(遺敎)[117]를 준수하려 하셨으니, 이는 실로 권도에 따라 합당하게 처리하려는 성대한 생각이셨습니다.

그러나 전후의 흉악한 무리들이 온갖 계책으로 가로막으며 '명령하듯이[使令]', '독촉하듯이[催督]' 하거나 혹은 '은밀히 천위를 옮긴다.[陰移天位][118] 하였고 급기야 신축년(1721, 경종1) 역적 김일경의 상소에서는 협박과 추악한 비방이 더할 수 없는 지경에까지 이르렀습니다.

이미 건저(建儲)와 대리(代理)를 죄로 삼았으니, 생각건대 세제가 되어 대리하는 처지에서 받은 무함과 핍박이 어떠하였겠습니까? 이 무리를 하루 동안 주벌하지 않으면 양성(兩聖)[119]이 하루 동안의 무함을 받을 것이니, 반드시 징토하여 속히 왕법에 따라 처벌한 후라야 신인(神人)의 울분을 씻을 수 있을 것입니다.

붕당의 설에 대해서는 주자(朱子)의 가르침과 구양수(歐陽脩)의 주장[120]에서

---

117) 정유년(1717, 숙종43)의 유교(遺敎) : 정유년, 숙종은 자신의 눈병을 명분으로 하여 세자의 대리청정을 명하였다. 당시 숙종이 노론과 소론의 대립 속에 노론의 의리를 인정하였고, 노론 대신과 독대 직후 대리청정을 발표하였으므로 정치적 의도가 있다는 문제가 소론 측에 의해 제기되었으나 세자의 대리청정은 그대로 강행되었다. 이후 1721년(경종1) 10월 17일, 영의정 김창집·영중추부사 이이명·판중추부사 조태채·좌의정 이건명이 왕세제의 대리청정에 대해 정유년의 절목에 따라 품지(稟旨)하여 거행하도록 요청하는 차자를 연명으로 올렸다. 이때의 절목은 앞서 경종이 세제인 연잉군에게 모든 대소사를 대리청정 하도록 명한 것에 비해 세자의 결정권을 다소 제한한 것으로서, 노론 4대신은 차마 경종의 명을 그대로 따르지는 못하고 세제의 결정권이 다소 적었던 정유년의 절목에 따라 거행할 것을 청하였다.

118) 은밀히 …… 옮긴다[陰移天位] : 1721년(경종1) 10월, 한세량이 세제의 참정(參政)을 청한 집의 조성복을 청토(請討)하는 상소에서 "하늘에는 두 개의 태양이 없고, 땅에는 두 임금이 없다.[天無二日, 地無二王.]", "몰래 천위를 옮기려 한다.[陰移天位]"라고 한 말을 가리킨다. 《景宗實錄 1年 10月 12日》

119) 양성(兩聖) : 영조와 대왕대비 인원왕후(仁元王后)를 이른다.

120) 주자(朱子)의 …… 주장 : 중국 송나라의 정치가이자 문인인 구양수(歐陽脩)의 붕당론에서 주요한 특징은 정치에서 붕당의 존재를 부인할 수 없다는 점을 확고히 하고, 붕당을

논한 내용이 아주 상세하고 분명합니다. 더구나 오늘날 조정에 있는 신하들이 오직 당 심기를 일삼고 자기와 다른 사람을 배척하는 것을 능사로 여기고 있으니, 신은 '뒤섞어 등용한다.[參用]'는 글자를 시행할 곳이 없을까 두렵습니다.

저 전조(銓曹)에 포진하고 있는 자들은 성명(成命)이 없자 이조(李肇)와 이세최(李世最), 심공(沈珙)121)이 간사한 계략을 은밀히 꾸며내서 처음에는 한두 사람을 의망하여 책임을 메우는 척하다가 개정(開政)122)하였을 때 심공으로 하여금 은밀히 숨어서 참여하지 않게 함으로써 서로 공모하지 않은 것처럼 가장하고 의망한 사람들을 교묘하게 공격하여 제거하였습니다.

이조는 어리석고 용렬하여 본래 형편없는 사람인데, 이조판서의 자리를 함부로 차지하고 제멋대로 굴었습니다. 그저께 특별히 추고(推考)123)하였을 때는 말씀이 매우 준엄하였는데 겨우 몇 사람만 갖추어 의망하는 데 그쳤고, 승지의 망(望)에 이르러서는 서울에 거주하며 마땅히 의망할 만한 사람을 아무런 이유도 없이 제외시켜 버렸으니, 속이고 가린 것이 아니면 무엇이겠습니까?

조원명(趙遠命)124)과 조익명(趙翼命)은 역적 괴수의 지친인데, 조익명은 이거

공도(公道)의 실현을 추구하는 '군자(君子)의 당'과 개인적 이익을 도모하려고 일삼는 '소인(小人)의 당'으로 구분한 데 있다. 구양수는 군주가 진붕(眞朋)의 군자당이 위붕(僞朋)인 소인당에 대해 우세를 유지할 수 있도록 해주면 왕정은 저절로 바르게 이끌어질 것이라고 주장했다. 《宋史 歐陽脩列傳》 주자 역시 구양수의 견해를 따라서, 붕당이 있는 것을 염려할 것이 아니라 군자의 당이 있다면 군주도 그 당에 들어가기를 주저하지 말아야 한다고 주장했다. 《晦菴集 與留丞相書》

121) 심공(沈珙) : 1681~1734. 본관은 청송(靑松), 자 공보(共甫), 호 이파(梨坡)·취규재(聚奎齋)이다. 1708년(숙종34) 진사가 되고, 1711년 식년문과에 급제하여, 1716년 홍문록에 올랐다. 이후 청요직을 두루 거쳐 1724년(경종4) 승지가 되었는데 1725년(영조1) 파직 당했다. 1727년 정미환국으로 다시 승지·대사간을 거쳐 이조참판·부제학 등을 역임하였다.

122) 개정(開政) : 벼슬아치들의 인사에 관한 정사를 시작하는 일이다.

123) 추고(推考) : 벼슬아치들의 죄과(罪過)를 추문(推問)하여 고찰하는 일이다.

124) 조원명(趙遠命) : 1675~1749. 본관은 풍양(豊壤), 자는 치경(致卿)이다. 조형(趙珩)의 증손이고, 조익명의 형이다. 1702년(숙종28) 사마시, 1710년 증광문과에 급제하여 경종대 청요직을 두루 지내다가 1724년 영조 즉위 직후 파직되었다. 1727년 정미환국으로 다시 등용되어 승지·대사성 등을 거쳐 1749년(영조25) 정헌대부로 의정부 좌참찬에 올랐다. 시호는 정간(貞簡)이다.

원(李巨源)125) 무리를 특별히 체차하라 한 전교를 거두어 달라 청하였고, 역적 김일경을 비호하다가 견책을 입기에 이르렀으며, 조원명은 역적 김일경을 힘껏 구호하기 위해 얽어 만든 계사가 동료들에게 저지당하였습니다. 이에 대해 전하는 말들이 떠들썩하였고 사람들이 모두 통분하였는데도 급급히 전조(銓曹)에 의망(擬望)된 것은 대개 역적 김일경을 은밀히 구호하려는 뜻에서 나온 것이었습니다.

신의 생각으로는 이들을 모두 한꺼번에 내쫓은 후라야 붕당의 폐습을 바로잡을 수 있을 것입니다. 신임(申鈵)을 당초 육지로 옮기게 한 일은 선왕이 베푸신 특별한 은혜인데 아직까지 쟁집하고 있는 것은 또한 너무 심합니다."

주상이 답하기를,

"전형(銓衡)을 담당한 사람을 비난하고 배척하였는데 매우 공평함이 부족하다."

하였다.

○ 사간 윤회(尹會)가 상소하여 방만규를 엄히 추국하고 전형(典刑)을 분명하게 시행할 것을 청하였는데, 승지 윤봉조(尹鳳朝)는 방만규를 잡아들여 추국하는 것은 불가하다고 힘써 말하고, 또 이덕보(李德普)에게 내린 벌을 풀어 달라 청하니, 주상이 소두만을 정거하라 명하였다.

○ 이기익(李箕翊)126)을 병조참판에, 민진원(閔鎭遠)127)을 예조판서에, 이재

---

125) 이거원(李巨源) : 1685~1755. 본관은 한산(韓山), 자는 이준(彝準, 而準)이다. 1717년(숙종 43) 정시 문과에 장원 급제하여, 1722년(경종2) 사헌부지평으로서 노론 탄핵에 일조를 하였다. 1723년 이성신(李聖臣)을 탄핵했으며, 영조 즉위 후 이의연(李義淵)을 탄핵하고 김일경을 구원했다가 파직되었다. 1725년(영조1) 유배되었다가 1727년 풀려났으나 금고에 처해졌다. 1755년 춘천의 역모사건과 심정연(沈鼎衍)의 흉서사건(凶書事件)이 일어나자, 신치운(申致雲)·박사집(朴師緝)·심악(沈鍔)·유수원(柳壽垣) 등과 함께 붙잡혀 친국후에 효시되었다. 이 사건으로 이광좌·최석항·조태억 등은 관작을 추탈 당하였다.
126) 이기익(李箕翊) : 1654~1739. 본관은 전주, 자 국필(國弼), 호 시은(市隱)이다. 1687년(숙종

(李縡)[128])를 동경연(同經筵)에 임명하였다.

○ 영의정 이광좌(李光佐)[129])가 상소하여, 대략 말하기를,

---

13) 진사가 되어, 성균관에 입학하였는데, 1694년 성균관 유생을 이끌고 송시열의 신원(伸 寃)을 위한 상소를 올려 윤허 받았다. 1713년 60세의 나이로 증광문과에 급제하여, 청요직을 두루 거치고 1717년 좌부승지에 발탁되었다. 1725년(영조1) 병조참판 등을 역임하고, 1736년에 지돈녕부사·공조판서 등을 지냈다. 시호는 양정(良靖)이다.

127) 민진원(閔鎭遠) : 1664~1736. 본관은 여흥(驪興), 자 성유(聖猷), 호 단암(丹巖)·세심(洗心)이 다. 민유중(閔維重)의 아들이며, 인현왕후의 오빠이자 민진후(閔鎭厚)의 동생이고, 송시 열 문인이다. 1691년(숙종17) 증광문과에 급제하여, 1694년 갑술환국 이후 청요직을 두루 거치고 1697년 홍문록에 올랐다. 1715년 《가례원류》 간행을 둘러싸고 노·소론간에 갈등이 치열해지자 정호(鄭澔)를 두둔하다가 파직되었다. 1721년(경종1) 공조판서가 되었다가 신임옥사로 유배되었다. 1724년 영조가 즉위하자 우의정에 오르고, 1725년 좌의정이 되었다. 노론을 대표하여 영조 탕평책을 거부하고 끝까지 소론을 배척하였다. 1730년 기로소에 들고 1733년 봉조하(奉朝賀)가 되었다. 저서로 《단암주의(丹巖奏議)》· 《연행록(燕行錄)》·《단암만록(丹巖漫錄)》·《민문충공주의(閔文忠公奏議)》 등이 전한다. 영조의 묘정에 배향되었으며, 시호는 문충(文忠)이다.

128) 이재(李縡) : 1680~1746. 본관은 우봉(牛峰), 자 희경(熙卿), 호 도암(陶菴)·한천(寒泉)이다. 이유겸(李有謙)의 증손, 이숙(李䎘)의 손자이다. 아버지는 진사 이만창(李晚昌)이며, 어머 니는 민유중(閔維重)의 딸이다. 김창협(金昌協) 문인이다. 1702년(숙종28) 알성문과, 1707 년 문과 중시에 급제하여 청요직을 두루 지냈다. 1716년 부제학 재직시 《가례원류》 편찬자를 둘러싸고 시비가 일자, 노론의 입장에서 소론을 공격하였다. 1721년(경종1) 도승지가 되었으나 삭직되었고, 이듬해 임인옥사 때 중부 이만성(李晚成)이 옥사하자 은거하여 성리학 연구에 전념하였다. 영조대 다시 등용되어 대제학 등을 지내다가 1727년(영조3) 정미환국으로 소론이 득세하자 용인 한천(寒泉)에 거주하면서 제자 교육에 힘썼다. 의리론(義理論)에 입각하여 영조의 탕평책을 부정한 노론 가운데 준론(峻論)의 대표적 인물로, 윤봉구(尹鳳九)·송명흠(宋命欽)·김양행(金亮行) 등과 함께 당시의 정국 전개에 많은 영향을 미쳤다. 당시의 호락논쟁(湖洛論爭)에서는 이간(李柬)의 학설을 계승해 한원진(韓元震) 등의 심성설(心性說)을 반박하는 낙론(洛論)의 입장에 섰다. 예학 (禮學)에도 밝아 많은 저술을 편찬하였다. 저서로 《도암집》·《도암과시(陶菴科詩)》·《사례 편람(四禮便覽)》·《어류초절(語類抄節)》 등이 있다. 시호는 문정(文正)이다.

129) 이광좌(李光佐) : 1674~1740. 본관은 경주, 자 상보(尙輔), 호 운곡(雲谷)이다. 영의정 이항 복(李恒福)의 현손으로, 1694년(숙종20) 별시문과에 장원 급제하여 청요직을 두루 역임하 였다. 숙종대 소론으로서 병신처분(丙申處分)에 반대하다가 파직되었다. 1721년(경종1) 예조판서, 1723년 우의정에 올라 경종 보호에 힘썼으며, 영조 즉위 뒤 영의정에 올랐지만 노론이 득세하여 파직 당하였다. 1727년(영조3) 정미환국으로 다시 영의정이 되어 1728년 무신란을 평정한 공으로 분무원종공신(奮武原從功臣) 1등에 봉해졌다. 1730년에

"방만규도 사람일진대 하늘을 이고 땅을 밟고서 어떻게 이런 말을 할 수 있습니까? 적비(賊婢)가 독약을 썼다는 주장이 역적의 공초에서 나와 국청에서 조사하기를 아뢰자, 처음에 '원래 없다.'는 하교가 있었습니다. 이에 김성절을 다시 추국하여 신문하였는데 성절은 끝내 '모른다.' 하였습니다.

그때 김성절이 자복한 지 여러 날이 지났을 때여서 죄상을 자백한 역적을 지레 죽게 하면 또한 형벌의 원칙을 잃게 되므로 형을 집행할 것을 아뢰었습니다. 그런데 지금 어찌하여 살려두지 않고 서둘러 법대로 처형하였느냐고 말하는 것이 과연 말이 되는 주장입니까?"

하자, 주상이 좋은 말로 비답을 내렸다.

○ 대사간 유명홍(兪命弘)이 청대(請對)하여 입시해서는, 윤서교(尹恕敎)를 잡아들여 국문하라 청하고, 사문(斯文)의 시비는 숙종께서 이미 처분하셨는데, 지난번 비국(備局)의 회계에서 "선왕의 본의가 아니었다."고 하여 함부로 거짓을 날조하여 무함하였으니, 당시 회계한 신하들에게 모두 삭탈을 명하라고 청하니, 주상이 이르기를, "회계한 사람을 써서 들이게 하는 것이 좋겠다."하였다.

유명홍이 또 이삼(李森)130)을 역적 김일경의 심복이라 논핵하고 외딴섬에 위리안치 할 것을 청하였으나, 주상이 윤허하지 않았다.

○ 합계 ―사간 이봉익(李鳳翼)131), 지평 유복명(柳復明)132)― 하기를,

영조에게 탕평책을 상소하여 당쟁의 폐습을 막도록 건의했다. 1737년 다시 영의정이 되어 재직 중 1740년 박동준(朴東俊) 등이 중심이 되어 삼사의 합계(合啓)로 '호역(護逆)'이라고 탄핵하자 울분 끝에 죽었다. 1755년 을해옥사로 준소계열이 무너질 때 관작이 추탈되었다가 순종 때 복권되었다.

130) 이삼(李森) : 1677~1735. 본관은 함평(咸平), 자는 원백(遠伯)이다. 윤증의 문인이다. 1705년(숙종31) 무과에 급제하여 평안도병마절도사 등을 지내고, 경종의 신임을 받아 총융사·어영대장 등을 역임하였다. 1727년(영조3) 훈련대장이 되어 1728년 무신란에서 공을 세워 함은군(咸恩君)에 봉해지고, 1729년 병조판서에 올랐다. 저서로 《관서절요(關西節要)》가 있다.

131) 이봉익(李鳳翼) : 1671~1743. 본관은 여흥(驪興), 자는 사휘(士輝)이다. 1710년(숙종36) 증

"좌의정 유봉휘의 차고 넘치는 죄에 대한 신인(神人)의 분노를 이루 다 말할 수 있겠습니까? 궁중에서 정책(定策)[133]하여 주고받은 것이 광명한데도 말하기를 '명령하듯이[使令]', '독촉하듯이[催督]' 하였으며, 저위(儲位)가 이미 세워져 팔도에서 사랑으로 추대하는데도 혼자 '놀랍고 당황스러우며 근심스럽고 의혹이 든다.'[134]고 하였습니다. 명호(名號)가 이미 정해진 뒤에 문득 다른 뜻을 품고서 국본을 위태롭게 하려고 도모하다니, 어찌 감히 이와 같이 무엄할 수 있단 말입니까?

영의정 이광좌(李光佐)는 흉악하고 속임수에 능하며 음흉하고 간교하여 화단을 일으키려는 마음을 품었습니다. 지난 날 역적 김일경의 교문(敎文) 사건[135]이 터졌을 때 여론이 떠들썩하였는데도 오히려 말이 없었고 도리어

광문과에 급제하여 청요직을 두루 거쳤다. 1724년(영조 즉위) 어영청(御營廳)의 군수(軍需)를 탕진한 어영대장 이삼(李森)을 치죄하라고 상소하였는데, 이는 대개 이삼이 김일경의 당여였기 때문이다. 이후 승지가 되었으나, 1727년 정미환국으로 파면 당했다가 1728년 다시 승지가 되었다.

132) 유복명(柳復明) : 1685~1760. 본관은 전주, 자 양휘(陽輝), 호 만촌(晩村)이다. 1711년(숙종 37) 생원시에 합격하고, 1717년 식년문과에 장원 급제하여 청요직을 두루 지냈다. 1721년 (경종1) 지평 재직 시 연잉군의 세제 책봉을 반대하는 조태구·유봉휘 등을 탄핵하였다. 이듬해 임인옥사가 일어나 노론이 실각하면서, 탄핵을 받아 파직되었다. 영조가 즉위하자 김일경의 처형을 주장하였고, 1725년 지평에 복직하였다. 1727년(영조3) 정미환국으로 파직되었다가 이듬해 복직되었다. 1732년 대사간, 1743년 형조참의를 거쳐 1754년 자헌대부(資憲大夫)로 70세가 되어 기로소(耆老所)에 들어갔다. 시호는 정간(貞簡)이다.

133) 정책(定策) : 천자를 세우고 그 사실을 간책(簡策)에 써서 종묘(宗廟)에 고했던 고사에서 유래한 말로, 본문에서는 연잉군을 왕세제로 옹립한 일을 이른다.

134) 놀랍고 …… 든다 : 1721년(경종1) 8월에 노론의 주도하에 연잉군을 후계자로 정하고 위호(位號)를 왕세제로 정하였다. 이에 대해 소론인 유봉휘가 문제를 제기한 상소에, "신이 삼가 듣건대, 정언 이정소가 상소하여 저위(儲位)를 세우기를 청한 데 대해 성상께서 '대신의 의견을 물은 다음 내게 물어 처리하라.'라고 비답을 내리셨다고 합니다. 신은 이 소식을 듣고서 놀랍고 당황스러우며 근심스럽고 의혹이 드는 것을 견딜 수 없었습니다.[臣伏聞正言李廷熽疏請建儲, 聖批以議大臣稟處爲答. 臣聞來, 不勝其驚遑憂惑矣.]"하였다. 《承政院日記 景宗 1年 8月 23日》

135) 김일경의 교문(敎文) 사건 : 1722년(경종2) 9월 21일 임인옥사를 마무리하면서 종묘에 토역(討逆)을 고하는 교문을 반포하였는데, 이 교문은 당시 홍문관 제학이었던 김일경이 지어 올린 것이었다. 그 내용 중 특히 문제가 된 것은 왕위 계승을 놓고 골육간의

김일경을 높이고 존숭하여 단번에 판서의 반열에 올려 병조판서에 의망하였습니다. 역적의 실상이 환히 드러나 간절하고 애통해하는 성상의 하교를 보고도 삼공(三公)의 자리에 있는 몸으로 끝내 징토하기를 청하지 않았습니다. 병신년(1716, 숙종42) 이후로는 심사(心事)를 드러낼 수 없다고 여겨, 숙종조에는 스스로 출사를 포기하였으니[自劃]136), 청컨대 파직하십시오.

우의정 조태억은 인륜을 남김없이 끊어버린 까닭에137) 사람 취급을 받지 못하였습니다. 역적 김일경의 교문의 일이 터졌을 때, '접혈(蹀血)'이란 두 글자를 심상하게 보고 넘겼으며, 작년에 역적 김일경이 원접사(遠接使)로 나갈 때 술잔을 나누며 환담을 나누고 시구(詩句)에 뜻을 담아 주고받았습니다. 어전에서 아뢴 '정책국로(定策國老)', '문생천자(門生天子)'와 같은 말은 도리에 어긋나기 짝이 없으니 어찌하여 이러한 지경에 이르렀단 말입니까? 청컨대 파직하소서."

하자, 주상이 모두 따르지 않는다고 명하였다.

또 이삼·이사상 등을 논핵하여 절도에 안치할 것을 청하자, 주상이 이사상에 대해서만 아뢴 대로 따르도록 명하였다. 또 이명언이 '도움을 받아 즉위하였다.', '추대를 받았다.'라고 한 말들138)이 방자하고 무엄하다 논핵하니, 주상이

살육을 나타내는 '종무(鍾巫)'와 '접혈금정(蹀血禁庭)' 고사의 인용이었다. 이 고사의 인용은 사람들에게 왕세제 연잉군이 형인 경종을 죽이고 왕위를 차지하려는 음모에 가담하였음을 넌지시 암시하는 말로 받아들여졌다. 김일경이 찬술한 교문은 《경종실록 2년 9월 21일》기사로 수록되어 있는데, '종무'는 사람들의 권개(勸改)로 인해 김일경 자신이 삭제하였고 '접혈금정'은 은연중 간접적인 표현으로 삽입되었다.

136) 스스로 출사를 포기하였으니 : 원문은 "自劃"이다. '반도자획(半途自畫)'의 준말로, 스스로 자신의 한계를 그어 더 이상 나아가지 않는 것을 말하는데, 여기에서는 이광좌가 노론 우위의 정국에 스스로 위축되어 출사하지 않은 것을 의미한다. 이 말은 《논어》〈옹야(雍也)〉에 공자의 제자 염구(冉求)가 부자(夫子)의 도를 좋아하지 않는 것은 아니나 힘이 부족하다고 하자, 공자가 "힘이 부족한 자는 중도에 그만두는데, 지금 너는 스스로 한계를 긋고 있다.[力不足者, 中道而廢, 今女畫.]" 한 데서 유래한 말이다.

137) 조태억은 …… 까닭에 : 노론 4대신 중의 한 사람인 조태채는 조태억에게 종형이 된다. 본문에서 조태억이 인륜을 남김없이 끊어버렸다고 한 것은 조태채를 처벌할 때 조태억이 묵인 또는 방조하는 태도를 보였다고 비판하는 말이다.

답하기를, "번거롭게 하지 말라." 하였다.

○ 성균관 유생 이복령(李復齡) 등이 상소하여 방만규의 음흉함과 사특함을 논핵하였다.

○ 지평 이의천(李倚天)139)이 아뢰어 청하기를,

"역적 김일경을 추켜세우며 임용한 전관(銓官)을 적발하여 모두 삭출하소서. 박장윤(朴長潤)의 죄140)는 이루 다 주벌할 수 있겠습니까? 기사년(1689, 숙종15)의 당인(黨人)이 명분과 의리에 죄를 지어141) 성고(聖考, 숙종)께서 엄하게 배척하시고 준엄하게 물리치셨는데, 이 때문에 이 무리가 원망을

---

138) 도움을 …… 말들 : 1724년(영조 즉위년) 11월 10일, 이명언이 노론 4대신의 신원과 소론의 처벌을 주장한 이의연의 국문을 청하며 올린 상소에 나오는 말이다. 해당 구절의 원문은 "전하께서 그때 결국 이 무리의 도움을 받아 즉위하였다면 …… 이에 대해 과연 마음이 편안할 수 있겠습니까?[殿下於其時卒受此輩之援立……其果能安於此?]", 그리고 "어찌 일찍이 흉도들의 추대를 받았다 하여 이 무리를 용인한 바가 있었겠습니까?[豈嘗以凶徒之所擁立, 有所假貸於此輩?]"이다. 《承政院日記 英祖 卽位年 11月 10日》

139) 이의천(李倚天) : 1676~1753. 본관은 전주, 자 사립(斯立), 호 박직와(樸直窩)이다. 1713년 (숙종39) 증광문과에 급제하여 1721년(경종1) 지평이 되었는데, 조태구를 탄핵하였다가 영암군에 유배되었다. 1725년(영조1)에는 이삼·이광좌·조태억 등을 처벌하라고 상소하였다. 1726년 동부승지에 올랐는데, 1727년 정미환국으로 정배되었다가 1740년 다시 승지가 되었다.

140) 박장윤(朴長潤)의 죄 : 박장윤(朴長潤, 1679~?)의 본관은 밀양(密陽), 자는 원백(遠伯)이다. 1711년(숙종37) 식년문과에 급제하여 1723년(경종3) 지평이 되었다. 1724년(경종4) 4월 30일, 사헌부 장령 박장윤이 상소하여 숙종의 지문(誌文)은 흉역(凶逆) 이이명이 지은 것이니 유궁(幽宮) 곁에 묻을 수 없다고 하며 속히 그 지문을 삭거(削去)하고 다시 짓도록 청한 일을 이른다. 《景宗實錄 4年 4月 30日》이 일로 1725년(영조1) 이의천(李倚天) 등의 탄핵을 받고 유배되었다.

141) 기사년(1689, 숙종15)의 …… 지어 : 기사년은 인현왕후가 폐위된 해이다. 숙종이 왕후를 폐하려 하자 좌의정 목내선·우의정 김덕원 등이 정청(庭請)하였는데, 왕의 정지 명령에 따라 다음날 곧바로 정지하였다. 이후 1694년(숙종20) 갑술환국 때 이 사안이 다시 거론되었는데, 서인·노론은 남인이 불과 반나절의 정청에 그친 것은 인현왕후에 대한 남인의 불충(不忠)을 드러낸 것이라고 주장하면서 명의죄인(名義罪人)이라는 죄목으로 남인들을 지속적으로 탄핵하였다.

쌓고 불만을 품으며 한번 분풀이를 하고자 생각하다가 성고께서 승하하시고 오랜 시간이 지나 능침의 풀들이 이미 해묵은 뒤에 감히 지문(誌文)의 개정을 대놓고 청하면서 조금도 주저함이 없었으니, 아! 통탄스럽습니다.

옛날 장석지(張釋之)가 말하기를, '만일 누가 장릉(長陵)의 한 줌 흙을 가져간다면 무엇으로 그 죄를 더하겠습니까?'[142] 하였으니, 이 말은 능을 범하는 죄보다 큰 죄는 없다는 것입니다. 지금 박장윤의 죄는 이미 옛사람이 정해 놓은 사안이 있으니, 청컨대 문외출송 된 죄인 박장윤을 속히 법대로 처형하소서."

하였지만 주상이 윤허하지 않았다.

○ 정언 김상석(金相奭)[143]이 아뢰기를,

"행 사직 윤취상(尹就商)[144]은 평소 역적 김일경과 결탁, 그의 심복이 되어 국가에 화를 끼치고 사람을 해치는 일을 은밀하게 돕지 않은 것이 없었습니다. 그의 이름이 백망(白望)의 긴요한 공초[145]에서 나왔는데도 용의주도하게

---

142) 만일 …… 더하겠습니까? : 장석지는 전한(前漢) 문제(文帝) 때의 명신이고, 장릉은 한 고조(漢高祖)의 능호이다. 고조의 사당에 놓아두었던 옥환(玉環)을 훔쳤다가 붙잡힌 자가 있었는데 문제가 그를 멸족의 중형으로 다스리려 하자 정위(廷尉) 장석지가 만일 장릉을 파헤치는 자가 생긴다면 무슨 법으로 다스리겠느냐고 하면서 중벌은 부당하다고 간쟁(諫爭)하였다. 《史記 張釋之列傳》

143) 김상석(金相奭) : 1690~1765. 본관은 연안(延安), 자 군필(君弼), 호 시은(市隱)이다. 연흥부원군(延興府院君) 김제남(金悌男)의 현손, 지평(持平) 김홍석(金弘錫)의 손자이고, 아버지는 김호(金澔)이며, 어머니는 윤세익(尹世翊)의 딸이다. 아들이 영의정 김익(金熤)이다. 1718년(숙종44) 정시문과에 급제하였지만 1721년(경종1) 신축환국으로 물러나 있다가, 1724년 영조가 즉위하면서 노론이 집권하자 간관이 되어 이광좌·조태억·유봉휘·이삼·심단 등을 탄핵하는 데 앞장섰다. 1727년(영조3) 정미환국으로 파직되었다가 1728년 수찬이 되었는데, 영조 탕평책을 비판하였다가 또 파면 당했다. 1729년 다시 등용되어 대사헌 등을 역임하였다. 저서로 《시은일록(市隱日錄)》이 있고, 시호는 정간(貞簡)이다.

144) 윤취상(尹就商) : ?~1725. 본관은 함안(咸安)이다. 1676년(숙종2) 무과에 장원 급제하여 1701년 총융사가 되었다. 경종 즉위 후 병조참판·동지의금부사를 지냈다. 1722년(경종2) 형조판서에 올라 김일경과 함께 노론을 축출하는 데 앞장섰다. 1724년 영조가 즉위하면서 김일경의 일당으로 몰려 국문을 받고 복주(伏誅)되었다.

145) 백망(白望)의 긴요한 공초 : 백망은 연잉군의 응사(鷹師)로서, 1722년(경종2) 3월 28일 목호룡의 고변으로 인해 경종의 시해 또는 폐출을 모의한 죄목으로 수금되었다. 백망은

꾸민 정절은 하나도 조사하여 드러내지 못하였습니다. 그가 국옥(鞠獄)에 붙잡혀 왔을 때 제멋대로 성을 내고 꾸짖는 말을 내뱉으며 거역하는 형상이 현저하였으니, 진실로 신하의 정절이 있다면 어찌 감히 이렇게 하였겠습니까? 청컨대 극변에 원찬하소서."

하자, 아뢴 대로 따랐다.

○ 성균관 유생 유취기(兪就基) -50여 인- 등이 상소하여, 윤봉조(尹鳳朝)가 방만규의 상소를 사주하였다[146]고 논척하고, 임금을 속인 죄를 속히 바로잡으라고 주장하였다. 이어 유복명(柳復明)이 역적을 비호한 죄를 조사하라고 주장하자, 주상이 "다시 소란의 단서를 일으키는 것을 내가 받아들일 수 없다."고 책망하였다.

○ 충주 유학(幼學) 정언형(鄭彦衡) -80여 인- 등이 상소하여, 이진유(李眞儒)·권익관(權益寬)이 조정의 명령을 빙자하여 누암서원(樓巖書院)[147]의 사액(賜額) -송시

공초에서, 소론과 남인이 세제를 모해하려 하였다고 역으로 고변하였는데, 여기에는 당시 추국을 담당하고 있던 조태구·최석항·김일경·심단 등의 이름도 거론되었다. 국청에서는 이 일을 불문에 붙였으며, 문목에서 벗어난다고 하여 기록하지 않았다. 《景宗修正實錄 2年 3月 29日, 4月 4日》

146) 윤봉조(尹鳳朝)가 …… 사주하였다 : 1725년(영조1) 1월 8일 조지서 별제 방만규가 상소하여 자전이 당한 무함을 변석하고 역적 김일경을 비호한 삼사의 신하들을 찬배(竄配)할 것 등을 청하였다. 이 일로 방만규는 결국 처형되었는데, 친국 과정에서 윤봉조의 사주로 상소를 올렸다는 공초를 올렸다. 윤봉조는 본래 방만규와 면식이 없고 단지 누가 가져온 소장 한 통을 보고 물리친 일이 있었을 뿐이라고 변명하였으나, 그러한 소장을 보고도 엄히 물리치지 못한 죄가 있다 하여 극변(極邊)에 원찬되었다가 1730년(영조6) 석방되었다. 《英祖實錄 1年 1月 8日·17日, 6年 9月 18日》

147) 누암서원(樓巖書院) : 1695년(숙종21)에 송시열과 민정중 등의 학문과 덕행을 기리기 위해 세워진 서원이다. 1702년에 '누암'이라고 사액되어 사액서원으로 승격하였다가 1724년(경종4) 사액이 취소되었는데, 1725년(영조1) 회복되었다. 이후 권상하를 추가로 배향하고, 1795년(정조19) 4월 6일 충청도 유생들의 상소에 따라 정호를 추가로 배향하기로 결정하여 5월 7일 배향하였다. 1868년(고종5) 서원철폐령으로 인하여 훼철되어 건물만 보전되어 오다가 송시열·권상하·민정중의 영정을 분실하게 되자 1935년 정호의 후손들

열·민정중(閔鼎重)148)을 제향하였다.- 을 철거한 죄를 청하고 이어 서원의 향사(享祀)를 복설할 것을 청하자, 주상이 "본도로 하여금 거행하게 하라."고 답하였다.

○ 대사간 김재로(金在魯)149)가 상소하여 대략 말하기를,

"숙종 대왕께서 본말을 훤히 꿰뚫어 보고 시비를 확정지으셨는데, 감히 '숙환[沈痼]'이니, '서서히 스며드는 참소[浸潤]'니, 하는 등의 말150)로 공공연히 비웃고 헐뜯었으니 소유(疏儒) 최탁(崔鐸)을 속히 정배(定配)하소서.

박장윤(朴長潤)이 능지(陵誌)를 개정하라고 청한 것은 자기도 모르게 무엄한 지경에 빠져든 것으로, 이는 한(漢)나라 신하가 논한 일151)과는 같지 않으니,

---

이 충주시 가금면(可金面) 누암리(樓巖里)에서 가금면 창동리(倉洞里)로 옮기고 정호의 위패만 다시 봉안하였다.

148) 민정중(閔鼎重) : 1628~1692. 본관은 여흥(驪興), 자 대수(大受), 호 노봉(老峯)이다. 송시열 문인이고, 여양부원군(驪陽府院君) 민유중(閔維重)의 형이며, 인현왕후의 백부이다. 1649년(인조27) 정시문과에 장원하여 숙종대 좌의정에 올랐는데, 1689년 기사환국으로 다시 남인이 집권하자 관작을 삭탈당하고 벽동(碧潼)에 유배되어 그곳에서 죽었다. 1694년의 갑술환국으로 남인이 다시 실각하자 관작이 회복되었다. 현종의 묘정(廟庭)과 양주의 석실서원(石室書院), 충주의 누암서원(樓巖書院) 등에 제향되었다. 저서로《노봉집》《노봉연중설화(老峯筵中說話)》《임진유문(壬辰遺聞)》 등이 있고, 시호는 문충(文忠)이다.

149) 김재로(金在魯) : 1682~1759. 본관은 청풍, 자 중례(仲禮), 호 청사(淸沙)·허주자(虛舟子)이다. 우의정 김구(金構)의 아들이다. 1702년(숙종28) 진사시에 합격하고, 1710년 춘당대 문과(春塘臺文科)에 급제하여 청요직을 두루 지냈다. 1716년 부수찬 재직시 유봉휘·정식(鄭栻)을 탄핵해 물러나게 하였다. 1720년 경종이 즉위하자 이조참의 등을 거쳐 개성유수를 지내다가 1722년 임인옥사로 파직되었다. 1724년 영조가 즉위하자 풀려나 이듬해 대사간에 기용되었다. 부제학 재직시 유봉휘·이광좌 등 5인을 죄주도록 청하고, 김일경의 무고 사실을 상소해 사형에 처하게 하였다. 신임옥사로 죽은 노론 4대신의 복관을 상소해 이를 달성시켰다. 그 뒤 우의정을 거쳐 1740년(영조16) 영의정에 올라 1758년 관직을 떠나기까지 네 차례에 걸쳐 10여 년간 영의정을 지냈다. 저서로《천의소감언해(闡義昭鑑諺解)》와《난여(爛餘)》가 있고, 시호는 충정(忠靖)이다.

150) '숙환[沈痼]'이니 …… 말 : 1723년(경종3) 3월 13일, 최탁(崔鐸) 등이 상소하여 난적(亂賊)의 효시인 송시열의 도봉서원 제향을 중지할 것을 청하였는데, 그 내용 중에 '선대왕 숙종 대왕이 수년 간 숙환을 앓는 와중에 서서히 스며드는 참소가 곳곳에서 이르렀다.[昔我先大王積年沈痼之中, 浸潤之愬無所不至.]'라고 한 말을 이른다.

151) 한(漢) …… 일 : 한나라 신하는 장석지(張釋之)를 가리킨다. 고조(高祖)의 묘(廟)에서 옥환(玉環)을 도둑질한 자가 있어서 기시(棄市)에 해당한다고 아뢰자 임금이 노여워하며

엎드려 바라건대 참작하여 죄를 정하소서.

 신치운(申致雲)으로 말하면 어진 사람을 죽이고 바른 사람을 해치는 데 온 힘을 기울여, 심지어 세 조정의 빈사(賓師)인 대로(大老)를 '거활(巨猾)'이라고 지목152)하고, 산림에서 덕을 수양한 유종(儒宗)에 대해 '임금의 원수(君讐)'153)라고 말하여, 감히 사문(斯文)에 화를 전가할 흉계를 이루고자 하였습니다. 지난번에 신이 말한 '충역(忠逆)을 분변하지 않고 현사(賢邪)를 살피지 않는다.'라고 한 것은 바로 이러한 점을 가리킨 것입니다."

 하니, 주상이 좋은 말로 비답을 내렸다.

 양주 유학(幼學) 이지항(李志沆) -70여 인- 등이 상소하여 대략 다음과 같이 말하였다.

 "석실서원(石室書院)154)은 문충공(文忠公) 김상용(金尙容)155)·문정공(文正公)

 멸족(滅族)에 처하려고 하니, 장석지가 "법은 이것만으로 족합니다. 만일 장릉(長陵)의 한 줌 흙을 도굴한 자가 있으면 무엇으로 그 죄에 더하겠습니까?"라고 하자 임금이 중지하였다. 《漢書 張釋之傳》

152) 세 …… 지목 : 1723년(경종3) 11월 27일에 사헌부 지평 신치운이 계사를 올려서 고(故) 상신(相臣) 권상하의 관작을 추탈하기를 청한 일을 말한다. 이 계사에서 신치운은 권상하에 대해 '용렬하여 취할 것이 없는 사람인데, 다만 교활한 괴수[巨猾]에 기대어 거짓 명성을 얻었기 때문에 조정에 있는 흉역들이 한 목소리로 어질다고 칭송한다.' 했다. 그런데 그 '교활한 괴수'란 바로 우암 송시열을 가리키는 말이므로, 이 계사가 나온 뒤에 선정 송시열을 모독했다는 노론들의 거센 비난이 일어나게 되었다. 《承政院日記 景宗 3年 11月 27日》

153) 임금의 원수(君讐) : 1723년(경종3) 12월 3일에 지평 신치운이 권상하의 관작을 추탈하기를 청하는 계사 중에 나온 말로, 원문은 "나라를 원수로 삼을 만하며 임금을 배반할 만하다.[謂國可讐, 謂君可叛.]"이다. 《承政院日記 景宗 3年 12月 3日》

154) 석실서원(石室書院) : 경기도 미금시 수석동(水石洞) 석실마을에 있던 서원이다. 1656년 (효종7) 지방 유림의 공의로 김상용과 김상헌의 충절과 학덕을 추모하기 위한 사우(祠宇)로 창건되었다가 이후 1663년(현종4)에 '석실(石室)'이라고 사액되어 서원으로 승격되었고, 1697년(숙종23)에 김수항·민정중·이단상, 1710년에 김창협을 추가 배향하였다. 1868년(고종5) 대원군의 서원철폐령으로 훼철되었다.

155) 김상용(金尙容) : 1561~1637. 본관은 안동, 자 경택(景擇), 호 선원(仙源)·풍계(楓溪)·계옹 (溪翁)이다. 김상헌의 형이다. 인조반정 후 이조판서 등을 역임했으며, 정묘호란 때는 유도대장(留都大將)으로서 서울을 지켰다. 병자호란 때 강화도에서 순사하였다.

김상헌(金尙憲)156)을 제향한 곳으로, 고(故) 상신(相臣) 김수항(金壽恒)157)·민정중(閔鼎重), 고 부제학 이단상(李端相)158), 고 판서 김창협(金昌協)159)을 전후로 배향하였습니다.

지난날 사당(邪黨)의 변고가 이르지 않는 곳이 없었는데, 김수항 부자에게는 더욱 심하여 그 제향을 훼철하고자 심준(沈埈)이 발계(發啓)160)하고 윤회(尹會)

---

156) 김상헌(金尙憲) : 1570~1652. 본관은 안동, 자 숙도(叔度), 호 청음(淸陰)·석실산인(石室山人)이다. 병자호란 당시 주전론(主戰論)을 펴다가 인조가 항복하자 안동으로 은퇴하였다. 이후 청나라에 압송되어 6년 뒤에 풀려났다. 효종대 북벌의 이념적 상징으로 간주되어 '대로(大老)'로 불리며 존경을 받았다.

157) 김수항(金壽恒) : 1629~1689. 본관은 안동, 자 구지(久之), 호 문곡(文谷)이다. 1645년(인조 23) 반시(泮試)에 수석하고, 1646년 진사시와 1651년(효종2) 알성문과에 장원 급제하여, 1672년(현종13) 우의정에 올랐다가 1674년 갑인예송 이후 유배되었다. 1680년(숙종6) 경신환국이 일어나 남인들이 실각하자 영의정이 되어 남인의 죄를 다스리는 한편, 송시열·박세채 등을 불러들였다. 1689년 기사환국이 일어나 남인이 재집권하자, 탄핵을 받고 유배된 뒤 사사되었다. 1694년에 신원, 복관되었다. 1886년(고종23)에는 현종 묘정에 배향되었고, 양주의 석실서원(石室書院) 등에 추가 제향되었다. 저서로 《문곡집》이 있고, 시호는 문충(文忠)이다.

158) 이단상(李端相) : 1628~1669. 본관은 연안(延安), 자 유능(幼能), 호 정관재(靜觀齋)·서호(西湖)이다. 좌의정 이정귀(李廷龜)의 손자이며, 아버지는 대제학 이명한(李明漢)이고, 어머니는 금계군(錦溪君) 박동량(朴東亮)의 딸이다. 1648년(인조26) 진사시에 장원하고, 다음 해 정시문과에 급제하여 청요직을 두루 거쳤다. 1669년 관직에서 물러나 후학 육성에 전념하였다. 그의 문하에서 아들인 이희조와 김창협·김창흡·임영 등의 학자가 배출되었으며, 석실서원, 학산서원(鶴山書院)에 제향되었다. 저서로 《대학집람(大學集覽)》·《사례비요(四禮備要)》·《성현통기(聖賢通紀)》·《정관재집》 등이 있고, 시호는 문정(文貞)이다.

159) 김창협(金昌協) : 1651~1708. 본관은 안동(安東), 자 중화(仲和), 호 농암(農巖)·삼주(三洲)이다. 김수항의 아들이고, 김창집의 아우이며, 송시열 문인이다. 1669년(현종10) 진사시에 합격하고, 1682년(숙종8) 증광문과에 전시장원으로 급제하여, 청요직을 두루 거쳤다. 1689년 기사환국으로 아버지가 진도에서 사사되자, 사직하고 영평(永平)에 은거하였다. 1694년 갑술환국 이후 아버지가 신원됨에 따라 호조참의·지돈녕부사 등에 임명되었으나, 모두 사직하고 학문에만 전념하였다. 저서로 《농암집》·《주자대전차의문목(朱子大全箚疑問目)》·《논어상설(論語詳說)》·《오자수언(五子粹言)》·《이가시선(二家詩選)》 등이 있고, 편저로 《강도충렬록(江都忠烈錄)》·《문곡연보(文谷年譜)》 등이 있다. 숙종 묘정에 배향되었으며, 양주의 석실서원(石室書院), 영암의 녹동서원(鹿洞書院)에 제향되었다. 시호는 문간(文簡)이다.

160) 심준(沈埈)이 발계(發啓) : 1723년(경종3) 지평 심준이 계청하여, 석실서원에서 제향하는 김수항·김창협 부자가 살아 있었다면 연좌되었을 죄인이므로 향사를 받게 놔두어서는

가 그 뒤를 이어 출향(黜享)의 모의를 이루었습니다. 교화가 새롭게 융성해지고 공의가 시원스레 펼쳐지는 지금 속히 해당 관서에 제향을 거행하도록 명하시어 수많은 선비들의 여망을 달래 주소서."

○ 정언 김상석(金相奭)이 아뢰기를,

"판중추 심단은 기사년의 여당으로서 청의(淸議)의 버림을 받았으나 뜻을 이룬 뒤로 역적 김일경과 의기투합하였고, 백망의 공초에서 긴요하게 거론되었는데도 두려워하며 삼가는 마음이 없었으니, 청컨대 삭출하소서."

하고, 또 신치운을 원찬하라고 청하였으나 윤허하지 않았다.

○ 행 대사성 이진망(李眞望)[161]이 상소하여 대략 다음과 같이 말하였다.

"지난 겨울 이래 일종의 불만을 품은 무리가 먼 지방 가난한 사람의 자식을 사주하거나 한미한 가문의 말단 벼슬아치 무리를 꾀어 이름을 빌려서 임금의 속마음을 떠 보려 한 상소문이 날로 공거(公車)[162]에 쌓였는데, 이는 김일경을 함정으로 삼아 온 조정의 신하들을 마구 몰아넣으려는 것이니, 세도(世道)가 이 지경에 이른 것이 너무도 통분합니다.

심지어 영의정[首揆]은 실로 청류(淸流)의 영수(領袖)이자 국가의 주석(柱石)으로서 종사와 성상을 위한 열정이 가슴 가득 차 있어 김일경과는 초나라와 월나라[163]처럼 길을 달리 하였는데도 지금 참소하는 자들은 터무니없는

안 된다며 그들을 출향시킬 것을 주장하였다. 《承政院日記 景宗 3年 6月 3日》

161) 이진망(李眞望) : 1672~1737. 본관은 전주, 자 구숙(久叔), 호 도운(陶雲)·퇴운(退雲)이다. 영의정 이경석(李景奭)의 증손이다. 1696년(숙종22) 생원이 되고, 1711년(숙종37)에 식년 문과에 장원하여 청요직을 두루 거쳤다. 1725년(영조1) 대사성 재직시 이광좌의 신원을 상소하였다. 영조의 잠저(潛邸)때 사부(師傅)로서 왕의 예우를 받았다. 1730년 형조판서에 올라 예조판서·대제학 등을 역임하였다. 저서로 《도운유집》이 있다.

162) 공거(公車) : 한(漢)나라 때 상소 및 징소(徵召)에 대한 일을 관장했던 관서(官署)를 이른다. 본문에서는 승정원 또는 승정원 내의 상소를 수리하는 곳을 가리킨다.

163) 초나라와 월나라 : 원문의 초월(楚越)은 초나라와 월나라처럼 거리가 먼 것을 비유한다. 《장자(莊子)》〈덕충부(德充符)〉에 "서로 다른 것을 따지면 다 같이 배 속에 있는 간과

거짓을 날조하고 있으니 그 의도가 참혹하고 악독합니다. 아! 나라에 있는 어진 재상이 저들에게 무슨 원수가 되기에 이다지도 혹독하단 말입니까?"

승지 박성로(朴聖輅)가 아뢰기를,

"이진망은 현도(縣道)를 통해 올린[164] 한 통의 상소에서 확정된 처분에 불만을 품고 김일경의 무리가 쫓겨난 것에 분노하면서 심지어 '세도(世道)'니, '통분'이니, '참소'니 하는 등의 말을 제멋대로 하였습니다. 아! 이진망은 평소의 지론이 다소 다르다고 스스로 말해 왔는데 그의 말이 이에 이르렀으니 인심의 무너짐이 어찌 이 지경에 이르렀단 말입니까?"

하자, 주상이 답하기를, "이진망의 상소를 봉입한 일 자체가 본래 아름다운 일이 아니었다." 하였다.

○ 전라도 유학(幼學) 김택현(金宅賢) -1,000여 인- 등이 상소하여 대략 다음과 같이 말하였다.

"선정신(先正臣) 송시열, 권상하가 당한 원통한 모욕은 이미 설욕하였으므로 그들을 무함한 죄는 징치하지 않을 수 없습니다. 그런데 올바른 이를 해친 황욱(黃昱)·김범갑(金范甲)·김수귀(金壽龜)·김홍석(金弘錫)[165]과 어진 사람을 무함한 신치운(申致雲)·신경제(申慶濟)[166] 같은 자들[167]이 오히려 모두 집에서

쓸개도 초월처럼 멀다고 할 수 있다.[自其異者視之, 肝膽楚越也.]"하였다.

164) 현도(縣道)를 …… 올린 : 향리에 있는 신하가 직접 승정원에 소를 접수시키기 어려울 경우, 현이나 도에 소를 접수시켜 대신 올리게 하는 현도 상소(縣道上疏)를 이른다.

165) 올바른 …… 김홍석(金弘錫) : 1722년(경종2) 7월, 황욱은 관학 유생으로서 상소하여 송시열이 윤선거를 시기하여 비난한 것을 논변하고 윤선거 부자의 관작을 회복할 것을 청하였다. 1723년 3월 2일, 김범갑은 관학 유생으로서 상소하여 송시열을 도봉서원에서 출향할 것을 청하였다. 1722년 7월 18일에 진사 김수귀는 상소하여 윤선거와 윤증의 원통한 사정을 풀어주고 관작을 회복해 줄 것을 청하면서 송시열을 비난하였다. 1723년 5월 1일, 경기 유학 김홍석은 상소하여 송시열의 관작을 추삭하라 청하였다.

166) 신경제(申慶濟) : 1644~1726. 본관은 고령(高靈), 자 성회(聖會), 호 석헌(石軒)이다. 1689년(숙종15) 문과에 급제하여, 1708년 사헌부장령이 되었다. 1725년(영조1) 송시열을 악역부도(惡逆不道)의 죄로 몰아넣었다고 탄핵 받고 유배되었다. 저서로 《석헌집》이 있다.

167) 어진 …… 자들 : 1723년(경종3) 11월 27일과 12월 3일에 지평 신치운이 계사를 올려

편히 누워 보통 사람처럼 지내고 있습니다. 이에 신들은 이들이 때를 틈타 이리저리 날뛰며 한없이 기망하는 정상을 대략 아뢰어서 결정하여 채택해 주시기를 기다리겠습니다."

○ 장령 김담(金墰)168)과 지평 이의천(李倚天)이 당을 비호한 이진망의 죄를 논핵하고 파직을 청하자, 주상이 "번거롭게 하지 말라."고 답하였다.

○ 장령 이휘진(李彙晉)169) -지평 이의천- 등이 아뢰어 말하기를,
"훈련도정 남태징(南泰徵)170)은 오랫동안 역적 김일경의 심복이 되었으므로, 가장 먼저 흉당의 칭찬을 받고 등용되었는데, 그가 암암리에 공을 세워 역적 목호룡과 표리가 된 실상은 가릴 수 없는 것이 있습니다. 전 병사 박찬신(朴纘新)171)은 역적 김일경의 측근으로서 이삼(李森)과 남태징의 우익(羽

권상하의 관작을 추탈하라고 청하였다. 1722년 7월 10일, 사직 신경제가 상소하여 송시열을 추탈(追奪)하라고 청하였다.

168) 김담(金墰) : 1678~1743. 본관은 광산(光山), 자는 사관(士寬)이다. 1708년(숙종34) 사마시에 합격하고, 1713년 증광문과, 1717년 문과 중시에 급제하였다. 1721년(경종1) 장령이 되었으나 신임옥사 당시 김창집(金昌集) 일파와 관련이 있어 파직되었다. 1725년(영조1)에 다시 장령이 되었고, 1732년에 정언이 되었으나 당습을 짓는다고 삭탈당하고 문외출송(門外黜送)되었다. 1738년에 다시 장령으로 복직되었으며, 1742년에는 판결사가 되었으나 청송(聽訟)에 있어서 사리를 따지지 않고 오로지 뇌물의 다소에 따라 일을 처리한다 하여 집의 김종태(金宗台)의 탄핵을 받고 또다시 파직되었다.

169) 이휘진(李彙晉) : 1680~1752. 본관은 함평(咸平), 자는 중진(仲進)이다. 1702년(숙종28) 진사가 되고, 1708년 식년문과에 급제하여 1719년 사헌부 장령이 되었다. 1725년(영조1) 임인년 옥사에서 억울한 죽음을 당한 사람들의 원한을 풀어줄 것과 이잠(李潛)의 추증 직책을 삭탈하고 역적들을 훈적(勳籍)에서 제거하여 임인년의 원한을 풀어 달라고 청하였다. 1726년 승지가 되었다가 1727년 정미환국으로 파면 당했는데, 1744년 다시 장령이 되었다.

170) 남태징(南泰徵) : 1677~1728. 본관은 의령(宜寧)이다. 1705년(숙종31) 식년 무과에 급제하여 1720년 공주영장(公州營將)이 되고, 경종대에 금군별장, 수군통제사 등을 역임하였다. 1724년(영조 즉위)에 훈련도정이 되었으나, 소론의 심복이 되었다 하여 한때 파직 당하였다. 1727년 정미환국 이후 포도대장으로 복직되었다. 1728년 무신란(戊申亂)이 일어나자 서울에서 내응하기로 했다는 죄로 참형되었다.

翼)이 되었으며, 부총관 이여적(李汝迪)172)은 역적 김일경을 즐겨 섬기고, 이삼과 윤취상(尹就商)에게 빌붙었으니, 청컨대 모두 변방으로 멀리 유배 보내십시오."

하였으나, 주상이 윤허하지 않았다.

○ 전 현감 서행원(徐行遠) -20여 인- 등이 상소하여 아뢰기를,

"죽은 스승 이상(李翔)173)은 윤증(尹拯)에게 절교를 고하였다가 이 일로 그 당의 질시를 심하게 받아 옥중에서 온갖 고초 끝에 죽었는데 아직도 견복(牽復)174)의 은전을 받지 못하고 있습니다. 속히 밝은 유지(諭旨)를 내리시어 특명으로 관작을 회복시켜 주소서."

하자, 주상이 답하기를, "해당 부서에서 품처(稟處)175)하게 하라." 하였다.

---

171) 박찬신(朴纘新) : 1679~1755. 본관은 함양(咸陽), 자는 군술(君述)이다. 1702년(숙종28) 알성 무과에 급제하여, 경종대 경상우병사 등을 지냈다. 1725년(영조1)에 김일경 일파로 몰려 탄핵 당해 유배되었다가 1727년 풀려났다. 1728년 무신란이 발생했을 때, 관군을 이끌고 전투에 참가하여 공적을 세운 결과 공신록에 책록되었고, 함은군(咸恩君)에 봉해졌으며, 자헌대부(資憲大夫)로 승급되고, 포도대장 등을 역임하였다. 그러나 1755년(영조31)에는 재차 역적으로 몰려 상훈이 삭제되었고, 효시 당하였다.

172) 이여적(李汝迪) : 1679~1734. 본관은 전주(全州), 자는 혜백(惠伯)이다. 세종의 아들인 화의군(和義君)의 6세손이다. 1675년(숙종1) 증광시에 급제하여 생원이 되고, 1702년 식년 무과에 급제하여, 충청도병마절도사 등을 지냈다. 1728년(영조4) 무신란 당시 임금의 명령에 따라 관군을 이끌고 영남지역으로 출진하여, 난군을 격파하는데 공적을 세웠다.

173) 이상(李翔) : 1620~1690. 본관은 우봉(牛峯), 자 운거(雲擧)·숙우(叔羽), 호 타우(打愚)이다. 김집·송시열의 문인이다. 1658년(효종9) 박세채·윤증과 함께 유일(遺逸)로 천거되어 지평·장령·집의 등을 역임하였다. 현종 말년의 예송에서 남인인 허적을 탄핵하다가 실세하였으나, 1680년(숙종6) 경신환국으로 서인이 집권하자 김수항의 천거로 재등용되어 형조참의·대사헌 등을 지냈다. 숙종 연간에 노론과 소론이 분기할 때에는 노론의 편에 서서 남인의 등용을 주장하는 소론을 비판하였다. 1690년 계모와 근친상간의 혐의가 있는 천안의 유두성(柳斗星)에 관해 조사하여 처리하자는 상소를 올렸다가 무고라는 탄핵을 받고 조사를 받던 중 옥사하였다.

174) 견복(牽復) : 견인하여 정도(正道)를 회복시킴을 이르는 말로, 《주역》〈소축(小畜)〉의 "구이(九二)는 연결하여 회복함이니, 길(吉)하다.[九二, 牽復, 吉.]" 구절에서 나왔다. 본문에서는 관작을 다시 복구시켜준다는 의미로 쓰였다.

○ 이조판서 이의현(李宜顯)176)이 상소하여 사직하였다. 이의현이 처음 유배 중에 부름을 받자 어떤 사람에게 편지를 보내 말하기를, "이번에 가면 한강물을 모두 붉게 물들게 해야 할 것이다." 하여, 듣는 사람의 마음이 떨렸다. 판의금 민진원(閔鎭遠)이 주상에게 아뢰기를,

"죄인으로서 정형(正刑)하지 않은 경우는 연좌(緣坐)와 적몰(籍沒)의 법을 시행하지 않으나, 임인년(1722, 경종2) 옥사177) 때는 자백하지 않은 죄인에게 도 아울러 노적(孥籍)178)의 법을 시행하였습니다. 무릇 연좌된 사람은 소결(疏決)179)에서 거론하지 않는 것이 관행이나, 이렇게 법 외로 연좌된 경우에는 소결 때 모두 포함하여 써 들이는 것이 좋겠습니다."

하자, 주상이 이르기를,

---

175) 품처(稟處) : 임금에게 상주(上奏)하여 분부를 받아 처리하는 것을 이른다.

176) 이의현(李宜顯) : 1669~1745. 본관은 용인(龍仁), 자 덕재(德哉), 호 도곡(陶谷)이다. 좌의정 이세백(李世白)의 아들이다. 김창협의 문인으로 대제학 송상기(宋相琦)의 천거를 받았다. 1694년(숙종20) 별시문과에 급제하여 청요직을 두루 거쳤다. 예조판서 재직 시 세제의 대리청정문제로 김일경 등의 공격을 받아 벼슬에서 물러났다. 뒤이어 신임옥사가 일어나자 유배되었다. 영조가 즉위해 풀려 나와 1725년(영조1) 형조판서로 서용되었다. 이듬해 예조판서로 옮기고 양관 대제학(兩館大提學)이 되어 세자빈객을 겸하다가 1727년 우의정에 발탁되었다. 그렇지만 정미환국으로 파직 당했다가 이듬해 무신란(戊申亂)이 발생하자 판중추부사(判中樞府事)로 기용되어 반란 관련자들의 치죄를 담당하였다. 1735년 영의정에 올라 김창집 등의 신원을 주장하다가 삭직되었다. 민진원이 죽은 뒤 노론의 영수로 추대되었으며, 노론 4대신의 신원과 신임옥사가 무옥(誣獄)임을 밝히는 데 진력하였다. 그 결과 1740년의 경신처분(庚申處分)과 1741년의 신유대훈(辛酉大訓)으로 신임옥사 때의 충역시비(忠逆是非)를 노론 측 주장대로 판정나게 하였다. 저서로《도곡집》이 있으며, 시호는 문간(文簡)이다.

177) 임인년 옥사 : 신축환국 이후 소론이 정국을 주도하는 상황에서 임인년(1722, 경종2) 노론 측이 삼수(三手)로 경종을 시해하려 했다는 목호룡의 고변을 계기로 발생한 옥사이다. 신축년 환국으로 이미 유배를 떠난 노론 4대신을 비롯한 60여 명을 처형하였고 노론 170여 명이 유배 또는 문초를 받았다. 역모사건은 영조 때에 이르러 무고한 것으로 밝혀졌고 처형당한 대신들은 신원되었다.

178) 노적(孥籍) : 역모나 반역을 범한 국사범(國事犯)에 대해 본인은 극형에 처하고, 처자는 연좌하여 노비의 적에 올리고 재산을 몰수하는 형벌을 말한다.

179) 소결(疏決) : 국가에서 특별한 경우에 전국의 죄수를 다시 심리(審理)하여 관대하게 처결하는 것을 이른다.

"지난날의 참혹하고 혹독한 일에 대해서는 내 일찍부터 안타깝고 가엾게 여겨 왔다. 지금 이후로는 정형(正刑)에 처하지 않은 자에 대해 노적의 법을 추후 시행하지 않는 일을 정식(定式)으로 삼으라."

하였다.

○ 좌의정 정호(鄭澔)가 차자를 올려 대략 다음과 같이 말하였다.

"음모를 꾸며 전하를 위태롭게 한 흉적이 아직도 원임(原任)의 자리에 있고,[180] 역적 김일경을 은밀히 비호했던 사람이 오랫동안 요직을 차지하고 있으니, 신이 어찌 차마 이 무리와 어깨를 나란히 할 수 있겠습니까? 4대신이 참혹한 화를 면하지 못했던 이유는 궁성을 호위한 일[181]과, '양(養) 자의 일',[182] '위(痿) 자의 일'[183]에 불과하니, 바라건대 속히 해당 관서에 명하시어

---

180) 흉적이 …… 있고 : 본문의 흉적은 신축년(1721, 경종1) 연잉군을 세제로 책봉하는 것에 반대하였던 유봉휘를 가리킨다. 유봉휘는 이때 영중추부사(領中樞府事)였다.

181) 궁성을 호위한 일 : 임인옥사 당시 김창도(金昌道)와 유취장(柳就章)의 공초에서 나온 내용으로, 노론 당색의 인물들로 궁성을 호위하게 하기 위해 이삼을 충청 병사로 내보내고 유취장을 중군(中軍)으로 삼았다는 일을 이른다. 1721년 10월 경종이 왕세제에게 대리청정하게 하라는 명을 내린 일로 인해 신하들이 철회를 요구하는 정청(庭請)을 하다가 그달 16일에 노론 4대신을 중심으로 정청을 중지하자는 논의가 제기되었는데, 당시 김창집의 주도하에 자신들이 부리기 좋은 인물로 훈련도감의 관원을 구성한 다음, 정청 중지 이후 이들에게 궁성을 호위하게 하여 소론 인사들의 입궐을 저지함과 동시에 소론 인사들의 상소를 차단하고자 하였다고 한다. 《景宗實錄 2年 5月 13日, 6月 15日, 7月 21日》

182) 양(養)자의 일 : 목호룡의 고변서에 나오는 내용으로, 김용택·이천기·정인중 등이 백망(白望)과 이야기를 나누다 경종이 병으로 승하할 경우 누구를 임금으로 추대할지 각자 손바닥에 썼는데, 김용택은 '충(忠)'자를 썼고 다른 사람들은 '신(信)'자나 '의(義)'자를 썼으나 백망은 '양(養)'자를 썼다. '양'자는 이이명의 자인 '양숙(養叔)'을 가리킨다. 이에 대해 목호룡은, 백망이 다른 사람들이 이이명을 임금으로 추대할까 의심하여 상대의 의중을 떠보려고 '양'자를 썼다고 고변하였다. 《景宗實錄 2年 3月 27日, 4月 13日》

183) 위(痿)자의 일 : 1722년(경종2) 1월에 왕세제 책봉 주청사로 연경에 간 이건명이 국왕의 병세에 대한 물음에 "국왕이 어려서부터 다병하여 기가 몹시 허약하다. 오랫동안 치료하면서 후사를 잇게 하고자 약을 여러 가지로 써 보았으나 끝내 효험이 없었다.[國王自少多病, 氣甚痿弱, 積年醫治, 廣試求嗣之藥, 終無效驗.]" 답하였는데, 이후 양사의 합계에서, 동진(東晉)의 환온(桓溫)이 제혁(帝奕)을 폐위할 때에 '위(痿)'라는 글자를 쓴 것을 근거로 들면서

먼저 4대신의 억울함을 풀어주시고 그 관작을 복구시켜 주소서.

이만성(李晩成)[184]·홍계적(洪啓迪)[185]·김운택(金雲澤)[186]·조성복(趙聖復)[187]·이홍술(李弘述)[188]·윤각(尹慤)[189] 등도 모두 신원하여 주소서. 그때의 옥안을

주청사로 간 사신들을 임금을 무함한 죄로 처벌할 것을 청한 일을 말한다. 《景宗實錄 2年 6月 19日》

184) 이만성(李晩成) : 1659~1722. 본관은 우봉(牛峯), 자 사추(士秋), 호 귀락당(歸樂堂)·행호거사(杏湖居士)이다. 이유겸(李有謙)의 손자, 이숙(李䎘)의 아들이며, 송시열 문인이다. 1696년(숙종22) 정시 문과에 장원하여 청요직을 두루 거쳤다. 1709년 최석정의 《예기유편(禮記類編)》을 논죄하다가 삭직되었는데, 이듬해 복관되었다. 1720년 경종이 즉위하면서 형조판서에 올랐으며, 노론으로서 1721년(경종1) 병조판서에 올라 노론 4대신과 함께 연잉군의 세제 책봉을 주청해 실현시켰다. 그러나 소론의 반격으로 일어난 신임옥사에 연루되어 유배되었다가, 다시 서울로 불려 와서 국문을 받고 64세를 일기로 옥사하였다.

185) 홍계적(洪啓迪) : 1680~1722. 본관은 남양(南陽), 자 혜백(惠伯), 호 수허재(守虛齋)이다. 1702년(숙종28) 진사가 되어 1703년 성균관 유생들과 함께 박세당(朴世堂)을 성토하는 상소를 올렸다. 그 해 6월 박세당의 《사변록(思辨錄)》과 이경석(李景奭)의 비문을 태워 없애라고 상소하였다. 1708년 식년문과에 급제하여 청요직을 두루 거쳤다. 1721년(경종1) 노론의 선봉으로 세제의 대리청정을 주장하였고, 이를 저지하려는 소론 조태구를 논핵하였다. 1722년 노론 4대신의 당인(黨人)이라는 죄목으로 서울로 압송되어 신문을 받다 옥사하였다. 저서로 《수허재유고》가 있고, 시호는 의간(毅簡)이었는데, 뒤에 충간(忠簡)으로 고쳤다.

186) 김운택(金雲澤) : 1673~1722. 본관은 광산(光山), 자 중행(仲行), 호 백운헌(白雲軒)이다. 김만기(金萬基)의 손자, 예조판서 김진귀의 아들, 김춘택의 동생이다. 1699년(숙종25) 사마시, 1704년 춘당대 문과에 급제하여 형조참판 등을 역임하였다. 1721년(경종1) 신축옥사에 연루되어 유배되었다가, 이듬해 목호룡의 고변으로 노론 4대신과 함께 죽임을 당했다. 뒤에 이조판서에 추증되었으며, 시호는 충정(忠貞)이다.

187) 조성복(趙聖復) : 1681~1723. 본관은 풍양(豊壤), 자 사극(士克), 호 퇴수재(退修齋)이다. 1702년(숙종28) 별시문과에 급제하여 청요직을 두루 거쳤다. 1716년 지평으로서 윤선거(尹宣擧)의 선정(先正) 칭호를 금할 것을 청하였고, 1721년(경종1) 사헌부 집의로 재직하던 중 세제 대리청정을 요구하는 상소를 올려 경종의 재가를 받았으나, 소론의 반격으로 국문을 받고 위리안치 되었다. 이후 1723년 다시 잡혀 올라와 국문을 받던 중 옥중에서 음독자살하였다. 신임옥사 때 삼학사(三學士) 중 한 사람으로 일컬어진다. 영조 즉위 후 이조판서에 추증되고, 충간(忠簡)이란 시호가 내렸다.

188) 이홍술(李弘述) : 1647~1722. 본관은 전주(全州), 자는 사선(士善)이다. 덕흥대원군(德興大院君, 중종의 7자)의 후손이다. 1674년(현종15) 무과에 급제하여 숙종대 포도대장 등을 역임하였다. 경종 즉위 후 연잉군을 왕세제로 삼고 이어 왕세제의 대리청정을 실현하도록 주청하는 데 앞장섰다. 1720년(경종 즉위) 포도대장으로 있으면서 술사(術士) 육현(陸玄)을 태장을 쳐 죽인 일이 있었는데, 소론 측에서 육현이 김창집의 음모사실을 알기

대신과 의금부, 삼사의 관원에게 두루 열람시킨 후 빈청에 모두 모여 아뢰고 논열(論列)하게 하여 이미 죽은 자는 신원해 주고 유배되어 있는 자는 석방시키며, 이러한 내용을 팔도에 두루 알려서 온 나라로 하여금 흉악한 무리가 기망하고 어지럽힌 실상을 알게 하소서."

주상이 이에 따르고, 하교하기를,

"당시의 추안(推案)에서 흉악한 말은 빼어버렸다고 하나 깊이 생각해보면 어떠한 지경에 이르겠는가? 원통함을 씻어주는 방도를 생각하지 않는다면 종묘를 이어 받드는 뜻이 아니니, 원통함을 품은 자의 오명을 밝혀 씻어주는 일이 어찌 대행조(大行朝)의 덕의(德意)를 빛내는 일이 아니겠는가? 국안(鞫案)을 상고하며 열람하지 않아도 이미 역적이 아님을 알고 있으니 어찌 다시 묻기를 일삼겠는가마는 일의 체모가 중대하므로 이렇게 널리 물은 것이다. 4대신은 특별히 관작을 회복시키고 치제(致祭)하고, 이만성 등을 모두 복관시키며, 예예하고 따른[唯諾] 여러 신하들190)을 석방하라."

하였다.

때문에 김창집이 이홍술을 시켜 죽이게 하였다고 주장하며 옥사를 일으켰다. 곧이어 목호룡의 삼수(三手)의 고변에 관련되어 가혹한 신문을 받고 죽었다. 임인옥사 당시 조흡(趙洽)의 공초에서 김창집이 궁성을 호위하고 대리청정의 명을 받아내려고 훈련대장 이홍술을 시켜 중군(中軍)에 임명하려는 계획을 세웠다고 자백하였다. 소론은 조흡의 진술을 바탕으로, 노론이 군사를 일으켜 경종을 폐출하려 했다고 주장하였다. 노론 당론서인 《진감(震鑑)》에서는 이홍술을 포함하여 이우항(李宇恒)·윤각(尹慤)·백시구(白時耉)·김시태(金時泰)·심진(沈搢)·유취장(柳就章)·이상집(李尙馦) 등을 '8명의 절도사(節度使)'로 추숭하였다.

189) 윤각(尹慤) : 1665~1724. 본관은 함안(咸安), 자는 여성(汝誠)이다. 1699년(숙종25) 무과에 급제하여 선전관이 되고, 전라수사(全羅水使)를 거쳐 이이명의 특천으로 금위중군(禁衛中軍)에 임명되었다. 경종대 병조참판을 거쳐 총융사(摠戎使)로 재직 시 1721년 신축옥사에 관련되어 유배되었다가 1724년 의금부에 투옥, 장살(杖殺)되었다. 병조판서에 추증되었고, 시호는 충민(忠愍)이다.

190) 예예하고 …… 신하들 : 1721년 연잉군의 대리청정을 허가한 경종의 명령에 따라서 정청(庭請)을 중지한 신하들을 가리킨다.

○ 대사간 이교악(李喬岳)[191]이 상소하여 한세량(韓世良)을 추탈하라고 청하고 말하기를,

"역적 김일경이 반교문을 지을 때 접혈(蹀血)[192]의 '접(蹀)' 자를 처음에 '첩(喋)'으로 썼는데 병조의 낭관 이태원(李太元)[193]이 보고서 고쳤다고 합니다. 이 구절이 얼마나 흉패합니까? 그런데도 이태원이 엄중히 배척하지 않았으니 변방에 정배하는 법을 시행함이 마땅합니다."

하자, 주상이 답하기를,

"한세량의 일은 다시 거론할 필요가 없고, 이태원의 일은 아뢴 대로 시행하라.[194]"

---

191) 이교악(李喬岳) : 1653~1728. 본관은 용인(龍仁), 자 백첨(伯瞻), 호 석음와(惜陰窩)이다. 송시열 문인이다. 1696년(숙종22) 사마시를 거쳐 1705년 알성 문과에 장원하여 청요직을 두루 지냈다. 1710년 3월에 지평 이방언(李邦彦)과 함께 소론 최석정(崔錫鼎)을 공격, 배척하여 관작을 삭탈하게 하고, 저서 《예기유편(禮記類篇)》을 불사르게 하였다. 1720년(경종 즉위)에 동지부사로 청나라에 다녀와서 대사간이 되었다. 이듬해 김일경의 소를 흉참(凶慘)하다고 비판하고, 도봉서원에서 송시열이 출향(黜享)되자 항변하다가 유배되었다. 1725년(영조1) 노론이 득세하자 풀려나와 도승지·형조참판 등을 두루 역임하였다. 1727년 정미환국으로 대사헌의 관작을 삭탈당하고 고향에 내려와서 지냈다.

192) 접혈(蹀血) : 1722년(경종2) 9월 21일 임인옥사를 마무리하면서 종묘에 토역(討逆)을 고하는 교문을 반포하였는데, 이 교문은 당시 홍문관 제학이었던 김일경이 지어 올린 것이었다. 그 내용 중 특히 문제가 된 것은 왕위 계승을 놓고 골육간의 살육을 나타내는 '접혈금정(蹀血禁庭)' 고사의 인용이었다. '대궐 뜰에 유혈이 낭자하여 피를 밟고 다닌다.'는 뜻의 '접혈금정' 고사는 이세민이 현무문(玄武門)으로 들어가 이건성을 죽였을 때의 모습을 형용한 문구이다. 《資治通鑑 唐紀 高祖》·《英祖實錄 即位年 11月 9日》이 고사의 인용은 사람들에게 왕세제 연잉군이 형인 경종을 죽이고 왕위를 차지하려는 음모에 가담하였음을 넌지시 암시하는 말로 받아들여졌다.

193) 이태원(李太元) : 1673~1740. 본관은 부평(富平), 자는 유화(囿和)이다. 1702(숙종28) 식년시 진사가 되고, 1710년 증광문과에 급제하여, 1722년(경종2) 장령이 되었다. 1728년(영조4) 김일경의 앞잡이로 몰려 유배되었다가 1731년에 풀려났다.

194) 이태원의 …… 시행하라 : 《영조실록 1년 3월 4일》 기사에는 이태원이 삭판된 것으로 되어 있다. 1722년(경종2) 9월 21일에 임인옥사(壬寅獄事)를 마무리하면서 반포한 토역 반교문(討逆頒敎文)을 김일경(金一鏡)이 지었는데 그 가운데 '억하면금정지접혈(抑何免禁庭之蹀血)'이라고 한 구절의 '접(蹀)' 자를 두고 글자의 정오(正誤)에 대해 이태원이 김일경과 이야기한 것을 가지고 헌납 권부(權扶)가 "이태원이 역모에 처음부터 참여하였는데 아직까지 논죄되지 않아 여론이 억울해한 지 오래되었으므로 원찬(遠竄)해야 한다."라고

하였다.

○ 진사 강주우(姜柱宇) 등이 상소하여 윤지술(尹志述)195)을 신원해 달라 하고 이어 사현사(四賢祠)196)에 배향할 것을 청하자, 주상이 "아직 윤허하지 않는 것은 나에게 다 생각이 있어서이다." 하였다.

○ 진사 심운희(沈運熙) 등이 상소하여 윤지술의 신원을 청하였으나 주상이 따르지 않았다.

○ 우의정 민진원이 입시하여 윤지술과 임창(任敞)197)의 포장(襃獎)과 구휼

다시 논계하여 유배되었다. 《承政院日記 英祖 4年 6月 24日》

195) 윤지술(尹志述) : 1697~1721. 본관은 칠원(漆原), 자 노팽(老彭), 호 북정(北汀)이다. 1715년 (숙종41) 《가례원류》의 서문을 쓴 노론의 권상하가 소론의 유규(柳奎) 등 800여 명의 상소로 삭직되자 성균관 유생으로서 《가례원류》 시비의 전말을 논하여 권상하를 신구하 였다. 1720년(경종 즉위) 성균관 장의로서 이이명이 편찬한 숙종의 지문(誌文)이 편파적으 로 기록되어 있다고 상소하고, 유생들을 선동하여 권당(捲堂)하였다. 윤지술이 문제 삼은 지문의 내용은 희빈 장씨를 사사(賜死)한 신사처분(辛巳處分, 1701)과 윤선거의 문집을 훼판한 병신처분(1716)인데, 그는 이 사안들이 의리상 중대함에도 불구하고 누락되거나 애매하게 기재되었다고 비판하였다. 1721년(경종1) 신축옥사 때 김일경 등 소론의 탄핵으로 처형되었다. 1725년(영조1) 노론이 집권하자 신원되었고, 1841년(헌 종7) 이조판서에 추증되었다. 시호는 정민(正愍)이다. 노론에 의해 임창(任敞)·이의연(李 義淵)과 함께 신임(辛壬)의 삼포의(三布衣)라고 추앙을 받았다.

196) 사현사(四賢祠) : 숭절사(崇節祠)라고도 한다. 진(晉)나라의 태학생 동양(董養), 당나라의 태학생 하번(何蕃), 송나라의 태학생 진동(陳東)과 구양철(歐陽澈)을 향사(享祀)하는 곳이 다. 1681년(숙종7) 이 네 태학생을 향사하는 일을 논의하기 시작하여 1720년(경종 즉위)에 사당을 세우라고 명하였으며, 1725년(영조1) 숭절사를 세워 이들을 향사하였다. 동양은 가후(賈詡)가 태후를 폐하자 이에 항거하여 태학을 나와 은둔하였고, 하번은 주자(朱泚)가 난을 일으켜 장안을 점거했을 때 주자에게 굽히지 않아 태학생이 난군에 휩쓸리는 것을 막았으며, 진동과 구양철은 북송 말기 금 나라에 대한 주전척화(主戰斥和)를 부르짖 다가 죽임을 당하였다. 윤지술은 1725년 숭절사를 건립할 때 배향되었으나 2년 뒤 철향되었다가 1802년(순조2) 다시 배향되었다.

197) 임창(任敞) : 1652~1723. 본관은 풍천(豊川), 자 회이(晦而), 호 강개옹(慷慨翁)이다. 김춘택 의 매제인 임징하(任徵夏)의 족숙(族叔)이다. 1702년(숙종28) 상소하여 인현왕후의 죽음

을 청하자 주상이 "너무 이르다." 타일렀다. 또 승정원으로 하여금 숙종[肅廟]의 크고 작은 처분 중 신축년(1721, 경종1) 이후로 변경된 것을 낱낱이 조사하게 하여 복구할 것을 청하자, 주상이 이르기를, "소소한 일들이야 어찌 반드시 복구할 필요가 있겠는가?" 하였다. 또 한배하(韓配夏)[198]에 대한 가자(加資)를 환수하라 청하자, 주상이 이르기를,

"이러한 일들까지 죄주려 한다면 지난날의 사람들 중 어찌 남아날 사람이 있겠는가? 불문에 부치는 것이 좋겠다."

하였다.

○ 교리 이기진(李箕鎭)[199]이 상소하여 대략 말하기를,

"지금 국문이 시작되어 단서가 점점 드러나고 있으므로 역적의 정황을 낱낱이 캐낼 길이 보이는데, 가만히 보면 전하께서는 자신에게 관계된 일이라는 이유로 번번이 혐의를 두고 천토(天討)의 지엄함은 생각하지 않으시니, 흉적들을 징토할 기약은 없고 성상에 대한 무함도 변별할 가망이 없습니다.

은 희빈 장씨 일파의 저주에 의한 것이므로 역적을 벌주고 왕후의 원수를 갚아야 한다고 주장하였다. 이후 그는 이 일로 인해 나주에 유배되었다가, 임인옥사가 한창이던 1723년(경종3) 다시 서울로 압송되어 지난날 상소에서 신하로서 흉측한 말을 많이 하였다는 이유로 참형을 당하였다. 노론 측에서는 윤지술·이의연과 함께 신임 삼포의(辛壬三布衣)라고 추앙하였다.

198) 한배하(韓配夏) : 1650~1722. 본관은 청주(淸州), 자 하경(夏卿), 호 지곡(芝谷)이다. 1693년 (숙종19) 알성문과에 급제하여 1706년 홍문록에 올랐다. 1720년(숙종46) 청은군(淸恩君)에 책록되었고, 1722년(경종2) 공조판서가 되었다. 1725년(영조1) 화원을 시켜 목호룡의 초상을 그리게 강요하였다는 혐의를 받고 관작을 추탈 당하였다가 죽은 뒤에 있었던 사실임이 판명되어 1727년에 추복(追復)되었다.

199) 이기진(李箕鎭) : 1687~1755. 본관은 덕수(德水), 자 군범(君範), 호 목곡(牧谷)이다. 이식(李植)의 증손이고, 권상하(權尙夏) 문인이다. 1717년(숙종43)에 진사가 되고, 같은 해 정시문과에 급제하여 청요직에 진출하였다. 1721년(경종1) 헌납 재직시 연잉군의 세제(世弟) 책봉 과정을 비판한 유봉휘의 처벌을 주장하다가 신임옥사 때 파직되었다. 영조 즉위로 교리에 등용되어 소론을 처벌하라고 주장하다가 영조의 노여움을 사기도 하였다. 이후 1727년(영조3) 부제학, 1728년 대사성, 1741년 이조판서 등을 거쳐 1751년 판돈녕부사에 이르렀다. 시호는 문헌(文憲)이고, 저서로 《목곡집》이 있다.

성상의 처분은 답답하고 느슨합니다."

하자, 주상이 답하기를,

"이미 수괴가 제거되었고 억울한 사람들도 신원되었으니, 그 밖의 일은 불문에 부치겠다. 나에 대한 무함을 씻고 안 씻고야 어찌 논할 가치가 있겠는가?"

하였다. 이때 목호룡의 아우 시룡(時龍)[200]과 이중환(李重煥)[201]·유경유(柳慶裕)[202]·오서종(吳瑞鍾)[203] 등이 대계(臺啓)로 말미암아 국문을 받고 있었다.[204]

---

200) 목호룡의 아우 시룡(時龍) : 《승정원일기 영조 1년 3월 9일》 기사에 실린 목시룡의 공초에 따르면 목시룡은 목호룡의 형으로 되어 있다.

201) 이중환(李重煥) : 1690~1756. 본관은 여주(驪州), 자 휘조(輝祖), 호 청담(淸潭)·청화산인(靑華山人)이다. 참판 이진휴(李震休)의 아들이며, 이익(李瀷) 문인이다. 1713년(숙종39) 증광 문과에 급제하여 승문원 정자를 거쳐 1722년(경종2) 병조정랑·전적 등을 역임하였다. 영조가 즉위하자 목호룡의 당여로 사로잡혀 유배되었다. 1735년(영조11) 풀려났는데, 1739년 다시 의금부에 수금되었다가 이듬해 병으로 겨우 풀려났다. 저서로 《택리지(擇里志)》가 있다.

202) 유경유(柳慶裕) : 1722년(경종2)에 목호룡이 고변한 옥사에서 적(賊)으로 지목된 자로, 국문을 받고 무장현(茂長縣)에 유배되었다. 영조 즉위 후 신임옥사(辛壬獄事) 때 화를 당한 노론계 인물들의 죄를 감해 주었는데, 유경유는 이때 죄가 감등되었다. 이해에 임인옥사(壬寅獄事)를 고변한 목호룡에 대한 재판을 할 때 김일경, 목호룡과 내통하였다는 혐의를 받고 다시 유배되었다. 1729년(영조5) 4월에 석방하라는 명이 있었다. 《英祖實錄 1年 1月 7日, 5年 4月 30日》

203) 오서종(吳瑞鍾) : 1693~1722. 본관은 보성(寶城)이다. 1717년(숙종43) 온양(溫陽)에서 시행된 별시문과에 급제하여 성균관 박사 등을 역임하였다. 1722년(경종2) 임인옥사에서 경종의 시해를 모의할 때 유경유(柳慶裕)와 더불어 역모자금을 조달하기 위하여 은을 구해주었다는 혐의로 국문을 받던 중 장살되었다.

204) 이때 …… 있었다 : 1722년(경종2) 3월 27일, 목호룡이 상변하여 정인중과 백망이 왕세제를 업고 왕을 시역하려 한다고 하여 의옥이 일어나 정인중 이하 60여 인이 투옥된 임인옥사가 일어났다. 유경유·오서종도 이때 연루되었는데, 목호룡의 고변 중에 이 두 사람이 역모에 가담해 백망에게 자금을 댔다는 내용이 있었기 때문이었다. 이로 인해 유경유는 무장현(茂長縣)에 유배되었고, 오서종은 국문 끝에 장폐(杖斃)되었다. 이후 1725년(영조1) 2월 14일, 의금부에서 백망의 옥사와 관련된 자들에 대한 신문을 청한 일을 계기로, 역적 목호룡이 고변서에서 언급한 유경유, 목호룡의 고변서를 사주하였다는 혐의를 받는 이중환 등을 잡아들여 신문하라는 명이 내렸는데, 본문에서 '국문을 받았다.設鞫'고 한 것은 이 일을 가리킨다. 다만 오서종은 임인옥사의 와중인 1722년(경종2)에 이미 옥사하였으므로, 본문에서 오서종을 함께 거론한 것은 내용상의 오류로 보인다.

이에 한쪽 사람들이 이를 기어이 확대시켜 신축년과 임인년의 원한을 갚고자 하였으나 주상의 뜻은 오로지 화평과 관대함을 위주로 삼는데 있었으므로 이기진의 상소가 나오게 되었던 것이다.

○ 의금부 당상이 청대하여 입시하자, 주상이 하교하기를,

"지금 다시 국옥(鞫獄)을 시행한다면 어떤 지경에 이를지 알 수 없는데, 장차 어떻게 수습하겠는가?"

하자, 우의정 민진원이 말하기를,

"그때 신이 외방에 있어 상세히 알지는 못하지만 대략 들은 바로는 목호룡이 이중환을 원훈(元勳)으로 추대하였으나 중환이 자신은 적합하지 않다며 수긍하지 않아 서로 다투기에 이르렀다205)고 합니다."

하니, 주상이 이르기를,

"목호룡이 이미 죽어 핵심 인물이 모두 남아 있지 않으니, 낱낱이 캐물어 실정을 알아내기는 어려울 듯하다."

하였다.

○ 충청도 진사 안후석(安后奭) 등이 상소하여 송규렴(宋奎濂)206)을 제향한 사액 서원207)을 복설하도록 특별히 허락하여 사림을 위로해 달라고 청하자

---

205) 목호룡이 …… 이르렀다 : 1723년(경종3) 6월 11일 사간원의 계사에, 목호룡이 등철(登徹) 되지 않은 상소에서 이중환의 공이 사직을 보전했다며 크게 칭찬했고, 또 심지어 자신을 충의(忠義)로써 격려하고 자신에게 계획을 가르쳐 주어 여러 역적을 제어하고 노론 측의 경종 시해 음모를 막을 수 있었다고 한 내용이 보인다.

206) 송규렴(宋奎濂) : 1630~1709. 본관은 은진(恩津), 자 도원(道源), 호 제월당(霽月堂)이다. 송준길 문인으로, 송시열·송준길과 함께 삼송(三宋)으로 일컬어졌다. 1654년(효종5) 식년문과에 급제하여 숙종대 대사헌 등을 역임하였다. 회덕의 미호서원(美湖書院)에 제향되었다. 저서로 《제월당집》이 있고, 시호는 문희(文僖)이다.

207) 사액 서원 : 회덕의 미호서원(渼湖書院)을 이른다. 송규렴 사후 그의 학문과 덕행을 기리기 위하여 1718년(숙종44)에 건립되어 1721년(경종1)에 사액되었으나, 1724년 사액을 철회하였었다가 1729년(영조5)에 복구하였다.

주상이 해당 조(曹)로 하여금 품처(稟處)하게 하였다.

○ 지평 이의천(李倚天)이 상소하여 청하기를,

"지난번 흉당들이 선왕을 기망하고 전하를 위협하고 핍박한 실상에 대해 대신·경재(卿宰)·삼사(三司)에게 명하여 빈청에 모여 《승정원일기》 및 의금부의 옥안(獄案)을 상세히 살펴서, 어떠어떠한 사람은 어떠어떠한 일로 죽여야 마땅하고, 어떠어떠한 일로 멀리 유배시키는 것이 마땅하며, 내칠지 파직시킬지에 이르기까지 조목조목 나열해 올리게 하여 성상께서 헤아려 시행하소서."

하였지만, 주상이 윤허하지 않았다.

○ 장령 이휘진(李彙晉) -지평 이성룡(李聖龍)[208]- 등이 아뢰기를,

"지난날 신경제(申慶濟)의 상소[209]는 지극히 음흉하고 참혹하여, '난역(亂逆)'이란 두 글자를 선정신 송시열에게 가하였습니다. 그 말뜻이 흉측하고 악독하여 사람의 도리로 책망할 수도 없으니, 극변에 원찬(遠竄)하소서."

하니, 아뢴 대로 따랐다.

○ 경기·황해 두 도의 유생 조덕기(趙德器) -600여 인- 등이 상소하여, 윤선거

---

208) 이성룡(李聖龍) : 1672~1748. 본관은 경주(慶州), 초명은 이운룡(李雲龍)이고, 자는 자우(子雨), 호는 기헌(杞軒)이다. 1714년(숙종40) 증광문과에 급제하여 승문원에 들어가고, 경종대에 청요직에 진출하였다. 1725년(영조1) 삼사(三司)에서 복합(伏閤)하여 유봉휘(柳鳳輝)를 문초하자고 주장할 때, 사헌부집의로 있으면서 불참한 것 때문에 한때 파직당하기도 하였다. 그러나 곧 복관되었고 여러 차례 승지로 발탁되었으며, 동지사(冬至使)의 부사로 청나라에 다녀오기도 하였다. 전라도관찰사·도승지 등을 거쳐, 1740년 대사간으로 있으면서 이미 죽은 유봉휘와 조태구의 삭탈관작과 영의정 이광좌의 파직을 주장하다가 도리어 삭직당하기도 하였다. 이듬해 특별히 가자되어 기로소(耆老所)에 들어갔으며 관직은 공조판서에 이르렀다. 시호는 혜정(惠靖)이다.

209) 신경제(申慶濟)의 상소 : 1722년(경종2) 7월 10일, 사직 신경제가 송시열의 추탈(追奪)을 청하는 소를 올렸는데, 그 내용 중 "今玆亂逆, 厥有源委. 粤自殿下在儲之日, 彼時烈以不滿之意, 唱之於前; 春澤以動搖之計, 和之於後, 其蘊蓄將心·醞釀禍機者, 至于辛巳, 而綻露無餘矣."라는 내용이 문제되었다. 《承政院日記 景宗 2年 7月 10日》

(尹宣擧)의 서원을 훼철하여 성조(聖朝)를 비방한 죄210)를 바로잡고, 윤증(尹拯)의 관작을 삭탈하여 스승을 배신한 죄를 다스리며, 전후로 상소한 최탁(崔鐸)·김범갑(金范甲)211) 등을 통렬히 징치하라고 청하자, 주상이 답하기를, "선정을 헐뜯는 주장을 어찌 다시 제기할 가치가 있는가?" 하였다.

○ 헌납 정택하(鄭宅河)212)가 아뢰어 대략 말하기를,

"작년 역적 김일경의 일이 처음 일어났을 때, 이거원(李巨源)·이진수(李眞洙)213) 등은 감히 구호하려는 계책을 세우고 깊은 밤에 청대하여 김일경을 징토하는 일을 '거짓을 날조하여 무함한다.' 하였으며,214) 유시모(柳時模)215)는

---

210) 성조(聖朝)를 …… 죄 : 조덕기 등은 상소에서, 윤선거가 강왕(康王)과 두거(杜擧)에 대한 비유로써 효종의 대의(大義)를 무함했다고 비판하였다. 《承政院日記 英祖 1年 2月 27日》 강왕의 비유는 윤선거의 글에 "금나라 군사가 강을 건너 쳐들어올 때 강왕은 실로 그 군중에 있었다.[北師渡江, 康王實在軍前.]"라고 한 윤휴의 답서 내용을 인용한 것을 말하는데, 이 내용이 청(淸)나라 군사가 침입하였을 때 당시 대군이었던 효종은 아무것도 하지 못하고 청나라 군사의 포로가 되었던 것을 비꼰 말이라는 혐의를 받았다. 《魯西遺稿 日記 乙未十二月初》《肅宗實錄 42年 7月 25日》 또한 두거(杜擧)의 비유는 윤선거가 권시(權諰)에게 보낸 편지에 "성상께서 만약 나의 충정을 살피시어 오늘날의 두거로 삼으신다면 반드시 세상의 교화에 도움이 없지 않을 것이다."라고 한 내용을 이르는데, 이 말이 은연중에 효종이 강화도에서 처신했던 것을 윤선거 자신이 순절하지 않고 살아남은 일에 비기고 효종에게도 허물이 있다고 지적한 말이라는 혐의를 받았다. 《宋子大全附錄 年譜 崇禎八十九年丙申》
211) 최탁(崔鐸)·김범갑(金范甲) : 김범갑은 관학 유생으로서 1723년(경종3) 3월 2일 상소하여 송시열을 도봉서원에서 출향하도록 청하였고, 최탁은 같은 해 3월 13일 상소하여 송시열을 난적(亂賊)의 효시라 일컬으며 이에 동조하였다.
212) 정택하(鄭宅河) : 1693~1741. 본관은 연일(延日), 자는 자중(子中)이다. 1715년(숙종41) 식년문과에 급제하여 청요직을 두루 지냈다. 경종 즉위 이후 세제 책봉문제를 둘러싸고 김일경 등의 탄핵을 받아 노론 4대신과 함께 파직되었다. 영조가 즉위하면서 다시 기용되어 헌납·사간 등을 역임하였다. 1727년 정미환국으로 삭직되고, 1729년 광주(光州)로 찬배되었다가 2년 뒤 풀려나 승지·돈녕부 도정 등을 지냈다.
213) 이진수(李眞洙) : 1684~1732. 본관은 전주(全州), 자 자연(子淵), 호 서간(西澗)이다. 이경직(李景稷)의 증손이고, 이덕성(李德成)의 아들이다. 1713년(숙종39) 생원시, 1723년(경종3) 증광문과에 급제하여 청요직을 두루 거쳤다. 1725년(영조1) 유배 되었다가 이듬해 풀려나 1729년 승지에 오르고, 뒤에 황해도관찰사를 지냈다.
214) 거짓을 …… 하였으며 : 홍문관 교리였던 이거원이 수찬 이진수 등과 청대하여 '접혈(蹀

'출처를 생각하지 않았다.' 하였고,216) 김시빈(金始鑌)217)은 '의도가 있었다면', '의도가 없었다면' 등의 말218)로 제멋대로 의혹을 야기하였으니, 청컨대 이들 모두를 원찬(遠竄)시키소서."

하였는데, 윤허하지 않았다.

○ 국청(鞠廳)에서 아뢰기를,

"대계(臺啓)로 인하여 임인년(1722, 경종2) 무옥(誣獄) 때 자복한 이들에 대해 국청으로 하여금 의심스러운 점을 적발하고, 그날의 집사(執事), 서리(書吏), 나장(羅將)을 모두 엄히 신문하여 실정을 알아내도록 명을 내리셨습니다.

血)'이라는 말은 고문에도 다수 나오는 말인데 이런 말을 가지고 사람을 무함하여 죄과에 빠뜨리려 하였다며 이의연의 처벌을 청한 일을 가리킨다. 《承政院日記 英祖 卽位年 11月 6日》

215) 유시모(柳時模) : 1672~?. 본관은 문화(文化), 자는 군해(君楷)이다. 1711년(숙종37) 생원이 되고, 1721년(경종1) 증광문과, 1737년(영조13) 문과 중시에 거듭 합격하였다. 1723년 헌납을 시작으로 청요직을 두루 거쳤다. 영조 즉위 직후 정언으로서 김일경의 반교문을 개찬하라 청하였다가 김일경을 배척하는 듯하나 실은 엄호하는 것이라 하여 체직되고 진해현감(鎭海縣監)으로 나갔다. 1730년 장령, 1737년 병조참지가 되었다.

216) 유시모(柳時模)는 …… 하였고 : 1724년(영조 즉위) 11월, 정언 유시모의 계사에, 김일경이 지은 반교문에 인용된 고사는 출처가 어떠한지를 생각하지 않고 써서 미친 소리와 같았다며 개찬할 것을 청하였다. 영조는 이 말이 김일경을 배척하는 것 같지만 실은 엄호하는 것이라고 하여 그를 체차하여 진해현감(鎭海縣監)으로 좌천시켰다. 《承政院日記 英祖 卽位年 11月 17日》

217) 김시빈(金始鑌) : 1684~1729. 본관은 함창(咸昌), 자 휴백(休伯), 호 백남(白南)이다. 1702년(숙종28) 사마시에 합격하고, 그해 별시문과에 급제하였다. 1724년(영조 즉위) 장령 재직시 탕평책을 두둔하다 오히려 화근이 되어 명천군수로 좌천되었다. 1728년 무신란이 영남지방으로 확대되자 채성윤(蔡成胤)의 천거로 영남의 요충을 방비하는 데 적합한 인물로 뽑혀 울산부사가 되었다. 그곳에 부임하여 폐습을 과감히 개선하는 등 선정을 베풀다가 임지에서 죽었다.

218) 의도가 …… 말 : 장령 김시빈이 "김일경이 반교문에 인용한 내용은 참으로 몹시 흉악합니다. 만약 진정 어떠한 의도를 품고(有心) 그런 글을 썼다면 만번 죽음을 당해도 애석하지 않을 것이고, 설령 다른 의도 없이(無心) 인용하였더라도 이미 죄를 성토하였으니 죄명(罪名)의 무거움이 과연 어떠하겠습니까."라고 한 일을 이른다. 《承政院日記 英祖 卽位年 11月 25日》·《英祖實錄 1年 2月 20日》

그런데 서리들 중에는 명을 받들고 먼 곳으로 나간 이들이 있으니 금부 도사를 보내 잡아들이겠습니다."

하자, 전교하기를,

"그 중에 핵심이라 할 서리와 하례 몇 명만 잡아 가두고 나머지는 잡아들이지 말라."

하였다.

○ 정언 이병태(李秉泰)[219]가 아뢰어 청하기를,

"4대신에 대한 합계(合啓)를 가장 먼저 발의한 삼사의 신하를 목시룡과 일체로 국문하고, 연계(連啓)한 여러 신하를 모두 다 원찬하도록 명하소서. 이세최(李世最)는 자신이 사헌부 수장으로서 역적 김일경이 김동필(金東弼)에게 논핵을 당하자[220] 급급히 상소하여[221] '하늘을 떠받치고 태양을 들어올렸다.[扶天擎日]'라는 말로 그 공을 비유하고 '대의를 주창하며 항론(抗論)하였다.'는 말로 그 절의를 인정하였으니, 원찬하소서."

하니, 주상이 답하기를, "번거롭게 하지 말라." 하였다.

○ 비망기를 내렸다.

"과거 선조(先朝)의 처분[222]이 지엄하였고 이를 계승하는 대행조의 뜻이

---

219) 이병태(李秉泰) : 1688~1733. 본관은 한산(韓山), 자는 유안(幼安)이다. 1715년(숙종41) 진사시, 1723년(경종3) 증광문과에 급제하여, 영조 즉위 후 청요직을 두루 거쳤다. 1727년(영조3) 호조참의가 되어 영조 탕평책을 비판하였다가 삭출되었다. 1728년 다시 등용되어 부제학이 되었는데, 1730년 민진원과 거취를 같이 하려다 파직되었다. 이듬해 승지가 되었는데, 사양하고 합천군수로 나갔다가 사망하였다.

220) 김일경이 …… 당하자 : 1722년(경종2) 9월 21일에 홍문관 제학이던 김일경이 종묘에 토역(討逆)을 고하는 교문을 지어 올렸는데, 당시 대사간 김동필이 교문에 인용된 말이 황잡하여 온당함을 잃었다는 점 등을 들어 그를 논핵하였다.《景宗實錄 2年 9月 21日》《承政院日記 景宗 2年 11月 26日, 4年 4月 24日》

221) 상소하여 : 1723년(경종3) 2월 24일, 이세최가 대사헌으로서 올린 소를 이른다.

222) 선조(先朝)의 처분 : 1716년(숙종42)의 병신처분을 이른다. 이는 회니시비(懷尼是非)를

성대하였는데, 원한을 갚으려는 무리가 대신과 조정 신하를 무함하여 악역(惡逆)의 죄과에 몰아넣었다. 당고(黨錮)의 화[223]가 어느 시대인들 없겠는가마는, 이 무리처럼 악독한 수를 쓰는 경우는 없었다.

역적 김일경이 앞에서 주창하고 역적 목호룡이 뒤에서 호응하였으며, 그 사이 11인의 일을 발계한 자는 김일경·목호룡과 기각의 형세[掎角之勢][224]를 이룬 자이고, 요망한 박상검은 김일경·목호룡의 앞잡이였다. 역적 목호룡을 은밀히 사주하여 갑자기 고변서를 올리게 하고 옥사를 조작하였으니, 세상 어디에 해를 넘기는 국옥(鞫獄)이 있단 말인가?

이미 '진신(搢紳)의 상소'라 하였는데, 어찌 7명[225]뿐인가? 이 상소를 가리켜 '세제(世弟)를 위한 것'이라고 한 말은 바로 요망한 박상검의 주장으로, 안팎에서 서로 부합한 것이 불을 보듯 분명하다.

대신의 원통함은 이미 풀어 주었으니, 그들을 무함하였던 자들을 유배 보내거나 죽인다 해도 불가할 것은 없으나 내가 심하게 다스리지 않는 것은 또한 생각이 있어서이다. 그러나 시비를 밝히는 것은 곧 인주(人主)의 소관이니, 과거 간악한 무리가 나라를 그르친 일을 온 나라가 분명히 알 수 있도록 관각(館閣)으로 하여금 글을 지어 중외에 반포하게 하라."

둘러싸고 심각해진 노·소론의 대립과 분쟁에 왕이 직접 관여하여 노론을 지지하는 처분을 내린 것이었다.

223) 당고(黨錮)의 화 : 동한 말엽에 환관(宦官)들이 정권을 장악하자, 환제(桓帝) 때 진번(陳蕃)·이응(李膺) 등이 이를 바로잡고자 공박하였는데, 환관들이 도리어 당인(黨人)이라고 지목하여 종신토록 금고(禁錮)한 사건을 이른다. 이후 영제(靈帝) 때 또다시 진번 등이 환관들을 제거하려다 일이 사전에 누설되어 환관 조절(曹節)이 두무(竇武)·진번·이응 등 1백여 인을 죽이고 전국 학자 6~7백 인을 연좌시켜 처벌하였다.

224) 기각의 형세[掎角之勢] : 사슴을 잡을 때 뒤에서는 다리를 잡고 앞에서는 뿔을 잡는 것에서 유래된 말로, 적을 협공하거나 앞뒤에서 견제하는 형세를 이른다.

225) 7명 : 1721년(경종1) 12월 6일, 김일경이 소를 올렸는데, 소두(疏頭) 김일경을 위시하여 이 상소에 연명한 박필몽, 이명의, 이진유, 윤성시, 정해, 서종하를 가리킨다. 이들은 이 상소에서 대리청정을 제기한 조성복과 이를 강행하고자 했던 노론 4대신을 역모로 공격, 노론이 주도하던 정국을 뒤집어 소론이 득세하였다.

○ 좌의정 정호가 차자를 올려 대략 말하기를,

"성상에 대한 무함을 끝내 변별할 수 없고 나라의 역적을 끝내 토벌할 수 없으니, 미천한 신이 스스로 다짐한 바를 이룰 수 있는 날은 다시없을 것입니다. 신이 또 들으니, 일전에 동료 정승이 진달한 일로 장차 고묘(告廟)하고 반교(頒敎)하는 일이 있을 것이라고 하는데, 신은 너무 이른 처사라고 생각합니다.

오늘날의 일은 무함을 변별하고 역적을 토벌하는 것이 근본이고 신원과 삭훈226)은 말단입니다. 신하들의 억울함은 비록 신원되었으나 성상에 대한 무함은 그대로인데 무슨 일을 종묘에 고한다는 말인지 모르겠습니다.

또한 고묘하는 글에는 반드시 '불행히도 선왕께 병이 있었는데 소인배들에게 가려지고 기만당하였다.'라는 말이 있은 후라야 선왕의 성대한 덕이 비로소 분명하게 드러날 수 있을 것입니다."

하자, 주상이 답하기를,

"고묘하는 일은, 연로한 구신(舊臣)이 참혹한 무함과 모욕을 당하였으므로 그 일을 고하여 원통함을 풀어주려는 것이다. 그렇지만 고묘의 글을 작성할 때 어찌 차마 다시 그러한 말을 넣겠는가?"

하였다.

---

226) 삭훈 : 부사공신(扶社功臣) 훈호(勳號)를 삭제하는 일을 이른다. 처음에 부사공신은 중종 때 평난감훈(平難勘勳)의 예에 따라 고변인 목호룡 한 사람에게만 수충분의갈성효력부사공신(輸忠奮義竭誠效力扶社功臣)으로 녹훈하였으나, 대사헌 김일경 등의 주장에 따라 이후 1723년(경종3) 이삼을 1등, 신익하를 2등, 목호룡을 3등으로 고쳐 책봉하였다. 이에 앞서 1등에는 김일경의 추천으로 국구(國舅)이자 영돈녕부사인 어유귀가 물망에 올랐으나 본인의 강력한 사양으로 책록되지 않았다. 그러나 이삼·신익하·목호룡의 녹훈 직후 영의정 조태구, 우의정 최석항 등의 반대로 다시 목호룡 1인만 단록(單錄)되어 동성군(東城君)에 봉해지고 나머지 2인은 삭훈되었으며, 공신호도 갈성효력의 4자를 삭제하여 수충분의부사공신(輸忠奮義扶社功臣)이라 하였다. 이후 영조의 즉위와 더불어 노론이 집권하자 임인옥사는 목호룡의 무고에 의하여 조작된 것으로 규정되고, 목호룡은 무상부도죄인(誣上不道罪人)으로 처형됨으로써 1725년(영조1) 부사공신의 칭호는 최종 삭제되었다.

○ 장령 김담(金墰)이 상소하여 대략 다음과 같이 말하였다.

"전하께서 지난날의 광경을 한번 생각해 보소서. 충성스럽고 어진 신하들이 수없이 떼죽음을 당하였고 심지어 그 가속들 또한 강제로 죽임을 당하였습니다. 고 상신 이건명(李健命)227)이 죽은 후, 두 아들이 덕산(德山) 장지에 도착해 고장(藁葬)228)하고, 그 옆에 미리 파 놓은 두 개의 구덩이에서 일시에 교형(絞刑)을 받으니, 길 가던 행인들도 눈물을 흘렸고, 연좌되지 않았는데 스스로 목숨을 끊은 자들도 이루 셀 수 없을 정도로 많습니다.

신이 생각하건대 오늘날 화기(和氣)를 상하게 하는 원인은 이 무리를 죄주는 데 있는 것이 아니라 이 무리를 죄주지 않는 데 있습니다. 또한 고묘문의 내용을 모호하게 해서는 안 되는데, 전하께서 '어찌 차마 다시 그러한 말을 넣겠는가?' 하교하셨으니, 어찌하여 흉적들이 숨기고자 하는 일을 전하도 따라서 숨겨준단 말입니까? 이 일이 만약 털끝만큼이라도 선왕께 해가 된다면 대신의 말이 어찌 이와 같았겠습니까?"

○ 좌의정 정호, 우의정 민진원이 입시하였을 때 민진원이 말하기를, "고묘문에 '병이 있었다.[有疾]'는 조항을 첨입하는 것은 실로 주저하실 일이 아닙니다."

하자 주상이 이르기를, "좌의정이 올린 차자에 대한 비답에서 이미 말하였

---

227) 이건명(李健命) : 1663~1722. 본관은 전주, 자 중강(仲剛), 호 한포재(寒圃齋)·제월재(霽月齋)이다. 영의정 이경여(李敬輿)의 손자, 이조판서 이민서(李敏敍)의 아들, 좌의정 이관명(李觀命)의 동생이다. 1684년(숙종10) 진사시, 1686년 춘당대 문과에 급제하여 청요직을 두루 거쳐 이조판서 등을 지냈다. 1717년 종형 이이명(李頤命)과 숙종의 정유독대(丁酉獨對) 직후 우의정에 발탁되어 연잉군 보호를 부탁받았다. 경종 즉위 후 좌의정에 승진하여 김창집·이이명·조태채와 함께 연잉군의 왕세제 책봉과 대리청정에 진력한 노론 4대신 중 하나였으나, 이로 인하여 반대파인 소론의 공격을 받았다. 1722년(경종2)에 노론이 모역한다는 목호룡의 고변으로 유배되었다가 죽임을 당하였다. 1725년(영조1) 신원되었다.
228) 고장(藁葬) : 예(禮)를 갖추지 못하고, 시신을 짚이나 거적에 싸서 임시로 매장하는 것을 이른다.

다.” 하였다.

　병조판서 홍치중(洪致中)229)이 말하기를,

　“병이 생기는 것은 성인도 피할 수 없으니, 이 어찌 숨겨야 할 일이겠습니까?
교문(教文) 중에 대략 기만하고 가렸다는 뜻을 언급하는 것이 어찌 도리에
해가 되는 일이겠습니까?”

　하였고, 이조판서 이의현(李宜顯)이 말하기를,

　“이는 대행왕의 성덕(聖德)을 더욱 밝게 빛내는 일이니, 우의정이 올린
수차(袖箚)의 본뜻은 이와 같은 것입니다.”

　하였다. 우참찬 김흥경(金興慶)이 말하기를, “이 말을 첨입한 후에야 대행왕
의 성덕이 밝게 빛날 수 있습니다.” 하였고, 승지 김고(金槹)230)가 말하기를,

　“신축년(1721, 경종1)에 신이 상소하여 친제(親祭)를 청한 일이 있었는데,
그 비답에 ‘내게 정결치 못한 병이 있다.’ 하교하셨으니, 대행왕께 병이 있었던
일을 어찌 모르겠습니까?”

　하였으며, 사간 어유룡(魚有龍)231) 등도 ‘병이 있었다.’는 말을 첨입하기를

---

229) 홍치중(洪致中) : 1667~1732. 본관은 남양(南陽), 자 사능(士能), 호 북곡(北谷)이다. 우의정
　　홍중보(洪重普)의 손자, 관찰사 홍득우(洪得禹)의 아들이다. 1699년(숙종25) 사마시, 1706
　　년 정시문과에 급제하여 대사간·승지 등을 거쳐 이조참판 등을 지냈다. 경종 때 홍주목사
　　로 좌천되었다가 영조 즉위 후 형조판서를 거쳐 1726년(영조2) 좌의정 민진원의 천거로
　　우의정에 올랐다. 1729년 조문명(趙文命) 등이 신임옥사에 대한 시비의 절충을 꾀하자,
　　노론 4대신과 삼수옥(三手獄) 관련자에 대한 신원문제를 구분해야 한다는 논리를 주장하
　　여 기유처분(己酉處分)을 내리게 하였다. 이어 영의정을 지냈다. 시호는 충간(忠簡)이다.

230) 김고(金槹) : 1670~1727. 본관은 청풍(淸風), 자는 봉년(逢年)이다. 1714년(숙종40) 문과에
　　급제하여 1719년 지평이 되었다. 1720년(경종 즉위) 윤지술을 변론하였다가 이진검의
　　탄핵을 받았다. 1723년 권익관의 탄핵을 받고 변방에 유배되었다. 1725년(영조1) 풀려나
　　집의를 거쳐 승지가 되자 소론 탄핵에 앞장섰다.

231) 어유룡(魚有龍) : 1678~1764. 본관은 함종(咸從), 자는 경우(景雨)이다. 경종의 장인 어유귀
　　(魚有龜)의 재종제이다. 1710년(숙종36) 사마시, 1713년 증광문과에 급제하여 청요직을
　　두루 역임하였다. 경종대 세제 책봉에 반대하는 소론의 처벌을 주장하였고, 또한 세제
　　대리청정을 반대하는 조태구 등을 탄핵하여 박치원·이중협과 함께 노론의 3대간으로
　　불렸다. 1722년(경종2) 임인옥사 때 유배되었다가 1725년(영조1) 다시 등용되었지만
　　1727년 정미환국으로 파직되었다. 1730년 복직하여 1748년 한성부좌윤을 거쳐 1754년

청하였다. 주상이 이르기를,

"군이 '병이 있었다.'고 할 필요 없이, '대행조께서 편찮으셨다.'라고만 하는 것이 좋을 듯하다."

하였다.

○ 국청을 담당한 신료들이 입시하였다. 민진원이 조성복에 대한 포증(襃贈)을 청하자, 주상이 윤허하였다.

○ 사과 정석삼(鄭錫三)232)이 상소하여 대략 다음과 같이 말하였다.

"지난번 상신(相臣)이 수차(袖箚)를 올려 선대왕께 병환이 있었다는 내용으로 중외에 포고할 것을 청하였고, 다른 상신도 차자를 올려 또다시 힘써 청하여 마침내 등대하였을 때 결국 윤허를 받았다고 합니다. 신은 놀라움과 애통함을 이길 수 없어 곧장 통곡을 하며 눈물을 흘렸습니다.

아! 상신 또한 선왕을 섬겼는데 어찌 차마 이러한 말을 오늘에 와 올린단 말입니까? 부형(父兄)의 일은 비록 예사로운 언동 하나라 해도 돌아가신 후 다른 사람에게 말할 때는 오히려 두려워하며 조심하는 법입니다. 하물며 지금 선대왕의 기후(氣候)를 뒤늦게 꺼내든 일이 얼마나 통분할 일인데 전하께서는 어찌 차마 들으시고 차마 말씀하셨습니까? 상신의 말로 말미암아 우리 전하의 효성과 우애의 가법(家法)이 장차 만세의 비웃음을 받게 되었으니 신은 실로 이를 슬퍼하고 있습니다.

아! 선왕께서 비록 편찮으신 징후가 있었다 해도 정무를 처리할 때는

─────────

지중추부사로 기로소(耆老所)에 들어갔고, 이후 판돈녕부사에 올랐다. 시호는 정헌(靖憲)이다.

232) 정석삼(鄭錫三) : 1690~1729. 본관은 동래(東萊), 자는 명여(命汝)이다. 영의정 정태화(鄭太和)의 증손이다. 1711년(숙종37) 식년문과에 급제하여, 병조정랑 등을 거쳐 1722년(경종2) 사간이 되었다. 1725년(영조1) 승지가 되었는데, 경종의 질병을 포고하는 것에 반대하여 상소하였다. 이로 인해 탄핵을 받고 절도에 안치되었다가 같은 해 방면되었다. 1727년 다시 승지가 되어 1729년 졸하였다. 1772년 영의정에 추증되었다.

일에 따라서 곧바로 아뢰어도 용납하여 의리에 크게 어긋나지 않았는데 산릉의 역사를 막 마친 지금, 성상께서 외로이 거상하시는 중에 돌연 아뢴 것이 마침내 고묘하고 반교하는 일에까지 이르렀으니, 이 무슨 일입니까?

가령 선왕의 처분이 신하들에 의해 기만당한 것이 바로 상신의 말과 같다면, '죄는 신하들에게 있다.'라고만 하면 됩니다. 이렇게만 해도 충분히 마음에 흡족할 것인데, 어찌하여 차마 할 수 없는 말을 끄집어내고 차마 할 수 없는 일을 행하여, 위로는 조종의 신령을 슬프게 하고 아래로는 사방의 이목을 놀라게 하는 것입니까?

저 상신과 신하들이 한 번 청하고 두 번 청하며 좌우에서 번갈아 진달함으로써 마침내 전하께서 지키시는 뜻을 흔들고 빼앗기에 이르렀습니다. 애석한 것은 전하의 효심이 윤상(倫常)에서 어긋난 일종의 논의에 잘못 빠져 장차 후세에 할 말이 없게 된 점입니다. 신이 충의로 말미암아 격분한 마음에 말하지 않을 수 없는 것은, 이것이 곧 만세의 강상을 위한 계책이기 때문입니다."

전교하기를,

"지금 정석삼이 올린 상소의 내용을 보건대, 명을 거두어 달라 청한 대의(大意)는 좋으나 조금의 거리낌도 없이 대신을 핍박하였다. 아! 석삼의 사람됨이 기꺼운 마음으로 당을 비호하는 사람이 아닌데도 오히려 이와 같으니 다른 사람들이야 말해 무엇하겠는가? 삭출하라."

하였다.

○ 영의정 정호, 좌의정 민진원이 모두 상소하여 스스로 변명하였고, 홍치중 등은 연명으로 상소하여 변명하였다.

○ 삼사가 청대하여 입시하였을 때, 사간 어유룡이 정석삼의 죄를 논핵하고 위리안치 시킬 것을 청하였다. 승지 조언신(趙彦臣)[233], 장령 이휘진(李彙晋),

---

233) 조언신(趙彦臣) : 1682~1731. 본관은 순창(淳昌), 자는 여보(汝輔)이다. 1710년(숙종36) 증

교리 홍현보(洪鉉輔)[234]·이중협(李重協)[235], 정언 이병태(李秉泰) 등 또한 정석삼의 죄를 힘써 논핵하며, 혹은 '교활하고 사특하다.[狡慝]'하였고 혹은 '거짓을 날조하여 무함하였다.[構陷]'고 하였으나 주상이 들어주지 않았다.

○ 전라도 유생 이세추(李世樞) 등이 상소하여, 고 상신 이경여(李敬輿)[236]와 그 아들인 이민서(李敏敍)[237]에 대한 서원[238]의 향사를 회복시켜달라고 청하

광문과에 급제하여 청요직을 두루 거쳤다. 1722년(경종2) 화를 당했다가 영조가 즉위하자 승지에 올라 유봉휘와 정석삼을 탄핵하였다. 1727년(영조3) 정미환국으로 파면 당했다가 1728년 청주목사가 되어 무신란에 공을 세우고 1730년 다시 승지가 되어 이후 병조참판 등을 역임하였다.

234) 홍현보(洪鉉輔) : 1680~1740. 본관은 풍산(豊山), 자는 군거(君擧), 호는 수재(守齋)이다. 선조의 부마 홍주원(洪柱元)의 현손이고, 홍만용(洪萬容)의 손자, 홍중기(洪重箕)의 아들이다. 1718년(숙종44) 정시 문과에 장원 급제하여 1720년(경종 즉위) 도당록에 올랐다. 영조대 대사헌·호조참판 등을 거쳐 예조판서에 올랐다.

235) 이중협(李重協) : 1681~?. 본관은 경주, 자는 화중(和仲)이다. 1713년(숙종39) 증광문과에 급제하여 1720년(경종 즉위) 도당록에 올랐다. 1722년 대간의 도리를 지키지 않는다고 탄핵 받고 유배되었다. 1725년(영조1) 풀려나 1727년 승지가 되고, 1746년 도승지에 올랐다. 노론계 당론서 《진감(震鑑)》에 따르면 이중협은 어유룡·박치원 등과 함께 삼간신(三諫臣)으로 불리웠다. 1721년(경종1) 우의정 조태구가 세제 대리청정에 반대하여 입궐했을 때 경종이 승정원을 경유하지 않고 직접 내시를 보내 조태구를 인견하였다. 이에 교리 이중협·사간 어유룡·장령 박치원 등이 승정원을 거치지 않고 주상을 알현한 조태구의 죄를 맹렬히 논척하였다. 이들의 발언은 임인옥사의 과정에서 그 불경함이 다시 문제가 되었고, 이로 인해 모두 유배되었다.

236) 이경여(李敬輿) : 1585~1657. 본관은 전주(全州), 자 직부(直夫), 호 백강(白江)·봉암(鳳巖)이다. 광해군대 검열을 거쳐 인조반정(1623) 직후 수찬에 올랐다. 이후 좌승지·전라도 관찰사 등을 거쳐 형조판서에 올랐다. 1642년 이계(李烓)의 밀고로 심양(瀋陽)에 억류되었다가 이듬해 세자와 함께 귀국해 우의정이 되었다. 1646년 소현세자 빈(昭顯世子嬪) 강씨를 사사(賜死)하는 것에 반대하다가 유배되었다. 효종이 즉위하자 풀려 나와 영의정에 올랐다.

237) 이민서(李敏敍) : 1633~1688. 본관은 전주, 자 이중(彝仲), 호 서하(西河)이다. 영의정 이경여의 아들이자 송시열의 문인이고, 김수항, 이단하 등과 교분이 깊었다. 1650년(효종1) 진사시, 1652년 증광문과에 급제하여 청요직을 두루 거치고 이조판서 등을 지낸 뒤 지돈녕부사(知敦寧府事)가 되었다. 나주의 서하사(西河祠)와 흥덕의 동산서원(東山書院)에 제향되었다. 저서로 《서하집》이 있고, 편서로 《고시선(古詩選)》《김장군전(金將軍傳)》이 있다. 시호는 문간(文簡)이다.

자, 주상이 윤허하였다.

○ 전 문학 송인명(宋寅明)[239]이 상소하여 대략 다음과 같이 말하였다.
"삼가 듣건대 어제 삼사가 청대하였을 때 고묘문과 반교문에 문구를 첨입해
넣는 일을 중지하라는 명을 또다시 거두셨다고 하니, 신은 애통한 마음입니다.
군부에게 불행히도 병이 있었더라도 산릉의 역사를 막 마친 직후 갑작스레
왕언(王言)에 올려 태묘에 고하고 팔방에 선포하는 것은 인정으로 보나 천리로
보나 결단코 차마 할 수 없는 일인데, 저 삼사의 신하들이 기필코 우리
전하를 그렇게 하도록 종용하려는 것은 도대체 무슨 까닭입니까?"
주상이 그 상소를 돌려주라고 명하였다. 동지 서명균(徐命均)[240] 또한 상소
하여 그 일이 불가하다고 논하자, 장령 이의천이 서명균과 송인명을 정석삼과

---

238) 서원 : 전라도 고창군 성내면 동산리에 자리한 동산서원(東山書院)을 이른다. 1718년(숙
종44)에 지방 유림의 공의로 이경여·이민서의 학문과 덕행을 추모하기 위해 창건하여
위패를 모셨고, 1721년(경종1)에 '동산(東山)'이라고 사액되었다. 이후 1722년(경종2)
임인옥사 때 이민서의 아들인 이건명이 노론 4대신의 한 사람으로 죽임을 당하자
이경여·이민서의 출향이 결정되었다가 영조 1년(1725) 복향되었다.

239) 송인명(宋寅明) : 1689~1746. 본관은 여산(礪山), 자 성빈(聖賓), 호 장밀헌(藏密軒)이다.
이조참판 송광연(宋光淵)의 손자이고, 송징오(宋徵五)의 아들이며, 어머니는 사헌부집의
(司憲府執義) 이단상(李端相)의 딸이다. 1719년(숙종45) 증광문과에 급제, 예문관검열(藝文
館檢閱)을 거쳐 세자시강원설서(世子侍講院說書)로 있을 때 당시 세제로 있던 영조의
총애를 받아, 1724년 영조가 즉위하자 충청도관찰사로 기용되었다. 이듬해 동부승지가
되어 영조의 탕평책에 적극 협조, 노·소론을 막론하고 온건한 인물들을 두루 등용하여
당론을 조정, 완화함으로써 영조의 두터운 신임을 받았다. 1731년(영조7) 이조판서,
1736년 우의정, 1740년 좌의정을 역임하였다. 《감란록(勘亂錄)》 편찬에 참여하였으며
시호는 충헌(忠憲)이다.

240) 서명균(徐命均) : 1680~1745. 본관은 달성(達城), 자 평보(平甫), 호 소고(嘯皐)·재간(在澗)·
보졸재(保拙齋)·송현(松峴)이다. 영의정 서종태(徐宗泰)의 아들이다. 1705년(숙종31) 진사
가 되고, 1710년 증광문과에 급제하여 청요직을 두루 지냈다. 1721년(경종1) 이조참의로
재직시 경종의 생모 희빈 장씨를 공격한 윤지술을 구하려다가 김일경 등 소론 강경파의
탄핵을 받고 안악 군수로 좌천되었다. 1725년(영조1) 탕평책을 주장하여 영조 연간
탕평파의 핵심이 되었다. 1729년 호조판서, 1732년 우의정을 거쳐 좌의정에 올랐다.
아버지로부터 아들 서지수(徐志修)까지 삼대가 정승을 지냈다. 시호는 문익(文翼)이다.

일체로 논단할 것을 계청하였다.

○ 집의 송필항(宋必恒)[241]이 상소하여 대략 말하기를,

"이현장(李顯章)[242]이 제혁(帝奕)과 어린아이 영(嬰)에 비유한 것,[243] 윤서교(尹恕敎)가 '사랑하시던 바를 또한 사랑하였다.'라고 한 말[244] 등은 터무니없이 날조된 거짓이자 불경스러운 모욕입니다."

---

241) 송필항(宋必恒) : 1675~?. 본관은 은진(恩津), 자는 원구(元久)이다. 1702년(숙종28) 식년시, 1714년(숙종40) 증광문과에 급제하여 청요직을 두루 역임하였다. 1725년(영조1) 임인옥사를 고변한 목호룡을 끝까지 추문하지 않은 것에 대해서 마음이 아프다고 영조에게 아뢰었다. 또한 언로를 어지럽혔다고 유봉휘·이현장(李獻章)·남태징 등을 탄핵하였다.

242) 이현장(李顯章) : 1674~1728. 본관은 전주, 자는 성보(誠甫)이다. 1713년(숙종39) 증광문과에 급제하여, 1719년 사간원 정언이 되고, 1722년(경종2) 홍문관 부수찬 등을 거쳐 이듬해에 교리가 되었다. 영조 즉위 뒤 노론의 탄핵으로 제주에 정배되었다가 1727년 정미환국 이후 다시 등용되어 1728년 승지가 되었으나 갑자기 사망하였다.

243) 이현장(李顯章)이 …… 것 : 1723년(경종3) 부수찬 이현장이 상소하여 조성복을 탄핵하면서 "저 조성복은 실로 우리 성상을 제혁(帝奕)처럼 만들고 우리 동궁을 어린아이 영(嬰)으로 만들어 왕망(王莽)과 환온(桓溫)이 찬탈하려는 계책을 도왔다."라고 한 일을 이른다. 《承政院日記 景宗 3年 2月 23日》제혁은 동진(東晉) 성제(成帝)의 차자로, 제위(帝位) 6년 만에 그의 신하 환온(桓溫)이 태후의 명령으로 폐위시켜 해서공(海西公)으로 삼았으므로 역사에서는 폐제(廢帝)라고 불린다. 영(嬰)은 한 선제(漢宣帝)의 현손으로, 왕망(王莽)이 평제(平帝)를 시해하고 영을 추대하였는데, 그때 나이가 2세였으므로 어린아이라고 하였다. 왕망이 섭정하다가 2년 만에 제위를 찬탈하고 영을 폐하여 정안공(定安公)으로 삼았다.

244) 윤서교(尹恕敎)가 …… 말 : 임인옥사와 관련되어, 김씨 성의 궁인이 경종의 음식에 독약을 탔다는 김성절의 공초에 따라 1722년(경종2) 8월 18일 신하들이 김씨 성의 궁인을 조사하여 색출할 것을 요청하였다. 경종은 처음에는 이를 조사하도록 허락하였으나 곧 뚜렷한 실체가 없다는 이유를 들어 조사 요청을 거부하였다. 그러던 중 1724년 4월 24일 사간원 정언 윤서교가 상소하여, 그 궁인이 선조(先朝) 때부터 모셔온 사람이므로 감싸는 것이라는 의혹을 제기하며, 인조의 총애를 받다가 김자점의 역모 사건에 연루되어 사사된 숙원 조씨의 일을 거론하였다. 이는 은연중에 숙종의 후궁으로 연잉군을 돌봐온 영빈 김씨를 모해하려 하였다는 혐의를 받았다. 《景宗實錄 2年 8月 18日, 4年 4月 24日》《承政院日記 景宗 4年 4月 24日》본문의 '사랑하시던 바를 또한 사랑하였다.'는 윤서교가 상소에서 《예기(禮記)》〈내칙(內則)〉의 "이 때문에 부모가 사랑하신 바를 또한 사랑하며, 부모가 공경하신 바를 또한 공경해야 하니, 개와 말의 경우도 모두 그렇게 해야 하는데, 더군다나 사람에 대해서이겠는가?[是故父母之所愛亦愛之, 父母之所敬亦敬之, 至於犬馬盡然, 而況於人乎?]"라고 한 구절을 인용한 것이다.

하고, 이어 이삼과 남태징(南泰徵), 전라감사 권첨(權詹)[245], 경상감사 권이진
(權以鎭)[246], 전주 판관 조명종(曹命宗), 평양 서윤 이보혁(李普赫)[247], 예천군수
유봉령(柳鳳齡), 홍산현감 윤빈(尹彬)과 기타 변장(邊將) 10여 인을 논핵하였다.

○ 장령 이의천이 아뢰어 대략 다음과 같이 말하였다.

"조지빈(趙趾彬)[248]은 천성이 본래 광패하여 충성스럽고 어진 이들을 해치
는 일을 도맡아 왔습니다. 종루(鐘樓) 네거리에서 갓 시집간 소녀를 마주쳤는
데, 길가에 말을 세우고 위·아래의 의복을 모두 벗겼습니다. 행동거지가
해괴하고 도리에 어긋났으니 절도에 정배하소서."

○ 경기도 유학(幼學) 윤래성(尹來成) 등이 상소하여, 4대신의 사우(祠宇)를

---

245) 권첨(權詹) : 1664~1730. 본관은 안동, 자는 숙량(叔良)이다. 1694년(숙종20) 알성문과에
급제하고, 청요직을 두루 거쳐 1722년(경종2) 대사간이 되었다. 영조대 충청도관찰사가
되었는데, 1724년 무신란(戊申亂) 당시 역적과 내통하였다는 혐의를 받아 친국을 받다가
옥사하였다.

246) 권이진(權以鎭) : 1668~1734. 본관은 안동(安東), 자 자정(子定), 호 유회당(有懷堂)·수만헌
(收漫軒)이다. 할아버지는 우윤(右尹) 권시(權諰), 아버지는 현감 권유(權惟), 어머니는
송시열(宋時烈)의 딸이다. 윤증 문인이다. 1694년(숙종20) 별시문과에 급제하여 청요직을
두루 지내고, 1721년(경종1) 좌의정 이광좌(李光佐)의 천거로 승지에 올랐으며, 이듬해
사은부사로 청나라에 다녀왔다. 1728년(영조4)에는 무신란을 수습한 공으로 원종공신
1등에 녹훈되었다. 이후 호조판서, 공조판서를 역임하였다. 저서로《유회당집》이 있으
며, 시호는 공민(恭敏)이다.

247) 이보혁(李普赫) : 1684~1762. 본관은 용인(龍仁), 자는 성원(聲遠)이다. 좌의정 이세백(李世
百)의 재종손이다. 음보로 기용되어 벼슬길에 올라 평양부윤이 되었는데, 1725년(영조1)
부정혐의로 관직이 삭거되었다. 1728년 무신란이 일어나자, 우방장으로서 영남에서
기병한 정희량(鄭希亮)의 난을 토평한 공으로 분무공신(奮武功臣) 3등에 올랐으며 인평군
(仁平君)에 봉해졌다. 1748년에 부총관(副摠管), 1753년에 한성부판윤(漢城府判尹), 그
이듬해에 공조판서가 되었다. 시호는 충정(忠貞)이다.

248) 조지빈(趙趾彬) : 1691~1730. 본관은 양주(楊州), 자는 인지(麟之)이다. 조태억의 아들이다.
1718년(숙종44) 정시문과에 급제하여, 1723년(경종3) 홍문록에 올랐다. 1725년(영조1)
노론의 탄핵을 받고 유배 갔다가 1727년 풀려나 이조좌랑이 되었으며, 승지·대사간
등을 역임하였다.

세워 향사함으로써 그들의 충절을 표창하는 방도로 삼을 것을 청하고, 또 이희조(李喜朝)를 향사할 서원의 건립을 청하자, 주상이 "대신과 상의하여 품처하라"고 답하였다.

○ **겨울**, 빈청 ─좌의정 민진원, 우의정 이관명(李觀命)[249], 병조판서 이의현, 호조판서 신사철(申思喆), 공조판서 황일하, 호군 오중주(吳重周)[250], 형조참판 장붕익(張鵬翼)[251], 호군 이봉상(李鳳祥)[252], 병조참판 황귀하(黃龜河)[253], 우윤 이교악(李喬岳), 병사 최진한(崔鎭

---

249) 이관명(李觀命) : 1661~1733. 본관은 전주, 자 자빈(子賓), 호 병산(屛山)이다. 영의정 이경여(李敬輿)의 손자, 이조판서 이민서(李敏敍)의 아들이다. 1687년(숙종13) 사마시, 1698년 알성 문과에 급제하여 이조·병조·예조참판 등을 거쳐 대제학을 지냈다. 1721년(경종1) 관작을 삭탈 당하였으며, 이듬해 동생 이건명이 노론 4대신으로서 사사되자 자신도 유배되었다. 1725년(영조1) 풀려나 우의정을 거쳐 이듬해 좌의정에 이르렀다. 흥덕 동산서원(東山書院)에 봉향되었다. 저서로 《병산집(屛山集)》이 있으며, 시호는 문정(文靖)이다.

250) 오중주(吳重周) : 1654~1735. 본관은 해주(海州), 자 자후(子厚), 호 야은(野隱)이다. 1680년(숙종6) 무과에 급제하여, 수군절도사 등을 지냈으나, 1722년 임인옥사 당시 유배되었다. 영조 즉위 뒤 금군별장 등에 기용되었으나 사퇴하였다. 1728년 무신란 당시 통제사로서 공을 세우고 이어 사퇴하였다.

251) 장붕익(張鵬翼) : 1674~1735. 본관은 인동(仁同), 자는 운거(雲擧)이다. 1699년(숙종25) 무과에 급제, 선전관을 거쳐 창원부사를 지냈다. 1723년(경종3)에는 김창집의 당으로 몰려 귀양 갔다. 영조 즉위 후 풀려나 형조판서 등을 역임하였다.

252) 이봉상(李鳳祥) : 1676~1728. 본관은 덕수(德水), 자는 의숙(儀叔)이다. 이순신(李舜臣)의 5대손이다. 1702년(숙종28) 무과에 급제하였으며, 경종대 포도대장·삼도수군통제사·총융사 등을 역임하였다. 1725년(영조1) 형조참판으로서 훈련금위대장을 겸임하였다. 이때 이광좌·조태억 등의 죄상을 논박하였다. 1727년 정미환국으로 어영대장에서 좌천되어 충청도병마절도사로 나갔다. 1728년 이인좌(李麟佐)가 반란을 일으켜 청주를 함락하였을 때 작은아버지 이홍무(李弘茂)와 함께 반란군에게 붙잡혀 죽었다. 충청감영에 들어온 이인좌가 항복할 것을 권하였지만 충무가(忠武家)의 충의(忠義)를 내세워 끝내 굽히지 않았다 한다. 어사 이도겸(李道謙)이 청주로부터 돌아와 그 순절을 전하자, 영조는 정려를 세우고 좌찬성에 추증하였으며, 뒤에 헌종이 청주에 표충사(表忠祠)를 세워 제향하게 하였다. 시호는 충민(忠愍)이다.

253) 황귀하(黃龜河) : 1672~1728. 본관은 창원(昌原), 자는 성징(聖徵)이다. 1705년(숙종31) 알성문과에 급제하여 청요직을 두루 거쳤다. 1721년 대사간으로 재직하다가 노론 4대신이 유배될 때 파직되었다. 영조 즉위 직후 대사성에 오르고, 이후 도승지·호조판서 등을 역임하였다.

漢)- 에서 아뢰었는데, 대략 다음과 같다.

"이성(二聖)254)의 큰 계책을 힘껏 저지하여 삼종(三宗)의 혈맥255)을 끊으려 했던 것은 유봉휘의 역절(逆節)이고, 숙종을 원수처럼 보고 기회를 노려 원한을 갚고자 은밀히 흉계를 꾸미며 시종일관 선왕의 병을 숨긴 것은 이광좌의 역절이며, 감히 '정책국로(定策國老)'256)라는 패악한 말을 끌어다 성상을 무함하고 욕보이며 역적 김일경의 흉악한 음모를 남몰래 도와 불안과 의심을 선동한 것은 조태억의 역절입니다.

'혐(嫌)'이라는 글자를 지어내257) 국본을 동요시킬 간악한 음모를 처음 아뢰고 환관과 결탁하여 마침내 북문을 뚫고 들어와258) 성상을 암담한 지경에

---

254) 이성(二聖) : 대왕대비전인 인원왕후와 대전인 영조를 이른다.

255) 삼종(三宗)의 혈맥 : 삼종은 효종·현종·숙종으로, 소현세자의 계통이 아닌 효종의 계통으로 이어지는 왕통을 말한다. 1721년(경종1) 8월 20일에 연잉군을 후계자로 정하는 과정에서 당시 왕대비로 있던 인원왕후 김씨가 내린 언문 교지에 "효종대왕의 혈맥과 선대왕의 골육은 주상과 연잉군뿐이니, 어찌 딴 뜻이 있겠소." 하였다. 《景宗實錄 1年 8月 20日》

256) 정책국로(定策國老) : 1724년(영조 즉위) 11월, 조태억이 청대하여 아뢰면서 경종 때 왕세제의 대리청정을 청한 노론을 '정책국로'에 빗대어 비판한 일을 이른다. '정책국로'란 정책을 좌우하며 천자를 세운 국가의 원로라는 의미로 당나라 말기 권세를 좌지우지한 환관을 가리킨다. 곧 환관과 같은 소인배들이 어리석은 임금을 옹립한다는 의미로 쓰인 말이라 할 수 있다.

257) '혐(嫌)'이라는 …… 지어내 : 1720년(경종 즉위) 11월에 청나라 칙사가 우리나라에 조문 와서 세자와 종실의 자질(子姪)을 만나 보기를 청하자, 우의정 조태구가 이를 받아들여서는 안 된다는 내용의 차자를 올렸는데, 거기에 "배신이 이를 받아들이는 것은 혐의를 무릅쓰는 것이 됩니다."[上國弔列國之君, 而竝及弟姪之爲陪臣者, 古無是焉. 上國行之爲失禮, 陪臣受之爲冒嫌.]라고 한 말을 이른다. 《景宗修正實錄 即位年 11月 26日》

258) 북문(北門)을 …… 들어와 : '북문'은 원래 경복궁의 북문인 신무문(神武門)을 가리킨다. 중종 14년(1519) 기묘사화 때, 남곤과 심정 등의 훈구 대신들이 중종의 밀지(密旨)를 받고 승지와 사관 몰래 신무문을 통해 입궐하여 조광조 등의 신진 사류를 제거한 사건이 있었다. 1721년(경종1) 10월 17일에 대간의 탄핵을 받고 궐 밖에 물러나 있던 우의정 조태구가 신하들이 일반적으로 다니는 문로(門路)가 아니고 창경궁의 협문인 선인문을 통해 입궐하여 왕세제에게 대리청정하게 하라는 명을 거두기를 청한 끝에 명을 거두겠다는 윤허를 받아냈다. 여기에서는 조태구가 했던 일을 기묘사화 당시의 사건에 빗대어서 선인문을 북문이라고 지칭한 것이다. 《景宗實錄 1年 10月 17日·19日》《景宗修正實錄 1年 10月 17日, 3年 6月 6日》

빠뜨리고 충량한 신하를 형틀 아래에서 도륙한 것은 조태구와 최석항이 반역을 꾀한 주요 핵심입니다.

그밖에 주벌해야 할 죄와 용서할 수 없는 악행이 얼마나 됩니까? 성궁을 무고하고 욕보이며 모해하지 않은 것이 없는데도 미처 손을 쓰지 못하였습니다. 이들은 전하의 죄인이 아니라 실로 종사의 죄인이니, 바라건대 삼사의 청을 속히 따르소서."

주상이 "번거롭게 하지 말라." 답하였다.

○ 대사헌 김취로(金取魯)[259] -대사간 이기익(李箕翊), 집의 이성룡(李聖龍), 장령 정광제(鄭匡濟)[260], 지평 임주국(林柱國)[261]·윤혼(尹焜)[262], 헌납 이의천(李倚天), 정언 성진령(成震齡)[263]·윤심형(尹心衡)[264]- 등이 복합(伏閤)하여 연계(連啓)하였고, 진사 조

---

259) 김취로(金取魯) : 1682~1740. 본관은 청풍(淸風), 자는 취사(取斯)이다. 김극형(金克亨)의 증손, 김징(金澄)의 손자, 김유(金楺)의 아들이며, 좌의정 김약로와 영의정 김상로의 형이다. 1707년(숙종33) 성균관 유생으로서 상소하여 김장생(金長生)을 문묘에 종사(從祀)하라고 청하였다. 1710년 증광문과에 급제하여 청요직을 두루 거쳤다. 1723년(경종3) 권익관의 탄핵을 받고 울산에 유배되었다가 이듬해 영조가 즉위하자 풀려나 이조판서 등을 역임하였다. 1737년에 호조판서가 되었으나, 영조의 탕평책에 맞서다가 파직당하고, 무주에 유배되었다. 시호는 충헌(忠獻)이다.

260) 정광제(鄭匡濟) : 1688~1753. 본관은 연일(延日), 자 정숙(正叔), 호 담락(湛樂)이다. 1717년(숙종43) 온양(溫陽) 별시문과에 급제하여, 1725년(영조1) 병조정랑이 되고, 이후 청요직을 두루 거쳐 1747년에 승지가 되었다.

261) 임주국(林柱國) : 1672~1748. 본관은 평택(平澤), 자는 필경(弼卿)이다. 1717년(숙종43) 온양 별시문과에 급제하여, 1724년(영조 즉위) 소론 대신 유봉휘와 어영대장 이삼의 처벌을 강력히 요구하다가 관직에서 쫓겨났다. 이듬해 지평으로 상소하여 소론 김일경과 조태억, 남인 목호룡 등을 논핵하였다. 1726년에는 헌납으로서 민진원과 이관명, 신세웅(申世雄) 등을 서용하라고 주장하였다. 1727년 정미환국으로 파면 당했다가 1728년 병조참지, 1736년 승지, 1746년 형조참판이 되었다.

262) 윤혼(尹焜) : 1676~1725. 본관은 파평(坡平), 자 회이(晦爾), 호 천서(泉西)이다. 1707년(숙종33) 권상하 문하에 들어갔으며, 신경(申敬)·한원진(韓元震)·현상벽(玄尙璧) 등과 교유하면서, 1709년 이들과 함께 권상하를 따라 화양동에 들어가 만동묘(萬東廟) 건립에 참여하였다. 1714년 사마시, 1719년에 별시문과에 급제하여, 영조 즉위 이후 정언·지평을 지내다가 1725년 사망하였는데, 1727년 정미환국으로 파면 당했다.

263) 성진령(成震齡) : 1682~1739. 본관은 창녕(昌寧), 자 자장(子長), 호 시은(市隱)이다. 1711년

홍림(趙興林) 등 또한 상소하여 유봉휘·조태구·이광좌 등의 죄를 논핵하였다.

○ 좌의정 민진원이 백관을 거느리고 정청(庭請)[265]하여 여러 차례 아뢰었으나, 들어주지 않았다.

○ 사학 유생 윤만동(尹萬東) 등이 상소하여 유봉휘 등의 죄를 아뢰었다.

○ 주상이 빈청 대신 이하를 인견하고, 유봉휘 등에 대해 굳이 죄를 논할 필요가 없다는 뜻을 유시하자, 대신 이하가 그들의 죄상을 힘써 진달하였으나 끝내 들어주지 않았다.

○ 경기, 충청, 강원 삼도의 유생 백시청(白時淸) -100여 인- 등이 상소하여 유봉휘 등을 마땅히 처벌해야 한다고 논핵하였다.

병오년(1726, 영조2) 봄, 장령 임징하(任徵夏)[266]가 상소하여 대략

(숙종37) 진사가 되고, 1713년 증광문과에 급제하여 1718년 정언이 되었다. 이때 우의정 조태채를 탄핵하여 면직시켰는데, 1725년(영조1)에 이것을 반성하는 상소를 올리고, 유봉휘·이광좌 등 소론 탄핵에 앞장섰다. 1727년 정미환국으로 파직되었다가 1728년 서용되어 길주목사(吉州牧使)·정선군수(旌善郡守) 등을 역임하였다. 1739년 승지로 있다가 친족 성유열(成有烈)이 영조 탕평책을 비판하는 상소문을 지어준 것이 드러나 흑산도로 유배되었다.

264) 윤심형(尹心衡) : 1698~1754. 본관은 파평, 자 경평(景平), 호 임재(臨齋)이다. 1721년(경종1) 진사가 되고, 같은 해 정시문과에 장원하여, 1722년 정언 재직 시 박상검·문유도 등을 심문하여 사실을 밝힐 것을 상소했다. 신축환국으로 삭직되었다가 영조 즉위 뒤 청요직을 두루 거쳤다. 1727년 정미환국으로 파직되자 이후 관직에 나가지 않았다. 저서로 《임재집(臨齋集)》이 있고, 시호는 청헌(淸獻)이다.

265) 정청(庭請) : 국가에 중대사가 있을 때 세자 또는 의정(議政)이 문무백관을 거느리고 궁궐에 이르러서 계(啓)를 올리고 전교(傳敎)를 기다리는 일을 가리킨다. 신하들이 집단적으로 의사를 표시하여 국왕의 결단을 촉구하는 행사이다.

다음과 같이 말하였다.

"경자년(1720, 경종 즉위) 대상(大喪) 이후부터 흉당(兇黨)이 늘어서 포진하고 있었으므로 화기(禍機)를 헤아릴 수 없습니다. 신의 아비인 고(故) 집의 임형(任洞)[267]은 그때 당시 오랫동안 대관(臺官)의 직임을 맡고 있었는데, 무릇 방비하는 일을 엄히 하고 예봉(銳鋒)을 꺾는 도리를 앞장서서 담당하지 않은 적이 없었습니다. 신이 아비의 뜻을 계승하고자 하면서 어찌 감히 자신을 아끼겠습니까?

첫째, 성상의 뜻을 넓히시어 큰 근본을 세우는 것입니다. 임금은 하늘을 대신하여 만물을 다스려야 하므로 그 책임이 더욱 무거우니, 망령되게 스스로를 보잘것없고 변변치 못하게 여겨서는 안 됩니다. 더구나 한번 어지러웠던 이후 한번 다스리는 책임을 맡은 자가 어찌 상규를 따르고 옛 관례를 답습하며 이리저리 꾸며 맞추는 데 그칠 수 있겠습니까?

아! 하늘이 우리 동방에 재앙을 내려 예악(禮樂)과 정벌(征伐)이 천자(天子)로부터 나오지 못하게 된 지 이미 오래입니다. 신축년(1721, 경종1) 이래로 흉적들은 우리 전하를 여지없이 속박하다가 마침내 역적 목호룡을 원훈(元勳)으로 삼고 전하를 핍박하여 그 회맹(會盟)에 참여하게 하였습니다.[268]

철권(鐵券)[269]은 번쩍이고 동반(銅盤)[270]은 선명하였는데 신료들이 빙 둘러

---

266) 임징하(任徵夏) : 1687~1730. 본관은 풍천(豊川), 자 성능(聖能), 호 서재(西齋)이다. 임홍망(任弘望)의 손자, 집의 임형(任洞)의 아들이다. 1713년(숙종39) 진사가 되고 이듬해 증광문과에 급제하여, 1721년(경종1) 삼사에서 활동하다가 신축환국으로 삭직 당하였다. 영조 즉위 후 1725년(영조1) 노론이 다시 집권하여 장령으로 기용되자, 이듬해 6개조의 소를 올려 탕평책을 반대하고 소론을 제거하라고 주장하다가 유배되었으며, 1727년 정미환국 이후 제주도에 위리안치 되었다. 1729년 역모죄로 친국을 받고 고문 끝에 옥사하였다.

267) 임형(任洞) : 1660~1721. 본관은 풍천, 자는 중경(仲夐)이다. 1699년(숙종25) 증광문과에 급제하였지만 과거부정이 문제되어 파방되었다가 1710년 복과되었다. 1718년 장령이 되어 내외직을 두루 역임하였다. 임창(任敞)의 동생이다.

268) 회맹(會盟) : 부사공신(扶社功臣) 회맹식에 영조가 왕세제로서 참여하였던 일을 이른다.

269) 철권(鐵券) : 훈공을 기록한 공신녹권(功臣錄券)을 이른다.

270) 동반(銅盤) : 회맹 의식에서 피를 담아 마실 때 쓰는 구리 소반을 가리킨다.

서고 귀신이 삼엄하게 벌여서 있던 그때, 전하께서는 두렵고 불안한 마음으로 자리하시며 어떤 심정이셨습니까? 그때 전하께서는 진실로 자유롭지 못하였지만 지금은 누가 금한다고 떨쳐 일어나지 못하시는 것입니까?

둘째, 천토(天討)를 시행하여 국시(國是)를 정하는 것입니다. 지금 전하께서 조태구와 유봉휘의 무리에 대해서 역적이 아니라고 하신다면 그만이지만, 이미 그들이 역적이라는 것을 아시면서 단지 '선왕께서 토죄하지 않으셨는데 내가 토죄하는 것은 혐의가 되니 감히 토죄할 수 없다.' 하신다면 대순(大舜)의 처사[271]와 이 얼마나 크게 다릅니까?

재앙을 꾸며내려는 흉당의 마음은 실로 정유년(1717, 숙종43)의 독대(獨對)[272]에서 기인한 것입니다. 저 흉당은 명의(名義)에 죄를 지어 숙종께 용납되지 않자 하늘을 가리키고 땅을 그으며[273] 어느 날을 기다려왔는데, 독대가 있게 되자 크게 의혹을 일으키고 협박하는 말을 좌우에서 번갈아 아뢰다가 윤지완(尹趾完)[274]에 이르러 극에 달하였습니다.[275]

---

271) 대순(大舜)의 처사 : 요 임금 때의 4명의 악인(惡人)인 공공(共工), 환도(驩兜), 삼묘(三苗), 곤(鯀)을 순임금이 주벌한 것을 말하는 것으로,《서경》〈순전(舜典)〉에 "공공을 유주(幽洲)로 귀양 보내고, 환도를 숭산(崇山)으로 추방하고, 삼묘를 삼위(三危)로 쫓아내고, 곤을 우산(羽山)에서 죽게 하니, 천하가 복종하였다."라고 하였다.

272) 정유년의 독대(獨對) : 1717년(숙종43) 국왕이 우의정 이이명을 독대한 일을 이른다. 독대 직후 숙종은 세자의 대리청정을 명하였고 노론이 이를 적극 찬성하였는데, 당시 소론 측에서는 이를 세자를 폐하기 위한 수순으로 보았다.《肅宗實錄 43年 7月 19日》

273) 하늘을 …… 그으며 : 원문은 "指天畫地"이다. 변고가 일어나기를 바라면서 불평불만을 품고 거리낌 없이 모략을 꾸미는 것을 형용한 말이다.

274) 윤지완(尹趾完) : 1635~1718. 본관은 파평(坡平), 자 숙린(叔麟), 호 동산(東山)이다. 좌의정 윤지선(尹趾善)의 아우이다. 1657년(효종8) 사마시, 1662년(현종3) 증광문과에 급제해 청요직을 두루 지냈다. 1675년(숙종1) 송시열을 구원하다가 관직을 박탈당하였다. 1680년 경신환국 이후 병조판서까지 올랐다가 1689년 기사환국으로 유배되었다. 1694년(숙종20) 갑술환국 직후 우의정에 오르고, 1695년 영돈녕부사가 되었다. 1717년 숙종이 좌의정 이이명(李頤命)과 독대(獨對)한 후 세자[景宗]에게 청정(聽政)을 명하자 청정을 반대하고 이이명을 논척하였다. 숙종 묘정에 배향되었고, 시호는 충정(忠正)이다.

275) 윤지완에 …… 달하였습니다 : 1717년에 숙종이 좌의정 이이명과 독대를 하고 세자에게 대리청정의 어명을 내리자, 상소를 올려 이이명의 독대를 논박하고 세자에게 대리청정을 하는 것이 시기상조임을 극언하였다.

　그후 이진검(李眞儉)276)이 '은화를 어디에 쓰려고 하였느냐277)는 말로 우리 선왕을 두려움에 떨게 하더니, 조태구는 '혐의를 무릅쓰고 나가서 만나면 안 된다.'는 등의 말로 선왕과의 사이를 이간질하였으니, 이는 실로 흉당의 오래된 모략이자 전하의 화근입니다.

　만약 선왕께 병환이 없고 후사를 이을 가망이 있었는데도 저 4대신이 전하께 사심을 품고 급급하게 옹립하려 했다면, 이는 네 대신이 다른 마음을 품은 것이니, 전하께서는 마땅히 역률로 다스려야 마땅합니다. 그러나 지금은 그렇지 않아 4대신은 진실로 충신이 되었고 그들을 무함하여 죽인 자는 진실로 역적이 되었습니다. 전하께서는 이미 그렇다는 것을 알고 계시니 또한 무함한 이들을 마땅히 역률로써 다스리면 그만입니다.

　신하들이 반드시 역적을 엄히 토죄하여 되갚음 하려는 것이 어찌 한 사람 한 사람 다 주벌하려는 것이겠습니까? 전하께서는 신하들이 보복하는데 급급하여 살육이 과도하게 일어날까 지레 의심하시고 억지로 별도의 의리를 만들어 이런저런 말로 회피하시니, 이로 말미암아 의리가 밝지 못하며 백성의 뜻이 정해지지 못하고 있습니다."

　주상이 답하기를,

　"'한번 어지러워지고 한번 다스려진다.'느니 '예악'이니 '정벌'이니 하는 등의 말이 적합한 것인지 모르겠다."

　하자, 임징하가 인피하며 말하기를,

　"신이 논한 첫 번째 조항 중 '한번 어지러워지고 한번 다스려진다.'는

---

276)　이진검(李眞儉) : 1671~1727. 본관은 전주, 자 중약(仲約), 호 각리(角里)이다. 이경직(李景稷)의 증손, 이정영(李正英)의 손자, 이대성(李大成)의 아들이다. 1699년(숙종25) 생원이 되고, 1704년 춘당대시(春塘臺試)에 급제하여 청요직을 두루 거쳤다. 1721년(경종1) 동부 승지 재직 시 이이명을 탄핵하다 유배되었다. 1722년 풀려나 예조판서가 되었으며, 신임옥사 때 노론 축출에 가담하였다가 1725년(영조1) 강진으로 유배되어 죽었다.

277)　이진검이 …… 사용하였느냐 : 1720년(경종 즉위) 12월 28일 동부승지 이진검이 올린 상소 가운데, 이이명이 사신으로 연경(燕京)에 가면서 가져간다는 6만 냥 은화의 사용처에 대해 의문을 표시한 일을 이른다.

말은 다만 시운(時運)을 예사롭게 논한 것뿐입니다. 제요(帝堯)의 시대에 홍수의 재해가 있어 맹자가 이를 한번 어지러워진 데 비겼으나, 이 어찌 요의 성덕을 손상시켰다 하겠습니까?

'예악'과 '정벌' 운운한 것 또한 그럴 만한 이유가 있으니, 신축년 이후의 일이 모두 선왕의 본의에서 나왔겠습니까? 바로 그 무리의 입에서 나온 것을 어렴풋하게 상교(上敎)로 만든 것입니다. 하물며 최초의 비망기가 박상검의 손에서 나왔다[278]는 것을 온 나라가 모두 알고 있으니, 상검은 비록 주륙되었다 하나 다른 상검이 없을지 어찌 알겠습니까?

전하께서는 흉당에 의해 뜻이 동요되고 꺾이는 것을 면치 못하여, 선왕의 병을 숨기는 것으로 제일의 의리를 삼아 한때의 입을 막고 계십니다만 백세(百世)의 사책(史冊)은 장차 어찌 하시렵니까?"

하였다. 정언 홍봉조(洪鳳祚)[279]가 처치하여 임징하의 출사를 청하자, 주상이 특명으로 체차하였다. 승정원 -승지 김취로, 홍호인(洪好人)[280], 신무일(愼無逸)[281],

---

278) 최초의 …… 나왔다 : 1721년(경종1) 환관 박상검의 옥사는 박상검을 비롯한 궁인들이 왕세제 연잉군을 해치려 했다는 혐의를 받아 벌어진 일이었다. 이 사건은 전모가 채 밝혀지지 않은 채 이듬해 1월 6일 박상검을 처형하는 것으로 일단락되었으나, 1725년(영조1) 영조가 즉위한 후, 김일경이 박상검의 배후로 지목되어 재소환되었고 환관 손형좌(孫荊佐) 등에 대한 국문이 시행되었다. 그 추국 과정에서, 손형좌는 1721년 겨울에 내려진 상소에 대한 비답 및 관직 제수와 관련된 비망기가 모두 환관인 박상검의 손에서 나왔다고 진술하였다.

279) 홍봉조(洪鳳祚) : 1680~1760. 본관은 남양(南陽), 자 우서(虞瑞), 호 간산(艮山)이다. 홍성원(洪聖元)의 손자, 관찰사 홍숙(洪璹)의 아들이다. 김창협(金昌協) 문인이다. 1722년(경종2) 임인옥사 당시 온성에 유배되었다. 1724년 영조가 즉위하자 풀려나와 이듬해 증광문과에 급제하여 정언이 되었는데, 1727년(영조3) 정미환국으로 파면 당하였다. 1729년 기용되어 수찬이 되었는데, 이전 상소 내용이 문제되어 1732년 또 파면 당하였다. 1738년 헌납, 1740년 대사간, 1752년 승지 등을 지냈다.

280) 홍호인(洪好人) : 1674~?. 본관은 남양(南陽), 자 유재(有哉), 호 노포(老圃)이다. 이조판서 홍처량(洪處亮)의 증손이다. 1706년(숙종32) 정시문과에 장원 급제하여 청요직을 두루 역임하다가 1721년(경종1) 삭직되었다. 1725년(영조1) 좌부승지를 거쳐 1744년 한성부판윤을 끝으로 기로소에 들어갔다.

281) 신무일(愼無逸) : 1676~?. 본관은 거창(居昌), 자 경소(敬所), 호 백연(白淵)이다. 김창협 문인이다. 1702년(숙종28) 진사가 되고, 1721년(경종1) 정시문과에 급제하여 청요직을

이집(李潗)[282], 이성룡(李聖龍), 이의천- 에서 작환(繳還)[283]하며 임징하를 체차하라고 한 명을 거두어 달라 청하였으나, 주상이 "해괴하다."고 꾸짖었다.

○ 전 주부 권부(權扶)[284]가 상소하여 대략 다음과 같이 말하였다.

"신이 방금 지난 저지(邸紙)[285]를 보니, 장령 임징하가 피혐하는 글에서 선왕을 방자하게 욕보이면서 못하는 말이 없었고 감히 선왕의 시대를 한번 어지러웠던 때[一亂]로 치부해 버렸습니다. 심지어 그때의 비망기가 모두 선왕에게서 나온 것이 아니라고까지 하였으니, 이는 고금의 패역한 신하들에게서도 일찍이 보지 못한 일입니다. 삼가 바라건대 전하께서는 분명한 비지를 내리시어 임징하의 죄를 속히 바로잡으소서."

승정원 -승지는 위와 같다.- 에서 다음과 같이 아뢰었다.

"방금 전(前) 주부 권부가 와서 상소 한 통을 바쳤는데 그 내용을 보니 임징하가 피혐한 말 중 몇 구절을 들어 '선왕을 방자하게 욕보였다.' 하였습니

두루 역임하다가 신축환국으로 삭출되고 1723년 유배되었다. 1725년(영조1) 풀려나 승지가 되었다. 1727년 정미환국으로 파면 당했다가 1729년 다시 승지가 되고, 1732년 대사간이 되었다.

282) 이집(李潗) : 1670~1727. 본관은 한산(韓山), 자 계통(季通), 호 한주(韓州)이다. 1699년(숙종 25) 생원시에 합격하였고, 1703년 음공(蔭功)으로 목릉침랑(穆陵寢郞)에 제수되었다. 1725년(영조1) 증광문과에 급제하여, 승지·대사간을 지내고, 1727년 황해감사로 있다가 임소(任所)에서 사망하였다.

283) 작환(繳還) : 임금의 전교(傳敎)에 잘못된 부분이 있다고 여겨질 경우 승지가 전교를 하달하지 않고 되돌려 올리고 환수하기를 청하는 일을 이른다.

284) 권부(權扶) : 1688~?. 본관은 안동(安東), 자는 자상(子常)이다. 1711년(숙종37) 식년시에서 생원이 되고, 1721년(경종1) 증광문과에 급제하여 1724년 한성부주부(漢城府主簿)가 되었다. 1726년(영조2) 임징하가 경종을 욕보였다고 비판하는 상소를 올렸다가 극변에 원찬되었다. 1727년 정미환국으로 풀려나 병조정랑을 거쳐 수찬 등을 역임하였다. 1729년 통천군수로 재직시 형장을 쳐서 지나치게 사람을 많이 죽였다고 다시 유배되었다가 1736년 부사직(副司直)이 되었다.

285) 저지(邸紙) : 승정원에서 처리한 사항을 매일 아침 서리(書吏)가 베껴서 소속 군사(軍士)로 하여금 조정의 관원들에게 배포케 하는 통보(通報)로 조보(朝報) 혹은 난보(爛報)라고도 한다. 각 군현의 경주인(京主人)들이 이를 다시 베껴서 수령에게 보냈는데, 이를 기별(奇別)이라고 일컬은 데서 속칭 '기별'이라고도 하였다.

다. 임징하의 본심은 다만 흉적들의 죄상을 속히 바로잡아 대행왕의 성덕을 밝히려는데 있었을 뿐, 어찌 일찍이 털끝만큼이라도 핍박하려 하였겠습니까? 그런데도 지금 권부는 기회를 엿보며 이리저리 날뛰고 제멋대로 터무니없는 사실을 날조하여 선왕을 핍박하고 욕보였다는 죄과로 임징하를 곧장 몰아넣고 있으니, 그가 조정 신료에게 재앙을 덮어씌우려는 마음이 진실로 간교하고 극악합니다."

주상이 전하여 말하였다.

"지금 권부의 상소를 보니 내 의중을 떠보려 하였다. 이는 날뛰고 싶어하는 소인배286)가 망령되이 내 뜻을 헤아리고, 임징하를 빙자하여 조정을 어지럽히려는 뜻에 불과하니 통렬히 징치하지 않을 수 없다. 권부를 극변에 원찬하라."

○ 집의 이단장(李端章)287)이 임징하를 체직하라는 특명을 도로 거두어 달라 청하였다.

○ 전 사서(司書) 이선행(李善行)288) -전 수찬 강박(姜樸), 전 현감 오광운(吳光運)289),

---

286) 날뛰고 …… 소인배 : 본문의 '척촉(躑躅)'은 《주역》〈구괘 초육(姤卦初六)〉에 "약한 돼지가 날뛰고 싶은 마음이 간절하다.[羸豕孚躑躅]"라고 한 데서 나온 말로, 이는 어린 돼지가 비록 강하지는 못하지만 항상 날뛸 뜻을 품고 있듯이 소인이 기세가 아무리 미약할지라도 항상 군자를 해치려는 뜻을 품고 있음을 이른다.

287) 이단장(李端章) : 1664~1727. 본관은 경주(慶州), 자는 상보(相甫)이다. 이유태(李惟泰)의 손자이다. 1705년(숙종31) 증광문과에 급제하여 경종대 장령을 거쳐 영조대 헌납·사간 등을 역임하였다. 1727년(영조3) 정미환국 때 영부사 민진원 등 101인과 함께 파직되었다.

288) 이선행(李善行) : 1681~?. 본관은 연안(延安), 자는 효백(孝伯)이다. 병조참의 이후정(李后定)의 손자이다. 1711년(숙종37) 식년문과에 급제하여 1715년 설서(說書)가 되었다. 1726년 (영조2) 경종을 욕보이는 내용으로 상소한 임징하의 처벌을 청하는 상소로 극변에 원찬되었다가 1727년 정미환국 때 풀려나 정언이 되었다. 이후 청요직을 두루 거쳐서 1742년 승지가 되었다.

289) 오광운(吳光運) : 1689~1754. 본관은 동복(同福), 자 영백(永伯), 호 약산(藥山)이다. 1714년 (숙종40) 사마시, 1719년 증광문과에 급제하여, 숙종대 설서(說書)로 재직하면서 연잉군의 서연관(書筵官)이 되었다. 1727년(영조3) 지평이 되어 비로소 삼사에 진출하였으며, 1728년(영조4) 동부승지가 되어 당쟁의 폐단을 극론하였다. 영조대 탕평정국에서 청남(淸

전 정자(正字) 홍경보(洪景輔)290)·조상(趙錦)291)·홍서(洪曙)- 등이 상소하여 대략 다음
과 같이 말하였다.

　"삼가 임징하가 상소에 대해 피혐한 말을 보니, 입에서 나오는 대로 마구
뱉어낸 말이 모두 선왕을 무함하여 욕보이는 크게 불경(不敬)하고 부도(不道)한
말이었습니다. '한번 어지러웠다.', '난세를 다스려 정도를 회복하였다.', '예악
과 정벌이 천자로부터 나오지 못하였다.', '최초의 비망기가 박상검의 손에서
나왔다는 것은 온 나라가 모두 알고 있으니, 상검은 비록 주륙되었다 하나
다른 상검이 없을지 어찌 알겠는가?'라고 한 것은 실로 군신이 있은 이래
없었던 변고입니다.

　마음으로부터 우러나는 전하의 덕으로 나라의 법을 바로잡아 신인(神人)에
게 보답해야 마땅한데, '어그러지고 과격한[乖激] 습성'이라고 책망하고 마시
니, '어그러지고 과격하다.'는 것이 어찌 이 흉적의 죄목이 되겠습니까? 신들이
애통하고 절박한 마음에 피를 뿌리며 상소하려 하였는데, 권부라는 자가
먼저 흉적을 징토해 달라는 상소를 올렸다가 갑자기 찬배되는 형전을 받았으
니, 전하의 처분이 중도를 얻었다 할 수 있겠습니까? 엎드려 바라건대 임금을

　　南)의 지도자로서 원경하(元景夏)·정우량(鄭羽良) 등과 함께 대탕평론을 제출하였다.
　　예조참판·개성유수 등을 역임하였다. 유형원(柳馨遠)의 《반계수록(磻溪隨錄)》의 서문을
　　썼다. 저서로 《약산만고(藥山漫稿)》가 있고, 이조판서와 대제학에 추증되었다. 시호는
　　충장(忠章)이다.

290) 홍경보(洪景輔) : 1692~1745. 본관은 풍산(豊山), 자 대이(大而), 호 창애(蒼厓)이다. 1723년
　　(경종3) 증광문과에 급제하여, 1727년(영조3) 정언이 되었다. 1729년 탕평(蕩平)의 폐단을
　　호소했다가 온성부사로 좌천되었다가 1732년 우승지가 되었다. 전라도관찰사를 거쳐
　　우부승지가 되어, 인재 등용에서 먼저 역사(逆詐)의 인격을 의심하고 당적(黨籍)에 따라
　　안배하는 탕평책의 폐단을 다시 상소하였다. 1740년 한성부우윤, 1743년 대사간이 되었
　　다. 사망한 뒤 좌찬성에 추증되었으며, 시호는 충헌(忠獻)이다.

291) 조상(趙錦) : 1704~1728. 본관은 순창(淳昌), 자는 자상(子常)이다. 남인가문 출신이며,
　　여주에서 살았다. 1723년(경종3) 증광문과에 급제한 뒤, 벼슬이 병조좌랑에 그쳤다.
　　과거에 급제하더라도 노론이 아니면 출세할 수 없는 당시 현실을 비판하고, 1728년
　　무신란(戊申亂) 때 초기부터 주도적인 역할을 하여 친척 조덕규(趙德奎)·조관규(趙觀奎)
　　등을 비롯, 친구 신윤조(辛胤祖) 등과 함께 여주·이천 지역에서 그 세력을 확산시켰으나
　　잡혀 처형당하였다.

무함한 임징하의 부도(不道)한 죄를 속히 바로잡아 군신의 의리를 정하소서.”

유학(幼學) 이순흠(李舜欽) -50여 인- 등이 상소하여 임징하의 흉패한 죄를 처벌하라고 청하자, 비망기를 내리기를,

“일전에 임징하의 상소에 대해 몇 가지를 집어내어 비답을 내린 이유는 다른 뜻이 아니라 그의 망령된 말을 책망한 것이었다. 그러자 먼저 권부의 소가 있었고, 다음에는 이선행의 소가, 또 다음에는 유생의 소가 있었으니, 이는 스스로 하나의 기회로 삼아 서로 번갈아 상소한 것으로, 그 의도가 임징하에게만 있는 것이 아니다.

아! 이는 임징하가 무함한 것이 아니라 실상 그 무리가 무함한 것이다. 소두 이선행을 극변에 원찬하고 소유(疏儒) 이순흠을 원지(遠地)에 정배하라. 감히 망령된 말로 평온한 곳에 사단을 일으켜 간흉들로 하여금 간계(奸計)를 이루게 한 자 또한 그대로 둘 수 없으니, 임징하를 원찬하라.”

하였다.

○ 용강 현령 조현명(趙顯命)292)이 상소하여 대략 다음과 같이 말하였다.

“신이 마침 도성 안에 이르렀다가 장령 임징하의 소본(疏本)을 얻어 보았는데, 선대왕을 무함하고 핍박한 것이 끝이 없었습니다. 그 하나가 ‘예악과 정벌이 천자로부터 나오지 않은 지 오래되었다.’ 한 것이고, 또 하나가 ‘한번 다스려지고 한번 어지러워졌다.’라고 한 것입니다. 또 피혐하는 말을 보니, 그가 스스로 주석을 단 것은 말도 안 되는 주장293)이었습니다.

---

292) 조현명(趙顯命) : 1690~1752. 본관은 풍양, 자 치회(稚晦), 호 귀록(歸鹿)·녹옹(鹿翁)이다. 좌의정 조문명의 아우이다. 1713년(숙종39) 진사가 되고 1719년 증광문과에 급제하여 검열이 되었다. 1721년(경종1) 연잉군이 세제로 책봉되자 겸설서(兼說書)로서 세제 보호에 힘썼다. 영조대 교리를 역임하고 1728년(영조4) 무신란 당시 분무공신(奮武功臣) 3등에 녹훈, 풍원군(豊原君)에 책봉되었다. 이후 이조·호조판서 등의 요직을 두루 역임하였다. 1740년 경신처분(庚申處分) 직후 우의정에 발탁되었고, 1750년 영의정에 올라 균역법 제정을 총괄하였다. 조문명·송인명과 함께 완론세력을 중심으로 한 이른바 노·소론 중심의 탕평을 주도하였다. 시호는 충효(忠孝)이다.

아! '어지럽혔다.[濁亂]'294)의 난(亂)과 '한번 다스려지고 한번 어지러워졌다.
[一治一亂]'의 난, 그리고 '난세를 다스려 정도를 회복하였다.[撥亂反正]'의 난이
그 용처(用處)가 같지 않은 것은 처음 배우는 어린아이라 해도 또한 알 수
있습니다. '홍수(洪水)'의 설은 순 임금의 신하가 요 임금의 시대를 한데 뒤섞어
'난세'라 통칭하며 순에게 고한 말이 아닙니다. 그 나머지 글자들마다 모두
내력이 있으니, 이는 선왕을 가리켜 비난하고 욕보인 것이 명백하여 의심할
것이 없습니다.

무릇 논의가 갈리면서 인심이 무너져서, 심지어는 온 나라가 함께 받드는
군부에게조차 그 이해(利害)로 인해 사람마다 주장을 달리함을 면하지 못하고
있습니다. 공덕을 말하면 혹은 찬양하여 성주(聖主)로 만들고 혹은 박대하여
난세(亂世)로 만들며, 질환을 말하면 혹은 전혀 살펴 헤아리지 못했다 치부하고
혹은 그렇게 심한 정도는 아니었다고 합니다.

각자 하나의 입장을 만들어서 마땅한 논의라고 주장하면 이를 고수하여
깨뜨릴 수가 없으니, 지금 비록 신이 주자(朱子)처럼 이치를 분석하고 자공(子

---

293) 스스로 …… 주장 : 임징하가 첫 상소에서 "한번 어지러웠던 이후 한번 다스리는 책임을
맡은 자가 어찌 상규를 따르고 옛 관례를 답습하며 이리저리 꾸며 맞추는 데 그칠
수 있겠습니까?"라고 하며 속히 "천토(天討)를 행하여 국시(國是)를 정하라"고 청하자,
영조는 비유가 적합하지 않다는 비답을 내렸다. 이에 임징하는 인피하며 올린 소에서
"제요(帝堯)의 시대에 홍수의 재해가 있어 맹자가 이를 한번 어지러워진 데 비겼으나,
이 어찌 요의 성덕을 손상시켰다 하겠습니까?[臣所論第一條中'一治一亂'之說, 只是泛論時運
而已. 帝堯之時有洪水之害, 故孟子擬之於一亂, 何損於堯之聖德也?]"라고 자신의 주장을 부연
하였다. 원래 이 고사는 《맹자》〈등문공 하〉에서 "옛적에 우왕이 홍수를 억제하시자
천하가 평안해졌고, 주공이 이적(夷狄)과 함께 맹수를 몰아내시자 백성들이 편안해졌으
며, 공자께서 《춘추》를 완성하시자 난신적자들이 두려워하였다.[昔者禹抑洪水而天下平,
周公兼夷狄驅猛獸而百姓寧, 孔子成《春秋》而亂臣賊子懼.]"라고 한데서 나온 말이나, 임징하
는 요의 시대에서 홍수의 재해를 '한번 어지러웠던' 사례로 들며, 자신의 비유가 시운(時運)
을 예사롭게 논한 것이라 설명하였다. 본문에서 '임징하가 스스로 주석을 단 것이
말도 안 되는 주장'이라고 한 조현명의 비판은 이를 가리키는 말이다.
294) 어지럽혔다[濁亂] : 임징하가 인피하여 올린 소에서 "당시의 흉적들이 거짓으로 무함하
여 조정을 어지럽히고 함부로 살육을 자행하였다.[當時群凶, 矯誣濁亂, 擅行殺戮.]"한
대목을 이른다. 《英祖實錄 2年 2月 16日》

貢)295)처럼 달변에 능란하여 실상을 통렬히 아뢰고 무함하는 말을 시원하게 논파한다 해도 저 임징하의 무리는 반드시 다시 '선왕의 병을 숨겼다.'는 죄목으로 몰아넣고 더욱 패악한 말을 일삼을 것이니, 이것이 바로 어찌할 수 없는 점입니다. 청컨대 임징하가 주장한 말에 대하여 가설을 제시함으로써 옳고 그름을 가려보겠습니다.

아! 임징하가 '예악과 정벌이 천자로부터 나오지 않았다.'라고 한 것은 전적으로 환관의 손에서 나왔다고 말한 것인데, 이에 대해 신은 청컨대 꾸짖어 말하기를,

'가령 이러한 일이 있다고 하자. 그러나 신하가 일을 논하며 군부의 허물을 감추지 않는 것은 그 간언을 받아들여 고치게 하려는 것이다. 임징하가 갑진년(1724, 경종4) 이전에 상소하여 일찍 말하였다면 괜찮지만, 승하하신 지 이미 오래되어 모든 일이 이미 끝난 뒤에 전하의 앞에서 일일이 늘어놓는 것은 무슨 의도인가?'

할 것입니다.

또 이런 의론을 펴는 이들은 모두 '질병 때문이었으니, 본연의 덕을 손상시키는 것은 없다.' 하는데, 이에 대해 신은 청컨대 꾸짖어 말하기를,

'가령 이러한 일이 있다고 하자. 그러나 비록 질병 때문이었다 해도 전혀 헤아려 살피지 못하고 간신들의 농단을 그대로 방임하여 성헌(成憲)을 전복시키고 어진 신하들을 죽였다면, 이것이 아름다운 일인가? 현명한 행동인가? 요 임금과 순 임금에게 이러한 일이 있었는가? 문왕과 무왕에게 이러한 일이 있었는가? 아니면 천하 후세에 드러내어 밝히는 것을 빛내는 일이라 하는 것인가?'

할 것입니다.

---

295) 자공(子貢) : 성은 단목(端木), 이름은 사(賜)이다. 춘추시대 공문십철(孔門十哲)의 한 사람으로 재아(宰我)와 더불어 언어에 뛰어났다고 한다. 제(齊)나라가 노나라를 치려고 할 때, 공자의 허락을 받고 오나라와 월(越)나라를 설득하여 노나라를 구함과 동시에 월을 패왕(霸王)으로 하여 네 나라의 세력관계에 새로운 국면을 열었다.

사람은 누구에게나 부형(父兄)이 있으니, 이는 귀한 사람이나 천한 사람이나 한가지입니다. 가령 저 사람의 아비가 늘 건강한 것은 아니라서 때때로 병이 있고, 반드시 어질기만 한 것은 아니라서 때때로 허물이 있는데, 그가 죽은 후 어떤 사람이 그의 병들고 오류를 범했던 실상을 수다스럽게 언급하고 또 사안 하나하나마다 풀이하면서 '질병 때문이지 본성에는 손상됨이 없다.' 한다면, 임징하와 같은 자는 듣고 즐겁겠습니까? 아니면 슬프겠습니까?

더구나 임징하의 호기롭고 건장한 노복들이 좌우에서 번갈아가며 아뢴다면 임징하의 마음은 더욱 어떠하겠습니까? 임징하가 진실로 이러한 점을 마음에 반추해본다면 또한 우리 전하의 애통하고 절박한 심정을 삼가 헤아릴 수 있을 것입니다.

오늘날 논하는 자들은 임인년(1722, 경종2)의 옥사가 많이 지나쳤다는 것을 허물로 삼으려고 하는 듯한데, 이에 대해서는 신하들이 있으니, 대관(大官)이든 소관(小官)이든 논할 것 없이 신과 같은 무리 또한 당일 시종하는 반열에 있었으므로, 비록 그 부류들을 들어서 모조리 죽인다 해도 만약 선왕에게 털끝만큼의 누도 끼치지 않는다면 그 죄를 받는 자는 진실로 기꺼이 감내할 것이고 그 죄를 묻는 자는 할 말이 없을까 걱정하지 않아도 될 것입니다.

그런데 도대체 어찌하여 사람마다 반드시 선왕을 들추어내고 일마다 반드시 선왕을 끌어들여, 질병이 있느니 없느니 본뜻이니 본뜻이 아니니, 한 번이고 두 번이고 제멋대로인 말들로 선왕의 시대를 총괄하여 크게 한번 어지러웠던 불운의 시대로 귀결시키니 어찌 그리도 심하게 하는 것입니까?

대체로 조정의 정국을 바꾸고 몇몇 사람들에게 형벌을 내려 죽인 일은 선왕대에 있어서 형정(刑政)의 한 가지 일에 지나지 않습니다. 설령 다 잘한 것은 아니었다고 해도 신하들이 성덕(聖德)을 받들지 못한 죄를 책망하는데 그치면 충분할 것인데, 또 어찌 힘들게 온 조정이 해를 넘겨가며 전적으로 선왕이 살펴 헤아리지 못한 허물로 돌리고자 하여 반드시 이렇게 한 후에야 선왕 본연의 덕이 밝혀질 수 있다고 여기는 것입니까?

무릇 본연의 덕이라는 것은 이른바 하늘이 명한 성[天命之性]과 하늘이 내려 준 선[降衷之善]입니다. 하늘이 명한 성과 하늘이 내려 준 선은 비록 가장 어리석은 자라 해도 모두 처음부터 타고나는 것이고, 유왕(幽王)과 여왕(厲王), 걸왕(桀王)과 주왕(紂王)296) 또한 일찍이 없었던 것이 아니었습니다.

이제 우리 선왕께서 큰 덕과 지극한 어짊으로 4년을 다스렸는데, 허다한 좋은 점은 일절 말살해버리고 다만 이러한 것들만 드러내면서 천하에 이르기를 '우리 선왕은 실로 일찍이 하늘이 명한 성과 하늘이 내려 준 선을 가지고 있었다.' 부르짖는다면, 듣는 사람이 과연 선왕을 총명하고 지혜로운 군주라고 여기겠습니까? 아! 만고에 지극히 원통하다고 할 만합니다.

사람이 현명한 자제가 있음을 귀하게 여기는 것은 몸은 비록 죽더라도 이름이 더욱 드러나기 때문입니다. 이제 우리 선왕에게 전하께서 친아우로서 예(禮)로는 군신이요 의(義)로는 부자(父子)가 되시니, 진실로 근심이 없다고 할 만합니다.

그러나 산릉의 역사를 겨우 마치고 영전(靈殿)을 미처 거두지도 않았는데, 거리낌 없이 비방하고 노골적으로 허물을 폭로하는 말들이 상소에 번득이고 조정에 난무합니다. 하늘이 낸 전하의 효심과 드높은 행실로 보아 귀로는 차마 듣지 못할진대 끝내 그 입을 막지 못하는 것은 무엇 때문입니까?

대개 신의 본뜻은, 선왕의 병환이 얕았는지 깊었는지는 전하께서 마땅히 위에서 자세히 알고 계실 것이고, 정치의 득실은 후세의 공의(公議)가 반드시 평론할 것이니, 모두가 이러쿵저러쿵 시끄럽게 쟁변을 일삼을 필요가 없다는 것입니다. 비록 병환이 깊고, 정사에 실책이 있었다 해도 진실로 일찍이 북면(北面)하여 선왕을 섬기던 자라면 오늘날 전하의 옆에서 결코 함부로 입을 놀려 방자한 말을 해서는 안 됩니다.

왜냐하면 의리로 보아서는 마음대로 말할 수 있더라도 감히 마음대로

---

296) 유왕(幽王)과 …… 주왕(紂王) : 모두 중국 역사에 등장하는 폭군이다. 유왕과 여왕은 주대(周代)의 폭군이고, 걸왕과 주왕은 각각 하나라와 은나라의 폭군이다.

말하지 못하는 것은 오히려 효제(孝悌)의 허물이 되지 않을 것이지만, 의리상 이미 마음대로 말할 수 없는데 마음대로 말하는 것을 그대로 방임하고 금하지 않는다면 그 말한 자는 돌볼 가치가 없으나 성덕(聖德)에 누가 됨은 천만세 후에라도 끝내 지울 수 없을 것이기 때문입니다.

엎드려 바라건대 전하께서는 조정에 분명하게 신칙하셔서 지금 이후로 신축·임인년의 일297)을 논하고자 하는 자는 다만, 아무 신하는 죄를 물어야 하고, 아무 신하는 유배 보내야 한다는 것만 말할 수 있게 하고, 일언반구라도 선왕에게 비방이 미치게 해서는 안 될 것이니, 한결같이 송나라 인종(仁宗)이 태후 때의 시사(時事)에 대해 언급하는 것을 금지한 전례298)를 따르시면 더없이 다행이겠습니다.”

주상이 답하기를,

“상소에서 논한 내용은 종래의 잘못된 논의를 분명하게 논파하였다고는 할 수 없다. 그대 또한 이와 같으니 다른 사람이야 말해 무엇 하겠는가? 인용한 송 인종의 일은 그대의 말이 옳다.”

하였다.

---

297) 신축·임인년의 일 : 신축년(1721, 경종1)부터 임인년(1722)까지 노론과 소론의 갈등이 옥사로 확대되어 노론 계열이 대거 숙청된 옥사를 이른다. 1721년 노론 측은 왕세제의 책봉과 함께 왕세제에 의한 대리청정을 도모하였다. 그러나 소론 측의 반격으로 결국 대리청정 시도는 실패로 돌아가고 노론은 정계에서 축출되었는데 이를 신축환국이라고 한다. 신축환국 이후 소론이 정국을 주도하는 상황에서 1722년 노론 측이 삼수(三手)로 경종을 시해하려고 했다는 목호룡의 고변을 계기로 임인옥사가 발생하였다. 신임옥사는 종전까지 붕당이 사문(斯文)에 관계된 시비를 벌이던 데서 왕위 계승과 관련된 논란으로 변질되며 충역 논쟁으로 이어져 살육이 자행되는 결과를 가져왔다.

298) 송 …… 전례 : 송나라 인종이 모후인 명숙태후(明肅太后)의 지난 허물을 말하지 못하게 한 일을 가리킨다. 명숙태후는 송나라 진종(眞宗)의 황후인 장헌태후(章獻太后, 968~1033)를 가리키는데, 태후는 진종의 생전에도 정사에 본격 관여하였고, 진종이 세상을 떠나고 인종이 즉위하였을 때는 황태후로서 섭정을 하였다. 인종은 태후가 죽은 후 ‘장헌명숙(章獻明肅)’이라는 시호를 바치고, 태후 생전의 시사(時事)를 비방하는 자들에 대해 함부로 이에 대한 언급을 하지 못하도록 경계하는 조칙을 내렸다.

○ 약방(藥房)이 입시하였다. 좌의정 민진원이 다음과 같이 말하였다.

"신이 지난해 감히 수차(袖箚)를 올렸는데 그 첫 번째 조목이 바로 '대행 대왕께 편찮으신 징후가 있었는데 소인배들에 의해 거짓으로 가려졌다는 것을 반드시 명백하게 하교하신 후에야 대행 대왕의 덕이 밝혀질 수 있을 것이고 성상께서 받은 무함을 씻어버릴 수 있을 것'이었는데, 생각건대 오늘날의 첫 번째 의리는 이보다 더한 것이 없습니다.

이에 전하께서 특별히 비망기를 내리셨는데, 비록 신들의 바람처럼 엄정하고 통쾌한 것은 아니었지만 성상의 의중을 모르는 신하들은 없었습니다. 그런데 돌연 송인명의 상소[299]로 인하여 비망기를 고쳐서 내리는 조치가 있게 되었고, 내용도 전에 비해 더욱 불명확한 것이었으므로 뭇 신하들이 모두 답답해하였습니다.

대개 지난날의 흉악한 무리들은 선왕께서 편찮으셨던 실상이 명백하게 드러나면 그들의 죄상을 숨길 수 없게 되므로 반드시 덮어 감추려고 했던 것이 바로 이것이었습니다. 어제 임징하가 피혐한 상소를 보니 모두 답답한 마음에서 나온 것으로 또한 소신(小臣)이 수차에서 아뢰었던 뜻과 같았는데, 지금 임징하를 원찬하라는 명을 내리시니[300] 신은 실로 황송할 따름입니다."

주상이 이르기를,

"임징하의 상소에서 '한번 어지러운 뒤에 한번 다스려졌다.'라고 한 것은 예사롭게 한 말이 아니다."

하고, 또 이르기를,

"'예악' 운운하였는데, 지난날 소인배들의 죄를 열거하고자 했다면 어찌

---

299) 송인명의 상소 : 1725년(영조1)에 민진원이 수차를 올려, 경종이 질병을 앓아 간신들에게 속은 실상을 나라 사람들이 명백하게 알도록 해야 한다고 하였는데, 정호가 차자를 올려 이런 내용을 고묘문에 넣기를 청하였다. 이에 송인명이 고묘(告廟)와 반교(頒敎)에 선왕의 질환에 관한 구절을 첨가하라는 명을 거두어 달라 청하는 상소를 올렸다가 대간의 탄핵을 받았다.《承政院日記 英祖 1年 4月 10日, 5月 20日》

300) 임징하를 …… 내리시니 : 영조는 1726년(영조2) 2월 22일에 임징하를 원찬하라는 명을 내렸고, 이틀 뒤 순안현(順安縣)에 유배하였다.

달리 쓸 말이 없어 이러한 말들을 쓴단 말인가?"

하자, 민진원이 말하기를,

"'한번 어지러웠다.'는 말은 얼핏 보면 참으로 망령된 듯 합니다만 대개 그의 본뜻은 전하께서 소인배들이 혼탁하게 어지럽힌 뒤를 이어 한번 다스릴 기회를 맞이했다는 뜻일 뿐입니다. 조현명이 상소 중에 언급한 송 인종의 고사에 대해 신은 그렇지 않다고 생각합니다.

명숙태후(明肅太后)는 실덕(失德)한 일이 많았던 여주(女主)이고, 우리 대행 대왕은 조금의 실덕도 없었으나 편찮으신 중에 소인배들이 때를 틈타 속여 엄폐하고 협박하였으니, 대행 대왕을 명숙태후에 견주어 비유한다면 어찌 원통하지 않겠습니까? 성상께서 이 일에 대해 끝내 명확한 처분을 보이지 않으시므로 모두 답답한 마음을 품고 있으니, 이는 임징하 한 사람뿐만이 아닙니다."

하였다.

○ 홍문관 ─부응교 이병태(李秉泰), 교리 이현록(李顯祿)[301], 수찬 황재(黃梓)[302]─ 에서 청대하여 임징하를 힘써 구원하였으나, 주상이 들어주지 않았다.

---

[301] 이현록(李顯祿) : 1684~1730. 본관은 전주(全州), 자는 영보(永甫)이다. 우의정 이후원(李厚源)의 현손이다. 1722년(경종2) 알성문과에 급제하여 예조좌랑이 되었는데, 신임옥사 당시 소론을 규탄하였다가 유배되었다. 영조 즉위 후 풀려나 승지·대사간 등을 역임하다가 1727년(영조3) 정미환국으로 파직되었다. 1728년 무신란 때 공을 세워 완릉군(完陵君)에 봉해지고, 그 이듬해에는 형조참판·호조참판으로 부총관·비변사당상을 겸임하고, 이어 대사간·대사헌 등을 역임하였다.

[302] 황재(黃梓) : 1689~1756. 본관은 창원(昌原), 자는 자직(子直)이다. 1718년(숙종44) 정시문과에 급제하여 청요직에 진출하였다. 1721년(경종1) 소론의 탄핵을 받아 유배되었다가 1725년(영조1) 민진원(閔鎭遠) 등의 주청으로 다시 서용되어 1748년 대사헌에 올랐다. 1750년 동지부사로 청나라에 다녀와 호조참판이 되었다. 저서로 문집인 《필의재유고(畢依齋遺稿)》가 있는데, 이 안에 두 차례에 걸쳐 청나라에 다녀온 견문을 기록한 기행문집 《갑인연행록(甲寅燕行錄)》과 《경오연행록(庚午燕行錄)》이 들어 있다.

○ 승지 홍호인(洪好人)이 아뢰기를,

"지사 오명항(吳命恒)303) 등이 상소 한 통을 올렸는데, 지난번 권부나 이선행 무리의 상소 내용과 같은데 불과하니, 어떻게 해야겠습니까?"

하자, 전교하기를, "봉입하지 말라." 하였다. 집의 이단장(李端章)이 임징하를 원찬하라는 명을 거두어달라고 청하였다.

○ 정언 윤섭(尹涉)304)이 아뢰기를,

"일전에 이선행 등을 원찬한 뒤 다시 이 일을 제기하면 부도지율(不道之律)로 다스리겠다는 비망기를 특별히 내리셨는데, 오명항, 이인징(李麟徵)305), 이만선(李萬選)306) 등이 임금의 말을 경시하고 국법을 무시하며 각자 무리를 이끌고

---

303) 오명항(吳命恒) : 1673~1728. 본관은 해주(海州), 자 사상(士常), 호 모암(慕菴)·영모당(永慕堂)이다. 영의정 오윤겸의 현손이고, 아버지는 오수량(吳遂良)이며, 어머니는 영의정 여성제(呂聖濟)의 딸이다. 판서 오명준(吳命峻)의 아우이다. 1705년(숙종31) 식년문과에 급제하여 청요직을 두루 거쳤다. 1724년(영조 즉위) 사직하였다가 1727년 정미환국으로 다시 등용되어 이조와 병조의 판서를 역임하였다. 1728년 무신란이 일어나자 난을 토평하여 분무공신(奮武功臣) 1등이 되고 해은부원군(海恩府院君)에 봉해졌다. 우의정까지 올랐으며 시호는 충효(忠孝)이다.

304) 윤섭(尹涉) : 1683~?. 본관은 해평(海平), 자 제중(濟仲), 호 쌍괴(雙槐)이다. 윤계(尹堦)의 손자, 대사간 윤세수(尹世綏)의 아들이다. 1717년(숙종43) 식년시 생원이 되고, 1725년(영조1) 증광문과에 급제하여 1727년 도당록에 올랐다. 이해 정미환국으로 삭출되었다가 1729년 부교리가 되었다. 정조대 우의정을 지낸 윤시동(尹蓍東)은 윤섭의 손자이다.

305) 이인징(李麟徵) : 1643~1729. 본관은 연안(延安), 자 옥서(玉瑞), 호 운강(雲崗)이다. 1675년(숙종1) 사마 양시에 합격하고 1679년 어제(御題)에 수석, 전시(殿試)에 바로 나갈 수 있는 자격을 부여받았다. 11월 식년문과에 장원하여 이듬해 정언이 되었다. 1689년 홍문록에 선발되고 정언으로서 김석주(金錫胄)의 시호(諡號)를 추탈할 것을 청하였다. 이후 청요직을 두루 거치다가 1694년 갑술환국으로 강계부사로 나갔다. 1724년(경종4)에는 공조판서를 거쳐 한성판윤에 임명되었다. 영조가 즉위한 뒤에도 공조판서와 한성판윤을 번갈아 수행하다가 공조판서로서 벼슬길에서 물러나고 기로소(耆老所)에 들어가는 영예를 입었다.

306) 이만선(李萬選) : 1654~1735. 본관은 전주(全州), 자 택중(擇中), 호 거재(遽齋)이다. 효령대군(孝寧大君) 이보(李補)의 10대손이며, 아버지는 이약(李若)이고, 어머니는 최만길(崔晚吉)의 딸이다. 1693년(숙종19) 식년문과에 갑과로 급제하여, 삼사와 승정원의 관직을 두루 거치고, 풍덕부사를 거쳐 부호군을 역임하고 판윤에까지 이르렀다.

이선행의 흉악한 말을 재차 답습하면서 감히 멋대로 날뛰었으니, 청컨대 모두 극변에 원찬하라 명하소서.

　조현명의 상소는 겉으로는 이리저리 농간을 일삼고 안으로는 간교한 잔꾀를 감추고 있으며, 마음씀이 간사하고 구사한 말이 음흉하여 열 개의 손으로도 가리지 못하고 남김없이 다 드러났습니다. 아! 그가 평소에 저들 무리 중에서 조금 두각을 드러내고 있다고 자처하였는데 어찌 한결같이 이 지경에 이르렀으리라 생각이나 하였겠습니까? 음으로 양으로 간교한 행태를 보이며 성상의 총명을 어지럽히는 조현명 같은 자는 하루라도 그 죄를 늦추는 것이 더더욱 불가하니, 극변에 원찬하소서.”

　하자, 주상이 답하기를, “이렇듯 과격한 의론은 내가 실로 이해하기 어렵다.” 하였다.

　○ 좌의정 이관명(李觀命)이 상소하여 대략 다음과 같이 말하였다.

　“저들 역적을 구호하려는 무리가 성상의 총명을 현혹시키고 간교한 말을 그럴 듯하게 꾸며내니, 전하의 성명(聖明)으로도 세 번 이르는[307] 참언에 동요됨을 면치 못하여 임징하의 상소에서 한 구절을 끄집어내어 온당치 않다는 뜻을 보여서 또 소인배들이 이를 빙자하여 무함할 단서를 열어주셨으니, 신은 적이 애석합니다.”

　주상이 답하기를,

　“임징하의 일은 그 말이 이미 망령되었으니, 유배의 형전을 어찌 멈출 수 있겠는가?”

　하였다.

---

307) 세 …… 이르는 : 참소(讒訴)가 계속되면 사실인 것처럼 믿게 됨을 이른다. 증삼(曾參)과 동명이인인 사람이 살인을 저질렀는데, 어떤 사람이 증삼의 어머니를 찾아가서 아들이 살인을 저질렀다고 말하였다. 베를 짜던 증삼의 어머니가 믿지 않다가 세 번이나 똑같은 말을 듣게 되자 결국 베틀의 북을 내던지고 담을 넘어 달아났다는 고사에서 나왔다. 《戰國策 秦策2》

○ 정언 민응수(閔應洙)308)가 상소하여 대략 다음과 같이 말하였다.

"조현명의 상소는 의도가 원만해 보이고 그 표현한 말이 조금 완곡하여, 이선행 무리와 비교하면 약간 차이가 있어 보입니다만, 신의 어리석은 의견으로는 도리어 더 놀랄 만하고 미워할 만한 점이 있습니다.

아! 우리 임금을 사랑하고 받드는 마음이 타고난 천성에서 나오는 것은 누구나 똑같은데, 조현명은 '임금을 찬양하거나 박대함이 그 이해관계에 따라 행해진다.' 하니, 이치에 닿지 않는 말이 어찌하다 이 지경에 이르렀단 말입니까? 또 '정사를 전혀 살펴 헤아리지 못했다.'라거나 '그렇게 심한 정도는 아니었다.'는 주장에 대해 스스로 품평(品評)하였는데, 이것이 과연 신하된 자가 감히 마음속에서 생각이나 할 수 있는 일입니까?

그가 말하기를 '성헌(成憲)을 전복시키고 어진 신하들을 죽였다면, 이것이 아름다운 일인가? 현명한 행동인가?' 하였습니다. 아! 선왕께서는 성헌을 전복시킨 일이 없었으니, 전복시킨 자는 저 소인배들이요, 선왕께서는 어진 사대부들을 죽일 뜻이 없었으니 죽인 자는 저 간흉들입니다.

왕위를 전하에게 전하신 것이 선왕의 지극한 어짊과 성대한 덕이 됨을 조현명이 알았다면, 저들이 건저를 추진하는 것을 배척하여 전하로 하여금 그 무함과 핍박을 받게 하였는데, 조현명은 또한 어찌하여 저들을 통렬히 미워하지 않는단 말입니까?

그가 말하기를 '본연의 덕이라는 것은 가장 어리석은 자라 해도 모두 처음부터 타고나는 것이고, 유왕과 여왕, 걸왕과 주왕 또한 일찍이 없었던

---

308) 민응수(閔應洙) : 1684~1750. 본관은 여흥(驪興), 자 성보(聲甫), 호 오헌(梧軒)이다. 대사헌 민시중(閔蓍重)의 손자, 이조판서 민진주(閔鎭周)의 아들이다. 1710년(숙종36) 사마시(司馬試)에 합격, 1715년 주부(主簿)·정랑(正郎)을 지내다가 경종대 신임옥사 때 사직하였다. 1725년(영조1) 증광문과에 급제하여 청요직을 두루 역임하다가 1727년 정미환국으로 파직되었다. 1728년 무신란 때 공을 세워 동래부사가 되었다. 1737년 병조판서로 있으면서 당론(黨論)을 제기한다 하여 파직되었다. 1746년 형조판서를 거쳐 우의정에 이르렀다. 뒤에 이광좌·조태억의 관작을 추탈하라고 상소하였다가 면직된 채 죽었다. 시호는 문헌(文憲)이다.

것이 아닙니다.' 하였는데, 어찌하여 그 말이 이다지도 무엄합니까?

심지어 기망하고 혼탁하게 어지럽힌 그들의 족적까지 일체 선왕의 탓으로 돌려버렸는데도 조현명 같은 자는 '이는 형정의 하나에 지나지 않는다.' 하며 감히 논의를 제기하지 못하게 하니, 이는 흉당이 스스로 빠져나올 계책은 될 수는 있겠지만 성덕을 욕보인 것은 과연 어떠합니까?

'가령 저 사람의 아비' 운운한 것은 비록 매우 그럴듯해 보입니다만 그가 가설을 세워 말하였으니, 신도 그의 말을 따라 따져 보겠습니다. 어떤 사람에게 훌륭한 부형(父兄)이 있는데, 불행히도 질병으로 인해 집안일에 간혹 그의 본심과 어긋나는 상황이 벌어진다면, 그를 아끼는 사람은 당연히 마을 사람들에게 '이는 질병 때문이지, 본심은 일찍이 이러한 적이 없었습니다.' 분명하게 말할 것이고, 그의 자식 또한 '질병 때문에 그러한 것입니다.' 할 것입니다.

이와 같다면 그 병에 대해 분명히 말하는 사람이 그 사람을 아끼는 것이겠습니까? 그 병을 숨기고 그 일을 그 사람 스스로 한 것처럼 돌려버리는 사람이 그를 아끼는 사람이겠습니까? 자기 아비의 병을 분명히 말하여 마을 사람들의 의혹을 풀어주는 것이 효이겠습니까? 차라리 본심을 드러내지 못할지언정 차마 병이 있음을 밝히지 못하는 것이 효이겠습니까?

더구나 호기롭고 건장한 노복이 아비의 병환을 틈타 그리 한 것이고 아비는 애초 간여한 바가 없는데, 그 자식 된 자가 아비의 병을 숨기고자 호기롭고 건장한 노복의 소행을 은연중 자기 아비가 스스로 한 것처럼 하고 감히 말하지 않아서야 되겠습니까? 만약 조현명이 이러한 상황이라면 어느 쪽을 선택하겠습니까?

터무니없는 거짓을 주장하고 이를 빙자하여 공갈 협박을 일삼으며 마침내 명숙 황후의 일을 끌어들여 금령을 만들라고 청하기까지 하였으니 그들이 현혹시키고 어지럽히는 것이 과연 어떠합니까?"

주상이 답하기를,

"모든 상소문은 유심히 보면 그 말도 또한 유심하고, 무심히 보면 그 말도 또한 무심하다. 전에는 내가 무심히 보았는데, 이제 네가 유심히 보니 나는 실로 이것이 문제라고 생각한다."

하였다.

정미년(1727, **영조**3) **봄**, 경기도 유학(幼學) 이영조(李永祚) 등이 상소하여, 임인년(1722, 경종2) 화를 입은 고 판서 이만성(李晚成)·신임(申銋)·송상기(宋相琦)309), 김운택(金雲澤), 교리 김민택(金民澤)310), 승지 김제겸(金濟謙)311), 무신 이우항(李宇恒)312)·이상집(李尚馩)313)·이수민(李壽民)314)·심진(沈榗)315) 등을 모

---

309) 송상기(宋相琦) : 1657~1723. 본관은 은진(恩津), 자 옥여(玉汝), 호 옥오재(玉吾齋)이다. 예조판서 송규렴(宋奎濂)의 아들이고, 송시열 문인이다. 1684년(숙종10) 정시 문과에 급제하여 청요직을 두루 지냈다. 1689년 기사환국으로 낙향하였다가 1694년 갑술환국으로 장령이 되고, 이후 이조판서 등을 역임하였다. 1722년(경종2) 신임옥사에 연루되어 강진으로 귀양 가서 이듬해 유배지에서 죽었다.

310) 김민택(金民澤) : 1678~1722. 본관은 광산(光山), 자 치중(致仲), 호 죽헌(竹軒)이다. 김익겸(金益兼)의 증손, 광성부원군(光城府院君) 김만기(金萬基)의 손자, 호조판서 김진귀(金鎭龜)의 아들이다. 1719년(숙종45) 별시문과에 급제하여 청요직에 진출하였다. 1720년 이진검·이진유 등이 형 김운택(金雲澤)을 논핵하자 이에 대항하는 상소를 올렸다. 1722년 목호룡의 고변으로 시작된 임인옥사에 연루되어 옥사(獄死)하였다. 김제겸·조성복과 함께 신임옥사 때 죽은 삼학사(三學士)로 일컬어졌다. 저서로 《죽헌집》이 있다.

311) 김제겸(金濟謙) : 1680~1722. 본관은 안동(安東), 자 필형(必亨), 호 죽취(竹醉)이다. 영의정 김수항의 손자, 영의정 김창집의 아들이다. 1705년(숙종31) 진사가 되어, 1710년 세마(洗馬)로 기용되었으며, 고양군수를 거쳐 사복시첨정(司僕寺僉正)으로 재직 중 1719년 증광문과에 급제하여 정언(正言)이 되었다. 이후 청요직을 두루 거치다가 1722년(경종2) 아버지 김창집과 함께 신임옥사에 연루되어 유배되었다가 사사되었다. 뒤에 이조참판으로 추증되었으며, 조성복, 김민택과 함께 신임옥사 때 죽은 삼학사(三學士)의 한 사람으로 꼽힌다. 저서로 《죽취고(竹醉藁)》, 편서로 《증보삼운통고(增補三韻通考)》가 있다. 시호는 충민(忠愍)이다.

312) 이우항(李宇恒) : 1648~1722. 본관은 광주(廣州), 자는 여구(汝久)이다. 무과에 급제하여 함경도병마절도사·총융사·포도대장·삼도수군통제사 등 군사의 요직을 두루 역임하였다. 1721년(경종1)에 부사직 재직시 신축년 환국으로 소론의 탄핵을 받아 유배되었다. 이듬해 목호룡 고변으로 백망·이희지(李喜之) 등과 함께 투옥되어 장살되었다. 1727년(영조3)에 신원(伸寃)되었고, 시호는 경무(景武)이다.

313) 이상집(李尚馩) : 1644~1722. 본관은 전주(全州), 자는 계방(季芳)이다. 정종의 별자(別子)

두 4대신의 서원에 배향하게 해달라고 청하자, 주상이 소를 돌려주라고
명하였다.

○ 예조참의 김조택(金祖澤)316)이 상소하여 시사를 논하였는데,317) 내용
중에 대신을 욕보이며, "군부의 철천지원수를 잊고 나랏일 보기를 강 건너
불 보듯 하였다."라고까지 말하였다. 이에 주상이 하교하기를,
　"김조택은 이미 간관이 아닌데 지위를 벗어난 혐의를 생각해야 마땅함에도

인 무림군 선생(茂林君先生)의 7대손이다. 1682년(숙종8) 무과에 급제하여, 경상좌수사·
삼도통제사 등을 거쳐 1718년 평안도병마절도사에 임명되었다. 1721년(경종1)에 평안도
병영(兵營)의 은자 400냥을 당시 여주목사인 이헌(李瀗)에게 빌려주었다는 목호룡(睦虎
龍)의 무고로, 다섯 차례나 고문당하였으나 굴복하지 않았으며 옥중에서 죽었다. 이어
1724년에는 노비를 호조에 적몰당하였다. 1725년(영조1)에 신원되고, 호조판서에 추증되
었다. 시호는 충목(忠穆)이다.

314) 이수민(李壽民) : 1651~1724. 본관은 청해(靑海), 자는 일경(一卿)이다. 1676년(숙종2) 무과
에 급제하여 1717년 삼도통제사에 올랐다. 1722년(경종2) 김창집의 심복으로 몰려 국문을
받고, 1723년 제주 정의현(旌義縣)에 유배되어 이듬해 그곳에서 사망하였다. 1725년(영조
1)에 신원되어 병조판서에 추증되었다. 시호는 충정(忠貞)이다.

315) 심진(沈榗) : 1650~1722. 본관은 청송(靑松), 자는 진경(晉卿)이다. 1676년(숙종2) 무과에
급제하여 1702년 내금위장(內禁衛將)이 되었다. 1722년(경종2) 임인옥사가 일어나 조카인
심상길에 연루되어 옥사하였다. 1783년(정조7)에 복관이 되어 병조판서에 추증되었다.
시호는 장민(壯愍)이다.

316) 김조택(金祖澤) : 1680~1730. 본관은 광산(光山), 자는 극념(克念)이다. 광성부원군(光城府
院君) 김만기(金萬基)의 손자, 호조판서 김진귀(金鎭龜)의 아들이고, 김춘택의 아우이다.
1721년(경종1) 정시문과에 급제하여 정언이 되었다. 1722년 임인년 옥사에 연루되어
유배되었다가 1724년(영조 즉위) 풀려나 이듬해 서용되어 승지에 올랐지만 1727년
삭출되었다.

317) 김조택(金祖澤)이 …… 논하였는데 : 김조택은 1725년(영조1), 민암(閔黯)의 여당(餘黨)이
김춘택을 무함하여 죽게 만든 본말과 김보택, 김운택, 김민택 등이 억울하게 죽은
본말을 진달하면서 네 형의 원한을 풀어줄 것 등을 호소하는 소를 올렸고, 이어 1727년
징토가 엄중하지 못하다고 논하는 소를 다시 올렸다. 구체적으로는 좌의정 홍치중에
대해 역적에 대한 토죄를 등한히 한다고 배척하고, 우의정 조도빈에 대해서는 조태채의
조카임에도 불구하고 임금의 원수를 잊고 국사를 남의 일 보듯이 한다고 비판하였다.
《英祖實錄 1年 2月 21日》·《承政院日記 英祖 3年 2月 19日》

불구하고 거리낌이 없었고, 심지어 선왕이 망극한 무함을 받으셨다는 주장을 하기에 이르렀으니 이치에 닿지 않는 말이 어찌 이 지경에 이르렀단 말인가? 엄히 징치하지 않는다면 말세(末世)를 응징하지 못할 것이니, 김조택을 삭출하라.”

하자, 승지 홍용조(洪龍祚)318), 경성회(慶聖會)319)가 비망기를 작환(繳還)하며 명을 거두어 달라 청하니, 주상이 당을 비호한다고 책망하고 승지들을 엄히 추고하게 하였다.

○ 정언 조명익(趙明翼)320), 교리 박사성(朴師聖)321)이 상소하여 김조택을 구호하였으나 주상이 모두 받아들이지 않았다. 지평 이응(李膺)이 상소하여 충역의 실상을 통렬히 분별할 것을 청하고, 중국에 보낸 임인년의 주문(奏文)322)은 반드시 돌려 달라 청해야 한다고 하였는데, 주상이 윤허하지 않았다.

---

318) 홍용조(洪龍祚) : 1686~1741. 본관은 남양(南陽), 자 희서(羲瑞), 호 금백(金伯)이다. 1717년 (숙종43) 식년문과에 급제하여 청요직을 두루 거쳤다. 1721년(경종1) 연잉군의 세제 책봉을 비판하는 유봉휘를 처형하라고 상소하였다가 파직되었다. 이듬해 신임옥사로 유배되었다가 영조대 호조참의 등을 역임하였다.

319) 경성회(慶聖會) : 1657~?. 본관은 청주(淸州), 자는 중가(仲嘉)이다. 예조참판 경최(慶㝡)의 아들이다. 1711년(숙종37) 식년문과에 급제하여, 1716년 장령이 되었다. 1722년(경종2) 파직되었다가 1726년 승지가 되었는데, 1728년 사간원의 탄핵을 받고 삭판 당했다.

320) 조명익(趙明翼) : 1691~1737. 본관은 임천(林川), 자 사휘(士輝), 호 긍재(肯齋)이다. 판서 조정만(趙正萬)의 아들이다. 1719년(숙종45)에 생원시에 장원하고, 1725년(영조1) 세자익 위사 세마(世子翊衛司洗馬)로 정시문과에 급제하였다. 1727년 정언이 되었다가 정미환국 으로 파면 당했다. 1729년 수찬으로 복직하여 이후 도승지·대사헌·대사성 등을 역임하고, 1737년 강화유수로 재직 중 사망하였다.

321) 박사성(朴師聖) : 1683~1739. 본관은 반남(潘南), 자는 시숙(時叔)이다. 박동량(朴東亮)의 증손, 박태두(朴泰斗)의 손자이고, 박사익(朴師益)의 아우이며, 금성위(錦城尉) 박명원(朴 明源)은 그 아들이다. 1717년(숙종43) 별시문과에 급제하여 1718년 검열이 되었다. 1724년 영조 즉위 후 김일경 탄핵 상소에 참여하고, 이후 청요직을 두루 거쳤다. 1727년(영조3) 정미환국으로 파면되었다가 1728년 다시 수찬이 되었다. 이해 무신란이 일어나고 나서 이름을 박사정(朴師正)으로 바꾸었다. 이후 청요직을 두루 거쳐 1739년 예조참판으로 사망하였다.

322) 임인년의 주문(奏文) : 임인년(1722, 경종2) 목호룡의 고변으로 김창집 등 노론 4대신을

○ 전 정랑 박문수(朴文秀)[323]가 상소하여 대략 말하기를,

"생각건대 오늘날 나라 안에 어찌 과감히 말하는 일개 선비가 없겠습니까? 평소 어떤 사람인지 몰랐던 권부(權扶)가 또한 많은 사람들이 머뭇거리며 말도 제대로 하지 못하고 있을 때 앞장서서 상소하여[324] 윤리를 부지하였으니, 그 밝게 빛나는 충심은 공경심을 불러일으키기에 충분하였습니다."

라고 하자, 지평 이응이 표현한 말이 음흉하고 간교하며 주상의 뜻을 시험해 보려는 의도가 있으니 박문수를 삭출하라 청하였으나, 주상이 들어주지 않았다.

○ 비국 당상(備局堂上)을 인견(引見)하여 입시하였을 때, 삼사 -장령 이광운(李光運), 정언 송수형(宋秀衡)[325], 교리 조명택(趙明澤)[326]- 가 이광좌, 조태억, 조태구, 최석항의 일[327]을 합계하자, 주상이 이르기를,

---

처벌한 뒤, 중국에 주청사(奏請使)를 보내 이를 알리는 주문(奏文)을 전달하였다.

323) 박문수(朴文秀) : 1691~1756. 본관은 고령(高靈), 자 성보(成甫), 호 기은(耆隱)이다. 1723년 (경종3) 증광문과에 급제하여 예문관 검열이 되고, 이듬해 병조정랑에 올랐으나 1724년 영조 즉위 후 삭직되었다. 1727년 정미환국 이후 다시 등용되어, 1728년 무신란을 진압하는데 전공을 세워 분무공신(奮武功臣) 2등에 책록되고 영성군(靈城君)에 봉해졌다. 이후 각조의 판서, 어영대장 등을 역임하였다. 영조 탕평책에 대하여 명문 벌열(名門閥閱) 중심의 인사 정책에서 벗어날 것을 주장했으며, 4색(四色)의 인재를 고루 등용하는 탕평의 실(實)을 강조하였다. 특히, 군정(軍政)과 세정(稅政)에 밝아 당시 국정의 개혁 논의에 중요한 몫을 다하였다. 1756년 영의정에 추증되었으며, 시호는 충헌(忠憲)이다.

324) 권부(權扶)가 …… 상소하여 : 1726년(영조2) 2월 18일 전 주부 권부가, 임징하(任徵夏)가 상소에서 선왕을 무욕하였다고 탄핵한 일을 이른다. 《英祖實錄 2年 2月 18日》

325) 송수형(宋秀衡) : 1687~1755. 본관은 진천(鎭川), 자 진숙(鎭叔), 호 창백당(蒼白堂)이다. 1725년(영조1) 정시문과에 급제하여, 이듬해 정언이 되었다. 1727년 정미환국으로 파면 당했다가 1729년 서용되어 청요직을 두루 거치고, 1734년 승지, 1755년 예조참판등을 역임하였다.

326) 조명택(趙明澤) : 1690~?. 본관은 임천(林川), 자는 숙함(叔涵)이다. 1721년(경종1) 증광문과에 급제하여, 1725년(영조1) 설서(說書)가 되었다. 이후 청요직을 두루 지내고 1737년 승지, 1739년 대사간, 1745년 대사헌 등을 역임하였다.

327) 이광좌 …… 일 : 이때 삼사에서는 이광좌와 조태억을 외딴섬에 위리안치할 것, 조태구와 최석항은 처자식을 노비로 삼고 가산을 몰수할 것을 청하였다. 《承政院日記 英祖 3年

"이미 경연 중에 유시하였는데 다시 무슨 말을 하겠는가?"

하였다. 조명택이 말하기를,

"역적 유봉휘의 시체를 끌고 돌아와 벌써 매장을 했다고 하니, 신민의 원통한 마음을 이루 다 말할 수 있겠습니까? 속히 처자식을 노비로 삼고 가산을 몰수하는 형전을 시행해야 마땅할 것입니다."

하자, 주상이 이르기를,

"유봉휘가 살아 있을 때에 이미 윤허하지 않았는데 죽은 뒤에 처자식을 노비로 삼는 것을 어찌 들어줄 수 있겠는가?"

하였다.

양사에서 남구만(南九萬)328), 윤지완(尹趾完), 최석정(崔錫鼎)329)의 출향330)을 청하자, 주상이 이르기를,

"묘정(廟庭)에 배향하는 일은 사체가 지극히 엄중하거늘, 참으로 한심하다."

6月 29日》

328) 남구만(南九萬) : 1629~1711. 본관은 의령(宜寧), 자 운로(雲路), 호 약천(藥泉)·미재(美齋)이다. 개국공신 남재(南在)의 후손이고, 송준길(宋浚吉) 문인이며, 박세당(朴世堂)의 처남이다. 효종대 문과에 급제하여 현종대 함경도 관찰사, 숙종대 영의정 등을 역임하였다. 1694년 갑술환국 이후 숙종의 탕평책을 적극 협찬하다가 노론의 집요한 공격을 받았다. 특히 세자를 보호하기 위해 생모인 장희빈 가문에 대한 처벌을 늦추려고 노력하다가 자주 처벌을 받았다. 숙종 묘정(廟庭)에 배향되었고, 시호는 문충(文忠)이다.

329) 최석정(崔錫鼎) : 1646~1715. 본관은 전주, 자 여시(汝時)·여화(汝和), 호 존와(存窩)·명곡(明谷)이다. 영의정 최명길(崔鳴吉)의 손자이다. 남구만·박세채의 문인이고, 이경억(李慶億)의 사위이다. 1666년(현종7) 진사시에 장원했으며 동시에 생원시도 합격하였다. 1671년 정시문과에 급제, 1675년(숙종1) 도당록에 올랐다. 1678년 교리로서 윤휴와 남인정권을 비판하였다가 삭출되었다. 1680년 경신환국으로 재기용되어 승지가 되었다. 1685년에는 부제학으로 윤증을 구원하다가 파직 당했다가 바로 재기용되어 1687년 도승지가 되었다. 1689년 기사환국으로 남인이 집권하자 안동부사로 나갔다. 1694년 갑술환국 이후 남구만의 탕평책에 적극 호응하여, 1699년 좌의정을 거쳐 1701년 영의정이 되었다. 그해 인현왕후가 죽고 장희빈에 의한 무고(巫蠱)의 변이 일어나자 세자 보호를 위해 생모인 장희빈 사사에 극력 반대하였다. 1710년까지 모두 열 차례 입상(入相)하였다. 저서로 《예기유편》과 《명곡집》이 있고, 시호는 문정(文貞)이다.

330) 남구만 …… 출향 : 숙종의 묘정에 배향된 소론 남구만·윤지완·최석정을 출향하자는 주장이다.

하였다. 이광운이 소하오적(疏下五賊)331)을 법대로 처형하라는 계사를 읽자, 주상이 전교를 쓰라고 명하였는데, 대략 말하기를,

"다섯 역적을 법대로 처형하는 일은 마음으로 살펴서 삼가고 있는데, 삼사의 신하들이 간혹 이진유와 박필몽(朴弼夢)332)을 먼저 처형하라고 아뢰는 것은 옳지 않다. 이미 '다섯 역적'이라고 말해 놓고 그들을 구별하는 것이 정당한 처사인지 모르겠기에 마음으로 자세하게 헤아려 보고 있는 것이다. 지금 다섯 역적을 한꺼번에 법대로 처형하는 것은 왕자(王者)가 조심하고 삼가는 도리가 아니다.

삼사는 비록 이진유와 박필몽을 말하였지만 나는 이명의(李明誼)333) 또한 그들과 동일하다고 생각하는데, 오적을 억지로 구별한다면 어찌 구차하지 않겠는가? 상소에서 김일경 아래에 이름을 올린 한 사람을 소두(疏頭)의 예에 따라 의금부로 하여금 한 등급 낮은 형벌을 적용하도록 해야 할 것이다."

하였다. 우의정 이의현이 말하기를,

---

331) 소하오적(疏下五賊) : 1721년(경종1) 12월 6일, 소두(疏頭) 김일경이 올린 상소에 연명한 이진유·이명의·박필몽·윤성시·서종하를 이른다. 경종이 왕세제의 대리청정 명을 철회한 이후 거듭된 천재지변으로 구언 교지(求言敎旨)를 내리자 이에 응한 것으로, 김일경 등은 상소에서 세제의 정치 참여를 요청한 조성복, 2차 대리청정 명에 의례적인 정청(庭請)을 하다가 바로 중지한 노론 4대신, 대리청정 명의 환수를 청하고자 입궐한 조태구의 청대를 저지한 승지, 이와 관련하여 조태구 등 소론 측 인사들을 탄핵한 삼사를 모두 치죄하기를 청하였다.《景宗實錄 1年 12月 6日》

332) 박필몽(朴弼夢) : 1668~1728. 본관은 반남(潘南), 자는 양경(良卿)이다. 1710년(숙종36) 증광문과에 급제하여 청요직을 두루 거쳤다. 1721년(경종1) 김일경 등과 노론 4대신의 죄를 성토하여 처벌하였다. 영조가 즉위한 뒤 도승지가 되었으나 탄핵을 받아 유배되었다. 1728년(영조4) 무신란(戊申亂)이 일어나자 유배지에서 나와 반란에 가담한 태인현감 박필현(朴弼顯)의 군중으로 가 서울로 진군하려 하였다. 그러나 도중에 반란이 진압되었다는 소식을 듣고 죽도(竹島)에 숨었으며, 검모포(黔毛浦)로 가 잔당들과 다시 거사하려다가 무장현감 김몽좌(金夢佐)에게 붙잡혔다. 서울로 압송되어 처형되었다.

333) 이명의(李明誼) : 1670~1728. 본관은 한산(韓山), 자는 의백(宜伯)이다. 1702년(숙종28) 진사가 되고, 1712년 정시문과에 급제하여, 경종대 대사간 등을 역임하였다. 영조 즉위 뒤 김일경의 상소에 동참하였다는 죄로 귀양 갔고, 1728년(영조4) 무신란에 연루되어 고문을 당하다가 죽었다. 그 뒤 1755년에 역률(逆律)이 추시(追施)되었다가 순종 때 복권되었다.

"성상의 하교가 참으로 옳으나, 구별하는 것은 구차하므로 이 전교는 반포할 수 없습니다."

하자, 주상이 이르기를, "그렇다면 경의 생각은 어떠한가?" 하니, 이의현이 말하기를, "신의 생각에 다섯 역적을 구별하는 것은 불가합니다." 하였다.

예조판서 신사철(申思喆)이 말하기를,

"이진유, 박필몽, 이명의 중 한 사람만 법대로 처형하고 그 나머지에게 같은 형률을 시행하지 않는다면 똑같이 심리하여 처벌하는 뜻이 아닙니다."

하자, 이광운이 말하기를,

"3년을 윤허하지 않으시다가 지금 이러한 처분을 내리시니, 사람들의 마음이 조금은 흡족할 것입니다."

하였다. 주상이 이르기를,

"그대들은 다섯 역적을 모두 법대로 처형하고자 하는가? 일전에 삼사가 쟁론한 것은 오직 이진유와 박필몽에 대한 것뿐이었는데, 지금 역적 한 사람을 차율(次律)로 논단하려 하자 신하들이 또 다시 번거롭게 청하니 너무 지나치다."

하자, 판윤 이병상(李秉常)이 말하기를,

"전하께서 많은 사람을 한꺼번에 모두 죽이는 일을 차마 할 수 없으신 듯합니다. 그러나 상소에 참여하는 규정은 으레 관품을 따를 뿐인데 이름이 두 번째에 있다 하여 유독 차율을 시행한다면 어찌 구차하지 않겠습니까?"

하니, 주상이 노한 기색으로 이르기를,

"임금을 살육의 길로 인도하는 것인가? 지금 이 구차스러운 판부(判付)를 어떻게 반포하겠는가? 도로 들이라."

하였다. 좌참찬 김흥경(金興慶) 등을 비롯한 신하들이 명을 거두어달라고 아뢰자, 주상이 이르기를,

"이미 잘못된 명을 거두어 들였는데, 지금 또 쟁론하는 것은 어째서인가?"

하니, 이의현이 말하기를,

"처음에 내리신 명을 거두시는 것은 도리어 처분이 없었던 이전만 못하게 되니, 이 때문에 신 등이 힘껏 간쟁하기를 그치지 못하는 것입니다."

하였다. 나머지 전에 아뢴 일은 모두 이전에 내린 비답을 따르게 하였다.

○ **여름**, 희정당(熙政堂)에 삼사가 청대하여 입시하였다. 대사헌 이교악(李喬岳) -집의 이근(李根), 장령 이광운(李光運), 지평 안상휘(安相徽)·334)정언섭(鄭彦燮)335), 헌납 김용경(金龍慶)336), 교리 신로(申魯)337)·조명익(趙明翼), 부교리 윤섭(尹渉)·조명택(趙明澤)·홍봉조(洪鳳祚)·유겸명(柳謙明)338)·이경원(李慶遠), 정언 송수형(宋秀衡)·정홍제(鄭弘濟)339)- 등이 전일의 일을 계속 아뢰며 김일경의 상소에 연명한 네 역적[疏下四賊

---

334) 안상휘(安相徽) : 1690~1757. 본관은 죽산(竹山), 자는 신보(愼甫)이다. 1725년(영조1) 정시 문과에 급제하여, 1727년 지평이 되었다가 정미환국으로 파면 당했다. 1729년 다시 지평이 되고, 주로 삼사에서 활동하였다. 1738년 당습을 한다고 유배되었다가 바로 풀려났다. 그러나 이듬해 김상헌의 서원을 세우게 해달라고 청하였다가 다시 극변에 유배되었는데, 역시 바로 풀려나, 1751년 승지가 되었다.

335) 정언섭(鄭彦燮) : 1686~1748. 본관은 동래(東萊), 자는 공리(公理)이다. 권상하 문인이다. 1717년(숙종43) 사마양시를 거쳐 1725년(영조1) 증광문과에 장원 급제하여 성균관 전적이 되었다. 1727년 정언으로서 송인명의 탕평책을 비판하고, 신치운 등을 탄핵하였다가 정미환국으로 파면 당하였다. 1729년에 풀려나 이듬해 다시 정언이 되었다. 이후 동래부사·충청도관찰사를 거쳐 1734년 승지, 1747년 도승지가 되었다.

336) 김용경(金龍慶) : 1678~1738. 본관은 경주(慶州), 자는 이현(而見)으로, 김홍욱(金弘郁)의 증손이다. 1718년(숙종44) 정시문과에 급제하여 설서 등을 거쳐 경종대 정언을 지냈다. 영조대 교리 등을 지내면서 노론 4대신의 관작 회복에 앞장섰다. 1727년(영조3) 정미환국으로 파면 당했다가 1729년 다시 등용되어 1731년 대사간, 1734년 승지를 거쳐 개성유수 등을 역임하였다.

337) 신로(申魯) : 1680~1730. 본관은 평산(平山), 자는 백증(伯曾)이다. 1725년(영조1) 정시문과에 급제하여, 1727년 도당록에 올랐는데, 정미환국으로 파면 당했다. 1728년 무신란이 일어나자 상소하여 오명항 등이 진압을 머뭇거린다고 탄핵하였다가 당습으로 지목받고 삭출 당했다.

338) 유겸명(柳謙明) : 1685~1735. 본관은 전주(全州), 자 익휘(益輝), 호 만수(晩修)이다. 1713년 (숙종39) 진사시, 1719년 증광문과에 급제하여 1726년(영조2) 정언이 되었으나 1727년 정미환국으로 파면 당했다. 1729년 다시 등용되어 수찬 등을 지내고, 1734년 용인현령으로 나가서 임지에서 사망하였다. 저서로 《만수재소차(晩修齋疏箚)》가 있다.

339) 정홍제(鄭弘濟) : 1682~1752. 본관은 영일(迎日), 자는 여즙(汝楫)이다. 1721년(경종1) 증광 문과에 급제하여 1726년(영조2) 지평이 되었다가 1727년 정미환국으로 파면 당했다.

을 법대로 처형하라 청하자, 주상이 이르기를, "다시 보라. 과연 네 역적인가?"
하자 이교악이 말하기를, "다섯 역적이 아니라 네 역적입니다." 하니, 주상이
이르기를, "그 중 한 사람은 어제 처분대로 두자는 것인가?"

하였다. 이광운이 말하기를,

"차율(次律)을 적용하는 것은 결국 형정을 잘못 시행하는 것이므로, 양사에
서 명을 거두어달라는 계사를 하단에 놓았습니다. 네 역적의 경우는 삼사의
합계입니다."

하자, 주상이 이르기를,

"양사에서 아뢰면 족한 것을 삼사에서 합계하는 것은 지나치다."

하니, 윤섭이 말하기를,

"어제 차율로 감단하라고 하신 한 역적에 대해, 양사에서 이미 명을 거두어
달라는 계사를 올렸습니다. 네 역적의 경우 간악한 역적이라는 점에서 동일한
데 그에 대한 처분은 오히려 지지부진하여 사람들이 답답해하므로 삼사가
합계하기에 이른 것입니다."

하였다. 주상이 이르기를,

"모든 일은 실제를 따르는 것이 중요한데, 이 일은 그렇지 않아 속이고
농락할 의도를 갖고 있다. 임금에게 요(堯)·순(舜)의 일이 아니면 아뢰지
않는다340)는 의리는 어디에 있는가?"

하고, 이어 책상을 치며 이르기를,

"삼사의 신하들이 군부를 농락하였으니, 모두 삭출하라."

하자, 승지 경성회가 눈물을 흘리며 간하기를,

"이는 삼사의 신하들이 말을 할 때 뜻을 잘 전달하지 못하여 그런 것이니,
감히 청컨대 명을 거두어 주소서."

1729년 다시 서용되어 1731년 다시 지평이 되고, 1736년 정언이 되었다. 1746년 경주부윤
당시 장오죄(贓汚罪)를 저질렀다는 암행어사의 탄핵을 받고 이듬해 귀양 갔다.

340) 임금에게 …… 않는다 : 《맹자》〈공손추 하(公孫丑下)〉에 "나는 요순의 도가 아니면
감히 왕 앞에서 아뢰지 않는다.[我非堯舜之道, 不敢以陳於王前.]"라고 한 데서 나온 말이다.

하였다. 기사관 우세준(禹世準)이 주상의 하교를 기록하려고 하다가 두 눈에서 눈물을 줄줄 흘리며 저도 모르게 목이 메자, 주상이 이르기를,

"겸춘추가 목이 메어 우는 것은 군주를 위하여 그러한 것인가? 당론을 비호기 위하여 그러한 것인가?"

하니, 우세준이 대답하기를,

"성상의 처분이 이처럼 잘못되었으니 망극함을 견디지 못하여 저절로 목이 메게 된 것입니다."

하였다. 가주서 안후석(安后奭)341)이 말하기를, "오늘의 처분은 이 무슨 거조이십니까?" 하였고, 기사관 남전(南躔)342)이 말하기를, "처분이 중도에 지나쳤으니, 성덕에 누가 될까 두렵사옵니다." 하니, 주상이 한참 있다가 하교하기를,

"승지가 울면서 간하며 도리어 삼사의 신하들을 구호하려 하였으니, 심히 무엄하다. 파직하라. 임금을 지척에 두고 목메어 울었으니 지극히 해괴하다. 겸춘추 우세준을 사판(仕版)에서 삭거하라."

하였다.

○ 비망기를 내렸다.

"승지의 자리에 있는 몸으로 오늘 삼사의 청대가 지극히 간교함에도 불구하고 태연하게 입계(入啓)하였으니 너무도 무엄하다. 사진(仕進)한 승지를 모두

341) 안후석(安后奭) : 1683~1737. 본관은 광주(廣州), 자는 성좌(聖佐)이다. 1721년(경종1) 진사가 되어 1725년(영조1) 송규렴을 제향하는 서원을 복설해 줄 것을 청하는 상소의 소두가 되었고, 윤지술의 신원과 이광좌·유봉휘·신치운 등을 토죄하라는 성균관 유생들의 상소에 참여하였다. 1726년(영조2) 식년문과에 급제하여 1727년 승정원 가주서(假注書)가 되었는데, 정미환국으로 쫓겨났다. 1729년 다시 가주서가 되어 승정원에 근무하다가 1732년 경상도도사를 거쳐 1736년 병조좌랑이 되었다.

342) 남전(南躔) : 1664~1737. 본관은 의령(宜寧), 자 일승(日昇), 호 소헌(素軒)이다. 1705년(숙종31) 생원·진사시 모두 합격하여, 1726년(영조2) 유봉휘 등을 탄핵하고, 송시열과 송준길의 문묘배향을 청하는 성균관 유생들의 상소에 참여하였다. 1727년(영조3) 증광문과에 급제하여 가주서가 되었다. 이후 감찰·예조정랑·성균관사예 등을 역임하였다.

파직하라."

하였다.

○ 전교하여 말하였다.

"무관의 몸으로 당쟁의 습속을 달갑게 여겼으니, 훈련대장 장붕익(張鵬翼)을 우선 파직하라."

○ 비망기를 내렸다.

"전후로 정청(庭請)하거나 청대(請對)한 이들은 무신을 제외하고 파직하라."343)

○ 비망기를 내렸다.

"어제의 처분은 오랫동안 헤아리고 신중하게 살펴 내린 것인데, 감히 불만을 품고 방자하게 진달하였으니 너무도 무엄하다. 어제 입시한 신하들을 모두 파직하라."

○ 비망기를 내렸다.

"아! 붕당을 지어 자기 편을 두둔하는 일이 더욱 극심해져 군부를 붕당만도 못하게 보고 있으니, 이런 일이 그치지 않는다면 나라가 장차 어떻게 되겠는가? 근래 삼사의 신하들을 모두 아울러 파직하라."

---

343) 정청(庭請)하거나 …… 파직하라 : 본문의 정청은 1725년(영조1) 노론이 득세한 뒤 좌의정 민진원과 우의정 이관명이 백관을 거느리고 정청하여 유봉휘 등 5적(五賊)의 토죄(討罪) 를 청한 일을 이른다. 이처럼 영조 즉위 후 노론은 을사년의 처분과 환국에 만족하지 않고 소론에 대한 보복을 집요하게 요구하였다. 이에 1727년(영조3) 영조는 '파붕당(破朋黨)'을 기치로 노론을 축출하고 이광좌를 수상으로 하는 소론 정권을 구성하였는데, 이를 정미환국(丁未換局)이라고 한다.

○ 비망기를 내렸다.

"정석삼, 송인명을 승지에 제수(除授)하라. 행 사직 오명항에게 이조판서를
제수하라. 어영대장 이삼(李森)이 무함을 받았다가 이미 방면되었으니, 서용
후 그대로 어영대장에 차임하라. 지사 심수현에게 병조판서를 제수하라.
사직 이진망에게 병조참판을 제수하라. 김동필을 서용하여 도승지에 제수하
라. 전 좌랑 조현명에게 지평을 제수하라. 정석오(鄭錫五)[344]에게 직첩을
돌려주어 서용하고, 그대로 정언으로 삼으라."

○ 전교하여 말하였다.

"의금부와 형조에 어영대장의 일[345]로 심문하려고 한 여러 사람들을 모두
풀어주라고 분부하라."

○ 좌의정 홍치중, 우의정 이의현이 녹사(綠事)를 시켜 명소(命召)를 가지고
와 바치게 하고 그대로 성을 나가니, "받아들이라."라고 전교하였다.

○ 좌승지 정석삼이 고향으로부터 올라와서 저들을 패초할 일에 대해
아뢰자, "지금 우선 개차하라."고 전교하였다.

---

344) 정석오(鄭錫五) : 1691~1748. 본관은 동래(東萊), 자는 유호(攸好)이다. 영의정 정태화(鄭太
和)의 증손이다. 1715년(숙종41) 식년문과에 급제하여 청요직을 두루 거쳤다. 1721년(경
종1) 지평 재직시 김일경 등과 김창집 등 노론 4대신 탄핵을 주도하였다. 영조가 즉위하자
삭출 당하였다가 정미환국(1727)으로 세자시강원 사서로 기용되었다. 이후 대사헌
등을 지내고 1746년 우의정을 거쳐 좌의정에 올랐다. 1748년 영돈녕부사로서 동지
겸 사은사(冬至兼謝恩使)가 되어 효현황후(孝賢皇后) 시호 올린 것을 진하하고 연공(年貢)
을 진헌하기 위하여 청나라에 가던 중 병사하였다. 시호는 정간(貞簡)이다.
345) 어영대장의 일 : 어영대장이었던 이봉상(李鳳祥)은 소하 오적을 비롯한 소론 측 인사의
처벌을 요구하였던 정청(庭請)에 참여했다는 이유로 계속 인혐(引嫌)하면서 조정에
나오지 않고 있다가 직무를 소홀히 한다는 견책을 받고 충청 병사로 좌천되었다.
《承政院日記 英祖 3年 10月 30日》

○ 전교하여 말하였다.

"지금 문외출송 되어 있는 사람들을 모두 풀어주어라."

○ 비망기를 내렸다.

"전 판부사 조태억에 대한 문외출송을 풀어주고 서용하라."

○ 비망기를 내렸다.

"수원부사 홍우전(洪禹傳)[346]은 머리가 하얗게 센 나이에 붕당의 폐습을 달가워하여 세 신하를 출향하는 일을 앞장서서 주창[347]하였으니 그 마음 씀이 놀랍다. 그 호오(好惡)를 보이는 도리로 볼 때 파직만 하고 그칠 수 없으니 삭출하라."

○ 비망기를 내렸다.

"영부사 정호는 머리가 하얗게 센 노쇠한 나이로 붕당의 습속에 물들어 근년에 올린 차자[348]는 그 내용이 너무도 통탄스럽다. 국사(國事)는 강 건너 불구경 하듯이 하며 편당을 짓는 것은 달갑게 여기고 있다. 아! 삼공(三公)의 직임을 맡은 신하가 오히려 이와 같은데, 어떻게 백관을 적절하게 조화시킬

---

346) 홍우전(洪禹傳) : 1663~1728. 본관은 남양(南陽), 자 집중(執中), 호 구만(龜灣)이다. 송시열 문인이다. 1702년(숙종28) 진사시, 1719년 별시문과에 급제하여 청요직에 진출하였다. 1722년(경종2) 박필몽의 탄핵을 받아 삭직되어 은거하였다가 이듬해 조지빈의 탄핵을 받았고, 1724년 유배되었다. 영조대 복직되어 공조참판 등을 역임하였다. 1727년(영조3) 수원부사로서 소론인 남구만·윤지완·최석정 등을 숙종의 묘정에서 출향할 것을 주장하다가 관작을 삭탈 당하였다.

347) 세 …… 주창 : 1725년(영조1) 당시 대사간이었던 홍우전이 남구만, 윤지완, 최석정을 숙종의 묘정(廟庭)에서 출향하도록 청하였던 일을 이른다. 《承政院日記 英祖 1年 8月 16日》

348) 정호는 …… 차자 : 1725년(영조1) 4월 1일, 좌의정 정호가 차자를 올려 '선왕(先王)이 불행히 병이 있어 뭇 소인배에게 기만당하고 가려졌다.'라는 내용 등을 고묘문에 넣고 만방에 알리기를 청하였다. 《承政院日記 英祖 1年 4月 1日》

수 있겠는가? 그대로 둘 수 없으니 파직하라."

○ 전교하여 말하였다.

"전 영부사 이광좌에게 직첩을 내주어 서용하고, 이어 영의정에 임명하라. 전 판서 이태좌(李台佐)349)를 서용하고, 호조판서를 제수하라."

○ 비망기를 내렸다.

"군신(君臣)의 의리는 천지간에 피할 수 없는 것인데, 한번이라도 불만스러운 마음이 있거나 한번이라도 농락할 뜻을 갖는다면 어떠하다 하겠는가? 성고(聖考, 숙종)께서 승하하시자 감히 권력을 탐하며 세력을 즐기는 마음을 품고 득실을 근심하며350) 하지 못하는 짓이 없게 되었다.

국가와 더불어 운명을 같이 해야 하는 세신[喬木世臣]351)이 감히 당을 위해 죽고 편당을 이루는 마음을 일으켜 300년 종사(宗社)를 돌아보지 않으니,

---

349) 이태좌(李台佐) : 1660~1739. 본관은 경주(慶州), 자 국언(國彦), 호 아곡(鵝谷)이다. 영의정 이항복(李恒福)의 현손, 참판 이세필(李世弼)의 아들, 영의정 이광좌의 재종형이다. 1684년 (숙종10) 진사가 되고, 1699년 정시 문과에 급제하여 청요직을 두루 거쳤다. 1701년 지평 재직 시 희빈 장씨 처벌에 반대했던 최석정·이명세를 옹호하다가 유배되었다. 1705년 풀려나 정언을 거쳐 공조판서 등을 역임하였다. 1716년 윤선거 문제를 논하다가 노론 대간의 탄핵으로 파직되었다. 1721년(경종1) 세제 대리청정 시행에 반대하였고, 신임옥사 당시 형조판서로서 노론 숙청에 참여하였다. 영조 즉위 뒤에 병조·이조판서 등을 거쳐 1728년(영조4) 우의정, 1729년 좌의정에 올랐으며, 1736년 봉조하가 되었다. 시호는 충정(忠定)이다.

350) 득실을 근심하며 : 《논어》〈양화(陽貨)〉에 "비루한 사람과는 함께 임금을 섬길 수 있겠는가? 부귀를 얻기 전에는 얻을 것을 걱정하고, 이미 얻고 나서는 잃을 것을 걱정하니, 만일 잃을 것을 걱정한다면 못하는 짓이 없게 된다.[鄙夫可與事君與哉? 其未得之也, 患得之; 旣得之, 患失之, 苟患失之, 無所不至矣.]"라고 한 구절을 인용한 말이다. 지위를 얻지 못하면 어떻게 얻을까 근심하고, 얻고 나서는 잃어버릴까 걱정하는 소인배의 행태를 가리킨다.

351) 국가와 …… 세신[喬木世臣] : 여러 대에 걸쳐서 중요한 자리에 있으며 국가와 운명을 함께하는 집안을 말한다. 《맹자》〈양혜왕 하(梁惠王下)〉에 "이른바 고국이란 높이 치솟은 나무가 있다는 말이 아니요, 대대로 신하를 배출한 오래된 집안이 있다는 것을 의미한다. [所謂故國者, 非謂有喬木之謂也, 有世臣之謂也.]"라는 말이 나온다.

말과 생각이 여기에 미치면 나도 모르게 원통하다. 근년 송인명의 상소에 '만약 탕평(蕩平)을 하시고자 한다면 이는 한번 마음먹기에 달린 일입니다.'라고 한 말에 문득 깨달은 바가 있다.

충이다, 역이다 이런 말들은 우선 제쳐두고 한 가지 일로 보자면, 함께 들어와 청대(請對)한 것으로 형을 죽인 증거로 삼아 사람을 극형으로 몰았다.352) 아! 문호(門戶)를 나누는 것은 옛사람이 경계하였고, 그동안 연석에서의 하교가 간곡할 뿐만이 아니었는데, 삼공의 지위에 있는 자들이 강 건너 불구경 하듯이 보고만 있으니, 이렇게 하고도 나라를 잘 다스릴 수 있겠는가?

또 김일경의 상소에 연명한 이들을 거론한 계사(啓辭)에 대해 참작하여 처분한 뒤에도 감히 마음대로 하려는 계략을 세우고 '군부를 위하여 역적을 토죄한다.'라고 말하였으니, 교묘하고 치밀한 계획이 이처럼 심하단 말인가. 이러한 작태는 차마 똑바로 볼 수가 없으니, 이 때문에 내가 호오(好惡)를 분명히 내보이는 것이다.

지근에서 나를 보좌하는 너희 신하들은 탕평을 하려는 나의 마음을 명심하여 공(公)에 힘쓰고 사(私)를 제거하여 우리나라를 보호하라."

○ 전하여 말하였다.

"근시(近侍)로서 출입한 사람 가운데 서울에 있는 사람을 본원(本院)에서 물어 아뢰라."-전 참의 심공(沈珙)·이정걸(李廷傑)·박내정(朴乃貞)353)·서명연(徐命淵)354)

---

352) 함께 …… 몰았다 : 노론 4대신 중의 한 사람인 조태채는 조태억에게 종형이 된다. 노론은 조태억이 조태채 등의 처벌을 주청하는 청대에 참여하여 묵인 또는 방조하는 태도를 보였다고 비판하며 조태억이 인륜을 저버렸다고 비난하였는데, 영조는 이러한 노론의 주장을 편당의 행태로 보고 있다.

353) 박내정(朴乃貞) : 1664~1735. 본관은 함양(咸陽), 자는 직경(直卿)이다. 1684년(숙종10) 식년시 진사가 되고, 1694년 별시문과에 급제하였다. 1699년 정언이 되고 이후 청요직을 두루 거쳐 1724년(경종4) 승지가 되었다. 1725년(영조1) 양양부사로 나갔다가 1727년 정미환국으로 다시 승지가 되었으며, 1734년 한성부판윤에 올랐다.

354) 서명연(徐命淵) : 1673~1735. 본관은 대구(大丘), 자는 지숙(止叔)이다. 1708년(숙종34) 식년문과에 급제하여 정언 등을 거쳐 1721년(경종1) 승지가 되었다. 1728년 무신란이

·권중경(權重經)355)·이봉년(李鳳年)356), 전 응교 조최수(趙最壽)357), 유만중(柳萬重)·김시형

(金始炯)358)·서명빈(徐命彬)359)·신치근(申致謹)360)·이정응(李挺膺)361)·조적명(趙迪命)362)·

강필경(姜必慶)363)·강박(姜樸)·오광운(吳光運)·윤광익(尹光益)364), 전 현감 송성명(宋成

일어나자 충청도관찰사로서 토벌을 머뭇거렸다고 탄핵 받고 유배되었다. 1731년 다시
승지가 되었다.

355) 권중경(權重經) : 1658~1728. 본관은 안동, 자 도일(道一), 호 정묵당(靜默堂)·손재(巽齋)이
다. 영의정 권대운의 손자이다. 1689년(숙종15) 증광문과에 급제하여 청요직을 두루
지냈다. 1694년 갑술환국으로 유배되었다가 1721년(경종1) 풀려났다. 이듬해 전라도관찰
사를 거쳐 호조참의 등을 역임하였다. 1728년(영조4) 척질(戚姪) 이인좌(李麟佐)가 난을
일으키자 자살하였다. 저서로 《정묵당집》이 있다.

356) 이봉년(李鳳年) : 1652~1727. 본관은 한산(韓山), 자는 덕휘(德輝)이다. 1682년(숙종8) 증광
시 생원이 되고, 1699년 증광문과에 급제하였다. 1722년(경종2) 장령·승지 등을 거쳐
1724년 대사간이 되었다. 1727년(영조3) 병조참지(兵曹參知)에 임용되었으나 병으로
사양하고 나아가지 않았다. 그 아들이 이거원(李巨源)이다.

357) 조최수(趙最壽) : 1670~1739. 본관은 풍양(豐壤), 자는 계량(季良)이다. 1714년(숙종40) 증
광문과에 급제하여 청요직을 두루 지내고, 1727년(영조3) 대사간, 1730년 대사헌, 1739년
지의금부사(知義禁府事) 등을 역임하였다.

358) 김시형(金始炯) : 1681~1750. 본관은 강릉(江陵), 자는 계장(季章)이다. 1713년(숙종39) 김
장생(金長生)의 문묘종사를 위해 권당(捲堂)을 주동한 혐의로 정거(停擧)되기도 했다.
1717년(숙종43) 식년문과에 급제하여 경종대 지평 등을 거쳐 영조대 집의 등을 지내고,
1734년 대사헌, 1738년 형조판서 등을 역임하였다. 시호는 효헌(孝獻)이다.

359) 서명빈(徐命彬) : 1692~1763. 본관은 달성(達城), 자는 질보(質甫)이다. 남원부사 서정리(徐
貞履)의 증손, 병조참의 서문상(徐文尙)의 손자이고, 영의정 서종태(徐宗泰)의 아들, 좌의
정 서명균(徐命均)의 아우이다. 1723년(경종3) 정시문과에 급제하여 1727년(영조3) 지평
이 되고 홍문록에 올랐다. 1729년 승지를 거쳐 1747년 형조판서, 1756년 판의금부사가
되었다.

360) 신치근(申致謹) : 1694~1738. 본관은 평산(平山), 자는 유언(幼言)이다. 1719년(숙종45) 증
광문과에 급제하여, 1724년(영조 즉위) 검열이 되었다. 1728년 정언이 되고, 이후 청요직을
두루 역임하였다.

361) 이정응(李挺膺) : 1691~?. 본관은 양주(楊州), 자는 원례(元禮)이다. 1717년(숙종43) 식년시
에 합격하여 생원·진사가 되고, 1723년(경종3) 증광문과에 급제하여, 1727년(영조3)
장령이 되었다. 이후 집의·헌납 등을 거쳐, 1728년 담양부사(潭陽府使)가 되었다.

362) 조적명(趙迪命) : 1685~?. 본관은 풍양(豐壤), 자는 유도(由道)이다. 1715년(숙종41) 식년시
진사가 되고, 1721년(경종1) 증광문과에 급제하여 1727년(영조3) 이후 청요직을 두루
거쳐 1737년 승지, 1754년 좌윤이 되었다.

363) 강필경(姜必慶) : 1680~?. 본관은 진주(晉州), 자는 선경(善慶)이다. 1705년(숙종31) 생원이
되고, 1713년 증광문과에 급제하여, 1723년(경종3) 교리가 되었는데, 청요직 진출이

明)365), 전 부사(府使) 조문명(趙文命)366)–

○ 비망기를 내렸다.

"조문명에게 이조참의를 제수하고, 윤광익에게 수찬을 제수하고, 심공·이
정걸에게 승지를 제수하고, 강박에게 부교리를 제수하고, 이정응에게 장령을
제수하고, 오광운에게 지평을 제수하고, 조최수에게 헌납을 제수하라."

○ 승지 송인명이 상소하여 대략 말하기를,
"세도(世道)가 무너져서 온갖 우환이 일어나니, 말이 국사에 미치면 멈출
곳이 없고, 대궐 안 한 치의 땅은 약수(弱水)에 막힌 듯367)하였습니다. 그런데

부당하다는 탄핵을 받았지만 대사헌 이진검의 상소로 무사하였다. 1730년 소론이 국문을
당할 때 그의 이름이 연좌되었으므로 그 뒤 오랫동안 금고(禁錮) 당했다가 1738년
좌의정 송인명(宋寅明)의 건의로 해금되어, 첨지중추부사·오위장 등을 역임하였다.

364) 윤광익(尹光益) : 1686~1746. 본관은 파평(坡平), 자는 형중(亨仲)이다. 1715년(숙종41) 식
    년시에서 진사가 되고, 1718년(숙종44) 정시문과에 급제하여 1723년(경종3) 홍문록에
    올랐다. 1724년 영조 즉위 뒤 수찬·교리 등을 지내다가 1725년(영조1) 부수찬으로서
    사직 상소를 올리고 나가지 않았다. 1727년 이후 다시 청요직에 진출하여 영조 탕평책을
    협찬하였다.

365) 송성명(宋成明) : 1674~1740. 본관은 여산(礪山), 자 성집(聖集)·군집(君集), 호 송석(松石)이
    다. 호조참판 송징은(宋徵殷)의 아들이고, 좌의정 송인명의 형이다. 1699년(숙종25)에
    생원시, 1705년에 증광문과에 급제하여 청요직을 두루 거쳤다. 경종 즉위년(1720) 동부승
    지가 되었는데 정치의 득실을 상소하다 탄핵을 받아 파직되었지만, 1723년 다시 승지가
    되었다. 영조 즉위 후 대사성을 거쳐 공조판서 등을 역임하였다. 저서로《송석헌집(松石軒
    集)》과 편서인《해동명신록(海東名臣錄)》이 있다.

366) 조문명(趙文命) : 1680~1732. 본관은 풍양(豊壤), 자 숙장(叔章), 호 학암(鶴巖)이다. 영의정
    조현명의 형이다. 1705년(숙종31) 생원시, 1713년 증광문과에 급제하여 청요직에 진출하
    였다. 1721년(경종1) 부교리로서 붕당의 폐해를 거론하였고, 세제인 연잉군을 보호하기
    위해 김일경 등과 대립하였다. 영조대 파붕당(破朋黨)의 설을 제창하다가 민진원의
    배척을 받았다. 1727년(영조3) 그 딸이 세자빈이 되자 도승지와 어영대장을 겸하였으며,
    이듬해 이인좌(李麟佐)의 난 진압에 공이 있다 하여 분무공신(奮武功臣) 2등에 녹훈,
    풍릉군(豊陵君)에 책봉되고 병조판서가 되었다. 이후 이조판서를 거쳐 1730년 우의정,
    1732년 좌의정에 올라 송인명 등과 소론 탕평파를 이끌었다.

367) 약수(弱水)에 …… 듯 : 약수는 서해 가운데 위치한 선경(仙境) 봉린주(鳳麟洲)를 둘러싸고

지금 다행히 성상께서 마음으로 깨달아 밝고 빛나는 처분을 내리시고 가장
먼저 승지를 제수하셨으니 참으로 지체 없이 달려왔어야 마땅하나, 신처럼
허물이 쌓인 사람이 당돌하게 나아가기에는 어려운 점이 있습니다."

하자, 주상이 답하기를, "사직하지 말라." 하였다.

○ 희정당에 입시하였다. 승지 송인명이 나와 다음과 같이 아뢰었다.
"옛부터 붕당이 성했던 나라치고 망하지 않은 나라는 없었으니, 조금이라도
위급한 상황을 구제할 방도를 논한다면 오직 '붕당을 없앤다.[破朋黨]'라는
세 글자가 있을 뿐입니다. 개국 초에는 원래 당론이 없었는데, 선조조(宣祖朝)에
처음 붕당이 생겨서 중반에 더욱 치성하여 파천의 환란을 초래하였습니다.

말년에는 더욱 심해져서 한번 바뀌어 혼조(昏朝, 광해군) 때가 되었다가
인조(仁祖)의 반정(反正) 후 당론을 조제(調劑)하여, 비록 조정(趙挺)[368], 박홍구
(朴弘耉)[369] 같은 흉당이라도 처음에는 오히려 임용하였다가 오랜 시간이
지난 후에야 처벌하였습니다.

반정에 참여한 신하들의 공이 어떠하였습니까? 그런데도 한번 붕당을
지어 자기편을 두둔하면 번번이 모두 죄를 묻고 견책하였으므로, 조정에서는

있다는 강 이름인데, 그곳의 물은 부력이 약해서 기러기 털도 뜨지 않으므로 배를
타고 건널 수가 없다 한다. 멀고 험난하여 가닿을 수 없는 곳을 상징적으로 표현한
말이다. 《海內十洲記 鳳麟洲》

368 조정(趙挺) : 1551~1629. 본관은 양주(楊州), 자 여호(汝豪), 호 한수(漢叟)·죽천(竹川)이다.
임진왜란 때 보덕(輔德)으로 세자를 호종(扈從)하였고, 1601년과 1609년 성절사(聖節使)로
명나라에 다녀왔다. 광해군대 형조판서, 우의정을 역임하였고, 형난 공신(亨難功臣)
2등에 책록되었으며, 한천군(漢川君)에 봉해졌다. 인조반정 후 관작을 삭탈 당했고,
1628년 허유(許道)의 역모 사건에 연루되어 유배되었다가 이듬해에 죽었다. 이때 그가
광해군을 '구주(舊主)'라고 지칭했다는 것 때문에 대간의 탄핵을 받았다.

369 박홍구(朴弘耉) : 1552~1624. 본관은 죽산(竹山), 자는 응소(應邵)이다. 광해군대 우의정·
좌의정을 지냈으며, 인조반정으로 관작이 삭탈되었다. 이후 1624년(인조2) 이괄의 난
때 이이(李怡) 등이, 그와 그의 조카 윤장(允章) 등이 광해군을 태상왕(太上王)으로 모시고
인성군(仁城君)을 추대하려 한다고 밀고함으로써 체포되어 사사되었다. 《燃藜室記述
仁祖朝故事本末 朴弘耉獄》

감히 제멋대로 당론을 일삼지 못하게 되었으니, 인조 이후 백 년 동안 태평성세를 누렸던 것은 실로 우리 인조께서 보합하신 공로입니다.

숙종 중반부터 당론이 나뉘고 또 나뉘어져 번복이 무상하였으나 숙종의 영명(英明)한 강단이 워낙 천고(千古)에 뛰어나서 죄가 있으면 바로 쫓아내고 재주가 있으면 반드시 등용하여 진퇴가 행해지는 사이에 당색이 다른 사람들도 오히려 많이 섞여 있었습니다. 그러므로 조정 요직에 있는 자들도 두려워하는 바가 있어 제멋대로 방자하게 구는 데 이르지 않게 되고, 한때 권력을 잃은 자들도 믿는 바가 있어 원망하는데 이르지 않았습니다.

그러다 신축년(1721, 경종1) 이후로, 세도가 한층 격동하여 더 이상의 여지가 없게 되자 한쪽이 모두 중죄(重罪)로 처벌되어 조정에는 다른 당색이 하나도 남아 있지 못하였습니다. 만약 돌아보아 두려워할 것이 없다고 여기면 자기도 모르게 점점 방자함에 빠져들게 되는 것이 인지상정이므로, 죄를 지어 폐고된 사람들 또한 자신의 죄를 알지 못하고 원망이 골수에 사무치게 되었습니다.

갑진년(1724, 영조 즉위년) 겨울, 전하께서 처음 정사에 임하셨을 때 누차 비망기를 내려 붕당을 타파하겠다는 의지를 강하게 보이셨고 전후의 처분이 지극히 공정하였으니, 전하께서 그때의 초심을 굳게 지키시고 사람들의 말에 동요되지 않으셨다면 다스려서[彌綸]370) 보합할 가망이 있었습니다. 그러나 불행히도 결국 한쪽의 말만 치우치게 들으시고 한쪽에만 전부 일임하셨으니,371) 비록 그들을 억제하는데 힘쓰셨다 해도 궐문 밖의 일을 전하께서 무슨 방도로 다 알 수 있겠습니까?

---

370) 다스려서[彌綸] : 원문은 "彌綸"으로, 천지를 모두 다스리는 것이다. 《주역》〈계사전상(繫辭傳上)〉 4장에 "역은 천지와 같다. 그러므로 천지의 도를 미륜할 수 있다.[易與天地準故能彌綸天地之道.]" 하였다.

371) 한쪽의 …… 일임하셨으니 : 1725년(영조1) 영조는 노론 4대신 등 신임옥사에서 죽거나 처벌된 사람들을 모두 사면하고 그들의 충절을 포상하는 을사환국(乙巳換局)을 단행하였다. 이때 영조는 노론 4대신을 위해 서원을 세우도록 허락하고 이듬해에는 이곳에 '사충서원(四忠書院)'이라고 사액하였다.

이 무리가 당동벌이(黨同伐異)372)의 작태를 자행하며 보복만을 일삼아서, 요직을 점한 자들이 위복(威福)의 권한을 농단하는데도 감히 어느 누구도 따져 묻는 사람이 없고, 세력을 잃은 자들은 궁지에 몰린 채 기댈 데가 없어서 감히 한마디도 하지 못하니, 만약 오늘의 처분이 없었다면 국사는 손쓰기가 어려워서 실로 어찌할 바를 몰랐을 것입니다.

오늘날 당론을 일삼는 자들은 각기 대대로 지켜온 의론이 있어, 보고 듣는 것이 모두 한쪽의 말이므로 당습이 일상화되고 고질을 이루었습니다. 따라서 극도로 흉악한 자 외에는 태반의 죄과가 공무상의 과실[公罪]이므로, 몇 해 전에 신이 올린 상소에서 살리기를 좋아하는 덕373)으로써 감히 우러러 권면한 것은 실로 주륙이 너무 남발되면 국맥(國脈)이 손상될까 우려하였기 때문입니다.

만약 신이 전에는 말했으면서 후에는 말하지 않는다면 이는 이러한 말로써 임금을 우롱하고 다만 사당을 비호한 것이 될 뿐이니, 어찌 차마 이렇게 하겠습니까? 신은 진실로 죽인다[殺]는 한 글자를 입 밖으로 내지 않을 것을 맹세하오니, 성상께서도 또한 유념하여 주소서.

오늘날의 급선무는 붕당을 없애는 것보다 우선하는 것이 없으니, 먼저 붕당을 혁파하겠다는 뜻으로 신하들을 책려(責勵)하소서. 다만 생각해보건대 신하들도 붕당의 폐해를 모르는 것이 아니나, 뜻은 있으되 성의가 없거나 성의는 있으되 결단력이 없을 뿐이니, 만약 전하께서 앞장서서 솔선하지 않으신다면 어느 누가 그 습속에서 빠져나올 수 있겠습니까?

비록 중용했던 사람이라도 쓸 수 없는 사람이면 친분에 구애받지 말아야

---

372) 당동벌이(黨同伐異) : 시비곡직(是非曲直)을 불문하고 자기편의 사람은 무조건 비호하고 반대편의 사람은 무조건 배척함을 이른다.
373) 살리기를 좋아하는 덕 : 《서경》〈대우모(大禹謨)〉에서, 법관인 고요(皐陶)가 순(舜) 임금에 대해 "죄가 의심스러운 것은 가볍게 벌하시고 공이 의심스러운 것은 후하게 상주시며, 죄 없는 자를 죽이느니 차라리 떳떳한 법대로 하지 않은 실수를 범하겠다고 하시어 살리기를 좋아하는 덕이 민심에 흡족합니다.[罪疑惟輕, 功疑惟重, 與其殺不辜, 寧失不經, 好生之德, 洽于民心.]"라고 하여 그 호생지덕(好生之德)을 찬양한 말을 원용한 것이다.

하고, 죄를 받아 폐고된 사람이라도 쓸 만한 사람이면 시의(時議)를 염려하지 말아야 합니다. 만약 당론 중에 사리에 어긋나게 과격한 점이 있을 경우 일체 엄히 징벌한다면 자연히 붕당을 타파하는 것[破朋黨]으로 귀결될 것인데, 전하께서는 무엇을 꺼려 그렇게 하지 않으십니까?

작금에 죄를 받아 쫓겨난 사람 중에 또한 어찌 재주와 식견이 있어 쓸 만한 사람이 전혀 없겠습니까? 남인의 경우 이른바 기사년(1689, 숙종15)에 지은 죄[374]는 모두 그들 선조의 일인데, 어찌 선조의 일로 그 자손의 앞길을 막을 수 있겠습니까? 이들이 폐고된 지 거의 40년이니, 어찌 화기(和氣)가 손상되지 않을 리가 있겠습니까?"

주상이 이르기를,

"오늘의 처분을 두고 바깥사람들은 나의 본심을 모르고 틀림없이 환국(換局)이라고 할 것이나 내 뜻은 그렇지 않으니, 오늘 임명한 내용을 보면 나의 본심을 알 수 있을 것이다.

매번 충신과 역적으로 나누어 옥석을 가리지 않고 모두 죽이고자 하는데, 참벌(斬伐)[375]이 있은 후에 내가 어찌 차마 그렇게 하겠는가? 내가 만약 지난날의 참혹하고 악독함에서 징계받지 않았다면 그 후의 처분이 어찌 여기에 그쳤겠는가? 방만규를 친국(親鞫)[376]할 때 나도 모르게 속울음을

---

374) 기사년에 …… 죄 : 1689년(숙종15) 숙종이 서인을 내치고 남인을 다시 등용한 기사환국을 단행하면서 인현왕후를 폐하려 하자 좌의정 목내선과 우의정 김덕원 등이 정정하였는데, 왕의 정지 명령이 내리자 다음날 곧바로 정지하였다. 이후 1694년(숙종20) 갑술환국 때 이 사안이 다시 거론되었는데, 이 문제는 남인이 서인으로부터 '명의 죄인(名義罪人)', 즉 신하로서 중전의 폐위를 죽음으로써 막지 않고 반나절만에 정청을 접은 것은 불충(不忠)이라는 공격을 받는 빌미가 되었다.

375) 참벌(斬伐) : 경종대 신임옥사를 이른다.

376) 방만규를 친국(親鞫) : 조지서 별제 방만규가 상소하여, 성궁(聖躬)에 약을 시행한 김씨 성을 가진 궁인(宮人)이 동조(東朝)의 궁인이라는 말은 인원왕후를 무함한 것이라고 하면서 김일경의 옥사와 관련된 자들을 엄히 징토하라고 청하였다. 그러나 방만규는 이때의 상소에서, 김일경이 상소에 썼던 양기(梁冀)와 염현(閻顯)을 언급한 일로 인해, 영조로부터 차마 입에 올릴 수 없는 말을 했다는 이유로 사판(仕版)에서 삭제되는 벌을 받았다. 이로 인해 방만규는 인원왕후가 역모에 참여하였음을 암암리에 주장했다는

울었다.

정청(庭請)을 행한 일377)은 실로 뜻밖이었으니, 이 어찌 정청할 일인가? 요사이의 일을 두고 붕당이라 하면 괜찮겠지만 충역이라 하면 말이 되겠는가? 승지가 오늘 하교한 나의 뜻을 잘 알아서 진심으로 봉행한다면 나랏일이 어찌 잘 되지 않겠는가?"

라고 하자 송인명이 말하기를, "신이 비록 변변치 않으나 어찌 정성을 다하여 봉행하지 않겠습니까?"라고 하였다.

○ 전교하여 말하였다.

"임징하의 일로 상소하였다가 유배된 이들378)을 모두 풀어주어라."

○ 경기 감사 유숭(兪崇)379)이 상소하여 대략 다음과 같이 말하였다.

역공을 받고 이후 친국을 거쳐 처형되었다.

377) 정청(庭請)을 행한 일 : 1725년(영조1) 3월에 삼사(三司)가 합계(合啓)하여 유봉휘를 국문하고 이광좌 등을 위리안치 할 것을 청하였고, 7월에는 좌의정 민진원, 우의정 이관명 등 노론 대신들이 백관을 거느리고 정청(庭請)하여 대리청정을 반대했던 소론 대신들을 탄핵하였다.

378) 임징하의 …… 이들 : 1726년(영조2) 장령 임징하가 상소하여 성지(聖志)를 넓혀 대본(大本)을 세울 것 등의 6가지 조목을 진달하였는데, 그 내용이 선대왕인 경종을 욕보이고 무함하였다고 하여 문제가 되었다. 이에 대해 전 사복시 주부 권부가 선왕을 욕되게 한 임징하를 처벌할 것을 청하는 상소를 올렸고, 이어 전 사서 이선행 등도 같은 내용으로 상소를 올렸으며, 용강 현령 조현명이 상소하여 임징하의 상소에 대한 소회를 진달하였고, 유학 이순흠 등도 상소하여 임징하의 처단을 청하였다. 영조는 이들이 임징하의 말을 핑계 삼아 소란을 일으키려 한다는 이유로 권부는 극변(極邊)에 원찬(遠竄)하고, 이선행도 극변으로 원찬하며, 이순흠은 원지(遠地)에 정배하고, 임징하 또한 망녕된 말을 하였다 하여 원찬하게 하였다. 그리고 다시 이 일을 거론하는 자는 부도(不道)의 형률로 다스릴 것이라고 비망기를 내려 천명하였다. 《承政院日記 英祖 2年 2月 15日·18日·22日》

379) 유숭(兪崇) : 1661~1734. 본관은 창원(昌原), 자는 원지(元之)이다. 1699년(숙종25) 증광문과에 급제하여 청요직을 두루 지냈다. 1723년(경종3) 신임옥사로 파직되어 유배되었다가 이듬해 영조의 즉위로 풀려났다. 1727년 정미환국으로 소론이 등용되자 이를 반대하다가 문외출송 되었다. 이듬해 이인좌의 난이 일어나자 호서소모사(湖西召募使)로 기용되고

"작금의 처분은 이 무슨 거조이십니까? 하루아침에 성상의 마음이 갑자기 돌변하여 충역(忠逆)이 도치되고 현사(賢邪)의 구분이 없어지니, 승지가 눈물로 간언하며 보인 뜻이 어디에 있겠습니까? 영고(寧考)380)의 실록은 누가 편찬한단 말입니까? 신이 보건대 전하의 국사(國事)는 날로 잘못되어 갈 것입니다."

비망기를 내렸다.

"지금 유숭의 상소를 보건대, 처분을 어지럽히고 자당을 두둔하는 데 온 정신이 쏠려 있다. '동정호(洞庭湖)의 가을 낙엽'381) 등의 말은 더욱 해괴하니, 삭출하라."

○ 영의정 이광좌에게 특별히 유시하여 즉시 함께 오게 하였다.

○ 좌의정 조태억에게 사관을 보내어 돈면(敦勉)382)하였다.

○ 이조참의 조문명이 상소하여 대략 다음과 같이 말하였다.

"무릇 편당을 이루는 습속에 통분하고 나라가 쇠망해가는 원인을 제거하고자 혁혁한 개혁으로 탕평의 정치를 양성하면서 쓸모없는 신에게 억지로 인재를 취사(取舍)하는 책임을 맡기신 것은 저의 가슴 속 충심이 모두 이 일로 가득 차 있다는 것을 살피셨기 때문이고, 평생의 삼자부(三字符)383)를

이어서 도승지·공조참판 등을 역임하였다.

380) 영고(寧考) : 재위 기간 동안 세상을 편안하게 하고 돌아가신 부왕(父王)이라는 뜻으로 임금이 자기의 선고(先考)이자 선왕(先王)을 높이는 호칭이다. 여기서는 숙종을 이른다.

381) 동정호(洞庭湖)의 가을 낙엽 : 유숭은 상소에서 "신이 비록 온 마음과 힘을 다해 조금이나마 직분에 공헌한다 해도 동정호의 가을 낙엽이 어디에 떨어질지 모르겠습니다.[臣雖欲竭殫心力, 少效職分, 未知洞庭秋葉, 落在何處.]"하였다. 여기에서 '동정추엽(洞庭秋葉)'은 난세에 정처 없이 떠도는 자신의 처지를 비유한 말로, 정미환국을 단행한 영조의 처분에 대해 간접적으로 비판한 것이라 할 수 있다. 《英祖實錄 3年 7月 1日》

382) 돈면(敦勉) : 임금이 전지(傳旨)를 내려 대신이나 유현(儒賢)을 권면하는 것을 이른다.

383) 삼자부(三字符) : 원래 삼자부는 경전(經傳)이나 고인의 글 중에서 뽑아 자신의 학문과 덕행을 닦기 위해 지표로 삼는 경구(警句)를 말한다. 조문명은 1721년(경종1) 5월 5일

또한 일찍이 오래 전에 성상께 말씀드렸던 점을 특별히 살피셨기 때문일 것입니다. 비록 용렬하고 방책(方策)도 없지만 어찌 은혜로운 명을 한번 받들어 우리 전하께서 도모하시는 일대 전환에 도움 주는 것을 꺼리겠습니까?"

주상이 답하기를,

"지금의 처분을 단행한 내 뜻이 어찌 우연이겠는가? 그대가 만약 지금 나오지 않는다면 삼자부의 말을 참되다 하겠는가?"

하였다.

○ 비망기를 내렸다.

"김일경의 상소에 연명한 다섯 사람 외에 그동안 유배된 사람들을 모두 풀어주어라."

○ 비망기를 내렸다.

"전 판부사 유봉휘를 풀어주고 직첩을 돌려주어라."

○ 비망기를 내렸다.

"유배되었다가 풀려난 무관들에게 모두 직첩을 돌려주고 서용하라."

○ 사복시정(司僕寺正) 이응(李膺)이 상소하여 대략 다음과 같이 말하였다.

"오늘의 처분은 이 무슨 거조입니까? 그동안 청대하거나 정청한 신하들은 다만 군부를 위하여 역적을 토벌한 것일 뿐입니다. 그런데 전하께서 이들이 편당을 지었다는 하교를 내리셨는데, 신은 실로 주위를 둘러보아도 그러한 점을 찾을 수가 없습니다. 아! 흉역은 제멋대로 방자하게 굴고 있는데 충성스럽

부교리로서 붕당의 폐해를 논파하는 상소를 올린 이후 1725년(영조1) 10월 15일에 다시 동부승지로서 '파붕당(破朋黨)'을 역설하는 상소를 올렸다. 본문에서 조문명이 평생의 삼자부로 삼았다고 한 것은 이 '파붕당'을 가리킨다. 《景宗實錄 1年 5月 5日》《英祖實錄 1年 10月 15日》

고 어진 신하들은 모두 쫓겨났습니다. 전하께서는 어찌하여 신축년(1721, 경종1) 세제의 자리를 사양하던 날을 생각하지 않으십니까?"

주상이 당을 비호하고 처분을 어지럽힌다고 배척하고 특별히 파직하였다.

○ 승지들과 장령 이정응(李挺膺)이 함께 청대하였을 때, 승지 송인명이 말하기를,

"요사이 유배된 이들에 대해 성상께서 전교하실 때 이들이 어떠한 죄를 지었는지는 말씀하지 않으셨는데, 임징하가 지은 죄나 윤서교(尹恕敎)의 해괴한 죄384) 같은 것은 여기에 넣지 말아야 할 것입니다."

하자, 주상이 이르기를,

"한 줄기의 공평한 도리를 승지에게서 보았다. 윤서교의 일은 당시 사람들의 논죄가 진실로 너무 지나쳤으나, 그 상소 또한 놀랄 만하였다. 박장윤(朴長潤)의 일385) 또한 매우 놀라우니 가볍게 논의할 수 없다. 임징하 및 김일경의 소에 연명한 다섯 사람 외에 을사년(1725, 영조1) 이후 진신(縉紳)과 유생으로서 유배된 사람들은 모두 풀어주고 깨끗이 사면해주어라."

하였다. 좌승지 심공(沈珙)이 말하기를,

"사문(斯文)의 시비는 각자 고집하는 견해가 견고하여 깨뜨릴 수 없습니다.

---

384) 윤서교(尹恕敎)의 …… 죄 : 1724년(경종4) 4월 24일 사간원 정언 윤서교가 상소하여, 경종의 음식에 독약을 탔다는 김씨 성의 궁인이 선왕인 숙종을 모셔 온 사람이므로 감싸는 것이라는 의혹을 제기하며, 인조의 총애를 받다가 김자점의 역모 사건에 연루되어 사사된 숙원 조씨의 일을 거론하였다. 이는 은연중에 숙종의 후궁으로 연잉군을 돌봐온 영빈 김씨를 모해하려 하였다는 혐의를 받았다.《景宗實錄 2年 8月 18日, 4年 4月 24日》《承政院日記 景宗 4年 4月 24日》이로 인해 윤서교는 영조가 즉위한 직후 신축옥사를 주도한 소론의 거두 김일경을 두둔한 죄목으로 노론의 탄핵을 받았으며, 11월에는 절도에 천극(栫棘)시키라는 전지를 받고 외딴 섬에 위리안치 되었다.《英祖實錄 1年 11月 5일》

385) 박장윤(朴長潤)의 일 : 1724년(경종4) 4월 30일, 사헌부 장령 박장윤이 상소하여 숙종의 지문(誌文)은 흉역(凶逆) 이이명이 지은 것이니 유궁(幽宮) 곁에 묻을 수 없다고 하며 속히 그 지문을 삭거(削去)하고 다시 짓도록 청한 일을 이른다.《景宗實錄 4年 4月 30日》

숙종 때부터 피차가 모두 다 소회를 진달해 왔으니, 지금 이후로 성균관의
상소는 굳이 봉입할 필요가 없을 듯합니다.”

하자, 주상이 이르기를,

“신축년 이후 세도(世道)가 어지러워진 것은 모두 사문의 시비로부터 시작되
었다. 지난번 사람들386)이 정호(鄭澔)가 당론에 준엄하다 하여 종장(宗匠)으로
추켜세우고, ‘북두(北斗)’·‘태산(泰山)’이라 일컫는다 하기에 내 일찍이 웃은 일이
있는데, 어찌 통탄할 일이 아니겠는가? 또 하나의 쟁단은 모두 《가례원류(家禮源
流)》에서 비롯되었으니, 이번에 특별히 정호를 파직한 것은 이 때문이었다.”387)

하였다. 송인명이 말하기를,

“노론과 소론은 각기 습속이 상이합니다. 노론은 어떤 일이든 그 시비를
논하지 않고 대관(大官)의 당론에서 나오는 말이면 휩쓸리듯 따르지 않는
일이 없으나, 소론은 의견이 각기 다르고 언론도 따로따로여서 비록 대관의
권세로도 필부(匹夫)의 신념을 꺾을 수 없습니다.

바로 이 때문에 노론은 당론에 강하여 국사에 해를 끼친 것이 가장 심하였지
만, 소론은 당론에 약하여 국사에 해를 끼친 것이 노론처럼 심한 지경에
이르지는 않았습니다. 또한 노론은 인물의 현부(賢否)는 상관없이 당론에만

---

386) 지난번 사람들 : 영조 즉위 후 국정을 담당했던 노론을 지칭한다.
387) 또 …… 때문이었다 : 정호는 정철의 현손이자 송시열의 문인으로, 노론과 소론 간의
    회니시비, 《가례원류》의 찬자를 둘러싸고 벌어진 시비 논쟁 등에서 내내 노론의 선봉으
    로 활약하였다. 《가례원류》는 병자호란 직후 유계(兪棨)와 윤선거가 함께 각종 의례서에
    서 가례 관련 글들을 정리해 초본을 만들고, 이를 윤증이 맡아두고 있었다. 1713년(숙종39)
    유계의 손자인 유상기가 이를 간행하고자 윤증에게 가지고 있는 판본을 넘겨 달라고
    청했으나 윤증이 이를 거부하였다. 그러자 유상기가 초본에 권상하(權尙夏)의 서문과
    정호의 발문을 실어 간행하며 윤증을 비난하였다. 숙종은 이 책을 확보해 확인한
    뒤 유현(儒賢)을 비난했다고 하여 정호를 파직하고 발문을 사용하지 못하도록 하였다.
    《肅宗實錄 41年 11月 5日》이후 숙종은 1716년 소론의 입지를 약화시키고 노론에게
    정국 주도권을 내어주는 병신처분을 단행하면서, 《가례원류》시비 때 빼도록 한 정호의
    발문을 다시 넣도록 하였다. 그러나 경종대 신축환국을 거치며 정호는 이산(理山)으로
    찬축(竄逐)되었고, 임인옥사 이후 다시 강진의 신지도(薪智島)에 안치(安置)되었다. 《景宗
    實錄 2年 5月 16日, 10月 21日》

준엄하면 종주(宗主)라 칭하고 그를 존숭하는 것이 너무 지나치지만, 소론의
경우 비록 내부에서 종주로 자처하는 사람에 대해서도 그를 인정하는 정도가
과도하지 않습니다."

하자, 주상이 이르기를, "진달한 내용이 절실하다." 하였다.

이정응이 아뢰기를, "청컨대 원찬된 죄인 임징하를 절도에 위리안치 하소
서." 하니, 아뢴 대로 따랐다. 이정응이 또 아뢰기를,

"지난번 신하들이 밤낮으로 분주하게 도모한 것이라고는 오직 사람을
해치고 사물을 해치는 것뿐이었습니다. 이진유의 경우 당초 김일경의 상소에
동참하기는 하였으나 그 후 일경과 사이가 틀어진 정황은 온 세상이 다
알고 있는 사실이며 절도에서 천극의 형벌을 받고 있는 지도 이미 3년이
지났습니다. 며칠 전 일경의 상소 아래에 소두 다음으로 연명한 사람을
차율(次律)로 감단(勘斷)하라는 명이 있었는데, 혹 이 일이 살리기를 좋아하는
성상의 덕에 흠이 되지는 않겠습니까? 청컨대 명을 거두어 주소서."

하자, 아뢴 대로 따랐다. 송인명이 말하기를,

"일경은 임금을 무함한 부도(不道)의 죄를 지어 죽임을 당하였는데, 대신(臺
臣)이 아뢰면서 어찌 그 성명을 모두 갖추어 호명할 수 있습니까? 심히 온당치
못합니다."

하자, 주상이 이르기를, "승지의 말이 지공무사(至公無私)하다고 할 만하다."
하니, 이에 이정응이 전에 아뢴 말을 모두 정계(停啓)하였다.

송인명이 말하기를,

"영해(寧海), 시룡(時龍), 시창(時昌) 등의 일까지 한꺼번에 정계하는 것은
잘못입니다."[388]

---

388) 영해(寧海) …… 잘못입니다 : 김영해는 김일경의 아들이고, 목시룡은 목호룡의 형이다.
　　이들은 김일경과 목호룡의 죄에 연좌되어 교형에 처해지게 되었으나 영조의 명으로
　　인해 사형을 감하고 외딴섬으로 보내 종으로 삼도록 하였다. 이에 대해 대간에서는
　　형률대로 이들에 대한 교형을 집행하라는 계사를 계속 올리고 있었는데, 이정응이
　　계사에서 역적 김일경의 성명을 모두 갖추어 호명하였다는 혐의를 받고 정계하였을

하고, 또 말하기를,

"조태구에 대해 신은 항상 측은한 마음을 가지고 있었습니다. 조태구는 자애롭고 어질며 간절한 마음으로 나라를 위해 진심을 다하였습니다. 임인년 (1722, 경종2) 환관의 옥사가 일어났을 때 지성으로 보호한 실상을 신이 실제로 목도하였습니다."

하자, 주상이 이르기를,

"조태구가 말한 '혐(嫌)'자389)를 두고, 지난번에는 이를 조태구의 한 죄안(罪 案)으로 삼았으니 어찌 괴이하지 않겠는가? 최석항에 대해서도 내가 그의 국량을 알고 있으니, 그 국량으로 조정을 충분히 조제(調劑)할 수 있었는데 그 후의 처사는 또한 많은 부분이 잘못되었다. 사람들이 모두 당론에 병 들었으니, 누가 감히 면하겠는가?

그러나 사후의 추삭(追削)은 곧 일률(一律)390)에 해당한다. 며칠 전 처분을 내린 후 즉시 복관했어야 마땅하나 늦추어 행한 것은 다 내가 뜻이 있어서이다. 조태구와 최석항에게 모두 직첩을 돌려주어라."

하였다. 심공이 말하기를,

"조태구가 나라를 위했던 지극한 정성은 소신이 이미 진달하였습니다. 신이 홍문관에 재직하였을 때 조태구와 최석항이 약방으로 들어왔기에 그 이유를 물어보자 석항이 답하기를,

---

때 김영해 등의 계사까지 한꺼번에 모두 정계하여 문제가 되었다. 이시창은 1726년(영조2) 5월에 나인이 독약을 이용하여 대전과 중궁, 후궁을 해치려 하였다는 내용의 서찰 사건이 발생하였을 때 그 서찰을 소지한 함우신의 공초에 거론된 사람이다.

389) 조태구가 말한 '혐(嫌)'자 : 1720년(경종 즉위) 11월에 청나라 칙사가 우리나라에 조문 와서 세자와 종실의 자질(子姪)을 만나 보기를 청하자, 우의정 조태구가 이를 받아들여서 는 안 된다는 내용의 차자를 올렸는데, 내용 중에 "상국(上國)에서 열국(列國)의 임금을 조문함에 있어서 그 배신(陪臣)이 된 아우와 조카에까지 아울러 미치는 경우는 옛적에 이런 사례가 없었습니다. 상국에서 이를 시행하는 것은 실례가 되고, 배신이 이를 받아들이는 것은 혐의를 무릅쓰는 것이 됩니다."라고 한 일을 이른다. 《景宗修正實錄 卽位年 11月 26日》

390) 일률(一律) : 사형에 해당하는 죄를 말한다.

'이건명의 죄가 이와 같긴 하나 막중한 봉전(封典)을 성사[391]시켰으니, 그 공이 죽음을 속죄하기에 충분하여 청대하고자 하네. ……'

하였습니다. 그의 본심이 이와 같았는데, 지난번 사람들은 그가 봉전을 성사시키고 왔기 때문에 홀로 이참(莅斬)[392]의 화를 입었다 여기니 어찌 실정과 너무도 다른 말이 아니겠습니까?"

하자, 주상이 답하기를,

"한쪽 편의 말은 모두 편당을 지어 자당을 두둔하려고 나온 것임을 내 어찌 모르겠는가?"

하였다.

○ 비망기를 내렸다.

"지난번의 사람들이 정호를 태산북두처럼 여긴 것은 다름이 아니라 정호의 논의가 각박함에 힘썼기 때문이다. 지금 대처분을 내리면서 호오를 분명하게 보이지 않을 수 없으니, 정호를 삭출하라."

○ 의금부에서 유배되었던 문·무 관료들을 석방하였다. -남태징, 박찬신(朴纘新), 이여적(李汝迪), 이삼, 김세정(金世鼎)[393], 권부(權扶), 이선행(李善行), 이현장(李顯章), 윤서교(尹恕敎), 권익순(權益淳)[394], 여선장(呂善長)[395], 윤지(尹志)[396], 권익관(權益寬), 심단

---

391) 봉전(封典)을 성사 : 1721년(경종1) 왕세제 책봉을 청하기 위해 주청사로 좌의정 이건명을 보내 승인을 받았고, 이후 청에서 사신을 보내어 책봉례를 행하였다.

392) 이참(莅斬) : 선전관(宣傳官)과 금부도사(禁府都事)를 파견하여 죄수가 유배된 곳에서 참형(斬刑)을 행하는 것을 말한다. 이건명은 전라도 흥양의 나로도에서 선전관 이언환(李彦瑍)과 금부도사 이하영(李夏英)이 입회한 가운데 참수되었다.

393) 김세정(金世鼎) : 1694~?. 본관은 경주(慶州), 자는 자중(子重)이다. 1717년(숙종43) 식년무과에 급제하였다. 1727년 정미환국으로 풀려나 훈련도감 초관(哨官), 군산 첨사(群山僉使) 등을 지냈다.

394) 권익순(權益淳) : 1671~?. 본관은 안동(安東), 자는 화보(和甫)이다. 1713년(숙종39) 증광문과에 급제하여 1722년(경종2) 부수찬, 1724년 대사간·승지 등을 역임하였다. 1725년(영조1) 삭출되었다가 1727년 다시 승지가 되었다.

(沈檀), 김수귀(金壽龜), 이태화(李泰和)[397], 이하영(李夏英), 김시엽(金始燁), 조익명(趙翼命),

이세진(李世璡)[398], 유중무(柳重茂)[399], 이명언(李明彦), 이보욱(李普昱), 윤회(尹會), 유필원(柳

弼垣)[400], 박징빈(朴徵賓)[401], 이진검(李眞儉), 이제(李濟)[402], 이광보(李匡輔), 유수(柳綏), 조진

---

395) 여선장(呂善長) : 1686~?. 본관은 함양(咸陽), 자는 원백(元伯)이다. 영의정 여성제(呂聖齊)
의 증손이다. 1717년(숙종43) 진사가 되고, 1718년 증광문과에 급제하여 경종대 청요직을
두루 지냈다. 1725년(영조1) 유배되었다가 1727년 정미환국으로 다시 청요직에 등용되어
1730년 승지가 되었다.

396) 윤지(尹志) : 1688~1755. 본관은 함안(咸安), 자는 사심(士心)이다. 판서 윤취상(尹就商)의
아들이다. 1705년(숙종31) 진사시를 거쳐 1723년(경종3) 별시문과에 급제한 뒤 정언·지평
등을 지냈다. 1724년(영조 즉위) 김일경 등의 옥사에 연좌되어 아버지는 고문 끝에
죽고, 윤지는 이듬해 6월 제주도 대정현에 안치되었다. 19년 만인 1743년 나주로 감등이배
(減等移配)되었다가 같은 해 전리(田里)에 방축되었다. 제주와 나주에서 30년 동안이나
귀양살이를 하였지만 김일경 일파의 역도로 낙인이 찍혀 등용될 가망이 없었으므로,
나주목사 이하징(李夏徵)을 비롯하여 이효식(李孝植) 등 계조직을 가진 동지들과 더불어
늘 조정에 불만을 품어왔다. 1755년 1월 노론을 지목하여 나주객사에 나라를 비방하는
괘서를 붙였다. 이른바 을해옥사로 일컬어지는 벽서사건에 연루되어 서울로 압송되고,
친국 끝에 그해 2월 아들 윤광철(尹光哲) 그리고 이하징(李夏徵)·박찬신(朴纘新) 등 관련자
들과 함께 처형되었다.

397) 이태화(李泰和) : 1694~1767. 본관은 경주(慶州), 자 동장(東章), 호 단암(丹庵)이다. 1711년
(숙종37) 통덕랑으로 식년문과에 급제하여, 1725년(영조1) 옥구현감으로 재직 중 사간원
의 탄핵을 받고 귀양 갔다. 1727년 풀려나, 1758년 다시 기용되어 사헌부장령이 되었고,
1760년 승지, 이어 공조판서가 되었다. 시호는 영민(榮敏)이다.

398) 이세진(李世璡) : 1669~1749. 본관은 벽진(碧珍), 자는 명서(明瑞)이다. 1725년(영조1) 정시
문과에 급제하고, 이듬해 지평이 되어, 삼사의 원활한 운영과 붕당의 폐해를 논하다가
삼수부(三水府)에 유배되었다. 1727년 석방되어 청요직을 두루 역임하였다. 1729년 산림
박필주(朴弼周)와 양득중(梁得中)을 논핵하였다가 삭출되었지만 바로 풀려나 집의가
되었다. 1739년 승지, 1749년 판윤이 되었다.

399) 유중무(柳重茂) : 1652~1728. 본관은 문화(文化), 자는 미중(美仲)이다. 1694년(숙종20) 알
성문과에 급제하여 청요직을 두루 거쳤다. 소론계 대간으로서 1696년 장희재의 종
업동(業同)이 남의 호패를 훔쳐 무고한 일이 일어나자, 장희재와 세자의 보호를 힘써
주장하였다. 1720년(경종 즉위) 좌승지 재직 시 조태구를 우대하고 이광좌의 억울함을
풀어줄 것을 요청했다가 파직되었다. 이듬해 승지로 복귀하여 예조·호조참판 등을
역임하였다. 영조가 즉위하자 유배되었다가 정미환국(1727)으로 도승지로 발탁되었는
데, 얼마 후 죽었다.

400) 유필원(柳弼垣) : 1689~1743. 본관은 문화(文化), 자는 회지(誨之)이다. 영의정 유상운(柳尙
運)의 손자, 좌의정 유봉휘(柳鳳輝)의 아들이다. 1718년(숙종44) 정시문과에 급제하여
경종대 청요직을 두루 역임하였는데, 1725년(영조1) 노론의 탄핵을 받고 유배되었다가

희(趙鎭禧)⁴⁰³⁾, 조덕린(趙德隣)⁴⁰⁴⁾, 심준(沈埈), 이형수(李衡秀), 박필기(朴弼夔)⁴⁰⁵⁾, 이대원(李

大源)⁴⁰⁶⁾, 한유(韓游), 목천임(睦天任)⁴⁰⁷⁾, 신경제(申慶濟), 유술(柳述)⁴⁰⁸⁾, 이기성(李基聖)⁴⁰⁹⁾,

---

1727년 석방되어 1729년 승지가 되었다.

401) 박징빈(朴徵賓) : 1681~?. 본관은 비안(比安), 자는 중관(仲觀)이다. 1710년(숙종36) 증광문
과에 장원하여 1722년(경종2) 장령이 되었는데, 이 해에 윤순을 탄핵하였다가 오히려
김동필의 반격으로 1723년 이성현감(利城縣監)으로 출보되었다. 그해 바로 장령으로
복귀하였지만 1725년(영조1) 김일경 일파로 몰려 유배되었다. 1727년 석방되었지만
실직에는 임용되지 못하였다.

402) 이제(李濟) : 1654~1724. 본관 전주, 자 경인(景仁), 호 성곡(星谷)이다. 박세당의 사위이자
문인이다. 1687년(숙종13) 사마시에 합격하고, 1699년 식년문과에 장원급제하여 청현직
을 두루 거쳤다. 1712년 과거부정 문제를 논하다가 삭직되었다. 1722년(경종2) 사간에
복직되었으나 1724년 소론이 실각할 때 갑산(甲山)에 귀양 가서 죽었다.

403) 조진희(趙鎭禧) : 1678~1747. 본관은 한양(漢陽), 자는 천우(天佑)이다. 1712년(숙종39) 정
시문과에 급제, 1717년 주서가 되어 숙종의 정유독대(丁酉獨對)의 내용을 밝히라고
상소하였다. 1720년 경종이 즉위한 뒤 정언·지평 등을 지내면서 소론으로서 노론을
배척하는 데 가담하였으며, 1723년 홍문록에 올랐다. 1725년(영조1) 삭출되었다가 1727년
풀려나 다시 부수찬이 되자 서원의 첩설을 훼철하라고 청하여 실현시켰다. 1734년
승지가 되었다.

404) 조덕린(趙德隣) : 1658~1737. 본관은 한양(漢陽), 자 택인(宅仁), 호 옥천(玉川)·창주(滄洲)이
다. 1678년(숙종4) 진사가 되고, 1691년 문과에 급제하였지만 충청도사(忠淸都事) 등을
전전하다가 1724년(경종4) 도당록에 오르고, 1725년(영조1) 비로소 수찬이 되었다. 이해
10월 당쟁의 폐해를 논하고 노론을 비판하였다가 종성(鍾城)에 유배되었다. 1727년
풀려나 1728년 승지가 되었다. 1737년 앞서의 상소가 문제되어 제주로 귀양가는 도중에
강진에서 사망하였다. 이후 1750년, 1756년 관작이 회복되었다가 환수되는 일이 반복되었
다. 1788년(정조12) 관작이 복구되었다가 1803년(순조3) 다시 추탈되었다.

405) 박필기(朴弼夔) : 1674~1728. 본관은 반남(潘南), 자는 일재(一哉)이다. 박황(朴潢)의 증손,
박태손(朴泰遜)의 아들이다. 1719년(숙종45) 별시문과에 급제하여 교리가 되고, 1723년(경
종3) 홍문록에 올랐다. 1727년(영조3) 김창집의 처조카였는데, 인륜을 저버리고 김일경에
붙었다고 탄핵 받고 유배되었다가 정미환국으로 풀려났다. 1728년 무신란이 일어나자
아우 박필현(朴弼顯)에 연좌되어 교형(絞刑)에 처해졌다.

406) 이대원(李大源) : 1678~?. 본관은 한산(韓山), 자는 천경(天敬)이다. 1708년(숙종34) 진사가
되고, 1723년(경종3) 증광문과에 급제하여 1724년(영조 즉위) 승문원정자(承文院正字)가
되었는데, 1725년 제원찰방(濟源察訪)으로 있다가 유배되었다. 1727년 풀려나 1730년
지평, 1738년 종부시정(宗簿寺正)이 되었다.

407) 목천임(睦天任) : 1673~1730. 본관은 사천(泗川), 자 대숙(大叔), 호 묵암(默菴)이다. 지중추
부사 목서흠(睦敍欽)의 증손, 좌의정 목내선(睦來善)의 손자, 대사헌 목임일(睦林一)의
아들이다. 1689년(숙종15) 진사가 되어, 1706년과 1721년 국왕이 친림한 반감시사(頒柑試

이세최(李世最), 이중술(李重述)410), 이거원(李巨源), 이진수(李眞洙), 양성규(梁聖揆)411), 윤연(尹埏), 조지빈(趙趾彬), 윤대영(尹大英)412), 김중희(金重熙)413), 양정호(梁廷虎)414), 이진순(李

士)에서 연이어 수석을 차지하였다. 1721년(경종1) 식년문과에 급제하였다. 경종 연간에 당시의 왕세제(王世弟)였던 영조의 신변을 위태롭게 하였던 환관 박상검(朴尙儉) 및 신임옥사 때의 고변자인 목호룡(睦虎龍)과 친하게 내왕하였다 하여, 1725년(영조1) 김일경(金一鏡)·목호룡의 옥사에 연루되어 평안도 벽동군으로 유배되었다가, 1727년 정미환국으로 석방되었다. 이듬해 무신란(戊申亂)이 일어나자 모의가담자로 연루되어 1730년에 붙잡혔고, 국옥에서 가노(家奴)들의 불리한 진술로 매를 맞아 죽었다. 1743년 영조는 당시의 형벌이 지나쳤다고 인정하고 복관시켰다.

408) 유술(柳述) : 1656~1726. 본관은 전주(全州), 자는 회조(懷祖)이다. 1682년(숙종8) 증광 생원시에 합격하였으며, 1699년 정시문과에 급제하였다. 1705년 정언이 되고, 이후 청요직을 두루 거쳤다. 1721년(경종1) 세제 대리청정을 반대하는 상소에 연명하였고, 이 듬해에는 상소하여 이미 죽은 김창집 등을 부관참시 하고, 홍계적·조성복과 김운택 형제를 유배 보내라고 청하였다. 1724년(경종4) 승지가 되었는데, 영조가 즉위하자 경종대 상소를 문제 삼아서 1725년(영조1) 함경북도 경원(慶源)으로 유배 보내, 유배지에서 죽었다.

409) 이기성(李基聖) : 1656~1725. 본관은 한산(韓山), 자는 사희(士希)이다. 1707년(숙종33) 별시문과에 급제하여, 1722년(경종2) 장령이 되어 임인옥사를 엄하게 다스리라고 청하였다. 1725년(영조1) 이만성을 모함하여 죽였다고 탄핵 받고 유배되어 유배지에서 사망하였다. 우의정 이사관(李思觀)은 그 아들이다.

410) 이중술(李重述) : 1681~?. 본관은 경주(慶州), 자는 선지(善之)이다. 1714년(숙종40) 증광문과에 급제하여, 1721년(경종1) 지평, 1724년 승지가 되었다. 1725년(영조1) 유배되었다가 1727년 풀려나 다시 승지가 되고, 1728년 종성부사(鍾城府使), 1736년 단양군수(丹陽郡守) 등을 역임하였다.

411) 양성규(梁聖揆) : 1661~?. 본관은 남원(南原), 자 일경(一卿), 호 휴재(休齋)이다. 1681년(숙종7) 식년문과에 급제하여, 1689년 지평이 되었는데, 기사환국으로 용강현령(龍岡縣令)으로 나갔다. 1694년 갑술환국으로 정언이 되었다. 이후 청요직을 두루 거쳐 1721년(경종1) 대사간이 되었다. 1725년(영조1) 노론의 탄핵으로 유배되었다가 1727년 풀려나 1728년 승지가 되었다. 1740년 양찬규(梁鑽揆) 옥사에 연루되어 다시 유배되었다. 양정호(梁廷虎)가 그 아들이다.

412) 윤대영(尹大英) : 1671~1740. 본관은 파평(坡平), 자는 정숙(正叔)이다. 1699년(숙종25) 식년시에서 생원·진사에 모두 합격하고, 1710년 춘당대시(春塘臺試)에 급제하였다. 경종대 삼사에서 활동하면서 노론 탄핵에 가담하였다가 1725년(영조1) 유배되었다. 1727년 석방되어 다시 삼사에 진출하여 1736년 병조참의가 되었다.

413) 김중희(金重熙) : 1681~?. 본관은 안동(安東), 자는 호경(嘷卿)이다. 1710년(숙종36) 증광시에서 생원·진사, 문과에 모두 급제하였다. 경종대 청요직을 두루 지내다가 1725년(영조1) 유배되었다. 1727년 석방되어 다시 삼사에 진출하였으며, 1739년 세자시강원 보덕(輔德)

眞淳)[415], 구명규(具命奎), 신유익(愼惟益)[416], 이경열(李景說)[417], 정계장(鄭啓章), 윤빈(尹彬), 김대(金岱)-

○ 사재봉사(司宰奉事) 박지혁(朴趾赫)[418]이 신병으로 개차(改差)되었다. 주상이 전교하기를,

"이러한 습속은 놀라우니, 음관(蔭官) 중 병을 핑계 대는 자는 각별히 신칙하라."

하였다.

○ 비망기를 내렸다.

이 되었다.

414) 양정호(梁廷虎) : 1683~?. 본관은 남원(南原), 자는 직부(直夫)이다. 헌납 양성규(梁聖揆)의 아들이다. 1711년(숙종37) 식년시 생원이 되고 이듬해 정시문과에 장원 급제하여 1716년 지평이 되었다. 1722년(경종2) 노론 4대신 처벌을 주장하는 합계에 참여하였다가 1725년(영조1) 삭출되었다. 1727년 풀려나 1739년까지 승지를 하다가 이해 형조참의가 되었다.

415) 이진순(李眞淳) : 1679~1738. 본관은 전주, 자 자후(子厚), 호 하서(荷西)이다. 이경직(李景稷)의 증손, 이덕성(李德成)의 아들이다. 1708년(숙종34) 사마시에 합격하고, 1722년(경종2) 신천군수로 재직시 정시문과에 급제하여 정언이 되었다. 이해 이건명과 조태채를 처단하라는 합계에 참여하였다. 1724년 영조가 즉위하여 승지가 되었는데, 1725년(영조1) 탄핵을 받고 유배되었다가 1727년 정미환국으로 풀려났다. 그 뒤 대사헌·도승지 등을 역임한 뒤, 1738년 전라도관찰사로 나가 임소에서 죽었다.

416) 신유익(愼惟益) : 1671~?. 본관은 거창(居昌), 자는 여수(汝受)이다. 윤증 문하에서 수학하였다. 1693년(숙종19) 식년 진사시, 1694년 별시문과에 급제하여, 장령을 거쳐 경종대 제주목사 등을 역임하였다. 1722년 사헌부 장령으로서 이사상 등과 합계하여 이이명과 김창집을 처단하라고 청하였는데, 이 일로 1725년(영조1) 귀양 갔다. 1727년 정미환국으로 풀려나 1728년 진주목사(晉州牧使)가 되었다.

417) 이경열(李景說) : 1677~?. 본관은 수안(遂安), 자는 여즙(汝楫)이다. 1704년(숙종30) 춘당대시에 합격하여, 1722년(경종2) 사헌부 장령이 되어 노론 4대신을 처단하라고 주장하였는데, 1725년(영조1) 이 일로 유배되었다가 1727년 석방되었다.

418) 박지혁(朴趾赫) : 1678~?. 본관은 고령(高靈), 자는 미여(美汝)이다. 1717년(숙종43) 식년시에 합격하여 생원이 되었다. 1724년(영조 즉위) 이광좌를 탄핵하고 이의연을 부호하였다고 유배되었다. 1725년 풀려나, 이듬해 사재감 봉사(司宰監奉事)가 되었다가 1727년 파면 당했다.

"선조(先朝) 때 사문(斯文)에서 차츰 다툼이 일어나 각축을 벌일 기세였으나 영명하신 우리 성고(聖考, 숙종)께 감히 드러내 보이지는 못하였다. 그러나 《가례원류》에 대한 논란이 한번 시작된 후로 비로소 기꺼이 당을 나누고 각각 원한을 품었으며 종국에는 서로를 해치고 죽였으니, 아, 통탄스럽다!

또한 성고께서 처분을 내려[419] 출척(黜陟)을 단행하셨을 때 유배되거나 극형을 당한 사람은 소수에 불과하였으니, 관대하고 어진 정사와 탕평(蕩平)의 법도가 바로 우리의 가법(家法)이므로, 요순을 본받고자 하면 마땅히 조종(祖宗)을 본받아야 하는 것이다.

오늘의 급선무는 붕당을 타파하는 것[破朋黨]보다 우선하는 것이 없다. 지난날 신축년(1721, 경종1)과 임인년(1722)에 벌어진 옥사(獄事) 때, 비록 반역할[無將] 마음을 품은 자가 그 가운데 있었다 해도 그 사람만 주벌하면 되었을 것을 어찌 반드시 한쪽 사람들은 모두 해치고 죽여야만 왕법을 펼 수 있단 말인가? 옥석을 가리지 않아서 한쪽 편 사람들로 하여금 울분을 품게 하였으니, 이 또한 당습이다.

한쪽 편 사람들이 '선조의 처분을 보책(寶冊)에 간행하였으니 후왕(後王)이 어찌 감히 그 사이에서 처분에 어긋나는 일을 하겠는가?' 한다면, 이는 매우 옳지 않다. 우리 성고께서 직접 글을 지어 뜻을 보이신 것은 당습을 누르려는 성대한 뜻이었으니, 신하된 도리로는 진실로 탕평의 공적인 도리를 가슴에 새기고 당당하게 그 도리를 따라야 할 것인데, 만약 부와 권력을 잃을까 우려하는 마음이 가슴에서 싹트고 끝없는 욕심에 사로잡힌다면 임금이 그를 다스려야 하겠는가? 다스리지 말아야 하겠는가?

아! 나라에서 세자를 세우는 일은 한 사람의 사사로운 일이 아니다. 그 일을 맡은 자가 스스로를 충신이라 하는데, 역사를 살펴볼 때 정책(定策)[420]으

---

419) 처분을 내려 : 1716년(숙종42)의 병신처분을 이른다. 이는 회니시비(懷尼是非)를 둘러싸고 심각해진 노·소론의 대립과 분쟁에 왕이 직접 관여하여 노론을 지지하는 처분을 내린 것이었다.

420) 정책(定策) : 천자를 세우고 그 사실을 간책(簡策)에 써서 종묘(宗廟)에 고했던 고사에서

로써 공을 삼으면 권력이 아래로 옮겨가지 않는 경우가 드물었다.

영의정이 '나라가 반드시 망할 것이다.'라고 한 것[421]과 좌의정이 '문생(門生)', '국로(國老)'라고 한 것[422]은 바로 붕당을 타파하려는 마음을 나타내 보인 것인데, 도리어 역적이라 하니 어찌 통탄스럽지 않겠는가? 역적 김일경의 일은 말하자면 비통한 심정이나, 그를 따라 상소에 동참한 이들이야 어찌 모두 역심이 있어 그러한 것이겠는가? 다만 그 기회를 타 원한을 시원하게 풀려는 생각이었을 것이다. 비록 그러하나, 이 다섯 사람은 호오를 분명하게 보여야 하는 도리에 비추어 보아 엄히 다스리지 않을 수 없다.

아! 내가 잠저 시절에 본래 다른 사람에게 밉보인 일이 없었으니, 어찌 나를 미워하여 그러하였겠는가? 당습에 불과한 것뿐인데, 감히 '위태롭게 할 것을 모의하였다.'[423]라거나 '핍박하였다.'[424]라고 하다니, 아, 통탄스럽다!

유래한 말로, 본문에서는 연잉군을 왕세제로 옹립한 일을 이른다.

421) 영의정이 …… 것 : 경종이 왕세제에게 대리청정을 명하였을 때, 이광좌가 "만약 이 명을 도로 거두어들이지 않는다면, 나라가 반드시 망할 것이다.[若未還寢此命, 則國必亡矣.]" 하고, 또 "만약 이 명을 받든다면, 오늘날의 대신은 신하의 절개가 있다고 할 수 없다.[若或奉承此命, 則今日大臣不可謂有臣節也.]"라고 한 일을 이른다. 《英祖實錄 1年 6月 13日》

422) 좌의정이 …… 것 : 1724년(영조 즉위) 11월, 조태억이 청대하여 아뢰면서 경종 때 왕세제의 대리청정을 청한 노론을 '정책국로(定策國老)'·'문생천자(門生天子)'에 빗대어 비판한 일이 있었다. 문생천자란 당나라 말기에 환관이 권세를 자행하여 천자를 마치 시관(試官)이 문생 보듯 하였기 때문에 생겨난 말이며, '정책국로'란 정책을 좌우하며 천자를 세운 국가의 원로라는 의미로 역시 환관을 의미한다.

423) 위태롭게 …… 모의하였다 : 1725년(영조1) 1월, 전 도사 유응환이 역적 김일경에 대한 옥사를 재조사하고 조태구와 유봉휘, 최석항 등을 성토하는 상소를 올렸는데, 그 내용에 김일경을 비롯한 이들의 행태가 "전하를 위태롭게 할 것을 모의[謀危殿下]"한 것이라는 말이 있다. 《承政院日記 英祖 1年 1月 2日》

424) 핍박하였다 : 영조 즉위년 9월 29일의 소대(召對)에서 박필몽이, 경종을 독살하려 하였던 궁인을 색출하여 내쫓을 일을 아뢰었다. 그해 11월 12일 허윤(許玧)이 박필몽의 언사를 논핵한 상소를 올렸는데, 그 내용에 홍문관원이었던 박필몽이 방자하게 성궁[영조]을 핍박하였다는 말이 있었다. 《承政院日記 英祖 卽位年 11月 12日》 정미환국 직전인 영조 3년 삼사의 합계에서도 조태구가 양왕(梁王)의 옥사를 인용하여 영조를 무함하고 핍박했다는 주장이 보인다. 《承政院日記 英祖 3年 5月 12日》

이는 임금을 붕당의 수괴로 삼은 것이니 어찌 이러한 이치가 있겠는가?

4년 전의 처분425)은 참벌(斬伐)의 여파 속에 유배된 자가 많았으나 탕평의 도를 넓히기 위해서는 그렇게 처분하지 않을 수 없었다. 그러나 나의 뜻은 원망과 울분을 풀어주고 화평한 기운을 끌어내는데 있었는데, 끝내 진퇴의 지경에 이르고야 말 줄 어찌 생각이나 했겠는가?

그 소행을 보면 한편에 나랏일을 팽개치고 날마다 도모한 일이라고는 편당의 당습이었다. 삼공의 지위에 있던 자로서 정호와 이관명은 나랏일 보기를 강 건너 불구경 하듯 하면서 당습을 지키는 것은 마치 큰 절의를 지키듯 하였고, 심지어 전 판부사 민진원은 왕실의 인척426)이면서도 오직 당습만을 일삼았다. 아! 정청 때 삼사에서 올린 계사를 옳다고 할 것인가? 그르다고 할 것인가?

유 판부사가 몇 해 전 올린 한 통의 상소427)는 경솔하다면 경솔하였지만 당시 신하들의 행태를 깊이 배척한 데 불과하였고, 미처 그 말을 살펴 단속하지 못한 소치였다. 이러한데도 그를 '역적의 괴수'라 하였으니,428) 이는 공심(公心) 으로 임금을 인도하는 뜻이 아니다.

영의정에게 해를 꿰뚫는 충심이 있다고 해도 실로 지나치지 않다. 갑진년 (1724, 경종4) 대상(大喪) 때 영의정이 아니었다면 어찌 세도(世道)를 안정시킬 수 있었겠는가? 그런데도 망측한 오명을 제멋대로 갖다 붙였고, 더욱 놀라운 것은 (삼사의) 합계에서 '약원(藥院)을 옮겨 설치했다.'429) 주장한 것이다.

---

425) 4년…… 처분 : 1725년(영조1) 영조가 단행한 을사환국을 이른다. 영조는 이때 노론의 요청에 따라 노론 4대신의 신원을 명하고 그들을 위하여 사충서원(四忠書院)을 건립하게 하였으며, 소론 당인들을 대거 숙청하였다.

426) 민진원은 …… 인척 : 민진원은 숙종의 계비 인현왕후의 오빠였다.

427) 유 …… 상소 : 1721년(경종1)에 연잉군을 저위(儲位)로 세우고 위호(位號)를 '왕세제(王世 弟)'로 정한 이튿날인 8월 23일, 행 사직 유봉휘가 상소하여 저위를 세우는 과정에서 노론 측 신하들이 임금을 우롱하고 협박한 죄를 다스려야 한다고 주장한 것을 가리킨다.

428) 그를 …… 하였으니 : 동학 훈도 이봉명(李鳳鳴)이 상소하여 조태구와 유봉휘가 흉역의 괴수로서 역적 환관과 요악한 여종 등과 결탁해서 큰 화를 일으켰다며 김일경과 함께 토죄해야 한다고 한 일을 말한다. 《英祖實錄 卽位年 11月 9日》

좌의정이 말한 '문생천자'니, '정책국로'니 하는 말에 대해서는 이미 재작년 비망기에서 유시(諭示)하였는데, 더욱 가소로운 것은 '한 잔의 술로 유감을 풀었다.'고 주장430)한 것이다.

묘정 배향 문제431)는 그 사체가 지극히 중요하니, 최상(崔相, 최석정)에 대해 내 상세히 알지는 못하나 영의정에 아홉 번이나 제수된 걸로 보아 그가 받은 지우(知遇)를 알 수 있다. 만약 남 봉조하(南奉朝賀, 남구만)가 신축, 임인년에 살아 있었더라면 어찌 너무 지나치다는 탄식이 나왔겠는가? 윤 영부사(尹領府事, 윤지완)는 지조가 탁월한 사람으로, 정유년(1717, 숙종43)에 올린 한 통의 상소432)는 다른 뜻이 없이 지극한 정성으로 올린 것이라는 점은 우리 성고께서도 이미 밝게 헤아리셨는데 이 일을 신축, 임인년 옥사의 근원으로 삼았으니 어찌 그렇게 심하게 미혹되어 지극하게 무함한단 말인가?

무관(武官)과 음관(蔭官)이 당색과 무슨 관련이 있다고 그들을 당론으로 몰아넣고 도리어 당여로 처벌하니, 이 무슨 도리인가? 이서배들은 먹고사는 문제에 급급한 부류에 불과한데 편당을 짓는 것과 무슨 관계가 있다고 조정의 진퇴가 이 무리에게까지 미치는가?

---

429) 약원(藥院)을 옮겨 설치했다 : 1727년(영조3) 5월, 선정전에서 삼사가 청대한 자리에 사간 신처수(申處洙) 등이 입시하여 이광좌에 대한 처벌을 주청하며 내세운 주장의 하나이다. 즉 경종이 임종하려 할 때 의식을 잃자 약방 도제조이던 이광좌 등이 약원에서 사옹원으로 옮겨 직숙하였는데, 노론 쪽에서는 사옹원에 옮겨 직숙한 것은 이미 경종의 병이 심해진 뒤였고 시약청(侍藥廳) 또한 설치하지 않았다는 점을 들어 이광좌 등의 처벌을 주장하였다.

430) 한 …… 주장 : 1727년(영조3) 삼사의 합계에서 "조태억은, 처음에는 문임(文任)의 자리를 서로 다툰 일로 인해 역적 김일경과 사이가 좋지 않았는데, 나중에는 흉악한 계책을 서로 돕기 위해 술을 마시면서 유감을 풀고 함께 들어가 청대하여 형을 죽이는 증인이 되는 것을 달갑게 여겼습니다."라고 한 내용을 가리킨다.《承政院日記 英祖 3年 5月 12日》

431) 묘정 배향 문제 : 숙종의 묘정에 배향된 남구만, 윤지완, 최석정 세 사람이 명의(名義)에 어긋나 숙종에게 죄인이 되었으므로 그들을 출향해야 한다는 노론의 주장을 이른다.

432) 정유년에 …… 상소 : 1717년에 숙종이 좌의정 이이명과 독대하고 세자에게 대리청정의 어명을 내리자, 윤지완이 상소하여 이이명의 독대를 비판하고 세자에게 대리청정을 하는 것이 시기상조라고 극언하였다.

지난번의 신하들은 개인의 원한을 우선하느라 국사는 뒤로 미루었고, 양사에서 청대하여 간쟁한 것도 결국은 임금을 농락하는 지경에 이르렀으니, 이것이 내가 대경장(大更張)을 단행한 이유이다. 앞으로 당습에 관계된 자가 있다면 삭출하거나 유배하고, 더 나아가서는 먼 변방으로 쫓아버려 나라 안에 끼지 못하게 할 것이다.

사문(斯文)에 관련된 사안은 조정에 올릴 사안이 아니니, 만약 이러한 일로 어지러이 진언하는 자가 있다면 반드시 엄중하고 통렬하게 배척할 것임을 나라 안 신민들로 하여금 밝고 분명하게 알게 하라.”

○ 승지 김동필이 청대 입시하여 다음과 같이 아뢰었다.

“지금 대처분의 날을 맞이하여 임징하처럼 악독한 역적의 무리를 너그러이 용서해주는 것은 옳지 않으나, 그 중에서 당론을 일삼지 않고 그 직임에 꼭 맞는 적임자가 없지 않을 것이니, 재주에 따라 등용하여 함께 탕평에 이른다면 어찌 매우 다행한 일이 아니겠습니까?”

○ 호조참의 이병태(李秉泰)가 상소하여 대략 다음과 같이 말하였다.

“삼가 들으니, 이전에 삼사에서 역적이라 논한 자들에 대해 전하께서 특별히 예우를 더하셨다고 하는데, 진실로 이와 같다면 삼사는 마땅히 사람을 무함한 죄를 받아야 할 것입니다. 신은 오랫동안 삼사에 재직하며 죄를 징토하고 법을 바르게 시행하는 것을 논의하는 자리에 참여하지 않은 일이 없었으니, 전하께서 주벌을 가하실 때 신은 마땅히 앞에 있어야 할 것입니다.

신이 일찍이 삼사와 더불어 등대하여 극언(極言)을 올릴 때, 전하께서는 이를 그르다 하지 않으셨는데, 하루아침에 이전의 행동을 전부 뒤집어 충역(忠逆)이 한순간에 바뀌고 출척(黜陟)이 창졸간에 행해지니, 아! 이 무슨 까닭입니까?

오늘 기용하신 신하가 바야흐로 일종의 새로운 제목으로 세상의 반을 희롱하며 자기와 뜻을 달리하는 사람을 억지로 끌어들여 뒤섞어 합하는 자취를 만들려고 하는데, 전하께서는 또한 그 술수를 경솔히 믿고 계시니, 신은 성상의 뜻이 어디에 있는지 모르겠습니다."

주상이 특명으로 삭출하였다.

○ 지평 오광운(吳光運)이 상소하여 대략 다음과 같이 말하였다.

"선왕께서 승하하시고 만사(萬事)를 이미 마쳤는데 일종의 흉역의 무리가 선왕께 질환이 있었다는 것을 팔방에 반포하기를 청하기도 하고[433] '한번 어지러웠다.[一亂]'는 말로 선조(先朝)를 지척하기도 하였으니,[434] 그 의도가 무엇이겠습니까?

대개 그 사당(私黨)의 부형이 선조 때 역적으로 죽임을 당하였으므로, 반드시 선왕께 질환이 있었던 걸로 만들고 선조 때를 한번 어지러웠던 시대로 만들고자 팔을 걷어붙이고 앞장서서 제멋대로 분노를 토하고 있는 것입니다.

그리하여 사당의 부형에게는 지워지지 않을 역적의 이름을 씻어 주고자 하고, 우리 임금의 부형에게는 부도한 무함과 모욕을 뒤집어씌우고자 하니, 만약 이들에게 신하로서 전하를 섬기는 마음이 있다면 어찌 감히 이러하겠습니까?"

주상이 답하기를,

"지금 너의 상소에서 논한 내용은 진부하고 상투적이긴 하나 대의(大義)에서는 옳다."

하였다.

---

433) 선왕께 …… 하고 : 1725년(영조1) 우의정 민진원이 차자를 올려 "선왕께서 뜻밖의 병이 있어 여러 간신들에게 속고 가려져 있었다는 실상을 분명하게 말하여 나라 사람들이 명백하게 알도록 해야 합니다."라고 하였고, 뒤이어 좌의정 정호 또한 차자를 올려 "선왕께서 불행히도 병이 있어 여러 소인배에게 속고 가려졌다는 말을 고묘문(告廟文)에 반드시 넣어야 합니다."라고 주장한 일을 이른다. 《承政院日記 英祖 1年 3月 12日, 4月 1日》

434) 한 …… 하였으니 : 1726년(영조2) 2월 15일 장령 임징하(任徵夏)가 상소하여 경종의 시대를 일란(一亂), 영조의 시대를 일치(一治)로 표현한 일을 이른다.

○ 전 정랑 이흡(李潝)435)이 상소하여 대략 다음과 같이 말하였다.

"이번에 기용하신 자들은 역적 김일경의 흉악함을 알고도 즉각 맞서지 않았고, 종사의 위태로움을 보고도 남의 일 보듯이 하였던 자들인데, 알 수 없습니다만, 전하께서는 이런 자들에게서 무엇을 취하려 하십니까?

병신년(1716, 숙종40)의 처분은 백세 후라도 의혹이 없을 것인데, 전하께서 이 문제를 제론하며 마치 성고(聖考)의 심중이 당습을 진정시키는데 있는 것처럼 하셨습니다만, 성고의 뜻과 사업을 잘 계승하시려는 성상의 효심으로 현사(賢邪)를 가리지 않은 채 한쪽은 나오게 하고 한쪽은 물리쳐서 탕평의 도를 이루고자 하시니, 이는 〈홍범(洪範)〉에서 말한 왕도(王道)436)와 견주어 보면 서로 어긋남을 면할 수 없습니다."

주상이 편당을 비호한다고 배척하였다.

○ 여러 승지들이 청대하여 입시하였을 때, 송인명이 말하기를,

"신이 지난날의 일에 대해 또한 통분하고 놀랍게 여기는 바가 있습니다. 을사년(1725, 영조1) 극심한 가뭄으로 성상께서 녹수(錄囚)437)하는 데 친림하셨는데, 전라 감사 김조택(金祖澤)은 도신(道臣)의 직임을 띤 몸으로 성상의 뜻을 받들지 않고 오직 당론만을 내세워 수많은 선비들을 잡아 가두고 고문이 낭자하여 그 정황이 시름겹고 참혹하였습니다. 그런데 당시 조정의 신하들은 가리고 숨기기만을 일삼았으니, 성상께서 이와 같은 정황을 어떻게 알 수

---

435) 이흡(李潝) : 1684~1740. 본관은 전주(全州), 자는 자동(子東)이다. 이후원(李厚源)의 증손이다. 1725년(영조1) 증광문과에 급제하여, 1727년 봉교(奉敎)가 되었다. 1729년 지평이 되고 홍문록에 올랐다. 이후 청요직을 두루 거쳐 1735년 승지가 되었다.

436) 〈홍범(洪範)〉에서 말한 왕도(王道) : 《서경》 〈주서(周書)·홍범(洪範)〉에 "편파가 없고 불공정함이 없으면 왕도가 탕탕하고, 불공정함이 없고 편파가 없으면 왕도가 평평하다.[無偏無黨, 王道蕩蕩; 無黨無偏, 王道平平.]" 하였다. 이것은 이 시기 탕평론의 경전상 근거가 되었다.

437) 녹수(錄囚) : 수금된 죄수의 성명, 죄상, 신문(訊問), 처결 상황을 심리함으로써, 죄수가 받은 형의 합당함 여부를 살피는 것을 이른다.

있겠습니까?"

하자, 주상이 이르기를,

"이러한 거조들은 대개 편당으로 말미암아 그러한 것이다. 이미 들은 이상 그대로 둘 수는 없으니, 김조택을 파직하고 서용하지 말라."

하였다.

○ 성균관 유생 한덕옥(韓德玉) -50여 인- 등이 상소하여 시사를 논하였는데, 말하기를,

"이번의 처분은 역적을 충신이라 하고 사악한 것을 올바른 것이라고 한 것입니다."

하자, 주상이 성훈(聖訓)을 헤아리지 못하고 오히려 당습만을 숭상한다고 꾸짖었다. 이에 유생들이 권당(捲堂)[438]하면서 그들이 품은 생각을 써서 올렸는데, 이전의 주장을 되풀이한 것이었으므로 주상이 특명으로 소두를 정거(停擧)하게 하였다.

○ 병조참지 조명봉(趙鳴鳳)[439]이 상소하여 말하기를,

---

438) 권당(捲堂) : 성균관 유생들이 행하던 일종의 동맹휴학을 이른다. 일명 공관(空館)이라고도 하며 그들의 주장이 관철되지 않을 때, 또는 그들의 자치기관인 재회(齋會)에서 결정된 사론(士論)에 대하여 부당한 처분을 받게 될 때, 유생들이 식당에 들어가는 것을 거부하거나 아니면 성균관을 비워두고 나가 버리는 행동을 말한다. 권당이 발생하면 수복(守僕)이 대사성(大司成)이나 동지사(同知事)에 보고하고 조정에서는 개유사(開諭使)를 보내어 취관(就館)을 권하는 한편, 그 연유를 묻고 소회(所懷)를 진술하게 하여 이를 초기(草記)로 써서 왕에게 올렸다. 유생들은 왕으로부터 만족할 만한 답변이 있을 때는 권당을 중지하고 그렇지 않으면 계속하였다.

439) 조명봉(趙鳴鳳) : 1666~1737. 본관은 양주(楊州), 자는 택지(擇之)이다. 1693년(숙종19) 식년 진사시, 1710년 증광문과에 급제하여, 1712년 장령이 되었다. 이후 청요직을 두루 거쳐 1718년 승지가 되고, 1720년(경종 즉위) 도승지에 올랐다. 1722년 안변부사로 나갔다가 소론의 탄핵을 받고 삭판 당했다. 영조가 즉위하자 병조참지에 제수되었으며, 1726년(영조2)에는 감시(監試)의 시관(試官)으로 활약했다. 그 후 삭출당한 부제학 정호를 비호하다가 파직되었다.

"외방의 원로와 나라를 위하는 대신들을 출척하고 파직하시다니, 이 무슨 거조이십니까?"

하고 바로 나가자, 주상이 특명을 내려 파직하고 서용하지 말라고 하였다.

○ 형조참판 김상옥(金相玉)이 상소하여 정호를 구원하자, 주상이 그 소를 도로 내주라고 명하였다.

○ 개성 유수 조영복(趙榮福)440)이 상소하여, 여러 신하들과 함께 같은 처벌을 받겠다고 청하였다. 판윤 권업(權僕)441)이 상소하여 시사를 논하여 말하기를,

"충역의 구분이 순식간에 돌변하였고, 진노하여 박대하는 하교가 평소와 아주 달랐습니다. 예우하던 원로를 핍박하고 다그치며 위협하고 책망하기를 마치 노복을 대하듯이 하였습니다. 전 판부사 민진원은 나라를 위하여 의리를 밝혔는데, 이를 당을 비호하고 나라를 저버린 일대 죄안으로 삼았습니다."

하고, 이어 해직을 요청하자, 주상이 하교하여 책망하였다.

○ 희정당에 입시하였다. 승지 이정걸(李廷傑)이 아뢰기를,

"고 판서 한배하(韓配夏)는 임인년(1722, 경종2) 겨울에 졸하였는데, 역적 목호룡의 초상을 그린 일은 계묘년(1723) 봄의 일이니, 그가 화원인 진재혜(秦

---

440) 조영복(趙榮福) : 1672~1728. 본관은 함안(咸安), 자 석오(錫五), 호 이지당(二知堂)이다. 김창협 문인이다. 1705년(숙종31) 사마시, 1714년 증광문과에 급제하여 청요직을 두루 지냈다. 1716년 사헌부 장령으로서 윤선거의 선정(先正) 칭호를 금할 것을 청하였으며, 1720년 경종 즉위 뒤 승지를 지내다가 신임옥사로 파직되어 유배되었다. 1725년(영조1) 노론의 집권으로 풀려나 도승지 등을 역임하였다.

441) 권업(權僕) : 1669~1738. 본관은 안동(安東), 자 사긍(士兢), 호 기오헌(寄傲軒)이다. 1691년 (숙종17) 증광문과에 급제하여 청요직을 두루 거쳤다. 1721년(경종1) 경기감사로 있다가 신축환국으로 체직되었다. 영조 즉위 후 다시 등용되어 공조·형조·예조판서 등을 역임하였다.

再奏)를 다그치고 협박하여 역적 호룡의 화상을 그리게 했다442)는 말은 실상에서 대단히 벗어난 일입니다. 그런데도 이 때문에 추탈되었으니 지극히 원통하다 할 만합니다. 신설해 주소서.

또 이번 처분 후, 장주(章奏)를 올릴 때 '흉(凶)'자, '역(逆)'자는 감히 제멋대로 써서는 안 되는 것인데, 어제 성균관의 상소에는 '흉'자가 곳곳에 있었습니다."

하자, 주상이 이르기를,

"어제 상소에 대한 비답 속 '놀랍다.[駭然]'는 두 글자로 알 수 있을 것이다. 당론에 입각한 논의가 어그러지고 격화되어 한번 바뀌면 유배되고 두 번 바뀌면 살육하여, 피차가 서로 공격하며 상대방을 흉역이라 하니, 어찌 세상의 반이 모두 흉당(凶黨)이 되고 세상의 반이 모두 충당(忠黨)이 될 리가 있겠는가? 나랏일은 두 번째로 제쳐놓고 붕당을 제일 첫 번째 의리로 삼으니, 어찌 나라를 위하는 도리가 있다 하겠는가?"

하였다.

○ 검열 윤득화(尹得和)443)가 상소하여 시사를 논하였는데, 주상이 그가 당을 비호하기를 달갑게 여긴다며 특명을 내려 삭직하였다.

○ 장령 홍상선(洪尙宣), 정언 유엄(柳儼)444) 등이 임징하의 죄를 논핵하고

---

442) 그가 …… 했다 : 1725년(영조1) 4월 21일 민진원이 주강을 마치고 영조에게, 한배하가 충훈부 당상으로 재직 시에 화원 진재해에게 역적 목호룡의 초상을 그리도록 강요하였다는 혐의를 제기하였고 결국 한배하는 관작을 추탈 당하였다.

443) 윤득화(尹得和) : 1688~1759. 본관은 해평(海平), 자는 덕휘(德輝)이다. 1715년(숙종41) 사학(四學) 유생으로서 윤증을 배척하였다. 1725년(영조1) 생원시에 합격하고, 이 해 증광문과에 급제하여 도승지 등을 역임하면서, 조문명(趙文命)·이광좌(李光佐) 등 소론 탕평파를 공격하는데 앞장섰다.

444) 유엄(柳儼) : 1692~1752. 본관은 진주(晉州), 자 사숙(思叔), 호 성암(省庵)이다. 중종반정의 공신 유순정(柳順汀)의 후손이다. 1723년(경종3) 증광문과에 급제, 이듬해에 정언(正言)이 되었다. 1728년(영조4) 홍양현감(洪陽縣監) 당시 무신란에 대한 조치를 잘못했다는 탄핵을 받고 삭판(削版)되었다. 그러나 바로 서용되어 1729년 도당록에 들고 이후 청요직을

국문하기를 청하였으나, 주상이 윤허하지 않았다.

○ 희정당에 입시하였다. 승지 김동필이, 대계(臺啓)에 따라 한세량(韓世良)
의 추탈을 명한 전지(傳旨)가 내렸으나 봉입할 수 없다는 뜻을 아뢰니, 주상이
즉시 직첩을 내어주라 명하였다.

김동필이 또 한배하의 원통함을 논하자, 주상이 이르기를, "이는 판부사
민진원이 상소하여 진달하였기에 추탈한 것이다." 하고, 이어 한배하의 복관
을 명하였다.

○ 지평 조현명이 상소하여 12조항을 아뢰었는데, 그중 붕당을 타파해야
한다[破朋黨]는 조항에서 다음과 같이 말하였다.

"대개 신축년(1721, 경종1), 임임년(1722, 경종2) 이래 수습을 할 수 없을
정도로 토죄를 과도하게 하여 그 사이에 사사로운 분노와 시기를 개입시켰던
것은 신축, 임인년 사람들의 죄요, 보복에 급급하여 죄에 관계된 바가 지극히
무거운 자들과 함께 모든 사람을 일률적으로 말살하려 한 것은 을사년(1725,
영조 즉위년) 사람들의 죄입니다.

전하께서는 양쪽의 잘잘못을 이미 타파하셨으니 출척(黜陟)과 용사(用捨)가
또한 공평해야 마땅할 텐데 오로지 이쪽만을 기용하고 저쪽은 다 물리치는
상투적인 방식을 쓰시니, 무슨 까닭입니까?

신축, 임인년에 한 목소리로 따른 것이나 을사년에 삼사에서 직언을 하지
않은 것은 실로 당인(黨人)들이 상대를 일망타진하고 권력을 석권(席卷)하는
수법이었는데, 지금 전후의 정청과 청대[445]에 참여한 것을 죄안으로 삼는

두루 거쳐 1730년 승지가 되었다. 이후 각도 감사를 거쳐 1745년 공조판서에 올랐으며,
　그 해 한성부판윤에 임명되어 청양군(菁陽君)에 봉해졌다. 시호는 혜정(惠靖)이다.
445) 정청과 청대 : 1725년(영조1) 민진원, 이관명 등 대신과 2품 이상 관원 등이 이른바
　유봉휘, 이광좌, 조태억, 조태구, 최석항 등 오적(五賊)을 처벌할 것을 요구하며 벌인
　정청과 청대를 이른다.

것이 그런 수법과 무엇이 다르겠습니까? 이러한 방식으로는 붕당을 타파할 수 없을 뿐만 아니라 도리어 붕당을 격화시킬 것입니다.

신이 생각하기에, 지난날 선왕을 핍박하여 욕보이고 흉언을 선동하며 나라 사람의 반을 거짓을 날조하여 무함한 사람들은 죽이거나 유배시켜도 진실로 불가할 것이 없으나, 그 밖의 무고한 자들은 마땅히 일시동인(一視同仁)[446]하여 제한을 두지 말아야 합니다.

지금 역적 김일경의 사주를 받고 선류(善類)를 배척한 자들은 비록 3년의 유배로 그 죄를 충분히 응징했다 해도, 성상께서 청명한 정사를 펴기 시작하신 지금 대략이나마 시비의 구분을 보여 공론을 펴지 않을 수 없습니다. 또한 기사년(1689, 숙종15)의 사람들 중에서도 마땅히 분별하여 기용함으로써 널리 죄를 용서하는 은덕을 베풀어야 할 것입니다.

신이 일찍이 선정신 박세채(朴世采)[447]가 붕당을 해소해야 한다고 진언한 차자[448]를 읽어보니, 그 말이 공명정대하여 실로 붕당을 일삼는 자의 약석(藥石)이자 오늘을 위해 준비된 말이었습니다. 요컨대 세상 사람들로 하여금

---

446) 일시동인(一視同仁) : 모두를 동등하게 대우하고 똑같이 사랑한다는 뜻으로, 한유(韓愈)의 〈원인(原人)〉에 "성인은 하나같이 보고 똑같이 사랑하며, 가까운 자에게 돈독히 하고 먼 자를 등용한다.[聖人一視而同仁, 篤近而舉遠.]"라고 한 데서 온 말이다.

447) 박세채(朴世采) : 1631~1695. 본관은 반남(潘南), 자 화숙(和叔), 호 현석(玄石)이다. 신흠(申欽)의 외손이며 박세당(朴世堂)과는 당내간의 친족이고, 송시열의 손자 순석(淳錫)은 그의 사위가 된다. 기해년(1659, 효종10) 예송이 일어나자 송시열·송준길의 기년설(朞年說)을 지지하며 서인 측의 이론가로서 활약하였다. 1683년 '황극탕평(皇極蕩平)'을 주장하여 거듭되는 환국으로 인한 파행적 정국을 수습하려고 하였으며, 1694년 갑술환국 이후 황극탕평론을 다시 제기하고, 정승이 되어 실천에 옮겨 숙종의 탕평책을 뒷받침하였다.

448) 박세채(朴世采)의 …… 차자 : 숙종대 서인이 노론과 소론으로 분열되어 갈등이 격화되자 1683년(숙종9) 박세채는 황극탕평론(皇極蕩平論)을 진언하여 양편의 파당적 대립을 막으려 노력하였다. 이후로도 박세채는 붕당의 혁파를 주장하는 상소와 차자를 계속해서 올렸고, 1694년(숙종20) 7월 20일에는 숙종의 명으로 붕당을 경계하는 교서(敎書)를 지어 올리기도 하였다. 그의 탕평론은 선조대에 이이가 주장한 조제보합설(調劑保合說)을 계승한 것으로서 영조·정조대에 이르러 탕평책을 본격적으로 시행할 수 있는 이론적 출발점이 되었다.

성상의 뜻에 조금의 허위도 없음을 알게 하시고 덕을 지키기를 견고하게 한다면 백방으로 날뛰고 온갖 방법으로 기승을 부려도 이 테두리를 벗어나지 못하고 자연히 감화되고 저절로 길들여져 탕평의 영역에 닿게 될 것입니다.

금일의 거조는 참으로 호오를 분명히 하고 당습을 징치하려는 뜻에서 나온 것이나, 그 조처가 점진적이지 못하고 처분이 전도되어 반나절만에 모두 다 내치고 순식간에 어지러이 기용하여 마치 화란이 지척에 임박한 듯 하였으니, 전하께서 신하들을 예로써 부리는 도리상 결단코 부당하였음을 알 수 있습니다.

대신의 체모는 지극히 존엄한데 현고(現告)하여 파직하는 일은 전에 없던 일이며, '모질고 강퍅하다.[狠愎]'[449] 하신 두 글자는 성상의 덕을 더욱 손상시키는 말이었습니다. 나이로는 연로한 노인이요, 지위로는 영의정인데, 그가 비록 전하의 기대를 저버렸다 해도 다만 공의(公議)에 부치는 것이 마땅하지 어찌 반드시 이러한 제목을 가한 후에야 시원해 할 일이겠습니까?"

주상이 답하기를,

"아뢴 내용이 다 매우 절실하고 지극하다. '모질고 강퍅하다.'는 두 자는 '각박함에 힘썼다.[務刻]'는 말로 고치겠다."

하였다.

○ 사간 유정(柳綎)[450]이 상소하여 대략 다음과 같이 말하였다.

"임징하는 바로 김춘택(金春澤)[451]의 매부이자, 흉적 임창(任敞)의 지친인데,

---

449) 모질고 강퍅하다 : 영조가 정미환국을 단행하며 영중추부사 정호에게 삭탈관작의 처벌을 내렸을 때, "사람들이 반드시 정호를 태산북두처럼 여긴 것은 다름이 아니라 정호가 평소에 논의하는 것이 모질고 강퍅하였기 때문이다.[向來諸人, 必以鄭澔爲泰山北斗者, 無他, 澔平日論議狠愎故也.]"라고 한 말 중의 일부이다. 《英祖實錄 3年 7月 4日》

450) 유정(柳綎) : 1684~1752. 본관은 진주(晉州), 자는 여신(汝信)이다. 1705년(숙종31) 진사시에 합격하고, 1710년 증광문과에 급제한 뒤, 1724년(경종4) 장령이 되었다. 1727년(영조3) 사간을 거쳐 1738년까지 승지로 재임하는 등 청요직을 두루 지냈다. 1739년 한성부 우윤이 되었고, 벼슬이 형조참판에 이르렀다.

한 번 아뢰고 두 번 아뢰어도 유음(兪音)은 여전히 들리지 않고 있습니다. 무릇 선왕을 핍박하고 욕보여 국법에 따른 처형을 자초한 윤지술에게 무슨 기릴 만한 절의가 있다고 현사(賢祠)452)에 배향까지 하였으니, 나라 안의 분노와 탄식이 시간이 갈수록 더욱 격해지고 있습니다."

주상이 답하기를,

"임징하(任徵夏)의 일은 처음 계사를 올렸을 때 이미 유시하였다. 윤지술의 일은 대신이 올라오기를 기다려 처분함이 마땅하다."

하였다.

○ 개성 유수 조영복(趙榮福)이 상소하여, 대략 말하기를,

"우뢰와 같은 위엄이 순식간에 몰아쳐 거조가 전도되니, 하루아침에 충신과 간신이 뒤바뀌어 부추기거나 억제하는 것이 너무도 편중되었습니다. 한편에서는 연루된 일의 경중도 논하지 않고 역적 김일경과 박상검의 잔당들 또한 포함시켜 기용하였으며, 또 한편에서는 그들이 실행해 온 의리는 아랑곳없이 모두 갑자기 견책을 받고 내쫓겼습니다.

---

451) 김춘택(金春澤) : 1670~1717. 본관은 광산(光山), 자 백우(伯雨), 호 북헌(北軒)이다. 생원 김익겸(金益兼)의 증손으로, 숙종의 장인인 김만기(金萬基)의 손자이며, 호조판서 김진귀(金鎭龜)의 아들이다. 종조부 김만중(金萬重)에게 문장을 배웠다. 1694년 재물로 궁중에 내통하여 폐비 민씨를 복위하게 하고, 정국을 뒤엎으려 한 혐의로 체포되고 심문받았으나, 갑술환국으로 남인이 축출되면서 풀려났다. 그 뒤 노론에 의해서는 환국의 공로자로 칭송받았으나, 남구만(南九萬) 등의 소론으로부터는 음모를 이용한 파행적 정치활동을 자행하였다고 공격받았다. 1701년 소론의 탄핵을 받아 부안(扶安)에 유배되었으며, 희빈 장씨(禧嬪張氏)의 소생인 세자를 모해하였다는 혐의를 입어 서울로 잡혀가 심문을 받고, 1706년 제주로 옮겨졌다. 김만중의 소설 《구운몽(九雲夢)》과 《사씨남정기(謝氏南征記)》를 한문으로 번역하였다. 이조판서를 추증받았으며, 시호는 충문(忠文)이고, 저서로 《북헌집(北軒集)》과 《만필(漫筆)》이 있다.

452) 현사(賢祠) : 사현사(四賢祠) 내지는 숭절사(崇節祠)라고도 한다. 진나라의 태학생 동양(董養), 당나라의 태학생 하번(何蕃), 송나라의 태학생 진동(陳東)과 구양철을 향사(享祀)하는 곳이다. 윤지술은 1725년(영조1) 숭절사를 건립할 때 배향되었으나 2년 뒤 정미 환국으로 철향되었다가 1802년(순조2) 다시 배향되었다.

한번 나아가고 한번 물러남에 전후로 무슨 한정이 있겠습니까만은 그래도 어찌 금일과 같은 거조가 있단 말입니까? 소위 성인의 '탕탕평평(蕩蕩平平)'[453]이라는 것은 아마도 이와 같지는 않을 것입니다."

하고, 이어 정호의 강직한 기개, 그리고 민진원의 충심과 근실함을 논하자, 주상이 "기꺼이 거취를 함께할 마음으로 올린 소이니, 도로 내려보내라." 하였다.

○ 예조판서 김유경(金有慶)[454]이 상소하여 대략 말하기를,

"신이 비록 대궐 섬돌에 머리를 짓찧지는 못하나, 다시 기꺼운 마음으로 유봉휘, 김일경의 잔당과 반열을 함께 한다면 사람들은 반드시 '저 사람은 장차 못하는 짓이 없을 것이다.' 할 것이니, 어찌 차마 그리 하겠습니까?"

하자, 주상이 사리에 어그러졌다고 책망하고 체직을 허락하였다.

○ 장령 김호(金灝)가 상소하여 대략 다음과 같이 말하였다.

"잘 모르겠습니다만 전하께서 신하들을 진퇴시키는 것은 과역 무슨 명목입니까? 대개 나아가는 자가 고집하는 주장은 토역(討逆)이요, 물러나는 자가 고집하는 주장은 역적을 충신이라고 하고 토역을 가리켜 무함이라 하는 것입니다. 무릇 충신과 역적, 토역과 무함이란 하늘과 땅, 물과 불처럼 차이가

---

453) 탕탕평평(蕩蕩平平) :《서경》〈홍범(洪範)〉의 구주(九疇) 가운데 다섯째인 황극(皇極)과 관련된 구절로, '탕탕'은 광대한 모양이고 '평평'은 평탄한 모양이다. 임금이 세상을 다스리는 도가 지극히 광대하고 공평하여 한쪽으로 치우침이 없는 경지에 이른 것을 뜻하는 말이다. 조선후기 탕평론의 근거된 구절이다.

454) 김유경(金有慶) : 1669~1748. 본관은 경주(慶州), 자 덕유(德裕), 호 용주(龍洲)·용곡(龍谷)이다. 1693년(숙종19) 사마시, 1710년 증광문과에 급제하여, 1711년 설서가 되고 이후 청요직을 두루 거쳤다. 1722년(경종2) 신임옥사로 유배되었다가 1725년(영조1) 노론이 집권하면서 도승지·대사헌 등을 거쳤다. 1727년 정미환국 이후 다시 유배되었다가 1729년 석방되었다. 1744년 대사헌이 되어 탕평책을 반대하는 노론계열의 소장 세력을 옹호하다가 파직되었다. 1746년 좌찬찬으로 관직에서 물러난 뒤 1748년 숭록대부에 특진되었다. 시호는 효정(孝貞)이다.

나서, 그것을 변별하지 않을 수 없다는 것은 명백합니다.

전하께서 만약 물러나는 자의 말을 옳게 여기신다면 이는 곧 역적이 진정 충신이 되고 신 등은 진정 무함한 자가 되는 것이니, 천하에 어찌 충신을 무함하고도 다시 나올 수 있는 이치가 있겠습니까? 어찌하여 탕평을 핑계로, 충역의 요체까지 아울러 논하지 않으시는 겁니까?"

황극편(皇極編) 권13

노소(老少)-준파(峻派)와 탕파(蕩派)[1]-

무신년(1728, 영조4) 봄, 역적 이인좌(李麟佐)[2] 등이 군사를 동원하여

---

1) 준파(峻派)와 탕파(蕩派) : 신임의리(辛壬義理)를 둘러싼 노·소론내 갈등이 영조대 탕평정국과 맞물리면서 생성된 노·소론내 정파이다. 준파는 노·소론내 준론을 표방하는 정치세력이다. 즉 신축환국과 임인옥사에서 처벌받은 노론 4대신에 대한 엄정한 처벌을 고수하는 준소(峻少)와 정반대로 전면 신원을 주장하는 노론내 준론 세력을 가리킨다. 대표적으로 소론계 이광좌(李光佐)와 노론계 민진원(閔鎭遠)을 꼽을 수 있다. 한편 탕파는 노론 4대신에 대해 분등(分等)을 통해 처벌을 완화하면서도 신임의리를 고수함으로써 노·소론 조제보합(調劑保合)을 추구는 정론을 견지한 세력이다. 대표적인 인사로 조현명(趙顯命)과 송인명(宋寅明) 등을 꼽을 수 있다.

2) 이인좌(李麟佐) : 1695~1728. 본관은 전주(全州), 본명은 현좌(玄佐)이다. 세종의 넷째아들인 임영대군(臨瀛大君) 이구(李璆)의 후손이고, 남인의 영수 윤휴(尹鑴)의 외손녀 사위이다. 할아버지 이운징(李雲徵)은 탁남(濁南)의 영수인 허적(許積)의 추천으로 관직에 올라 승지·강원도 관찰사·전라도 관찰사 등을 지냈다. 갑술환국(1694)을 계기로 서인·노론이 재집권하면서 이운징은 죽은 뒤에도 흉당(凶黨)으로 몰려 왕의 명령으로 대신으로서의 예우를 받지 못했다. 숙종대 거듭되는 환국 과정에서 남인 이인좌의 집안은 큰 피해를 입었으며, 갑술환국 이후에는 정권에서 배제되어 관직에도 오를 수 없었다. 1724년 경종이 죽고 영조가 즉위하는 과정에서 노론과 소론의 갈등이 커지자 박필현(朴弼顯)·이유익(李有翼)·심유현(沈維賢)·정희량(鄭希亮) 등 소론 강경파는 정권에서 배제된 남인 세력과 연합해 노론 정권을 무너뜨리기 위한 정변을 계획하였다. 그들은 노론에 의해 왕위에 오른 영조를 폐위시키고 소현세자(昭顯世子)의 증손 밀풍군(密豊君) 이탄(李坦)을 옹립해 노론 세력을 축출하려 했으며, 이를 위해 각지에서 동조세력을 모았다. 남인 명문가 출신인 이인좌와 그의 형제들도 이러한 정변 모의에 참여해서 영남지역의 사족들을 끌어들이고 병사를 모으는 중요한 역할을 맡았다. 그러나 1727년(영조3) 영조가 이광좌(李光佐)와 조태억(趙泰億) 등 소론 온건파인 완소(緩少) 계열의 대신들을 다시 등용한 정미환국이 이루어지면서 정변에 동조하는 세력을 확대하기가 어려워졌다. 그러던 중에 1728년 4월 22일 영의정을 지낸 최규서(崔奎瑞)가 정변에 관한 모의가 이루어지고 있다는 사실을 조정에 알리면서 정변 자체가 무산될 위기에 놓이게 되었다. 그러자 이인좌는 다음날 급히 군대를 일으켜 청주성을 공격해 충청병사 이봉상(李鳳祥)

반란을 일으키자 도순무사(都巡撫使)[3] 오명항(吳命恒)[4]을 보내 토벌하여 평정하였다. 주상이 그 역당과 여러 역적들은 친국(親鞫)하고, 모두 처형하였다. 이에 앞서 주상이 왕위를 계승한 초기에 김일경(金一鏡)[5]과 목호룡(睦虎龍)[6]

등을 죽이고 그곳을 장악했다. 청주성을 점령한 뒤에 이인좌는 스스로 삼남 대원수(三南大元帥)라고 칭했으며, 정세윤(鄭世胤)을 부원수로 삼았다. 그리고 권서봉(權瑞鳳)을 청주목사(淸州牧使), 곽장(郭長)을 목천현감(木川縣監), 이지경(李之慶)을 진천현감(鎭川縣監), 목함경(睦涵敬)을 청안현감(淸安縣監), 정계윤(鄭季胤)을 죽산부사(竹山府使)로 삼아 각지에 격문을 보내 군사들을 모았으며, 관곡을 풀어 백성에게 나누어 주었다. 그 뒤 이인좌는 신천영(申天永)을 병사(兵使)로 삼아 청주성을 지키게 하고, 군대를 둘로 나누어 자신은 안성(安城) 방면으로 진군했으며, 부원수 정세윤은 죽산(竹山) 방면으로 나아가게 했다. 조정에서는 병조판서 오명항(吳命恒)을 도순무사로 삼아 토벌군을 파견했는데, 이인좌의 부대는 안성에서 토벌군에 패했다. 이인좌는 죽산의 정세윤 부대와 합류했으나 죽산에서도 토벌군에 패하자 산사로 도주했다가 죽산 주민들에게 붙잡혀 토벌군에 넘겨졌고, 5월 2일에 한양으로 압송되어 친국을 거친 뒤 5월 5일에 처형되었다.

3) 도순무사(都巡撫使) : 국가에 변란이 발생하였을 때, 임금의 명령을 받고 그 지방에 나가서 순행하며 군무(軍務)를 살피고 백성들을 무마하는 일을 맡은 임시 벼슬이다. 2품 이상의 대신으로 임명하며, 3품 이하의 관원으로 임명하면 순무사(巡撫使)라 이른다.

4) 오명항(吳命恒) : 1673~1728. 본관은 해주(海州), 자 사상(士常), 호 모암(慕菴)·영모당(永慕堂)이다. 1727년 정미환국으로 소론이 등용될 때 지중추부사로 기용되어 이조·병조판서 등을 지냈다. 이듬해 이인좌의 난이 일어나자 판의금부사로 4로 도순무사(四路都巡撫使)를 겸하여, 난을 토평하여 분무공신(奮武功臣) 1등이 되고 해은 부원군(海恩府院君)에 봉해졌다. 이어 우찬성에 승진되었으나, 자신이 반란에 참여한 소론에 속한 것을 자책하고 상소하여 사퇴를 청하였다. 그러나 허락되지 않고 우의정으로 발탁되었다. 시호는 충효(忠孝)이다.

5) 김일경(金一鏡) : 1662~1724. 본관은 광산(光山), 자 인감(人鑑), 호 아계(丫溪)이다. 이조참판·이조판서 등을 역임하였다. 1721년(경종1) 노론이 연잉군을 세제(世弟)에 책봉한 뒤 대리청정(代理聽政)을 실시하려고 하자 김일경은 조태구 등과 함께 이를 반대해 대리청정을 취소하게 하였다. 1722년 임인옥사 당시 준소(峻少)로서 노론 4대신의 처벌을 주도하였다. 1724년 영조가 즉위하자 노론의 재집권으로 유배되었다. 청주유생 송재후(宋載厚)의 상소를 발단으로 임인옥사가 무고(誣告)였다는 탄핵을 받고 목호룡과 함께 참형을 당하였다.

6) 목호룡(睦虎龍) : 1684~1724. 본관은 사천(泗川)으로, 참판 목진공(睦進恭)의 후손이며, 남인(南人)의 서얼이다. 처음에는 노론인 김용택(金龍澤)·이천기(李天紀)·이기지(李器之) 등과 함께 세제를 보호하는 편에 속하였으나, 1721년(경종1) 김일경 등의 상소로 김창집 등 노론 4대신이 실각하여 유배되고 소론 정권이 들어서자, 이듬해 소론편에 가담하여 경종을 시해하려는 모의가 있었다는 이른바 삼수설(三手說)을 고변하였다. 목호룡은 고변의 공으로 부사공신(扶社功臣) 3등으로 동성군(東城君)에 봉해지고 동지중추부사(同

등을 처형하였고,7) 을사년(1725)에는 노론(老論)을 등용하면서8) 한쪽 편 사람들은 역(逆)으로 몰아 모두 쫓아냈다.

이에 김일경의 무리 박필몽(朴弼夢)9) 등이 더욱 스스로 불안해져서 반란을 위한 계획이 나날이 시급해지자 은밀히 심유현(沈維賢)10) -단의왕후(端懿王后)11)

知中樞府事)에 올랐다. 그 뒤 1724년 영조가 즉위하자 노론이 상소하여 임인옥사를 무고로 일어난 일이라고 주장하자, 영조가 이것을 받아들여 김일경과 함께 붙잡혀 옥중에서 급사하였다. 죽은 뒤 당고개에서 효수되었다.

7) 김일경 …… 처형하였고 : 1724년(영조 즉위년) 11월 초, 유학(幼學) 이의연(李義淵)이 구언(求言)에 응해 상소하면서 소론에 대한 노론의 공격이 시작되었다. 이후 동학(東學) 훈도(訓導) 이봉명(李鳳鳴)을 비롯해 경기 유학 최보(崔補) 등 노론 측 인사의 소론에 대한 공격 상소가 계속되었다. 국왕은 일단 소론의 요구를 들어 이의현을 외딴섬에 유배 보낸 것과 동시에 왕의 특명으로 붕당을 비호한다는 이유로 소론을 대표하던 김일경을 삭직하고 귀양 보냈다. 이어 임인옥사를 일으킨 장본인인 목호룡을 김일경과 함께 참수하였고, 이의연도 옥중에서 죽었다.

8) 을사년 …… 등용하면서 : 1725년 을사환국(乙巳換局)으로 노론을 등용한 일을 가리킨다. 영조 즉위 직후 정국은 경종대에 이어서 여전히 이광좌와 유봉휘, 조태억 등 소론이 주도하였다. 그러나 1725년 1월 영조는 소론을 축출하고 노론을 등용하였다. 이때 노론 등용의 명분으로 경종 연간에 있었던 신축환국과 임인옥사를 무옥(誣獄)으로 판정하였다. 당시 등용된 대표적인 인물이 바로 민진원이었다. 그를 이조판서에 임명한 얼마 뒤 정호와 이관명을 정승으로 삼아 노론 정권을 구성하였다. 같은 해 3월 정호와 민진원의 요청에 따라 신임옥사를 소론에 의한 무고로 판정하고, 이로 인해 죄를 입은 사람을 일체 신원하는 이른바 을사처분을 단행, 노론 명분의 정당성과 집권의 논리적 기반을 마련해 주었다.

9) 박필몽(朴弼夢) : 1668~1728. 본관은 반남(潘南), 자 양경(良卿)이다. 1721년(경종1) 김일경 등과 함께 상소해, 세제의 대리청정을 주장한 노론 4대신의 죄를 성토하여 신축환국을 주도하였다. 그 뒤 대사성·이조참의를 거쳐 참찬이 되었다. 1724년 영조가 즉위한 뒤 도승지가 되었으나 노론의 공격을 받고 유배되었다. 1728년(영조4) 이인좌가 청주에서 난을 일으키자 유배지에서 나와 반란에 가담한 태인현감 박필현(朴弼顯)의 군중으로 가 서울로 진군하려 하였다. 그러나 도중에 반란이 진압되었다는 소식을 듣고 죽도(竹島)에 숨었다가 잔당들과 다시 거사하려다가 무장현감 김몽좌(金夢佐)에게 붙잡혀 서울로 압송되어 능지처참되었다.

10) 심유현(沈維賢) : ?~1728. 본관은 청송(靑松)이다. 청은부원군(靑恩府院君) 심호(沈浩)의 아들이고, 경종의 첫 번째 왕비 단의왕후(端懿王后)의 동생이다. 1724년(영조 즉위)에 영천군수(永川郡守)에 임명되었다. 경종 승하 시에 입시하여 경종의 사인(死因)에 대해 의문을 제기하였는데, 이것이 무신란을 일으킨 반란 세력에게 중요한 명분이 되었다. 무신란 당시 담양부사로 재직하였는데 태인현감 박필현과 무장(茂長)에서 귀양 생활을 하던 박필몽 등과 모의하여 반란을 꾀하였다. 그러나 전주에서 체포되어 친국을 받다가

의 동생이다.- 을 사주하여 역적 김일경이 지은 반교문(頒敎文)에 있는 말12)을 조술(祖述)하여 음참(陰慘)하여 차마 들을 수 없는 말13)을 지어내 인심을 속이고 꼬드겨서, 기사년의 잔당[己巳餘孽]14)들과 함께 영남과 호남에서 합세하여

4월 4일 물고되었다.

11) 단의왕후(端懿王后) : 1686~1718. 경종의 왕비이다. 본관은 청송(靑松)으로, 아버지는 청은부원군(靑恩府院君) 심호(沈浩)이다. 1696년(숙종22) 세자빈(世子嬪)으로 책봉되었으나 경종이 즉위하기 2년 전에 병으로 죽었다. 1720년 경종이 즉위하자 왕후에 추봉되었다. 전호(殿號)는 영휘(永徽)라 하였으며, 1726년 공효정목(恭孝定穆)이라는 휘호가 추상되었다. 시호는 영휘공효정목단의왕후(永徽恭孝定穆端懿王后)이고, 능호는 혜릉(惠陵)으로, 경기도 구리시 인창동에 있다.

12) 역적 …… 말 : 1722년(경종2) 9월 21일 임인옥사(壬寅獄事)를 마무리하면서 종묘에 토역(討逆)을 고하는 교문을 반포하였는데, 이 교문은 당시 홍문관 제학이었던 김일경이 지어 올린 것이었다. 그 내용 중 특히 문제가 된 것은 왕위 계승을 놓고 골육간의 살육을 나타내는 '종무(鍾巫)'와 '접혈금정(蹀血禁庭)' 고사를 인용한 것이었다. '종무'란 춘추시대 정(鄭)나라 대부 윤씨(尹氏)가 받들던 신(神)을 가리키며, '종무의 변'이란 노나라의 공자 우보(羽父)가 환공(桓公)을 부추겨 은공(隱公)의 시해를 허락 받은 다음 은공이 종무를 모신 사당에 제사 지내러 가는 길에 자객을 시켜 살해한 일을 가리킨다. 환공은 은공의 서제(庶弟)이다. 《承政院日記 景宗 4年 4月 24日》《春秋左氏傳 隱公 11年》 즉 김일경은 노론 4대신을 공자 우보에, 영조를 환공에, 경종을 은공에 빗대어 말함으로써 임금인 형을 시해하는 데 동생이 관련되었음을 넌지시 나타내고자 이 고사를 인용한 것으로 해석되었다. 또한 '접혈금정', 즉 '대궐 뜰에 유혈이 낭자하여 피를 밟고 다닌다.'는 구절은 당나라 고조(高祖)의 장자 이건성과 그의 아우 이세민이 왕위를 다투다가 이세민이 현무문으로 들어가 이건성을 죽였을 때의 모습을 형용한 문구이다. 《資治通鑑 唐紀 高祖》《英祖實錄 즉위년 11月 9日》 이 고사의 인용은 사람들에게 왕세제 연잉군이 형인 경종을 죽이고 왕위를 차지하려는 음모에 가담하였음을 넌지시 암시하는 말로 받아들여졌다. 김일경이 찬술한 교문은 《경종실록 2년 9월 21일》 기사로 수록되어 있는데, '종무'는 사람들의 권개(勸改)로 인해 김일경 자신이 삭제하였지만 '접혈금정'은 은연 중 간접적인 표현으로 삽입되었다.

13) 음참(陰慘)하여 …… 말 : 영조가 경종을 독살하였다는 말을 가리킨다. 김일경과 목호룡이 복주되고 을사환국으로 노론 정권이 들어서자, 불안해진 소론 급진파는 흉언을 퍼뜨렸다. 1725년 1월 16일 행차길에 이천해(李天海)가 상언 형태로 경종독살설을 올렸다. 이유익(李有翼)과 박필현(朴弼顯)이 사주하고 심유현이 지었으며, 이익관(李翼觀) 형제, 민관효(閔觀孝), 이세홍(李世弘), 이일좌(李日佐) 등이 퍼뜨렸다고 한다. 이 흉언은 1728년 무신란을 비롯하여 각종 괘서에 등장하였고, 급기야 1755년 을해옥사 당시 신치운(申致雲)의 입으로 옮겨졌다. 경종독살설은 영조뿐 아니라 인원왕후에게까지 누명을 씌우는 형태로 발전하였다. 인원왕후가 동궁과 짜고 게장을 보냈다는 식의 풍문이 돈 것이다.

14) 기사년의 잔당[己巳餘孽] : 이인좌 등을 가리킨다. 기사환국(1689, 숙종15)은 장희빈의

세력을 과시하더니, 결국 군사를 일으키기에 이르렀다.

소론 가운데 탕평(蕩平)을 주창한 자들은 평소에 김일경의 당(黨)과 입장을 달리하여 주상 또한 의지하여 신임하였고, 이때 이르러 역도를 평정한 계책이 모두 소론에서 나왔지만 노론은 오히려 공로로 여기지 않고, 역적과 당을 맺었다고 의심하며 고집하기를 그치지 않았다.

○ 대사간 송인명(宋寅明)[15]이 아뢰기를,

"오늘날의 역변(逆變)은 실로 역적 김일경이 지은 교문에 그 근원을 두고 있습니다. 당초 무상(誣上)의 율(律)로 다스린 것이 그 흉역의 죄를 바로잡는데 부족하였으니, 청컨대 다시 고쳐서 대역(大逆)으로 감단(勘斷)하여 집을 허물고 못을 파는 등의 일을 법에 의거하여 거행하십시오."

하니, 주상이 그대로 따랐다.

기유년(1729, 영조5) 여름, 인정문(仁政門, 창덕궁 정문)에서 친국(親鞫)하였는데,[16] 입시(入侍)했을 때 주상이 대신 심수현(沈壽賢)[17]·이태좌(李台

소생이 원자(元子)로 책봉된 것을 계기로 남인이 주도권을 잡고서 인현왕후가 폐서인된 사건이었다. 이후 갑술환국(1694)으로 정국이 급변하면서 서인·노론이 정국을 주도하는 가운데 이들이 기사환국 당시 인현왕후 폐위를 적극적으로 저지하지 않은 불충을 저질렀다고 하면서 '명의(名義) 죄인'으로 몰아서 남인들의 중앙정계 진출을 가로막는 죄목으로 활용하였다.

15) 송인명(宋寅明) : 1689~1746. 본관은 여산(礪山), 자 성빈(聖賓), 호 장밀헌(藏密軒)이다. 경종대 세자시강원 설서(說書)로 있으면서 연잉군의 총애를 받았다. 영조가 즉위하자 탕평책에 적극 협조하였다. 노·소론을 막론하고 온건한 인물들을 두루 등용하여 당론을 조정·완화함으로써 영조의 두터운 신임을 받아, 좌의정에까지 올랐다.

16) 친국(親鞫)하였는데 : 1729년 8월 제천 사람 이석효(李錫孝)가 주머니 속에 역적의 글을 가지고 있다가 발각되어 처형당한 사건이다. 이때 영조가 직접 국문하였는데, 여기에 심수현 이하 대신들이 입시하자 영조가 이 사건을 당쟁의 폐단으로서 거론하였다.

17) 심수현(沈壽賢) : 1663~1736. 본관은 청송, 자 기숙(耆叔), 호 지산(止山)이다. 심억(沈檍)의 증손으로, 할아버지는 심약한(沈若漢), 아버지는 응교 심유(沈濡)이다. 경종대 공조판서

佐)18)·이집(李塈)19) 등에게 명하여 앞으로 나오게 한 뒤 하교하기를,

"근래 당습(黨習)에 대해서는 더 말할 것도 없고, 지난해 변란이 이미 여기에서 나왔는데, 오늘날 신자(臣子)로서 다시 당심(黨心)을 품을 수 있단 말인가? 저번에는 이도장(李道章)이 영남(嶺南)에서 나오더니20) 이번에는 이석효(李錫孝)가 나와서 감히 말할 수 없는 자리를 언급하였는데,21) 이는 모두 당목(黨目) 가운데에서 이루어지지 않은 것이 없다.

'탕평'이란 명칭이 나온 지 이미 오래되었지만 끝내 실효가 없다. 만약 내가 조정의 모습을 능히 조제(調劑)할 수 있었다면 어찌 이처럼 괴악(怪惡)한 무리들이 있을 수 있겠는가? 내가 경(卿)들을 볼 면목이 없을 뿐만 아니라, 실로 동조(東朝)22)를 뵐 면목조차 없다."

등을 거쳐 영조대 영의정 등을 역임하였다.

18) 이태좌(李台佐) : 1660~1739. 본관은 경주, 자 국언(國彦), 호 아곡(鵝谷)이다. 영의정 이광좌의 재종형이다. 1716년 윤선거 문제를 논하다가 노론 대간의 탄핵으로 파직되었다. 경종대 예조·호조판서 등을 거쳐, 영조대 좌의정 등을 역임하였다.

19) 이집(李塈) : 1664~1733. 본관은 덕수(德水), 자 노천(老泉), 호 취촌(醉村)이다. 이안눌(李安訥)의 증손, 한성판윤 이광하(李光夏)의 아들이며, 어머니는 영의정 심지원(沈之源)의 딸이다. 1684년(숙종10) 생원·진사시, 1697년 정시문과, 1707년 문과 중시에 모두 합격하여 청요직을 두루 거쳤다. 1710년(숙종36) 대사간으로서 최석정을 구원하였으며, 1721년 (경종1) 예조참판으로서 조성복의 일을 비판하였지만, 1724년에는 이건명의 혈당이고 민진원의 인척으로서 노론에 빌붙었다고 이광보(李匡輔)의 탄핵을 받았다. 1727년(영조 3) 예조판서가 되고, 1729년 우의정, 1730년 좌의정에 올라 영조 탕평책을 적극 협찬하였다. 시호는 충헌(忠憲)이다.

20) 이도장(李道章)이 …… 나오더니 : 1725년(영조 원년) 경상도 유생 이도장 등이 상소하여 유봉휘 등 역적의 죄를 바로잡으라고 청한 일을 가리킨다. 《英祖實錄 1年 7月 25日, 8月 20日, 9月 21日, 11月 9日》

21) 이석효(李錫孝)가 …… 언급하였는데 : 이석효는 제천(堤川) 사람으로 주머니에서 역적의 글이 나와서 국문 받고 처형되었다. 《英祖實錄 5年 8月 5日》 이석효의 공초에 인원왕후에 대한 언급은 찾을 수 없는데, 후일 영조가 말한 것에 따르면 대비인 인원왕후에게 건네려고 은화를 궐 안으로 들여온 일을 가리키는 것으로 보인다.

22) 동조(東朝) : 대비가 거처하는 궁궐을 가리킨다. 한나라 때에 황태후(皇太后)가 항상 머물던 장락궁(長樂宮)이 황제 거처인 미앙궁(未央宮) 동쪽에 있었던 것에서 유래하였다. 여기서는 숙종의 마지막 계비인 인원왕후(仁元王后, 1687~1757) 김씨를 가리킨다. 1701년 인현왕후가 죽은 뒤, 계비로 간택되어 1702년 왕비로 책봉되었으며, 숙종이 죽은 뒤

하였다. 심수현이 말하기를,

"마땅히 진정(鎭定)시킬 방도가 있겠지만 어찌 하루아침 저녁에 효과를 기대할 수 있겠습니까?"

하고, 이집이 말하기를,

"성상(聖上)께서 위에서 표준을 세워[建極] 조용히 개도(開導)하시면 만회하실 수 있을 것입니다."

하였다. 이태좌가 말하기를,

"여러 신하들에게 군신의 대의(大義)를 알린다면 자연스럽게 점차 말하지 않아도 교화될 것입니다."

하였다. 주상이 말하기를,

"당초에 당화(黨禍)는 파출(罷黜)23)에 불과하였는데, 중간에 이르러 멀리 유배 보내는데 이르렀고, 끝에 가서는 장살(戕殺)하였으니, 갈수록 더욱 심해졌다. 영의정24)과 영부사25)가 들어오면 내가 조용히 물어서 의론하려 하였는데 아직도 조정에 나올 기미가 없으니 어찌하겠는가? 반드시 영의정과 영부사가 이른 뒤에 내가 하고자 하는 것을 함께 소상히 처리하게 되면 경들을 볼 수 있겠지만, 그렇지 않으면 다시는 경들을 만날 생각이 없다."

하였다.

왕대비가 되어 영조의 왕위계승에 결정적 역할을 하였다.

23) 파출(罷黜) : 현직을 파면하는 동시에 관등(官等)을 폄하하다.

24) 영의정 : 홍치중(洪致中, 1667~1732)을 가리킨다. 경종 초 신임옥사로 탄핵을 받고 홍주목사로 좌천되었다가 영조가 즉위한 뒤 노론이 재집권하자 지돈녕부사로 복귀하였다. 1729년(영조5)에 이광좌가 사직하고 영부사가 된 뒤 영의정에 올랐다. 노론이면서도 소론에 대한 정치적 보복에는 반대해 영조의 두터운 신임을 받았다.

25) 영부사 : 이광좌(李光佐, 1674~1740)를 가리킨다. 1721년(경종1) 세제 연잉군의 대리청정을 적극 반대하였다. 1725년(영조1) 노론 집권으로 파직되었다가 1727년에 정미환국으로 소론정권이 등장하자 다시 영의정에 올랐는데, 1729년 조태채의 아들인 조도빈의 공격을 받고 사직하여 영부사가 되었다. 1730년 노론 민진원과 제휴하여, 노론과 소론의 연립정권을 세웠다. 1740년(영조16) 영의정으로 재직하던 중 삼사가 합계(合啓)하여 '호역(護逆)'이라고 탄핵하자 울분 끝에 단식하다가 죽었다. 1755년(영조31) 나주벽서 사건으로 소론이 탄압을 받을 때 관작이 추탈되었다.

○ 진사 신집(申鏶) 등이 상소하여 죽은 스승 이희조(李喜朝)[26]가 참혹하게 무함 받고 유배되어 서쪽 변방[27]에서 죽었으니 시원하게 억울함을 풀어달라고 청하였다.

○ 부수찬 이양신(李亮臣)[28]이 상소하여 신축년(1721, 경종1) 연잉군으로의 건저(建儲)[29]와 대리청정[代理]의 의리가 광명정대하였고, 이를 위해 연명으로 차자를 올린 대신들은 충성스러운 절개가 있었는데도 억울하게 죽었다고 말하면서 영의정 이광좌(李光佐)의 12가지 죄를 논하였다. 그 대략적인 내용은 다음과 같다.

"충현(忠賢)의 원한을 풀어주지 않으면 도리어 흉역(凶逆)의 논의가 펼쳐질 것이니 장차 닥쳐올 근심은 작년에 그치지 않을 것인데, 전하의 명달(明達)하심으로도 오늘날 권력을 잡은 대신의 견제를 받아서 그런 것은 아닙니까?

아! 신축년 대리청정을 의논할 때에 힘껏 저지하며 '나라가 반드시 망할 것이다.' 하였습니다. 임인년(1722, 경종2) 무옥(誣獄)[30]이 일어나자 전하를

---

26) 이희조(李喜朝) : 1655~1724. 본관은 연안(延安), 자 동보(同甫), 호 지촌(芝村)이다. 이단상(李端相)의 아들이며, 송시열 문인이다. 1721년(경종1) 신임옥사로 영암(靈巖)에 찬배되었다가 1723년 11월 철산(鐵山)으로 이배(移配) 도중 정주(定州)에서 죽었다.

27) 서쪽 변방 : 원문은 "西塞"이다. 서쪽의 요새로서 의주(義州) 등을 가리키는데, 여기서는 이희조가 사망한 평안도 정주를 가리킨다.

28) 이양신(李亮臣) : 1689~1739. 본관은 연안(延安), 자는 원량(元亮)이다. 이정구(李廷龜)의 현손, 이단상(李端相)의 손자이고, 아버지는 이희조(李喜朝), 어머니는 영의정 김수흥(金壽興)의 딸이다. 1715년(숙종41) 진사가 되고, 1721년(경종1) 내시교관, 1726년(영조2)에 공조좌랑 등을 역임하였다. 1727년 증광문과에 급제하여 홍문관 부수찬이 되었다. 1729년 부수찬 재직시 12개 항목에 걸쳐 이광좌의 죄목을 열거하여 탄핵하였다. 이 일로 유배되었다가 얼마 뒤 방면되었다. 그 뒤로 예조참의 등을 역임하였다. 저서로는 《대간공유고(大諫公遺稿)》가 있다.

29) 건저(建儲) : 왕위 계승자를 정하던 일이다. 즉 세자나 황태자를 세우는 것을 말한다.

30) 임인년(1722, 경종2) 무옥(誣獄) : 임인옥사를 가리킨다. 신축환국(1721)으로 노론 4대신을 유배 보내고 나서 이듬해인 임인년에 목호룡이, 노론이 경종을 시해하려 하였다는 '삼수설(三手說)'을 고변하여 노론 4대신을 비롯한 60여 명을 처형하였고, 이외 170여 명을 유배 또는 치죄하였다. 노론 측에서는 이 옥사가 거짓을 날조하여 이루어졌다고

무함하고 핍박하는 내용의 흉악한 공초를 반드시 단련(鍛鍊)해 내고야 말았으니, 이것이 그 첫 번째 죄입니다.

역적 김일경의 죄악이 이미 드러났는데도 병조판서에 의망(擬望)하였는데31) '인용한 구절의 출처를 알지 못했다.' 하지만 문형(文衡)을 능히 주관한 자가 어찌 일찍이 이전의 역사를 읽지 않았겠습니까?32) 또한 '그 기세를 두려워하였다.' 하지만 병권을 맡기려고 호부(虎符)33)를 전하여 돕는 것과 어찌 다르겠습니까? 이것이 그 두 번째 죄입니다.

정미년(1727, 영조3)에 다시 영의정이 된 뒤 맨 먼저 4대신(四大臣)을 추죄(追罪)해야 한다는 논의를 주장하여 난적(亂賊)에게 구실거리를 만들어 주었으니, 이것이 그 세 번째 죄입니다. 김일경의 상소에 연명한 오적(五賊)34)을 감히 육지로 내보내야 한다고 청하여35) 뒷날 군사를 일으키는 계책을 성사시켜 주었으니, 이것이 그 네 번째 죄입니다. 괘서(掛書)의 변(變)이 발생한 이후

하면서 '무옥(誣獄)'이라 하였다.

31) 병조판서에 의망하였는데 : 이광좌는 경종대 김일경을 병조판서에 의망한 것이 당시 형세상 어쩔 수 없었다고 영조 앞에서 변명하고 사죄하였다. 《英祖實錄 3年 9月 18日》

32) 인용한 …… 않았겠습니까 : 홍문관 제학이던 김일경이 임인년 옥사를 처리하고 반포한 교문을 지었는데 인용한 구절에 대한 비판이 경종대부터 나왔다. 그러자 김일경이 당시 교문을 짓는 것은 자신의 임무가 아니었는데 형편상 어쩔 수 없이 짓게 된 것이고, 인용한 문자의 출처 등도 잘 기억하지 못해 주변에서 알려 주었다고 변명하였다. 《景宗實錄 3年 4月 4日》

33) 호부(虎符) : 군사를 발병할 때 사용하던 병부(兵符)이다. 한쪽 면에는 '발병(發兵)'이라 쓰고, 반대 면에는 '모도 관찰사(某道觀察使)', 또는 '모도 수륙 절제사(某道水陸節制使)'라고 썼다. 그리고 그 한가운데를 쪼개어 우부(右符)는 해당 책임자에게 주고, 좌부(左符)는 중앙의 상서사(尙瑞司)에 두었다가, 임금이 발병할 때 이 좌부를 내려보내어 우부와 맞추어 본 뒤 병력을 동원하였다.

34) 오적(五賊) : 1721년(경종1) 12월 6일 김일경과 함께 노론 4대신의 처벌을 청하는 상소를 올린 박필몽, 이명의, 이진유, 윤성시, 서종하, 정해를 노론 측에서 소하육적(疏下六賊)이라 불렀는데, 그중 정해가 1725년(영조1)에 먼저 죽었기 때문에 다섯 명의 역적이라 한 것이다.

35) 육지로 …… 청하여 : 1727년(영조3) 10월 6일에 이진유, 박필몽, 윤성시, 정해, 서종하, 이명의를 육지로 내보내도록 명하였는데, 이는 영부사 이광좌 등의 청에 따른 것이었다. 《英祖實錄 3年 10月 6日》

조금도 놀랍게 여기고 통탄해 하는 기색 없이 즉시 체포를 청하지 않았으니, 이것이 그 다섯 번째 죄입니다.

남태징(南泰徵)[36]을 어영대장(御營大將)에 발탁하여 의망한 것은 이미 차례를 뛰어넘은 인사였음에도 힘을 써가며 추천하여 반드시 병권을 주려고 하였는데, 맨 마지막에 가서 내응(內應)한 자가 과연 이 역적이었습니다. 이사성(李思晟)[37]을 평안도 병마절도사[西閫]에 말망(末望)[38]으로 의망하여 천망(薦望)이 이미 정해졌는데도 재삼 왕복하며 반드시 수의(首擬)[39]를 요구하여 마침내 중요한 진(鎭)을 맡기기에 이르러, 호복(胡服)을 가장한 흉악한 시도[40]가 나온 것은 다른 사람 때문이 아니었으니, 이것이 그 여섯 번째 죄입니다.

홍계일(洪啓一)[41]은 곧 그의 문도(門徒)로서 곧장 성상의 하교[上敎]라며 형문

---

36) 남태징(南泰徵) : 1677~1728. 1724년(영조 즉위) 훈련도정이 되었으나, 소론의 심복이 되었다 하여 한때 파직 당하였다. 정미환국(1727)으로 소론이 중용되자, 포도대장으로 복직되었다. 이듬해 무신란 때 서울에서 내응하기로 했다는 혐의를 받아 참형되었다.

37) 이사성(李思晟) : 1678~1729. 본관은 전주(全州), 자는 경숙(景叔)이다. 1702년(숙종28) 별시무과에 급제하여, 함경도 병마절도사 등을 거쳐 1727년(영조3) 평안도 관찰사를 지냈다. 이듬해 무신란 당시 총융사 김중기(金重器), 금군별장 남태징 등과 모의하여 병사를 이끌고 서울로 쳐들어갈 계획을 세웠다가 사전에 발각되어 체포되었고, 이듬해 3월 참형되었다.

38) 말망(末望) : 의망(擬望)의 삼망(三望) 중 맨 마지막 망에 쓴 것을 말한다. 관원을 임명하여 정할 때 합당하다고 생각되는 것을 순서대로 수망(首望)·차망(次望)·말망이라 하였다.

39) 수의(首擬) : 의망의 삼망 중 맨 첫 망에 쓴 것을 말한다.

40) 호복(胡服)을 …… 시도 : 조세추(曺世樞)의 공초에 의하면 평안도의 군대는 호병(胡兵)처럼 꾸며가지고 올라온다고 진술하였다. 《英祖實錄 4年 4月 16日》

41) 홍계일(洪啓一) : 생몰년은 미상이고, 본관은 남양(南陽)이다. 1717년(숙종43) 송시열의 이름을 함부로 부르며 헐뜯고 욕한 죄목으로 귀양 갔다. 1723년(경종3) 식년 생원·진사시에 모두 합격하였으나 앞서 있었던 송시열을 욕한 죄목으로 노론에 의해 수십 년간 공론(公論)의 대상이 되다가 1747년(영조23) 삼사(三司)에서 신임옥사를 일으킨 김일경·목호룡의 역절에 관계된 사람을 탄핵할 때 남태징·이사성·이명언·권익관 등과 함께 그 일파로 지목되었다. 당시 영조가 죄인들을 작처(酌處)하면서 홍계일에 대해서는 '몇 차례 형문(刑問)한 뒤에 다시 살펴보겠다.'라고 하였다. 그러나 이광좌는 다시 품(稟)하여 처분(處分)을 기다리지 않고 멋대로 상교(上敎)로 인한 것이라며 형문을 정지, 생살(生殺)을 조종(操縱)하며 제 뜻에 하고 싶은 대로 하였다는 비난을 받았다. 《英祖實錄 5年 1月 20日, 3月 15日, 23年 8月 16日》

을 정지하라고 써 내어, 생살(生殺)을 조종(操縱)하며 오로지 제 뜻대로 하였으니, 이것이 그 일곱 번째 죄입니다. 역적 황부(黃溥)가 배[船]를 꾸민 짓은 실지로 권익관(權益寬)[42]의 지휘를 받은 것이니[43] 한 곳에서 대질(對質)시키는 일은 옥체(獄體)에 있어서 그만둘 수 없었습니다. 그런데 역적 권익관은 끝내 잡아 오기를 청하지 않았고 역적 황부는 조급히 서둘러 박살(撲殺)하였으니, 이것이 그 여덟 번째 죄입니다.

북로(北路)의 안무사(按撫使)[44]가 역적 권익관의 역절(逆節)을 조사하여 밝혀내자, 동료 정승[僚相]이 변통할 것을 아뢰어 그곳에 머물러 재차 안찰(按察)하게 했던 것은 참으로 마땅한 일이었습니다. 그런데 급하게 차자(箚子)를 올려 조사하는 일을 방해하였으니, 비록 '권익관을 위한 것이 아니다.' 하였지만 누가 믿겠습니까?[45] 이것이 그 아홉 번째 죄입니다.

---

42) 권익관(權益寬) : 1676~1730. 본관은 안동(安東), 자 홍보(弘甫)이다. 김일경의 지친이자, 박필현의 매서(妹婿)였다. 1724년(영조 즉위) 승지를 거쳐 1727년 함경감사를 지냈다. 1728년 무신란 당시 황부(黃溥)를 시켜 배를 만들어 변란에 활용하려 했다는 혐의를 받아 외딴섬에 유배되었다가 이듬해 풀려났다. 그러나 사간원의 탄핵을 받아 또다시 변방에 정배되었고, 1735년 관작이 회복되었으나, 1776년 다시 반역의 죄상이 추궁되어 관작이 추탈되었다.

43) 역적 …… 것이니 : 권익관은 1728년(영조4)에 이인좌의 난이 발생하기 직전에 함경감사가 되었는데, 박창제(朴昌悌), 한성흠(韓聖欽), 황부 등과 연락을 취하여 비밀 모의를 한 후 섬에 들어가서 배를 제조하고 영하(營下)에서 군졸을 훈련시켰으며 간장으로 무명을 물들이고 군량미로 마른 식량을 만들었다. 이런 사실이 안무사 윤헌주(尹憲柱)에 의해 발각되었다. 《英祖實錄 5年 1月 20日, 2月 29日, 10月 16日, 6年 6月 10日》

44) 안무사(按撫使) : 지방에 특사로 파견하던 관직이다. 일반적으로 북감사(北監司)라 불렸으며, 당하관일 경우에는 안무어사(安撫御使)로도 불렸다. 전쟁이나 반란 직후 민심 수습을 위하여 파견되었다. 1728년(영조4) 무신란을 평정한 뒤에도 충청도 민심 안정을 위하여 안무사를 파견하였다.

45) 북로(北路)의 …… 믿겠습니까 : 권익관이 이인좌의 난이 발생하기 직전, 반역을 주도한 박창제·한성흠·황부 등과 연락을 취하여 비밀 모의를 한 후 섬에 들어가서 배를 제조하고 영하(營下)에서 군졸을 훈련시키며 간장으로 무명을 물들이고 군량미로 마른 식량을 만든 사실이 안무사인 윤헌주에 의해 발각된 일을 가리킨다. 당시 윤헌주는 상소하여 권익관의 죄에 대해 구체적인 언급을 안 함으로써 권익관의 죄에 대한 논란을 불러일으키고, 풀어주게 되는 결과를 낳았다. 윤헌주(尹憲柱, 1661~1729)의 본관은 파평(坡平), 자 길보(吉甫), 호 이지당(二知堂)이다. 도승지·형조·호조판서 등을 역임하였다. 《英祖實錄

역적 박필몽이 육지로 나와 이미 군사를 일으켰으니, 이전에 비록 비호하였더라도 지금은 마땅히 징토[懲討]해야 하는데도, '성상을 향한 충성스러운 마음[赤心]'이 있다고 하면서 이진유(李眞儒)[46]를 크게 치켜세워서 역적 김일경의 종자(種子)를 남겨두려 하였으니, 이것이 그 열 번째의 죄입니다.

이명언(李明彦)이 신하로서의 절개가 없다는 것은 나라 사람들이 다 알고 있는데도 심지어 죄적(罪籍) 가운데서 빼내어 특별히 전대(專對)[47]의 임무를 맡겼으니, 이것이 그 열한 번째 죄입니다.

국문하는 일을 지체하여 천토(天討)를 오래도록 멈추어 세우고 여러 차례 들락날락 거리다가 끝내 스스로 담당하지 않았습니다. 임인년의 무옥 때는 팔을 걷어 부치고 앞장섰었는데, 오늘날 죄를 다스릴 때는 문을 닫아 걸고 아무런 관계가 없는 듯이 보고 있으니, 어찌하여 김일경과 목호룡을 위해 도륙(屠戮)할 때는 서둘렀다가 전하를 위해 주토(誅討)할 때는 느슨하게 처리한단 말입니까? 이것이 그 열두 번째 죄입니다.

아! 무장이 얼마나 많다고 병권을 받은 자가 모두 역괴(逆魁)이며, 인재가 얼마나 많다고 그 돌아보며 의지한 자가 적당(賊黨)이 아닌 자가 없습니다. 인재를 알기가 원래 쉽지 않으니 우연히 한번 그런 것이라면 혹 그럴 수 있습니다만 사람마다 이와 같고 일마다 이와 같으니 어찌 이상하지 않겠습니까?

그런데도 전하께서 오히려 깨닫지 못하고, 반란을 불러일으킨 죄를 마치 난을 평정한 공처럼 여기고, 총애가 날로 더하여 더욱 전적으로 위임하여서 당여가 세력을 이루고 위복(威福)이 아래로 내려가기에 이르렀습니다. 어찌

5年 1月 20日, 2月 29日, 10月 16日, 6年 5月 26日, 6月 10日》

46) 이진유(李眞儒) : 1669~1730. 본관은 전주(全州), 자 사진(士珍), 호 북곡(北谷)이다. 이경직(李景稷)의 증손, 이정영(李正英)의 손자, 참판 이대성(李大成)의 아들이다. 1724년 경종이 죽자 이조참판이 되어 고부 겸 주청사(告訃兼奏請使)의 부사로 청나라에 다녀왔다. 이듬해 노론이 등용되자 유배되었다가 압송되어 문초를 받던 중 옥사하였다.

47) 전대(專對) : 사신으로 나가서 독자적으로 응대하며 일을 잘 처리하는 것을 말한다. 1728년 1월에 청나라에 사신 간 진주부사(陳奏副使) 이명언(李明彦)이 무신란과 관련이 있음을 지적한 것이다.

그 죄를 바로잡아 팔방(八方)에 사죄하도록 하지 않고 멋대로 하도록 한결같이 맡겨서 위망(危亡)의 화를 더하신단 말입니까?"

상소가 들어가자 주상이 이양신을 불러들여 상소 내용에 대해 낱낱이 묻자, 이양신이 지적하는 대로 우러러 대답하였다. 주상이 노하여 말하기를, "네가 스스로 충역(忠逆)을 잘 안다고 말하는데, 서덕수(徐德修)[48]와 정인중(鄭麟重)[49]의 무리는 충신인가? 역적인가? 당초 갖가지 계책으로 배척하며 혹시라도 김일경의 무리에 들어갈까 염려한 자는 서덕수와 정인중이었다. 김일경과 박필몽을 알지 못하고 경솔히 발탁하여 등용한 일은 영의정 이하에 대해 나 또한 그르게 여겼다."

하였다. 이어서 이양신을 체차(遞差)하라고 명하였다가 다시 입직한 홍문관[玉堂]을 불러 국문하는 것이 마땅한지 여부를 물었다. 이종성(李宗城)[50]이

---

48) 서덕수(徐德修) : 1694~1722. 본관은 대구(大丘)이며 자는 사민(士敏)이다. 달성부원군 서종제(徐宗悌)의 손자이며, 영조의 비 정성왕후(貞聖王后)의 조카이고, 군수(郡守) 서명백(徐命伯)의 아들이다. 1722년 임인년 옥사 당시 김창도·이정식·조흡 등이 승복한 초사(招辭)에서 서덕수가 독약을 사용하여 경종을 시해하려는 역모에 참여하였다고 진술하였다. 이 일로 김용택·심상길·이천기·정인중 등과 함께 국청에 잡혀가 심문을 당하였으며, 29세에 사형 당하였다. 1738년(영조14)에 무고하다는 사실이 밝혀져 신원이 회복되었다. 이후 집의(執義)에 추증되었으며, 이조참판에 가증(加贈)되었다.

49) 정인중(鄭麟重) : 1674~1722. 본관은 경주(慶州), 자는 숙저(叔雎)이다. 증조부는 호위대장(扈衛大將) 정흔(鄭昕)이고, 조부는 회인현감(懷仁縣監) 정백기(鄭伯基)이다. 부친은 참봉(參奉) 정이상(鄭爾尙)이고, 생부는 정이량(鄭爾亮)이다. 음사(蔭仕)로 벼슬살이를 시작하여, 관직은 의영직장(義盈直長)에 올랐다. 1722년(경종2) 목호룡의 고변에 의하면 정인중은 김용택·이기지·이천기·홍의인 등과 함께 지상궁(池尙宮)에게 은(銀)을 주고서 임금에게 독약을 먹이려고 했다는 한다. 이 일을 계기로 그는 국청(鞠廳)에 잡혀 들어가 심문 끝에 결국 사형을 당하였다.

50) 이종성(李宗城) : 1692~1759. 본관은 경주(慶州), 자 자고(子固), 호 오천(梧川)이다. 이항복의 5세손, 이세필(李世弼)의 손자, 좌의정 이태좌의 아들이다. 1711년(숙종 37) 진사가 되고, 1727년(영조3) 증광문과에 급제하여 예문관 설서가 되었으며, 이듬해 박문수와 함께 붕당의 폐단을 논하였다. 그 뒤 1744년 이조판서 등을 거쳐 1752년 영의정에 올랐다. 1758년 영중추부사가 되어 장헌세자(莊獻世子)를 보살폈다. 장조(莊祖)의 묘정에 배향되었고, 저서로 《오천집》이 있다. 시호는 효강(孝剛), 뒤에 문충(文忠)으로 개시(改諡)되었다.

말하기를,

"이양신의 말은 곧 고변서이므로, 신은 이를 보고서 간담이 서늘하였습니다. 그러나 그는 이미 경악(經幄)의 반열에 있으니, 국문은 불가합니다."

하고, 김상성(金尙星)[51]은 말하기를,

"이 상소는 거짓을 꾸며 근거 없는 일을 날조하여 12가지 죄를 조목조목 열거하였는데, 오로지 영의정을 모함하는 내용입니다. 전하께서 이미 그 정상을 밝게 알고 계시니 국문은 불가합니다."

하니, 주상이 그대로 따라서, 이양신을 멀리 변방으로 유배 보내라고 명하였다.

○ 영의정 이광좌가 상소하여 대략 다음과 같이 말하였다.

"이양신의 상소에서 신의 죄, 12가지를 거론하였는데, 그 가운데 약간의 조항은 전후 상소와 계사에서 거듭 나와서 신은 이미 분명하게 진달하였으므로 지금 감히 일일이 조항을 따라서 변명하지 않겠습니다.

그러나 '대리(代理)의 논의를 힘껏 막았다.'고 말한 것은 가장 터무니없습니다. '선왕(先王)께서 정무(政務)를 그만두시는 것을 쟁론(爭論)하였다.' 하지 않고, '성상의 대리청정을 막았다.' 한 것은, 이것으로써 무함하는 자료로 삼기 위한 것인데, 이것은 성상께서 하늘에 떠 있는 해처럼 지극히 명철하여 이미 그 속내를 밝게 알고 계시다는 것을 몰랐으니 이 또한 안타깝습니다.

그 무리들이 처음에 정청(庭請)하였고 신 또한 따라서 참여하였으니,[52] 그 말과 같다면 정청 또한 대리청정을 막으려는 데서 나왔다는 말입니까? 장차 그 명을 받들려 하였다면 정청은 왜 했으며, 이미 정청해 놓고서 차자(箚子)를 올린 것은 무엇 때문입니까? 그리고 이미 차자로 절목(節目)을 청하고서

---

51) 김상성(金尙星) : 1703~1755. 본관은 강릉(江陵), 자 사정(士精), 호 도계(陶溪)·손곡(損谷)이다. 판서 김시환(金始煥)의 아들이다. 1723년(경종3)에 진사가 되고, 그해 정시 문과에 장원한 뒤 영조대 승지·대사성을 거쳐 1755년 이조판서에 올랐다. 시호는 문헌(文憲)이다.
52) 그 …… 참여하였으니 : 경종이 1721년 세제인 연잉군에게 대리청정을 명하자 당시 영의정 김창집 이하 모든 신료들이 그것에 반대하여 정청(庭請)한 일을 말한다.

또 어찌하여 남을 따라 들어가 번잡하게 사죄하고 다시 환수하라고 청한단 말입니까?[53]

김일경을 토벌하지 못한 일은 신이 지극히 통탄스럽고 한스럽게 여기고 있습니다만, 승진시켜 의망[陞擬]한 것은 진실로 곡절이 있었습니다. 신과 김일경은 아득하여 교류가 없었는데도 그의 상소문에 오를 정도로[54] 그는 항상 신을 죽이려는 마음을 품고 있었으니, 얼음과 숯불처럼 서로 용납하지 못하고 관계가 먼 사이에[55] 그칠 뿐만이 아니었습니다. 신이 김일경의 일에 대해 능히 직분을 다하지 못했던 것은 진실로 죄입니다만 만약 김일경을 조종했다고 신을 허물한다면 인심이 반드시 승복하지 않을 것입니다.

남태징과 이사성을 추천하여 의망한 것은 눈이 있으면서도 효경(梟獍)[56]인 줄 알지 못하였으니, 참으로 장수규(張守珪)의 감별(鑑別)이 어두웠던 일[57]보다

---

53) 장차 …… 말입니까 : 경종이 1721년 10월 조성복 상소를 계기로 세제에게 대리청정을 명하였는데, 좌참찬 최석항이 청대하여 반대하자 철회하였다. 그런데 이것을 두고 노·소론 사이의 다툼이 격해지자 다시 대리청정을 명하였다. 이에 노·소론을 막론하고 상소하여 반대하였으며, 나흘 동안 정청하다가 김창집 등이 연명으로 차자를 올려서 숙종대 1717년 세자가 대리했던 절목을 따르라고 청하여 경종의 허락을 받았다. 그런데 우의정 조태구가 선인문으로 들어가서 경종에게 대리청정의 명을 거두라고 설득하였는데, 이때 김창집 등도 역시 따라 들어가서 대리청정의 명을 거두어 달라고 다시 청한 일을 가리킨다. 소론 측에서는 당시 노론이 대리청정에 반대하여 정청했다가 대리청정을 받아들이는 연차를 올리고 또 대리청정을 반대하는 등 왔다갔다 한 것은 경종에 대해 다른 마음을 품었기 때문이라고 보았다.

54) 신과 …… 정도로 : 1722년(경종2) 4월 이광좌가 대제학이 되고, 김일경이 홍문관 제학이 되었는데, 이로 인해 김일경이 이광좌 등에게 앙심을 품고 1723년 4월 상소하여 비판한 일이 있었다. 《景宗實錄 2年 4月 11日, 11月 22日, 3年 4月 4日》

55) 관계가 먼 사이 : 원문은 "燕越"이다. 연과 월은 모두 중국 옛 춘추시대 나라 이름이다. 연은 황하의 북쪽, 지금의 북경(北京) 근처였고 월은 남쪽에 있어, 서로 멀리 떨어진 것을 이르는 말이다.

56) 효경(梟獍) : 효는 어미새를 잡아먹는 올빼미, 경은 아비를 잡아먹는 짐승이다. 배은 망덕하고 흉악한 인물을 가리킨다.

57) 장수규의 …… 일 : 당나라 안녹산(安祿山)이 오랑캐를 치다가 군율(軍律)을 범하여 패전하였지만, 절도사 장수규가 그의 용맹을 아껴 살려 주었다. 결국 이 일이 천보(天寶)의 난(亂)이 발생하게 된 빌미가 되었던 것이다. 장수규가 뒤에 안녹산이 배반할 줄을 몰랐다고 한 것처럼 이인좌가 반란을 일으킬 줄을 몰랐음을 자책하는 말이다.

심히 부끄러워 신은 장차 죽을 때까지 스스로 반성해야 할 일입니다. 황부가 배를 만들었다는 일은 반드시 먼저 배를 만들어 역모를 꾸민 단서를 가지고 국문한 뒤에야 바야흐로 잡아 오기를 청할 수 있는데, 황부가 자복하지 않고 갑자기 죽었으니, 권익관을 무슨 혐의로 경솔히 잡아들일 수 있었겠습니까?

이진유의 주상을 향한 성심(誠心)은 유독 신만 말한 것이 아니라 조정에서 말하는 자가 많았으니, 정석삼(鄭錫三)58)의 연주(筵奏)59)와 정우량(鄭羽良)60)의 상소를 보더라도 또한 알 수 있습니다. 또 '병권을 받은 자가 모두 역괴'이며, 그 '돌아보며 의지한 자가 적당이 아닌 자가 없다.' 하면서 '반란을 불러일으켰다.' 지목하였으니, 어찌 차마 이런 말을 할 수 있습니까?

오랫동안 묘당(廟堂)과 인사 담당 기관에서 근무하였으므로 관원 명부[朝籍]에 있으면서 관직 경력이 괜찮은 자라면 저의 추천과 의망을 한번이라도 거치지 않은 사람이 누가 있겠습니까? 그런데 이것을 가지고 '반란을 불러일으켰다.' 지목한다면 작년에 장수를 임명하여 군대를 보낼 적에 대소 장령(將領)들은 신이 추천하여 의망한 자들이 많은데, 이것을 가지고 또한 신에게 역적을 평정한 공을 돌리겠습니까?

---

58) 정석삼(鄭錫三) : 1690~1729. 본관은 동래(東萊), 자는 명여(命汝)이다. 정태화(鄭太和)의 증손이다. 숙종대 병조정랑, 경종대 사간 등을 역임하였다. 1725년(영조1) 승지가 되었는데, 경종의 질병을 포고하는 것에 반대하여 상소하였다. 이로 인해 탄핵을 받고 절도에 안치되었다가 같은 해 방면되었다. 1727년 승지에 특별 임용되어 예조참판 등을 역임하였다. 이 기간 동안 그는 탕평책의 한 방법으로 전선(銓選)의 바른 시행을 논하였다.

59) 연주(筵奏) : 조강(朝講)·주강(晝講)·석강(夕講)과 같은 경연(經筵) 및 임금을 대하는 자리에서 임금에게 시사(時事) 혹은 정책 등에 대한 의견을 직접 아뢰는 일이다. 1728년 1월 17일 주강에서 정석삼은 탕평의 이름으로 김일경 상소에 연명하였다가 처벌받은 이진유 등 5인을 관대하게 용서해달라고 청하였다. 《英祖實錄 4年 1月 17日》

60) 정우량(鄭羽良) : 1692~1754. 본관은 연일(延日), 자 자휘(子翬), 호 학남(鶴南)이다. 판서 정수기(鄭壽期)의 아들이며, 좌의정 정휘량(鄭翬良)의 형이다. 1723년(경종3) 증광문과에 급제하여, 1749년(영조25) 병조판서를 거쳐 우의정에 올랐다. 영조의 딸 화완옹주(和緩翁主)의 남편인 일성위(日城尉) 정치달(鄭致達)의 아비이다. 시호는 문충(文忠)이다. 1729년 정월에 정우량이 상소하여 이진유가 성격이 편협하고 당론을 일삼는 문제가 있지만 그 국가를 위한 충성심만은 믿을 수 있다고 하였다. 《英祖實錄 5年 1月 17日》

정미년(1727, 영조3) 이후 신은 이전의 일을 탕척(蕩滌)하려는 성상의 뜻을 받들어 한쪽 편[노론]의 허물에 대해서도 일체 묻지 않았고, 신 자신의 사사로운 감정도 전혀 가슴에 담지 않았습니다. 반란 뒤에는 정승을 뽑거나 인사 담당관을 추천하고 백관을 임명할 때 크게 섞고 두루 합하여 아마도 신을 원망하고 미워하는 자가 없을 것 같았습니다.

정미년 10월 6일 대처분[61]은 진실로 성상께서 의리의 권도(權度)를 크게 발휘하신 것이어서 천지에 세워도 어그러지지 않고, 만세에 드리워도 더욱 빛날 것이니, 그 성학(聖學)과 밝은 식견[睿識]은 여러 임금 가운데에서도 뛰어나서 더 이상 찬양하는 말이 필요 없을 정도입니다.

그 일을 돌아보면 마침 신이 조정에 나온 뒤에 있었고, 이듬해 봄에 한 명을 삭탈관작하고 두 명을 유배 보낸 일[62]은 신이 경연에서 아뢴 뒤에 다시 나왔으니, 이로 인해 노여움을 사서 저들의 원한이 뼈 속에 사무쳤을 것입니다. 당초 시의(時議)가 혹 대방(大防)[63]을 늦추려는 기색을 보였습니다만, 신은 을사년(1725, 영조1) 뒤의 일에 대해서 반역의 죄안 이하는 한꺼번에 모두 탕척해 주고 전혀 거론하지 않아서 넓고도 큰 관대함을 보인 것이 이보다 더할 수는 없다고 생각하였는데, 만약 대처분(大處分)[64]이 한번 동요하게 되면 이륜(彝倫)이 무너져 나라가 나라답지 못하게 될 것이니 무엇을

---

61) 정미년 …… 대처분 : 영조 즉위 후에 김창집 등 노론 4대신에 대해 설원(雪冤)하여 시호를 내려 주고 사우(祠宇)도 세웠는데, 정미(1727, 영조3)에 4대신에 대한 논의가 다시 불거져 결국 관작을 추탈하고 증시(贈諡)를 환수하며 서원을 철폐한 것을 가리킨다. 《英祖實錄 3年 10月 6日》

62) 한 …… 일 : 조태채의 관작을 삭탈한 일과 정호와 민진원을 유배 보낸 일을 말한다. 《英祖實錄 4年 1月 20日》

63) 대방(大防) : 넘치지 못하도록 막는 큰 제방(隄防)이라는 뜻이다. 대체로 예법(禮法)을 이르는 말이다. 여기서는 경종대 노론 4대신을 비롯한 당인들이 경종에게 충성을 바치지 않은 죄인이라는 원칙을 말한다. 1728년 이인좌의 난 이후 소론 내부에서도 이러한 원칙을 굽혀서 노론에 대한 처벌을 철회하거나 완화해야 한다는 논의가 나왔다는 것을 알 수 있다.

64) 대처분(大處分) : 앞서 나온 1727년 정미환국 이후 노론 4대신을 다시 처벌한 일을 가리킨다.

할 수 있겠습니까?

　이로 인해 원망과 비방이 이르지 않는 곳이 없어서 반드시 갚아야 할 원수처럼 보고, 온갖 수단으로 억지로 꾸며내어 신을 바로 섬멸하여 제거해야 하는 죄과에 몰아넣으려 하니 심하다고 할 만 합니다. 신 또한 근심과 걱정이 쌓이니 어찌 사서 구덩이에 빠지려 하겠습니까?

　세상만사가 모조리 사라져버려도 지키고자 하는 것은 단지 바로 이 의리의 두뇌처[頭顱][65]뿐인데, 또 다시 훼손한다면 그 사람다움을 잃게 될 것입니다. 오로지 이것을 끌어안고 죽어서 백세의 공의(公議)를 기다릴 뿐이니, 어찌 능히 화(禍)나 복(福)으로 움직일 수 있겠습니까?"

　주상이 우악(優渥)[66]하게 비답(批答)하고, 위로하여 타일러 달래주었다.

　○ 정언 오원(吳瑗)[67]이 상소하여 대략 다음과 같이 말하였다.

　"아! 우리 숙종 대왕께서는 명의(名義)를 바로잡고 윤리와 기강을 엄격히 하는 것을 대업(大業)으로 삼아서 그 후손에게 훈계를 전해 주신 것이 이미 혁연(爀然)하게 빛나고 밝았습니다. 그런데 한쪽 편 사람들이 명의와 원수가 되어 그 화심(禍心)을 부리고자 했습니다.[68]

---

65) 두뇌처[頭顱] : 신문(囟門) 아래에 있는 두정골(頭頂骨)로 곧 머리를 가리킨다. 여기서는 가장 중요한 내용이나 뜻을 의미한다.

66) 우악(優渥) : 은혜가 매우 넓고 두텁다.

67) 오원(吳瑗) : 1700~1740. 본관은 해주(海州), 자 백옥(伯玉), 호 월곡(月谷)이다. 오두인(吳斗寅)의 손자이고, 아버지는 오진주(吳晉周)이며, 어머니는 김창협(金昌協)의 딸이다. 이재(李縡)의 문하에서 수학하였다. 1723년(경종3) 사마시에 합격하고, 1728년(영조4) 정시문과에 장원하여, 1729년 정언으로 재직시 탕평책을 적극 반대하다가 삭직되었다. 그 뒤 응교 등을 거쳐 1736년 참찬관 재직시 민형수(閔亨洙)를 신구(伸救)하려다가 또 파직되었으나 곧 다시 기용되어 승지·공조참판 등을 역임하였다. 저서로 《월곡집》이 있고, 시호는 문목(文穆)이다.

68) 한쪽 …… 했습니다 : 이것은 남인을 가리킨다. 남인은 1674년 갑인예송 이후 숙종 초기에 집권하였다가 1680년 경신환국으로 실각하였으며, 1689년 기사환국으로 다시 집권하였다가 1694년 갑술환국으로 조정에서 도태되었다. 노론 측에서는 특히 기사환국으로 인현왕후가 폐서인 된 것을 계기로 남인을 '명의죄인(名義罪人)'이라고 칭하며

경자년(1720, 경종 즉위) 이후 경종 대왕(景宗大王)께서 선왕(先王)의 뜻을 받들어 일찍이 혹시라도 흔들린 적이 없었는데, 저위(儲位)가 이미 정해진 뒤에 이르러서 역적 유봉휘(柳鳳輝)⁶⁹⁾가 기치(旗幟)를 들자 여러 역적들이 그림자처럼 따르며 반드시 전하를 저들 마음대로 하려고 했습니다. 그러나 열성(列聖)이 몰래 도와서 오늘이 있게 되었습니다.

그러나 애통하게 여길 만한 일은, 저 간흉(奸凶)의 무리들이 국가가 불행한 때를 요행으로 삼아서 숙종[肅廟]의 옛 신하를 해쳐 죽이고, 숙종의 옛 법을 고치고 바꾸어 오로지 자기들의 사의(私意)만을 행하며, 오직 제 뜻대로 하고자 하였으니, 이것이 어찌 조금이라도 경종[景廟]을 돌아보고 생각하는 마음이 있었던 것이겠습니까? 만약 《춘추》 필법[春秋之法]⁷⁰⁾을 쓴다면 당일 조정의 신하 가운데 누가 군부(君父)를 무시하고 종사를 배반한 죄를 면할 수 있겠습니까?

그런데 전하께서는 을사년(1725, 영조1) 이후 오로지 임시방편[姑息]을 일삼아서 모든 토죄(討罪)하는 법마다 한결같이 너그럽게 풀어주어 드디어 이 무리로 하여금 전하의 조정에서 그럴듯하게 입을 놀리게⁷¹⁾ 하였습니다. 그리하여 신축년(1721, 경종1)·임인년(1722)⁷²⁾에 제멋대로 농단한 죄를 모두

비난하였다.

69) 유봉휘(柳鳳輝) : 1659~1727. 1721년(경종1) 노론이 왕세제 연잉군의 대리청정을 시도하자 강력히 반대하여 철회시키고 임금을 우롱하고 협박한 죄를 다스려야 한다는 명분으로 노론을 실각시켰다. 1724년(영조 즉위) 노·소론의 연립 정권이 수립될 때 우의정이 되고, 이어 소론 4대신의 한 사람으로 좌의정에 올랐다. 그러나 신임옥사를 일으킨 주동자라는 노론의 공격을 받고 이듬해 면직되었다. 이후 민진원 등의 논척으로 경흥에 안치되어 유배지에서 죽었다.

70) 춘추필법[春秋之法] : 대의명분을 밝혀 세우는 사필(史筆)의 준엄한 논법을 비유하여 이르는 말이다. 《춘추》는 공자(孔子)가 저술한 노나라 역사서이다. 당대 공자는 엄정하고 공정한 사관에 입각하여 역사서를 편찬하였다. 《춘추》에 깃든 공자의 역사비판 의식을 '춘추직필(春秋直筆)' 혹은 춘추필법이라고도 하였다.

71) 그럴듯하게 입을 놀리게 : 원문은 "膏唇拭舌"이다. 입술에 기름칠을 하고, 혀를 훔친다는 뜻이다.

72) 신축년·임인년 : 신축환국과 임인옥사가 발생한 해이다. 신축년(1721) 노론이 경종의 병세를 핑계로 연잉군을 세제로 세운 뒤, 곧 대리청정을 건의하였다. 이에 소론은 이것을 경종에 대한 불충(不忠)으로 몰아 신축환국을 일으켰고, 이듬해 임인년 목호룡의

김일경·박필몽에게로 돌리고는 문득 스스로 말하기를 '선왕(先王)에게 충성하
고 종사(宗社)를 위한 것이다.' 하였으니, 저들은 선왕의 오르내리시는 혼령이
환히 굽어 살피는 것을 두려워하지 않는단 말입니까?

유봉휘로부터 한세량(韓世良)[73]이 나오고, 칠적(七賊)[74]으로부터 역적 박상
검(朴尙儉)[75]이 나왔으며, 목호룡의 고변서[76]로부터 역적 김일경의 교문(敎
文)[77]이 나오게 되었는데, 전하께서는 역적 김일경만 가장 엄하게 다스렸을
뿐 역적 유봉휘의 무리들에 대해서는 일체 관대하게 처리하였습니다.

그리하여 오늘날 조정의 신하들이 전하의 조처를 살펴보고 조종하는 수단
을 써서 역적 유봉휘의 관질(官秩)은 예전과 같고 세 역적[78]의 머리도 아직까지

고변을 계기로 하여 노론 4대신을 처형하는 옥사를 일으켰다.

73) 한세량(韓世良) : 1653~1723. 본관은 청주(淸州), 자는 상오(相五)이다. 1721년(경종1) 왕세
제의 참정(參政)을 건의한 조성복을 처벌하기를 청하면서 조성복이 신하로서 감히
천위(天位)를 몰래 옮길 생각을 품었다고 비난하였다. 《承政院日記 景宗 1年 10月 12日》

74) 칠적(七賊) : 1721년(경종1) 12월 6일에 소두(疏頭) 김일경을 위시하여 상소에 연명한
박필몽, 이명의, 이진유, 윤성시, 정해, 서종하를 가리킨다. 이 상소는 세제의 참정을
요청한 조성복, 2차 대리청정하라는 명의 환수를 위한 정청(庭請)을 하다가 바로 중지한
노론 4대신, 대리청정 명의 환수를 청하고자 입궐한 조태구의 청대를 저지한 승지,
이와 관련하여 조태구 등의 소론 측 인사들을 탄핵한 삼사를 모두 치죄하기를 청하였다.
경종이 이를 받아들여 김일경이 이조참판에 제수되고 박필몽 등이 삼사에 임명되는
등 소론이 일시에 조정의 요직을 장악하게 되었다. 《景宗實錄 1年 12月 6日》

75) 박상검(朴尙儉) : 경종 때의 환관으로 왕세제, 즉 영조를 시해하려고 모의하여 세제가
문안하는 길인 청휘문(淸暉門)을 폐쇄하고 경종과 세제를 이간하려 하였다. 이에 영조가
저위(儲位)를 사양하겠다고 하자 대비인 인원왕후는 언문 교지를 내려 "궁인과 환시를
율문대로 처벌하고 주상과 동궁을 조호(調護)하여 우리 300년 종사를 보호하고 선왕의
유교를 저버리지 말라." 하였고, 신하들도 처벌하기를 청하여 처형되었다. 《景宗修正實錄
1年 12月 22日·23日》

76) 목호룡의 고변서 : 1722년(경종2) 3월 27일에 목호룡이, 숙종의 임종 무렵 당시 세자이던
경종을 음해하기 위해 삼수(三手)의 계책을 써서 역모하였다고 고변(告變)하여, 노론
4대신을 비롯한 수많은 노론 인사들이 처형되거나 유배되었다. 《景宗實錄 2年 3月 27日》

77) 김일경의 교문 : 임인옥사(壬寅獄事)를 마무리하고 종묘에 토역(討逆)을 고하면서 반포
한 교문으로, 당시 홍문관 제학이던 김일경이 지었다. 《景宗實錄 2年 9月 21日》

78) 세 역적 : 김일경 상소에 연명한 여섯 사람 가운데 생존해 있는 이진유, 윤성시, 서종하를
가리킨다.

온전합니다. 게다가 이번 역적의 변란[79]이 발생한 뒤에도 그 죄를 쫓아 토죄한다는 말은 듣지 못하였습니다. 심지어 김일경의 상소와 교문을 구분하여 두 가지 일로 만들어서 반드시 세 역적의 역명(逆名)을 벗겨주려고 하니, 이미 죽은 역적 김일경의 마음을 어떻게 승복시킬 수 있겠습니까?

아! 전하의 조정에 선 자가 어떻게 감히 방자하게 머리를 쳐들고, 건저하고 대리청정 하는 일을 주선하여 받든 사람들을 두 마음을 먹었다 하여 죽은 자에게 일률(一律, 사형)을 추가로 시행하며, 신은 알 수 없습니다만, 그 명분이 과연 바르고 말이 과연 이치를 따랐다고 할 수 있습니까?

역적 유봉휘는 추가로 태부(台府, 의정부)의 관질에 복귀시키면서 여러 신하들은 아직도 단서(丹書)[80]의 죄적(罪籍)에 있으니, 이와 같은데도 인심의 의혹됨이 없고 역란(逆亂)이 일어나지 않기를 기대할 수 있단 말입니까?

어제 이광좌가 스스로를 변론한 상소를 보았는데, 그 말 가운데 이르기를, '대처분이 한번 동요하게 되면 이륜이 무너져 나라가 나라답지 못하게 될 것입니다.' 하고, 또 이르기를, '만세토록 윤상(倫常)의 대업을 세웠습니다.' 하였습니다. 저 연명 차자(聯箚)는 곧 대리청정의 절목에 관한 차자였는데,[81] '이륜'이란 두 글자를 어떻게 감히 이 일에 쓸 수 있으며, 그것이 가리키는 의도는 역적 김일경의 삼강오륜이란 말[82]과 어찌 털끝만큼이라도 차이가

---

79) 이번 역적의 변란 : 1728년(영조4) 일어난 이인좌(李麟佐)의 난을 가리킨다.

80) 단서(丹書) : 붉은 글씨로 쓴 죄인의 명부를 이른다.

81) 연명 차자 …… 였는데 : 1721년 10월 경종이 연잉군의 대리청정을 명하자 모든 신하들이 나흘간 정청하며 반대하다가 김창집 등이 정청을 중단하고 연명으로 차자를 올려 1717년 세자가 대리청정 하던 절목을 따라서 연잉군에게 대리청정하게 할 것을 청한 일을 가리킨다. 《景宗實錄 1年 10月 17日》

82) 김일경의 삼강오륜이라는 말 : 1722년 10월 삼사(三司)가 청대(請對)하여 입시하였을 때, 김일경이 조태채의 처벌을 청하며 한 말로, "성인이 오륜(五倫)을 열거하면서 맨 먼저 군신유의(君臣有義)를 말하고 삼강(三綱)을 세우면서 군위신강(君爲臣綱)을 먼저 일컬었는데, 삼강오륜이 밝지 않아 나라가 나라답지 못합니다. 조태채가 임금을 폐하려고 하여 실로 윤상(倫常)의 적이 되었습니다. 이와 같은데 홀로 왕법을 면할 수 있겠습니까."라고 하였다. 《承政院日記 景宗 2年 10月 3日》

있겠습니까?

시험 삼아 저들에게 연명 차자와 대리청정이 한 가지 일인가 아니면 두 가지 일인가라고 묻는다면 저들이 무슨 말로 대답하겠습니까? 만약 또 묻기를, '연명 차자가 역인가 역이 아닌가?' 묻는다면 저들은 장차 무슨 말로 대답하겠습니까? 저들이 오늘날 이치가 궁하고 말이 딸린다는 것을 어찌 알지 못하겠습니까? 그런데도 오히려 스스로 승복하려 하지 않으니, 신은 적이 통탄스럽습니다.

원구(元舅)의 소매 속 차자(箚子)[83]와 원로(元老)의 마음을 드러낸 말[84]은 실로 고심과 혈성(血誠)에서 나온 부득이한 것이었는데도 전하께서는 염두에 두지 않으셨습니다. 정미년 10월의 처분은 흉역(凶逆)의 마음을 곡진히 받아준 것이 지극하고 극진하였지만 오히려 환란(患亂)을 방지하고 소멸시키지 못하였는데, 전하께서는 지난 잘못을 경계하여 삼갈 것을 생각하지 않고, 구악(舊惡)도 새로 범한 일도 일체 관대하게 용서하셨습니다.

그런데 여러 신하들은 형편없어서 능히 바로잡지 못하였으니, 이광좌와 같은 무리는 진실로 책망할 것도 못 되지만 끝에 가서 국옥(鞫獄)을 감단(勘斷)한 대신[85]마저도 오히려 단지 주상의 지시에 따르기만 할 뿐 대의를 잊고 옥사를 다스릴 때 오직 가볍게 처리하는 것에만 힘을 써서 응당 사로잡아 올 것을 청해야 하는데도 끝내 사로잡아 올 것을 청하지 않는 경우가 있는가 하면 마땅히 작처(酌處)[86]해서는 안 될 것인데도 경솔하게 먼저 작처한 경우가

---

83) 원구(元舅)의 …… 차자 : 원구는 숙종의 계비(繼妃) 인현왕후 민씨의 오빠인 민진원을 가리킨다. 1725년(영조1) 을사환국(乙巳換局) 이후 민진원이 적소(謫所)에서 돌아와 주강(晝講)에 입시한 자리에서 수차(袖箚)를 올려 신축년(1721, 경종1)과 임인년(1722) 연간에 훼손된 숙종의 병신처분을 회복하고 유봉휘를 척결할 것을 청하였다. 《英祖實錄 1年 2月 26日》

84) 원로(元老)의 …… 말 : 원로는 우의정 정호로, 민진원이 올린 수차에 대해 '병증(病症)에 대한 신방(神方)'이라고 칭송하면서 신임 연간의 역적을 토죄하기를 청하는 차자를 올렸다. 《英祖實錄 1年 2月 29日》

85) 국옥(鞫獄)을 감단(勘斷)한 대신 : 좌의정 홍치중을 가리킨다. 홍치중은 지방에 있다가 오원의 상소에서 비판을 받자 사직상소를 올렸다. 《承政院日記 英祖 5年 3月 21日》

매우 많아서 막중한 대옥(大獄)을 구차하게 마무리 짓고 말았습니다. 정승 자리[鼎席]에 있는 몸으로 군부(君父)를 위해 난적(亂賊)을 토죄(討罪)하면서도 이와 같이 능히 그 직분을 다하지 못하였으니, 장차 저 정승을 어디에 쓰겠습니까? 이 때문에 윤리와 기강이 엄하지 않으니 정형(政刑)이 날로 해이해지는 것입니다.

그리하여 오광운(吳光運)[87] 같은 자가 나왔는데, 간사한 자들의 남은 무리로서 성고(聖考)[88]의 은혜를 입어 발탁되어 등용되었으면 마땅히 마음을 고쳐서 보은하기를 도모해야 하는데도 감히 '깊이 우려스럽고 멀리 염려된다.'는 말로 전하를 두렵게 만들면서,[89] 그가 조용(調用)하기를 청한 폐고(廢錮)된 집안이란 경신년(1680, 숙종6)의 흉얼(凶孽)[90]이 아니면 곧 기사년의 역종(逆種)[91]이었으니, 만일 엄히 두려워하는 마음이 있다면 어찌 감히 이런 말을

---

86) 작처(酌處) : 죄의 가볍고 무거움을 참작하여 처리하다.

87) 오광운(吳光運) : 1689~1745. 본관은 동복(同福), 자 영백(永伯), 호 약산(藥山)이다. 1728년 (영조4) 무신란이 일어나자 변란을 아뢰고 대비하도록 하였다. 1729년 올린 상소에서 당색을 막론하고 명류(名流)로 지칭되는 인물들을 등용할 것을 주장하는 등 영조의 탕평책 하에서 청남(淸南)의 정계 진출을 도모하였다. 1740년 부사과(副司果) 재직시 원경하(元景夏)·정우량(鄭羽良) 등과 함께 다시 대탕평론을 적극 주장하였다. 이후 개성 유수 등을 지냈다.

88) 성고(聖考) : 돌아가신 전 임금을 높여 부르는 말인데, 여기서는 숙종을 가리킨다.

89) 두렵게 만들면서 : 원문은 "恐動"이다. 위험한 말로 두려움을 선동하는 것을 가리킨다. 오광운이 영남 유생 이재(李栽) 등을 조용(調用)하기를 청하며 올린 상소에서 "악역(惡逆)에 연좌되거나 흉얼(凶孽)의 지류인 자가 거의 나라의 반을 차지하고 변방과 섬을 가득 채우고 있으니, 이것은 참으로 하늘이 백성을 벌하는 것이라 어찌할 도리가 없으나 나라를 위해 깊이 걱정되고 멀리 우려되는 것 또한 어떻겠습니까. 이렇게 큰 세변(世變)을 겪은 뒤에는 널리 용서하는 은전을 크게 베풀어야 하니 비록 전부터 폐고(廢錮)된 집안이라도 극악한 대죄가 아니라면 모두 죄명을 씻어 주고 조용하는 것이 세도(世道)를 진정하는 급선무가 아니겠습니까." 하였다. 《藥山漫稿 嶺南按覈使回論事疏》

90) 경신년의 흉얼(凶孽) : 경신환국 당시 죽임을 당한 허적 등 남인을 가리킨다. 1680년(숙종6) 영의정 허적의 조부 연시연(延諡宴)과 정원로의 역모 고변을 기화로 발생한 사건이다. 숙종은 김수항을 불러 영의정을 삼고, 조정의 요직을 모두 서인으로 바꾸었다.

91) 기사년의 역종(逆種) : 기사환국 당시 인현왕후를 폐위시키고 서인을 몰아내는데 앞장섰던 권대운·김덕원·목래선 등을 가리킨다. 1689년(숙종15) 남인이 희빈 장씨의 소생인

낼 수 있었겠습니까?

그런데도 전하께서는 무겁게 처벌하지 않았을 뿐만 아니라 또 뒤따라 총애하여 귀하여 여기셨습니다. 어찌 민관효(閔觀孝)[92]의 역모한 정상을 알면서도 상변(上變)한 뒤에 발설한 일이 진실로 공(功)이 될 수 있겠습니까?

이재(李栽)[93]는 곧 이현일(李玄逸)[94]의 아들인데, 진실로 쓸 만한 점이 있다고 하더라도 방비하는 도리를 어찌 감히 조금이라도 늦출 수 있겠습니까? 앞서 천거하고 발탁한 것만 해도 이미 매우 무엄한데, 이번에 오광운은 또 천염(薦剡, 추천서)의 첫머리에 두었으니 전하께서 어떻게 이 사람이 죄인의 아들인지 알 수 있었겠습니까?

박장윤(朴長潤)이 지은 죄[95]는 관계됨이 어떠합니까? 당초 죽을 죄를 감면해

원자(元子) 정호(定號)한 것을 계기로 하여 이에 반대하는 서인을 몰아낸 사건이다. 이로 인해 김수흥은 유배 가서 사망하였고, 김수항·송시열 등은 사사되었다.

92) 민관효(閔觀孝) : 민종도(閔宗道, 1633~1693)의 손자이다. 민종도의 큰아버지 민희(閔熙)는 좌의정, 작은 아버지 민암(閔黯)은 우의정, 아버지 민점(閔點)은 좌찬성, 동생 민홍도(閔弘道)는 이조정랑을 지냈고, 민종도는 병조참지에 올랐다. 민관효는 1728년(영조4) 무신란 때 역괴(逆魁)로 참수된 10명 중 하나이다. 《英祖實錄 4年 4月 14日》

93) 이재(李栽) : 1657~1730. 본관은 재령(載寧), 자 유재(幼材), 호 밀암(密菴)이다. 이조판서 이현일(李玄逸)의 아들이다. 숙종대 주부를 지냈을 뿐 평생 학문에만 몰두하여 영남학파를 이끌며 후진 양성에 힘썼다. 주요 저서로 《주서강록간보(朱書講錄刊補)》《주어요략(朱語要略)》등이 있다.

94) 이현일(李玄逸) : 1627~1704. 본관은 재령, 자 익승(翼昇), 호 갈암(葛庵)이다. 1666년(현종7) 영남 유생을 대표해 송시열의 기년예설(朞年禮說)을 비판하는 소를 올렸다. 1674년 학행으로 영릉 참봉(寧陵參奉)에 천거되었으나 부친상으로 인해 나가지 않았다. 그 뒤 공조정랑·지평 등을 지내다가 1689년(숙종15) 기사환국 이후 대사헌을 거쳐 이조판서에 올랐다. 1694년 갑술환국 직후 조사기(趙嗣基)를 신구하다가 함경도 홍원현으로 유배되었다. 1700년 풀려나 1704년 사망하였다. 영남학파를 대표하여 이황(李滉)의 학통을 계승해 이황의 이기호발설(理氣互發說)을 지지하였다. 1710년, 1853년(철종4) 복관과 환수가 반복되었고, 1871년(고종8) 문경(文敬)이라는 시호가 내려졌다가 환수되었으며, 1909년에야 관작과 시호가 모두 회복되었다. 저서로 《갈암집》, 편서로 《홍범연의》가 있다.

95) 박장윤(朴長潤)이 지은 죄 : 1724년 장령 박장윤은 이이명이 지은 숙종의 지문(誌文)을 삭거(削去)할 것을 청하였다. 영조 즉위 뒤 이에 대해 대사간 김재로 등이 처벌을 요구하여 유배되었다가 1727년 정미환국 뒤 이광좌의 요청으로 성주(星州)로 이배(移配)

주었고, 지난해 육지로 나오게 한 일도 크게 왕법을 어그러뜨리는 것인데, 일전에 승정원의 신하가 귀근(歸覲)[96]하는 청을 감히 아뢰었으니,[97] 방자하고 무엄하기가 한결같이 여기에 이른단 말입니까? 이정필(李廷弼)[98]은 고을을 버리고 도망해 숨었으니, 죄를 용서할 수 없습니다.

권익관의 역절(逆節)[99]은 애초 의심할 것이 없는데도, 윤득화(尹得和)[100]의 상소가 나온 후에 심공(沈珙)과 같은 자가 이에 감히 '역적인지 역적이 아닌지

되었다. 《景宗實錄 4年 4月 30日》·《英祖實錄 1年 2月 2日, 3年 10月 6日》

96) 귀근(歸覲) : 고향에 돌아가서 부모님을 찾아본다는 뜻이다. 부모와 떨어져 근무하는 관리의 귀근은 3년에 한번씩 허락하도록 규정되었다.

97) 승정원의 …… 아뢰었으니 : 행 도승지 채팽윤이 찬배(竄配) 중인 박장윤에게 말미를 주어 병이 위중한 그 아비를 영결(永訣)할 수 있게 하기를 청하여 윤허받은 일을 가리킨다. 《承政院日記 英祖 5年 2月 3日》

98) 이정필(李廷弼) : 1672~1735. 본관은 전주, 자는 태보(台甫)·양보(良甫)이다. 양녕대군(讓寧大君) 이제(李褆)의 10대손으로, 이정걸(李廷傑)의 아우이고 이정일(李廷一)의 형이다. 1691년(숙종17) 증광시에 진사로 합격하였고, 1710년 증광문과에 급제하였다. 1724년(경종4) 지평이 되어 이사상(李師尙)을 탄핵하는 윤용(尹容)을 탄핵하였는데, 김일경의 사주를 받은 것으로 간주되었다. 1727년(영조3) 승지가 되었다가 이듬해 합천군수로 좌천되었는데, 3월에 이인좌의 난에 부응하여 영남의 정희량(鄭希亮)이 합세하였을 때 정희량의 영남군이 대규모라는 사실을 알고 3월 22일 진주(晉州)로 도망치고 말았다. 이때의 행적은 도망이냐 아니냐로 논란이 있었는데, 결국 이 문제로 인해 종신토록 벼슬길이 막혔다.

99) 권익관의 역절(逆節) : 1728년(영조4) 2월 27일에 함경 감사 권익관이 북쪽을 순시하느라 함경 감영을 비웠을 때, 막하의 박창제(朴昌悌)가 이인좌의 반란이 일어났다는 소식을 듣고 조정의 명령이 내려오기도 전에 병마를 점고한다는 이유로 영하(營下)의 친기위(親騎衛)를 모아 검열하고 여러 날 머물러 둔 일, 무신란(戊申亂) 때 경흥부사(慶興府使) 황부가 권익관의 지휘하에 감영의 목재를 가져다 배를 만든 일, 남태징이 무산(茂山)에 유배되어 있을 때 당시의 함경 감사 조상경(趙尙絅)이 그의 호마(胡馬) 3필을 빼앗아 함경도 내의 역참에 속공(贖公)했는데 권익관이 함경 감사가 된 뒤에 돌려준 일 등을 가리킨다. 《承政院日記 英祖 4年 6月 5日·9日·22日》·《英祖實錄 5年 2月 29日》

100) 윤득화(尹得和) : 1688~1759. 본관은 해평(海平), 자는 덕휘(德輝)이다. 영조대 지평 등을 지내면서 노론 4대신을 신원하는 상소를 올리기도 했다. 그 뒤 예조참판을 거쳐 대사헌 등을 역임하였다. 1729년 윤득화는 상소하여 "권익관처럼 역모의 정상이 분명하게 드러난 자에 대해서도 감히 방자하게 비호하려는 계책을 부려 허황된 말로 떠보고서 한목소리로 호응하여 끝내 권익관이 풀려난 뒤에야 그만두었습니다."라고 권익관을 풀어줄 때 입시했던 신하들을 비난하였다. 《承政院日記 英祖 5年 3月 4日》

는, 다만 5척[尺五]의 임금이 취하여 결정하기에 달려 있다.' 하였습니다.[101]
아! 군부가 역적[逆堅]의 죄를 직접 신문하는데 옥관(獄官)이라는 자가 한결같이
가리고 비호하였으니 이와 같이 하고도 왕의 기강[王綱][102]이 설 수 있겠습니
까?

전하께서 붕당이 반드시 나라를 망하는데 이르게 할 것이라고 깊이 애통해
하며, '탕평'이란 두 글자로 보합(保合)하여 조화(調和)시키려 하였습니다. 그러
자 한쪽 편 사람들 중에서 스스로 훌륭하다고 여기는 자들이 나와서 받들어
따르니, 전하의 조정에 선 자들이 모두 그 소리를 따라서 '탕평! 탕평!'이라고
응답하고 있는데, 그 명분이 아름답지 않은 것은 아니지만, 탕평이 행해진
지 3년이 지나도록 조금의 효과도 볼 수 없는 것은 어째서입니까?

윤리와 기강의 두뇌처는 저절로 한번 정해진 시비가 있어서 결코 미봉할
방도가 없습니다. 그런데 지금 의리가 어떠한지는 묻지 않고 오직 모두
수용하여 함께 등용하는 것[俱收並蓄]을 위주로 하고 있는데, 그렇다면 주자(朱
子)가 이른바 '지극한 표준[至極之標準]'이라고 한 것[103]은 어떻게 됩니까?

오늘날의 역적은 곧 신축년·임인년의 역적인데, 오늘날에 대해서는 엄격히
조절(操切)하려 하면서도 신축년·임인년의 여러 역적들에 대해서는 도리어
느슨하게 하여 역적 김일경 하나만 처벌하고 덮어버렸으며, 멋대로 위복(威
福)[104]을 부렸다고 이진유를 단죄하였지만 이진유 당시에 권세(權勢)와 명위(名

---

101) 심공(沈珙)과 …… 하였습니다 : 심공의 상소에서 권익관을 악역(惡逆)이라고 의심하여,
　　 국청(鞫廳)에서 신문하지 않고 의금부에서 감처하게 한 것은 상규(常規)에 어긋난다고
　　 하면서도 악역의 정상이 명백하지 않은데 여러 가지 상황에 몰려 악역으로 의심하고
　　 있는 만큼 권익관의 처분은 임금의 재단에 달려 있다고 하였다. 《承政院日記 英祖 5年
　　 3月 7日》
102) 왕의 기강[王綱] : 왕권이 집행되는 제도와 질서를 가리킨다.
103) 주자(朱子)가 …… 한 것 : 주자가 《상서(尙書)》〈홍범편(洪範篇)〉 소주(小註)에서 "인군(人
　　 君)이 스스로의 몸으로 지극한 표준을 세우게 되면 천하 사람들이 모두 위의 교화를
　　 좇아 표준으로 회귀(會歸)하고 사사로이 편당을 짓거나 반목하는 일이 없다." 하였다.
　　 '황극'에 대한 주자의 이러한 이해 방식은 탕평론과는 양립할 수 없다는 것을 지적한
　　 것이다.

位)가 이진유와 비교될 정도가 아니었던 자를 도리어 영수(領袖)로 추대하였습니다.[105]

그리고 대리청정을 청한 여러 신하들을 논죄하는 것을 부끄러워하지 않고, 그 깊이를 조종하여 거듭 그 말을 바꾸더니 오늘에 이르러 교묘히 둘로 나누고자 하여[106] 군색한 형태가 모두 드러나고 말았습니다. 오광운이 상소하여 방자하게 날뛰면서 겉으로는 '진짜 탕평[眞蕩平]'이라는 말을 빌려왔지만[107] 실제로는 흉악한 역적 무리의 세력을 끼고 현혹하고 협박[脅持]하는 계책을 부리니 어찌 통탄하지 않겠습니까?"

주상이 영의정에 대해 터무니없는 말을 날조하고 진신(搢紳)을 모함하여 쫓아내려 하였다고 질책하고 특별히 삭직하였다.

이조참판 송인명이 상소하여 대략 다음과 같이 말하였다.

"탕평이 시대를 구하는 급선무라는 점은 신이 아직 벼슬하기 전부터 이와

---

104) 위복(威福) : 위엄(威嚴)과 복덕(福德)이다. 상황에 따라 위엄과 복덕을 번갈아 가며 베풀어 사람을 복종시킨다는 뜻이다.

105) 이진유 …… 추대하였습니다 : 이광좌를 가리킨다. 이양신이 이광좌의 죄를 성토하는 상소를 올리고 이로 인해 이광좌가 피혐하자, 조현명이 "소신과 송인명은 오늘날 조정에 영상이 없다면 나랏일을 할 수 없다고 생각합니다."라고 말하였는데, 이에 대해 윤득화(尹得和)가 상소하여 "'영상을 영수로 추대해야 나랏일을 할 수 있다.'라는 말을 어전에서 꺼내기까지 하였다." 비난한 데서 나온 말이다. 《承政院日記 英祖 5年 3月 3日》

106) 오늘날에 …… 하여 : 앞서 1729년 3월 3일 친국 때 조현명이 "네 사람 가운데 이천기(李天紀)와 김용택(金龍澤)의 공초(供招)에 이름이 많이 나온 사람도 있고 연명 차자에 이름만 쓴 사람도 있으니, 반역한 정도의 경중과 심천을 구별하지 않을 수 없습니다."라고 말하며 노론 4대신을 구별하여 처벌하기를 청한 것을 가리킨다. 《承政院日記 英祖 5年 3月 3日》

107) 오광운이 …… 빌려왔지만 : 오광운이 당시의 탕평은 당론(黨論)의 보합(保合)에 불과하다며 색목(色目)을 고려하지 말고 왕이 주도권을 쥐고 인재를 등용할 것을 청하며 "삼가 바라건대 전하께서는 진짜 탕평을 실천하시고 거짓으로 탕평의 이름을 내걸지 마소서.[伏願殿下做得眞蕩平, 而毋設假蕩平之名.]"라고 한 데서 나온 말이다. 오광운은 1729년(영조5) 1월에 이도장(李道章)의 옥안(獄案)을 조사하기 위해 경상도 안핵사가 되어 내려갔다가 무신란(戊申亂)으로 흉흉해진 영남의 인심을 진정하고 이재(李栽) 등 난에 가담하지 않은 남인계 인사들을 적극 추천하여 등용할 것을 청하였다. 《藥山漫稿 嶺南按覈使回論事疏》

같은 견해를 갖고 있었습니다. 오원은 신의 일가(一家) 친속이므로 또한 반드시 신의 말을 익숙히 들었을 텐데, 어찌하여 신이 오늘 새롭게 만들었다고 한단 말입니까? '주상의 뜻에 영합하려 한다.' 지목한 것은 신이 알 바가 아니지만 설령 오원의 말과 같더라도 장차 군상의 아름다운 뜻에 따르는 일이 임금을 잊고 당을 위해 죽는 습속보다는 낫지 않겠습니까?

구별에 관한 논의108)는 신이 신축·임인년 간부터 이 말을 하였는데, 진실로 하나의 권형(權衡, 기준)이 있었으며, 정미년 겨울 연석(筵席)에서 대답한 것도 또한 여기서 벗어나지 않았습니다.109) 지금 막 변란을 겪고 나서 당습을 통렬히 경계하는 날에 이르러, 설령 심적(心迹)을 논죄할 만한 자가 있더라도 일체 넓게 용서하는 것이 또한 혹 물정(物情, 여론)을 평안하게 만드는데 도움이 될 것이니, 신이 고심한 일단(一段)은 신명(神明)을 두고 입증할 수 있습니다.

그렇지만 악역(惡逆)에 연루되어 죄과가 가볍지 않은 자라면 오원과 같이 당론(黨論)에 병들었지만 스스로를 심하게 드러내지 않는 자를 제외하고는 아마도 같이 뒤섞어서 용납하고 비호하는 것은 부당한데, 오원이 이것으로 신을 질책하였으니 이 또한 지나칩니다."

주상이 너그럽게 답하였다.

○ 주상이 대신과 경재(卿宰)를 희정당(熙政堂, 창덕궁 소재)에서 인견하고,

---

108) 구별에 관한 논의 : 1721년(경종1) 10월 10일 국왕 세제에게 대리청정을 명하자 연명 상소를 올려 대리청정의 명을 받들겠다고 한 김창집 등 노론 4대신 가운데 상소에만 이름이 올랐을 뿐 역적의 공초에는 이름이 오르지 않은 조태채에 대해서는 죄의 경중을 구별해야 한다는 논의를 가리킨다. 신축년과 임인년 당시부터 이런 논의가 있었으며, 신원(伸冤)에 관한 논의도 다시 이 연장선상에서 진행되었다. 《承政院日記 英祖 3年 10月 6日》

109) 정미년 …… 않았습니다 : 송인명이 김창집·이이명의 무리에게 노적(孥籍)과 이참(莅斬)을 시행한 것은 지나쳤지만 벼슬과 시호를 내리고 서원에 향사(享祀)하여 충신으로 대우한 것은 의리에 해롭다고 아뢴 말을 가리키는 것 같다. 《承政院日記 英祖 3年 9月 18日》

조정 신하들에게 당습(黨習)이 이미 어찌할 수 없는 형세가 되었다고 효유(曉諭)하면서 울며 하교하였다. 좌의정 이태좌가 다음과 같이 말하였다.

"신 또한 당파의 소굴에서 생장하였으나 부형의 훈계로 당론을 하지 않았으니, 이는 평소의 마음[素心]입니다. 고(故) 부마도위(駙馬都尉) 정재륜(鄭載崙)[110]이 일찍이 신에게 당론의 본말[源委]에 대해서 다음과 같이 말하였습니다.

'당론이 극단으로 치달으면 끝내 군부를 시해하는데 이를 것입니다. 계해년(1623, 인조1) 반정(反正) 뒤 성조(聖朝)께서 여염의 실정(實情)을 잘 알아서 여러 공신을 불러다가 신칙하였으므로 서인과 남인이 혼인으로 연결되기도 하였습니다.

그러나 기해년(1659, 현종 즉위년) 예송[己亥邦禮][111]뒤 서인과 남인이 각각 주장하는 예론이 있었는데, 남인은 서인이 종통(宗統)을 어지럽혔다고 하면서 역적으로 논죄하려고 하였으며, 서인은 남인이 고변한 것으로 여겨 힘껏 저지하였습니다.

갑인년(1674, 숙종 즉위년)[112] 남인이 국정을 담당하자 기해년의 일에

---

110) 정재륜(鄭載崙) : 1648~1723. 본관은 동래(東萊), 자 수원(秀遠), 호 죽헌(竹軒)이다. 영의정 정태화(鄭太和)의 아들이다. 1656년(효종7) 효종의 다섯째 딸 숙정공주(淑靜公主)와 혼인하여 동평위(東平尉)가 되었다. 저서로 《공사견문록(公私見聞錄)》《한거만록(閑居漫錄)》 등 수필 형식의 기록이 있다.

111) 기해년 예송[己亥邦禮] : 기해년(1659, 현종 즉위) 효종이 죽자 인조 계비 자의대비(慈懿大妃)의 상복을 두고 벌어진 논쟁을 말한다. 송시열은 적자인 소현세자가 성년이 되어서 죽었으므로 둘째 아들인 효종은 아들이지만 적자가 아닌 경우[體而不正]에 해당하며, 따라서 자의대비는 효종에게 기년복을 입어야 한다고 주장하였다. 반면 허목은 사종설(四種說)에서 체이부정(體而不正)의 서자(庶子)는 첩자(妾子)만을 가리킨다고 하여 서자첩자설(庶子妾子說)을 주장하였다. 따라서 효종은 체이부정에 해당되지 않는다고 보았다. 그는 효종이 본래는 차자(次子)였지만 종통을 계승한 이상 장자(長子)가 되어 정체전중(正體傳重)에 해당하므로, 《의례(儀禮)》〈자최장(齊衰章) 모위장자조(母爲長子條)〉에 의하여 자의대비는 효종에게 자최 삼년복을 입어야 한다고 주장하였다. 양측의 입장이 맞서는 상황에서 윤선도가 송시열이 종통과 적통을 분리시켜 효종을 폄하하였다고 비판하였다. 이같은 윤선도 상소는 예론 차원을 넘어서 서인을 부정하려는 정치적 의도를 드러낸 것으로서, 서인의 강력한 반발을 받았다. 그 뒤 예송은 조선후기 당쟁의 주된 요인으로 자리잡게 되었다.

대해 지극히 원망하는 마음을 품고 다수의 서인을 내쳐서 몰아내고, 선정신(先
正臣) 송시열(宋時烈)을 죽이려고 하였으나, 계략을 이루지는 못하였습니다.
그러다가 경신년(1680, 숙종6) 옥사를 다스리는 과정에서 혹 처벌이 지나친
일도 있었는데,[113] 이성(尼城)과 회덕(懷德)의 다툼[114]이 그 사이에서 또 나와서
이에 노론과 소론의 명목이 생겼습니다.

경종[景宗]이 태어나자 원자(元子) 정호(定號)[115]는 세월을 좀 기다려서 해도
된다고 우러러 아뢴 것[116]은 지극히 공적인 입장에서 나온 것인데도, 남인은

---

112) 갑인년 : 갑인예송(甲寅禮訟)이 발생한 해이다. 1674년(현종15) 효종비 인선왕후(仁宣王
后)가 죽자 자의대비의 복상 기간이 다시 문제가 되었다. 서인은 기해년(己亥年) 1차
예송 때의 주장과 같이 효종비를 둘째 며느리로 간주하여 대공(大功) 9월을 주장하고,
남인은 맏며느리로 간주하여 기년설을 주장하였다. 현종이 기년설을 채택하고, 이어서
숙종이 즉위하면서 송시열 등이 유배되고 서인은 권력에서 밀려났으며, 남인이 정국을
주도하기에 이르렀다.

113) 경신년 …… 있었는데 : 갑인예송 이후에 정권을 잡고 있던 남인의 권력이 서인으로
넘어간 경신환국 이후 일련의 옥사를 가리킨다. 1680년(숙종6) 3월 28일에 숙종은 영의정
허적(許積)이 조부 허잠(許潛)의 연시연(延諡宴)에서 궐내의 유악(帷幄)을 무단으로 가져
다 쓴 일을 빌미로 서인으로 정권을 교체하는 환국을 단행하였다. 그 후에 김석주(金錫胄)
의 문객인 정원로(鄭元老)와 강만철(姜萬鐵)이, 허적의 서자 허견(許堅)이 복선군(福善君)
이남(李柟)을 왕으로 삼으려 한다고 고변하여 허견과 복선군이 처형되었다. 이어서
남인의 거두 허적과 윤휴(尹鑴)가 사사(賜死)되고 종친 세력과 연결된 남인 100여 명이
처벌받았다. 그럼에도 불구하고 1682년에도 남인을 역모로 모는 고변이 연이어 일어났는
데, 대부분 무혐의 처리되면서 서인 내에서 연소한 신진관료들 중심으로 이 사건을
지휘한 김석주 등 훈척에 대한 반발이 일어나 노론과 소론의 분열이 시작되었다.

114) 이성(尼城)과 회덕(懷德)의 다툼 : 회덕에 거처한 송시열과 이성의 윤증 사이에서 시작된
사상적·정치적 대립을 가리키는 것으로서 흔히 회니시비(懷尼是非)라고 부른다. 서인
내 노론과 소론이 분기하는 계기로 작용하였다. 이 논쟁은 윤선거(尹宣擧)의 묘갈명(墓碣
銘) 시비에서 시작되어 윤휴에 대한 사문난적 시비, 윤선거의 병자호란 당시 행적에
대한 논란 등으로 확대되어 노론과 소론 사이에 격렬한 정치적 갈등을 불러일으켰다.

115) 원자(元子) 정호(定號) : 후궁의 소생이라 하더라도 일단 원자로서의 명호(名號)를 정하면
차후 왕비가 대군을 낳더라도 명호가 정해진 왕자의 왕위계승권은 여전히 유효할
수 있었다. 따라서 원자 정호 문제는 지극히 예민한 정치 사안으로 남인과 서인간
정쟁을 촉발할 요인이었고, 실제로 기사환국의 직접적인 계기로 작용하였다.

116) 경종이 …… 것 : 1689년(숙종15)에 숙종이 희빈(禧嬪) 장씨(張氏)가 낳은 왕자 윤(昀)을
원자(元子)로 명호(名號)를 정하자, 노론의 영수 송시열이 상소하여 너무 성급한 조처였다
고 주장한 것을 가리킨다. 이로 인해 송시열은 사사(賜死)되었다.

경종에게 해를 끼치려 한다고 생각하였습니다. 이로 인해 기사년과 갑술년에 갈등이 한층 격화되었으니,117) 그 말류(末流)의 화는 반드시 난역(亂逆)의 지경에 이를 것입니다.'

　　신은 처음에 지나치다고 여겼지만 오늘에 이르러 그 말이 과연 맞았습니다."

　　주상이 다음과 같이 말하였다.

　　"영부사 이광좌가 고집하는 것이 있으므로118) 내가 이번에는 그가 오지 않을 것을 이미 알고 있었다. 작년 변란 이후 비록 종사가 다시 안정되었지만 나는 공으로 여기지 않으니, 오직 당론을 제거한 뒤에야 비로소 부끄러운 마음이 없을 것이다. 우의정 이집(李㙫)119)을 정승으로 임명할 때 내가 '충후(忠厚)' 두 글자로써 말하려 했는데, 미처 말하기도 전에 이미 그 의사(意思)를 알고서 발언할 즈음에 오히려 난색을 표시하였다.

　　이조판서 -조문명(趙文命)120)- 가 마음속에 오직 탕평을 주된 뜻으로 품었으

---

117) 기사년과 …… 격화되었으니 : 숙종대 일어난 기사환국(己巳換局)과 갑술환국(甲戌換局)을 말한다. 기사환국은 1689년(숙종15)에 숙종이 희빈 장씨가 낳은 왕자 윤을 원자로 명호를 정하고 이에 반대하는 서인 인사들을 대거 축출하고 남인에게 정권을 맡긴 일을 말한다. 기사환국이 있고 나서 4개월 뒤에 인현왕후는 폐위되고 희빈 장씨는 왕비가 되었다. 갑술환국은 1694년에 남인들이 폐비(廢妃) 민씨(閔氏)의 복위 운동을 일으킨 서인을 제거하려다 오히려 쫓겨나고 서인이 정권을 잡은 일을 말한다. 그 결과 왕비였던 장씨는 다시 희빈으로 강등되고 폐비였던 민씨는 왕비로 복위되었다.

118) 영부사 …… 있으므로 : 이광좌가 이양신의 상소에 대해 자신의 입장을 변론하면서 정미년 노론 4대신에 대한 처벌을 고집한 일을 가리킨다. 이광좌는 이것을 '대처분(大處分)'이라고 추켜세우며, 반드시 고수해야 할 '대방(大防)'이라고 주장하였다.

119) 이집(李㙫) : 1664~1733. 본관은 덕수(德水), 자 노천(老泉), 호 취촌(醉村)이다. 숙종대 승지를 거쳐 대사간이 되어 최석정을 신구(伸救)하다가 전직되었다. 영조 초 이조판서를 거쳐, 1729년(영조5) 우의정, 1730년 좌의정에 올라 영조 탕평책을 적극 협찬하였다.

120) 조문명(趙文命) : 1680~1732. 본관은 풍양(豊壤), 자 숙장(叔章), 호 학암(鶴巖)이다. 1721년(경종1) 부교리 재직시 붕당의 폐해를 비판하고, 세제 연잉군 보호에 힘쓰면서 김일경 등과 대립하였다. 1724년 영조 즉위 뒤 지평을 거쳐 동부승지에 올랐으나, 파붕당(破朋黨)의 설을 제창하다가 민진원의 배척을 받았다. 1727년 정미환국으로 다시 이조참의에 임명되었고, 그해 딸이 효장세자(孝章世子)의 빈(嬪)이 되었다. 이후 도승지를 거쳐 수어사·어영대장을 겸했으며, 이듬해 이인좌 난을 진압한 공으로 풍릉군(豊陵君)에 책봉되고 병조판서가 되었다. 이에 이조참판 송인명과 함께 탕평론을 재천명했고,

니, 원량(元良)[121]과 정혼(定婚)할 때 취한 것은 다른 것이 아니라 당론(黨論)이 심하지 않은 것을 취한 것이다. 그런데 이조판서는 내 뜻을 알지 못하여 정목(政目)[122]은 매우 좋으나 저들이 나올 수 있는 방도를 행하지 않으니, 이것은 문을 닫으면서 사람을 부르는 일과 같았다.

송인명은 신축·임인년 간에 내가 세제 자리를 사양하였을 때에 이필(李泌)[123]의 일을 들어 진달하였으므로[124] 그 심사(心事)를 알고 있었다. 당시 조태구(趙泰耈)와 최석항(崔錫恒), 두 정승의 경우 또한 능히 당습에서 벗어나지 못하였지만 경은 당론을 말하지 않았기 때문에 내가 일찍이 현명하다고 여겼다. 경들이 마음을 연다면 나 또한 마음을 열 것이다."

이태좌가 말하기를, "전하의 하교를 신들이 감히 받들어 행하지 않을 수 있겠습니까?" 하고, 이집이 말하기를,

"지난번 정홍상(鄭弘祥)[125]이 신의 의도를 잘못 알고 상소하였으니,[126] 조제

이후 이조판서를 거쳐 1730년 우의정, 1732년 좌의정에 올랐다.

121) 원량(元良) : 1719~1728. 영조의 첫째 아들로 이름은 행(緈), 자 성경(聖敬)이다. 어머니는 정빈 이씨(靖嬪李氏)이고, 사도세자의 형이며, 비는 좌의정 조문명의 딸 효순왕후(孝純王后)이다. 1724년(영조 즉위) 경의군(敬義君)에 봉하여지고, 이듬해 세자에 책봉되었지만 10세에 죽었다. 시호는 효장(孝章)이고, 정조가 즉위하자 진종(眞宗)으로 추존되었다. 여기서 영조는 조문명의 딸을 효장세자빈으로 간택한 이유가 그의 탕평론에 대한 의지에 있다고 밝힌 것이다.

122) 정목(政目) : 양반 관료의 임면(任免)을 적은 기록이다.

123) 이필(李泌) : 722~789. 당나라 현종·숙종·덕종 때 재상이다. 현종이 태자인 숙종에게 이필과 포의교(布衣交)를 맺게 하여 그를 선생이라 부르게 하였다. 숙종이 태자로 있을 때 이임보(李林甫)의 참소로 인하여 여러 차례 위기를 겪었다. 이 때문에 즉위한 직후 보복하기 위해 이임보의 무덤을 파고 그의 뼈를 불태우려고 했으나 이필의 만류로 중지하였다. 또한 덕종이 태자를 폐하려 할 적에 간절하게 간하여 이를 중지케 하였다. 《新唐書 李泌列傳》

124) 송인명 …… 진달하였으므로 : 《경종실록 1년 12월 23일》 기사에 따르면 사위(辭位)하려는 세제를 설서 송인명이 이필의 사례를 들어 설득하였다고 한다. 당나라 때 환관 이보국(李輔國)이 대종(代宗)을 위태로운 지경에 몰아넣을 때마다 이필이 충성을 다해 조호(調護)한 데 힘입어 아무 일 없이 보전하였다.

125) 정홍상(鄭弘祥) : 1700~1729. 본관은 동래(東萊), 자는 의백(毅伯)이다. 예조판서 정형익(鄭亨益)의 아들이다. 1726년(영조2)에 생원·진사 양시에 합격하고, 이듬해 증광문과(增廣文

(調劑)하여 탕평에 이르는 방도는 진실로 처리하기 곤란한 단서가 있습니다. 노론 4대신을 만약 둘로 나누어 혹자는 신원하고 혹자는 그대로 둔다면 그때 사람들에게 탕평의 효과를 보장하기 어렵습니다.

그렇지만 만약 완전히 풀어준다면 조정의 신하들 가운데 혹 마음이 편치 않아서 물러나려는 자가 있을 것이니, 이와 같이 되면 어떻게 화합[和協]할 수 있겠습니까? 신이 늘 조문명과 송인명 등 여러 사람들과 함께 이 일에 대해서 논의할 때마다 잘 처리할 계책이 없어서 매우 고민스러웠습니다."

하였다. 형조판서 윤순(尹淳)[127]이 말하기를,

"주상께서 만약 하교하신다면 신은 또한 마음을 다하겠습니다."

하고, 예조참판 이정제(李廷濟)[128]가 말하기를,

"오늘날 성상의 하교가 정녕 몹시 슬프니, 소신이 감히 받들지 않을 수 있겠습니까?"

科)에 급제하였다. 1728년(영조4) 부수찬으로 발탁되고, 1729년 도당록에 올랐다. 이해 상소하여 노론 4대신의 신원(伸冤)을 주장하다가 유배되었는데, 유배가 풀려 고향으로 돌아오다가 객사에서 죽었다.

126) 정홍상이 …… 상소하였으니 : 1729년 윤7월 정홍상이 상소하여 노론 4대신에 대해 등급을 나누어 신원하자고 주장한 소론 탕평론을 구차하다고 비판하였다. 《英祖實錄 5年 潤7月 24日》

127) 윤순(尹淳) : 1680년~1741. 본관은 해평(海平), 자 중화(仲和), 호 백하(白下)·학음(鶴陰)이다. 윤두수(尹斗壽)의 5대손이고, 지평 윤세희(尹世喜)의 아들이며, 윤유(尹游)의 아우이다. 정제두(鄭齊斗) 문인이며 정제두의 아우 제태(齊泰)의 사위이다. 1712년(숙종38) 진사시에 장원급제하고, 이듬해 증광문과에 합격하여 청요직에 진출하였다. 1723년(경종3) 응교로 사은사 서장관(書狀官)이 되어 청나라에 다녀왔다. 1727년(영조3) 이조참판으로 대제학을 겸임하고 이듬해 무신란 때 감호제군사(監護諸軍使)가 되었으며, 1729년 공조·예조판서를 역임하였다. 1739년 경기도관찰사를 지냈으며, 그 뒤 평안도관찰사로 관내를 순찰하던 중 벽동(碧潼)에서 순직(殉職)하였다.

128) 이정제(李廷濟) : 1670~1737. 본관은 부평(富平), 자 중협(仲協), 호 죽호(竹湖)이다. 1699년 (숙종25) 사마시를 거쳐 이듬해 춘당대 문과에 급제하고, 사간 등을 역임하며 김창집 등을 탄핵하다가 파직되기도 하였다. 1721년(경종1) 충주목사를 거쳐 1723년 노론 축출에 가담하였다가 1725년(영조1) 노론의 집권으로 삭직되었다. 1728년 경기도관찰사에 임명되어 대사헌·형조판서·호조판서 등을 역임하고 지중추부사에 이르렀다. 시호는 효정(孝貞)이다.

하였다. 도승지 조현명(趙顯命)129)이 다음과 같이 말하였다.

"전하가 신하들이 하는 말에 대해서 시비를 논하지 않고 일일이 곡진하게 따라 주셨기 때문에 신은 일찍이 염려하였습니다. 정미년 7월 이후에도 순전히 한번은 나오게 하고 한번은 물리치는 상투적인 방식을 써서,130) 처음부터 바로잡지 못하다가 지금 도리어 뒤늦게 후회하시니, 또한 힘들지 않겠습니까? 갑술년(1694, 숙종20) 이후 소론은 노론을 의심하여 뒷날 반드시 반역할 것으로 여겼는데, 신축년의 일은 상규(常規)와 달랐으므로, 그 이면(裏面)의 일은 추측해 알 수 없었기 때문에 소론은 마침내 선견지명(先見之明)이 있다고 자처하면서 무리지어 일어나 공격했습니다. 영부사 -이광좌- 도 그 당시 혈전(血戰)을 치른 사람으로서 분개(憤慨)하고 질시(嫉視)하는 마음이 방관(傍觀)하고 있는 자와는 달랐습니다.

그러므로 추탈(追奪)이 조태채(趙泰采)131)에게까지 미치자 신은 비록 그 마음이 미워하는 데에서 나온 것이 아니라는 것은 알았지만 논의가 서로 합하지는 못하였는데, 단지 전하께서 너그러운 마음으로 참고 들어주신 것이 훗날 서로 보존하지 못하는 조짐이 되고 말았습니다. 대개 군신 사이에

---

129) 조현명(趙顯命) : 1690~1752. 본관은 풍양(豊壤), 자 치회(稚晦), 호 귀록(歸鹿)·녹옹(鹿翁)이 다. 숙종대 검열을 거쳐 1721년(경종1) 연잉군이 세제로 책봉되자 겸설서(兼說書)로서 세제 보호에 힘썼다. 1728년(영조4) 이인좌의 난 당시 분무공신(奮武功臣) 3등에 녹훈, 풍원군(豊原君)에 책봉되었다. 1740년 경신처분 직후 우의정에 발탁되고 뒤이어 영의정 에 올라 균역법의 제정을 총괄하였다. 조문명·송인명과 함께 완론세력을 중심으로 한 이른바 노·소론 중심의 탕평을 주도하였다.

130) 정미년 …… 써서 : 1727년 정미환국으로 노론이 몰려나고 소론이 진출한 것은 1725년 을사환국으로 소론이 몰려나고 노론이 집권한 것과 마찬가지였다는 말이다.

131) 조태채(趙泰采) : 1660~1722. 본관은 양주(楊州), 자 유량(幼亮), 호 이우당(二憂堂)이다. 조태구의 종제이며, 조태억(趙泰億)의 종형이다. 1686년(숙종12) 별시문과에 종형 태구와 함께 급제하여 1717년 우의정에 올랐다. 1721년(경종1) 연잉군의 세제책봉을 건의하여 실현시켰으며, 이어 세제의 대리청정을 주장하다가 유배되어 다음 해 사사되었다. 1725년(영조1) 우의정 정호의 청으로 관작이 회복되고, 외딴섬에 나누어 유배되었던 자녀들도 모두 풀려나게 되었다. 노론 4대신의 한 사람으로서, 과천의 사충서원(四忠書院) 과 진도의 봉암사(鳳巖祠)에 제향되었다.

옳고 그름을 묻지 않고 의기(意氣)로 인정한다면 비록 성대하게 서로 마음이 들어맞더라도 의심스러운 마음이 한번 발동하면 그 시작과 끝을 보장할 수 있겠습니까?"

주상이 말하기를,

"조태채의 일은 당시 영부사가 지극 정성으로 진달하였고, 또한 말하기를, '두서너 재신(宰臣)들이 모두 이의(異議)가 없었다.' 하였는데, 이제 경의 말을 들어 보니, 비로소 그렇지 않았음을 알겠다."

하니, 이태좌가 말하기를,

"신과 영부사가 조태채의 일을 논하였는데, 신이 말하기를,

'연명 차자 외에는 죄줄 만한 일이 별로 없으니, 마땅히 주상의 뜻을 받들어 등급을 나누어[分等] 처리해도 될 것입니다.'

하자 이광좌가 신을 질책하며 말하기를,

'당론이 나온 이후로 군신의 등급이 점차 해이해졌으니 마땅히 분명하게 끊어버리는 것으로 제방(隄防)을 삼아야 한다. 지금 성명(聖明)께서 왕위에 계시니[當宁] 모름지기 이러한 의리를 밝혀서 후세의 법칙[法程]으로 삼아야 할 것이다. 내가 이렇게 말하면 노론이 더욱 죽이려 할 것이지만 나는 마땅히 본분을 다할 뿐이다. 또한 추탈한다고 해서 바로 역적으로 논단하는 것은 아니다.'

하였습니다."

하였다. 주상이 다음과 같이 말하였다.

"송인명이 일찍이 '내가 기회를 잃었다.' 하였는데,[132] 그 말이 옳았다. 갑진년(1724, 영조 즉위)과 정미년(1727)에 밝게 국시(國是)를 정하지 못하였다. 을사년(1725)에 처분을 내리려고 하였는데 당시 정국을 주도하던 사람들

---

132) 송인명이 …… 하였는데 : 1729년 3월 송인명이 영조에게 무신란 이후 노론 가운데 죄가 가벼운 자를 등용할 기회가 있었는데 이것을 실행에 옮기지 못하였다고 비판하면서 한 말을 가리킨다. 《承政院日記 英祖 5年 3月 6日》

[時人, 노론]이 김일경에게 죄가 있다는 이유로 한쪽 편[소론] 사람들을 모두 몰아내어, 신축·임인년의 일을 보복하려고 하였다. 그때 그들이 영부사를 논죄한 것은 황당무계한 것이 많았는데, 이관명(李觀命)133)이 들어와서 반드시 먼저 영부사를 죽이려 하였으므로, 내가 매우 개탄스럽게 여겼다.

마지막에 이르러서는 일곱 사람 가운데 먼저 이진유와 박필몽을 죽이려 한 것은 교활하였기 때문에 드디어 처분을 내렸지만 대고(大誥)134)를 내렸을 때도 또한 모두 다 말하지 못하였으니 어찌 사람들을 복종시킬 수 있겠는가? 작년 이후 노론과 소론, 모두에게서 역적이 나왔다. 건저와 대리청정의 일은 옛날에도 있었는데, 어찌 이를 당론(黨論)에 넣을 수 있겠는가?

내가 뒤늦게 태어나서 당론의 근원을 몰랐다. 경신년(1680)과 기사년(1689)의 일도 오히려 알 수 없었으며, 기해년(1659) 예론 또한 자세히 알지 못하고, 오직 선조의 처분을 지키는 일만 생각하였을 뿐이다. 그렇지만 노론과 소론에 대해서는 또한 어찌 모르겠는가? 고(故) 재상 남구만(南九萬)135)과 최석정(崔錫鼎)136)을 출향(黜享)하자는 논의137)로 인해 그 근본을 알게 되었다.

---

133) 이관명(李觀命) : 1661~1733. 본관은 전주, 자 자빈(子賓), 호 병산(屛山)이다. 임인옥사 (1722) 당시 동생 이건명이 노론 4대신으로서 극형을 받자, 이에 연좌되어 유배되었다. 1725년(영조1) 풀려나와 우의정이 되고 이듬해 좌의정에 이르렀다.

134) 대고(大誥) : 1728년 이인좌의 난을 평정한 뒤 4월 22일 영조가 내린 비망기이다. 이를 바탕으로 대고를 지어 전국의 신하와 백성들에게 널리 알리게 하였다. 그 내용 가운데, 현혹되어 망동하였거나 위협에 못 이겨 적도를 따랐던 무리에 대해 마음을 고쳐먹고 새사람이 되고자 한다면 죄를 묻지 않겠다고 하였다. 《承政院日記 英祖 4年 4月 22日》

135) 남구만(南九萬) : 1629~1711. 본관은 의령, 자 운로(雲路), 호 약천(藥泉)·미재(美齋)이다. 개국공신 남재(南在)의 후손이다. 송준길(宋浚吉)의 문인으로, 우의정·영의정 등을 역임 하였다. 1694년 갑술환국 이후 탕평책을 추진하다가 노론의 반발을 받고 고초를 겪었다. 1707년 관직에서 물러나 봉조하(奉朝賀)가 되었다가 기로소에 들어갔다.

136) 최석정(崔錫鼎) : 1646~1715. 본관은 전주, 자 여화(汝和), 호 존와(存窩)·명곡(明谷)이다. 회니시비(懷尼是非)가 일어나자 윤선거를 옹호한 나양좌의 견해를 지지함으로써 노론의 지탄을 받았고, 붕당의 폐단을 논하며 남인의 서용을 주장하였다. 모두 열 차례 정승이 되어 숙종의 탕평책을 적극 추진하여 당쟁의 화를 줄이기 위해 노력하였다. 저서로 《예기유편(禮記類編)》과 《명곡집》 등이 있다.

137) 고(故) …… 논의 : 1726년(영조2) 4월에 대간이 계사를 올려서 소론의 최석정·남구만·윤

소론은 노론이 경종[景廟]께 다른 마음을 먹었다고 여겼지만 그 사람들이
어찌 경종에 대해서 반역[不軌]의 마음이 있었겠는가? 오직 지난 일을 애통해
하다가 신하의 분수를 넘었을 뿐이었다. 노론은 소론이 경종을 위하는 것이
뒷날의 입지를 위한 것이라고 여겼지만 노론은 처음부터 경종에게 불만이
없었고, 소론도 애초 경종에게 아첨하지 않았으니 모두 서로 의심한 데에서
비롯된 일이다.

성고(聖考, 숙종)가 계실 때에는 감히 그런 말을 못하다가 《가례원류(家禮源
流)》[138)가 발단이 되었다. 내가 그 당시 입시하여 보니, 성고께서 좌우에
명하여 그 한 권을 가져오게 하였는데, 마침 마지막 권을 올리니, 그 안에
정호(鄭澔)[139)의 발문이 있어 그 말을 통해서 그 평생을 볼 수 있었기 때문에
성고께서 처분을 내리셨던 것이다.[140)

지완을 숙종의 묘정(廟廷)에서 출향(黜享)하라고 청하였다. 《承政院日記 英祖 2年 4月
3日》

138) 가례원류(家禮源流) : 유계(兪棨)가 《가례》에 관한 여러 글을 분류, 정리한 책이다. 이를
통해 유계는 가례의 연원과 그 발달을 비교·고찰하여 가례를 이해하는 데 참고가
되기를 기대하였다. 원래 이 책은 유계가 단독으로 엮은 것이 아니었다. 윤선거와
같이 엮은 것이고, 그 뒤 윤선거의 아들이자 유계의 문인이기도 한 윤증도 증보에
참여하였다. 그런데 유계와 윤선거가 죽고 난 이후 노·소론의 대립이 격화되는 가운데
1711년(숙종37) 좌의정 이이명이 품신하여 용담 현령(龍潭縣令)으로 있던 유계의 손자
유상기(兪相基)가 유계의 독자적인 저술인 것처럼 간행하였다. 이를 계기로 노론과
소론 사이의 갈등이 격화되기에 이르렀다.

139) 정호(鄭澔) : 1648~1736. 1715년에 유계의 유저(遺著)인 《가례원류》의 발문을 썼는데,
윤증이 송시열을 배반했다는 내용이 문제되어 파직되었다. 이듬해 대사헌 재직시
《노서유고(魯西遺稿)》가 간행되자, 효종에게 불손한 내용이 있다 하여 훼판(毁板)하고
윤선거 부자의 관작도 추탈하게 하였다. 1717년 소론의 반대에도 불구하고 세자 대리청정
을 강행하였다. 1721년(경종1) 신축환국으로 유배되었다가 1725년(영조1) 풀려나와 우의
정에 올라서 노론 4대신의 신원(伸冤)을 위해 노력하였다. 그 뒤 좌의정을 거쳐 영의정을
역임하였다.

140) 정호의 …… 것이다 : 《가례원류》의 발문(跋文)에서 정호는 "유계가 적임자가 아닌 사람
에게 부탁해서 일이 이 지경에 이르렀다."라고 하면서 윤증을 헐뜯었다. 숙종은 정호의
발문을 읽고서 사림의 중망을 받고 자신이 존경하는 윤증을 비방했다는 이유로 정호를
파직하고 그 발문을 쓰지 못하도록 했다.

그리고 이진유가 또 권상하(權尙夏)[141]를 논척하고,[142] 이어서 묘문(墓文)과
의서(擬書)의 일이 터져 나와서 점점 한층 더 격화되었다.[143] 이에 대해 내린
최종 처분[144]을 《열성어제(列聖御製)》[145]에 올렸던 것은 조정의 상황[朝象]을

---

141) 권상하(權尙夏) : 1641~1721. 본관은 안동(安東), 자 치도(致道), 호 수암(遂菴)·한수재(寒水
    齋)이다. 송준길·송시열 문인이다. 기사환국(1689) 당시 송시열의 임종을 지키고 의복과
    서적 등 유품을 가지고 돌아왔다. 송시열의 유언에 따라 화양동(華陽洞)에 만동묘(萬東廟)
    ·대보단(大報壇)을 세워 명나라 신종(神宗)과 의종(毅宗)을 제향하였다.

142) 이진유가 …… 논척하고 : 권상하가 상소하여 《가례원류》의 저자가 유계라는 것을
    주장하면서 윤증이 유계의 부탁을 저버리고 자신의 저술처럼 했다고 비판하였다.
    이에 이진유가 상소하여 윤증을 헐뜯은 권상하의 서문을 《가례원류》에서 빼고 그를
    처벌하기를 청하였다. 《肅宗實錄 42年 1月 25日, 2月 22日》

143) 묘문(墓文)과 …… 격화되었다 : 송시열이 지은 윤선거 묘갈명은 노론과 소론이 분기한
    회니시비(懷尼是非)의 주된 요인 중 하나였다. 1669년(현종10) 윤선거의 사후, 아들 윤증은
    송시열에게 묘갈명을 지어달라고 부탁하였다. 송시열은 이를 허락하였으나 정작 윤선거
    의 일생을 평가하는 중요한 부분에서는 대부분 박세채가 지은 행장의 내용을 그대로
    인용하여 윤선거의 생전 행적에 대한 불만을 간접적으로 드러냈다. 송시열의 이러한
    태도를 두고 소론 측에서는 윤증이 송시열에게 부친의 묘갈명을 청하면서 함께 보낸
    〈기유의서(己酉擬書)〉 때문에 송시열이 윤선거에게 원한을 품고 묘갈명을 부정적으로
    지었다고 보았다. 〈기유의서〉는 윤선거가 죽기 직전 송시열에게 보내려 썼던 편지로,
    송시열의 정치 행태를 비판하는 내용이 다수 담겨 있었다. 송시열의 묘갈명을 전해
    받은 윤증은 이후 송시열에게 여러 차례 편지를 보내 수정해 줄 것을 요청하였지만
    송시열이 소극적으로 대응함으로써 양측간 갈등이 표면화되는 계기가 되었다. 이와는
    별도로 윤증은 1680년 경신환국을 전후하여 서인 내부에서 윤휴를 사사하고 난 이후에도
    남인을 도태시키려는 시도가 멈추지 않는 것을 보고, 부친 윤선거가 〈기유의서〉에서
    표방한 대남인 포용책의 연장선상에서 송시열에게 이의를 제기하기 위해 장문의 편지를
    작성하였는데, 박세채가 만류하여 보내지 못하였다. 이것을 〈신유의서(辛酉擬書)〉라고
    한다. 〈기유의서〉와 〈신유의서〉, 두 편지는 윤선거·윤증 부자가 송시열을 비판하는
    결정적 내용을 담은 편지가 되었다. 나중에 이것이 송시열 문인들의 손에 들어가자
    이들은 윤증이 스승을 배반하였다고 비난하였다.

144) 이에 …… 처분 : 〈신유의서〉와 윤선거의 묘갈명에 대하여 숙종이 노론을 두둔하는
    입장을 표명한 병신처분(丙申處分)을 말한다. 숙종은 〈신유의서〉에 대해서는 "윤증이
    송시열을 비난한 글이 많다."라고 하고, 윤선거의 묘갈명에 대해서는 "송시열이 윤선거
    를 욕한 내용이 없다."라고 하여, 이를 둘러싼 노소론의 대립에서 노론의 손을 들어주었
    다. 《肅宗實錄 42年 7月 6日·10日》

145) 열성어제(列聖御製) : 역대 임금들이 지은 시문을 모아 엮은 책이다. 처음에는 목판본으
    로 간행되었으나 영조의 어제부터는 활자본으로 간행되었다. 인조 때에 처음 편집,
    간행되었고, 숙종대 이후로는 왕이 바뀔 때마다 선왕의 어제를 편집하여 앞 시기의

진정시키려는 것이었는데, 노론은 이것을 구실 삼아서 내가 성고의 유훈을
저버렸다고 여겼다.

선정신(先正臣) 윤선거(尹宣擧)146)의 문집 책판(冊板)을 부숴버릴 것을 청한
일은 선조(先朝) 때 끝내 윤허하지 않으셨으니,147) 성고의 의도를 나 또한
우러러 헤아리고 있었던 것이며, 조태구가 '피차(彼此)가 선정(先正)이다.'라고
한 말이 공평한 듯하여 나는 바꿀 수 없는 주장이라고 여겼다. 그 뒤 조태구가
약원 제조(藥院提調)로서 들어오자 성고께서 그를 보고는 또한 기뻐하셨다.

이정소(李廷熽)148)의 상소149)가 나온 뒤 당시 상황이 난감해졌는데, 고
재상 유봉휘의 상소150)가 괴이하였지만 이 또한 어찌 반역이 되겠는가?

어제에 덧붙여 간행한 것으로 태조에서 철종까지의 내용이 수록되어 있다.

146) 윤선거(尹宣擧) : 1610~1669. 본관은 파평, 자 길보(吉甫), 호 미촌(美村)·노서(魯西)·산천재
(山泉齋)이다. 성혼의 외손이자 윤황(尹煌)의 아들이고, 윤증의 부친이다. 병자호란 이후
강화도에서 살아남은 것을 자책하여 출사하지 않고, 학문에만 정진하였다. 벗이었던
송시열과 윤휴가 주자의 경전 해석을 두고 학문적으로 대립하자, 이를 중재하다가
결국 송시열과 대립하게 되었다.

147) 선정신(先正臣) …… 않으셨으니 : 병신처분 이후에 윤선거의 문집에 효종을 비난한
부분이 있다는 노론의 주장으로 인하여 숙종은 윤선거 문집의 판본(板本)을 부숴버리게
하였다. 경종이 즉위하고 임인년(1722)에 윤선거와 윤증의 관작을 회복시켜 주면서
문집과 판본을 만드는 것을 허락하였다. 따라서 숙종이 판본 훼철을 허락하지 않았다고
한 영조의 말은 사실과 어긋난다. 그래서 이 하교가 내려진 뒤에 전라도 유생 유조(柳組)
등이 상소하여 사실이 아니라고 반박하였다. 《承政院日記 肅宗 42年 9月 10日, 景宗 2年
8月 7日》《英祖實錄 6年 1月 21日》

148) 이정소(李廷熽) : 1674~1736. 본관은 전주(全州), 자 여장(汝章), 호 춘파(春坡)이다. 1696년
(숙종22) 진사가 되고, 1714년 증광문과에 장원 급제하여 청요직을 두루 거쳤다. 1721년(경
종1) 노론 4대신과 함께 연잉군을 세제로 정책할 것을 발의하였다. 그러자 김일경
등이 노론 4대신을 4흉(四凶)으로 규정하며 공격하여 처벌하자, 그도 유배되었다. 1725년
(영조1) 풀려나온 뒤 병조참판 등을 역임하였다. 시호는 충헌(忠獻)이다.

149) 이정소(李廷熽)의 상소 : 1721년(경종1) 8월 20일에 정언 이정소가 연잉군을 세제로 책봉
하라고 청한 상소를 말한다. 이 상소를 기화로 그날 밤 2경에 영의정 김창집, 좌의정
이건명, 판중추부사 조태채, 호조판서 민진원 등 13인이 입궐해 연잉군을 세제로 정하라
고 강력하게 청하였다. 경종은 세제를 세우는 것을 허락하고 대비의 교지(敎旨)를
받아서 연잉군을 세제로 정했다. 《景宗實錄 1年 8月 20日》

150) 유봉휘의 상소 : 연잉군을 세제로 세운 뒤에 유봉휘가 상소하여, 세제를 세우는 과정에서
노론 당인들이 임금을 우롱하고 협박한 죄를 다스려야 한다고 주장한 것을 말한다.

단지 노론을 미워하고 있다가, 이들이 한밤중에 일을 벌이는 것을 보고 갑자기 상소하여 아뢴 것이지 내가 못마땅한 점이 있어서 그런 것은 아니었다.

내가 처음 올린 상소151)가 진신과 장보(章甫)152) 무리들에게 건저(建儲)를 반대하는 구실이 되었다 하여 마음이 편치 않았다가 다섯 번째 상소 뒤에야 그 마음이 조금 안정되었다. 당시 사람들이 비록 건저를 청하였지만 나의 도리에 있어서 만일 건저한 공로를 책훈(策勳)한다면 후세에 나를 어떤 임금이라고 하겠는가? 이에 대해서는 그 한계를 엄격히 하는 것이 옳다. 그렇지만 당습을 조제(調劑)하려면 탕평 이외에 다른 계책이 없다는 것을 동궁에 있을 때부터 이미 생각하고 있었다.

경종의 비망기 가운데 '양가(兩可)'의 뜻153)을 소론으로 하여금 담당하게 하였다면 장차 어떻게 했겠는가? 연명 차자 한 가지 일에 대하여 영부사는 역심(逆心)이 있다고 의심했지만, 저들이 어찌 반드시 반역하려 한 것이겠는가? 이 또한 선조(先朝)가 이미 거행한 일인데,154) 이를 곧 반역이라고 의심한단 말인가? 이것을 '반역'이라고 한다면 어떻게 핍박받는 사람이 없겠는가?155) 경종께 충성한 자는 나에게도 충성하는 것이고, 나에게 충성하는 자는 경종에

《承政院日記 景宗 1年 8月 23日》

151) 내가 …… 상소 : 연잉군이 자신을 세제로 책봉하는 것을 사양한 상소를 가리킨다. 《景宗實錄 1年 8月 21日》

152) 장보(章甫) : 유생이나 선비를 지칭하는 말이다. 본래 은(殷)나라 시대에 머리에 쓰던 예관(禮冠)이었는데, 공자(孔子) 이후로는 유관(儒冠)으로 사용되었다.

153) 경종의 …… 뜻 : 신하들이 정청(庭請)을 하여 왕세제의 대리청정을 반대하자, 경종이 병 때문에 정사를 볼 수 없어서 좌우로 하여금 관례를 상고하여 거행하게 하려 한다면서 "좌우 사람들이 좋겠는가, 세제가 좋겠는가?[左右可乎? 世弟可乎?]"라고 한 말을 가리킨다. 《承政院日記 景宗 1年 10月 16日》

154) 선조(先朝)가 …… 일인데 : 1717년(숙종43) 7월에 숙종이 자신의 눈병이 심해서 업무를 볼 수 없다는 이유로 세자에게 대리청정을 명한 일을 가리킨다. 《肅宗實錄 43年 7月 19日》

155) 이것을 …… 없겠는가 : 세제의 대리청정을 수용한 것이 반역이라고 한다면 세제, 즉 영조 본인이 심리적으로 타격을 받지 않을 수 없다는 말이다. 영조는 소론이 이것을 모른다고 비판하면서 소론의 당습으로 규정하였다. 이것은 대방(大防)을 고집하는 이광좌를 비판하는 말이기도 하였다.

게도 충성하는 것인데, 누구에게 대리청정하게 하고 누구를 건저하였는데 반역이라고 할 수 있겠는가? 이는 소론이 꺼리어 피할 줄을 모르는 것이다.

당시 소론에는 김일경이, 노론에는 김용택(金龍澤)[156]과 이천기(李天紀)[157]가 있었다. 김일경이 꾸며낸 목호룡의 고변서 가운데 '동궁을 위해서 한 것이다.'고 한 말은 바로 나를 욕한 것이었다. 영의정 조태구가 대조(大朝)[158]께 아뢰고 동궁으로 와서 위로하였는데, 나는 그 마음씀씀이가 공평하다는 것을 알았으므로 마주하고 내 심정을 말하였다.

이명의(李明誼)[159]가 당시 극구 편벽된 논의를 하였는데, 내가 웃으면서 말하기를,

'나는 단지 문침(問寢)과 시선(視膳)[160]을 하였을 뿐인데 어떻게 이런 말을

---

156) 김용택(金龍澤) : 1680~1722. 본관은 광산, 자 덕우(德雨), 호 고송재(孤松齋)이다. 김만중 (金萬重)의 손자이고, 이사명(李師命)의 사위이다. 숙종대 이이명의 천거로 벼슬길에 올랐다. 1722년(경종2) 노론 4대신과 그 일당 60여 인이 경종을 시해하고, 이이명을 추대하려 한다는 목호룡의 고변으로 이천기 등과 함께 국문을 받다 죽었다. 1802년(순조 2)에 신원(伸寃)되어 집의(執義)에 추증되었다.

157) 이천기(李天紀) : 1684~1722. 본관은 전주, 자는 계원(啓元)이다. 송상기(宋相琦)의 사위이 고 김춘택의 처남이다. 참판 이사영(李思永)의 아들이다. 1710년(숙종36) 증광시에 합격하 여 생원이 되었다. 김용택·심상길·서덕수·정인중 등과 함께 경종을 시해하려 했다는 혐의를 받고 역률(逆律)로 처형되었다. 영조가 즉위한 뒤 대사성 송인명(宋寅明)이 어전에 서 이천기 등은 숙종 말년부터 은으로 뇌물을 써서 내시·궁녀들과 결탁했으므로 처벌은 당연하다고 주장하였다. 그러나 영조는 임인옥안(壬寅獄案)을 불태우고 친히 '대훈(大訓)' 을 지어 종묘에 고한 뒤 노론 4대신에게는 시호를 다시 주고, 이천기 등 5인에게도 벼슬을 다시 주려 하였다. 이에 박문수(朴文秀)·이종성(李宗城) 등이 반대하자, 왕은 '대훈'의 글자를 수정하면서까지 모두 신원(伸寃)하게 하였다.

158) 대조(大朝) : 대리청정이 있을 때, 임금은 대조라고 하고 대리청정을 맡은 세자나 세제는 소조(小朝)라고 부른다. 여기서의 대조는 경종이다.

159) 이명의(李明誼) : 1670~1728. 본관은 한산(韓山), 자는 의백(宜伯)이다. 1702년(숙종28) 진 사가 되고, 1712년 정시문과에 급제하여, 경종대 대사간 등을 역임하였다. 영조 즉위 뒤 김일경의 상소에 동참하였다는 죄로 귀양 갔고, 1728년(영조4) 무신란에 연루되어 고문을 당하다가 죽었다. 그 뒤 1755년에 역률(逆律)이 추시(追施)되었다가, 순종 때 복권되었다.

160) 문침(問寢)과 시선(視膳) : 세자가 왕과 왕비에게 문안을 드리는 일이다. 주나라 문왕(文 王)이 세자로 있을 적에 하루에 세 번 아버지 왕계(王季)에게 문안을 올리고 수라를

하는가?'

하였다. 조태구가 그 당시 옥석(玉石)을 구분할 수 있었다면 경종의 성덕(盛德)에 손상이 가지 않았을 텐데 그렇게 하지 못하였다. 그래서 그 뒤로 나는 조보(朝報)161)를 보지 않았는데, 나 때문에 이 지경에 이르렀으므로 마음이 편치 않았기 때문이다.

백망(白望)의 초사(招辭)162) 가운데, '영부사는 소론 가운데 완소(緩少)이고, 약현(藥峴) 심단(沈檀)163) 대감은 남인(南人)164) 가운데 청남(淸南)이다.' 하였으나,

살핀 데서 유래하였다. 《禮記 文王世子》

161) 조보(朝報) : 승정원에서 처리한 사항을 매일 아침 기록하여 반포하는 관보(官報)이다. 조칙을 비롯하여 장주(章奏)와 묘당(廟堂)의 결의 사항, 서임(敍任) 사령, 지방관의 장계 등을 그 내용으로 하고 있다.

162) 백망(白望)의 초사(招辭) : 백망은 1722년(경종2) 3월 28일 목호룡의 고변으로 인하여 경종의 시해 또는 폐출을 모의한 죄목으로 사로잡혔다. 당시 공초에서, 소론과 남인이 세제를 모해하려 하였다고 역으로 고변하면서 당시 추국을 담당하고 있던 조태구·최석항·김일경·심단 등의 이름을 거론하였다. 그러자 국청에서는 이 일을 불문에 붙이고, 문목에서 벗어난다고 하여 기록하지 않았다. 《景宗修正實錄 2年 3月 29日, 4月 4日》

163) 심단(沈檀) : 1645~1730. 본관은 청송, 자 덕여(德輿), 호 약현(藥峴)·추우당(追尤堂)이다. 어머니는 윤선도의 딸이어서 외조부 윤선도에게서 교육을 받았다. 1662년(현종3) 진사가 되고, 1673년 정시문과에 급제하여 청요직을 두루 거쳤다. 1680년(숙종6) 경신환국으로 양덕에 10년간 유배되었다가 1689년 기사환국 이후 형조·예조판서 등을 역임하였는데, 1694년 갑술환국 이후 파직 당하였다. 경종대 이조판서를 지냈는데 1728년(영조4) 노론의 탄핵을 받고 삭주에 유배되었다. 1729년 영조 탕평책으로 풀려나 1730년 봉조하가 되었다.

164) 남인(南人) : 동인(東人)의 분파이다. 선조(宣祖)대 후반 이래 학문적으로 이황(李滉)을 계승하는 정치세력으로서, 조식(曺植) 계열의 북인(北人)과 분리되어 정파로 자리하였다. 지역적으로는 경북 안동을 중심으로 하는 영남 남인과 서울·경기권을 주요 근거지로 삼은 근기(近畿) 남인으로 구분된다. 17세기 중·후반, 북인 가운데 남인으로 활동하는 인물들이 나타나 활동했는데, 이들을 '북인계 남인'이라고도 부른다. 인조반정(1623)을 계기로 서인과 함께 조정에 진출하였지만 점차 서인에게 밀려 실세하였다가 현종대 예송(禮訟)을 거치면서 숙종이 즉위하자 정권을 잡았다. 이때 서인에 대한 강경파와 온건파로 분열되어 청남(淸南)과 탁남(濁南)이 등장하였다. 이후 경신환국(1680)으로 정권을 잃었는데, 이때 윤휴·허적·이하진(李夏鎭)·이원정(李元禎) 등 많은 사람들이 죽거나 유배되었다. 기사환국(1689)으로 다시 정권을 장악했다가 1694년 갑술환국으로 실권하였다. 이후 영조대 초반, 탕평정치가 본격화되면서 대탕평을 매개로 청남계 오광운이 중앙정계에 진출하였고, 정조대 채제공(蔡濟恭)을 중심으로 활동하였다.

이는 역적 목호룡의 말을 외워서 전한 것에 지나지 않았다. 역적 목호룡은 나를 제거하려던 자였음에도 엄중하게 다스리지 못하였으면서 백망에게는 김일경을 위해 법에서 벗어나는 형정(刑政)을 쓰기까지 하였으니, 옳은 일인가?

영부사와 조판부사 - 조태억(趙泰億)165)- 가 목호룡의 일은 절통하니 마땅히 형문해야 한다는 말을 김일경을 친국할 때 비로소 진달하였는데, 목호룡의 정절(情節)을 애초에 어찌 알지 못하였겠는가? 이는 당론에 가려서 그런 것이다. 목호룡은 당초에 이천기와 함께 어지럽게 악한 짓을 벌이다가 마침내 김일경을 위하여 동궁을 제거하려고 한 자인데, 어찌 살려 두고, 동성군(東城君)으로 삼을 수 있겠는가?

살육이 이 지경에 이르렀으니 저 노론들이 서로 보복하려 하는 것 또한 잘못은 아닌데, 내가 인자하고 유약하기 때문에 노론들이 그 뜻을 펴지 못하고 단지 윤취상(尹就商)166)과 이사상(李師尙)167)을 죽였을 뿐이다. 그렇지만 내 마음을 알지 못하고 건저한 일을 공훈으로 삼으려고 하는 것은 잘못이다.

정미년의 처분 뒤에 경들이 마땅히 먼저 마음을 풀었어야 하는데, 풀지 않고 지나치게 의심하고 마음속으로 미워하여, 혹은 '이것을 버리고는 아무것

---

165) 조태억(趙泰億) : 1675~1728. 본관은 양주, 자 대년(大年), 호 겸재(謙齋)·태록당(胎祿堂)이다. 조태구·태채의 종제이며, 최석정 문인이다. 1721년 조태구·최석항·이광좌 등과 함께 대리청정을 반대하여 철회시켰다. 영조 즉위 후 우의정에 올라 김일경 등에 대한 국청에서 위관(委官)을 맡기도 하였다. 1727년(영조3) 정미환국 이후 좌의정에 올랐다.

166) 윤취상(尹就商) : ?~1725. 본관은 함안(咸安)이다. 1676년(숙종2) 무과에 장원 급제하여 1701년 총융사가 되었다. 경종 즉위 후 병조참판·동지의금부사를 지냈다. 1722년(경종2) 형조판서에 올라 김일경과 더불어 노론 축출에 앞장섰다. 1724년 영조 즉위 후 김일경의 일당으로 몰려 국문을 받고 복주(伏誅)되었다.

167) 이사상(李師尙) : 1656~1725. 본관은 전주, 자는 성망(聖望)이다. 1689년(숙종15) 증광문과에 장원 급제해 홍문관에 들어갔다. 이후 김일경 등과 교유하였는데 1722년(경종2) 목호룡의 고변 직후 노론 4대신의 처벌을 강력히 주장하고, 임인옥사에서 큰 역할을 하였다. 소론 중에서 준소(峻少) 계열로 활약하면서 대사헌·부제학 등을 역임하였다. 영조가 즉위한 뒤인 1725년(영조1) 신임옥사의 주동인물로 탄핵 받고 절도에 안치되었다가 김일경·목호룡과 함께 사형에 처해졌다.

도 할 수 없다.' 하고, 혹은 '대대로 이 논의를 지켰으니 버릴 수 없다.' 하였다. 이천기 등의 국안(鞫案)을 살펴보면 반역임을 알 수 있지만, 연명 차자는 반역이 아니다. 그렇다고 해서 만약 충이라고 한다면 지나치고, 시호를 내리고 서원을 건립하기까지 하는 것도 지나치다.

지난해 이후 남인·서인·노론·소론을 막론하고 모두 역적이 나왔는데, 만약 이전 마음을 고치고 함께 화합한다면[168] 군신의 의리를 밝힐 수 있을 것인데, 오히려 고집하는 것을 지키면서 풀지 않는다면 되겠는가? 경들의 당 가운데 김일경과 박필몽 또한 역적이 아닌가?

이진유는 내가 비록 용서해주더라도 김일경 상소 아래 연명한 사람을 탄핵하는 계사(啓辭)를 정지할 수 없는 것은 마치 이봉상(李鳳祥)[169]이 아뢴 내용을 정익하(鄭益河)[170]가 아직도 정지할 수 없는 것과 같다.[171] 김일경 상소 아래 연명한 사람을 육지로 내보내는 것은 부당한데, 해은군(海恩君) -오명항- 이 육지로 내보내기를 청하자 영부사 또한 엄격하게 지키지 못했었다. 연명 차자를 올린 사람에 대해서는 엄격하면서 김일경 상소 아래 연명한 사람은 비호하였으니 어찌 당론에 가려진 것이 아니겠는가?

---

168) 화합한다면 : 원문은 "同寅協恭"이다. 《서경》〈고요모(皐陶謨)〉에서 "다 같이 경건하고 함께 공손하여 마음을 합하십시오.[同寅協恭, 和衷哉]"라는 구절에서 따온 말이다. 원래는 고요가 순(舜) 임금 앞에서 우(禹)에게 말한 것인데, 뒤에는 동료 관원들이 공경히 임금을 섬기면서 다 함께 훌륭한 정사를 이루기 위해 협력한다는 뜻으로 쓰이게 되었다.

169) 이봉상(李鳳祥) : 1676~1728. 1725년(영조1) 형조참판으로서 훈련 금위대장을 겸임하였다. 이때 이광좌·조태억 등의 죄상을 논박하였다가, 정미환국으로 좌천되어 충청도 병마절도사로 나갔다. 1728년(영조4) 이인좌의 난 당시 청주를 함락하였을 때 반란군에 의해 죽임을 당하였다.

170) 정익하(鄭益河) : 1688~?. 본관은 연일(延日), 자 자겸(子謙), 호 회와(晦窩)이다. 1721년(경종1) 증광문과에 급제하여 1729년(영조5) 홍문록에 올랐다. 이때 지평으로서 상소하여 조정에 김일경의 잔당이 남아 있다고 소론을 공격하였다. 1745년 도승지, 1751년 공조·형조판서 등을 역임하였다.

171) 마치 …… 같다 : 이봉상과 정익하는 모두 소론에 대한 강경한 처벌을 주장한 사람들인데, 노론 측에서는 이러한 주장을 멈추지 않을 것이므로 김일경 상소에 연명한 사람들을 처벌하지 않을 수 없다는 현실을 지적한 말이었다.

이이명(李頤命)[172]이 독대한 일[173]에 대해 운운한 것이 있는데, 선조(先朝, 숙종)가 선조[宣廟]조 일곱 신하의 일[174]을 들어서 부탁한 것을 경들 또한 알지 않는가? 손바닥에 '양(養)'자를 쓴 일[175]을 가지고 반역이라고 말한다면 원통할 것이다. 지금 나라를 부지(扶持)할 자가 누구냐고 물어서 이에 '양'자를 보여주며, 이이명이 노론 가운데 세력이 있는 자이므로 '나라를 부지할 수 있는 자이다.' 말했을 뿐인데 이것이 어떻게 반역이 되겠는가?

김창집(金昌集)[176]은 잘못 처신한 일이 많았고, 그의 손자[177]가 역옥(逆獄)에

---

172) 이이명(李頤命) : 1658~1722. 본관은 전주, 자 지인(智仁)·양숙(養叔), 호 소재(疎齋)이다. 세종의 아들 밀성군(密城君)의 6대손이며, 이경여(李敬輿)의 손자, 이민적(李敏迪)의 아들, 이사명(李師命)의 동생이다. 1680년 별시문과에 급제하여 지평·이조좌랑 등을 거쳐 승지를 지냈다. 1689년 기사환국으로 유배되었다가 1694년 갑술환국으로 승지에 임명되고 이조판서 등을 거쳐 1706년 우의정, 1708년 좌의정에 올랐다. 1717년 정유독대(丁酉獨對)를 통해 세자[경종]의 대리청정을 협찬하였다. 1721년(경종1) 세제[영조]의 대리청정을 추진하다가 김창집 등과 함께 유배된 상태에서 목호룡의 고변으로 이듬해 사사되었다.

173) 이이명이 독대한 일 : 정유년(1717, 숙종43) 독대를 가리킨다. 그해 숙종이 우의정 이이명을 불러 독대하였는데, 사관이 동석하지 않았기 때문에 그 자세한 내용은 알 수 없다. 다만 그 직후 세자의 대리청정을 명하였고 또 노론이 이를 적극 찬성하였다. 당시 소론 측에서는 이를 세자를 폐하기 위한 수순으로 보았다. 이런 정황으로 인해 그 독대가 노론 측에 연잉군을 부탁하는 내용이라는 추론이 나왔다. 《肅宗實錄 43年 7月 19日》 이이명은 경종 즉위 후 좌의정에 승진하여 김창집·이건명·조태채와 함께 노론을 대표하여 연잉군의 세제 책봉과 대리청정에 진력하였으나, 이로 인하여 소론의 공격을 받고 사사되었다.

174) 선조[宣廟]조 일곱 신하의 일 : 선조가 유서(遺書)를 써서 영창대군(永昌大君) 보호를 유영경(柳永慶) 등 일곱 신하에 부탁한 일이다. 유영경·신흠(申欽)·한응인(韓應寅)·허성(許筬)·박동량(朴東亮)·서성(徐渻)·한준겸(韓浚謙)으로서, 이들을 유교칠신(遺敎七臣)이라고도 한다.

175) 손바닥에 …… 일 : 김용택·이천기·정인중 등이 김용택의 집에 모여 백망과 이야기를 나누다가 손바닥에 글자를 써서 심사를 드러내었는데, 김용택은 '충(忠)' 자를 썼고, 다른 사람들은 '신(信)' 자를 쓰거나 '의(義)' 자를 쓰기도 하였는데, 백망은 '양(養)' 자를 썼다. 모인 사람들이 서로 돌아볼 뿐 그 뜻을 몰랐지만 이천기만은 알아차리고 크게 웃었는데, '양' 자는 이이명의 자(字)인 '양숙(養叔)'을 가리키는 것이었다고 한다. 《景宗實錄 2年 3月 27日》

176) 김창집(金昌集) : 1648~1722. 본관은 안동, 자 여성(汝成), 호 몽와(夢窩)이다. 김상헌의 증손, 김수항의 아들, 김창협·창흡의 형이다. 1672년(현종13) 진사가 되고, 1684년 정시문과에 급제하여 청요직을 두루 역임하다가 1689년 기사환국 때 아버지가 사사되자

관련되어 있었으므로 관작을 추탈한 뒤에야 후세에 임금은 임금답고 신하는 신하다운 의리가 정해질 수 있을 것이다.

이건명(李健命)[178]의 경우 나를 위해 세제 책봉을 주청하러 청나라에 가서 그것을 성사(成事)시키고 돌아온 사람인데, 김일경이 베어 죽인 일은 또한 무엄하지 않은가?

연명 차자에 참여한 사람을 죄주면서 여기에 따랐던 자들을 부른다면 기꺼이 오겠는가? 이이명과 김창집은 예전 그대로 관작을 추탈하되 연명 차자의 일은 거론하지 않아서 그들을 들어오게 하면 어찌 좋지 않겠는가?

을사년 초에 영의정 -홍치중(洪致中)- 이 홀로 이건명이 억울하다고 호소한 것은 공정했다고 할 수 있다. 영부사가 이명언과 이진유에 대하여 처음부터 끝까지 곡진하게 두둔하는데, 영부사는 비록 이명언이 반역을 하지 않았다는 것을 스스로 알고 있더라도 그것을 모르는 저 사람들은 장차 어떻게 생각하겠는가?

이삼(李森)[179]이 압수한 백망의 환도(環刀)는 녹슨 작은 칼에 불과하였는데, 김일경 무리들은 마치 기이한 물건이라도 얻은 것처럼 이것을 삼수(三手)[180]에

은거하였다. 그 뒤 예조참판·개성유수 등을 거쳐 1717년 영의정에 올랐다. 숙종 말년 세자의 대리청정을 주장하다가 소론의 탄핵을 받았다. 경종이 즉위한 뒤 이이명·조태채· 이건명 등과 함께 소론의 강력한 반대에도 불구하고 연잉군(延礽君, 영조)을 세제로 세웠다. 1721년(경종1) 다시 세제의 대리청정을 상소했다가 김일경 등의 반대로 관철시키지 못하였다. 1722년 목호룡의 고변으로 촉발된 임인옥사 때 사사되었다.

177) 그의 손자 : 김성행(金省行)을 가리킨다. 김성행은 이이명의 아들 이기지(李器之)·조카 이희지(李喜之)·조카 사위 이천기(李天紀), 김춘택의 종제 김용택 등과 함께 환관·궁녀들과 결탁하여 삼수(三手)를 써서 경종을 시해하려 하였다는 혐의를 받았다. 《景宗實錄 2年 3月 27日》

178) 이건명(李健命) : 1663~1722. 1717년 종형 이이명과 숙종의 정유독대 직후, 우의정에 발탁되어 연잉군[영조]의 보호를 부탁받았다. 경종 즉위 후 좌의정에 올라 김창집·이이명 ·조태채와 함께 세제 책봉에 노력한 노론 4대신 가운데 하나였다. 1722년(경종2) 목호룡의 고변으로 유배되었다가 죽었다.

179) 이삼(李森) : 1675~1735. 1727년(영조3) 훈련대장이 되어 이듬해 이인좌의 난이 일어났을 때 관문을 잘 지킨 공으로, 분무공신(奮武功臣) 2등에 책록되고 함은군(咸恩君)에 봉하여졌다. 이후 병조판서에 올랐다.

집어넣었으니, 어찌 괴이하지 않겠는가? 당시 비록 김일경의 죄를 징토하지 못하였지만 법에 따라 처형한 뒤에도 오히려 잘라내 버리지 못하였으니 어찌 한스럽지 않겠는가?"

이태좌가 다음과 같이 말하였다.

"정미년에 물으셨을 때 신이, '조태채는 단지 연명 차자에만 참여했으니, 구별하여 관작(官爵)을 복구해야 한다.'는 뜻으로 우러러 대답하였습니다. 이건명의 일에 대해서는 신의 의견은 전에 이미 우러러 아뢰었습니다. 선정신 성혼(成渾)[181]이 말하기를, '조정의 이해(利害)는 바로 옳고 그름의 소재에 있다.'[182] 하였는데, 바로 이같은 상황을 두고 한 말입니다.

연명 차자를 올릴 때 한편으로는 정청(庭請)하고, 다른 한편으로는 절목을 거행하는 것은 거조(擧措)가 전도되어 마치 음양의 수단을 쓴 듯하였습니다. 그렇지만 조정의 대체(大體)로 보아 반드시 깊이 따질 필요가 없으며, 이와 같이 하는 것이 과연 세도에 도움이 된다면 신이 어찌 이전의 견해를 고수하겠습니까?"

호조판서 서명균(徐命均)[183]이 다음과 같이 말하였다.

---

180) 삼수(三手) : 목호룡이 노론 측에서 경종을 시해하고자 모의했다고 고변한 세 가지 수단을 가리킨다. 삼수란 보검을 이용한 '대급수(大急手)', 독약을 이용한 '소급수(小急手)', 전지(傳旨)를 위조하는 '평지수(平地手)'이다. '대급수'는 김용택이 보검을 백망(白望)에게 주어 숙종의 국상(國喪) 때 궁궐로 들어가 세자였던 경종을 시해하려고 한 것을 말한다. '소급수'는 이기지·정인중(鄭麟重)·이희지(李喜之)·김용택·이천기·홍의인(洪義人)·홍 철인(洪哲人) 등이 은(銀)을 상궁 지씨(池氏)에게 주고, 상궁이 독약을 타서 세자를 시해하려고 하였다는 것이다. 실제 1720년에 시행되었다고 하였다. '평지수'는 이희지가 언문(諺文)으로 세자를 무고하고 헐뜯는 말로 가사(歌詞)를 지어 궁중에 유입시키고, 또 숙종의 명령을 자신들이 꾸며서 세자를 폐위시키려 한 것이었다.

181) 성혼(成渾) : 1535~1598. 본관은 창녕, 자 호원(浩源), 호 우계(牛溪)·묵암(默庵)이다. 이이와 평생 교유하면서 학문적·정치적 입장을 같이 하였다. 그의 학문과 사상은 외손 윤선거와 외증손 윤증에게 계승되면서 소론의 원류가 되었다.

182) 조정의 …… 있다 : 당시 임진왜란과 정유재란 사이에 일본과의 화친을 도모하는 것을 두고 논란이 있었는데, 성혼이 신응구에게 편지를 보내 자신이 주장한 주화론(主和論)을 변명하면서 나온 말이다. 《牛溪集 答申子方應榘 論奏本事別紙甲午》

183) 서명균(徐命均) : 1680~1745. 경종대 이조참의 재직시 장희빈을 공격한 윤지술을 구하려

"건저와 대리청정이 어떻게 감히 반역이 된단 말입니까? 이는 지난번 사람들이 협박(脅迫)하는 말이었습니다. 그렇지만 연명 차자를 올릴 때 '사생(死生)과 화복(禍福)에 동요되어 협잡(挾雜)하려는 마음이 있다.' 생각하였는데, 진실로 협잡이 있었다면 이는 분의(分義)를 다한 것이 아닙니다. 신이 항상 세 사람은 같지만 조태채의 경우는 조금 차이가 있으니 마땅히 참작해야 할 것 같다고 생각하였습니다만 지금 성교를 받드니 어찌 감히 이전의 견해만 옳다고 하겠습니까?"

윤순이 다음과 같이 말하였다.

"이건명을 참형에 처한 일 등에 대하여 신이 해괴하다고 여러 번 말했지만 저지할 수 있는 힘이 없었습니다. 신축년 연명 차자를 올렸을 때, 신과 조문명 형제가 함께 궁관(宮官)으로서 궁궐에 있었는데, 신이 생각하기를,

'즉위 원년에 대리청정이 얼마나 중대한 일인데 대신이 마땅히 스스로 청대(請對)[184]해야 함에도 어떻게 미관(微官)으로 하여금 먼저 말하게 한단 말인가?'

하였습니다. 이미 조성복(趙聖復)[185]을 처벌하라고 청하고 나서 빈청에서 청대를 요구하는 계사를 하루에 서너 차례나 올리고 또 정청하였으니 마치 힘껏 쟁론하려는 것 같았습니다. 그러다가 잠시 뒤 연명 차자를 올렸는데, 이어서 고 정승 조태구가 청대하자 또 따라 들어가서, 성명을 환수하게 하였습니다. 신이 조현명에게 말하기를,

'이틀 사이에 그 일이 세 번 변하였습니다. 천하에는 단 하나의 옳음이 있을 뿐이니, 정청이 옳다면 연명 차자는 틀린 것이며, 연명 차자가 옳다면

다가 김일경 등 소론의 탄핵을 받고 안악 군수로 좌천되었다. 영조대 호조판서를 거쳐, 우의정·좌의정 등을 역임하였다.

184) 청대(請對) : 나라에 일이 있을 때 신하가 임금에게 시정(時政)에 대한 의견을 건의하고 의논하기 위해 알현하기를 청하는 것이다.

185) 조성복(趙聖復) : 1681~1723. 1721년(경종1) 집의 재직시 세제의 대리청정을 요구하는 상소를 올려 경종의 재가를 받았으나, 무군부도(無君不道)하다는 소론의 논척을 받아 유배되었다. 이후 1723년 다시 잡혀 올라와 국문을 받던 중 옥중에서 자살하였다.

성명 환수는 틀린 일입니다.'

하였습니다. 이것으로 본다면, 그 마음이 경종에 대해서 불순하고, 또한 전하에 대해서도 불순하여, 사사로운 마음으로 협잡한 것이 없지 않으니, 거조(擧措)가 이와 같은데 사람들이 어찌 의심하지 않겠습니까? 신축년 이후 경종에 대한 분의를 다하지 않은 일을 질책하여 죄 주는 것은 괜찮지만 다 죽인 것은 지나쳤습니다."

주상이 말하기를,

"그 일은 과연 구차하지만 만약 그 죄를 논한다면 삭탈에 불과하다."

하였다. 윤순이 말하기를,

"을사 연간 시호를 내리고 서원을 세운 일에 대해 소론이 모두 분한 마음이 있었습니다. 정미년 가을, 마침내 추탈의 형률을 시행하였지만 연명 차자를 경종에 대한 반역으로 간주하지 않아서 신하의 분의(分義)를 다하지 못한 점이 있었습니다. 신의 생각으로 추탈은 일률(一律, 사형)이 아니니 지나치지 않습니다."

하니, 주상이 말하기를,

"이전에 이미 참형에 처하였는데, 이제 다시 추탈한다면 분수에 지나치지 않겠는가?"

하였다. 윤순이 말하기를,

"신과 송인명은 한 동네에 같이 살면서 매번 감등(減等)의 일에 대해서 논하였는데, 신은 추탈하는 것은 지나치지 않다고 말했습니다. 만일 지금 감등해서 서로 화합[和協]할 수 있게 된다면 진실로 할 만한 일이지만, 이는 우의정의 말처럼 일에 도움되는 것 없이 한갓 형정만 전도될 듯합니다. 을사년부터 지금까지 5년 동안 처분을 세 차례나 고쳤는데, 이번 처분도 또한 영구히 금석(金石)과 같은 법이 될지 어찌 알겠습니까? 아마도 탕평의 효과가 없을 것입니다."

하니, 주상이 말하기를, "오늘 하교한 뒤에는 어찌 이러한 근심이 있겠는

가?" 하였다. 송인명이 말하기를,

"신과 영의정이 말하기를,

'네 사람이 연차를 올린 것은 결코 두 가지로 구분할 수 없으니, 한꺼번에 모두 신설(伸雪)한 다음에 만일 다른 일이 있다면, 혹 대관(臺官)이 계청(啓請)하는 것이 좋을 것 같다.'

하였습니다."

하였다. 이정제가 말하기를,

"신은 애초부터 생각하기를, '이이명과 김창집은 경종에게 진실한 신하[純臣]가 아니다.' 여겼지만, 그들 마음이 양지(良知)에서 나왔는지 혹은 당론에서 나왔는지 여부는 알지 못하였습니다. 앞서 대사헌[都憲]으로 있을 때 저번 사람들이 경종을 소중하게[顧藉] 여기지 않는 것을 마음속으로 매우 통탄스럽게 여겨서, 마침내 이이명과 김창집의 일을 가지고 상소하여 논한 일이 있습니다. 만일 이번에 다른 죄로 이이명과 김창집을 죄 준다면 신이 어찌 다른 뜻이 있겠습니까?"

하니, 주상이 말하였다.

"경들이 김일경에게 속은 것이다. 노론 가운데 김일경·박필몽이 요망한 박상검(朴尙儉)과 결탁[186]한 기색을 안 자가 있었는데, 반드시 장세상(張世相)[187]을 통해 알았을 것이다. 그래서 겁이 나서 한 일이지 반역하려고 한

---

186) 김일경·박필몽이 …… 결탁 : 김일경과 박필몽 등이 연잉군의 세제 책봉을 저지하지 못하자 내시 박상검 등을 이용해 세제를 제거하려 하였다. 이에 박상검은 은화 수천 냥을 이용해 내시와 궁녀들을 매수하였다. 그리고 1722년 1월 궁궐 안에 돌아다니는 여우를 잡는다는 구실로 청휘문(淸暉門)에 덫을 놓고 함정을 파놓아 세제가 경종에게 문안을 드리거나 시선하러 가는 길을 가로막아 경종과 연잉군 사이에 불화를 조성하였다. 또한 대전의 궁녀들로 하여금 세제를 헐뜯어 연잉군을 제거하려 하였다. 《承政院日記 景宗 2年 1月 6日·7日》

187) 장세상(張世相) : 내관으로 이희지의 사주를 받아 평지수(平地手)를 자행하려 했다. 당시 이희지는 세자시절 경종을 무함하는 내용의 언문 가사를 지어 궁중에 유입시키고, 숙종의 거짓 조서를 작성하여 지상궁과 장세상으로 하여금 국상 때 내리게 하여 세자를 폐하려 하였다.

것은 아니다. 연명 차자를 만약 반역으로 논단한다면 이는 어디를 핍박하는[礙逼] 것이겠는가? 비록 잘못이라 해도 이미 죽임을 당하였으니 오늘에 이르러 추탈하는 것은 또한 심하지 않겠는가?

김창집과 이이명의 경우, 그 자손의 이름이 역적의 공초에 난만하게 등장하여 거론할 수 없으니 이전에 추탈한 것은 그대로 두고, 이건명과 조태채는 그 관작을 복구해 주되, 서원을 세우고 시호를 내리는 일은 논하지 않는 것이 옳다."

○ **가을**, 경상 감사 박문수(朴文秀)[188]가 상소하여 대략 다음과 같이 말하였다.

"불행하게도 이쪽저쪽의 당파에서 모두 천고에 없던 역변(逆變)이 나왔으니, 누군들 분개하고 미워하지 않겠습니까? 그렇지만 선악(善惡)의 본성은 부자 형제라고 해서 다 같지 않으니, 한 당파에 충성스럽고 의로운 사람이 하나도 없이 모두가 부도한 짓을 모의하는 이치는 결코 없습니다. 다만 부도한[不軌] 자를 가리켜 역적이라고 하는 것이 옳고, 직분을 다하는 자를 충신이라고 하는 것이 옳습니다.

그러나 지금 그렇게 하지 않고 저쪽 당파는 악행을 저지른 자가 이쪽 당파에서 나온 것을 빌미로 이쪽 당파를 모두 역적으로 몰고, 이쪽 당파는 악행을 저지른 자가 저쪽 당파에서 나왔다는 것을 빌미로 역시 저쪽 당파를 모두 역적으로 몰아서, 조정에 가득한 모든 신하들이 역적의 이름을 함께 덮어쓰게 되었으니, 고금 천하에 어찌 이런 일이 있겠습니까?

'역'이라는 한 글자가 얼마나 나쁜 이름입니까? 그런데 이쪽저쪽 당파의

---

188) 박문수(朴文秀) : 1691~1756. 본관은 고령(高靈), 자 성보(成甫), 호 기은(耆隱)이다. 1728년 이인좌의 난이 일어나자 사로 도순문사(四路都巡問使) 오명항의 종사관으로 출전, 전공을 세워 경상도 관찰사에 발탁되었다. 이어 분무공신(奮武功臣) 2등에 책록되고 영성군(靈城君)에 봉해졌다. 영조가 탕평책을 실시할 때 명문 벌열 중심의 인사 정책에서 벗어날 것을 주장했으며, 4색(四色)의 인재를 고루 등용하는 탕평의 내실을 강조하였다.

사람이 가볍게 다른 사람에게 덮어씌우는 것은 대개 국면이 서로 바뀌게 되면 화복이 뒤따르니, 얻으면 편안하고 태평한 이익을 누릴 수 있고, 잃으면 죽임을 당하고 귀양 갈 위험이 있습니다. 그러므로 한 쪽을 속박하는 자료로 삼아서 일망타진하고 뚫고 들어가려는 계책을 몰래 이루려는 짓입니다.

지금 이양신이 충신이니 역적이니 말한 것[189]은 공(公)입니까, 사(私)입니까? 자기 동류에 대해서는 마음속으로 그가 역적인 줄 알면서도 도리어 충신이라 하고, 자기와 다른 자에 대해서는 비록 허물이 없는 자라도 반드시 더럽히고 모욕을 주려고 억지로 역적의 누명을 덮어씌우니, 이것이 어찌 비단 당파를 위해 죽을힘을 다하는 것일 뿐이겠습니까? 도리어 얻을 것을 얻지 못할까 걱정하기 때문에 그러는 것입니다.

지금 이쪽저쪽 당파 사람들의 할아비와 아비는 모두 우리 조정의 신자가 아닌 사람이 없으니, 그 자손된 자는 결백하고 한결같은 마음으로 왕실을 보존하기를 기약해야 할 것인데, 그렇게 하지 않고 반드시 거짓으로 모함하고 살육(殺戮)하려 하니, 전하께서는 어찌 이양신의 상소에서 이것이 입증되었다는 것을 깨닫지 못하십니까?"

주상이 위로하고 타일러 달래주었다.

○ 부수찬 김상성(金尙星)이 상소하여 대략 다음과 같이 말하였다.

"세도가 날로 험악해지고 인심은 날로 두려워하는데, 오늘 충역(忠逆)의 일을 거론하다가 불리해지면 또 사문(斯文)의 일을 거론하고, 사문의 일을 거론하다가 불리해지면 또 멋대로 《춘추(春秋)》 대의(大義)를 인용하면서 다음 날 이광좌를 쫓아내고 또 심수현을 쫓아냈으며, 또 재상과 여러 신하들에게 미쳤습니다. 심지어 다른 사람의 선조[祖先]를 모욕하면서 오직 공격하여 제거할 계책만 일삼아서, 오늘 또 무슨 일을 거론하고, 내일 또 어떤 사람을 축출할지 알 수 없으니 무슨 힘으로 저지할 수 있겠습니까?

---

189) 이양신이 …… 것 : 이양신이 이광좌의 죄 12가지를 나열하며 탄핵한 상소를 가리킨다.

'탕평', 두 글자 또한 어찌할 수 없게 되었지만, 이것은 오히려 남은 일에 불과합니다. 신이 유독 놀라고 탄식하는 것은, 그 이름이 죽을죄를 지은 자의 죄적(罪籍)에 들어 있고 나라에 그를 결단한 죄안(罪案)이 있는데도 공공연히 장려하고 치켜세우기 위해 자행하는 일이 사우(祠宇)를 세우고 복관하던 때와 다름이 없다는 것입니다. 만일 조금이라도 나라에 기강이 있고 조금이라도 신하로서의 절개가 있다면 방자하고 거리낌 없는 짓이 반드시 이 지경에는 이르지 않을 것입니다.

머리가 허옇게 센 늙은 대사헌[憲長]이 차마 묵묵히 침묵할 수 없었던 것은 세도를 깊이 근심하고 신하의 분의를 스스로 다하려는 것에서 나온 것인데, '기세[勢焰]'와 '풍지(風旨)'190)가 물러나 있는 대신(大臣)과 무슨 관계가 있습니까?191) 그런데 멋대로 추악하고 이치에 어긋난 죄목을 씌워 비난과 모욕을 마구 퍼부었으니, 이 또한 가소로울 뿐입니다.

아! 상국(相國, 재상)이 이전부터 미움을 산 일은 이미 윤리를 확실하게 세우려는 데서 말미암은 것이고, 대사헌이 지금 수모를 받는 일 또한 의리를 환하게 분별하려는 데서 연유하였으니, 눈이 밝고 마음이 공정한 자라면 진실로 이미 속내를 간파했을 것인데, '사설(邪說)을 격동하고' '공의(公議)와 힘껏 싸웠다.'는 등의 말은 한결같이 어찌 그리도 무엄함이 심하단 말입니까? 한쪽 사람들이 삼사에 출입한 것이 오늘부터 시작된 것이 아닌데 어찌하여 이전에는 입을 다물고 벙어리처럼 있다가 뒤에는 기세등등하단 말입니까?

이것은 비록 엄히 분변하여 처벌하였더라도 오히려 대원(大源)을 분명하게

---

190) 풍지(風旨) : 분명하게 표현되지는 않았으나 분위기나 암시 또는 소문으로 나타나는 특정인의 의도나 속마음이다.

191) 머리가 …… 있습니까 : '늙은 대사헌'은 이정제(李廷濟)를, '물러나 있는 대신'은 이광좌를 가리킨다. 이달 11일에 지평 정형복이 상소하여 "이정제는 또한 상국(相國)의 사람으로서, 대단한 권세를 믿고[炙其勢焰] 그들의 지시를 받아[望其風旨] 마침내 감히 사설(邪說)을 격동하고[鼓張邪說] 공의(公議)와 힘써 싸우고 있지만[力戰公議] 전하께서는 도리어 관용을 베풀어 엄하게 배척하지 않았으니, 앞으로 얼마나 이정제 같은 사람이 꼬리를 물고 다시 나올지 모릅니다." 하였다. 《承政院日記 英祖 5年 5月 11日》

밝히는 데에 흠결이 생기는데, 한갓 진정하는데만 힘써서 저절로 대방(大防)이 차츰 해이해진 결과에 불과하기 때문에, 의혹이 없는 단안을 굳건하게 정하여 표준을 세우는[建極] 다스림에 더욱 힘쓰는 것만 같지 못하니 오직 성명께서는 유념하시기 바랍니다."

주상이 너그럽게 답하였다.

○ 영의정 홍치중이 상소하여 대략 다음과 같이 말하였다.

"성상의 뜻이 연명 차자가 죄가 아님을 통찰하고, 관계된 일이 지중함을 굽어 살펴서 이미 어두워졌던 의리를 다시 밝히고 억울함이 쌓였던 공의(公議)를 조금이나마 펴게 하였습니다. 다만 두 신하의 일의 경우, 그 자손들 때문에 유독 똑같은 은택을 입지 못한 것은 진실로 성상의 뜻이 힘써 신하들의 심정을 따르는 데서 나온 것입니다만 삼가 생각건대 깊이 살피지 못하신 듯합니다.

죄인이 승복하지 않으면 연좌하지 않는 것이 조정의 옛 법이므로, 작년 역적을 다스릴 때 승복하지 않은 부류에게 모두 수사율(收司律)[192]을 쓰지 않았습니다. 작년 흉역들에게도 거행하지 않은 일을 어찌 차마 억울함을 품고 백골이 된 두 신하에게 가할 수 있겠습니까?

저 네 신하는 나라의 일로 함께 죽고 동시에 추탈을 당하였으므로, 죄가 있든 없든 간에 이치상 마땅히 똑같아야 하는데 누구는 신원해 주고 누구는 해 주지 않아서 끝내 서로 달라지게[193] 된다면 네 신하가 차자를 올린 죄를 모두 씻어 주는 본의가 어디에 있겠습니까?"

주상이 답하였다.

---

192) 수사율(收司律) : 연좌법을 쓴다는 뜻이다. 수사는 서로 규찰하여 고발하게 하는 것이다. 전국(戰國)시대 진(秦)나라 공손앙(公孫鞅)이 제정한 법으로, 10집이 1보(保)가 되어, 1집이 죄가 있으면 9집이 연대로 고발하고, 만약 고발하지 않으면 10집이 연좌되었다.
193) 달라지게 : 원문은 "斑駁"이다. 여러 빛깔이 한데 뒤섞여서 아롱지어 있는 상태거나 모양이나 혹은 색이 같지 않고 서로 다른 상태를 가리킨다.

"이번에 내린 처분은 경계를 구분한 것이 이미 엄중하고 그 주된 뜻이 예사로운 일에 비할 것이 아니니, 설사 소회(所懷)가 있더라도 올라온 후에 개진하면 내 마땅히 분명하게 답을 내리겠다."

○ 지평 유최기(兪最基)[194]와 헌납 조명익(趙明翼) 등이 상소하여 두 재상의 억울함을 풀어주기를 청하자 주상이 준절히 질책하였다.

○ 영의정 홍치중이 입시하였을 때 주상이 말하기를,
"당론의 마지막에 가서는 '충'이라 하고 '역'이라 하지만, 저 스스로 충이라 말하는 자들이 어찌 반드시 그 당 전체를 충이라 여기겠는가? 단지 부화뇌동하는데 병들어 스스로 빠져나오지 못하였을 뿐이다. 악역(惡逆)이란 이름이 얼마나 중대한 것인데 예사롭게 다른 사람에게 갖다 붙이니 이는 사소한 일이 아니다."
하였다. 홍치중이 다음과 같이 말하였다.
"신설(伸雪)하자는 의론을 주저하는 자들에 대해서 신 또한 그들을 의심하지는 않습니다. 다만 네 사람은 죄가 있다면 다 같이 있어야 하고 죄가 없다면 다 같이 없어야 하는데 어떻게 둘로 구분할 수 있겠습니까? 당초에 사사(賜死)할 때는 국안(鞫案)과 연명 차자를 구분하여 죄안으로 삼은 것이 아니라 오로지 4대신의 연명 차자를 근본으로 하였습니다. 정미년(1727, 영조3) 관작을 추탈할 때도 단지 '4대신이 연명 차자를 올린 것은 분수를 범한 일이다.' 하였습니다.

---

194) 유최기(兪最基) : 1689~1768. 본관은 기계(杞溪), 자 양보(良甫), 호 자락헌(自樂軒)·무수옹(無愁翁)이다. 1715년(숙종41) 사마시를 거쳐 1723년(경종3) 증광문과에 급제하여, 1726년(영조2) 설서가 되었다. 정미환국 때 영조의 탕평책을 비판하는 상소를 올렸다가 삭출되었다. 1730년 지평 재직시 김창집과 이이명을 신원(伸冤)하려다가 다시 삭출되었다. 1747년 신임옥사의 전말을 상소하고 이광좌의 관작 추탈을 주장하다가, 탕평책에 역행하는 자라고 지목되어 좌천되었다. 그 뒤 우참찬 등을 역임하였다.

그런데 지금 4대신이 연명 차자를 올린 의리가 이미 펼쳐졌는데도 두 사람을 죄적(罪籍)에 그대로 두는 것은 뒤섞여 서로 다른 것을 면치 못하였습니다. 한쪽 사람들이 이것을 출사하기 어려운 단서로 삼는 것은 과연 고집할 만한 점이 없지 않습니다. 만약 죄명이 같은 자들에게 똑같이 관작을 회복하고 나서 주상께서 '이후로 만약 또다시 당론을 일삼는 자는 중벌로 다스리겠다.' 하신다면 여러 신하들이 어찌 공경히 받들지 않겠으며 탕평을 이루는 데 무슨 어려움이 있겠습니까?

이기지(李器之)[195]는 역률을 추후에 시행하였지만 김성행(金省行)은 원래 역률을 적용하지 않았고, 정미년 처분에서도 노륙(孥戮)[196]의 형전은 시행하지 않았습니다. 그런데 지금 갑자기 역률을 시행한다면 연좌의 형률을 다시 적용한 뒤에야 그 아비와 조부에게 추가로 시행할 수 있을 것입니다.

성상의 뜻은 혹 네 사람의 관작을 모두 회복시키는 것이 한쪽으로 치우친다고 여겨 그런 것입니까? 죄를 자복하지 않은 아들과 손자 때문에 아비와 조부를 추후에 벌하는 것도 이미 합당한 법률이 아닙니다."

주상이 다음과 같이 말하였다.

"두 사람만 죄를 벗겨주면 노론이 들어오지 않고, 네 사람 모두 죄를 벗겨 주면 소론이 들어오지 않으면서, 피차가 고집하는 것을 모두 스스로 의리라고 말하고 있다. 이천기 무리의 역안(逆案)은 그대로 두고 논의하지 말아야 하지만, 두 사람 역시 문안(文案)에 들어있어서 지금 만약 모두를 신설한다면 노론은 통쾌하게 여기겠지만 소론은 반드시 따르지 않을 것이다."

---

195) 이기지(李器之) : 1690~1722. 본관은 전주(全州), 자 사안(士安), 호 일암(一庵)이다. 아버지는 좌의정 이이명이고 어머니는 판서 김만중의 딸이다. 1715년(숙종41) 진사가 되고, 1721년(경종1) 이이명이 세제 책봉을 건의하였다가 신축환국으로 귀양 가자 이기지도 연루되어 역시 남원으로 유배되었다. 1722년 임인년 옥사 당시 서울로 압송, 의금부에 투옥되어 고문 끝에 죽었다. 1725년(영조1) 설원(雪冤)되어 사헌부 지평을 추증받았다. 저서로 《일암집(一庵集)》이 있다.

196) 노륙(孥戮) : 온 가족을 연좌하여 죽이는 것이다. 남편 혹은 아비 죄 때문에 처자까지도 연좌되어 죽임을 당하는 것을 말한다.

○ 영부사 이광좌가 입시했을 때, 이광좌가 다음과 같이 말하였다.

"정미년 입대하였을 때 소신은 네 사람 가운데 피혐해야 할 연고가 있는 사람이 있어서 자리에 물러나 엎드려 있었습니다. 조태채의 경우는 신도 차등이 있음을 알고 있었습니다마는, 대광보국숭록대부(大匡輔國崇祿大夫)[197]의 관함(官銜)[198]을 끝내 그대로 줄 수는 없었습니다.

역마를 함부로 탄 자는 유(流) 3천 리로 정배하는 것과 똑같이 사형을 감한 자도 유 3천 리로 정배합니다.[199] 그런데 이미 죽은 사람은 죄의 경중(輕重)을 막론하고 단지 추탈하는 한 가지 조항만 있을 뿐입니다. 따라서 비록 차등이 있다 하더라도 구별할 수 없는 형편이었으니, 일의 형세가 그러하였던 것이므로 추탈은 결단코 그만둘 수 없습니다.

전하께서는 붕당 때문에 장차 나라가 망할 것을 염려하여 반드시 지극정성으로 조제하려 하니 누가 감히 우러러 본받으려는 생각이 없겠습니까? 다른 일은 모두 그 죄를 씻어낼 수 있지만 이 한 가지 일은 관계됨이 특별히 중요하기 때문입니다."

도승지 조현명이 말하기를,

"영부사는 임인년(1722, 경종2)에 동요됨을 면치 못하였지만,[200] 그 마음에 대해서는 용서해 주어야 할 것입니다. 그러나 이번에 흉악한 역적들이 신축년

---

197) 대광보국숭록대부(大匡輔國崇祿大夫) : 정1품의 종친(宗親)·의빈(儀賓)과 문·무신(文武臣)에게 주는 벼슬이다. 이 관위(官位)에 속하는 벼슬로는 영의정·좌의정·우의정·군(君)·사부(師傅)·영사(領事)·위(尉)가 있다.

198) 관함(官銜) : 성 밑에 붙여 부르는 벼슬 이름이다.

199) 역마를 …… 정배합니다 : 《승정원일기 영조 5년 9월 2일》 기사에 의하면 이 아래 "律相似, 律無可分, 則輕重罪, 不得不同律."이 더 있다. 역마를 함부로 탄 것과 사형을 감등 받은 사람의 죄는 경중이 다르지만 처벌은 같아지는 경우가 있다는 것을 말한 것이다.

200) 못하였지만 : 《승정원일기 영조 5년 9월 2일》 기사에 의하면 이 아래 "殿下內經萬分危迫之境, 而全然不知, 外爲討逆, 此爲不可, 然緩峻之分, 宗社有賴"가 더 있다. 조현명은 이광좌가 임인년에 세제였던 영조가 위태로운 지경에 있는 줄을 모르고 토역에만 열중한 것은 잘못이지만 소론이 완론과 준론으로 나뉘었을 때 완론의 입장을 취한 것이 국가를 위해 도움이 되었다고 보았다.

과 임인년의 토역 사건을 구실로 삼고 있으니, 마땅히 마음을 돌려 그것을
완화해 갈 방도를 생각해야 하는데도 끝내 깨닫지 못하고 있으니, 신은
실로 개탄스럽습니다."

하니, 이광좌가 다음과 같이 말하였다.

"조현명의 말을 신은 실로 애매하다고 생각합니다. 변란 후에 완화할
방도를 생각하지 못하였다는 등의 말은 신을 이해하지 못하는 말입니다.
정미년 이후 이조판서 조문명이 제시한 정목(政目)도 또한 주객(主客)의 차이가
있었고, 전하의 처분에도 주객의 차이가 있었습니다.

신이 묘당(廟堂)에서 추천할 때에도 이전의 상투적인 방식을 면하지 못하여
작년 변란 이후로는 복상(卜相)[201]할 때 서로 이름을 부르는 사람들을 모두
써서 들였습니다. 이조판서를 천망할 때도 어찌 소신이 청탁(淸濁)에 대한
엄격한 구별[202]이 없었겠습니까마는, 숫자대로 써서 들였습니다.

오직 이재(李縡)[203]의 경우는 이전에 올린 상소가 임징하(任徵夏)[204]의 상소

---

201) 복상(卜相) : 의정(議政)급 관원의 선발 방식으로, 집정관(執政官)을 점쳐서 선발하는
    방식에서 유래하였다. 시임(時任) 의정이 작성한 복상 단자에 국왕이 낙점하는 방식으로
    운영되었으나, 단자에 기록된 인물 이외의 후보자를 추가하여 낙점하는 가복(加卜)이
    행해지기도 하였다. 의정의 선발은 복상 방식이 아닌 중비(中批)로 제수되는 경우도
    있었다.

202) 청탁(淸濁)에 대한 엄격한 구별 : 원문은 "涇渭"이다. 위와 경은 중국 섬서성(陝西省)에
    있는 두 물 이름이다. 경수(涇水)는 물이 탁하고 위수(渭水)는 맑기 때문에 비유한
    것이다. 옳고 그름과 청탁에 대한 분별이 엄격함을 이르는 말이다.

203) 이재(李縡) : 1680~1746. 본관은 우봉(牛峰), 자 희경(熙卿), 호 도암(陶菴)·한천(寒泉)이다.
    1716년(숙종42) 부제학 재직시 《가례원류》 편찬자를 둘러싸고 시비가 일자, 노론의
    입장에서 소론을 공격하였다. 1721년(경종1) 도승지가 되었으나 삭직당하고, 이듬해
    임인옥사 때 중부 이만성(李晩成)이 옥사하자 은거하며 성리학 연구에 전념하였다.
    영조대 다시 등용되어 대제학 등을 지내다가 1727년(영조3) 정미환국 이후 용인 한천(寒
    泉)에 거주하면서 제자 교육에 힘썼다.

204) 임징하(任徵夏) : 1687~1730. 본관은 풍천(豊川), 자 성능(聖能), 호 서재(西齋)이다. 경종대
    정언 등을 지내다가 신임옥사로 삭직 당하였다. 1725년(영조3) 노론이 다시 집권하자
    장령에 기용되었고, 6개조의 소를 올려 탕평책을 반대하며, 소론을 제거하라고 주장하다
    가 유배되었다. 1727년 정미환국으로 제주도에 위리안치되었다가 1729년 역모의 죄명으
    로 친국을 받다가 옥사하였다.

와 유사한 부류여서 당론의 병폐가 있었기 때문에, 비록 등용할 만한 사람이기는 했지만 유독 빼놓았을 뿐, 그 뒤 천망(薦望)에 대해서는 모두 그대로 통용(通用)하였습니다.

탕평의 도는 진실로 마땅히 자잘한 연고는 떨쳐 버려야 합니다. 그러나 예로부터 시비가 전혀 없는 나라는 없었으니, 처분은 태산북두(泰山北斗)와 같아야 하는데, 얼마 안 있어 감등(減等)에 대한 논의가 나와서 신이 일찍이 그르다고 한 것입니다. 이처럼 자주 변경한다면 백성들이 어떻게 믿을 수 있겠습니까? 방금 영의정[홍치중]과 함께 조정에 머물러 있으라고 하신 하교는 끝내 받들어 따를 수 없습니다."

○ 대사간 홍경보(洪景輔)[205]가 상소하여 대략 다음과 같이 말하였다.

"중엽에 당파가 나뉜 뒤로는 이른바 명절(名節)이라는 것이 당론에 이용됨을 면치 못하였지만, 그중에 언론과 풍절(風節)을 당론 때문에 폐할 수 없는 자도 있었을 텐데 어찌하여 탕평을 거행한 이래로 붕당은 타파되지 않고 명절이 먼저 무너져 버린단 말입니까? 공경(公卿)과 삼사(三司)는 구차하게 녹봉을 유지하고 지위를 보전할 수만 있다면 그 자신이 천억 번 변화하더라도 부끄러워할 줄 모르게 되었습니다.

소식(蘇軾)[206]이 말하기를,

'서한(西漢)[207]이 쇠퇴한 것은 마치 교룡(蛟龍)이 풍운(風雲) 속에서 벗어나 사육되는 즐거움에 안주해 버린 것과 같았고, 동한(東漢)[208]이 쇠퇴한 것은

---

205) 홍경보(洪景輔) : 1692~1745. 본관은 풍산(豊山), 자 대이(大而), 호 창애(蒼厓)이다. 1729년 대사간 재직시 탕평의 폐단을 호소했다가 온성부사로 좌천되었다. 1732년 우승지에 올라 대사헌 등을 거쳐 형조참판·경기도 관찰사 등을 지냈다.

206) 소식(蘇軾) : 1036~1101. 호는 동파(東坡)이다. 북송(北宋)의 문장가로서, 아버지 소순(蘇洵), 동생 소철(蘇轍)과 함께 삼소(三蘇)라 불리며, 당송(唐宋) 8대가의 한 사람이다.

207) 서한(西漢) : 전한(前漢, B.C. 202~A.D. 8)을 가리킨다. 수도 장안(長安)이 후한(後漢)의 도읍 낙양(洛陽)의 서쪽에 있었기 때문에 '서한'이라고 붙였다.

208) 동한(東漢) : 후한(後漢, 25~220)을 가리킨다. 광무제(光武帝)가 왕망(王莽)의 신(新)나라를

마치 사람이 미쳐서 울부짖으며 이리저리 뛰어다니다가 스스로 무너지는
것과 같았다.'

하였습니다.

신이 일찍이 여러 해 전에 당론이 한창일 때 보니, 사대부들이 신기하고
괴격(乖激)한 논의에 힘쓰면서 차라리 군부(君父)를 저버릴지언정 차마 사당(私
黨)은 저버리지 못하고 신발을 거꾸로 신고 이리저리 뛰어다녔습니다. 비록
동한(東漢)의 명절(名節)에 비할 수는 없지만 그 기질과 습성은 유사하였는데,
이제 또 한번 변하여 서한(西漢) 때의 쇠퇴기와 같게 되었습니다. 풍속의
변화는 군주가 마음을 바꾸는데 달려 있는데 안타깝게도 전하께서는 삼대(三
代) 같은 융성한 시대를 만들지 못하고 도리어 이렇게 굽은 것을 바로 잡으려
가 너무 곧게 만들어 버렸습니다."

주상이 하교하여 질책하였다.

○ 대사헌 조상경(趙尙絅)[209]이 상소하여 대략 다음과 같이 말하였다.

"전하께서 지난번에 내리신 처분은 연명 차자의 의리를 시원하게 신설(伸雪)
한 것이니 천하와 후세의 사람들에게 할 말이 있다고 할 수 있습니다. 다만
두 대신을 분등(分等)한 것은 끝내 크게 뒤섞이는 것을 면치 못하였습니다.

대리청정을 청하는 연명 차자는 관계된 바가 지극히 중요하니, 전하께서
이미 그 의리를 펼치려고 한다면 마땅히 조금도 망설이지 말고 즉시 모두
신설(伸雪)해야만 비로소 충분히 명쾌해질 것인데, 기다렸다가 다시 의논할
필요가 어디에 있겠습니까?"

패망시키고 낙양에 다시 세운 왕조이다.

209) 조상경(趙尙絅) : 1681~1746. 본관은 풍양(豊壤), 자 자장(子章), 호 학당(鶴塘)이다. 풍안군
조흡(趙潝)의 증손으로, 김창협 문인이다. 1708년(숙종34) 사마시, 1710년 증광문과에
급제하여 청요직을 두루 거쳤다. 1720년 경종 즉위 후 대사간·승지·이조참의 등을
지내다가 1722년 임인옥사 때 유배되었다. 1725년(영조1) 풀려났다가 1727년 파직되었다.
1729년 다시 기용되어 병조·이조판서 등을 역임하였다. 시호는 경헌(景獻)이다.

○ 정언 민형수(閔亨洙)[210)]가 상소하여 대략 다음과 같이 말하였다.

"대개 소급해 올라가 논해 본다면, 갑진년(1724, 경종4) 대상(大喪)을 당했을 때 편찮으시다는 보고도 듣지 못하였는데, 갑자기 돌아가셨다[211)]는 소식을 듣게 되었습니다. 약원(藥院)에서는 시약청(侍藥廳)을 설치한 일도 없었고, 교문(敎文)에는 '한밤중에 안석에 기대셨다.'는 말이 있었으니,[212)] 온 나라 신하와 백성들은 대부분 '우리 왕께서 불행하여 편찮으신 데도 없이 갑자기 돌아가셨다.' 여기고 있습니다.

그 뒤에 비로소 《약원일기(藥院日記)》에 그 당시의 증세를 상세히 기록해 두었는데, 여러 달 동안 병세가 낫지 않고 별도의 증세들이 중첩해서 나타났다고 들었습니다. 당초 여러 달 동안 낫지 않고 계실 때 강역(疆域) 안에서 이에 관한 말을 듣지 못해 그 이유를 알지 못하였으니, 《약원일기》를 본 사람이 몇 명이나 되겠습니까?

이에 역적 심유현은 선왕의 폐부(肺腑)와 같은 지친으로서 이때를 틈타 차마 들을 수 없는 흉언을 지어내 불령(不逞)한 무리와 함께 화답하듯 떠들어대며 서로 선동하고는, 마침내 군병을 일으키고 격문을 돌리며 스스로 의거(義擧)라고 칭하였으니,[213)] 천지간의 떳떳한 도리가 남김없이 사라져 버리게

---

210) 민형수(閔亨洙) : 1690~1741. 본관은 여흥(驪興)이다. 할아버지는 민유중(閔維重)이고, 아버지는 좌의정 민진원, 어머니는 윤지선(尹趾善)의 딸이다. 숙종비 인현왕후의 조카이다. 1719년(숙종45) 사마시에 합격하고, 1725년(영조1) 증광문과에 급제하여 청요직을 두루 지냈다. 1729년 정언 재직시 이광좌를 상소, 배척하다가 이천현감으로 쫓겨났다. 1733년 부수찬일 때 재차 이광좌를 배척하다가 유배되었다. 1740년 도승지일 때 위시(僞詩) 사건으로 곤욕을 치렀다. 1741년 형조참판을 거쳐, 함경도 관찰사에 올랐다.

211) 돌아가셨다 : 원문은 "不諱"이다. 불휘는 피치 못할 일로 곧 죽음을 뜻한다.

212) 교문(敎文)에는 …… 있었으니 : 영조가 1724년 8월 30일에 즉위하면서 중외(中外)의 대소 신료, 기로(耆老), 군민(軍民), 한량(閑良) 등에게 내린 교서의 한 구절이다. 원래 교서에는 "한밤중에 갑작스레 안석에 기대어 내리시는 유명(遺命)을 받들게 될 줄을 누가 알았겠는가.[誰知半夜之間遽承憑几之命.]"라고 한 것을 민형수가 축약하여 언급한 것이다. 이 교서는 소론 계열의 대제학 조태억이 지은 것으로, 훗날 노론 측으로부터 이 구절이 경종의 죽음에 관한 의혹을 불러일으켰다는 비난을 받았다. 《承政院日記 景宗 4年 8月 30日, 英祖 5年 7月 28日》

되었습니다.

을사년(1725, 영조1) 봄, 이천해(李天海)의 일214)에서 그 조짐이 이미 나타났는데, 당시 전하께서 끝까지 철저하게 파헤쳐 모두 주토(誅討) 하고, 이어 선왕의 증세에 대해서 온 나라[八方]에 깨닫도록 일러주셨다면 인심을 안정시키고 역적 행위를 없앨 수 있었을 것입니다.

반란을 평정한 뒤 가장 먼저 친국할 때 약간의 복법(伏法)된 자와 진중(陣中)에서 참수된 자 외에는 전하께서 관대히 용서하려 힘쓰시고, 본 사안에 대해서는 매번 차마 듣지 못하겠다고 하교하셨습니다. 이에 흉도들이 기세를 더욱 올리면서 전혀 두려워 위축되는 뜻이 없습니다.

그런데 조정에는 근본을 따져 분명하게 말씀드려서 위로는 성상의 무고를 분변하고 아래로는 간악한 싹을 잘라 버리는 사람이 하나도 없으니, 저 흉도들이 다시 나쁜 마음을 먹지 않으리라 장담할 수 없습니다. 아! 신하된 자가 임금이 무함 받는 일을 눈으로 보고 한마디도 분변하여 밝히지 못하니, 신은 진실로 윤리와 강상의 죄인입니다."

주상이 그 근거가 없는 것을 질책하고 그 상소를 돌려주고는 이어서 삭출을 명하였다.

○ 주강(晝講)215)을 위해 입시했을 때 동지사 윤순이 다음과 같이 말하였다.

---

213) 심유현은 …… 칭하였으니 : 심유현은 경종 즉위 후 추봉(追封)된 단의왕후 심씨의 동생으로, 경종의 임종을 지켜볼 수 있었다. 경종의 사인(死因)에 의문을 품고 영조가 여기에 관련되어 있다고 하였으며, 이인좌의 난에 동참하였다가 물고(物故)되었다. 《承政院日記 英祖 4年 3月 14日, 4月 4日》

214) 이천해(李天海)의 일 : 1725년(영조1) 1월 17일, 왕이 의릉(懿陵, 경종 능)에 행차할 때 이천해가 어가(御駕) 앞에서 상언하였는데, 그 내용이 음참하고 차마 들을 수 없는 흉언이었다고 한다. 그런데 그 일이 이유익과 심유현의 사주를 받아 저지른 일이었다는 증언이 나왔다. 《英祖實錄 1年 1月 16日·17日, 4年 5月 2日》

215) 주강(晝講) : 낮시간에 임금이나 세자 등이 경학(經學)에 밝은 신하들과 함께 경전을 읽고 토론하여 수학하는 자리를 말한다. 시간에 따라 조강(朝講)·주강·석강(夕講)으로 구별하였다.

"신축년과 임인년 사이에 심한 자들은 김일경과 박필몽의 무리에 들어갔고, 그 다음으로 심한 사람들은 시론(時論) 속에 들어가서 논의가 바람처럼 일어나 기염이 대단하였습니다. 만약 고 상신 조태구나 최석항이 그들을 도왔다면 그 화는 말할 수 없을 정도였겠지만 이들 두 사람은 있는 힘을 다하여 조제하였습니다.

그 뒤에 조태구는 시골로 내쫓아 죽게 하였고, 최석항도 또한 쫓겨났습니다. 그때 해괴한 일을 하던 자들이 지금 도리어 개두환면(改頭換面)하고 나타났으니, 이전에 신이 눈으로 본 터무니없는 무리들이 오늘날 우스운 짓을 하는 자들 가운데 상당히 있습니다. 이러한 부류는 전하께서 등용하지 마십시오."

경술년(1730, 영조6) 봄, 친국하기 위해 입시했을 때,[216] 주상이 이광좌에게 말하기를,

"친국이 비록 끝나더라도 경은 물러가지 말고 그대로 머물러 있으라. 조금 전에 민진원을 부른 것 또한 다 생각이 있기 때문이다."

하고, 두 대신에게 명하여 앞으로 나오게 하여 주상이 왼손으로는 이광좌의 손을 잡고 오른손으로는 민진원의 손을 잡고서 하교하기를,

"오늘날 국사가 과연 어떠한가? 다행히 일곱 대신[217]이 와서 모였는데, 대신들은 고굉(股肱)[218]이므로 내가 마음속으로 의지하며 위안으로 삼는다. 친국이 끝나고 나면 경들은 반드시 물러갈 텐데 내 마음이 어떻겠는가? 내가 보기에 경들 사이에는 아직도 가림막[膜子]이 있다. 경들은 반드시 이

---

216) 친국하기 …… 때 : 1730년 박장운(朴長運), 박재창(朴再昌), 이동혁(李東赫), 정사공(鄭思恭) 등이 정도륭(鄭道隆)의 집에 모여 동궁을 시해한 다음 여흥군(驪興君) 이해(李垓)와 여릉군(驪陵君) 이기(李圻)를 추대하기로 모의한 사건이 일어나 영조가 친국하여 모두 사형에 처하였다. 《英祖實錄 6年 3月 9日, 4月 21日·22日》

217) 일곱 대신 : 영중추부사 이광좌, 판중추부사 민진원, 영의정 홍치중, 판중추부사 이의현·심수현·이태좌, 우의정 이집을 가리킨다. 《承政院日記 英祖 6年 4月 25日》

218) 고굉(股肱) : 다리·팔과 같아서 임금이 믿고 의지할 수 있는 신하라는 뜻이다.

가림막을 없애고 그대로 머무는 것이 좋겠다. 옛사람은 한 잔의 술로 감정을
푼 경우가 있으니, 내가 비록 성의가 부족하지만 어찌 경들 사이의 가림막을
없애지 못하겠는가?"

하니, 이광좌가 말하기를,

"이러한 융숭한 예우를 어찌 재차 신하에게 보일 수 있단 말입니까? 물러나
엎드려 아뢰겠습니다."

하니, 주상이 말하기를,

"승낙을 받지 못한다면 어찌 손을 놓을 수 있겠는가?"

하였다. 민진원이 아뢰기를,

"성상께서도 소신에게 결점[病痛]이 있다는 것을 알고 계십니다만 결점은
갑자기 없앨 수 있는 것이 아닙니다. 또한 하교 중에 이른바 '가림막'이라는
것은 본래 작은 일이 아닙니다. 신이 생각하기에 무신년(1728, 영조4) 이후의
변란은 모두 갑진년(1724)에 선왕(先王)의 병을 숨긴[諱疾] 데에서 나왔으니
이 가림막을 어떻게 갑자기 없앨 수 있겠습니까?"

하니, 주상이 말하기를,

"영부사의 가림막은 경의 수차(袖箚)에 있으니, 나 또한 지나치다고 생각한
다. 영부사의 말은 뜻이 서로 막혀서 그런 것인데 경 또한 영부사를 지나치게
의심하고 있다. 이번에 국안(鞫案)을 가져다 보니 영부사를 죽이려고 자객(刺
客)을 보냈다는 말이 있으니, 이를 보더라도 결단코 다른 마음이 없었음을
알 수 있다."

하였다. 민진원이 말하기를,

"신 또한 그가 의도를 가지고 역적이 나오게 했다고는 생각하지 않습니다만,
역적이 이로 말미암아 생겨났습니다."

하니, 주상이 말하기를,

"시약청을 미처 설치하지 못한 일219)은 단지 경황이 없어서였다. 그 당시

---

219) 시약청을 …… 일 : 민진원은 이광좌가 경종 말년에 경종이 질병이 있었는데도 이것을

상황에 대해서는 내가 대내(大內)에 있었으므로 모두 알고 있는데, 경은 먼 외방(外方)에 있었기 때문에 알지 못했던 것이다. 영부사가 어찌 병을 숨겨 역적의 변란을 만들어 냈겠는가? 처음에는 몰라서 의심했더라도 다른 사람이 혹 그렇지 않다고 해명하면 의혹을 풀 수 있어야 하는데, 하물며 군부(君父)가 말을 하는데도 풀지 않을 수 있단 말인가?"

하였다. 이광좌가 말하기를,

"대신이 이처럼 신에게 뒤집어씌우니, 신은 마땅히 즉시 의금부로 나아가 처벌하라는 명이 내려지기를 기다려야겠습니다."

하니, 주상이 말하기를,

"민판부사는 영부사를 흉악한 사람으로 알고 있는데, 내가 차마 하지 못하는 일을 가지고 어떻게 남을 의심할 수 있단 말인가? 피차가 의심하여 멀리하는데 민판부사가 먼저 푼 뒤에야 영부사도 풀 수 있다. 비록 부형(父兄)의 원수라 할지라도 나라를 우선하고 사정(私情)을 뒤로 돌려야 하는데, 하물며 경들이 다투는 것은 모두 나를 위함이다. 이미 '나를 위한다.' 말해 놓고 도리어 나로 하여금 이 일로 마음이 쓰여 거의 병이 나게 하는 것은 어째서인가? 경들, 두 사람이 원만하게 타협하면 시국(時局)이 안정되겠지만, 타협하지 않으면 시국이 끝내 안정되지 않을 것이다."

하였다. 민진원이 말하기를,

"성상의 하교가 비록 이와 같더라도 마음속이 이미 이와 같은데 어떻게 함께 임금을 섬길 수 있겠습니까? 신은 강호(江湖)를 떠도는 오리나 기러기와 같으니 떠나든 머무르든 무슨 상관이 있겠습니까?"

하니, 주상이 말하기를,

"그렇지 않다. 경들 두 사람 중에 한 사람이라도 떠나가면 시국이 끝내 안정되지 않을 것이다."

하였다. 민진원이 말하기를,

숨기려고 시약청을 설치하지 않았다고 의심하였다.

"소신이 물러난 뒤에 저절로 타협이 될 것인데, 어찌 이처럼 지나치게 염려하십니까?"

하니, 주상이 말하기를,

"경의 뜻은 반드시 이렇게 하는 것을 의리(義理)라고 생각하겠지만, 나는 이것이 의리가 아니라 국가와 일체가 되는 것[體國]이 바로 의리라고 생각한다."

하니, 민진원이 말하기를,

"의리란 지극히 정미(精微)한 것인데, 신이 어찌 분명하게 알겠습니까? 다만 스스로 국가와 일체가 되는 것이라고 여기기 때문에 이처럼 할 뿐입니다."

하니, 주상이 말하기를,

"이는 국가와 일체가 되는 것이 아니라 도리어 국가를 병들게 하는 것[病國]이다."

하였다. 민진원이 말하기를,

"소신이 이광좌와 화해한다고 해서 이 나라에 무슨 도움이 되겠습니까?"

하니, 주상이 말하기를,

"경은 어찌하여 그렇게 마음이 넓지 못한가?"

하자, 민진원이 말하기를,

"주상께서는 이미 소신의 성미가 편협한 줄을 알고 계십니다만 40년간 해온 공부를 하루아침에 고칠 수 있는 것이 아닙니다. 그러니 단지 교화하기 어려운 사람으로 취급하여 죄를 내리신다면 다행이겠습니다."

하였다. 이광좌가 말하기를,

"신의 병이 갑자기 위중해져서 지금 기(氣)가 막히려 하니 잠시 물러나기를 청합니다."

하였다. 주상이 말하기를,

"송인명은 변란이 발생한 뒤에 '민판부사의 고심(苦心)을 신이 이제야 알았습니다.' 말했지만 경은 이런 말을 하지 않았다. 대개 경이 민판부사의 마음을 몰라서 지나치게 의심하는 것이다."

하니, 이광좌가 말하기를,

"성상께서 신이 민진원의 마음을 모른다고 여기시는데, 대개 사람의 마음속은 본래 왕래할 수 있는 곳이 아니므로 알 수 없습니다. 만일 그가 마음이 그렇지 않다면 '내 마음은 그렇지 않은데 일이 착오가 있었으니 내가 법대로 죄를 받겠다.' 말하면 됩니다. 그런데 지금 그 일에 함께 참여하고도 자신만 옳다고 여기니 이것이 어찌 옳은 일이겠습니까?

그가 신을 논척한 일로 말하자면 날조해 낸 것이 참으로 사람의 도리로 생각할 수 있는 바가 아니니, 바로 이 한 가지 일만으로도 신은 참으로 그 마음과 사람됨을 의심하게 되었습니다. 신의 이 말은 또한 도리어 언관을 꾸짖는 것이 아닙니다."[220]

하였다. 민진원이 말하기를,

"지척(咫尺)에 계신 천위(天威) 아래에서 설왕설래하며 논쟁하듯이 하는 것은 매우 편치 못하니, 신은 물러난 뒤에 상소를 올리겠습니다."

하니, 주상이 말하기를,

"민판부사는 끝내 영부사에 대해 모르고 있다. 영부사가 어찌 역적의 변란을 빚어낸 사람이란 말인가? 무신년의 일을 보더라도 또한 어찌 명백하지 않겠는가? 영부사가 민판부사에 대해 아는 것도 끝내 송인명만 못하다.

---

220) 신의 …… 아닙니다 : 여기의 언관은 민형수를 가리킨 것으로 보인다. 1729년(영조5) 7월 1일에 민진원의 아들 민형수가 상소하여, 경종이 승하할 당시에 시약청을 설치한 일이 없고, 《약원일기(藥院日記)》에만 위독한 상황을 기록하여 사람들이 두루 보지 못해 그 틈을 타서 역적 심유현이 흉언을 만들어 역모를 선동하는 격문(檄文)이 나오기에 이르렀다며 역심(逆心)의 화근(禍根)을 뽑아야 한다고 하였다. 민형수 상소문은 앞에 보인다. 이에 대해 영중추부사 이광좌가 상소하여, 당시 경종의 위급한 상황을 적은 약방의 계사가 조보(朝報)에 나와 있고, 시약청을 설치하지 못한 것은 망극하여 차마 거론하지 못하다가 약방을 상서원에다 옮겨 설치했으므로 시약청을 설치한 것과 마찬가지라며 당시 상황을 해명하였다. 《英祖實錄 5年 7月 1日·6日》 여기서 이광좌는 민형수를 꾸짖는 것이 아니라고 한 것은 그러한 말이 나온 근원이 민진원이라고 의심하고 있다는 것을 드러낸 것이었다.

나의 이 말은 지극히 공정한 마음에서 나온 것이고, 경들의 말 또한 '공정하지
않다.'고 하는 것이 아니라 단지 의심하여 멀리하는 데서 나온 것이다.
하였다.

○ **가을**, 정언 박필균(朴弼均)[221]이 상소하여 대략 다음과 같이 말하였다.
"작년 가을 이후에 조정의 신하 중 이이명과 김창집을 모두 신원(伸冤)하여
주도록 우러러 청한 사람이 있었는데, 문득 조용히 아뢰도록 했습니다. 그런데
지난번에 간신(諫臣)에게 내린 비답에서는 '대간이 관여하여 청할 일이 아니
다.' 하교하셨는데, 임금의 중대한 말이 전후로 달라졌습니다. 숙종[肅廟]이
몸소 지으신 김창집의 화상(畵像)에 대한 찬(贊)을 보면 그 성대한 대우를
받은 것이 어떠하였습니까?

지금은 정미년 가을에 한쪽 편 사람들이 날조하여 참혹하게 무함한 일
이외에도 별건(別件)의 죄목을 찾아내서 추탈(追奪)하는 법을 그대로 두었으니,
악의(樂毅)[222]가 이른바 '헐뜯고 모욕하는 비방을 받아서 선왕(先王)의 명예를
추락시켰다.'[223] 한 말은 참으로 귀신을 울릴 만합니다. 이이명이 10년 동안

---

221) 박필균(朴弼均) : 1685~1760. 본관은 반남(潘南), 자는 정보(正甫)이다. 실학자 박지원(朴趾
源)의 할아버지이다. 어려서부터 종숙부인 박세채에게서 학문을 배웠다. 1725년(영조1)
정시문과에 급제하여 1729년에 봉교(奉敎)가 되었다. 1730년(영조6) 정언 재직시 양조(兩
朝)의 변무(辨誣)와 김창집·이이명의 신원(伸冤)을 촉구하는 상소를 올렸다가 파직 당하
였다. 이듬해에 다시 복관되었고, 호조·병조참판을 역임하였다. 1754년 대사간 재직시
장헌세자의 서연(書筵)을 중지한 잘못과 조정의 언로 폐쇄, 과거제의 문란 및 백관들의
기강이 해이함을 경계하는 상소를 올리기도 하였다. 1758년에 동지돈녕부사·동지중추
부사가 되고 1760년에 타계하였다. 시호는 장간(章簡)이다.

222) 악의(樂毅) : 전국시대 연(燕)나라의 장군이다. 소왕(昭王)의 신임을 받았으며 조(趙)·연
나라 등의 군사를 거느리고 제(齊)나라를 물리쳤다. 소왕이 죽은 뒤 제나라 전단(田單)의
모함을 받자 조나라로 도망쳤다.

223) 헐뜯고 …… 말 : 전국(戰國)시대에 악의가 연(燕)나라 혜왕(惠王)에게 올린 글에 나오는
말이다. 악의는 연나라 소왕(昭王)의 장수였는데, 그가 일찍이 연·조(趙)·초(楚)·한(韓)·
위(魏) 다섯 나라의 연합군을 거느리고 강대한 제(齊)나라를 쳐서 70여 성을 빼앗고
그 공으로 창국군(昌國君)에 봉해졌다. 하지만 소왕이 죽고 혜왕(惠王)이 즉위하여 제나라
전단(田單)이 이간질하는 말을 믿고 악의를 의심하자, 악의는 연을 떠나서 조(趙)나라로

시약(侍藥)하여, 그의 충성스러운 마음[忠赤]이 피와 같은데도 정작 본인은 억울하게 죽어서 아직까지 신원되지 않고 있으니, 어찌 슬프지 않겠습니까?"

또 말하기를,

"김중기(金重器)224)는 본래 이유익(李有翼)225)의 가까운 인척이고 허다하게 저지른 죄로 인해 이미 마땅히 형신(刑訊)을 더해야 하는데 갑자기 유배지로 돌려보내라는 명이 내려졌으니, 여론이 더욱 격렬해진 것을 이루 말할 수 있겠습니까?"

하니, 주상이 이기기 좋아하는 낡은 수법이라고 질책하였다.226)

○ 부교리 한현모(韓顯謩)227)가 상소하여 대략 다음과 같이 말하였다.

갔다. 혜왕이 뒤에 후회하고 악의에게 사자(使者)를 보내서 돌아오도록 했으나 악의는 장문(長文)의 글을 올리고 연나라로 돌아가지 않았다. 《史記 樂毅列傳》

224) 김중기(金重器) : ?~1735. 자는 대기(大器)이다. 무과에 급제하여 1703년(숙종29) 함경남도 병마절도사를 거쳐 1706년 총융사가 되어 북한산성 축조를 건의하여 실현시켰다. 경종대 훈련대장 등을 역임하다가 영조 즉위 직후 파직 당했다. 1727년(영조3) 정미환국으로 다시 총융사로 기용되었다. 이듬해 이인좌 난 당시 진압에 미온적인 태도를 취하고, 또한 반란 주동자의 한 사람이며 사돈간인 이유익(李有翼)을 숨겨주었다는 혐의를 받아 처형되었다.

225) 이유익(李有翼) : 1697~1728. 본관은 전주, 자는 성려(聖勵)이다. 1701년(숙종27) 장희빈을 사사하는 것을 비판하였던 이명세(李命世)의 아들이다. 1719년 증광 생원·진사시에 모두 합격하였다. 1728년(영조4) 무신란 당시 정희량·심유현·박필현 등 소론 세력과 함께 밀풍군(密豐君) 이탄(李坦)을 추대하고 역모를 꾀하였는데, 관군에게 패하여 처형되었다.

226) 주상이 …… 질책하였다 : 《영조실록 6년 8월 18일》 기사에 보이는 비답은 다음과 같다. "양신(兩臣)의 일은 임금이 특별히 처치할 문제이므로, 신하된 자가 번거롭게 청할 문제가 아니다. 지금까지 지체시켜 둔 것은 바로 남을 이기려는 구습(舊習)을 억제하려는 것이다. 김중기 등의 일은 이미 참량(參量)하여 한 것이고, 윤혜교와 홍성보의 일은 그대의 말이 옳다. 위의 조항은 앞뒤로 자세히 유시하였으나, 성후(聖后)의 하교(下敎)는 천년까지 전해갈 것이다. 어찌 문자(文字)를 별달리 찬술(撰述)하겠는가?"

227) 한현모(韓顯謩) : 1693~1748. 본관은 청주(淸州), 자는 회이(晦而)이다. 우의정 한응인(韓應寅)의 후손이고, 한성우(韓聖佑)의 증손이며, 한익모(韓翼謩)의 형이다. 1723년(경종3) 증광문과에 급제하여, 영조대 교리 등을 거쳐 영남 안렴어사(嶺南按廉御史)로 파견되었다. 1732년(영조8) 경성판관, 1735년 강원도관찰사, 1745년 강화유수, 1747년 대사헌

"4대신의 복관과 삭탈에는 본래 변경할 수 없는 시비(是非)가 있으니, 죄가 있다고 한다면 모두 삭탈해야 하고 죄가 없다고 한다면 모두 복관해야 합니다. 지난 가을에 측은하게 여기는 하교가 있고 나서 저들이 4대신의 죄로 삼은 것은 모두 깨끗이 광명정대(光明正大)한 경지로 귀결되었습니다. 이에 속으로 탐탁하게 여기지 않는 사람들이 억지로 4대신을 둘로 나누는 의론을 제기하였습니다.

성상께서는 마음속에 먼저 탕평이라는 원칙을 세우고 오직 모두 등용하는 것만을 급하게 여겼기 때문에 모두 복관시키면 조정의 신하 중에 혹 떠나가는 자가 있을까 염려하고, 모두 삭탈하면 지방에 있는 신하가 오지 않을까 염려하시어 반으로 나누어 절반은 복관시키고 절반은 삭탈하여 조정하는 방도로 삼았습니다. 옛 성왕이 시비를 분명히 가리고 황극(皇極)을 세우는 법은 반드시 이와 같지는 않았을 것입니다."

주상이 시끄럽다고 질책하고 그 상소를 돌려주었다.

○ 대사간 김치후(金致垕)228)가 상소하여 대략 다음과 같이 말하였다.

"신은 이철보(李喆輔)229)가 지면(紙面) 가득히 아첨하는 말을 하여 성상의

등을 역임하였다.

228) 김치후(金致垕) : 1692~1742. 본관은 청풍(淸風), 자 사중(士重), 호 사촌(沙村)이다. 우참찬 김간(金榦)의 손자이다. 1714년(숙종40) 사마양시에 합격하여, 1716년 성균관 유생으로서 상소하여 윤증을 탄핵하였다. 1726년(영조2) 알성문과에 급제하여 승지가 되었다. 1730년 대사간으로서 영조 탕평책을 비판하다가 위도(蝟島)로 유배되었다. 2년 후 풀려나와 1738년에 다시 대사간에 기용되었다. 1742년 경상도관찰사에 이어 정주목사로 임명되었으나 부임 도중 죽었다.

229) 이철보(李喆輔) : 1691~1775. 본관은 연안(延安), 자 보숙(保叔), 호 지암(止庵)이다. 1723년 (경종3) 별시문과에 급제하여, 1733년(영조9) 도당록에 올랐다. 이후 청요직을 두루 거쳐 1738년 승지, 1754년 호조판서 등을 지냈다. 1755년 나주괘서사건 당시 윤지(尹志) 등의 공사(供辭)에 자주 이름이 오르내리자, 토역소(討逆疏)를 올려 자신과 무관함을 밝히고 죄인의 엄중처단을 강조하였다. 그 뒤 판의금부사·병조판서를 거쳐 좌참찬에 올랐다. 형 이길보(李吉輔)와 함께 기로소에 들어간 데 이어 아들 이복원(李福源)과 손자 이시수(李時秀)가 모두 기로소에 들어가는 영광을 얻어 조선시대 최초의 삼세입사

비위를 맞추는 것230)을 차마 보고 있을 수가 없어서 삼가 대의리(大義理)로써 죽음을 무릅쓰고 아뢰겠습니다.

아, 전하께서 흉악한 역적들로부터 무함을 받은 것이 지금까지 여러 차례입니다. 첫 번째는 역적 목호룡으로부터 무함을 받았고, 두 번째는 역적 김일경으로부터 무함을 받았고, 세 번째는 이천해로부터 무함을 받더니 심지어 심유현·이유익·이인좌·박필몽·한세홍(韓世弘)·나홍언(羅弘彦) 등으로부터 흉악하기 그지없는 무함을 당한 것까지 너덧 번이나 됩니다.

그렇다면 전하의 신하된 자들은 정말로 절치부심하며 반드시 명백히 밝히려고 해야 마땅한데, 오늘날 신하들이 벙어리처럼 한마디도 하지 않는 것은 어째서입니까? 어찌 성상께서 당론을 통렬하게 금지하기 때문에 저들이 성상에게 더해진 무함을 명확히 밝히는 것[辨聖誣]도 역시 당론으로 여겨서 그런 것이 아니겠습니까?

군부를 위해 무함을 해명하는 자들을 '당(黨)'이라고 말한다면 저 두 팔짱을 끼고 뒤로 물러서서 침묵을 지킨 채 하나도 변론하지 않는 자들은 도대체 어느 당에 귀속된단 말입니까? 지난날 우리의 여자 중의 요순(堯舜)이신 대왕대비231)가 명백하고 통쾌한 유교(遺敎)를 내리지 않았다면 전하의 망극한 무함은 거의 분명히 드러나지 않았을 것입니다.

아! 신축년 경종이 전하로 하여금 기무(機務)에 참여하여 결정하게 하려던 일은232) 사직을 위한 계책을 깊이 생각하고 을병(乙丙)233)의 노고를 나누고자

가 되었다.

230) 이철보(李喆輔)가 …… 것 : 1730년 8월 5일 지평 이철보가 상소하여 신하들이 책임지고 일하지 않는다고 비판하고, 평안감사 윤혜교(尹惠敎)와 동래부사 홍성보(洪聖輔)를 탄핵하였다.《承政院日記 英祖 6年 8月 5日》

231) 여자 …… 대왕대비 : 숙종의 계비 인원왕후(仁元王后, 1687~1757)를 가리킨다. 본관은 경주이고, 경은부원군(慶恩府院君) 김주신(金柱臣)의 딸이다. 노론 4대신이 경종에게 후계자를 세우는 일은 종사(宗社)의 대계(大計)를 위한 것이라고 거듭 주장하면서 결단을 내리기를 종용하였고, 마침내 경종의 마음을 돌려 윤허 받았다. 그다음 경종에게 인원왕후에게 가서 뜻을 물어 수필을 받아오도록 요구하였다. 이에 자전의 언문 수교를 보인 후 연잉군을 후계자로 삼는다는 전지를 써서 내도록 하였다.

한 일이니, 무슨 조금이라도 흠결이 있다는 것입니까? 그런데 저 흉악하고 간사한 무리는 그것이 자기들에게 불리할까 두려워서 마침내 질병을 숨길[諱疾] 것을 모의하고 몰래 불온한 계획을 펼쳐 한편으로는 크게 멋대로 살육을 저지르고, 다른 한편으로는 힘껏 형구를 씌워 협박하였습니다. 질병이 생기는 일은 성인도 면하기 어려운데, 어찌 그리도 심하게 숨겼단 말입니까?

시약청을 설치하는 일을 끝내 거행하지 않아서 흉악한 무리가 망측한 말을 떠들어댔으니, 재앙을 초래한 빌미가 누구 때문에 발생하였습니까? 화란이 중첩된 것은 모두 질병을 숨긴[諱疾] 한 가지 일에 뿌리를 두고 있으니, 나라 사람들이 죄를 성토하는 것을 어찌 면할 수 있겠습니까?

오늘날 국가를 위한 계책은 참으로 철저히 국문하고 통렬하게 다스려서 뿌리까지 없애는 일인데, 어찌하여 풀만 제거하고 뿌리는 없애지 않고 말단만 제거하고 도리어 근원은 남겨서 무한한 근심을 끼친단 말입니까?

만약 을사년(1725) 초기에 흉당(凶黨)을 철저히 다스려 시원하게 처형했다면, 자연히 무신년의 변란은 없었을 것이고, 만약 무신년에 역도를 철저히 신문하였다면, 자연히 오늘날 근심은 없었을 것입니다. 남태징과 박필몽이 역적 김일경과 목호룡을 주벌할 때 법망을 빠져나가 변란을 양성하여 군사를 일으키더니, 권첨(權詹)234)과 정사효(鄭思孝)235)는 남태징과 박필몽을 죽일

---

232) 신축년 …… 일은 : 《승정원일기 영조 6년 9월 2일》 기사에는 이 아래에 경종이 연잉군에게 대리청정을 명한 이유가 질병 때문이라고 분명하게 못 박아 두었는데, 본서에서는 빠져 있다.

233) 을병(乙丙) : 을야(乙夜)·병야(丙夜)의 줄인 말이다. 밤을 갑(甲)·을·병·정(丁)·무(戊)의 오야(五夜)로 나누었다. 을야에서 병야까지는 임금이 정무를 끝내고 잠들기 전에 독서하는 시간대이다. '을병(乙丙)의 노고'란 이러한 휴식 시간에도 백성에 대한 근심을 놓지 않는 수고로움을 가리킨다.

234) 권첨(權詹) : 1664~1730. 본관은 안동, 자 숙량(叔良)이다. 경종대 대사간 등을 지냈으며, 이인좌 난 당시 충청도 관찰사로서 사태를 관망하며 출병하지 않아 청주성이 함락되자 역적과 내통하였다는 혐의를 받아 투옥되어 여러 차례 친국을 받다가 옥사하였다.

235) 정사효(鄭思孝) : 1665~1730. 본관은 온양(溫陽)이다. 형조판서 정유악(鄭維岳)의 아들이다. 이인좌 난 당시 전라도 관찰사로서 반란에 가담하였다. 박필현(朴弼顯)이 반란군을 거느리고 전주성에 도착하였을 때 형세가 불리해지자 문을 열어주지 않았다. 후에

때 요행히 죽음을 면하여서 비수(匕首)를 쥐고 독물(毒物)을 대궐 뜰에 묻는 변고를 일으키게 되었습니다.[236]

말이 여기에 이르러서는 눈초리가 찢어지고 간담이 무너집니다. 아! 유봉휘·박상검·김일경·목호룡이 전하를 흔들어서 무함하고 핍박할 적에 전하께서는 흔들리는 깃발[237]처럼 위태로웠습니다. 오늘날 스스로 '마음이 곧고 진실한 신하'[純臣]라고 하는 자 가운데 또한 한 사람이라도 전하를 보호하기 위해 말한 자가 있었습니까?

또한 조성복이 차꼬[桁楊]를 차고 죽은 것은 무엇 때문이었습니까? 전하로 하여금 서무(庶務)에 참여하도록 하자고 청하였기 때문이 아닙니까? 이정소가 먼 변방으로 유배된 것은 무엇 때문이었습니까? 맨 먼저 건저를 청하였기 때문이 아닙니까? 이건명이 더욱 참혹한 형을 당한 것은 무엇 때문이었습니까? 세제의 책봉을 청한 것이 승인받았기 때문이 아닙니까?

전하께서 역적 김일경을 죽이려 하자 복역(覆逆)[238]하거나 구제하고자 변론하기도 하였는데, 그가 죽임을 당하기에 이르러서도 여전히 차마 역적이라고 칭하지 못하다가 무신년 변란에 이르러서야 비로소 역적이라고 지목하였습니다.

김일경 상소에 연명한 역적들[239]의 일로 보건대, 정미년 뜻을 이룬 초기에는 감히 역적을 신하로 변경하고서 모두 육지로 내보낼 것을 청하였다가 역적 박필몽이 군사를 일으켰을 적에는 또 신하를 역적으로 변경하였지만, 적용할

체포되어 국문을 받던 중 죽었다.
236) 되었습니다 : 《승정원일기 영조 6년 9월 2일》 기사에는 이 아래에 이들의 음모로 효장세자(孝章世子)가 죽었다고 말하였는데, 본서에서는 빠져 있다.
237) 흔들리는 깃발 : 원문은 "綴旒"이다. 깃발이 바람 따라 흔들리며 왔다 갔다 하는 것처럼 임금이 권위를 잃고 신하에게 끌려다니는 것을 말한다.
238) 복역(覆逆) : 임금이 내린 명령이 잘못되었다고 여기면 승정원에서 임금의 뜻을 거스르면서 다시 아뢰는 것을 말한다.
239) 김일경 …… 역적들 : 1721년(경종1) 12월 6일에 김일경과 함께 노론 4대신의 처벌을 청하는 상소를 올린 6인으로 박필몽, 이명의, 이진유, 윤성시, 정해, 서종하를 가리킨다. 《景宗實錄 1年 12月 6日》

형률을 아뢸 때에는 반드시 한 등급을 감하여 혹시라도 상할까 두려워하였습니다.

이 무리가 역적 김일경·박필몽과 처음에는 몰래 서로 의기투합하였다가, 지금은 스스로 다르다는 것을 현저하게 드러내 보이면서 주상이 마음속으로 좋아하는지 싫어하는지를 엿보아 향배(向背)를 결정하였으니, 그 흉악한 자들과 당(黨)이 된 것이 이보다 심한 것이 무엇이 있겠습니까? 신축년과 임인년에는 이 무리가 대리청정과 연명 차자를 모두 역적으로 몰았는데, 이제는 대리청정을 주장한 이는 놔두고 연명 차자를 올린 사람의 죄를 물으니, 이는 알기 어려운 일이 아닙니다.

오늘날에는 '대리(代理)', 두 글자가 성상께 방해가 된다는 것을 그들도 알기 때문에 숨기고 말하지 않았습니다. 연명 차자는 4대신에게서 나왔기 때문에 온갖 계략으로 농간을 부리면서 기어이 죄를 주고야 말아서, 연명 차자에 대해 죄를 주는 일이 곧 대리청정을 원수로 삼는 것임을 모르니, 통분스러움을 금할 수 있겠습니까?

이해할 수 없는 점은, 지금 전하께서는 그들이 원통하다는 사실을 이미 알고 계시기에 장전(帳殿)[240]에 나와 하교하고 합문(閤門)을 닫고서 자책하면서 마치 장차 대대적인 조처가 있을 것처럼 하다가 결국 내린 처분이 겨우 두 대신만 신원하고 복관하는 것에 그쳤으니, 이것이 과연 대공지정(大公至正)한 조처란 말입니까?

정언 윤흥무(尹興茂)[241]가 박필균이 두 신하의 신원을 청하였다고 논박하여 파직하기를 청하기까지 하였으니, 이른바 '오늘날 마땅히 있어서는 안 되는 일'이라고 말한 것은 무슨 일입니까?[242] 박장윤(朴長潤)의 죄[243]에 대해 멋대로

---

240) 장전(帳殿) : 임금이 앉도록 임시로 꾸민 자리이다. 구름 차일(遮日)을 치고 휘장으로 사방을 둘러막고 바닥을 높여서는 별문석(別紋席)이나 채화석(綵花席) 등을 깔아두었다.
241) 윤흥무(尹興茂) : 1687~?. 본관은 무송(茂松), 자는 복시(復始)이다. 1713년(숙종39) 증광 생원시, 1725년(영조1) 정시 문과에 급제하여, 1730년 정언(正言)이 되었다. 이후 청요직을 두루 역임하였다.

용서하기를 청한 것은 '오늘날 마땅히 있어야 할 일'이라고 하면서 나라를 위해 죽은 두 신하의 억울함을 풀어주는 일은 유독 '오늘날 있어서는' 안 되는 일입니까?

이번 역적의 초사에 끌어댄 자들로 보더라도, 탕평을 시행한 뒤로 높은 작질(爵秩)을 지닌 사람 중에서 나온 사람이 많습니다. 이 어찌 탕평의 조정에서 당(黨)이 없고 치우침이 없는 아름다움은 보이지 않고 단지 역당(逆黨)이 거듭해서 나오는 것만 보인단 말입니까?"

주상이 한 편의 정신이 구습을 따랐다고 질책하고, 상소문을 봉납한 승지는 추고(推考)244)하라 하였다.

○ **겨울**, 지평 정익하(鄭益河)가 상소하여 대략 다음과 같이 말하였다.

"악독한 흉적 이명언과 죄많은 권익관을 오히려 '역적이 아니다.' 칭하시는데, 전하가 덕으로 교화하여 과연 그들의 기질을 변화시킬 수 있다면 그만이지만, 그렇지 않다면 훗날 국가의 근심이 될 것을 지혜로운 자를 기다리지 않고도 알 수 있습니다.

전하가 즉위하신 초기에 박필몽을 주살하지 않아 무신년의 변란이 이르게 되었고,245) 무신년에 정사효를 주살하지 않아246) 오늘의 재앙을 불러왔습니

---

242) 윤흥무(尹興茂) …… 일입니까 : 박필균이 영조의 비답 때문에 인피(引避)하자 정언 윤흥무가 처치하여 박필균의 파직을 청하였다. 《英祖實錄 6年 8月 20日》

243) 박장윤(朴長潤)의 죄 : 경종대 박장윤은 이이명이 지은 숙종의 지문을 삭거할 것을 청하였다가 유배 갔다. 《景宗修正實錄 4年 4月 30日》

244) 추고(推考) : 관리의 허물을 추문(推問)하여 고찰하던 일이다.

245) 전하가 …… 되었고 : 박필몽은 1721년(경종1) 김일경 등과 함께 상소하여, 노론 4대신의 죄를 성토함으로써 신임옥사를 일으켰다. 1724년(영조 즉위년) 도승지가 되었으나 실록청(實錄廳)에 사사로이 출입한다고 사헌부의 탄핵을 받고 갑산(甲山)에 유배되었다. 1728년 이인좌가 청주에서 난을 일으키자 유배지에서 나와, 반란에 가담한 태인현감 박필현과 내통하였다가 뒤에 처형되었다. 《承政院日記 英祖 1年 7月 2日, 4年 4月 6日》

246) 정사효를 주살하지 않아서 : 1727년(영조3) 12월 16일에 전라도 곳곳에 흉서(凶書)가 내걸렸는데 전라 감사 정사효(鄭思孝)가 이 흉서를 그대로 장계에 올렸다. 법규에 이러한 흉서는 발견 즉시 소각해야 하는데 정사효는 그대로 봉서(封書)하였으므로 개차되었는

다. 만약 오늘 또다시 이 두 역적을 그대로 둔다면 훗날 오늘의 결정을 후회하는 것이 오늘날 과거의 결정을 후회하는 것보다 못하지 않을 지 어찌 알겠습니까?

이하택(李夏宅)은 본래 청주(清州) 고을에 살던 자인데, 즉시 피하지 않고 몰래 왕복한 것에 대해 청주 사람들이 상세하게 말하였습니다. 수원(水原)의 진중(陣中)에서 이명의가 이하택에게 보낸 편지를 포착했는데, '군주가 있는 곳에 가려고 한다.'는 말을 보더라도 반역의 정상이 구구절절이 부합된다는 것을 알 수 있습니다.247) 그 아들이 반역한 것이 이와 같은데, 그 아비가 동참한 것은 더욱 의심할 나위가 없습니다. 송진명(宋眞明)248)과 정수송(鄭壽松)249)이 직접 듣고 목격한 것은 윤헌주(尹憲柱)250)가 올린 장계(狀啓)251)에

데, 마침 이인좌의 난이 일어나 태인현감 박필현과 연좌되어 충군(充軍)되었다. 《承政院日記 英祖 3年 12月 16日, 4年 3月 19日》1730년(영조6) 여흥군(驪興君) 이해(李垓)와 여릉군(驪陵君) 이기(李圻)를 추대하는 역모에 가담하였다가 복주되었다. 《英祖實錄 4年 3月 25日, 5年 4月 30日, 6年 5月 4日》

247) 이하택(李夏宅)은 …… 있습니다 : 이하택은 이명언의 아들이다. 무신란(戊申亂) 이후 위원(渭源)에 정배되었다가 역적의 공초에 이름이 나와 다시 국문을 받고 제주도에 정배되었다. 노론은 이들을 죽이려고 집요하게 탄핵하였는데, 영조가 허락하지 않았다. 《英祖實錄 13年 3月 10日》

248) 송진명(宋眞明) : 1688~1738. 본관은 여산(礪山), 자 여유(汝儒), 호 소정(疎亭)이다. 대사성 송정명(宋正明)과 예조판서 송성명(宋成明)의 동생, 송인명의 종형이다. 1714년(숙종40) 증광문과에 급제하여, 청요직을 두루 거치고, 1727년(영조3) 승지, 1735년 형조판서, 1736년 이조판서 등을 역임하였다. 송진명은 권익관과 함께 공부했던 친구로서, 무신란 당시 수원부사였는데 유생 정관빈(鄭觀賓)의 고변을 받고 이를 그의 종제 호조참의 송인명에게 보고하였다. 《英祖實錄 4年 3月 15日》

249) 정수송(鄭壽松) : 1683~?. 본관은 영일(迎日)이고, 자는 송년(松年)이다. 1710년(숙종36) 증광 무과에 급제하여, 포도대장·총융사 등을 역임하였다. 좌의정 송인명의 매부(妹夫)의 부친으로서, 송인명의 옹호를 받으면서 고관이 되었다는 탄핵을 받았다. 《英祖實錄 13年 10月 18日》

250) 윤헌주(尹憲柱) : 1661~1729. 본관은 파평, 자 길보(吉甫), 호 이지당(二知堂)이다. 1683년(숙종9) 진사가 되고, 1698년 알성 문과에 장원 급제하였다. 1699년 정언이 되고 이후 청요직을 두루 거쳐, 한성판윤 등을 지냈다. 1728년(영조4) 무신란 당시 북도 안무사(北道安撫使)로 기용되어 평안도 일대에서 민심을 무마하고 돌아와 곧 죽었다. 1748년 무신란을 토평한 공으로 분무원종공신(奮武原從功臣)에 추록되고 영의정을 추증받았다. 시호는

비교해 보아도 더욱 분명합니다."

○ 지평 최명상(崔命相)²⁵²)이 상소하여 대략 다음과 같이 말하였다.

"국옥(鞫獄)이 매우 비밀스러워 비록 상세한 내막은 알 수 없지만 전하는 말을 대략 들어보니, 오명신(吳命新)²⁵³)과 채성윤(蔡成胤)²⁵⁴)부자가 모두 벗어났다고 하였습니다. 정업(貞業)과 계휘(戒輝)는 원래 역적 이감(李槶)의 노복이며, 오명신은 또 이감의 아내와 동기간(同氣間)이 되는 지친(至親)인데, 이감의 노비 무리가 그 상전(上典)의 지친에게 무슨 원한이 있다고 반드시 죽을 곳으로 감히 끌어들이겠습니까?

그 옥사를 다스리는 도리로는 오명신을 즉시 잡아들여 한 곳에서 대질(對質)

익헌(翼獻)이다.

251) 윤헌주(尹憲柱)가 올린 장계(狀啓) : 1728년(영조4) 무신란이 발생하였던 당시 함경 감사로 있던 권익관은 북쪽을 순시하러 갔다가 돌아오지 않았는데, 순영 중군이던 박창제(朴昌悌)가 변고가 발생하였다는 소식을 듣고 친기위(親騎衛) 등을 소집하여 점열하였다. 북로 안무사(北路安撫使) 윤헌주(尹憲柱)가 장계를 올려 권익관 등이 조정의 명령이 없이 행동한 것을 의심하여 죄주기를 청하여, 결국 박창제는 장(杖)을 맞고 죽었다. 권익관은 조사를 받고 풀려났지만, 김일경(金一鏡)과 사촌이며 박필현(朴弼顯)의 매부였던 권익관에 대한 공세는 그치지 않았다. 《英祖實錄 4年 4月 8日》

252) 최명상(崔命相) : 1676~1736. 본관은 경주(慶州), 자는 자량(子亮)이다. 1705년(숙종31) 유학으로서 세자 대리청정을 반대하는 연명 상소에 가담하였다. 1722년(경종2) 알성문과에 급제하여, 1725년(영조1) 사간이 되었다. 1730년(영조6) 6월 23일에 지평 최명상이 상소하여 이감(李槶)과 정업(貞業)의 공초에 오명신(吳命新)의 이름이 거론되었으므로 역모를 사핵(查覈)하도록 요청하였다. 그러나 영조는 역적을 다시 신문하고 공초를 조사하라고 답하였다. 그 뒤로 최명상은 여러 차례 상소하다 노여움을 사서 문외출송을 당하였다. 1732년 지평을 거쳐 1734년 동래부사로 나갔다가 임소(任所)에서 서거하였다.

253) 오명신(吳命新) : 1682~?. 본관은 해주(海州), 자는 문보(文甫)이다. 여성제(呂聖齊)의 외손자이고, 오수량(吳遂良)의 아들이며, 오명준(吳命峻)과 오명항(吳命恒)의 동생이다. 1710년(숙종36) 진사, 1713년 증광문과에 급제하여, 1722년(경종2) 부수찬에 올랐다. 이후 청요직을 두루 역임하여 1724년(영조 즉위) 이조정랑이 되었다. 1727년(영조3) 교리로 다시 삼사에 진출하여 1728년 승지, 1729년 대사간·이조참의 등을 역임하였다.

254) 채성윤(蔡成胤) : 1659~1733. 본관은 평강(平康), 자 중미(仲美), 호 구봉(九峰)이다. 채진후(蔡振後)의 손자이고, 도승지 채팽윤(蔡彭胤)의 형이다. 1684년(숙종10) 식년문과에 급제하여, 청요직을 두루 거치고, 한성부 좌윤 등을 역임하였다.

해야 하는데, 지금은 그렇게 하지 않으니 끌려 들어온 사람은 그 집에서
거만하게 누워 있고 원고(元告)에게는 초사(招辭)를 바꾸기 위해 형신을 가한다
면, 저와 같은 천인(賤人)들이 어찌 무거운 형장을 달갑게 받아가면서 그
말을 바꾸지 않겠습니까?

산종설(山宗說)의 일에 이르러서는 더욱 의심스러우니, 그 처음 공초를
가지고 논한다면 채성윤과 채응만(蔡膺萬)²⁵⁵⁾이 두 집안을 왕래하여 또한
그 정지(情志)가 친밀하다는 것을 알 수 있는데, 형적이 이와 같이 은밀하다
하여 무함을 당하였다고 한다면 그것이 또한 이치에 가까운 것이겠습니까?
근심과 울분이 격해져서 전하를 위해 다시 아룁니다.”

주상이 구습을 그대로 따른다고 질책하였다.

임자년(1732, 영조8) 여름, 대사간 유복명(柳復明)²⁵⁶⁾이 상소하여 대략
말하기를,

“경종 행록(行錄) 가운데 박상검의 옥사²⁵⁷⁾를 싣지 않은 것에 대하여 놀라움
과 의아스러움을 금할 수 없습니다. 지난번 역적 환관과 요사한 비녀²⁵⁸⁾가

---

255) 채응만(蔡膺萬) : 1677~1746. 본관은 평강, 자 수언(綏彦), 호 현암(玄巖)이다. 채성윤의
　　아들로, 채제공(蔡濟恭)의 백부(伯父)이다. 1717년(숙종43) 식년 진사시에 합격하고, 1723
　　년(경종3) 증광문과에 급제하여, 영조대 지평·정언 등을 두루 역임하였다.

256) 유복명(柳復明) : 1685~1760. 본관은 전주(全州), 자 양휘(陽輝), 호 만촌(晩村)이다. 1721년
　　(경종1) 지평 재직시 조태구·유봉휘 등을 탄핵하였고, 1724년 김일경의 처형을 주장하였
　　다. 그 뒤 대사헌 등을 거쳐 판돈녕부사에 이르렀다.

257) 박상검의 옥사 : 1721년(경종1) 12월에 세제가, 환관들이 자신을 제거하려 하고, 이들의
　　이간질로 대전 문안과 시선(視膳)도 하지 못하게 되었다며 세제 자리에서 물러나겠다고
　　하였는데, 목호룡의 고변으로 인하여 체포된 정우관의 공초에 “심단, 원휘(元徽), 심익창
　　(沈益昌) 등이 환관 박상검과 나인 석렬에게 은을 써서 관계를 맺고, 대비전과 동궁을
　　해치고 임금과 중궁전 또한 차례로 폐출하려 했다.” 하였다. 이 일로 박상검은 처형되고
　　문유도는 형문 중에 죽었다. 《景宗實錄 1年 12月 22日, 2年 5月 7日》

258) 역적 …… 비녀 : 1721년(경종1) 12월에 있었던 세제 시해 모의 사건에 관련된 환관
　　박상검과 문유도, 나인 석렬과 필정을 가리킨다. 《承政院日記 景宗 1年 12月 23日》

역적 김일경·흥도 박필몽과 함께 서로 겉과 속이 되어서 거의 종사를 뒤엎을 뻔하였습니다. 그러나 오직 우리 선왕께서 지극한 성명(聖明)으로 큰 결단을 통쾌하게 발휘하여 수습하였습니다.

찬술하는 신하는 마땅히 대서특필하기에 겨를이 없어야 하건만, 지금 전연 거론하지 않았습니다. 유봉휘가 처음에 지문(誌文) 가운데 싣지 않았던 것은 그 의도가 이미 몹시 헤아리기 어려운데, 오늘날 문사(文詞)를 담당한 신하259)가 또 그가 남긴 투식을 답습하여 거의 조금도 거리낌이 없으니, 여론이 억울하게 여겨 분개하지 않는 이가 없습니다."

하였다. 이어서 연명 차자를 올린 두 신하260)를 마땅히 신원해야 한다고 논하고, 이광운(李光運) 등이 합계한 일261)은 죄줄 수 없다고 하였다. 주상이 그 상소를 돌려주라고 명하였다.

을묘년(1735, 영조11) 봄, 지중추부사(知中樞府事) 신사철(申思喆)262) 등이 상소하여 대략 다음과 같이 말하였다.

"신축년 나라가 위태로울 즈음에 대책(大策)을 협찬하여 국본(國本)을 안정

---

259) 문사(文詞)를 담당한 신하 : 경종의 행록(行錄)을 찬진한 이덕수(李德壽)를 가리킨다. 《承政院日記 英祖 8年 2月 12日》 앞서도 이 일을 두고, 유봉휘가 지문(誌文)을 짓고 조태억(趙泰億)이 시장(諡狀)을 지을 때 역적 박상검에 대한 일을 기록하지 못하게 한 것은 영조 자신의 뜻에 의한 것이었는데, 행록에도 그것이 빠진 것은 시장에 근거하여 지으면서 누락된 사실을 기재할 것인지의 여부를 묻지 않고 빠뜨린 것이니, 자세히 살피지 못한 잘못이 있다는 영조의 언급이 있었다. 《英祖實錄 7年 4月 10日, 4月 11日》

260) 두 신하 : 김창집과 이이명을 가리킨다.

261) 이광운(李光運) 등이 합계한 일 : 헌납 이광운 등이 양사 합계로 무신년(1728, 영조4)의 변고에 관련된 유봉휘의 관작을 추탈할 것을 청한 일을 가리킨다. 《英祖實錄 7年 4月 10日》

262) 신사철(申思喆) : 1671~1759. 본관은 평산(平山), 자 명서(明敍)이다. 경종 즉위 후 대사헌 등을 역임한 뒤 신임옥사 당시 파직되었다가 영조 즉위 후 노론이 집권하자 대사헌과 호조판서 등을 역임하고 1745년 판중추부사로 기로소에 들었다. 영조대 영의정을 지낸 신만(申晩)과 신회(申晦)가 그 아들들이다.

시킨 일은 모두 그날 대신들의 힘이었습니다. 당초에 죄를 얽어 참혹하게 해친 일도 건저와 연명 차자263)였고, 그 뒤에 추탈하는 일, 역시 연명 차자로 죄안을 삼았습니다. 그러나 기유년(1729, 영조5) 처분264)을 내렸지만 오히려 또한 어떤 사람은 신원하고 어떤 사람은 그렇게 하지 않았으며, 비록 신원된 두 신하조차도 옛날 시호의 회복을 허락하지 아니하였으니 신원하였다고 말할 수 없습니다.

신원되지 못한 두 신하는 처음에는 자손이 역모에 연루되었다는 말을 이용해서 곤란하게 여기더니, 지금은 또 둘로 나누었습니다. 김창집에 대해서는 새로운 죄목을 추가하여 신원할 수 없는 단서로 삼으셨으니, 전하는 과연 김창집이 화를 당한 이유가 건저와 연명 차자에는 있지 않고, 오늘날 성교(聖敎)에서 운운한 데에 있다고 여기십니까?

지금 전하께서 김창집을 죄 주려고 하는 것은 을사년(1725) 초에는 듣지 못했던 하교이며, 또 정미년(1727) 이후 관작을 추탈한 죄안에 근거한 것도 아닙니다. 한 사람의 몸인데 죄명은 때에 따라서 변하여, 장차 하늘과 땅에 사무치는 아픔을 다시 명백하게 말하여 드러내는 날이 없게 하시니, 지극히 밝고 지극히 어진 전하께서 어찌 차마 이렇게 하신단 말입니까?"

---

263) 건저와 연명 차자 : 건저는 1721년(경종1)에 경종이 후사가 없으므로 김창집 등 노론 4대신이 연잉군을 세제로 책봉하여 대리청정을 하도록 건의한 일을 가리킨다.《景宗實錄 1年 8月 20日》연명 차자는 1721년 10월 10일 세제에게 대리청정을 명하는 경종의 비망기가 내려지자 그 명을 거두도록 정청(庭請)하였는데, 17일에 정청을 정지하고서 노론 4대신이 차자를 올려 대리청정에 대한 절목(節目)을 올린 일을 말한다.《景宗修正實錄 1年 10月 17日》

264) 기유년 처분 : 기유처분(己酉處分)이라고 한다. 1729년(영조5) 영조가 신임옥사에 대해 노론과 소론의 정치 의리를 절충하여 처분한 일을 가리킨다. 당시 홍치중 등은 신축옥사 (1721)와 임인옥사(1722)를 분리하여 김창집 등 노론 4대신의 신원을 요구하였다. 이때 탕평파는 신임옥사의 계기가 되었던 건저와 대리청정, 연명 차자를 모두 역(逆)이 아닌 것으로 규정하였다. 즉 4대신 가운데 이건명과 조태채는 신원하고, 김창집과 이이명은 그 자손들이 임인옥사와 연루되었기 때문에 연좌를 적용하였다. 이같은 탕평파의 주장을 영조가 받아들이면서 조제보합의 원칙이 관철될 수 있었다.

병진년(1736, 영조12) 가을, 교리 김성탁(金聖鐸)[265]이 상소하여 그 스승인 이현일의 억울함을 호소하며 다투자 주상이 역적과 당(黨)이 되었다고 친국하고, 이어서 섬으로 유배 보내 천극(荐棘)[266]하였다.[267]

○ 진사 이덕신(李德臣)이 상소하여 대략 다음과 같이 말하였다.

"적신(賊臣) 김성탁이 상소 한 편을 올려 이현일을 위해 드러내놓고 억울함을 하소연하자 전하께서 크게 진노하여 역적을 징토한 일이 바람과 천둥보다도 빨라서[268] 귀신과 사람의 분노를 풀어주었습니다. 그런데 뜻밖에 천극하라는 명이 재차 신문하는 날 갑자기 내려 실로 근심스럽고 분한 심정을 이길 수 없었습니다.

다만 김성탁이 인용한 이현일의 상소 구절로 논해보더라도, 이른바 한 구절의 말은 참으로 극악한 것이었는데도 은연중에 말을 좀 잘못한 것으로 돌렸습니다.[269] 장전(帳殿)에서 친히 국문하던 날, 감히 '(이현일은 역적이)

---

265) 김성탁(金聖鐸) : 1684~1747. 본관은 의성(義城), 자 진백(振伯), 호 제산(霽山)이다. 이인좌의 난(1728) 당시 의병을 일으키고, 창의소(倡義所)에서 토역문(討逆文)을 각 지방의 유문(儒門)에 보내어 적극 가담할 것을 권하였다. 그 공로로 안핵사(按覈使)의 추천을 받아 참봉에 임명되었다. 1735년(영조11) 증광문과에 급제하여 바로 지평이 되었다. 1737년 이현일(李玄逸)의 신원소(伸寃疏)를 올렸다가 왕의 노여움을 사서 정의(旌義)에 유배되었고, 광양에 이배되어 죽었다.

266) 천극(荐棘) : 귀양간 사람이 있는 집의 담이나 울타리에 가시나무를 둘러치는 일이다.

267) 교리 …… 천극(栫棘)하였다 : 김성탁 상소가 본서에서는 병진년(1736) 조(條)에 실려 있으나, 실록과 승정원일기에는 모두 1737년(영조13)으로 되어 있다. 그리고 《영조실록》에는 교리로, 《승정원일기》에는 부수찬으로 나와 있다. 《영조실록》에 의하면 김성탁은 5월 22일 상소하여, 28일부터 친국이 시작되었으며, 6월 2일 절도에 안치하라고 명하였다. 《英祖實錄 13年 5月 22日·28日, 6月 1日·2日》《承政院日記 英祖 13年 5月 21日·22日·25日·28日, 6月 2日·3日》

268) 전하께서 …… 빨라서 : 영조가 같은 해 5월 25일에 김성탁의 상소 내용을 문제 삼아 안동(安東)에 있는 그를 잡아와 즉시 친국을 명한 일을 말한다. 《承政院日記 英祖 13年 5月 25日》

269) 김성탁이 …… 돌렸습니다 : 1689년 기사환국 이후 성균관 좨주로서 이현일이 상소하여 폐비 민씨에게 이궁(離宮)에 거처하게 하고 늠료(廩料)를 주라고 건의하였다. 이 상소에 대해 노론 측에서는 "중궁(中宮)의 법도를 지키지 않아 스스로 하늘과 끊어졌다.[廢妃閔氏,

아니다.'라는 말로 범범하게 대답하였다가 '이미 지나간 일에 부친다.'고 한 말은 '주상께서 차마 들을 수 없기 때문이다.'고 둘러대며 터무니없는 말로 교묘하게 대답하였습니다.

그가 이현일이 역적임을 알면서도 그 억울함을 하소연하고자 했다면 이는 실로 역적이며, 역적임을 모르고 범범하게 '아니다.' 하였다면 이 또한 역적입니다. 지금 논한 자들이 말하기를,

'역적 행위를 범한 일과는 차이가 있으니 곧바로 극률(極律)에 처하는 것은 중도에 지나친 듯하다.'

하거나, 혹자가 말하기를,

'주상이 살려 주었으니[270] 반드시 힘껏 다툴 필요는 없다.'

하여, 갑술년(1694)에 옹호하는 논의[271]가 나온 뒤로 명분과 의리가 무너지고 어지럽혀진 것이 지극하였습니다. 그리하여 역적을 징토하는 일이 일체 느슨해져서, 겉으로는 옥사를 다시 조사하여 처음보다 공평하게 판결한다는 명분을 대면서 속으로는 사사롭게 사악한 뜻을 부리려고 하니 원통함을 이길 수 있겠습니까?"

○ 풍원군(豊原君) 조현명이 상소하여 대략 다음과 같이 말하였다.

"김성탁이 망언 때문에 장차 죽음에 이르게 된 것은 스스로 자초한 일이니

弗循壺彝, 自絶于天, 更無以議爲.]' 한 말은 사실을 날조한 표현이고 뒤쪽에서 "방위(防衛)를 설치하여 규찰(糾察)하고 금단(禁斷)하는 일을 신경 써야 한다."라고 한 말은 협박을 가한 표현이라고 주장하였다. 《肅宗實錄 15年 9月 24日》 여기서 '한 구절'이란 '스스로 하늘과 끊어졌다.'고 한 말을 가리킨다.

270) 살려 주었으니 : 원문은 "傳生"이다. 죽일 죄에 대해 의심스러운 점이 있을 때 그 죄를 경감시켜 목숨을 살려 주는 것을 가리킨다. 영조가 김성탁을 죽이지 않고 유배 보낸 것을 말한다.

271) 갑술년(1694)에 옹호하는 논의 : 갑술환국 이후 기사남인 처벌을 논의하는 자리에서 영의정 남구만(南九萬)이 이현일의 자취는 의심스럽지만 실정은 민비를 침해하려는 뜻이 없었다고 말하여, 이현일이 사형을 면하고 유배된 일을 가리킨다. 《肅宗實錄 20年 7月 4日》

진실로 애석할 것이 없습니다. 그러나 그 실제는 이현일이 근본이고 김성탁은 지엽인데, 근본인 이현일은 집 안에서 편안히 죽게 하고 지엽인 김성탁은 형구[桁楊][272]에 의해 죽게 한다면 그 본말과 경중이 과연 어떠하겠습니까?

더구나 조정에서 애초 이현일을 역률로 처단하지 않았는데, 역적을 비호했다고 김성탁을 책망한다면 거의 백성을 법망에 걸려들게 하는 데 가깝지 않겠습니까? 반드시 역적을 비호한 형률로 김성탁을 주벌하려면, 추가로 이현일에게 처자식을 노비로 삼고 가산을 몰수하는 형률을 시행한 뒤에라야 할 수 있습니다.

그렇지 않다면 금석(金石)과 같은 법전에는 본래 절차와 순서가 있는데, 조정에는 명론(名論)[273]이 너무나 기승을 부려서 왕옥(王獄, 의금부)에서 죄상에 대한 의논이 공평함을 잃었으니, 애석하게도 전하의 조정에는 장석지(張釋之)[274] 같은 자가 한 명도 없단 말입니까?

나라에 일이 생기면 옳다 그르다고 하며 가부를 서로 참작하는 것은 삼대(三代) 때부터 이미 그러하였습니다. 지금은 한 사람이 제창하면 만인(萬人)이 한 목소리를 내어, 조정 밖에서는 더러 중도에 지나칠까 염려하다가도 어전에 입대해서는 모두 그를 죽여야 한다 하여, 마음과 말이 서로 다르게 움직이고 차마 눈앞에서 보란 듯이 속일 수 있습니다. 하찮은 김성탁 한 사람이 죽고

---

272) 형구[桁楊] : 항양(桁楊)은 죄인을 속박하는 형구(刑具)의 하나이다. 죄인의 목에 씌우는 칼과 발목에 채우는 차꼬의 합칭이다.

273) 명론(名論) : 사대부의 명분과 의리를 강조하는 주장을 가리킨다. 조선후기 양반 지배층을 지배한 최고의 논리였는데, 그 근거가 된 것은 바로 주자학이었다. 문제는 이것이 당론(黨論)과 결합할 경우 상대 당을 배제하는 논리적 근거가 되어 당쟁을 격화시킨다는 점에 있었다. 결국 주자학 명분론과 의리론에 얽매이게 되면 탕평론을 인정할 수 없게 된다.

274) 장석지(張釋之) : 한나라 문제(文帝) 때 정위(廷尉)를 지낸 인물이다. 공평한 법 운용으로 유명하였다. 문제가 자신의 행차를 가로막은 자를 벌금형에 처하자 크게 노하였다. 이에 그가 "법이란 것은 천자가 천하와 더불어서 함께 하는 것입니다. 법령이 이러한데 중한 벌을 준다면 사람들이 법을 믿지 않습니다. 그 자리에서 죽이도록 명하였으면 그만이겠지만, 이미 정위에게 넘겼으면 법대로 해야 합니다." 하였다.

사는 일은 말할 가치가 없지만, 오늘날 사대부의 규모와 기상이 한결같이 이런 지경에 이르렀으니 신은 한심하기 그지없습니다."

주상이 특별히 삭직을 명하였다.

○ 좌의정 김재로(金在魯)[275]가 상소하여 대략 다음과 같이 말하였다.

"이현일의 상소 내용이 매우 패역(悖逆)하였는데, 김성탁이 감히 상소하여 드러내놓고 변론하여 전혀 허물이 없는 것으로 만들려고 하였습니다. 지금 이현일을 역적이 아니라고 한다면 더는 말할 만한 것이 없지만 만약 이현일이 역적임을 안다면, 어찌 당초 형벌을 잘못 시행하였다 하여 그를 구원하려는 자까지 아울러서 역적을 비호하는 자가 아니라고 합니까?

진실로 이와 같다면 설령 장희재(張希載)[276]가 신사년(1701, 숙종27) 전에 지레 죽었더라도 그 또한 역적이 아니라고 단정하며 비록 그를 신구하는 자가 있더라도 역적을 비호하는 자라 말할 수 없는 것입니까? 중신의 명론(名論)과 지망(地望, 지위와 명망)으로 이와 같은 논의를 제창하였으니, 세도의 근심이 되는 점을 이루 다 말할 수 없습니다. 신은 옥사를 맡은 대신으로서 이치로 보아 질책 받고 면직되는 것이 마땅합니다."

주상이 안심하고 옥사를 돌보라고 답하였다.

---

275) 김재로(金在魯) : 1682~1759. 1727년 정미환국으로 파직되었다가 이듬해 이인좌의 난 당시 충주목사로 호서안무사(湖西安撫使)를 겸해 공을 세웠다. 이어 이조참판으로 기용되었으나 당쟁을 조성한다고 파직되었다가 곧 복직되었다. 1731년 병조판서 재직시 김창집과 이이명의 복관(復官)을 상소하여 관철시켰다. 그 뒤 네 차례에 걸쳐 10여 년간 영의정을 지냈다.

276) 장희재(張希載) : ?~1701. 본관은 인동(仁同)이다. 역관 장현(張炫)의 종질이며, 희빈 장씨(禧嬪張氏)의 오빠이다. 희빈이 숙종의 총애를 받게 되자 금군별장이 되었으며, 희빈이 중전이 된 뒤인 1692년(숙종18)에 총융사가 되었다. 갑술환국(1694) 와중에 장희재는 인현왕후를 해하려는 음모를 꾸몄다는 죄목으로 사형을 받게 되었으나, 후환이 세자에게 미칠 것을 염려한 남구만 등 소론의 주장으로 죽음을 면하고 제주도에 유배되었다. 1701년 인현왕후가 승하한 후 희빈 장씨가 앞서 왕후를 무고(巫蠱)로 저주한 사실이 발각되자 제주 유배지에서 잡혀 올라와 처형되었다.

○ 부교리 조영국(趙榮國)[277]이 상소하여 대략 다음과 같이 말하였다.

"근래 장주(章奏)가 분분한데도, 전하께서는 일체 그 허물을 평균적으로 나누다보니 적절함이 없는 듯합니다. 유독 조현명을 찬배(竄配)하라는 청[278]과 정이검(鄭履儉)[279]을 삭출(削黜)하라는 계사[280]에 대해서만은 그 마음먹고 무함한 정상을 전하께서 굽어 통촉하지 않은 것은 아닌데도 오히려 통렬하게 제재하여 억누르지 않고 날뛰도록 그대로 두었으니, 그렇다면 어떻게 물정(物情)을 평정하여 시국을 안정시키겠습니까?

신이 통탄스러운 것은 윤급(尹汲)[281]의 패악한 상소[282]입니다. 십구하교(十九下敎)[283]는 해와 별처럼 밝아서, 그 뒤 이태중(李台重)[284]을 처분한 하교에서

---

277) 조영국(趙榮國) : 1698~1760. 본관은 양주(楊州), 자 군경(君慶), 호 월호(月湖)이다. 1723년 (경종3) 진사시, 1730년(영조6) 정시 문과에 급제하여 청요직을 두루 역임하고, 1739년 동부승지, 1750년 도승지를 거쳐 1752년 호조판서가 되었다. 이듬해 형조와 이조의 판서를 지내고, 1755년 찬집당상으로 《천의소감(闡義昭鑑)》 편찬에 참여하였다. 1756년 강화부유수를 거쳐 1759년 세손사부, 1760년 수어사가 되었다. 시호는 정헌(靖憲)이다.

278) 조현명(趙顯命)을 찬배하라는 청 : 정언 이명곤(李命坤)을 비롯한 노론 당인들은 조현명이 김성탁을 비호하였으니 유배 보내라고 청하였다. 《英祖實錄 13年 7月 24日·26日· 27日》

279) 정이검(鄭履儉) : 1695~1754. 본관은 동래(東萊), 자는 원례(元禮)이다. 1730년(영조6) 정시 문과에 급제하여 청요직을 두루 지냈다. 1737년 교리 재직시 김성탁의 처벌을 반대한 조현명을 옹호하다 관직에서 물러났다. 그 뒤 승지·대사간 등을 역임하였다.

280) 정이검을 삭출하라는 계사 : 정이검이 상소하여 조현명을 변론하자 노론 언관들은 정이검을 삭출하라고 끈질기게 요구하였다. 《英祖實錄 13年 7月 25日·27日》

281) 윤급(尹汲) : 1697~1770. 본관은 해평(海平), 자 경유(景孺), 호 근암(近庵)이다. 영의정 윤두수(尹斗壽)의 5대손이고, 관찰사 윤세수(尹世綏) 아들이다. 이재(李縡)·박필주(朴弼周)의 문인이다. 1725년(영조1) 진사시에 합격하고, 그 해 정시문과에 급제하였다. 1734년 이조좌랑 재직시 이조판서 송인명을 비난하다 파직되었다. 1749년 이조판서 정우량(鄭羽良)이 이창수(李昌壽)를 이조참의로 삼으려는 것을 반대하다 홍원현감으로 좌천되었다. 그 뒤 대사헌을 거쳐 1763년 이조판서에 올랐다. 저서로는 《근암집》·《근암연행일기》 등이 있고, 시호는 문정(文貞)이다.

282) 윤급(尹汲)의 패악한 상소 : 1735년 7월 우부승지 윤급이 상소하여 김창집과 이이명의 복관을 청하면서 이들을 처벌하는 것은 '대리청정을 원수로 여기는 것이 된다.'[適足爲讎 代理之歸]라고 말하여 영조의 십구하교(十九下敎)를 정면으로 거슬렀다. 《英祖實錄 13年 7月 27日》

283) 십구하교(十九下敎) : 영조가 1733년 정월 19일에 내린 하교를 가리킨다. 여기서 영조는

대략 말하기를,

'이태중이 군부(君父)를 업신여기고, 역신(逆臣)을 편들었다.'[285]

하였으니, 밝고 밝은 성상의 하교가 부월(鈇鉞)같이 엄중한데도, 누가 감히 신구(伸救)할 생각을 먹겠습니까?

그런데 저 윤급은 감히 '대의(大義)를 밝힌다.'거나, '국시(國是)를 정한다.'는 말을 임금께 아뢰는 글에 썼으니, 이태중의 상소 가운데 '충신의 억울함을 밝히지 못했다.'는 말보다 훨씬 심합니다. 고금 천하에 어찌 신하로서 이러한 분의(分義)가 있겠습니까?

심지어 '대리청정을 원수로 여긴다.[讎代理]'는 세 글자에 대해서, 오늘날 전하께서 엄하게 주벌(誅罰)하고 아랫사람들이 성토하기에 이른 것은 원래 대리정청, 한 가지 일에 관계되는 것이 아닌데, 그가 어찌 감히 이것을 하나의 화두로 삼아서 화(禍)를 전가(轉嫁)시키려는 계책을 행하려고 한단 말입니까? 신은 윤급을 엄히 꾸짖지 않을 수 없다고 여깁니다."

○ 우참찬 윤혜교(尹惠教)[286] -판윤 김시형(金始炯), 행 사직 이수항(李壽沆)[287],

소론 김일경과 남인 목호룡이 경종을 내세운 역적인 것처럼 노론 서덕수 등은 영조를 내세운 역적으로 대비시키면서 노론·소론·남인에 모두 역적이 있다는 삼당구역론(三黨俱逆論)을 전개하였다. 앞서 나온, 영조가 이광좌와 민진원을 불러서 손을 잡고 출사해달라고 요청하는 장면은, 이 하교 뒤에 나왔다.《英祖實錄 9年 1月 19日》

284) 이태중(李台重) : 1694~1756. 본관은 한산(韓山), 자 자삼(子三), 호 삼산(三山)이다. 이희조(李喜朝) 문인이다. 1717년(숙종43) 사마시, 1730년(영조6) 정시문과에 급제하여, 1734년 정언이 되었다. 1735년(영조11) 지평 재직시 노론 4대신의 신원을 주장하다가 유배되었다. 1740년 도당록에 오르고, 지평으로서 유봉휘와 조태구의 관작을 추탈할 것과 당시 영의정 이광좌가 그의 아버지의 묘를 '왕(王)'자 산맥(山脈)에 쓰고 나서 지사(地師)에게 누설하지 못하게 하였다는 죄목을 들어 파직시킬 것을 주청하다가 도리어 유배되었다. 1743년 다시 등용되어 청요직을 두루 거치고 1748년 승지, 1756년 호조판서에 올랐다. 시호는 문경(文敬)이다.

285) 이태중이 …… 편들었다 : 1735년 4월 이태중이 상소하여 서덕수(徐德修)와 노론 4대신을 신원해야 한다고 주장하자 영조가 그를 흑산도로 유배 보내면서 한 말이다.《英祖實錄 11年 4月 24日·25日》

286) 윤혜교(尹惠教) : 1676~1739. 본관은 파평(坡平), 자 여적(汝迪), 호 완기헌(玩棋軒)이다.

이조참판 정석오(鄭錫五)288), 병조참판 이종성, 행 사직 이진순(李眞淳)289)- 등이 상소하여 대략 다음과 같이 말하였다.290)

"윤급의 괴상망측한 말을 들은 뒤로 통탄스럽고 분개하여 차라리 살고 싶지 않았습니다. 그런데 어제 차대(次對)291)에서 성상께서 대략 하교하시기를 '윤급의 상소 가운데 「대리청정을 원수로 여긴다.[讎代理]」라는 세 글자가 있는데, 오늘날 나의 신하로서 어찌 이 말을 듣기 좋아하겠는가?' 하셨습니다.292) 연석에서의 말이 비밀스러워 비록 자세히 듣지는 못했지만 서로 마주 보고 감축(感祝)하며 저도 모르게 눈물이 주루룩 쏟아졌습니다. 아! 신들이 두 사람에게 죄가 있다고 하는 이유는 단지 전후로 세 번 태도를 바꾸어293) 더 이상 신하의 절개가 없다고 여겼기 때문이지, 애당초

윤황(尹煌)의 증손으로, 할아버지는 윤순거(尹舜擧), 아버지는 대사헌 윤진(尹搢)이다. 1714년(숙종40) 증광문과에 급제하여 1718년 도당록에 올랐다. 경종대 청요직을 두루 지내고 영조 즉위 직후 승지가 되었다. 1737(영조13) 공조·형조·예조판서를 거쳐 1739년 이조판서에 올랐다가 좌참찬으로 사망하였다. 시호는 문온(文溫)이다.

287) 이수항(李壽沆) : 1685~?. 본관은 여주(驪州), 자 숙겸(叔謙), 호 삼신재(三愼齋)이다. 1723년 (경종3) 증광문과, 1727년(영조3) 문과 중시에 급제하여 1730년 승지가 되었다. 1736년(영 조12) 대사간 재직시 기유처분(己酉處分) 이후 김일경·박필몽의 시호 회복 문제가 대두되 자 이를 옹호하다가 파직되었다. 1737년 도승지를 거쳐 1744년 함경도 관찰사가 되었다.

288) 정석오(鄭錫五) : 1691~1748. 본관은 동래(東萊), 자는 유호(攸好)이다. 영의정 정태화(鄭太 和)의 증손으로, 할아버지는 정재대(鄭載岱)이다. 숙종대 교리·지평 등을 역임하였고, 1721년(경종1) 지평 재직시 김일경 등과 노론 4대신 탄핵을 주도하였다. 영조가 즉위하자 삭출 당하였다가 정미환국(1727)으로 세자시강원 사서로 기용되었다. 이후 대사헌 등을 거쳐 좌의정에 올랐다.

289) 이진순(李眞淳) : 1679~1738. 본관은 전주(全州), 자 자후(子厚), 호 하서(荷西)이다. 이경직 (李景稷)의 증손이다. 경종대 집의 등을 역임하면서 신임옥사에 가담하였다. 영조 즉위로 노론이 집권하자 귀양 갔다가 정미환국(1727) 때 풀려나왔다. 그 뒤 도승지·대사헌 등을 역임하였다.

290) 우참찬 …… 말하였다 : 이 상소문은 《영조실록 13년 8월 7일》 기사에 보인다.

291) 차대(次對) : 의정부 당상·대간(臺諫) 등이 매월 여섯 차례 입시(入侍)하여 중요한 정무(政 務)를 상주(上奏)하던 일이다.

292) 어제 …… 하셨습니다 : 1737년 8월 영조가 신료들과 노론 4대신의 일 등을 논의하면서 나온 말이다. 《承政院日記 英祖 13年 8月 5日》

293) 두 사람에게 …… 바꾸어 : 두 사람은 당시 신원되지 못한 김창집과 이이명을 가리킨다.

어찌 터럭만큼이라도 감히 말하지 못하는 지위에 계신 분과 관계가 있겠습니까? 그런데 저 사람은 패악하고 망극한 말을 다른 사람에게 가하였으니, 도대체 무슨 마음이란 말입니까? 삼가 바라건대 화를 즐기고 무엄한 윤급의 죄를 분명히 바로잡으십시오."

○ 봉조하 이광좌가 상소하여 대략 다음과 같이 말하였다.

"삼가 들으니, 조정 신하들이 번갈아 상소하여 서로 공격하다가 심지어 '대리청정을 원수로 여긴다.[讎代理]'는 세 글자까지 있었다고 합니다. 신은 마음이 놀라고 뼛속까지 아파 거의 진정되지 않습니다.

신이 예전부터 이 일을 논한 것은 오로지 이미 정청(庭請)하면서 반복하여 아뢰고, 이미 차자로 아뢴 뒤에 다시 스스로 도로 거두어들이기를 청하여 잠깐 사이에 세 차례나 번복하였기 때문이었습니다. 이런데도 크게 엄하게 징계하지 않는다면 장차 만대에 백성의 표준[民極]을 세울 수 없을 것이기 때문에 말한 것이었지, 어찌 터럭만큼이라도 본래의 일294)과 관계가 있겠습니까? 그런데 감히 터무니없는 말을 지어내고, 이로써 군신 사이를 이간질하려 하니, 아! 통탄스럽습니다."

○ 풍원군 조현명이 상소하여 대략 다음과 같이 말하였다.

"신의 문사(文辭)가 고지식하고 공손하지 못하여 보는 사람이 경악하고 성토하는 소리가 삼엄하게 퍼졌습니다. 지난 신사년 여름에 고(故) 상신(相臣)

세 번 태도를 바꾸었다는 것은 이들이 처음에는 대리청정을 반대하는 정청(庭請)을 하다가 연명 차자를 올려 대리청정의 절목을 마련하도록 청하고, 다시 대리청정의 명을 거두어 달라고 청한 일을 말한다. 《景宗實錄 1年 10月 17日》

294) 본래의 일 : 이광좌 등이 노론을 비판한 것은 대리청정을 반대하였다가 연명차자를 올려서 대리청정 절목을 올리고, 조태구 등이 이것을 반대하니 또 이를 따라서 대리청정의 명을 환수해달라고 청하여 입장을 세 번이나 바꾼 것을 말한 것이지 세제의 대리청정 그 자체를 반대한 것은 아니라는 것이다. 즉 '본래의 일'이란 대리청정 그 자체를 가리킨다.

이여(李畬)295)가 이현일을 석방할 것을 청하였고,296) 갑진년 겨울에 영남 사람 나학천(羅學川)297)이 이현일의 억울함을 노골적으로 호소하였습니다.298) 전후로 똑같은 이현일인데, 나학천이 호소하자 칭찬하고 등용하였으면서도 김성탁이 말하니 주륙하라고 청하였습니다.

이현일의 석방을 청한 고 상신 이여는 영수(領袖)로 추대되었지만 김성탁을 논한 신 같은 사람은 역적을 비호하는 죄를 면치 못하였으니, 알 수 없습니다만, 명의(名義)가 때에 따라 경중이 다르고, 법률을 사람에 따라 올리고 내려도 되는 것입니까?"

기미년(1739, 영조15) 봄, 사과(司果) 민형수(閔亨洙)와 민통수(閔通洙)299) 등이 상소하여 대략 다음과 같이 말하였다.

---

295) 이여(李畬) : 1645~1718. 본관은 덕수, 자 자삼(子三)·치보(治甫), 호 포음(浦陰)·수곡(睡谷)이다. 대제학 이식(李植)의 손자이고, 송시열 문인이다. 1703년(숙종29) 좌의정, 1710년 영의정 등을 역임하였다. 저서로 《수곡집》이 있고, 시호는 문경(文敬)이다.

296) 신사년 …… 청하였고 : 1701년 숙종이 죄인을 소결할 때, 이여와 최석정이 이현일의 본 마음은 인현왕후를 모해하려는 것이 아니었다고 말하니 숙종이 석방하라고 명한 일을 가리킨다. 《肅宗實錄 27年 5月 21日》

297) 나학천(羅學川) : 1658~1731. 본관은 수성(壽城), 자 사도(師道), 호 창주(滄洲)이다. 1683년(숙종9) 증광문과에 급제하여 지평·정언, 면천군수(沔川郡守)·서천군수(舒川郡守)을 역임하였다. 영조 즉위 후 상소하여, 소론 우위의 정국운영과 노론이 남인을 '명의죄인(名義罪人)'으로 몰아서 배척하는 것을 비판하였다. 이후 좌승지, 형조참의 등을 지냈다.

298) 나학천(羅學川)이 …… 호소하였습니다 : 1724년 영조가 즉위하자 전 정언 나학천이 응지 상소하여 이현일의 자손이 폐고(廢錮)된 것은 너무 심하다고 말하니, 영조가 가상하다고 비답한 일이 있었다. 《英祖實錄 卽位年 11月 19日》

299) 민통수(閔通洙) : 1696~1742. 본관은 여흥(驪興), 자는 사연(士淵)이다. 할아버지는 판서 민유중, 아버지는 좌의정 민진원, 어머니는 윤지선의 딸이다. 1721년(경종1) 사마시에 합격하고, 1734년(영조10) 정시문과에 급제하였다. 1739년 교리 재직시 형 민형수(閔亨洙)와 함께 아버지의 억울한 심정을 대신하여 정미환국 이후 아버지가 당론자로 오해받고 있음은 부당하며, 특히 당시 영의정 이광좌가 역적이라고 탄핵하는 소를 올렸다. 그 뒤에도 계속 이광좌를 논척하고, 아버지를 신원하는 소를 올렸다. 1741년 승지, 광주부윤 등을 지냈다.

"선신(先臣, 민진원)의 평생의 마음은 해와 별처럼 환하였습니다. 을사년 (1725, 영조1)에 정승에 오른 뒤 조정에서 바야흐로 역적을 토벌하기를 청하자, 여러 사람이 의론하여 말하기를,

'지난날 무고하여 일으킨 옥사를 단련(鍛鍊)한 것은 오로지 감히 말해서는 안될 지위에 계신 분에게까지 미치게 하려 한 것입니다. 이광좌가 처음부터 판의금으로 있다가 그대로 위관(委官)으로 승진하여 시종 옥사를 다스렸으니 그 죄가 어찌 유봉휘 보다 못하겠습니까?'

하였는데, 선신만 홀로 말하기를,

'유봉휘는 명호(名號)가 이미 정해진 뒤에 상소하여 마치 논박하여 바로잡는 것처럼 하였으므로, 실로 김일경과 목호룡의 종주(宗主)가 되었으니 마땅히 먼저 이 역적을 토벌해야 합니다.'

하였습니다. 그렇지만 여러 사람의 의론이 굳건하여 듣지 않았기 때문에 선신이 어쩔 수 없이 따랐던 것입니다. 그러나 당시에 유봉휘와 이광좌를 모두 일률에 처하자고 청하는 말이 있었는데, 이는 선신이 끝내 따르지 않았습니다.

그 뒤 무신년(1728, 영조4)에 선신이 원주(原州)에 귀양 가 있을 때 얼마되지 않아 역변이 일어났는데, 감사 이형좌(李衡佐)300)가 와서 말하기를,

'대감이 조정에 돌아간 뒤에 만약 영의정과 함께 이전의 일을 탕척(蕩滌)하고 함께 국사를 다스린다면 영의정이 반드시 기꺼이 따를 것입니다. 4대신의 신원은 필시 대감이 하고자 하는 일일 텐데, 이 또한 어찌 그만둘 수 있겠습니까?'

하니, 선신이 답하기를,

'나와 영의정 사이에 어찌 사사로운 원한이 있겠는가? 단지 풀리지 않는

---

300) 이형좌(李衡佐) : 1668~1746, 본관은 경주(慶州), 자는 경윤(景尹)이다. 이항복의 후손이고, 참판 이세필(李世弼)의 아들이다. 1702년(숙종28) 진사시에 합격하고, 음관(蔭官)으로 출사하여, 공주목사 등을 지냈다. 1728년(영조4) 강원도 관찰사에 발탁되었고, 이후 한성부 우윤·동지중추부사 등을 역임하였다.

의심이 있을 뿐이다.'

하였습니다. 이형좌가 의심하는 것이 무엇인지 물으니 선신이 답하기를,

'내가 약원(藥院)의 갑진년(1724, 경종4) 일기를 보니, 그때 주상의 질병이 여러 달 동안 차도가 없었는데, 영의정이 도제조로서 시종 비밀에 부쳐서, 심유현의 무리가 흉악한 말을 지어내어 인심을 현혹시키기에 이르렀다.

역변이 이미 일어난 뒤에 영의정이 또 그것을 밝히는 말을 한마디도 하지 않았는데, 영의정이 이제라도 소장을 올려 자책하여 말하기를,

「갑진년 대상(大喪) 때에 성상의 병이 깊고 중해진 지 이미 오래인데 인심이 불안해하고 의심할 것을 우려하여 은밀하게 숨기고 감히 말하지 못하여, 역적 무리의 흉언(凶言)이 점차 사실을 왜곡시켰는데, 이것은 중외(中外)에서 잘 알지 못하였기 때문에 나온 것입니다. 신이 당일 병을 숨긴 일[諱疾]은 진정시키려는 데에서 나오기는 하였으나 이제 어찌 죄를 피할 수 있겠습니까?」

하였다면, 그 마음에 다른 뜻이 없었음을 알 수 있어서 내 의심도 풀릴 수 있었을 것이다.'

하였습니다. 며칠 뒤에 이형좌가 또 와서 말하기를,

'내가 영의정에게 편지를 써서 알렸더니, 「할 수 없다.」고 답하였는데, 영의정의 말도 또한 사리에 맞는 점이 있었습니다.'

하였지만, 또한 편지 내용에 대해서는 분명히 말하려 하지 않았습니다.

이형좌가 떠난 뒤, 선신이 신들을 돌아보고 말하기를,

'이광좌가 역적의 모의를 참여하여 들었는지는 알 수 없지만 그 마음은 결국 역(逆)이 되었다. 옛사람 가운데 자신의 배를 갈라서 태자(太子)의 무죄를 밝힌 자가 있었는데,[301] 하물며 이제 흉도가 임금을 헐뜯어 욕하는 것이

---

301) 옛사람 …… 있었는데 : 안금장(安金藏)을 가리킨다. 당나라 장안(長安) 사람으로 측천무후(則天武后) 때 당시 태자로 있던 예종(睿宗)이 반역을 꾀한다는 무고가 일어나 예종의 측근들이 국문을 받던 중 다들 형신(刑訊)을 견디다 못해 스스로 무고하려 하였다. 이에 안금장이 칼로 배를 그어 창자를 꺼내어 보여 예종의 결백을 주장하였다. 그 소문을 들은 측천무후가 국문을 중지시키고 안금장을 치료해 주어 목숨을 구하였으며

이 지경에 이르렀으니 신하의 마음이 어떻겠는가? 지금 이광좌가 한마디 말을 내어 망극한 거짓을 씻으려 하지 않으니, 그가 나라에 충성하지 않고 역적을 몰래 돕는 것이 매우 명백하다.'

하였습니다. 선신이 이 때문에 이광좌를 역적이라고 단정하였으니, 이전에 만약 이광좌가 참으로 선신의 말을 써서 한 통의 상소로 통렬하게 진달하였다면 아마도 지난날의 의심을 풀었을 것이므로 반드시 역적으로 단정하기에 이르지는 않았을 것입니다.

경술년(1730)에 이르러 장전(帳殿)에 입시하였을 때 전하께서 좌우로 손을 잡으시고 의심하여 멀리하는 것을 쾌히 풀고 함께 국사를 도모하게 하였지만 선신은 역변(逆變)이 병을 숨긴 것[諱疾]에서 말미암았으므로 함께 조정에 설 수 없다고 답하고, 장차 이형좌와 주고받는 말을 언급하려 하자 전하가 손을 내저으며 저지하였기 때문에 선신은 입을 다물고 침묵을 지켰던 것입니다.

그리하여 매번 신들에게 말하기를,

'이 사람은 끝내 반드시 나라에 화를 끼칠 것이니, 사대부라면 함께 같은 조정에 있을 수 없다.'

하셨으니, 조금도 편당의 의도가 없음이 이와 같았습니다.

정미년(1727)에 이르러 전하께서는 선신이 을사년에 한 일을 당론이라 하여 모두 뒤집어서 유봉휘의 직첩을 예전대로 돌려주고, 임인년에 억울하게 죽은 사람은 모두 도로 역안(逆案)에 넣었지만, 단련하여 죄를 꾸며 만든 무리는 후한 녹을 받는 벼슬에 등용하였습니다. 그리하여 선신의 고심과 충정이 한꺼번에 붕당의 죄과에 빠지게 되었으니, 신들이 원통하고 죽고 싶은 마음에 어찌 끝이 있겠습니까?"

○ **겨울**, 우의정 유척기(兪拓基)[302]가 상소하여 두 신하를 모두 복관시켜

그로 인해 예종이 화를 면하게 되었다. 《舊唐書 安金藏列傳》

302) 유척기(兪拓基) : 1691~1767. 본관은 기계(杞溪), 자 전보(展甫), 호 지수재(知守齋)이다.

줄 것을 청하였다.

경신년(1740, 영조16) 봄, 지평 정실(鄭實)303)이 상소하여 빨리 두
신하의 시호를 복구하고, 이어서 여러 간흉(奸凶)을 토죄(討罪)하는 법을 거행
할 것을 청하였다. 또 다음과 같이 말하였다.

"선정신 송시열이 효종[孝廟]의 특별한 지우를 받고,304) 만약 세도에 해로운
자가 있으면 밝게 분변하여 통렬히 물리쳤으므로 원수들이 세상에 넘쳐나서
변고가 문장(門墻) 안에서 일어났습니다.305) 이에 숙종대왕이 말년에 하나의

김창집 문인이다. 1714년(숙종40) 증광문과에 급제하여, 청요직을 두루 역임하다가
1722년(경종2) 신임옥사 당시 탄핵을 받고 유배되었다. 1725년(영조1) 노론이 집권하면서
경상도 관찰사·호조판서 등을 거쳐, 1739년 우의정에 올라, 김창집·이이명의 복관을
건의해 신원(伸寃)시켰다. 만년에 김상로·홍계희 등이 영조와 사도세자 사이를 이간시키
자 이를 깊이 우려했고, 이천보(李天輔)의 뒤를 이어 1758년(영조34) 영의정에 올랐다.
1760년 영중추부사(領中樞府事)가 되었고, 이어서 봉조하(奉朝賀)를 받고 기로소(耆老所)
에 들어갔다. 저서로 《지수재집》이 있고, 시호는 문익(文翼)이다.

303) 정실(鄭實) : 1701~1776. 본관은 연일(延日), 자 공화(公華), 호 염재(念齋)이다. 정철(鄭澈)
의 후손으로, 정호(鄭澔)의 손자이다. 1733년(영조9) 생원시에 장원하고, 1739년 호조좌랑
으로 정시 문과에 급제하여, 청요직을 두루 거치고 1768년 이조판서에 올랐다. 1770년에
치사(致仕)하고 봉조하(奉朝賀)가 되었다. 편서로 《송강연보(松江年譜)》가 있다. 시호는
문정(文靖)이다.

304) 송시열이 …… 받고 : 효종과 송시열이 처음부터 긴밀한 관계를 형성한 것은 아니었다.
효종은 즉위 직후부터 부왕인 인조가 겪은 삼전도의 치욕을 의식하며 북벌(北伐) 정책을
강력하게 추진하였는데, 이에 대해서는 신료들 모두가 비현실적이라고 반대하였다.
이에 효종은 보수적인 양반 지배층을 대표하는 서인 산림(山林) 계열의 협조를 끌어내려
고 그 대표격인 송시열을 이조판서로 임명하고, 독대(獨對)라는 파격적인 수단을 동원하
여 북벌 추진 방안을 논의하려 하였다. 이에 대해 송시열은 군주의 수신(修身)이 우선이라
고 완곡하게 반대하자 효종은 초구(貂裘)를 하사하며 자신의 북벌 의지를 서인 산림계열
에 전하려 하였다. 이 독대와 초구에 대해 후대 노론 측에서는 효종의 송시열에 대한
특별대우의 상징으로 거론하였지만 사실은 효종과 송시열 등 서인 산림세력이 북벌
정책에 대해 서로 다른 입장에 있었다는 것을 상징하는 사건이기도 하였다.

305) 변고가 …… 일어났습니다 : 숙종대 송시열이 그 수제자인 윤증과 대립한 이른바 회니시
비(懷尼是非)를 가리킨다. 이 갈등은 효종대 송시열과 윤증의 부친인 윤선거와의 갈등에
그 뿌리를 두고 있는데, 핵심은 북벌 정책에 대한 견해 차이에 있었다. 윤선거는 북벌

하교로 처분을 크게 정하시었으니,306) 만약 전하께서 유훈(遺訓)을 체득하여
근거 없는 논의에 흔들리지 않으신다면 의리가 다시 밝아져서 시비를 정할
수 있을 것입니다."

○ 시임·원임대신, 비변사 당상이 인견하기 위해 입시했을 때 —판부사
김흥경(金興慶)307)·송인명, 좌의정 김재로, 예조판서 신사철, 판윤 조현명, 이조판서 조상경,
좌참찬 윤양래(尹陽來)308), 병조판서 김성응(金聖應)309), 행 사직 정석오, 이조참판 서종급(徐
宗伋)310), 대사간 조명택(趙明澤)311)— 주상이 말하기를,

추진을 위해 윤휴(尹鑴) 등 남인과도 협력해야 한다는 입장이었는데, 송시열은 북벌의
의리를 자신의 전매특허로 독점하면서도 윤휴에 대한 사문난적(斯文亂賊) 논란으로
정치 쟁점을 치환하여 사실상 북벌 추진에 반대하였다. 이러한 입장 차이가 숙종대에는
송시열과 윤증 사이의 갈등으로 확대되면서 결국 서인이 노론과 소론으로 분열되기에
이르렀다.

306) 숙종대왕이 …… 정하셨으니 : 1716년 병신처분을 가리킨다. 1694년 갑술환국 이후
탕평책 추진을 두고 노론과 소론 사이의 갈등이 격화되자 숙종이 처음에는 윤증 편을
들다가 노론이 사사건건 소론 탕평파를 공격하는 것을 보고 돌변하여 송시열 편을
들어준 사건이다. 이후 탕평책은 형해화 되고 노론 일당 전제가 관철되었다.

307) 김흥경(金興慶) : 1677~1750. 본관은 경주(慶州), 자 자유(子有)·숙기(叔起), 호 급류정(急流
亭)이다. 경종 때 한성부 우윤으로 신임옥사에 관련되어 파직되었다가, 1724년 영조의
즉위로 도승지가 되었고, 1734년(영조10) 우의정에 이어 1735년 영의정에 올랐다.

308) 윤양래(尹陽來) : 1673~1751. 본관은 파평, 자 계형(季亨), 호 회와(晦窩)이다. 1699년(숙종
25) 진사가 되고, 1708년 식년문과에 급제하여 청요직을 두루 거쳤다. 1722년(경종2)
동지 겸 주청부사(冬至兼奏請副使)로 청나라에 가서 경종의 병약함을 발설했다는 죄목으
로 유배되었다. 1725년(영조1) 승지에 임용되어 공조참판을 거쳐 호조판서·대사헌 등을
역임하였다. 1746년 신임옥사에 관련된 소론의 뿌리를 뽑아야 한다고 주장했다가 한
때 삭직되었다. 이 해에 판돈녕부사로 치사하고 봉조하(奉朝賀)가 되었다. 시호는 익헌(翼
獻)이다.

309) 김성응(金聖應) : 1699~1764. 본관은 청풍(淸風), 자 군서(君瑞)이다. 증조부는 청풍부원군
김우명(金佑明)이다. 1728년(영조4) 이인좌의 난 이후 어영대장 장붕익(張鵬翼)의 천거로
사복시 내승(內乘)으로 기용되어, 선전관 등을 거쳐 고부군수를 지내고, 1737년 우윤·병조
판서·형조판서, 이듬해 판윤 등을 역임하였다. 1740년 다시 병조판서가 된 뒤 1743년
판윤, 1748년 좌포도대장, 1754년 판의금부사를 지냈으며, 20여 년간 병조판서와 훈련대
장을 번갈아가며 역임, 군사책임자로서 군정(軍政)을 일신하고 성지를 수축하는 등
국방강화에 노력하였다. 시호는 효정(孝靖)이다.

"여러 신하들은 단지 당론의 싸움만 알 뿐이어서 한편에서는 지키는 것이
북두(北斗)와 같고, 다른 한편에서는 몰아붙여 구덩이에 밀어넣으니, 옛날에
어찌 건지하는 일이 없었겠는가마는 당론으로 서로 다투어 그치지 않는
것이 어찌 이와 같단 말인가?

네 사람에 대해 말한다면 연명 차자는 무슨 의도인가?312) 이것은 진실로
괴이한데, 한편에서는 오로지 역적으로 몰아 심지어 교문 가운데 넣기까지
하였으니,313) 이 또한 괴이한 일이다. 작년 가을부터 내가 비망기를 내려
끝을 내려 했지만 그렇게 하지 못하였다.

지난번 영빈방(寧嬪房)314)에 들렀을 때 나무 신주의 분(粉)을 바른 앞쪽을

---

310) 서종급(徐宗伋) : 1688~1762. 본관은 달성(達城), 자 여사(汝思), 호 퇴헌(退軒)이다. 권상하
(權尙夏) 문인이다. 1711년(숙종37) 진사가 되고, 1719년 증광문과에 급제하여 정언이
되었다. 1721년(경종1) 지평 재직시 세제의 대리청정을 건의했던 조성복을 두둔하다가
유배되었다. 영조가 즉위하자 풀려나 형조판서 등을 역임하고, 1757년(영조33)에 기로소
(耆老所)에 들어갔으며 이듬해 봉조하(奉朝賀)가 되었다. 저서로 《퇴헌유고(退軒遺稿)》가
있고, 시호는 문정(文貞)이다.

311) 조명택(趙明澤) : 1690~?. 본관은 임천(林川), 자는 숙함(叔涵)이다. 정언 조정위(趙正緯)의
아들이다. 1721년(경종1) 식년 진사시와 증광문과에 모두 급제하여, 1726년(영조2) 지평
이 되고, 홍문록에 올랐다. 1727년 정미환국으로 관작을 삭탈 당하였다. 1729년 송인명의
천거로 재등용되어 청요직을 두루 거쳐, 1737년 승지, 1745년 대사헌이 되었다.

312) 네 …… 의도인가 : 노론 4대신으로 일컬어지는 김창집, 이이명, 이건명, 조태채가 1721년
(경종1) 10월 17일에 세제의 대리청정의 명을 받들겠다는 연명 차자를 올렸다가, 조태구
(趙泰耉) 등의 반대에 부딪히자 의견을 번복하여 대리청정의 명을 도로 거둘 것을
다시 청한 일이 있다. 《景宗實錄 1年 10月 17日》

313) 교문 …… 하였으니 : 1722년(경종2) 9월 21일 임인옥사를 마무리하면서 김일경이 작성해
올린 토역반교문(討逆頒敎文)에서 노론 4대신을 역적으로 규정한 것을 가리킨다. 《承政院
日記 景宗 2年 9月 21日》

314) 영빈방(寧嬪房) : 숙종의 후궁 영빈 김씨(1669~1735)의 집이다. 본관은 안동이며 김수증
(金壽增)의 손녀이고, 김수흥과 김수항의 종손녀이다. 1686년(숙종12) 숙의(淑儀)로 간택
되어 귀인(貴人)이 되었다가 1689년 기사환국으로 인현왕후보다 앞서 폐출되었다. 이때
영빈 김씨의 종조부 김수항과 이모부인 홍치상은 사사되었고, 조부 김수증과 종조부
김수흥은 유배되었다. 1694년 갑술환국으로 인현왕후가 복위되자 다시 귀인이 되어
1702년 영빈(寧嬪)으로 진봉하였다. 1720년 경종 즉위 후 관례에 따라 궐 밖에 나와
거주하였는데, 경종 독살 시도의 배후로 지목되어 소론의 탄핵을 받기도 하였다. 1724년
영조 즉위 뒤 영조의 각별한 예우를 받다가 1735년 사망하였다.

열어 보니, '안동 김씨'라고 씌어 있어서 마음속으로 슬펐다. 자손이 변변치 못하여 선조의 충절을 알지 못하니 통탄스러움을 이길 수 있겠는가?[315]

석작(石碏)에게는 석후(石厚)가 있었고,[316] 도척(盜跖)에게는 유하혜(柳下惠)가 있었던 것[317]처럼, 비록 부자 형제 사이라도 어찌할 수 없는 일이 있으니, 그 무리들이 모두 경종에게 마음속으로 겁을 내서 그런 것이었다.

이이명은 반드시 이런 일이 없었을 것인데, 젊은 무리가 모여서 이 일을 저질렀으니, 근본은 비록 나를 위한 것이라지만 그 실제는 자기 분수에 넘치게 앞날의 공을 바란 것에서 나온 것이다."

하였다. 이어서 다음과 같은 하교를 전하였다.

"세도가 날로 타락하고 당습이 날로 고질이 되어 그 습속을 고치기를 생각하지 않고, 오히려 이기기를 힘쓰는 일이 늦춰질까 두려워하고 있다. 연명 차자와 대리청정에 대해, 만약 임금을 섬기는[318] 마음이 있었다면 어찌 감히 그 일을 다투었겠는가?

두 신하의 관작을 회복하는 것을 허락하지 않은 것은 본래의 일 때문이 아니라 후세 신하된 자로 하여금 임금을 섬기고 일을 도모함에 마음을 한결같

---

315) 자손이 …… 있겠는가 : 김창집의 아들 김제겸과 손자 김성행이 임인년 옥사에 연루되어 죽었는데, 이들은 영빈 김씨와 같은 안동 김씨였다. 영조는 죽은 영빈 김씨의 신주를 보고 이들을 떠올린 것이었다. 여기의 선조는 김창집을 가리킨다. 영조는 경종대 김창집 등이 세제의 대리청정에 반대하는 정청을 중지하고 대리청정을 수용하는 연명차자를 올린 것은 충(忠)으로 간주하고 김창집은 충절이 있다고 보았지만 그 아들과 손자가 경종을 해치려는 음모에 연루되어 죽었으므로 김창집을 신원할 수 없다는 입장을 이처럼 에둘러 말한 것이었다.

316) 석작(石碏) …… 있었고 : 석작은 춘추시대 위(衛)나라 현대부(賢大夫)였다. 아들 석후와 주우(州吁)가 위나라 환공(桓公)을 죽이자, 석작이 두 사람을 잡아 죽였다. 이에 대해서 《춘추좌씨전》 은공(隱公) 4년에 "대의에 입각하여 친족의 정을 끊는다고 하는 것은 바로 이를 두고 말하는 것이구나.[大義滅親, 其是之謂乎.]"라고 평하였다.

317) 도척(盜跖) …… 것 : 도척은 유척(柳跖)으로 춘추시대 노나라의 명재상 유하혜의 동생이다. 유척은 9천 명의 졸개를 거느리고 천하를 횡행하면서 약탈을 자행하여 도둑의 대명사가 되었다.

318) 임금을 섬기는 : 원문은 "北面"이다. 임금은 남쪽을 향해 앉으므로, 신하는 북쪽의 임금을 쳐다보게 되었다. 임금을 섬긴다는 뜻이다.

이 하여 다른 마음이 없도록 하려는 것이니, 이것이 이른바 '군주는 군주다워야하고 신하는 신하다워야 한다는 가르침을 바로잡았다.'는 것이다.

몇 년 전 대신 이하가 입시했을 때 복관되지 않은 두 신하 중 한 사람에 대해 먼저 하교하고자 했는데, 그 뒤에 또 갈등이 생겨서 그대로 두었다.[319] 이이명은 해당 조(曹)로 하여금 복관하도록 하라.

김창집은 본래의 일 이외의 일 때문인데, 내가 고집하는 이유는 완급을 조절[320]하는 것을 보여서 다른 사람들을 고무하려 한 것이지만, 그의 선대를 추억하면 슬픈 마음이 든다.

그림자 같은 정황만을 살펴본 일을 가지고 스스로 직접 보지 않고 듣지도 않는 사람을 심히 미워한다는 것은 왕법(王法)으로 포용해 주는 뜻이 아니다. 또 작년 겨울에 처분한 뒤에 이 사람이 여전히 단서(丹書)[321]에 있으니 또한 공정하다고 말할 수 있겠는가?

선정(先正)의 충절은 그 손자를 보존할 만하고, 화상(畫像)의 어찬(御贊)[322] 또한 추억하면 감동을 주니, 특별히 복관하라. 아! 신하들이 어찌 감히 이것을 가지고 억지로 헤아려 서로 이기기에 힘쓸 수 있겠는가?"

송인명이 다음과 같이 말하였다.

"신은 우의정 -유척기- 이 연석에서 아뢴 것과 차자를 올린 일이 그르다고 하였습니다. 기유처분(己酉處分)으로 이미 두 사람을 신설하고, 또 아들과 손자는 죄인이 되었으니, 이것은 바로 연명 차자를 신원(伸冤)한 날인데,

---

319) 몇 …… 두었다 : 1735년(영조11) 2월 10일 대신과 비국 당상을 인견하여 이이명과 김창집의 신원 문제를 논하는 자리에서 영조가 이이명만 신원하려는 뜻을 보이자, 당시 판중추부사이던 이의현이 저지하여 그만 둔 일을 말한다. 《英祖實錄 11年 2月 10日》

320) 완급을 조절 : 원문은 "絃韋"이다. 자신의 기질을 변화시켜 강약을 조화시키고 완급을 조절하여 단점을 보완한다는 뜻이다.

321) 단서(丹書) : 붉은 글씨로 쓴 죄인의 명부를 이른다.

322) 화상(畫像)의 어찬(御贊) : 숙종이 지은 김창집의 화상찬을 말한다. 그 가운데 노론 측에서 주로 인용하는 구절은, '백발 늙은 나이에 일편단심 변함없으니, 낭묘(廊廟)의 명망이 중하도다.[髮白心丹, 望重廊廟.]'이다. 《英祖實錄 7年 6月 4日》

만약 자손이 유죄인지 무죄인지를 쟁론한다면 괜찮겠지만 반드시 연명 차자가 죄안인지 아닌지 분명하지 않다는 말은 매우 옳지 않습니다.

또한 지금 성명께서는 아들과 손자의 죄가 있는지의 여부에 대해 마땅히 국안(鞫案)을 자세히 살펴 용서할 수 있는지를 본 뒤에야 비로소 명백하게 할 수 있습니다. 아들과 손자는 용서할 수 없는데, 단서도 없이 그 처분을 고친다면 어찌 체례(體例)323)가 되겠습니까? 만약 국안을 보고서 그 죄를 용서할 만하다면 신은 마땅히 아무 말 없이 명을 받들 것입니다."

조현명이 말하기를,

"이는 큰 시비에 관계되는데, 한쪽 편 사람들은 충신이라고 해서 복관하고, 시호를 추증하며 서원을 세우는 데에 이르렀지만 신은 그들이 충신인지 알지 못하겠고, 다른 한쪽 편 사람들은 대역부도(大逆不道)라고 하면서 처자식을 노비로 삼고 가산을 몰수하며, 집을 헐어 못을 만들어야 한다고 하는데, 신은 그들이 대역부도인지 모르겠습니다.

그 아들과 손자의 정절(情節)이 만약 역모에 참여하여 알지 못하였다면 이는 곧 평범한 사람이고, 만약 혹시 참여하여 알았다면 응당 받아야 할 형률이 있을 것인데, 그들이 참여하여 알았는지 몰랐는지 모두 명백히 근거할 만한 증거가 없습니다. 신들의 의견은 갑론을박하는 두 당과 같지 않기 때문에 또한 분등(分等)의 뜻을 받든 것입니다."

하였다. 주상이 말하기를,

"시호를 추증하고 서원을 세우는 일은 말이 되지 않는다."

하였다. 김재로가 말하기를,

"대체가 이미 옳다면 비록 혹 자손이 역모에 관여하였다는 말이 있더라도 어찌 이것을 두 대신의 죄로 삼을 수 있겠습니까?"

하니, 주상이 말하기를,

"내 하교를 들은 뒤에는 나를 섬기는 자는 결코 다시 운운하지 말아야

---

323) 체례(體例) : 일의 대체 및 내용, 곧 지켜야 할 규례 등을 말한다.

하는데도 풍원군이 이와 같이 아뢰니 편치 않다."

하였다. 송인명이 말하기를,

"분등할 때 신이 참여하여 들었으니, 만일 분등이 틀렸다고 해서 고친다면 신이 어찌 죄가 없을 수 있겠습니까?"

하고, 조현명이 말하기를,

"이와 같이 처분한 뒤에는 신들이 마땅히 죄를 받아야 합니다."

하였다. 김시형이 말하기를,

"분등하여 구별한 일은 이미 국시로 정해졌는데, 처분이 이처럼 갑작스럽게 나왔으니, 원임 대신이 다시 국안을 살펴야 한다는 말은 참으로 옳습니다."

하였으나, 주상이 말하기를, "중신(重臣, 김시형)은 틀렸다." 하였다.

○ 공조판서 조현명이 상소하여 대략 다음과 같이 말하였다.

"두 대신을 복관하라는 명이 내려졌는데, 신은 이미 기유년 말석에서 의론에 참여하여 들었으니, 지금 처분을 내리신 뒤로는 당초 망령되게 대신의 죄를 논한 일에 대해 이치상 요행히 죄를 면하기 어렵게 되었습니다.

신이 이 일에 대하여 나름의 기준을 갖고 분등의 논설에 찬성한 것은 표준을 세우는[建極] 다스림에 도움이 되기를 바랐기 때문입니다. 그런데 10년 동안 지키다가 이제 와서 다시 고치시니, 신은 전하께서 다툼을 그치게 하려는 것이 더욱 다툼을 여는 일이 될까 염려됩니다. 이에 해직시켜주시기를 바랍니다."

주상이 사직하지 말라고 답하였다.

○ 호조판서 김시형이 상소하여 갑자기 처분을 내려서 제방이 크게 무너졌다고 논하였다. 주상이 김시형이 논한 것은 당(黨)을 위한 것이라고 질책하며 특별히 파직을 명하였다.

○ 영의정 이광좌가 상소하여 대략 다음과 같이 말하였다.

"어제 전교에 김창집을 복관하라는 명이 있었는데, 신은 슬픔을 이길 수 없어 어쩔 줄 모르겠습니다. 하교에서,

'군주는 군주답고 신하는 신하다워야 한다는 가르침을 바로잡았다.'

하고, 또 말하기를,

'임금을 섬기고 일을 도모함에, 마음을 한결같이 하여 다른 마음이 없도록 하라.'

하셨는데, 전하께서 시험 삼아 생각해 보신다면 김창집의 경우 그 마음을 한결같이 하여 다른 마음이 없었다고 할 수 있겠습니까?

김창집이 스스로 지은 죄는 십구하교(十九下敎) 이후의 하교324)를 보면 또한 분명하여 가리기가 어렵다고 할 수 있습니다. 십 수 년 간 굳게 정해져 있었는데 아무런 단서도 없이 갑자기 고쳤으니 군주의 기강이 날로 무너지고 세도가 날로 타락할까 두렵습니다. 신은 굳게 다투지 않았으니 죽어도 속죄할 수 없습니다."

주상이 허물을 인책하지325) 말라고 유시(諭示)하였다.

○ 호조판서 조현명이 상소하여 대략 다음과 같이 말하였다.

"무릇 당인이 충을 역이라 하고 역을 충이라 하더라도 이것은 국가 형정(刑政)의 한때 득실에 불과하니, 돌아보건대 어찌 신하의 진퇴에 큰 관건이 될 수 있겠습니까? 그렇지만 신이 나아가고 물러나는 것은 이유가 있으니,

---

324) 십구하교(十九下敎) 이후의 하교 : 십구하교는 1733년 정월 19일에 나왔는데, 소론 김일경과 남인 목호룡이 경종을 내세운 역적인 것처럼 노론 서덕수 등은 영조를 내세운 역적이라고 대비시켜서 노론·소론·남인에 모두 역적이 있다는 삼당구역론(三黨俱逆論)을 제시하였다. 《英祖實錄 9年 1月 19日》 이후 1735년에는 김창집을 꼭 집어서 김일경·박필몽과 같은 역적으로 규정하였는데, 이것을 반야하교(半夜下敎)라고 하였다. 《黨議通略 英祖朝》

325) 허물을 인책하지 : 원문은 "引咎"이다. 자신의 허물을 드러내어 일에 대한 책임을 지는 것이다.

'탕평'이라는 것이 바로 그것입니다. 처음에 신의 죽은 형이 이 말을 선정(先正)에게서 듣고 신에게 전해 주었습니다.326) 그가 일찍이 말하기를,

'이 말이 행해지면 진신(縉紳)의 화(禍)가 그쳐서 국맥(國脈)이 끝없이 이어질 것이고, 그렇지 않으면 나라가 위태로워져 곧 망하게 될 것이다.'

하였는데, 바로 신축년·을사년 이래의 일327)에서 이것을 볼 수 있었습니다. 신이 마음먹고 지키려고 한 주장이 본래 이와 같았으므로, 조정에 들어가서 전하게 고한 말도 이것이고, 나가서 동료에게 말한 내용도 이것이며, 정사(政事)를 시행할 때 드러낸 것도 이것입니다.

지난 가을 이후로 조정의 규모가 날로 새로워져서 이른바 '탕평'이라는 것과는 점점 멀어졌으니, 신은 이미 시험해 보았지만 성과를 내지 못한 사람으로서 전쟁에 패배한 군대처럼 이미 용맹을 말할 수 없는 처지이므로 만약 마음을 고치고 생각을 바꾸어 오늘의 시국에 따라 일을 도모하게 한다면, 또한 신이 능히 할 수 있는 일이 아닐 것입니다. 이것이 신이 어쩔 수 없이 물러나서 스스로 분수에 맞게 처신하려고 생각하는 까닭입니다."

주상이 사직하지 말라고 하였다.

○ 시임·원임 대신이 입시했을 때 하교하기를,

"신축년과 임인년의 사람들328)이 만약 삼종혈맥329)을 저버렸다면 나라를

---

326) 신의 …… 주었습니다 : 조현명의 죽은 형은 조문명을, 선정(先正)은 박세채를 가리킨다. 이들은 모두 숙종대 박세채의 탕평론을 계승하여 영조대 조정에서 이의 실천에 힘썼다.

327) 신축년·을사년 이래의 일 : 신축년은 1721년(경종 원년)이고, 을사년은 1725년(영조 원년)이다. 신축년에는 세제의 건저와 대리청정을 주장하다가 노론이 쫓겨났고, 을사년에는 노론이 정국을 주도하면서 소론을 숙청하였다.

328) 신축년과 임인년의 사람들 : 경종대에 처벌당한 노론 4대신을 비롯한 노론 당인들을 가리킨다.

329) 삼종혈맥 : 경종대 세제였던 연잉군이 삼종(三宗), 즉 효종, 현종, 숙종을 잇는 유일한 적통이라는 주장을 말한다. 이것은 영조의 왕위계승이 그 혈통에 비추어 그 자체로 정당하였다는 주장으로서, 영조가 노론에 의지해서 왕위를 계승하였다는 노론 일각의 주장을 뿌리부터 반박하는 논리가 되었다.

위한 것이 아니었는데, 그 가운데 비록 나를 위한다고 말하는 사람도 있었지만 이른바 '삼수(三手)의 설'은 경종에게 어떠하겠는가?"

하니, 좌의정 김재로가 말하기를,

"삼수의 설은 일찍이 을사년 죄안을 번복할 때 상세히 분변해 설파하였으므로 구구절절이 파탄되어 모두 분명한 증거가 있습니다."

하였다. 주상이 말하기를,

"이 무리는 세제(世弟)에 대해 어떤 마음을 가졌는지는 모르겠으나 혹여 경종에게 불평하는 마음이 있었다면 역적이 아니겠는가?"

하였다. 우의정 유척기가 말하기를,

"만약 경종에게 불평하는 마음이 있었다면 어떻게 감히 억울함을 변명하여 호소할 생각을 하였겠습니까?"

하고, 김재로가 말하기를,

"정미년에 이른바 '도로 역안(逆案)에 둔 자들'330)을 다시 역안에서 없애려 한 것이지 그 국안(鞫案)을 없애버린다는 뜻은 아니었습니다."

하였다. 유척기가 말하기를,

"당초 옥사가 성립된 뒤에는 '임인년의 역안'이라고 이름을 붙였습니다. 을사년에 죄안을 번복한 뒤에 그 제목을 '무안(誣案)'이라고 썼는데, 정미년에 '삼수 역안'이라고 적었으니 어찌 놀랍고 통탄스럽지 않겠습니까?"

하니, 김재로가 말하기를,

"공과 상을 바라고 스스로 보신을 위한 계책으로 삼은 자들도 간혹 있었습니다."

---

330) 정미년에 …… 자들 : 1725년 을사처분(乙巳處分) 이후로도 노론의 강경파가 소론에 대한 보복을 지나치게 고집하였다. 그러자 영조는 당습을 일삼는다는 이유로 1727년(영조3)에 민진원과 정호 등 노론 인사들을 파면하고 정미환국을 단행하여 이광좌, 조태억 등 소론 인사들을 대거 기용하였다. 소론이 재집권하자 을사처분을 뒤집고 임인옥사와 관련된 노론을 역안에 도로 두었다. 《英祖實錄 3年 7月 1日·3日·4日·5日, 10月 6日》《承政院日記 英祖 3年 10月 6日》

하였다. 유척기가 말하기를,

"고변한 자는 역적 목호룡이고, 옥사를 완성한 자는 김일경과 박필몽 무리인데, 임인년 옥사는 모두 근거가 없습니다."

하였다. 주상이 묻기를,

"이희지의 〈영정시(永貞詩)〉[331]에 대해서 경(卿)들은 생각해 보았는가?"

하니, 김재로가 말하기를,

"이 시는 참으로 해괴하지만, 그 내용을 헤아려 보면 흉악한 무리가 성상의 환후가 편찮으신 틈을 타서 환관[閹竪]과 결탁하여 위세와 권력을 마음대로 휘두르다가 결국 남김없이 탄로 난 일에 불과하다고 말할 수 있는데 역적 김일경이 억지로 무고하는 말을 지어내어 감히 말하지 못할 데로 돌렸습니다."

하니, 주상이 말하기를,

"고 판결사 서종일(徐宗一)[332]이 명릉 참봉(明陵參奉)으로 있을 때 이런 꿈을 꾸고 나서 이것을 가지고 다른 사람과 이야기를 주고받았기 때문에 그 내용을 듣고 이 시를 쓴 것이다. 옛날의 〈영정행(永貞行)〉도 괴이하였는데, 어찌 이러한 때에 비교할 수 있겠는가?"

---

331) 영정시(永貞詩) : 이희지가 지은 〈속영정행(續永貞行)〉을 가리킨다. 본래 〈영정행(永貞 行)〉은 당나라 한유(韓愈)가 지은 시(詩)의 제목이다. 영정은 순종(順宗)의 연호이고, 행은 노랫가락이란 뜻이다. 당나라 순종이 즉위하고 나서 병으로 인해 정사를 보지 못하자, 왕비(王伾)·왕숙문(王叔文) 등이 헌종(憲宗)을 옹립하였다. 이에 한유가 '영정행' 이란 시를 지어 당시 소인배들의 행태를 풍자하였다. 즉 한유는 당시 왕비·왕숙문의 권력 행사에 불만을 품고 이를 '난정(亂政)'으로 비판하였던 것이다. 이희지 역시 같은 맥락에서 시를 지었다. 서종일(徐宗一)이 명릉 참봉(明陵參奉)으로 있을 때 꾼 꿈의 내용을 이희지가 전해 듣고 시를 지어 경종을 순종에 비유하였던 것이다. 《景宗修正實錄 2年 9月 21日》 꿈의 내용은 숙종이 환관 문유도와 박상검 등이 경종과 세제 사이를 이간질한 것을 엄히 추국하며 처형하는 것이었다. 《研經齋全集 外集 詩話》

332) 서종일(徐宗一) : 1661~1732. 본관은 대구(大丘), 자는 관경(貫卿)이다. 서상리(徐祥履)의 손자, 서문박(徐文博)의 아들, 서종제(徐宗悌)의 아우이다. 영조비 정성왕후(貞聖王后)의 숙부이고, 임인년 옥사에서 처형당한 서덕수의 종조부이다. 영조 즉위 후 서종일은 상소하여 서덕수는 고문 때문에 거짓 자복하였다고 주장하였다. 《英祖實錄 1年 7月 16日》

하였다.

○ **여름**, 삼사가 합계하여 ―대사헌 권적(權樀)[333], 대사간 이성룡(李聖龍)[334], 집의 홍봉조(洪鳳祚)[335], 부응교 김상로(金尙魯)[336], 장령 이휘항(李彙恒)[337]·송시함(宋時涵)[338], 지평 이성해(李聖海)·민택수(閔宅洙)[339], 교리 이덕중(李德重)[340], 정언 이수해(李壽海)[341]·박

---

333) 권적(權樀) : 1675~1755. 본관은 안동, 자 경하(景賀), 호 창백헌(蒼白軒)·남애(南厓)·계형 (繼亨)이다. 1710년(숙종36) 생원이 되고, 1713년 증광문과에 급제하여 1716년 검열이 되었다. 1725년(영조1) 지평이 되어 이후 청요직을 두루 거쳐서 1727년 승지, 1740년 대사헌, 1741년 도승지, 1746년 형조판서, 1750년 예조판서 등을 역임하고 1754년 기로소 (耆老所)에 들어갔다. 저서로 《창백헌집》이 있고, 시호는 효정(孝貞)이다.

334) 이성룡(李聖龍) : 1672~1748. 본관은 경주, 자 자우(子雨), 호 기헌(杞軒)이다. 1714년(숙종 40) 증광문과에 급제하여 경종대 청요직을 두루 거쳤다. 1740년 대사간으로 있으면서 이미 죽은 유봉휘와 조태구의 삭탈관작과 영의정 이광좌의 파직을 주장하다가 도리어 삭직 당하였다. 이듬해 특별히 가자되어 기로소(耆老所)에 들어갔으며 관직은 공조판서 에 이르렀다. 시호는 혜정(惠靖)이다.

335) 홍봉조(洪鳳祚) : 1680~1760. 본관은 남양(南陽), 자 우서(虞瑞), 호 간산(艮山)이다. 1722년 (경종2) 임인옥사 당시 온성에 유배되었다. 영조대 집의를 거쳐 대사성에 올랐다.

336) 김상로(金尙魯) : 1702~1766. 본관은 청풍(淸風), 자 경일(景一), 호 하계(霞溪)·만하(晩霞)이 다. 공조정랑 김극형(金克亨)의 증손, 관찰사 김징(金澄)의 손자, 대제학 김유(金楺)의 아들이며, 좌의정 김약로(金若魯)의 아우이다. 1721년(경종1)에 진사가 되고 1734년(영조 10) 정시 문과에 급제하여 청요직을 두루 거쳐 1740년 승지, 1748년 형조·병조판서, 1750년 이조판서, 1752년 우의정, 1754년 좌의정, 1759년 영의정에 올랐다. 1762년 사도세 자의 처벌에 적극 참여해 영조의 동조를 얻었으나 왕이 이를 후회하자 청주로 귀양 갔으며 특명으로 풀려난 뒤 봉조하가 되었다. 죽은 뒤에 정조가 즉위하자 관작이 삭탈되었으나 고종 때 다시 신원되었다. 시호는 익헌(翼獻)이다.

337) 이휘항(李彙恒) : 1695~1745. 본관은 함평(咸平), 자 입지(立之), 호 상류헌(桑柳軒)이다. 1723년(경종3) 증광 진사시, 1726년(영조2) 식년문과에 급제하여 1739년 장령을 거쳐 1745년 헌납이 되었다.

338) 송시함(宋時涵) : 1687~?. 본관은 진천(鎭川), 자는 화보(和甫)이다. 장령 송도함(宋道涵)의 아우이다. 1726년(영조2) 식년문과에 급제하여 1740년 장령, 1745년 정언이 되었다.

339) 민택수(閔宅洙) : 1687~1756. 본관은 여흥(驪興), 자 성기(聖基), 호 독송정(獨松亭)이다. 민처중(閔處重)의 손자, 민진유(閔鎭有)의 아들이다. 1721년(경종1) 사마시, 1727년(영조3) 정시문과에 급제하여, 1736년 정언이 되었다. 1740년 지평 재직시 삼사의 합계(合啓)에 참여하여 죽은 김창집·이이명을 신원하는 데 힘썼다. 그 뒤 집의 등을 역임하였다.

340) 이덕중(李德重) : 1702~?. 본관은 한산(韓山), 자 자이(子彛), 호 결재(潔齋)이다. 1730년(영 조6) 정시문과에 급제하여, 1734년 검열이 되었다. 이후 청요직을 두루 거치고 1740년

춘보(朴春普)342)- 유봉휘와 조태구의 죄를 논하면서 관작을 추탈하라고 청하였다.

또 이광좌의 죄를 논하였는데, 역적 김일경이 교문을 지은 뒤에 병조판서에 발탁하여 의망하였으며, 남태징 등을 번곤(藩閫)343)에 배치하여 대궐을 범하는 계책을 거의 이루어 줄 뻔하였고, 건저와 대리청정을 청한 차자를 다시 역안(逆案)에 두었으며, 갑진년 경종이 위독할 때에 병증을 비밀리에 숨기려고 약의 이름을 고쳐 불렀다고 하면서, 우선 먼저 파직하라고 청하였다.

주상이 우의정 유척기를 불러서 보고 하교하기를,

"지금 이 대신(臺臣)의 무리는 몇 년 동안 벼슬살이를 하면서 묵묵히 한마디 말도 없다가 이제 와서 앞뒤 가리지 않고 시끄럽게 떠드는 단서를 야기하였다. 지난번 이기진(李箕鎭)344)이 아뢴 말을 듣고 분수에 지나치다고 생각하였는데, 이제 와서 생각해 보니 과연 먼저 기미를 보인 것이었다.345)"

하고서 이내 파직을 명하였다. 유척기가 말하기를,

　　승지, 1747년 이조참의가 되었다.

341) 이수해(李壽海) : 1693~?. 본관은 덕수(德水), 자는 일여(一如)이다. 1725년(영조1) 증광문과에 급제하여, 1734년 지평이 되자 좌의정 서명균을 탄핵하였다가 경성판관으로 출보되었다. 조현명의 건의로 내직으로 옮겨 1736년 홍문록에 올랐다. 1740년(영조16) 우의정 유척기가 임인년의 무안(誣案)을 다시 심사하여 김용택·이희지 등의 억울한 죄를 신원하여 주도록 청하자, 이에 고 좌의정 유봉휘·영의정 조태구 등의 관작을 추탈하라고 요구하였다. 그 뒤 사간·지평 등을 역임하였다.

342) 박춘보(朴春普) : 1694~?. 본관은 밀양(密陽), 자는 자원(子元)이다. 1717년(숙종43) 식년시 진사가 되고, 1738년(영조14) 식년문과에 급제하여 지평이 되었다. 1746년 문과 중시에서 장원하고 승지를 거쳐 1748년 대사간이 되었다.

343) 번곤(藩閫) : 관찰사·병사(兵使)·수사(水使)를 통틀어 가리키는 말이다.

344) 이기진(李箕鎭) : 1687~1755. 본관은 덕수(德水), 자 군범(君範), 호 목곡(牧谷)이다. 이식(李植)의 증손이고, 권상하 문인이다. 1721년(경종1) 헌납 재직시 세제를 비난한 유봉휘의 처벌을 주장하다가 파직되었다. 영조 즉위 후 교리에 등용되어 소론에 대한 논죄를 주장하다가 영조의 노여움을 사기도 하였다. 이후 이조판서 등을 역임하였다.

345) 지난번 …… 것이었다 : 1740년 5월 16일 이기진이 경연석상에서 박필몽 등의 이름을 성균관의 유적(儒籍)에서 지웠다가 도로 살린 일을 조사해야 한다고 발언한 일을 가리킨다. 영조는 이것을 삼사에서 유봉휘 등을 탄핵하는 합계가 나오게 된 전조 증상으로 간주한 것이었다. 《承政院日記 英祖 16年 5月 16日》

"이는 대동(大同)의 논의이니 엄한 견책은 지나칩니다."

하니, 주상이 말하기를,

"이 일에 대해 묻고자 경에게 입시할 것을 명하였다. 지금 아뢴 말을 들으니 어찌할 도리가 없으므로 예에 따라 해직을 허락한다.346)"

하였다.

승지 홍용조(洪龍祚)347)가 전지를 거둬들일 것을 청하자, 주상이 특별히 명하여 체차하였다. 부수찬 윤득경(尹得敬)348)과 대신(臺臣)이 모두 상소하여 대사헌과 승지를 구원하였지만, 주상이 모두 답하지 않았다.

또 공사를 승정원에 보류해 두라는 명을 내리자, 좌의정 김재로와 판부사 송인명 등이 청대(請對)하여 여러 달 동안 힘껏 쟁집하였지만 허락을 받지 못하였다. 이에 대신 이하가 대왕대비전 합문 밖에 나아가니, 대비전에서 수찰(手札)로 주상에게 하교하였다. 주상이 명을 받들어 인견을 허락하였고, 김재로 등이 경하하며 교서를 반포하라고 청하였다.

○ 비국 당상을 인견(引見)하니, 입시했을 때 -좌의정 김재로, 우의정 송인명, 병조판서 조현명- 송인명이 말하기를,

"이천기와 김용택은 초초(初招)와 재초(再招)349)에 평문(平問)350)할 때 곧

---

346) 해직을 허락한다 : 원문은 "勉副"이다. 임금이 정승의 해직을 허락한다는 말이다. 본래 관직을 그만두는 것, 곧 사직(辭職)을 뜻한다. 영조는 유봉휘 등을 탄핵하는 합계에 참여한 삼사 관원들을 모두 파직하였는데, 이에 대해 우의정 유척기가 이들을 변론하자 면직시킨 것이었다. 《承政院日記 16年 5月 19日》

347) 홍용조(洪龍祚) : 1686~1741. 본관은 남양(南陽), 자 희서(羲瑞), 호 금백(金伯)이다. 1721년 (경종1) 세제 책봉에 반대하는 유봉휘를 처형하라고 상소하였다가 파직되었다. 이듬해 신임옥사로 유배되었다가 영조대 호조참의 등을 역임하였다.

348) 윤득경(尹得敬) : 1702~1742. 본관은 해평(海平), 자는 성직(聖直)이다. 윤계(尹堦)의 증손, 윤세기(尹世紀)의 손자이고, 윤섭(尹涉)과 윤급(尹汲)은 숙부이다. 1726년(영조2) 식년시에 진사가 되고, 1736년 알성시에 장원급제 하여 부수찬이 되었다. 이후 청요직을 두루 역임하였다.

349) 초초(初招)와 재초(再招) : 초초는 맨 처음의 공초(供招)이고, 재초는 두 번째 받는 초사(招辭)를 가리킨다.

반은 자백하였습니다."

하니, 주상이 말하기를, "형추(刑推)351)하기도 전에 자백하였다니 변변치 못하다." 하였다.

김재로가 임인년 무안[壬寅誣案]을 제거할 것을 청하자 송인명과 조현명이 말하기를,

"이미 4대신의 억울함을 풀어 주었지만 이천기와 김용택 등은 아무런 죄가 없다352)고 할 수 없습니다."

하니, 주상이 초안(草案)을 살펴볼 것을 명하였다.

조현명이 다음과 같이 말하였다.

"이 옥사는 한편으로는 선조(先朝)를 범하였고, 다른 한편으로는 성상의 몸을 범한 것이므로 낱낱이 다 아뢰고자 합니다. 처음에 목호룡이 고변하던 날에 신이 한림(翰林)으로서 승정원에 있으면서 수상한 행적을 목격하였습니다. 김일경은 그날 패초를 기다리지 않고 먼저 들어왔고, 판의금부사[判金吾] 심단의 집은 도성 밖에 있는데 날이 이미 저물어 가고 있어 혹 재촉하려 하자, 김일경이 말하기를, '내가 이미 통보하였다.' 하였는데, 얼마 지나지 않아 심단도 과연 들어왔으므로, 이것은 상변하기 전이니 곡절이 있다고 의심하였습니다.

목호룡에게 공초를 받을 때 김용택이 먼저 나왔는데, 김용택이란 자는 신의 외팔촌353)으로, 그 사람됨이 변변치 못함을 익히 알았기 때문에 고변한 내용이 사실이 아니라고 의심하였습니다.

을사년(1725) 신이 수사(修史)하려고 옥안(獄案)을 살펴보니, 김용택·이천기

---

350) 평문(平問) : 형구를 쓰지 않고 구두(口頭)로 죄인을 신문하는 일이다.

351) 형추(刑推) : 죄인의 정강이를 때리며 캐어 묻는 일이다.

352) 아무런 죄가 없다 : 원문은 "白脫"이다. 아무 죄도 없다는 사실이 밝혀졌다는 뜻이다.

353) 신의 외팔촌 : 조현명의 모친은 김만균(金萬均)의 딸이고, 김용택은 김만중의 손자여서 조현명의 외가쪽 친척간이다. 김만균과 김만중은 숙종의 장인인 김만기와 함께 모두 김장생의 아들인 김반(金槃)의 손자들이다.

·정인중(鄭麟重)의 무리가 평문할 때 공초하여 즉시 절반쯤 승복하였는데, 그들이 무뢰배들과 결탁하여 은밀히 교통한 정상이 낭자하게 드러났습니다. 이것은 바로 기해년(1719, 숙종45)과 경자년(1720)간의 일이었으니, 환국(換局)을 도모한 것이 아니라 바로 반역을 모의한 정황임을 알 수 있었습니다. 이에 신이 비로소 처음의 견해를 바꾸어 무옥(誣獄)으로 돌리지 않고 역옥(逆獄)으로 단정하였습니다.

지금 좌의정[김재로]이 무옥이라고 한 것은 목호룡의 초사 가운데 성궁을 터무니없이 욕보인 말이 있었기 때문입니다.354) 그런데 신들의 생각에 목호룡의 흉언은 천지의 크고 해와 달의 밝음에 손상을 줄 수 없다고 여겼지만 이 무리의 역절(逆節)이 거짓이든 사실이든 간에 이미 '선조를 범하였다.' 하였는데도 만약 관대하게 용서해 주는 잘못을 저지른다면 성덕(聖德)에 누가 될까 두려우니, 이것이 바로 신들이 임금을 사랑하여 고심(苦心)하는 것입니다."

주상이 말하기를,

"좌의정과 경들이 아뢴 말이 비록 옳다고 하더라도 바르지 못한 옥안을 어떻게 믿을 수 있겠는가?"

하니, 조현명이 다음과 같이 말하였다.

"이러한 때에는 전하께서 의연히 정색(正色)하고, 한쪽 편 사람들이 옥사를 바로잡자고 청하면 주상께서는 '선조를 범하였으니, 가볍게 논의해서는 안 된다.' 답해야 하고, 다른 한쪽 편 사람들이 두 사람의 관작을 복구한 것355)이 잘못이라고 말하면 주상께서는 '오늘날 나를 섬기는 자는 이렇게 말해서는 안 된다.' 답하셔야 합니다. 이와 같이 양쪽을 눌러서 감히 말하지 못하게

---

354) 때문입니다 :《승정원일기 영조 16년 6월 13일》기사에는 이 아래 "만약 목호룡이 공초한 말을 무함한 것이 아니라고 한다면 성궁에 누가 될까 두려워한 것이니, 이것은 실로 임금을 사랑하는 고심에서 나온 것입니다."가 더 있어, 조현명은 이러한 김재로의 '고심(苦心)'과 대비하여 끝부분에 자신들의 고심을 피력하였다.

355) 두 …… 것 : 앞서 이해 1월에 김창집과 이이명의 관작을 복구한 일을 말한다.

한다면 조제·보합할 좋은 기회가 될 것입니다."

김재로가 다음과 같이 말하였다.

"신은 세 조정의 두터운 은혜를 입었는데, 만약 경종을 범한 자가 있다면 어찌 차마 당을 위하는 마음[黨心] 때문에 죄를 면하여 주려고 하겠습니까? 그렇지만 삼수(三手)의 설에 대해서 우의정 및 풍원군이 이미 모두 근거가 없다고 말하였으니, 이러한 주장은 허구로 귀결되었는데, 알 수 없습니다만 다시 무슨 일로 경종을 범하였다는 것입니까? 신은 실로 이해하지 못하겠습니다."

주상이 다음과 같이 전교하였다.

"지금 고묘(告廟)하고 반교(頒敎)하는 것은 바로 나의 첫 번째 정사이니, 위에 있는 자로서 표준을 세워야[建極] 할 뿐이다. 임인년 국안은 바로잡지 않을 수 없으며,356) 계묘년 과거[癸卯科]357) 명칭을 별시(別試)로 부표(付標)358) 하라.

국안 가운데 선비라고 이름한 자가 처음부터 목호룡과 결탁하여 일이 황형(皇兄, 경종)과 관계된 자는 주벌하여 용서할 수 없다. 그러나 그밖에 단련하여 이름이 단서(丹書)에 있는 자들은 또한 너그럽게 처결하여 풀어주어야 하니, 대신이 품처(稟處) 하라."

신유년(1741, 영조17) 주상이 피차의 역안(逆案)을 확정하라고 명하여, 김일경의 교문과 목호룡의 흉서는 저위(儲位)를 거짓으로 핍박하여 종사를

---

356) 임인년 …… 없으며 : 이날 영조의 하교로 이전에 '삼수역안(三手逆案)'이라고 하던 것을 '임인국안(壬寅鞫案)'으로 바꾸었다. 《英祖實錄 16年 6月 13日》

357) 계묘년 과거[癸卯科] : 1723년 3월 16일에 시행한 과거이다. 이 과거는 1721년에서 1722년에 걸쳐 김일경 등이 김창집 등 노론 4대신을 처단한 일을 기념하기 위하여 설행한 토역과(討逆科)였다. 문과 13인과 무과 478인을 선발하였다. 영조는 이때 이 과거의 명칭을 '토역(討逆) 정시(庭試)'에서 '별시'로 바꾼 것이었다. 《英祖實錄 16年 6月 13日》

358) 부표(付標) : 문서 중에 특별히 유념해야 할 부분이 있을 경우 그곳에 표지를 붙이는 것을 말한다.

위태롭게 만들려고 모의하였고, 김용택 등은 -이천기, 이희지, 심상길(沈尙吉),

정인중- 기슬(蟣蝨)처럼 미천한 백도(白徒)359)로서 무지개[蝀]처럼 해와 달을

가린 죄를 지었으니, 대신과 경재(卿宰)가 논의하여 대고(大誥)를 전국에 반포

하게 하였으며, 직접 지은 제문(祭文)을 종묘에 고하고 이름 하여 '대훈(大訓)'360)

이라 하여, 이를 인쇄[入梓]해서 널리 반포하여 영구히 전하여 없어지지 않게

하고, 다시 당론(黨論)으로써 이것을 고칠 것을 청하는 자가 있으면 역률을

시행하라고 《속대전(續大典)》361)에 수록하게 하였다.

　－ 을해년(1755, 영조31) 역옥362) 뒤 조태구·이광좌·최석항·유봉휘 등에게 역률을 추가

---

359) 백도(白徒) : 원래는 훈련받지 못한 병정을 가리킨다. 여기서는 과거에 합격하지 못한
사람이라는 뜻이다.

360) 대훈(大訓) : 신유(辛酉) 대훈이다. 1741년(영조17) 9월에 완성되어 10월에 반포하였다.
임인년(1722, 경종2) 옥사의 옥안을 소각하도록 하고, 세제 건저(建儲)는 삼종혈맥론(三宗
血脈論)에 의거하여 대비와 경종의 하교에 의해 연잉군이 정당하게 받은 것이지 신하들이
간여하여 성사된 것은 아니라고 밝혔다.

361) 속대전(續大典) : 1746년(영조22)에 《경국대전(經國大典)》 시행 이후에 공포된 법령 중에
서 시행할 법령만을 추려서 편찬한 통일 법전이다. 《경국대전》의 시행 뒤 《대전속록(大典
續錄)》·《대전후속록(大典後續錄)》이 나오고 계속해서 법령이 증가했으나, 이들 법전과
법령간에 상호 모순되는 것이 많아 관리들이 법을 적용하는데 혼란을 가져왔다. 이에
1682년(숙종8)부터 《수교집록(受敎輯錄)》의 편찬에 착수하였다. 1688년에 이조판서 박세
채가 사직소(辭職疏)에서 경제사(經濟司)를 설치, 《경국대전》 뒤의 모든 법령 중에서
시행할 수 없는 법은 바꾸거나 증보하여 《속대전》이라는 법전을 편찬함으로써 제도를
새롭게 하자고 주장했는데, '속대전'이라는 용어는 여기서 처음 거론되었다. 영조가
즉위한 뒤 비로소 제2의 대전을 편찬할 결심을 하고, 1740년(영조16)부터 이 법전의
편찬이 시작되었다. 1744년 따로 찬집청(纂輯廳)을 설치하고 당상·낭청(郎廳)을 임명해
박차를 가하였다. 형조판서 서종옥(徐宗玉), 호조판서 김약로, 예조판서 이종성, 부사직
이일제(李日躋)·김상성(金尙星)·구택규(具宅奎) 등 6인을 책임자로 하였다. 그리고 부호
군 신사관(申思觀) 등을 실무 담당자로 임명하여 모든 법령을 수집, 분류, 검토하여
초안을 만들었다. 그리고 영의정 김재로, 좌의정 송인명, 우의정 조현명이 감수하였다.
법령의 취사에는 일일이 영조의 결재를 받았는데, 영조 자신도 적극적으로 관여하였다.
그해 8월에 법전이 거의 완성되어 국왕 자신이 서문을 썼으며, 11월 하순에 드디어
완성되었다.

362) 을해년 역옥 : 1755년 나주의 객사(客舍)에 걸린 괘서(掛書)가 문제가 되어 발생한 옥사와
심정연(沈鼎衍)의 시권(試券) 문제로 발생한 옥사를 합쳐 부르는 명칭이다. 나주에서
발생한 사건은 나주 괘서 사건(羅州掛書事件)이라고도 한다. 심정연·윤혜(尹惠)·김도성

로 시행하였다. 다시 조태구·유봉휘 등과 김일경의 상소에 연명한 육적(六賊)363)을 을해년 역적과 함께 《대훈》에 추가로 실었다. 임진년(1772, 영조48) 영의정 김치인(金致仁)364) 등이 김용택 등 다섯 사람은 역적이 아닌데도 《대훈》에 뒤섞여 실려 있는 것은 불가하다 하며 뽑아낼 것을 청하니, 주상이 따랐다.-

○ 사직 오광운이 상소하여365) 대략 다음과 같이 말하였다.

"화란이 일어난 그 근원을 찾아보면 민암(閔黯)366)과 민종도(閔宗道)367)를 으뜸으로 삼아야 합니다. 만일 민암과 민종도가 없었다면 이희지와 김용택

(金道成)·강몽협(姜夢協)·유명두(柳明斗)·김인제(金寅濟) 등이 노론을 제거할 목적으로 일으킨 역모 사건이다. 이 사건을 계기로 영조는 자신의 집권 의리와 왕위계승의 정통성을 천명한 《천의소감(闡義昭鑑)》을 간행하였다.

363) 육적(六賊) : 노론 4대신을 탄핵하는 김일경 상소에 연명한 6명을 가리킨다. 정해·이진유·서종하·윤성시·박필몽·이명의 등이다.

364) 김치인(金致仁) : 1716~1790. 본관은 청풍(清風), 자 공서(公恕), 호 고정(古亭)이다. 동부승지 김징(金澄)의 증손으로, 할아버지는 우의정 김구(金構), 아버지는 영의정 김재로이다. 1738년(영조14) 생원시에 합격하고, 1748년 춘당대 문과(春塘臺文科)에 장원 급제하여, 청요직을 두루 역임하였다. 1762년 이후 이조·호조·형조판서 등을 거쳐 1765년 우의정, 이듬해 좌의정을 거쳐 영의정에 올랐다. 정조가 즉위하자 판중추부사로 기용되어 고부 겸 승습주청사(告訃兼承襲奏請使)의 정사로서 청나라에 다녀왔다. 그 뒤 다시 영중추부사(領中樞府事)를 거쳐 봉조하가 되어 《명의록(明義錄)》 편찬을 주관하고, 1785년(정조9)에는 《대전통편(大典通編)》 편찬을 주관하였다. 이듬해 영의정으로 기용되어 정조의 명으로 당쟁의 조정에 힘썼다. 편저로 《명의록(明義錄)》·《열성지장통기(列聖誌狀通記)》가 있고, 시호는 헌숙(憲肅)이다.

365) 사직 오광운이 상소하여 : 본서에는 오광운의 이 상소가 신유년(辛酉年, 영조17)조에 실려 있지만 《영조실록》과 《승정원일기》에는 모두 경신년(庚申年, 영조16)으로 되어 있다. 《英祖實錄 16年 7月 21日》·《承政院日記 英祖 16年 7月 21日》

366) 민암(閔黯) : 1636~1694. 본관은 여흥(驪興), 자 장유(長孺), 호 차호(叉湖)이다. 1689년(숙종15) 기사환국 당시 김수항·송시열을 탄핵하여 그들의 처형을 주장하였다. 1691년 우의정에 올랐으며, 1694년 인현왕후를 복위시키려 한다는 고변을 이용하여 옥사를 일으키려 했지만 갑술환국으로 유배된 후 곧 사사되었다.

367) 민종도(閔宗道) : 1633~1693. 본관은 여흥, 자 여증(汝曾)이다. 좌찬성 민점(閔點)의 아들로, 큰아버지는 좌의정 민희(閔熙), 작은아버지는 우의정 민암(閔黯)이고, 동생은 이조정랑 민홍도(閔弘道)이다. 1662년 문과, 1665년 중시문과에 급제하여 청요직을 두루 역임하였다. 민암의 조카로 장희재와 결탁하여 인현왕후의 폐위를 조장하였다.

무리가 어떻게 점차로 배반하고 반란을 일으켰겠으며, 이희지와 김용택의 무리368)가 없었다면 김일경과 박필몽 무리369)가 어떻게 역적이 되었겠습니까?

그러므로 신은 경종에 대해서 반란을 일으킨 자는 이희지와 김용택의 무리가 아니라 민암의 무리라고 말할 것이며, 전하에게 반역을 저지른 자는 김일경과 목호룡 무리가 아니라 이희지와 김용택의 무리라고 말할 것입니다.

따라서 김일경과 목호룡의 무리를 다스리고자 한다면 먼저 이희지와 김용택의 무리를 다스려야 하고, 이희지와 김용택의 무리를 다스리고자 한다면 먼저 민암의 무리를 다스려야 할 것입니다. 만약 김일경과 박필몽에게 놀라서 이희지와 김용택의 죄를 감해주고, 이희지와 김용택에 통분하여 민종도를 관대하게 다스리는 것은 올바른 도리가 아닙니다.

천하의 악은 하나이므로 인현왕후에게 불충하였는데 경종에게 충성할 이치가 없으며, 경종에게 불충하였는데 전하에게 충성할 이치 또한 없습니다. 무릇 시비라는 것은 하늘의 떳떳한 본성에 달려 있으므로 본래 옮기고 바꾸거나 보태고 덜어낼 수 있는 물건이 아니며, 또 조정에서 정할 수 있는 일도 아닙니다.

그러므로 시비란 천지 사이에 있을 때부터 공공(公共)의 논의에 부쳐야 하니, 지금 기어코 조정에서 결정하려는 자들은 모두 득실(得失)을 두고 승부를 다투는 사람들입니다. 갑의 시비가 펴지면 갑이 영달하는 문이 열리고, 을의 시비가 굽으면 을이 나아가는 길이 막힙니다. 따라서 재판정에서 소송 문서를

---

368) 이희지와 김용택의 무리 : 1722년 3월 27일 목호룡의 고변에 의하면 경종을 시해하려는 삼수(三手)의 역모가 있었는데, 그 가운데 이희지와 김용택은 독약으로 경종을 시해하려는 소급수를 담당하였으며, 이희지는 언문(諺文)으로 세자를 무고하고 헐뜯는 말로 가사(歌詞)를 지어 궁중에 유입시키고, 또 숙종의 명령을 자신들이 꾸며서 세자를 폐위시키려는 평지수에도 가담하였다고 한다. 《景宗實錄 2年 3月 27日》

369) 김일경과 박필몽의 무리 : 1721년(경종1) 김일경, 박필몽 등 7인이 연명 상소를 올려서 왕세제의 대리청정을 주장한 노론 4대신의 죄를 성토하여 이들을 축출하였다. 김일경은 1724년(영조 즉위)에 친국을 받은 뒤 참형을 당하였고, 박필몽은 귀양을 갔는데 1728년 유배지에서 도망하여 무신란(戊申亂)에 가담하려다가 붙잡혀 처형을 당하였다. 《英祖實錄 卽位年 12月 8日, 4年 4月 6日》

품고 있는 것처럼 급급하고 불안해하는 것은 모두 이익을 탐하는 마음[利心]에서 나온 것입니다.

한나라와 당나라 이래로 한 시대에 조정에서 옳다고 한 것을 후세에도 따라서 옳다고 합니까? 조정에서 그르다고 한 것을 후세에도 따라서 그르다고 합니까?

저 어두컴컴한 곳에서 시끄럽게 다투는 자들이 반드시 후세를 속이기 어렵다는 것을 모르지 않지만, 속인들은 마음속으로 항상 생각하기를,

'《동국통감(東國通鑑)》[370]을 누가 보겠으며, 백세 뒤에는 내가 있었다는 것을 누가 알겠는가? 다만 내 눈앞의 일만 즐기고 내 몸만 이롭게 하면 된다.'

합니다. 임금은 그렇지 않아서, 공의(公議)가 조정에 있으면 그 세상이 번영하고 안정되어 그 임금이 후세에 아름다운 명예를 누릴 수 있지만, 공의가 조정에 없다면 그 세상이 동요하고 불안하여 그 임금이 후세의 비난을 받게 될 것이니, 이것이 누구의 집안일인데 신하가 농간을 부리는 대로 맡겨 두겠습니까?

신이 세상의 변고를 겪지 않았을 때에는 시비가 마치 흑백처럼 쉽게 구별된다고 생각하였는데, 지금 세상을 살펴보면 한쪽 편을 순전히 희다고 할 수 없으며, 다른 한쪽 편을 순전히 검다고 할 수 없습니다. 이것은 마치 같은 자리에서 술 마시고 취했어도 술에서 깰 때가 서로 다르고, 풍수설(風水說)에서 도국(圖局)[371]이 걸음을 옮기면 달라지는 것과 같습니다.

한 사람의 몸에서도 혹 어제 옳은 것이 오늘은 그른 것이 있고, 한 사람의 말에서도 혹 이전에는 명백하게 그른 것이었지만 뒤에는 명백하게 옳은

---

370) 동국통감(東國通鑑) : 1485년(성종16) 서거정(徐居正) 등이 왕명을 받고 편찬한 역사서이다. 1458년(세조4)에 편찬 사업이 시작되어 고대사 부분이 1476년(성종7)에 《삼국사절요(三國史節要)》로 간행되었으며, 1484년에 《동국통감》이 완성되었다. 그 이듬해에는 전년에 완성된 책에 찬자들의 사론을 붙여 《동국통감》 56권을 새롭게 편찬하였다.

371) 도국(圖局) : 집터나 묏자리가 앉은 형국을 가리킨다.

경우도 있습니다. 간혹 일은 옳지만 마음이 바르지 않은 경우도 있고, 혹 자취는 그르지만 정상이 용서할 만한 경우도 있습니다.

저들은 각기 자신의 사사로움을 따르고 각자 그 승리에 힘써서, 혹은 어제의 옳음을 빙자하여 오늘날의 그름을 비호하거나, 혹은 이전의 명백한 잘못으로 인하여 이후에 명백하게 옳은 것을 가리기도 하므로, 만일 공평하게 듣고 두루 살펴서 마음속에 미리 단정하는 일372)이 없는 사람이 아니라면 어떻게 오늘날의 시비를 정할 수 있겠습니까?

또 삼가 생각건대 이응(李膺)과 범방(范滂)의 충성373)이 중평(中平)374)에 펼쳐졌지만 한나라의 멸망을 구하지 못했고, 위충현(魏忠賢)과 최정수(崔呈秀)375)의 반역이 숭정(崇禎)376) 연간에 평정되었지만 명나라의 멸망을 막는데 도움이 되지 못하였습니다.

만약 충역을 정하거나 정하지 않는 것이 흥망과 무관하다고 한다면 불가하지만, 반드시 충역을 정해야만 위망(危亡)을 구할 수 있다고 한다면 신은 믿지 않습니다.

아! 붕당의 화 또한 참혹합니다. 저들은377) 한때의 사사로운 뜻으로 만세의

---

372) 미리 단정하는 일 : 원문은 "適莫"이다. 미리 옳다고 단정하거나 미리 그르다고 믿는 것이다.

373) 이응(李膺)과 범방(范滂)의 충성 : 후한(後漢) 말기 영제(靈帝) 때 이응과 범방 등 명사들이 환관의 전횡을 공격하다가 오히려 당인(黨人)으로 몰려, 이응은 피살되고 범방은 옥사하였으며, 수백 명이 처형되거나 금고에 처해졌다. 《後漢書 黨錮列傳》

374) 중평(中平) : 후한대 영제(靈帝)가 사용한 연호(184~189)이다.

375) 위충현(魏忠賢)과 최정수(崔呈秀) : 위충현은 명나라 말기의 환관이다. 희종(熹宗) 때 환관이 되었는데, 황제의 유모 봉성부인(奉聖夫人) 객씨(客氏)와 사통(私通)하고 정사를 뒤흔들다가 의종(毅宗) 때에 탄핵을 받고 자살하였다. 최정수는 병부상서(兵部尙書)였는데, 위충현이 그를 아버지라 부르며 따랐다.

376) 숭정(崇禎) : 명나라의 마지막 황제인 숭정제(崇禎帝) 때의 연호(1628~1644)이다. 묘호(廟號)는 사종(思宗), 의종(毅宗) 등으로도 불린다. 즉위 초기에는 전횡을 부리던 환관(宦官) 위충현의 세력을 제거하고 정치를 개혁하였으나, 중기 이후에는 다시 환관들을 중용하여 당쟁이 격화되었다. 그 결과 후금(後金)의 침입과 농민반란 등을 촉발시켜 1644년 이자성(李自成)이 이끄는 농민반란군이 북경을 점령하자 자살하였다.

377) 저들은 :《승정원일기 영조 16년 7월 21일》기사에는 이 앞에 한나라 당고(黨錮)의 화,

종사[宗祀]에 화를 끼쳤습니다. 우리나라는 선조조(宣廟朝)에 동인(東人)과 서인(西人)으로 처음 나뉘어 서로 배척하기를 그치지 않다가 임진년에 왜적이 쳐들어오자 용만(龍灣, 의주)의 한 모퉁이로 천보(天步, 임금)가 파월(播越)[378]하였으니, 식견 있는 선비들이 지금까지도 답답해합니다.

인조(仁祖)께서 개옥(改玉)[379]하여 남인과 서인을 보합하고 재능이 있는 사람만 등용하려 하였는데, 혼조(昏朝, 광해군)를 주도한 북인들이 남긴 독이 말끔히 제거되지 않아서 끝내 정묘년(1627, 인조5)·병자년(1636)의 난리를 면하지 못하였지만, 깊이 경계하여 조정이 화합하였습니다.

인조·효종·현종, 삼조(三朝) 때에는 소란스러운 논의가 그쳐서 풍파가 일어나지 않았지만 사대부가 태평한 날이 오래되자 편안한 것을 참지 못하고 일 벌이기를 좋아하다가 현종[顯廟] 말년부터 빠르게 분쟁의 단서가 다시 일어났습니다. 그 뒤 수십 년 동안 원한이 날로 깊어져 심한 다툼이 크게 일어나더니, 당파가 극에 달하여 오늘날에 이르러 구제할 수 없게 되었습니다.

아! 만물이 극에 달하면 반드시 반대로 되고, 변화가 극에 달하면 반드시 통하는 법이니, 천리(天理)와 인사(人事)로 살펴보면, 지금 또한 사악한 붕당을 타파하고 정도(正道)로 돌아갈 수 있습니다. 그러나 붕당을 깨뜨리는 방법 또한 한 가지가 아니니, 신은 청컨대 과거에 이미 있었던 일을 가지고 말하겠습니다.

기사 당인(己巳黨人)들이 주도할 때에는[380] 자기와 당색이 다른 자는 참여시

당나라 우승유(牛僧孺)·이덕유(李德裕)의 분열, 송나라 신법당과 구법당의 갈등, 명나라 말기에 일어난 위충현과 동림당의 갈등 등이 참혹한 붕당의 화의 사례로서 나열되어 있다.

378) 파월(播越) : 임금이 도성을 떠나 피난하다.

379) 개옥(改玉) : 갈아 바꾼다는 뜻으로, 나쁜 임금을 폐하고 새 임금을 세우는 일을 이르는 말이다. 여기서는 인조반정을 가리킨다.

380) 기사 …… 때에는 : 1689년 기사환국으로부터 1694년 갑술환국 직전까지 남인이 정국을 주도한 시기를 말한다. 이때 장희빈의 아들을 원자로 책봉하는 것을 반대하다가 서인 대부분이 조정에서 쫓겨나고 송시열·김수항 등은 사사되었다.

키지 않았을 뿐만 아니라, 비록 안에서는 청남·탁남[清濁]381)으로 나뉘어
서로 협력하지 않았지만, 또한 모두 뒤섞여 한 편이 되어 오직 권력을 담당한
자가 말하는 것만 우러러 보았을 뿐, 6년 동안382) 백관[官師]이 서로 바로잡는383)
일이 전혀 없었습니다.

만약 이 무리가 오래도록 부귀를 누렸다면 한쪽 편 사람들이 살아남을
수는 있었더라도 종사의 화는 장차 어떤 지경에 이르렀겠습니까? 남의 신하된
사람들이 다른 의론을 일망타진하여 홀로 권력을 휘두르는 일은 나라에
이롭지 않을 뿐 아니라 자신과 집안에도 상서로운 조짐이 아닙니다. 오늘날을
위한 계책은 반드시 갑론을박하는 잘못을 씻고, 피차의 잘못을 바로잡아서
황극(皇極)의 지극히 바른 경지로 돌아간 뒤에야 비로소 붕당의 화를 그치게
하고 화평한 복을 누릴 수 있을 것입니다.

신이 일찍이 집안에서 다음과 같이 개인적으로 논한 일이 있습니다.384)
'당류(黨類)가 생긴 이래로 팔원(八元)과 팔개(八凱)385), 십란(十亂)386)을 숭상

---

381) 청남·탁남[清濁] : 남인에서 분기한 청남(淸南)과 탁남(濁南)을 가리킨다. 숙종대 초반
  송시열의 처벌 문제를 둘러싸고 남인이 청남과 탁남으로 분열되었다. 허목(許穆)과
  김덕원(金德遠)이 청남의 영수가 되어 탁남의 영수인 허적(許積)과 대립하였다. 그런데
  기사환국 이후에는 이들의 갈등이 표면화되지 않았다고 보았다.

382) 6년 동안 : 숙종대 남인이 다시 집권했던 기사년(1689, 숙종16)부터 갑술년(1694)까지의
  기간을 말한다. 기사환국으로 집권한 남인이 갑술환국으로 실권하게 된 시기이다.

383) 백관이 서로 바로잡는 : 《서경》〈윤정(胤征)〉에 "백관이 서로 바로잡고, 백공이 기예의
  일을 잡아서 간하라.[官師相規, 工執藝事以諫.]" 한 데서 나온 구절이다. 채침(蔡沈) 주에서
  는 서로 바로잡는다는 말은 서로 가르치고 배운다는 뜻이라고 하였다.

384) 신이 …… 있습니다 : 이것은 오광운 자신이 작성한 〈사평(史評)〉을 인용한 것이다.
  《藥山漫稿 史評[下]》

385) 팔원(八元)과 팔개(八凱) : 팔원은 고신씨(高辛氏)에게 재주 있는 여덟 아들을 가리킨다.
  백분(伯奮)·중감(仲堪)·숙헌(叔獻)·계중(季仲)·백호(伯虎)·중웅(仲熊)·숙표(叔豹)·계리
  (季狸) 등이다. 팔개는 고양씨(高陽氏)의 재주 있는 여덟 아들이다. 창서(蒼舒)·퇴애(隤敱)·
  도연(檮戭)·대림(大臨)·방항(尨降)·정견(庭堅)·중용(仲容)·숙달(叔達) 등이다. 요(堯)임금
  은 그들의 자손을 등용하지 못했으나, 순(舜)임금이 요임금의 신하가 되었을 때 이들을
  등용하였다.

386) 십란(十亂) : 주나라 무왕(武王)을 도와 난세를 평정하는데 공을 세운 10명의 신하를
  가리킨다. 주공 단(周公旦)·소공 석(召公奭)·태공 망(太公望)·필공(畢公)·영공(榮公)·태전

하였다. 그 다음은 희문(希文)[387]의 붕당으로 8, 9분은 백성을 구제하는데 힘썼지만 1, 2분은 명예를 좋아하였다. 그 다음은 동한(東漢)의 붕당으로 7, 8분은 충의(忠義)가 있었지만 2, 3분은 혈기를 앞세웠다. 그 다음은 원우(元祐)의 붕당[388]인데, 온공(溫公)[389]처럼 거의 완전한 사람[九分]을 제외한 여러 사람들이 6, 7분은 공도(公道)를 표방하였지만 3, 4분은 붕당의 사사로움을 추구하였다. 그 다음 동림(東林) 붕당[390]은 6분은 사론(士論)을 대표하였지만 4분은 당론에 빠졌다. 우(牛)·이(李)의 당(黨)[391] 아래로는 위험한 구렁텅이처

(太顚)·굉요(閎夭)·산의생(散宜生)·남궁괄(南宮适)·문모(文母, 태임(太任)) 등이다.

387) 희문(希文) : 희문은 송나라 범중엄(范仲淹, 989~1052)의 자이다. 인종(仁宗)의 친정(親政)이 시작되자 중앙에서 간관(諫官)이 되었으나, 곽황후(郭皇后)의 폐립 문제를 둘러싸고 재상 여이간(呂夷簡)과 대립하다가 지방으로 쫓겨났다. 그 뒤로 구양수(歐陽修)·한기(韓琦) 등과 함께 여이간 일파를 비난하였으며, 자기들 스스로 군자의 붕당(朋黨)이라고 자칭하여 경력당의(慶曆黨議)를 불러일으켰다. 그 뒤 참지정사(參知政事)에 올라 내정개혁에 힘썼다.

388) 원우(元祐)의 붕당 : 송나라 사마광(司馬光)을 영수로 문언박(文彦博)·소식(蘇軾)·정이(程頤)·황정견(黃庭堅)을 우익(羽翼)으로 하여서 왕안석(王安石)의 신법(新法)에 반대한 문인(文人) 학자 119명을 가리킨다.

389) 온공(溫公) : 사마광(司馬光, 1019~1086)을 가리킨다. 호는 우부(迂夫)·우수(迂叟), 자 군실(君實)이다. 죽은 뒤 온국공(溫國公)에 봉해져 사마온공(司馬溫公)이라고도 한다. 인종(仁宗)대 왕안석(王安石)의 신법(新法)에 반대하며 여러 차례 논쟁을 벌였다. 철종(哲宗)대 문하시랑(門下侍郞)을 거쳐 좌복야(左僕射)에 오르면서 유지(劉摯)·범순인(范純仁)·범조우(范祖禹)·여대방(呂大防) 등을 기용하면서 신법을 철폐하고 옛 제도를 회복시켰다. 소강절(邵康節)은 그가 10중 9할의 경지에 도달하였다고 평가하였다. 《宋名臣言行錄後集》

390) 동림(東林) 붕당 : 동림당(東林黨)을 가리킨다. 명나라 말엽 정계와 학계에서 활약한 당파로서 사대부들이 동림서원(東林書院)을 중심으로 형성하여 정치운동을 전개하였다. 이들은 1604년 강소성(江蘇省) 무석(無錫)에서 북송(北宋)의 유학자 양시(楊時)의 동림서원을 재건하고, 고반룡(高攀龍) 등과 함께 강학(講學)을 열었다. 이 강학에서 당대의 정치와 인물을 비판하는 재야세력을 이루었는데, 여기서 비롯되어 이들을 동림당이라 하였다. 고헌성(顧憲成)은 추원표(鄒元標)·조남성(趙南星) 등과 함께 만력제(萬曆帝) 초에 장거정(張居正)의 강압 정치에 반대하였고, 장거정이 죽은 후에는 황태자 책봉문제와 인사문제에서 정부와 대립하다가 정계에서 추방당하였다.

391) 우(牛)·이(李)의 당 : 당나라 문종(文宗) 때 대신 우승유(牛僧孺)와 이종민(李宗閔)은 당을 결성하여 이길보(李吉甫)·이덕유(李德裕) 부자와 40년간 권력 다툼을 벌였다.

럼 본다.' 아! 띠풀과 갈대[392]가 천리(千里)에 일색인데, 높은 언덕에 올라 절벽에 우뚝 선 자를 어디에서 얻어 오겠습니까?

그렇지만 당론은 명절(名節)에 대해서 가라지가 벼 싹을, 간색(間色)이 정색 (正色)을 어지럽히는 것과 같은 점이 있으니 분변하지 않을 수 없습니다. 근세의 인심은 단지 동료가 있는 줄만 알고 군부(君父)가 있는 것을 모르는 점이 당론의 화(禍)입니다. 그러나 곁에서 엿보며 서로 제어하고 죄가 있으면 문득 들추어내기 때문에 1백여 년 동안 비록 권력을 훔치려는 마음이 있더라도 끝내 조정을 소굴로 만들 수 없었던 것은 반드시 붕당의 힘이 아니라고는 할 수 없습니다.

옳고 그름이 뒤섞이고 지향하는 것이 밝지 못하여 오직 작록(爵祿)을 기준으로 삼는 것이 탕평의 폐단입니다. 그렇지만 조정(調停)을 통해 억지로라도 합하여 예봉(銳鋒)을 둔화시켜서 비록 한쪽 편 사람을 어육으로 만들고 싶은 마음이 있더라도 끝내 그 수단을 크게 펴지 못하게 만든 것은 탕평의 공이 아니라고 할 수 없습니다. 만약 전하께서 탕평의 도리를 다하여 탕평이라는 이름에 부합되게 한다면, 그 화란과 그 폐단을 제거하고 오직 그 공(功)과 힘만을 거두게 될 것이니, 어찌 아름다운 일이 아니겠습니까?"

주상이 너그럽게 답하였다.

병인년(1746, 영조22) 여름 이조판서 박필주(朴弼周)[393]가 수차(袖

---

392) 띠풀과 갈대 : 특색이 없는 똑같은 인물, 사물을 비유한 말이다. 소식(蘇軾)이 장문잠(張文潛)에게 답한 편지에서 "거칠고 척박하고 소금기가 있는 바닷가의 땅은 멀리서 바라보면 모두 누런 풀과 흰 갈대뿐이니, 이것이 바로 왕안석이 원하는 똑같음입니다."라고 하였다. 《唐宋八大家文鈔 答張文潛書》

393) 박필주(朴弼周) : 1680~1748. 본관은 반남(潘南), 자 상보(尙甫), 호 여호(黎湖)이다. 김창흡 문인이다. 1717년(숙종43) 재상 송상기(宋相琦)의 추천으로 시강원 자의(諮議)가 된 뒤 영조 때에 은일(隱逸)로 지평·장령 등을 거쳐 등을 거쳐 이조판서·우찬성 등을 역임하였다.

箚)394)를 올려 대략 다음과 같이 말하였다.

"전하께서는 제왕의 존엄함으로 민자(閔子)395)·증자(曾子)396)의 효행(孝行)을 몸소 행하여, 숙종과 경종이 승하하실 즈음에 지성스런 효도와 우애는 실로 천지와 신명(神明)을 감동시킨 점이 있었습니다. 그런데 어쩌다가 일종의 흉역(凶逆)의 무리가 번성하여 앞서는 신축년과 임인년의 옥사가 발생하고, 뒤에는 무신년의 변란이 일어나서 천일(天日, 임금)을 꾸짖어 욕한 것이 그 끝이 없었으니, 아! 통탄스럽습니다.

어찬(御撰) 《자성편(自省篇)》397) 가운데, '병환으로 편찮을 때[違預] 고통을 나누고 싶다.' 한 것은 슬퍼서 눈물이 나는 것을 금할 수 없는 내용이었는데, '위예(違豫)' 두 글자를 세상에 숨겼기 때문에 전후의 화란(禍亂)을 빚어내게 되었던 것입니다. 만약 이 두 글자를 신축년과 임인년 무렵에 밝혔더라면, 김일경과 목호룡 등 여러 역적들이 스스로 발동할 수 없었을 것입니다.

대저 군상(君上)에게 병이 생기면 온 나라의 신민(臣民)들이 모두 모르는 사람이 없어야 하는데, 일체 숨긴 것은 그 마음속으로 그렇게 하지 않으면 전하를 무함할 수 없고, 건저(建儲)를 주도한 신하들을 역적으로 몰아넣을 수 없다고 생각하였기 때문입니다.

이미 먼저 김일경이 지은 반교문이 있었고, 이어서 국문(國門)에 흉서(凶書)

---

394) 수차(袖箚) : 임금을 직접 뵙고 올리는 상소·차자(箚子)를 가리킨다. 원래 상소문이나 차자는 승정원을 거치는 것이 원칙인데, 품계가 정2품 이상의 고관이거나 명망 있는 유현(儒賢)의 경우 예외적으로 이러한 절차를 뛰어넘어 수차를 올릴 수 있었다.

395) 민자(閔子) : 공자(孔子)의 제자 민자건(閔子騫)을 가리킨다. 노(魯)나라 사람으로, 이름은 손(損), 자건은 자이다. 효성과 덕행으로 유명하였다. 어려서 부모로부터 모진 학대를 받았지만 효도를 극진히 하여 부모를 감동시켰다고 한다.

396) 증자(曾子) : 공자의 제자 증삼(曾參)이다. 자는 자여(子輿)이다. 효심이 두텁고 내성궁행 (內省躬行)에 힘썼다고 한다. 《효경(孝經)》의 작자라고 전해지나 확실한 근거는 없다.

397) 어찬(御撰) 자성편(自省編) : 1746년 영조가 세자에게 교훈으로 남겨주기 위해서 독서와 생활을 통해 느끼고 생각한 바를 모아 엮은 책이다. 책의 구성은 유학의 수기치인(修己治人)을 좇아서 마음을 닦는 것을 주제로 한 내편(內篇)과 사물을 다스리는 것을 주제로 한 외편으로 되어 있다.

가 걸렸는데, 종사의 신령과 전하의 성명(聖明)에 힘입어 근래에는 비록 무사할 수 있었지만 혹 흉적의 여얼(餘孽)인 나홍언(羅弘彦)[398] 같은 자들이 글로 써서 야사(野史)라고 칭하면서 후세 사람들을 의혹되게 만든다면 또한 어찌 매우 염려스럽지 않겠습니까? 삼가 이 어제(御製)《자성편》에서 말씀하신 것을 통해서는 성상의 식견이 높고도 뛰어난 것을 우러러볼 수 있었으나, 《대훈》 가운데에는 오히려 설파(說破)한 것이 부족합니다.[399]

신이 삼가 생각건대 몇 구절의 말로 《대훈》 가운데 저들이 전하를 모함한 내용을 첨가해 넣어서 다시는 혀를 놀릴 수 없게 만드는 것이 어찌 지극히 명백하고 지극히 순리에 맞는 일이 되지 않겠습니까?

변란이 있었던 이래로 전하의 법망(法網)이 지나치게 헐거워져서 비록 신축년·임인년의 일을 가지고 말하더라도 왕법에 의해 복주(伏誅)된 자는 단지 김일경·목호룡 등 몇 명의 역적뿐이었습니다. 그 나머지는 대부분 너그러운 법에 따라 조처했으므로, 혹 상공(上公)의 품계를 그대로 차지한 자도 있으니, 전하께서는 깊이 의리를 생각하여 속히 처분을 내려 주시기 바랍니다."

○ 우의정 조현명이 상소하여 대략 다음과 같이 말하였다.

"삼가 듣건대 새 총재(冢宰)[400]가 《대훈》에 성상(聖上)의 질병에 관한 일을 집어넣으라고 청했다 합니다. 신이 비록 그 차본(箚本)을 보지 못하였지만

---

398) 나홍언(羅弘彦) : 1730년(영조6) 나홍언이 폐출(廢黜)된 여흥군(驪興君) 이해(李垓)와 여릉군(驪陵君) 이기(李圻)를 추대하려다가 발각되어 처형되었다. 여흥군과 여릉군은 경신환국(1680, 숙종6) 때 죽은 인평대군의 2남 복선군(福善君) 이남(李楠)과 3남 복평군(福平君) 이연(李㮒)의 종손(從孫)이다.

399) 대훈 …… 부족합니다 : 대훈은 신유년(1741, 영조17)에 반포한 신유대훈(辛酉大訓)을 가리킨다. 영조는 이를 통해서 임인년(1722, 경종2) 옥사의 옥안을 소각하도록 하고, 세제 건저(建儲)는 삼종혈맥론에 의거하여 대비와 경종의 하교에 의해 연잉군이 정당하게 받은 것이지 신하들이 간여하여 성사된 것은 아니라고 밝혔다. 그런데 박필주는 여기에 이광좌 등이 경종의 질병을 숨겼다는 사실을 명시해야 한다고 주장하고 있다.

400) 새 총재(冢宰) : 새로 이조판서가 된 박필주를 가리킨다.

그 뜻은 알 수 있습니다. 다만 《대훈》으로써 말한다면 사체(事體)가 지엄하고 또한 중요하므로, 비록 산림(山林)의 예우 받는 신하[401]일지라도 마땅히 경솔히 논의할 수 없습니다. 《대훈》과 《자성편》은 똑같이 임금이 지은 것이므로 백대에 걸쳐 널리 전파하여 자연스럽게 서로 발명할 수 있을 것인데, 반드시 이쪽에 있는 내용을 옮겨서 저쪽을 고치자고 하는 것은 무엇 때문입니까?

대개 《대훈》은 갑과 을의 두 역적을 논하는 사체가 《감란록(勘亂錄)》[402]과 다른데, 지금 《감란록》에 넣고자 한다면 괜찮지만 반드시 종묘에 고한 《대훈》을 첨가하여 고치려는 것은 대개 《대훈》이 미비하여 불완전한 글이라고 여기기 때문입니다. 다행히 성상의 뜻이 굳게 정해졌고 의리가 엄정한 것에 힘입어 사지(辭旨)가 부드럽고 완곡하였으므로 신은 재삼(再三) 봉독(奉讀)하면서 지극히 감탄스러움을 이기지 못하였습니다.

신이 크게 두려운 것은, 《대훈》이 얼마나 엄중한 것인데 이미 첨가할 것을 청한 사람이 있으니, 뒤에 반드시 산삭(刪削)하라고 청하는 자가 있을 것이고, 또 장차 물이나 불에 던져버리라고 청하는 사람이 있을 수 있는데, 산림의 뜻이 어찌 이와 같이 하려는 것이겠습니까? 그렇지만 말류의 폐단이 반드시 여기에 이를 터이니 어찌 우려하지 않을 수 있겠습니까? 삼가 원컨대 전하께서는 마음속에 깊이 담아두시고 그 제방(隄防)을 엄히 하십시오.

지난번 입시하라는 명이 있었는데, 전하께서 반드시 징토할 일로써 하순(下詢)하려는 것이 있을 것이지만 신이 비록 입시하더라도 유봉휘와 조태구를

---

401) 산림(山林)의 …… 신하 : 박필주는 김창흡 문인으로서 그 학문을 인정받아 과거를 거치지 않고 산림의 은일(隱逸)로서 추천받아 영조대에는 청요직에 진출하였으며 이조 판서까지 이르렀다.

402) 감란록(勘亂錄) : 1729년 송인명·박사수(朴師洙)가 편찬한 책으로, 이인좌의 난의 전말에 관한 자료를 발췌하여 기술하였다. 영조는 난이 평정된 뒤 정석삼(鄭錫三)·이광좌·조문명 등의 주장에 따라 좌의정 조태억에게 명하여 이 책의 편찬을 주관하게 하였고, 송인명·박사수가 편집하였다. 조현명이 쓴 어제 서문(御製序文)에는 이 사건의 원인을 붕당에서 찾고 있으며, 이와 같은 변란의 재발을 막기 위하여 이 책을 편찬한다고 명시하였다. 대략적인 내용은 난의 전개 과정과 죄인의 공초가 초록되어 있다.

논하는 내용은 어찌 좌의정403)과 의견이 다르겠습니까?

신축년 초에 조태구가 동궁을 보호하고 기사년 사람들의 등용을 저지해야 한다는 주장을 건의하여 국가가 의지할 수 있었는데, 이로 인해 황폐한 들판으로 쫓겨나 죽었으니, 신과 좌의정의 마음은 항상 그를 가엾게 여기고 있습니다. 공(功)을 대가로 죄는 면해준다는 말은 실로 사리에 합당하니, 또한 바라건대 성명께서 판단하여 처리해주십시오."

○ 영성군(靈城君) 박문수가 상소하여 박필주의 수차(袖箚) 내용이 잘못되었다고 배척하였다.

○ 대사헌 이종성이 상소하여404) 대략 다음과 같이 말하였다.

"지금 삼사(三司)에서 바야흐로 두 대신405)의 관작을 추탈하라는 계사(啓辭)를 올렸습니다.406) 저 두 대신이 나라를 자기 몸처럼 여긴 정성과 임금을 섬기는 절개는 본말이 모두 갖춰져 있어서 나라 사람들이 모두 알고 있는데, 주도면밀하게 견강부회하여 망극한 말을 하고 있습니다. 저들의 충성은 해를 꿸 수 있는데도 극죄(極罪)에 몰아넣고, 착함은 세상이 용서407)할 수 있는데도 중률(重律)에 의해 처벌하라고 청하니, 아! 또한 심합니다.

하물며 신은 고 영의정 이광좌와 비록 단문복(袒免服)을 입는 친족408)이지만

---

403) 좌의정 : 당시 좌의정은 송인명이었다.

404) 대사헌 이종성이 상소하여 : 이 상소는 《영조실록 24년 4월 30일》 기사에서 볼 수 있는데, 본서에서는 병인년(1764, 영조22)조에 수록되어 있다. 이것은 이광좌와 조태억의 관작을 추탈하라는 삼사 합계가 병인년에 처음 나왔기 때문인 것으로 보인다.

405) 두 대신 : 이광좌와 조태억을 가리킨다.

406) 지금 …… 올렸습니다 : 이광좌와 조태억의 관작을 추탈하라는 삼사 합계는 1746년(영조22) 9월에 나왔다가 1748년(영조24) 윤7월에 정지하였다. 《英祖實錄 22年 9月 2日, 24年 閏7月 16日》

407) 용서 : 원문은 "宥世"이다. 공신(功臣)이나 그 밖의 특별한 사람들의 자손들이 죄를 지을 경우, 대역죄와 같은 중대한 범죄가 아니라면, 용서하는 특전을 주는 것이다.

408) 단문복(袒免服)을 입는 친족 : 종고조부(從高祖父)·고대고(高大姑)·재종 증조부(再從曾祖

의리로는 사표(師表)와 같은데, 그가 이미 죽고 난 뒤에 해를 당하는 것을 보고도 번기(藩寄, 지방관)의 명을 받아서,[409] 아직 한번도 그의 억울함에 대해 아뢰지 못하였습니다. 봉록을 생각하여 말하지 않는 것은 옛사람에게 부끄러운 점이 있으니, 그 자정(自靖)하는 의리로 보아 하루도 대간(臺諫)의 자리에 무릅쓰고 있을 수 없습니다. 이에 도성(都城) 문 밖으로 나가 밀부(密符)[410]를 대신 반납하니 삼가 신의 죄를 결정해주십시오."

주상이 그 소장(疏章)을 돌려주라고 명하였다.

을해년(1755, 영조31) 봄, 나주 남문에 괘서(掛書)가 걸리는 변고[411]가 발생하였는데, -글 가운데 '간신이 조정에 가득 차고 백성이 도탄에 빠졌다.'는 등의

父)·재종 증대고(再從曾大姑)·삼종 조부(三從祖父)·삼종 대고(三從大姑)·삼종 백숙부(姑從伯叔父)·삼종고(三從姑)·사종 형제자매(四從兄弟姉妹)를 일컫는 말이다. 상례(喪禮)에서 단문복이란 3개월 동안 복(服)을 입는 시마(緦麻) 이하의 복에서 두루마기 등 웃옷의 오른쪽 소매를 벗은 채로, 관을 벗고 머리를 묶거나 사각건(四角巾)을 쓰는 복제(服制)이다.

409) 번기(藩寄)의 명을 받아서 : 이광좌는 1740년에 죽었는데, 이종성은 1745년 평안감사, 1746년 함경감사를 연이어 역임하였다. 《英祖實錄 21年 4月 5日, 22年 9月 7日》

410) 밀부(密符) : 유수(留守)·감사(監司)·병사(兵使)·수사(水使)·방어사(防禦使)에게 병란(兵亂)이 일어나면 때를 가리지 않고 곧 응할 수 있게 하기 위하여 내리는 병부(兵符)이다.

411) 나주 …… 변고 : 나주 괘서 사건(羅州掛書事件)을 가리킨다. 1755년(영조31) 소론 강경파가 노론을 제거할 목적으로 일으킨 역모 사건이다. 을사환국(1725, 영조1) 당시 처형당한 훈련대장 윤취상(尹就商)의 아들 윤지(尹志)가 10여 년 간 나주에 유배되어 있었는데, 이곳에서 은밀히 세력을 규합해 역모를 꾸몄다. 윤지의 아들 윤광철(尹光哲)과 함께 나주목사 이하징(李夏徵) 및 이효식(李孝植)·박찬신(朴纘新) 등 서울과 지방 각지의 소론들이 세력을 규합하였다. 윤지는 거사 전에 우선 인심을 동요시키고자 1755년 1월에 나주 객사(客舍)에 나라를 비방하는 괘서를 붙였는데, 이로 인해 역모가 탄로나서 체포되었다. 영조의 친국(親鞠)을 받았고, 그해 2월에 처형되었다. 이때 이광사(李匡師)·윤득구(尹得九) 등이 원찬(遠竄)되었고, 3월에는 조태구·김일경 등에게 역률(逆律)을 추시(追施)하였다. 5월에는 토역 경과 정시(討逆慶科庭試)에서 답안지 변서사건(答案紙變書事件)과 관련, 윤지의 일파인 심정연(沈鼎衍)이 붙잡혀 사형되었다. 괘서 사건 이후 영조는 《천의소감(闡義昭鑑)》을 편찬하여 이 사건들의 시말을 자세히 밝히게 하였다.

내용이 있었다.- 정배 죄인 윤지(尹志)[412]의 의심스러운 정상을 기찰하여 포착하였는데, 윤지는 을사년 장폐(杖斃)한 윤취상(尹就商)[413]의 아들이었다.

-윤취상은 일찍이 무장(武將)으로서 정경(正卿)[414]에까지 올랐는데, 역적 김일경의 당(黨)이 되어 아부하고, 요망한 박상검과 체결한 일로써 죄를 받았다.- 마침내 국청을 설치하고 엄히 국문하였는데, 소론 폐족(廢族) 다수가 연루되어 체포되었다.

그 가운데 이하징(李夏徵)[415]이라는 자가 있었는데, 이명언과 이명의의 지친이었으며, 일찍이 나주목사가 되어 윤지와 친밀하였다. 국문을 받고 바친 공초에서 김일경의 흉소를 신하로서 절개가 있다고 하였다. 이에 삼사의 신하들이 조태구와 유봉휘 등을 즉시 추토(追討)하지 않아서 역적 이하징의 흉언이 나왔다고 다투어 말하였다.

탕평을 주장하는 여러 사람들이 스스로 말하기를,

"선견지명이 있는 사람들이 근본을 거슬러 올라가야 한다는 논의를 주창하

---

412) 윤지(尹志) : 1688~1755. 본관은 함안(咸安), 자는 사심(士心)이다. 경종대 지평 등을 지냈다. 1724년(영조 즉위) 김일경 등의 옥사에 연좌되어 아버지 윤취상은 고문 끝에 죽고, 윤지는 이듬해 6월 제주도 대정현에 안치되었다. 19년 만인 1743년 나주로 감등이배(減等移配)되었다가 같은 해 전리(田里)에 방축되었다. 제주와 나주에서 30년 동안 귀양살이하면서 출사의 전망이 사라지자 나주목사 이하징을 비롯하여 이효식 등 계조직을 가진 동지들과 더불어 늘 불만을 토로하였다. 이에 1755년 1월 노론을 지목하여 나주 객사에 나라를 비방하는 괘서를 붙였다. 결국 '을해옥사'로 일컬어지는 벽서사건에 연루되어 서울로 압송되고, 친국 끝에 그해 2월 아들 윤광철과 이하징·박찬신 등 관련자들과 함께 처형되었다. 이 사건으로 소론 중 준소(峻少)계열이 상당한 타격을 받았다.

413) 윤취상(尹就商) : ?~1725. 본관은 함안(咸安)이다. 숙종대 훈련대장 등을 거쳐 경종대 병조참판·동지의금부사 등을 지냈다. 형조판서 재직시 김일경과 함께 노론 축출에 앞장섰다. 이로 인하여 1724년 영조 즉위 후 김일경의 일당으로 몰려 노론에 의하여 탄핵, 파직되었으며 국문을 받고 복주되었다.

414) 정경(正卿) : 정2품 이상의 관료를 가리키는 말이다. 의정부 좌우참찬·육조판서·한성부 판윤 등 9경과 홍문관 대제학 등이 해당된다. 윤취상은 무과에 합격한 무장으로 출발하여 죽기 직전에 형조판서에까지 올랐다.

415) 이하징(李夏徵) : 1686~1755. 본관은 한산(韓山)이다. 아버지는 동래부사 이명준(李明浚)이며, 이명언(李明彦)·이명의(李明誼)의 조카이다. 1721년(경종1) 사마시에 합격하고, 1747년 나주목사 재직시 윤지와 벗으로 지냈다. 나주 괘서 사건이 일어났을 때, 임국훈(林國薰)·이효식(李孝植) 등과 함께 연루되어 유배되었다가 복주되었다.

여 신축년과 임인년 옥사를 추궁하고자 하였는데 의논이 합쳐지지 않았던
것은 좌우를 돌아보면서 망설이는 뜻이 많았기 때문이었다."

하였다.

부사직 정휘량(鄭翬良)416) 등 5인 -전 감사 심성진(沈星鎭)417), 부사직 이창수(李昌
壽)418)·정홍순(鄭弘淳)419), 이조참의 조재홍(趙載洪)420)- 이 전 판서 이익정(李益炡)421)
을 소두(疏頭)422)로 추대하여 상소하였는데, 대략 다음과 같이 말하였다.

---

416) 정휘량(鄭翬良) : 1706~1762. 본관은 연일(延日), 자 자우(子羽)·사서(士瑞), 호 남애(南崖)이
　　　다. 판돈녕부사 정수기(鄭壽期)의 아들이며, 우의정 정우량(鄭羽良)의 동생이다. 1733년
　　　(영조9) 사마시에 합격하여 생원이 되고, 1737년 별시문과에 급제하여, 청요직을 두루
　　　거쳤다. 1742년 승지가 되고, 1755년《천의소감》찬집 당상(纂輯堂上)이 되었으며, 1761년
　　　우의정에 이어 좌의정에 올랐다. 1755년 나주 괘서 사건 때 정휘량을 비롯한 소론
　　　온건파 대부분이 조태구·유봉휘 등의 죄를 탄핵하였으며, 이광좌·최석항도 추탈(追奪)
　　　되게 하였다. 저서로《남애집(南崖集)》《견사록(見思錄)》등이 있고, 시호는 문헌(文憲)이
　　　다.
417) 심성진(沈星鎭) : 1694~1777. 본관은 청송(靑松), 자 시서(時瑞), 호 담와(澹窩)이다. 1719년
　　　(숙종45) 증광시에서 진사가 되고, 1727년(영조3) 증광문과에 급제하여 청요직을 두루
　　　거쳤다. 1739년 승지, 1760년 예조판서에 올랐다. 시호는 정혜(貞惠)이다.
418) 이창수(李昌壽) : 1710~?. 본관은 전주(全州), 자는 덕옹(德翁)이다. 세종의 아홉째 서자
　　　영해군(寧海君) 이당(李瑭)의 후손이며, 병조참판 이언강(李彦綱)의 손자이다. 1740년(영
　　　조16) 알성 문과에 장원 급제하고, 청요직을 두루 역임하였다. 1761년 평안감사로 나갔다
　　　가 돌아와 이조판서에 올랐다. 1772년 마지막으로 수어사(守禦使)를 지냈다. 1778년(정조
　　　2) 문헌(文憲)이라는 시호가 추증되었다.
419) 정홍순(鄭弘淳) : 1720~1784. 본관은 동래(東萊), 자 의중(毅仲), 호 호동(瓠東)이다. 영의정
　　　정태화의 후손이며, 참판 정석삼의 아들이다. 1745년(영조21) 정시 문과에 급제하여,
　　　청요직을 두루 거치고, 1765년 호조판서를 시작으로 각조의 판서를 지냈다. 1778년(정조2)
　　　우의정에 올랐으며, 1784년 판중추부사로 사망하였다. 시호가 정민(靖敏)으로 내려졌다
　　　가, 뒤에 충헌(忠憲)으로 개시(改諡)되었다.
420) 조재홍(趙載洪) : 1713~?. 본관은 풍양(豊壤), 자는 취심(就深)이다. 풍릉부원군 조문명의
　　　아들이고, 우의정 조재호(趙載浩)의 아우이다. 1741년(영조17) 식년시에서 생원·진사에
　　　모두 합격하였으며, 1754년 문과 정시에 급제하여, 특지로 승지가 되었다. 1758년 대사헌
　　　을 지냈다.
421) 이익정(李益炡) : 1699~1782. 본관은 전주, 자는 명숙(明叔)이다. 인성군(仁城君)이공(李珙)
　　　의 현손이다. 1723년(경종3) 생원이 되고, 1736년(영조12) 정시 문과에 급제하여 청요직을
　　　두루 거쳐, 1754년 예조판서에 올랐다. 시호는 정간(靖簡)이다.
422) 소두(疏頭) : 연명(聯名)으로 올리는 상소에 맨 먼저 이름을 적은 사람이다.

"난적이 발생하여 그 무리들이 널리 퍼졌으니, 징토하는 형전은 반드시 먼저 죄수(罪首)에게 적용하고, 재앙을 일으킨 자가 점차 쌓여가니 방지하는 방법은 화란의 근본을 제거하는 것보다 더 급한 일이 없습니다. 그러므로 역적을 토벌하고 괴수를 섬멸하는 것은 흉도들이 두려워하게 하려는 것이고, 이미 역적들을 죽였는데도 오히려 추가로 토벌하려는 것은 살아남은 자들을 두렵게 만들려는 것입니다. 만약 혹 역적을 다스리면서 그 말단만을 일삼고, 난리를 제압하면서 그 근원을 막지 않는다면 이것이 어찌 국가를 위해 환란을 염려하는 뜻이겠습니까?

아! 무신년 역변은 극도로 흉악하여 실로 이전의 기록에서는 볼 수 없던 일이었는데, 성조(聖朝)에서 그들을 다스리는 방식은 죽이지 않는다는 신무(神武)를 먼저하고 정성으로 명령[423]을 거듭하여, 보살펴서 점차 교화[424]시킨 지 30년이란 오랜 시간이 흘렀습니다. 이 과정은 흉추(凶醜)들이 바싹 엎드려서 입장을 바꾸도록 고무(鼓舞)해야 마땅한데, 유독 어찌하여 큰 역적이 마침 제거되었는데도 오히려 여얼(餘孽)이 불어나서 오늘날 이하징과 윤지에 이르러 극에 이른단 말입니까?

유봉휘와 조태구, 두 흉역이 앞에서 제창하고, 김일경과 박필몽 등 여러 역적들이 뒤를 이어서 서로 결탁하고 빈틈없이 준비하여 반드시 국본(國本)을 위태롭게 하려고 도모하였으니, 3백 년 된 종사(宗社)에 말하기 어려운 근심을 갖게 만들기에 이르렀습니다.

아! 당시의 일을 차마 더 말할 수 있겠습니까? 다행스럽게도 우리 자성(慈聖)의 지극하신 자애로움과 경종의 지극한 우애 덕분에 오늘날까지 보존할 수 있게 되었으니, 이는 실로 하늘의 뜻이었습니다. 생각이 여기에 이르니 자신도 모르게 더욱 두렵고 마음이 떨립니다.

생각건대 변란의 조짐이 오래 누적되고 은밀하게 품어온 음모가 터져

---

423) 명령 : 원문은 "渙誥"이다. 제왕의 조칙 및 명령을 가리키는 말이다.
424) 점차 교화 : 원문은 "漸磨"이다. 인의(仁義)의 도리로 백성들을 차츰 교화시키는 것이다.

나와서 하늘까지 닿는 화(禍)를 만들어 냈으니, 이것은 무신년의 변란이 무신년에 일어난 것이 아니라 실제로는 신축년과 임인년에 기반을 둔 것입니다. 그 화를 만들어 낸 근본과 변란에 앞장선 우두머리는 진실로 온 나라 사람들이 모두 알고 있습니다.

애석합니다! 최초에 죄를 성토하는 논의가 이미 성의(誠意)를 다하여 공정하게 토벌하기에 이르지 못하였습니다. 성상께서는 오로지 포용[425]하는 어짊에 힘써서 너그럽게 용서하는 정치를 지나치게 행하다보니 간혹 사사로움이 끼어있다고 의심한 것이 점점 격렬한 고뇌로 바뀌어 끝내 윤허하지 않았습니다.

마침내 전하의 법망이 지나치게 헐거워져 여러 역적들이 요행히 빠져나갔으며, 무신년의 토벌도 법망을 빠져나간 사람이 많았고, 병인년의 형전도 관작을 삭탈하는 것에 불과하여[426] 결국 역적을 징치(懲治)하면서 경중(輕重)이 거꾸로 돌아가는 것을 면하지 못하게 되었습니다.

이리하여 반역을 도모하려는 흉측한 생각을 품고 서로 조술(祖述)하면서, 폐족(廢族)과 요얼(妖孼)이 더욱 규합하고 결탁하여 겉모습은 같지만 속마음은 달라서 거의 예측할 수 없으니, 앞으로 닥쳐올 변고가 다시 어느 곳에 잠복하여 있는지를 모릅니다. 이는 반드시 크게 원악(元惡)에 대한 주벌(誅罰)을 행하여 왕장(王章)의 엄중함을 분명하게 보인 뒤에야 얼종(孼種)이 저절로 그치고, 재앙의 싹을 미리 잘라내는 것을 기대할 수 있을 것입니다.

며칠 전에 대신이 조태구·유봉휘 등 여러 역적들에 대해 역률을 추가로 시행할 것을 주청하였는데,[427] 이는 실로 온 나라 사람들이 함께 분노하는

---

425) 포용 : 원문은 "包荒"이다. 《주역》 태괘(泰卦) 구이(九二)의 효사(爻辭)에 '구이는 광명정대한 도량으로써 더러운 것과 무식한 백성을 포용하여 내버리지 않으니 붕당이 사라진다. [九二包荒, 用馮河, 不遐遺, 朋亡.]'에서 유래하였다.

426) 병인년(丙寅年)의 …… 불과하여 : 병인년(1746, 영조22)에 이조판서 박필주의 수차를 계기로 하여 이광좌 등의 관작을 삭탈하라는 삼사 합계가 나와서 조태구와 최석항의 관작을 추탈한 일을 가리킨다. 《英祖實錄 22年 9月 2日·4日》 그런데 이때는 이광좌와 조태억은 영조의 고집으로 제외되었다가 을해옥사 이후 이번 상소를 계기로 시행되었다.

427) 며칠 …… 주청하였는데 : 을해년 옥사 관련자들을 친국하고 나서 좌의정 김상로(金尙魯)

말에서 나온 것입니다. 그런데 귀 기울여 들으신 지 여러 날이 되었지만 지금까지 아무런 처분이 없으니 신들은 매우 답답한 심정을 이기지 못하겠습니다.

또한 생각건대, 이광좌가 지은 죄는 합사(合辭)에서 모두 진달하였는데도 한차례의 윤허를 아직까지 아끼시고, 최석항의 관작을 추삭(追削)한 것은 사람들의 분노를 조금 풀어주었는데 갑자기 관질(官秩)을 도로 회복하게 하여, 인신(人臣)으로서 이런 죄명을 지고도 왕법에서 벗어날 수 있었으니, 어찌 이런 이치가 있겠습니까? 삼가 원하건대, 전하께서는 마음속 깊이 유념하시어 빨리 결단하고 처분을 내려서 만세토록 군신의 기강을 보존한다면 이보다 다행한 일은 없을 것입니다."

주상이 다음과 같이 답하였다.

"경들의 상소를 살펴보니, 그 근본을 밝게 아뢰었는데 말이 지극히 정당하다. 아! 오늘날의 일을 빚어낸 것은 바로 나의 허물이로다, 바로 나의 허물이로다! 경들과 대신이 아뢰어 청한 일은 우연히 나의 뜻에 부합하였다. 이는 바로 내가 처분하고자 한 것인데, 이처럼 생각하는 신하들이 있으니, 내가 장차 근심이 없을 것이다.

아! 그 아버지의 아들, 그 형의 아우가 연명으로 차자를 올려 원량(元良)을 불러 옆에 앉혀놓고 그 비답을 불러 쓰게 하니, 나도 모르게 눈물이 흐른다. 지금 비답을 내릴 것이니, 경들은 유시(諭示)를 기다리도록 하라."

이에 조태구 이하는 모두 역률(逆律)을 추가로 시행하라고 명하고, 이광좌 등도 모두 추탈하였다. 이전에 소론 가운데 당의(黨議)에 대해 준론(峻論)을 표방한 자들은 화가 자신에게 미칠 것을 두려워하여 이전의 견해를 바꾸어서 대관(大官)이나 소관을 막론하고 연명으로 상소하거나, 혹 단독으로 상소하여 공거(公車)[428]가 쌓여갔다.

가 영조에게 조태구·유봉휘 등에게 대역률(大逆律)을 추가로 시행하는 것이 마땅하다고 건의한 일을 가리킨다. 《英祖實錄 31年 2月 27日》

428) 공거(公車) : 상소문을 가리킨다. 본래 한나라 때 상서(上書)와 징소(徵召)를 관장하던 관청이었다.

○ 전 부사 조진세(趙鎭世)[429]가 일찍이 대간으로서 멋대로 조태구와 최석항의 관작을 추탈하라는 합계를 정지하였는데,[430] 이에 이르러 크게 두려워하다가 또한 상소하여 말하기를,

"지난번 대론(大論)이 한창일 때 외람되게도 여러 신하들의 뒤를 따랐었다가, 곧 감히 논의를 정지한 일이 있었는데, 신은 이제 마음을 고치고 생각을 바꾸어서 몇 섬의 깨끗한 재로 통렬히 장부(腸腑)를 씻어내고자 합니다."

하였다. 사람들이 허다하게 전하며 비웃었다.

갑신년(1764, 영조40) 여름, 전교하여 대략 다음과 같이 말하였다.

"옛날에 무왕(武王)[431]이 〈홍범(洪範)〉[432]을 기자(箕子)[433]에게서 받았는데, 그 한 편의 요지는 바로 표준을 세우는[建極] 것이었다. 을미년(乙未年, 1715, 숙종41) 이전에는 오히려 할 수 있었는데,[434] 병신년(丙申年, 1716, 숙종42)

---

429) 조진세(趙鎭世) : 1689~?. 본관은 한양(漢陽), 자는 안석(安石)이다. 1717년(숙종43) 식년시 진사가 되고, 1725년(영조1) 증광문과에 급제하여 정언·사간 등을 역임하였다.

430) 조진세(趙鎭世)가 …… 정지하였는데 : 1748년(영조24)에 사간 조진세 등이 이광좌·조태억 등의 관작을 추탈하라는 계사를 정지한 일을 가리킨다. 《英祖實錄 24年 閏7月 16日》

431) 무왕(武王) : 주나라 문왕(文王) 희창(姬昌)의 둘째 아들로, 이름은 발(發)이다. 맹진(盟津)에서 8백여 제후들의 회맹(會盟)을 이끌어 상(商)나라를 공격하여 정벌하였다. 무왕은 호경(鎬京)으로 천도하여 비간(比干)의 장례를 지내고, 기자를 풀어주었다. 그리고 공신들에게 분봉(分封)하여 봉건제도를 실시하였다.

432) 홍범(洪範) : 홍범 9주(九疇)를 말한다. 홍범은 대법(大法)을 말하고, 9주는 9개 조를 말하는 것으로, 즉 9개 조항의 큰 법이라는 뜻이다. 우가 하늘로부터 받은 낙서를 보고 만들었다고 한다. 9조목은 5행(五行)·5사(五事)·8정(八政)·5기(五紀)·황극(皇極)·3덕(三德)·계의(稽疑)·서징(庶徵) 및 5복(五福)과 6극(六極)이다.

433) 기자(箕子) : 상(商)나라 문정(文丁)의 아들로 주왕(紂王)의 숙부(叔父)이다. 주왕의 폭정에 대해 형인 비간(比干)과 함께 간언을 하다 받아들여지지 않자 미친 척을 하여 유폐(幽閉)되었다. 주나라 무왕이 주왕을 토벌하여 상나라를 멸망시키고서 갇혀 있던 기자를 풀어주고, 그를 찾아가 정치에 대해 물었다. 이에 기자는 무왕에게 하(夏)나라 우(禹)가 정했다는 아홉 가지 정치의 원칙을 전했다고 한다. 이를 '홍범구주(洪範九疇)' 혹은 '기주(箕疇)'라고 하며, 《서경(書經)》 〈홍범(洪範)〉에 그 내용이 전해진다.

434) 을미년(乙未年) …… 있었는데 : 이것은 1716년 병신처분(丙申處分) 이전에는 비교적 탕평

이후로 융화(融和)하고 보합(保合)하기 어려웠기 때문에 저위(儲位)를 사양하는 소장에서 그 뜻을 대략 아뢰었다.

신축년(1721, 경조1)과 임인년(1722, 경종2) 이후로 마음에 스스로 망연자실하여 말하기를, '정말로 어렵구나, 정말로 어렵구나!' 하였지만, 갑진년(甲辰年, 1724, 영조 즉위) 왕위를 계승하고 나서도 초심은 흔들리지 않았다.

아! 을해년(乙亥年, 1755, 영조31)의 일은 나의 공이 아니었다. 이것은 물(物)이 극도에 이르면 반드시 뒤집어지는 이치에서 나온 것이니, 건극(建極)한 일은 무엇이며, 신공(神功)을 일삼은 일이 무엇이겠는가? 매번 여덟 글자[435]를 볼 때마다 나도 모르게 부끄러웠다.

우리나라 사람들은 당습을 고상하게 여기므로, 내가 말하기를,

'비록 하나의 당을 소멸시키더라도 또 다른 당이 틀림없이 다시 생겨날 것이다.'

하였다. 이런 세상에서는 혹 한 가지 일이라도 방심하거나 소홀히 하면 반드시 당이 다시 일어나서, 처음에는 두 당에 불과하다가 넷, 여섯에 이르렀으니,[436] 성세(盛世)에도 오히려 이와 같은데, 하물며 말세에는 어떻겠는가?

아! 황극(皇極)의 뜻을 지켜서 끊임없이 노력해야겠구나! 내가 문순(文純, 박세채)에게서 세상에 드물게 있는 감동을 받았으므로, 《남계집(南溪集)》[437]

이 이루어졌다고 간주한 것으로서, 영조는 숙종대 갑술환국 이후 탕평 정국을 긍정적으로 평가하고 있었음을 알 수 있다.

435) 여덟 글자 : 《서경(書經)》〈홍범(洪範)〉에 보이는 '왕도탕탕(王道蕩蕩), 왕도평평(王道平平)'을 가리킨다. 그 전체 문장은 다음과 같다. "편벽됨이 없고 편당함이 없으면 왕의 도가 탕탕(蕩蕩)하고, 편당함이 없고 편벽됨이 없으면 왕의 도가 평평(平平)하며, 상도(常道)에 위배됨이 없고 기울어짐이 없으면 왕의 도가 정직할 것이니, 그 극(極)에 모이고 그 극으로 돌아올 것이다.[無偏無黨, 王道蕩蕩 ; 無黨無偏, 王道平平 ; 無反無側, 王道正直, 會其有極, 歸其有極.]"

436) 처음에는 …… 이르렀으니 : 선조대 사림이 동인과 서인으로 분열되었을 때는 당이 둘이었는데, 이어서 동인이 남인과 북인으로 분열되자 넷이 되었고, 숙종대 서인이 노론과 소론으로 분열되기에 이르러서는 여섯이 되었다고 간주한 것이었다.

437) 남계집(南溪集) : 박세채(朴世采)의 시문집이다. 정집 87권 39책, 속집 22권 9책, 외집 16권 8책, 합 125권 56책으로 구성되었다. 이 문집은 양적으로 방대하고, 그 내용에

을 간행하여 올리라고 명한 것은 이미 뜻이 있었던 것이다.

그 당시에 그 손자가 머리 조아려 사례하는 상소로 인하여 모욕이 먼저 가해졌는데, 내가 비록 늙었지만 마음은 쇠하지 않았다. 나이 어리고 사리를 모르는 무리가 통문(通文)에서 무욕(誣辱)한 것은 어찌 말할 가치가 있겠는가? 이미 엄하게 처분하였는데, 더욱 어찌 논할 수 있겠는가?

팔십을 바라보는 백발노인으로서도 40년 동안의 고심(苦心)을 지키면서 오히려 처음을 계승하지 못하는 탄식이 있을까 두려웠다. 비록 많은 선비들의 청은 없었지만 근년에 특별히 사제(賜祭)를 허락하는 뜻으로 그것을 먼저 명하는 것이 마땅할 것이다.

내가 체득한 황극의 뜻은 1백년 가까이 되었으니 군신 간에 서로 미더운 것이 어찌 미미하겠는가? 벌떡 일어나 깨어서 밤이 깊어진 뒤에 특별히 원임 대신과 예조판서로 하여금 함께 입시하게 한 다음 체모만 남겨 두고 순문(詢問)하지 않고 단행하게 한 것은 대개 깊은 뜻이 있어서였다.

아! 글을 지어 마침내 밝은 거울을 완성하였으니, 내가 스스로 감당하지 않고 어찌 차마 어린 자식에게 끝없는 갈등을 남겨주겠는가? 아! 이 마음은 오르내리며 굽어보는 저 하늘이 내려다보고 있으니, 해당 조로 하여금 특별히 선정 문순공 박세채를 문묘(文廟)에 종향하는 전례(典禮)를 거행하게 하라."

임진년(1772, **영조**48), 주상이 특별히 명하여 고 영의정 이광좌, 우의정 최석항, 우의정 조태억의 관작을 회복하였다.

있어서도 사상은 물론 당시의 정치·사회 등 광범위한 내용을 포괄하고 있다. 박세채의 문집은 영조대에 송인명이 건의하고 조현명이 적극 추진하여 1732년에 간행하였다. 《英祖實錄 3年 10월 13日, 7年 1월 10日》《直菴集 上厚齋先生 壬子四月》

《皇極編五》校勘・標點

皇極編　卷之十二

老少

乙巳元年春, 獻納尹晉啓略曰："自有鏡·虎之獄, 一種不逞之徒誣毁廷臣, 前後相繼, 自做危險之言, 反售傾軋之謀. 請知事權愭削奪官爵[1], 日昨儒生申鏶等肆然投疏, 敢爲罪人李喜朝訟辨, 請申鏶定配." 不允.

○ 都事柳應煥疏略曰："殿下之入升儲位, 孰敢容議? 而泰耉操切於前, 鳳輝指議於後, 其懷異心於殿下, 非一朝一夕之故. 錫恒首以'傳禪'之說, 熒惑人情, 又使世良繼以'陰移天位'之說, 幷與建儲事, 顯然縛束我殿下.

一鏡挺身而出, 直以冀·顯纂弑等語, 少無顧忌, 所謂冀·顯卽憑恃太后, 恣行廢弑之謀者也, 此不獨謀危殿下, 幷與慈聖而誣之者, 已灼然矣. 與一鏡同出於白望招辭者, 幷命鞫問, 則一鏡情節亦可究覈也." 上命還給其疏.

○ 忠淸道儒生李齊聃等自稱鄭澔門人疏[2], 辨金弘錫·李世德·沈埈·申致雲等構誣之語.

○ 幼學權瑜疏, 救李德普之被罰.

---

1) 爵：底本에는 "職"으로 되어 있다. 국립중앙도서관 소장《御製皇極編》(청구기호：한古朝 56-나105, 이하 '《御製皇極編》'으로 표기함)에 근거하여 수정하였다.

2) 疏：底本에는 없다.《御製皇極編》에 근거하여 보충하였다.

○ 忠州生員李德昌疏略曰："肅廟之遺敎乃是百世不刊之典, 大行朝處分
不過一時勉從之事." 又伸李秉常·申思喆·鄭亨益等被罰之寃, 上答以"言甚
剴切".

○ 司果李聖肇疏, 論憲臣尹會之語犯先后,[3] 儒臣李匡德之意在嘗試, 又
曰："鏡賊伏法之後, 宜卽撰敎文, 明其爲賊. 請放數年以來竄逐之臣." 上答
以"亶出愛君, 深庸嘉尙."

○ 前典籍許錫疏略曰："始則當庚子弔勅之來, 因彼中唁慰之言, 泰耆首
唱'冒嫌'之說, 驅殿下罔測之科, 此乃窮凶之根柢. 鳳輝當名號已定之後, 敢爲
異議, '使令'·'脅迫'等說, 尤非人臣所敢發口者, 非特誣聖躬也, 實所以誣大行
也.

大行之處鳳輝也, 終無開釋之[4]敎, 則渠之罪惡自在, 殿下雖有不介懷之敎,
有大不然者. 殿下之罪人, 卽宗社之罪人. 雖以事關自己, 有所容貸, 獨不念宗
社之賊哉?

尙儉之獄, 雖不窮覈, 結案取招, 語不明白, 計在滅口, 惟恐端緖之或露. 兩
逆婢則趁不捉囚, 俱爲自斃, 安有如許治獄哉? 虎龍之變出於冊封先來之翌
日, 誣衊聖躬, 至爲罔極, 視若尋常, 無一言爲殿下辨, 伊日按獄之罪, 不可不
正.

明彦'不以大寶爲悅'之言, 益寬·容·翼命等絶悖之說, 萬萬痛惋. 名爲大臣
者, 乃以'定策國老'·'門生天子'之說, 肆然陳達, 此何等時, 而渠敢擬議於今
日? 其心所在, 路人所知.

至於世最昨年一疏, 爲逆鏡訟辨, 一則曰'扶天擎日', 二則曰'一腔丹血', 至

---

3) 后：底本에는 "君"으로 되어 있다. 《承政院日記 英祖 1年 1月 3日》 기사에 근거하여 수정하였
　다.
4) 之：底本에는 "又"으로 되어 있다. 《御製皇極編》에 근거하여 수정하였다.

比於法正. 法正事, '孫夫人生變肘腋, 輔[5)翼主公.' 云, 則引古證今, 語意陰匿.
彼金東弼怵於鏡黨之恐喝, 至謂之'妄發', 而以惡逆非其罪等語, 極意伸救. 由
是鏡黨大加稱獎, 超陞沁都. 前後群奸之營護逆鏡者, 擧被譴罰, 渠獨倖免.

嗚呼! 斯文是非, 堅若金石, 而彼敢務勝, 謂之'非盡廟本意', 吁亦痛矣. 伏願
廓揮乾[6)斷, 前後惡逆之輩, 明正典刑, 虔告宗廟, 宣布中外. 近日以'非先王本
意'之說, 終置極刑, 噫! 五字前後一也, 在儒生則罪之·在廊廟則置之, 此豈理
也哉?" 上答曰 : "一疏之發, 盡陷廷臣, 至於侵詆大臣, 良可駭也."

○ 幼學李擂疏, 論尹宣擧誣衊聖朝之罪.

○ 忠州幼學姜祖烈疏, 論金范甲·崔鐸侵辱先正之罪.

○ 承旨李廷傑疏, 辨先師尹宣擧之冤, 上答以"勿辭".

○ 忠淸道幼學韓世基等疏, 請尹宣擧誣辱聖朝之罪.

○ 前正言任述疏略曰 : "當局諸臣與局外諸臣趨向不同, 不啻若陰陽·黑
白, 一邊則以義淵·鳳鳴爲凶爲逆, 一邊則以鳳輝·一鏡爲凶爲逆. 在同類則雖
凶辭悖言, 曲爲掩護, 在異己則雖忠言讜論, 目以傾軋, 轉輾層加, 以至於誣衊
聖躬而極矣. 未知殿下以今日是非爲可調劑保合耶? 莫如明辨是非, 嚴示好
惡, 以絶競之端, 則調劑之實在於此矣."

上答曰 : "古今天下, 豈有一邊爲賢則一邊爲逆, 一邊爲逆則一邊爲賢之理
哉? 尤爲可痛者, 彼此皆以誣上爲言, 此非討之也[7), 反誣之也."

---

5) 輔 : 底本에는 "轉"으로 되어 있다. 《御製皇極編》에 근거하여 수정하였다.
6) 乾 : 底本에는 없다. 《御製皇極編》에 근거하여 보충하였다.
7) 也 : 底本에는 없다. 《御製皇極編》에 근거하여 보충하였다.

幼學禹德三疏略曰: "粤自冊儲之初, 逆闉之圖害, 賊鏡之誣孼, 皆從輝疏之陰凶· 耉言之絶悖而發, 則逆闉旣戮, 賊鏡旣誅, 而元惡網漏, 王章莫伸, 臣竊痛焉. 且擧肅廟諸臣, 而師尙謂'甚於昏朝之孽臣', 旣云8)逆婢之所爲, 而恕敎敢指爲'先王之寵愛', 人倫大變, 千古9)羞道, 而世最分疏而營救賊鏡. 丙申處分, 百世宜遵, 而賊鐸謂'入浸潤之譖', 渠亦皆肅廟臣, 則何敢乃爾? 此等之罪, 固當一倂嚴鞫, 亟正常刑." 上命還出給.

○ 造紙別提方萬規疏略曰: "一鏡所撰敎文· 疏章中, 引用霍顯· 梁冀· 閻顯等事, 惟此三事, 備載漢史, 交通太后, 毒殺嗣君者也. 所謂小急手者, 隱然慈聖有所與知於其間者然, 噫嘻! 痛矣!"

又曰: "內屋戚聯, 內屋者何處, 戚聯者何人?" 又曰: "'一札更圖於重宸', 重宸10)指何處而言也? 金姓宮人之有無, 臣不得知之, 只以大行朝'元無'· '本無'等敎觀之, 豈不知其人之實無哉?

末乃粧出尹恕敎投進一疏, 至曰'此賊, 自先朝供奉已久, 以殿下「所愛亦愛之」孝, 有11)所不忍而然12)耶?' 又曰'且如淑媛趙賊, 先王寵姬, 猶加顯戮.'云. 噫, '供奉'· '亦愛'等說, 指意叵測, 淑媛引喩之言, 亦極陰慝, 此實渠輩同然之說也."

傳曰: "此等文字, 雖出一鏡之疏, 爲臣子者, 何敢提論? 方萬規特命削去仕板, 還給其疏."

○ 幼學李瑾疏, 陳明是非分忠逆之義, 請宥金鎭商· 申銋等之竄配.

---

8) 云: 底本에는 없다. 《御製皇極編》에 근거하여 보충하였다.

9) 古: 底本에는 "道"로 되어 있다. 《御製皇極編》에 근거하여 수정하였다.

10) 重宸: 底本에는 없다. 《御製皇極編》에 근거하여 보충하였다.

11) 有: 底本에는 "者"로 되어 있다. 《御製皇極編》에 근거하여 수정하였다.

12) 然: 底本에는 없다. 《御製皇極編》에 근거하여 보충하였다.

○ 京畿道生員安宅仁等疏, 斥黃昱等構誣, 請復權尙夏·李喜朝官爵.

○ 幼學柳組疏, 請法列祖以除黨習, 覈獄案以雪聖誣, 遵遺敎以扶斯文, 傳曰: "柳組疏與禹德三一樣, 還出給."

○ 傳曰: "申鈆特爲放送. 承旨有闕, 代金相玉[13]·朴聖輅除授, 前參判黃一夏敍用."

○ 備忘記: "許玧禮曹參判除授, 金興慶大司憲除授, 兪命弘大司諫除授, 承旨尹鳳朝吏曹參議除授."

○ 左參贊姜鋧·判中樞沈檀·兵曹判書沈壽賢·吏曹判書李肇【四十餘人】等聯名陳疏, 請鞫萬規, 夬正邦刑, 上答曰: "此等之言, 一猶不忍聞, 且成案而按治乎?"

○ 直講安世甲疏論: "參鏡疏六賊之當鞫. 李眞儒爲逆鏡單付金東弼之罪, 權益寬之不悛舊毒, 柳綎之爲逆鏡羽翼, 李明彦之爲逆鏡心腹, 具命圭·李普昱之效忠於三凶. 承旨趙景命之勉出逆鏡, 趙泰億'門生'·'國老'之說, 不可不罪."
又曰: "泰億當其從兄之按律也, 與諸宰同爲入對, 故逆鏡至曰'今以泰億之同入觀之, 其從兄之爲逆可知.', 以爲藉口準請, 其慘毒賊害之狀, 婦孺皆切齒."
上特命還給.

○ 文兼金國礪疏, 論柳鳳輝凶賊之狀·崔鐸之誣上黨私之罪, 上命還給.

---

13) 玉: 뒤에 "除授"가 더 있다. 《御製皇極編》에 근거하여 삭제하였다.

○ 慶尙道幼學金麟14)壽【五百人】等疏, 辨宋時烈黜享·權尙夏追削之冤, 上優批答之.

○ 校理李匡輔疏略曰∶"方萬規忍以金姓宮人之啓, 勒成誣慈聖之名, 此何言也, 寧不痛哉? 水剌尙宮之說, 逆案昭載, 黃水吐出之事, 日記亦符, 則其可不爲之請査耶? 萬規亦一臣子也, 獨不畏天地鬼神乎? 聖批所謂'非討之也, 反誣之'之敎, 眞是覰破此等情狀. 若不施護逆之律, 則向日備忘記不免紙上之空言." 上答以"狂忘之說, 何足深責?"

○ 京畿道儒生韓翊宸【三十餘人】等疏, 請道峯書院復享, 禁尹宣擧父子先正之稱, 仍治群凶毒正之罪, 上答以"已有處分".

○ 進士兪彦鎰等疏, 辨崔鐸之誣, 復揭遺敎, 永作公案, 上答以"已有處分".

○ 修撰姜樸疏, 論柳應煥·方萬規之罪.

○ 前郡守金慶衍疏略曰∶"大行大王自念機務有妨於靜攝, 思遵丁酉遺敎, 此實達權合宜之盛念. 而前後凶徒, 百計沮撓, 或謂之'使令'·'催督', 或謂之'陰移天位', 以至辛丑逆鏡之疏, 則脅迫醜誣, 至此之極. 旣以建儲代理爲罪, 則其於建儲代理之地, 誣辱逼迫, 顧何如也? 此輩一日不誅, 則兩聖受一日之誣, 必加懲討, 亟正王法, 然後可雪神人之憤.

至於朋黨之說, 朱子之訓, 歐陽脩15)之說, 論甚詳明. 況今在廷之臣, 惟以樹黨爲事, 排異爲能, 臣恐'參用'二字無所施矣. 彼盤據銓地者, 不有成命, 肇與世最·珹密生奸計, 始以一二人塞責擬望, 開政之際, 使珹隱伏不參, 詐以不相

---

14) 麟∶底本에는 "獜"으로 되어 있다.《英祖實錄 1年 1月 11日》기사에 근거하여 수정하였다.
15) 脩∶底本에는 없다.《承政院日記 英祖 1年 1月 11日》기사에 근거하여 보충하였다.

通議, 巧爲擊去. 肇之倥侗闒茸, 本不似人, 冒居首銓, 恣行胸臆. 再昨特推, 辭旨切峻, 而菫以數人備擬, 至於承宣之望, 則在京當擬之人, 無端拔去, 非欺蔽而何也?

趙遠命·翼命逆魁之至親也, 翼命則請還收巨源輩特遞之敎, 營護逆鏡, 至被譴罰. 遠命則力救逆鏡構出啓辭, 爲僚席所挽. 傳說藉藉, 人皆絶痛, 而乃汲汲通擬於銓望者, 蓋出於陰護逆鏡之意. 臣謂一倂斥黜然後, 黨習可救. 申鈺之當初出陸, 乃是先朝特恩, 尙今爭執, 亦已甚矣." 上答以"侵斥銓衡, 殊欠公平."

○ 司諫尹會疏, 請嚴鞫萬規, 明正典刑, 承旨尹鳳朝力言萬規之不可拿鞫, 又請李德普之解罰, 上只命疏頭停擧.

○ 以李箕翊爲兵曹參判, 閔鎭遠爲禮曹判書, 李縡爲同經筵.

○ 領議政李光佐疏略曰: "萬規亦人類, 戴天履地, 安得爲此言? 賊婢行藥之說, 出於逆招, 鞫廳査啓, 初以'元無'爲敎. 金盛節處更推窮訊, 竟稱'不知'. 盛節承款多日, 就服之逆竪, 若至經斃, 則亦爲失刑, 故啓以行刑. 今乃以胡不生置, 急急正法爲言者, 此果成說乎?" 上優批答之.

○ 大司諫兪命弘請對入侍, 請尹㝚敎拿鞫, 以斯文是非, 肅廟處分, 向來備局回啓以"非先王本意", 肆然誣捏, 其時回啓諸臣, 并命削奪. 上曰: "回啓之人, 書入可也." 又論李森爲賊鏡腹心, 請絶島圍籬, 上不允.

○ 合啓【司諫李鳳翼·持平柳復明】: "左議政柳鳳輝貫盈之罪, 神人之憤, 可勝言哉? 禁中定策, 授受光明, 而至曰'使令'·'催督', 儲位已建, 八域愛戴, 而獨自'驚遑憂惑', 渠何敢於名號已定之後, 輒懷異意, 謀危國本, 若是無嚴乎?

領議政李光佐凶詭陰譎, 包藏禍心. 向來逆鏡文事出, 衆口譁然, 猶且不言, 乃反崇獎, 超升八座之列, 通擬本兵之長. 及見逆節彰著, 聖敎惻怛, 而身居三事, 終不請討. 自以爲16)丙申以後, 心事未暴, 自劃於肅廟朝, 請罷職. 右議政泰億滅絶倫常, 不齒人類.

逆鏡之敎文出, 而'蹀血'二字, 看作尋常, 昨年鏡賊之儻行, 盃酒講歡, 詩句寓意. 若夫前席所陳'定策國老'·'門生天子'之說, 絶悖無倫, 胡至此極? 請罷."

上命並不從. 又論李森·李師尙等絶島安置, 上只命師尙依啓. 又論李明彦 '援立'·'擁立'等語, 放肆無嚴, 上答以"勿煩".

○ 館學儒生李復齡等疏, 論萬規之陰慝窮凶.

○ 持平李倚天啓請: "獎用逆鏡之銓官摘發, 一倂削黜. 長潤之罪, 可勝誅哉? 己巳黨人, 得罪名義, 聖考嚴斥而峻防, 故此輩畜怨蘊憾, 思欲一逞, 及夫仙馭逾邈, 陵草已宿之後, 乃敢直請改誌, 少不留難, 噫嘻! 痛矣. 昔張釋之曰 '萬一取長陵一掬17)土, 何以加其罪?', 此言罪莫大於犯陵. 今長潤之罪, 已有古人之定案, 請亟黜罪人長潤, 亟正邦刑." 上不允.

○ 正言金相奭啓曰: "行司直尹就商與逆鏡, 結爲腹心, 禍國戕人, 無不陰助. 名出白望之緊招, 而綢繆情節, 一未覈出. 當被拿於鞫獄也, 肆發憤罵之言, 顯有拒逆之狀, 苟有臣節, 安敢乃爾? 請極邊遠竄." 依啓.

○ 館學儒生兪就基【五十餘人】等疏, 斥尹鳳朝之干犯於萬規疏, 亟正誣上之罪. 仍勘18)柳復明護逆之罪, 上責19)以"更起鬧端, 予所不取".

---

16) 爲: 底本에는 없다. 《御製皇極編》에 근거하여 보충하였다.
17) 掬: 底本에는 "鞫"으로 되어 있다. 《御製皇極編》에 근거하여 수정하였다.
18) 勘: 底本에는 "論"으로 되어 있다. 《御製皇極編》에 근거하여 수정하였다.

○ 忠州幼學鄭彦衡【八十餘人】等疏, 請李眞儒·權益寬憑藉朝令, 撤去樓巖書院賜額【宋時烈·閔鼎重腏享】之罪, 仍復院享, 上答“令本道擧行”.

○ 大司諫金在魯疏略曰: “肅宗大王洞見本末, 大定是非, 而敢以‘沈痼’·‘浸潤’等語, 公肆譏詆, 疏儒崔鐸[20]亟命投畀. 朴長潤之請改陵誌, 不覺其自陷於無嚴, 與漢臣所論事不相侔, 伏願參酌定罪. 至於致雲, 戕賢毒正, 挺身效力, 三朝賓師之大老, 至目之‘巨猾’, 山林養德之儒宗, 至謂之[21]‘君讐’, 敢欲售[22]嫁禍斯文之凶計. 向臣所謂‘忠逆不分, 賢邪不審’者, 正指此等處也.” 上優批答之.

○[23] 楊州幼學李志沆[24]【七十餘人】等疏, 略曰: “石室書院卽文忠公 金尙容·文正公 金尙憲妥靈之所, 故相臣金壽恒·閔鼎重·故副提學臣李端相·故判書臣金昌協, 前後配享. 向來邪黨之變, 無所不有, 尤於金壽恒父子, 欲撤其俎豆, 沈埈發啓, 尹會繼之, 以成黜享之謀. 當此新化方隆, 公議快伸之日, 亟命攸司擧行以慰多士之望焉.”

○ 正言金相奭啓曰: “判中樞沈檀以己巳餘黨, 見枳淸議, 得志之後, 投合賊鏡, 緊出於白望之招, 而了無惶蹙之意, 請削黜.” 又請申致雲遠竄, 不允.

○ 行大司成李眞望疏略曰: “前冬以來, 一種不逞之徒, 嗾遠方孼人之子, 誘[25]寒門末宦之類, 借名嘗試, 日積公車, 以一鏡爲穽, 混驅滿庭諸臣, 世道至

---

19) 責：底本에는 “毒”으로 되어 있다. 《御製皇極編》에 근거하여 수정하였다.
20) 鐸：底本에는 “錫”으로 되어 있다. 《御製皇極編》에 근거하여 수정하였다.
21) 謂之：底本에는 “於謂”로 되어 있다. 《御製皇極編》에 근거하여 수정하였다.
22) 售：底本에는 없다. 《御製皇極編》에 근거하여 보충하였다.
23) ○：底本에는 없다. 《御製皇極編》에 근거하여 보충하였다.
24) 沆：底本에는 “杭”으로 되어 있다. 《御製皇極編》에 근거하여 수정하였다.

此, 已可痛心. 至於首揆, 實淸流之領袖, 國家之柱石, 爲宗社·爲聖躬, 滿腔熱血, 與一鏡, 楚·越殊岐, 今之譖者, 白地構鍊, 指意慘毒. 噫! 國有賢相, 何仇於彼, 而若此之甚耶?"

承旨朴聖輅啓曰:"李眞望由縣道投進一疏, 而慍憾於處分之大定, 恚憤於鏡黨之見逐, 至以'世道'·'痛心'·'譖說', 肆行爲言. 噫! 眞望平日持論, 自謂稍別, 而其所爲言, 乃至於此, 人心陷溺, 胡至此極?"上答以"啓槀捧入, 本非美事."

○ 全羅道幼學金宅賢【千餘人】等疏略曰:"先正臣宋時烈·權尙夏汚衊之冤, 旣已昭雪, 則構誣之罪, 不可不懲. 而如昱·甲·龜·錫之毒正, 致雲·慶濟之陷賢者, 尙皆偃息在家, 自同平人. 臣等請略陳此輩, 乘時跳跟, 欺誣罔極之狀, 以備裁擇."

○ 掌令金壇·持平李倚天論李眞望護黨之罪, 請罷職, 答以"勿煩".

○[26] 掌令李彙晉【持平李倚天】等啓曰:"訓練都正南泰徵久爲賊鏡之心腹, 首被凶黨之奬用, 其暗中立功, 與虎賊相爲表裏之狀, 有不可掩者. 前兵使朴纘新以賊鏡爪牙爲森·徵羽翼, 副摠管李汝迪好事賊鏡·附麗森·商, 請竝極邊遠竄. 都事朴弼顯附麗凶黨, 濫通士籍, 昨冬賊鏡拿來之時, 私黨來見者, 一不禁斷, 請削去仕版."不允.

○ 前縣監徐行遠【二十餘人】等疏陳:"亡師李翔告絶尹拯, 大爲其黨之所嫉, 瘐[27]死獄中, 未蒙褒[28]復之典. 亟降明旨, 特命復官."答以"令該曹稟處".

---

25) 誘:원문은 "諉"로 되어 있다. 《御製皇極編》에 근거하여 수정하였다.

26) ○:底本에는 이 항목이 없다. 《御製皇極編》에 근거하여 보충하였다.

27) 瘐:底本에는 "瘦"로 되어 있다. 《御製皇極編》에 근거하여 수정하였다.

○ 吏曹判書<u>李宜顯</u>陳疏辭職. <u>宜顯</u>初自謫中被召, 與人書曰, "今行, 要當令漢水盡赤." 聞者心寒.[29] 判義禁<u>閔鎭遠</u>言於上曰："罪人未正刑者, 無緣坐籍沒之法, 而壬寅之獄, 未承款罪人, 幷施孥籍之典. 凡緣坐人, 例不擧論於疏決, 而此等法外緣坐, 一體書入於疏決, 好矣." 上曰："向來慘毒之事, 予嘗悶惻. 今後未正刑者, 勿爲追施事, 定式."

○ 左議政<u>鄭澔</u>箚略曰："謀危殿下之賊, 尙在原任, 陰護逆鏡之人,[30] 久居右地, 臣何忍與此輩, 比肩哉? 四大臣之不免慘禍者, 不過宮城扈衛事也, 養字事也, 瘆字事也, 臣願亟命攸司, 先雪四大臣之冤, 復其官爵.

<u>李晩成</u>·<u>洪啓迪</u>·<u>金雲澤</u>·<u>趙聖復</u>·<u>李弘述</u>·<u>尹慤</u>等, 一體伸雪. 伊時獄案, 遍示大臣·金吾·三司之官, 齊會賓廳, 陳啓論列, 已死者伸之, 在謫者放之, 宣示八方, 使中外知凶黨欺蔽眩亂之狀."

上從之, 下敎曰："其時推案, 拔去凶言, 而若深思之, 至於何許境界耶? 不思所以伸雪之道, 則非奉承[31]宗廟之意也, 抱冤者昭雪, 豈不有光於大行朝德意也? 不待考閱鞫案, 已知非其逆, 復何事於詢問, 而事體重大, 故有此廣詢矣. 四大臣特爲復官致祭, <u>李晩成</u>等一體復官, 唯諾諸臣放送."

○ 大司諫<u>李喬岳</u>疏, 請<u>韓世良</u>追奪, "賊<u>鏡</u>之敎文中, 蹀血之'蹀'字, 初以'喋'[32]書之, 騎省郞<u>李太元</u>見而改之云. 此句, 何等凶悖? 而<u>太元</u>不加嚴斥, 宜施投畀之典." 上答以"<u>世良</u>事, 不必更論, <u>太元</u>事, 依施."

○ 進士<u>姜柱宇</u>等疏, 伸<u>尹志述</u>之冤, 仍請配食於<u>四賢祠</u>, 上答以"尙靳一兪

---

28)　牽：底本에는 "甄"으로 되어 있다.《御製皇極編》에 근거하여 수정하였다.

29)　吏曹 …… 心寒：底本에는 없다.《御製皇極編》에 근거하여 보충하였다.

30)　人：底本에는 없다.《御製皇極編》에 근거하여 보충하였다.

31)　奉承：底本에는 없다.《御製皇極編》에 근거하여 보충하였다.

32)　喋：底本에는 "蹀"으로 되어 있다.《御製皇極編》에 근거하여 수정하였다.

者, 意亦在焉."

○ 進士沈運熙33)等疏, 請伸雪尹志述, 上不從.

○ 右議政閔鎭遠入侍, 請襃恤尹志述及任敞, 上諭以"太早". 又請肅廟大小
處分, 辛丑34)後變改者, 令政院一一考出復舊, 上曰: "小小事, 何必復舊乎?"
又請韓配夏加資還收, 上曰: "如此等事, 亦欲罪, 則向時之人, 豈有餘哉? 勿
問可也."

○ 敎理李箕鎭疏略曰: "方今鞫事伊始, 端緒漸露, 窮覈賊情, 庶有其路,
竊覵殿下, 每以事關自己, 輒存嫌疑, 不念天討之嚴, 群凶無可討之期, 聖誣
無35)可辨之望. 聖上之所以處分者, 沓沓泄泄也."
　上答曰: "元惡旣除, 冤者旣伸, 則他事置之度外. 雪與不雪, 尤何足論?"
　時虎龍弟時龍及李重煥·柳慶裕·吳瑞鍾等, 方因臺啓設鞫, 一邊之人必欲
蔓延, 欲報辛壬之怨, 而上意專以平恕爲主, 故箕鎭之疏所以發也.

○ 禁府堂上請對入侍, 上下敎曰: "今若更設鞫獄, 則未知至於何境, 將何
以36)收殺乎?" 右議政閔鎭遠曰: "向時臣在外, 不能詳知, 而槪聞虎龍以重煥
推爲元勳, 重煥不肯當之, 至於相爭云矣." 上曰: "虎龍已死, 肯綮俱無, 似難
盤詰得情矣."

---

33) 熙: 底本에는 "熈"로 되어 있다. 《承政院日記 英祖 1年 3月 8日》기사에 근거하여 수정하였
다.
34) 丑: 底本에는 "巳"로 되어 있다. 《承政院日記 英祖 1年 3月 8日》기사에 근거하여 수정하였
다.
35) 無: 底本에는 없다. 《御製皇極編》에 근거하여 보충하였다.
36) 以: 底本에는 없다. 《御製皇極編》에 근거하여 보충하였다.

○ 忠淸道進士安后奭等疏, 請宋奎濂賜額書院, 特許復設以慰士林, 上令該曹稟處.

○ 持平李倚天疏, 請: "向來凶黨欺蔽先王·威逼殿下之狀, 命大臣·卿宰·三司, 會于賓廳, 考閱《政院日記》·禁府獄案, 某某人以某某事當誅·以某某事當竄, 以至或黜或罷, 條列而上, 自上商量施行焉." 上不許.

○ 掌令李彙晋【持平李聖龍】等啓曰: "頃年申慶濟疏極凶慘, 以'亂逆'二字加之於先正臣宋時烈. 語意之凶毒, 不以人類責之, 請極邊遠竄." 依啓.

○ 京畿·黃海兩道儒生趙德器【六百餘人】等疏, 請毁宣擧之院以正毁聖之罪, 削拯之官以治背師之罪, 前後投疏諸人鐸·范甲等痛加懲礪, 答以"醜正之說, 何足更提?"

○ 獻納鄭宅河啓略曰: "昨年逆鏡事之始發, 李巨源·李眞洙等, 敢爲營救之計, 深夜請對, 至以討鏡謂之'構陷', 柳時模謂之'不思出處', 金始鑌以'有心'·'無心'等語, 恣意熒惑, 請並命遠竄." 不允.

○ 鞫廳啓曰: "因臺啓, 壬寅誣獄承服者, 令鞫廳摘發其可疑, 其日執事·書吏·羅將並嚴問得情事, 命下矣, 書吏等或出使遠地, 發遣府都事拿來. 傳曰: 其中所緊者胥隷數人囚禁, 其餘勿拿."

○ 正言李秉泰啓請: "四大臣合啓首發三司, 與時龍一體鞫問, 連啓諸臣并遠竄. 李世最身爲憲長, 當逆鏡被劾於金東弼也, 急急投疏, 旣以'扶天擎日'擬其功, 又以[37]'倡義抗論'許其節, 請遠竄." 答以"勿煩".

───────────

37) 又以: 底本에는 없다. 《承政院日記 英祖 1年 3月 22日》 기사에 근거하여 보충하였다.

○ 秋[38]備忘記："昔年先朝處分至嚴, 大行朝繼述之意藹然, 而[39]逞憾之輩, 構誣大臣·廷臣於惡逆之科. 黨錮何代無之, 未有如此輩之毒手. 逆鏡唱之於前, 賊虎應[40]之於後, 其間十一人事發啓者, 鏡·虎之掎角也, 妖儉是鏡·虎之爪牙也. 陰使虎賊, 遽上變書, 鍛鍊獄事, 世間豈有閱歲鞠獄哉? 既曰'搢紳疏', 則何只七人? 指謂此疏曰'爲世弟者', 乃妖儉之說也, 表裏相符, 明若觀火.

既伸大臣之冤枉, 其所誣陷諸人, 竄而殛之, 未爲不可, 而予不深治者, 亦有意見. 然明其是非者, 乃人主之所管也, 使中外曉然知向日奸凶誤國之事, 其令館閣作文, 頒示中外."

○ 左議政鄭澔箚略曰："聖誣終不可辨, 國賊終不可討, 微臣之所自期者, 無復可效. 又聞日昨因僚相陳達, 將有告廟頒敎之擧, 臣則以爲太早. 今日之事, 辨誣討賊, 本也, 伸冤削勳, 末也. 諸臣之冤雖伸, 聖躬之誣自如, 未知何事而告廟耶. 且於告廟之文, 必以'先王不幸有疾, 爲群少欺蔽'爲辭, 然後先王之盛德, 始可彰明."

上答曰："告廟事, 耆舊之臣慘被誣衊, 則告其事而伸其冤也. 告文措辭, 豈忍更提此等語?"

○ 掌令金墰疏略曰："殿下試想向日景象. 無數忠良騈首就戮, 至於家屬亦多强死者. 故相臣李健命死後, 其兩孤到德山地藁葬, 預掘兩坎於傍, 一時受絞, 行路垂涕, 非緣坐而自死者, 不可勝數. 臣謂今日感傷和氣, 不在於罪此輩, 而在於不罪此輩也. 且告文措語, 不可模糊, 而殿下乃以'豈忍更提?'爲敎, 何其群凶之欲諱, 而殿下亦隨而諱之? 若有一毫所損於先王, 則大臣之語, 豈如是乎?"

---

38) 秋：《承政院日記 英祖 1年 3月 25日》기사에 근거하여 연문으로 판단하여 번역하지 않았다.
39) 而：底本에는 없다. 《御製皇極編》에 근거하여 보충하였다.
40) 應：底本에는 "龍"으로 되어 있다. 《御製皇極編》에 근거하여 수정하였다.

○　左議政鄭澔·右議政閔鎮遠入侍時, 鎮遠曰：“告廟文添入‘有疾’一款, 實非留難之事也.” 上曰：“左相箚批, 已言之矣.” 兵曹判書洪致中曰：“疾病之來, 聖人亦不免, 此豈可諱之事? 敎文之中, 略及欺蔽之意, 何害於道理耶?” 吏曹判書李宜顯曰：“此在聖德, 尤爲光明, 右相袖箚本意如是.” 右參贊金興慶曰：“添入此語, 然後大行聖德彰明矣.” 承旨金橰曰：“臣於辛丑, 疏請親祭, 批至以‘予有不潔之疾’爲敎, 豈不知大行王之有疾耶?” 司諫魚有龍等亦請其添入‘有疾’. 上曰：“不必曰‘有疾’, 只曰‘大行朝違豫’, 可也.”

○　鞫廳入侍. 閔鎮遠請褒贈趙聖復, 上許之.

○　司果鄭錫三疏略曰：“頃日相臣袖箚, 以先大王疾患布告中外爲請, 他相之箚, 又復力請, 畢竟登對, 果蒙準許云. 臣竊不勝駭憤隱傷, 直欲痛哭流涕. 噫噫! 相臣亦經事先朝, 安忍以此言進於今日哉? 父兄之事, 雖尋常言動之節, 在身後對人, 而言尙忧然. 況今追提聖候, 何等至痛, 豈殿下之所忍聞·所忍言耶? 相臣之言, 使我殿下孝悌之家法, 將貽譏萬世, 臣實悲之.

噫! 先王雖有違豫之候, 在宥之時, 因事直陳, 容不至大悖義理, 及今山陵甫畢, 而突然誦陳於聖上棼然在疚之中, 遂至告廟而頒敎, 此何事也? 藉令先朝處分爲群下所欺, 眞[41]如相臣之言, 惟當曰‘罪在群下’而已. 如是亦足快意, 顧何忍提不忍言之言, 忍爲不忍爲之事, 上以愧祖宗之神靈, 下以駭四方之瞻聆哉?

彼相臣·諸臣一請再請, 左右迭陳, 終至於撓奪殿下之所守.所[42]可痛惜者, 殿下之孝思, 見誤於一種反常之論, 將無以有辭於後世. 臣忠憤所激, 不容不言, 乃所以爲萬世綱常計也.”

---

41) 眞：底本에는 “直”으로 되어 있다.《承政院日記 英祖 1年 4月 8日》기사에 근거하여 수정하였다.

42) 所：底本에는 없다.《御製皇極編》에 근거하여 보충하였다.

傳曰: "觀鄭錫三疏辭, 請收成命, 大意好矣, 少不顧藉, 侵逼大臣. 噫! 錫三
爲人, 非甘心護黨者, 猶且如此, 他尙何說? 削黜."

○ 領議政鄭澔·左議政閔鎭遠皆陳疏自辨, 洪致中等聯名疏辨.

○ 三司請對入侍時, 司諫魚有龍論鄭錫三之罪, 請令圍置. 承旨趙彦臣·掌
令李彙晉·校理洪鉉輔·李重協·正言李秉泰等亦力論其罪, 或謂'狡慝', 或謂
'構陷', 上不聽.

○ 全羅道儒生李世樞等疏, 請故相臣李敬輿及子敏敍復享書院, 上許之.

○ 前文學宋寅明疏略曰: "伏聞昨日三司請對, 告廟頒教中添入事, 還寢
之命, 又復收回云, 臣竊痛傷. 君父不幸有疾, 乃於山陵甫畢之後, 遽登王言,
告太廟而宣八方, 人情天理之決不忍爲者, 彼三司諸臣必欲慫恩我殿下者, 抑
獨何哉?" 上命還給其疏.
　同知徐命均亦疏論其不可, 　掌令李倚天啓請徐命均·宋寅明[43]並與鄭錫
三, 一體論斷.

○ 執義宋必恒疏略曰: "李顯章 帝奕·嬰孩之喩, 尹恕敎所愛亦愛等語, 誣
悖侮慢." 仍論李森·南泰徵·全羅監司權詹·慶尙監司權以鎭·全州判官曹命
宗·平壤庶尹李普赫·醴泉[44]郡守柳鳳齡·鴻山縣監尹彬及其他邊將十餘人.

○ 掌令李倚天啓略曰: "趙趾彬性本狂悖, 戕害忠賢之事, 無不擔當. 鍾樓
通街, 逢新嫁少女之行, 立馬街上, 上下衣裳, 使之赤脫. 擧措駭悖, 請絶島定

---

43) 明: 底本에는 "命"으로 되어 있다. 《御製皇極編》에 근거하여 修正하였다.
44) 泉: 底本에는 "川"으로 되어 있다. 《御製皇極編》에 근거하여 修正하였다.

配."

○ 京畿道幼學<u>尹來成</u>等疏, 請四大臣建宇立祠, 以爲並享表忠之方, 又請<u>李喜朝</u>書院之建, 上答以"議大臣稟處".

○ **冬**, 賓廳【左議政<u>閔鎭遠</u>·右議政<u>李觀命</u>·吏曹判書<u>李宜顯</u>·戶曹判書<u>申思喆</u>·工曹判書<u>黃一夏</u>·護軍<u>吳重周</u>·刑曹參判<u>張鵬翼</u>·護軍<u>李鳳祥</u>·兵曹參判<u>黃龜河</u>·右尹<u>李喬岳</u>·兵使<u>崔鎭漢</u>】啓[45]略曰: "力沮二聖之大策, 將絶三宗之血脈者, <u>鳳輝</u>之逆也, 讐視肅廟, 乘時逞憾, 密布凶計, 終始諱疾者, <u>光佐</u>之逆也, 敢引國老之悖說, 誣辱聖躬, 密贊賊<u>鏡</u>之凶謀, 圖煽危疑者, <u>泰億</u>之逆也.

至若創出'嫌'字, 始啓動搖之奸謀, 締結閹豎, 終至北門之鑽入, 置聖上於黯黮之中, 戮忠良於刀鋸之下者, <u>耉</u>[46]·<u>恒</u>爲逆之大關捩. 而其他可誅之罪, 罔赦之惡, 何? 莫非誣衊謀危, 而特未下手. 此非殿下之罪人, 實宗社之罪人, 伏願亟從三司之請." 上答以"勿煩".

○ 大司憲<u>金取魯</u>【大司諫<u>李箕翊</u>·執義<u>李聖龍</u>·掌令<u>鄭匡濟</u>·持平<u>林柱國</u>·<u>尹焜</u>·獻納<u>李倚天</u>·正言<u>成震齡</u>·<u>尹心衡</u>】等伏閤連啓, 進士<u>趙興林</u>等亦疏, 論<u>柳鳳輝</u>·<u>趙泰耉</u>·<u>李光佐</u>等之罪.

○ 左議政<u>閔鎭遠</u>率百官庭[47]請屢啓, 不聽.

○ 四學儒生<u>尹萬東</u>等疏, 陳<u>柳鳳輝</u>等之罪.

---

45) 啓 : 底本에는 이 앞에 "等"이 더 있다. 전남대학교 중앙도서관 소장 《皇極編》(청구기호 : OC 2A5 황18ㅈ, 이하 '전남대본'으로 표기함)에 근거하여 삭제하였다.

46) 耉 : 底本에는 "泰"로 되어 있다. 《御製皇極編》에 근거하여 수정하였다.

47) 庭 : 底本에는 "廷"으로 되어 있다. 용례에 근거하여 수정하였다.

○ 賓廳大臣以下引見, 上諭以<u>鳳輝</u>等不必論罪之意, 大臣以下力陳其罪狀, 終不聽.

○ <u>京畿</u>·<u>忠淸</u>·<u>江原</u>三道儒生<u>白時淸</u>【百餘人】等疏, 論<u>鳳輝</u>等之當罪.

丙午二年春, 掌令<u>任徵夏</u>疏略曰 : "粤自庚子大喪以後, 凶黨排布, 禍機莫測. 臣父故執義臣<u>泗</u>, 適當此時, 久居臺職, 凡嚴隄防折牙角之道, 靡不挺身擔當. 臣欲繼其志, 何敢自愛?

其一曰, 恢聖志以立大本. 人君代天理物, 其責愈重, 不宜妄自菲薄. 況當一亂之後, 任一治之責者, 豈可循常蹈舊, 東塗西抹而止哉? 嗚呼! 天厄我東, 禮樂·征伐, 不得自天子出, 亦已久矣. 蓋自辛丑以來, 群凶之縛束我殿下, 無餘地矣, 末乃[48]以賊<u>虎</u>爲元勳, 逼殿下苣其盟. 煌煌鐵卷, <u>歷歷</u>銅盤, 臣僚圜立, 鬼神森列, 此時殿下踽踽在坐, 何以爲心? 此時則殿下固不得自由矣, 及至今日, 誰禁而不能發奮耶?

其二曰, 行天討以定[49]國是. 今殿下若以<u>耆</u>·<u>輝</u>輩, 謂非逆則已, 旣知其爲逆, 而惟以'先王之所不討, 我則討之爲嫌而不敢討', 則是何大異於<u>大舜</u>之爲也? 凶黨禍心, 實基於丁酉獨對事也. 惟彼凶黨, 得罪名義, 不容於聖考, 指天畫地, 以俟一日, 及有此事, 大生疑惑, 脅迫之言, 左右迭至, 至於<u>趾完</u>而極矣. 其後<u>眞儉</u>[50]以'銀貨用於何處'之說, 恐動我先王, <u>泰耇</u>以'不可冒嫌出見'等語, 恝[51]間我先王, 此實凶黨之宿計, 而殿下之禍根也.

先王若無疾患, 又有嗣續之望, 而彼四大臣者, 有私於殿下, 急急定策, 則是

---

48) 乃 : 底本에는 "來"로 되어 있다.《御製皇極編》에 근거하여 수정하였다.

49) 定 : 底本에는 "正"으로 되어 있다. 전남대본에 근거하여 수정하였다.

50) 儉 : 底本에는 "儒"로 되어 있다.《承政院日記 英祖 2年 2月 15日》기사에 근거하여 수정하였다.

51) 恝 : 底本에는 "甚"으로 되어 있다.《御製皇極編》에 근거하여 수정하였다.

四大臣有異心者也, 殿下惟當以逆治之. 今乃不然, 四大臣者, 眞爲忠, 而構殺者, 眞爲逆也. 殿下旣知其然, 則亦當以逆治之而已. 諸臣之必欲嚴討復者, 亦豈欲人人而盡誅哉? 殿下先疑諸臣之急於報復, 過於殺戮, 乃强作別件義理, 多般周遮, 由是義理不明, 民志不定."

上答曰: "'一亂一治'·'禮樂'·'征伐'等語, 予未知其得當矣." 徵夏引避曰: "臣所論第一條中'一治一亂'之說 只是泛論時運而已. 帝堯之時有洪水之害, 故孟子擬之於一亂, 何損於堯之聖德也? '禮樂'·'征伐'云云者, 亦有說焉, 辛丑以後事, 皆出於先王之本意耶? 直以出於渠輩之口者, 依俙作上敎. 況最初備忘之出尙儉之手, 中外之所共知, 尙儉雖誅, 安知不有他尙儉耶? 殿下未免爲凶黨撓奪, 以諱疾爲第一義理, 一時之口猶鉗, 百世之史冊, 將如之何哉?"

正言洪鳳祚處置, 請任徵夏出仕, 上特命遞差. 政院【承旨金取魯·洪好人·愼無逸·李溥·李聖龍·李倚天】繳還, 請寢遞差之命, 上責以"可駭".

○ 前主簿權扶疏略曰: "卽接過去邸紙, 掌令徵夏避辭, 肆辱先王, 無所不至, 乃敢直歸之於一亂. 至以伊時備忘, 謂非盡出於先朝, 此古今悖逆之臣, 未嘗覯者. 乞降明旨, 亟正徵夏之罪."

政院【承旨上同.】啓曰: "卽者前主簿權扶來呈一疏, 而措辭則以任徵夏避中數句語, 謂之'肆辱先王'. 原其心, 則只欲快正群凶之罪, 以明大行之聖德, 何嘗一毫碍逼? 而今扶闖機跳跟, 用意構捏, 直驅之於逼辱先王之科, 其嫁禍縉紳之心者, 誠極巧惡矣". 傳曰: "今觀權扶上疏, 欲售嘗試之計. 此不過踽踽之類, 妄揣予意, 藉徵夏, 亂朝廷之意, 不可不痛懲. 權扶極邊遠竄."

○ 執義李端章請還收任徵夏[52]特遞之命.

○ 前司書李善行【前修撰姜楈·前縣監吳光運·前正字洪景輔·趙鏽·洪曙】等疏略曰:

---

52) 夏：底本에는 없다.《御製皇極編》에 근거하여 보충하였다.

"伏見<u>徵夏</u>疏避, 則肆口噴薄者, 無非誣辱先朝, 大不敬·大不道之言. 有曰'一亂'也, '撥亂反正'也, '禮樂·征伐, 不得自天子出'也, 有曰'最初備忘出於<u>尙儉</u>之手者, 中外共知, <u>尙儉</u>雖誅, 安知不有他<u>尙儉</u>?'云者, 此實君臣以來, 所未有之變也.

　殿下因心之德, 宜正典刑, 以謝神人, 乃以乖激之習責之, '乖激'二字, 豈此賊之題目耶? 臣等悲憤痛迫, 瀝血封章之際, 有<u>權扶</u>者, 先進討賊之章, 遽被竄配之典, 殿下之處分, 其可謂得其中乎? 伏願快正<u>徵夏</u>誣上不道之罪, 以定[53]君臣之義."

　幼學<u>李舜欽</u>【五十餘人】等疏, 請<u>徵夏</u>凶悖之罪, 備忘記: "日昨<u>任徵夏</u>之疏, 拈出下批者, 無他意, 責其妄言也. 先有<u>權扶</u>, 次有<u>善行</u>, 又有儒疏, 自以爲一機, 迭相投疏, 其意不專在於<u>徵夏</u>. 噫! 是非<u>徵夏</u>誣之也, 實渠輩爲之也. 疏頭<u>李善行</u>, 極邊遠竄, 疏儒<u>李舜欽</u>, 遠地定配. 敢爲妄言, 起鬧端於靜處, 使群奸售計, 亦不可置之, <u>徵夏</u>遠竄."

　○ <u>龍崗</u>縣令<u>趙顯命</u>疏略曰: "適到城中, 得見掌令<u>任徵夏</u>之疏本, 其所以誣逼先大王者, 罔有紀極. 一則曰'禮樂·征伐, 不得自天子出, 久矣', 一則曰'一治一亂'. 又見避辭, 則其所自爲註脚者, 乃不成說.

　噫! '濁亂'之亂, '一治一亂'之亂及'撥亂反正'之亂, 用處不同, 雖初學小兒, 亦可知之. 洪水之說, 非<u>舜</u>之臣, 混<u>堯</u>之治, 而竝謂之亂世, 告之<u>舜</u>者也. 其餘字字, 皆有來歷, 此其指先王而詬辱之也, 明白無疑矣.

　自夫言議岐而人心陷溺, 甚至於一國所共戴之君父, 亦不免因其利害, 而人異其說. 談功德, 則或贊之爲聖主, 或薄之爲亂世; 語疾患, 則或歸之全不省察, 或謂之不至太甚.

　各自爲一, 副當言議, 牢不可破, 則今雖使臣, 析理如<u>朱子</u>, 騁[54]辭如<u>子貢</u>,

痛陳實狀, 快劈誣言, 彼徵夏之徒, 必復歸之於'諱疾'之科, 益肆悖慢[55]之說, 此正無奈何處也. 請就徵夏之所爲說者, 創爲假設[56]之辭以辨明之.

嗚呼! 徵夏之言曰'禮樂·征伐, 不自天子'云者, 謂專出宦孽之手也, 臣請[57]詰之曰: '假令有是事矣. 然人臣論事, 不諱君父之過者, 欲其受諫而改之也. 徵夏若投匭早言於甲辰以前, 則可也, 仙馭已遠, 萬事已畢之後, 歷數臚列之於殿下之前者, 何意乎?'

爲此論者, 皆曰'疾病也, 無傷於本然之德', 臣請詰之曰: '假令有是事矣. 然雖曰疾病, 若全不省察 一任群奸之擅弄, 顚覆成憲, 戕殺賢臣, 此爲美事耶? 哲行耶? 堯·舜有是耶? 文·武有是耶? 抑暴而揚之於天下後世, 謂有光耶?'

人皆有父兄, 貴賤一也. 假令夫人之父, 不能常健而有病, 不能必賢而有過, 及其旣沒之後, 人或有歷擧其病謬之狀, 而刺口言之, 又從而解之曰'疾病也, 無傷於本性也', 爲徵夏者, 將聞之樂乎? 抑慽乎? 況以徵夏之豪奴健僕, 左右交誦之, 則徵夏之心, 益當如何? 徵夏苟以此反求乎其心, 則亦可以仰揣我殿下痛迫之至情也.

爲今日之論者, 若欲以壬寅獄之多濫爲咎, 此則群臣在焉, 毋論大官·小官, 如臣輩者亦當日侍從之列也, 雖擧其類而盡誅之, 若不一毫累及先王, 則受其罪者, 固當甘心, 責其罪者, 不患無辭. 獨奈何人人必攙先王, 事事必提先王, 有疾與無疾, 本意與非本意, 一之再之, 左之右之, 摠以應之於一亂之否運, 何其甚耶?

夫變易朝象, 刑殺若而人, 此在先朝, 不過刑政之一事耳. 設有未盡善者, 責群臣以不能奉承聖德之罪而止, 則足可了當, 又何苦以擧朝閟藏, 必欲專歸之於先王不能省察之咎, 以爲必若是而後, 先王本然[58]之德, 可明也?

---

54) 騁 : 底本에는 "聘"으로 되어 있다. 전남대본에 근거하여 수정하였다.

55) 慢 : 底本에는 "慍"으로 되어 있다. 《御製皇極編》에 근거하여 수정하였다.

56) 設 : 底本에는 "說"로 되어 있다. 전남대본과 《歸鹿集 論任徵夏疏丙午》에 근거하여 수정하였다.

57) 請 : 底本에는 "謂"로 되어 있다. 《御製皇極編》에 근거하여 수정하였다.

夫本然之德云者, 卽所謂天命之性, 降衷之善也. 天命之性, 降衷之善, 雖下
愚, 皆稟之於初, 而幽·厲·桀·紂亦未嘗無之者. 今乃以我先王大德至仁, 四年
爲治, 許多好處, 一切抹摋, 獨表此以號之於天下曰'我先王實嘗有天命之性,
降衷之善', 人之聞之者, 果將以爲聰明聖哲之主耶? 嗚呼! 可謂萬古之至冤也.

人之所貴乎有賢子弟者, 以其身雖沒, 而名則愈顯也. 今我先王, 以我殿下
爲親弟, 禮則君臣, 義則父子, 誠可謂無憂者然. 然山陵纔[59]訖, 靈殿未撤, 而橫
攙之言, 暴訐[60]之說, 瀾翻於章牘, 霧起於朝著. 以殿下出天之孝·高世之行,
耳雖不忍聞, 而終不能搪塞其口者, 何故也?

大抵臣之本意, 以爲先王疾之淺深, 殿下當詳知於上, 政之得失, 公議必尙
論於[61]後, 皆無事乎呶呶訟言. 惟其疾雖深, 政雖失, 苟其嘗北面先朝者, 決不
當肆口恣言於今日殿下之側.

何則, 義可以肆言, 而不敢肆言, 猶不失爲[62]孝悌之過也, 義旣不可肆言,
而任其肆言, 莫之或禁, 則彼言者不足恤, 其爲累於聖德, 雖千萬世, 終不可磨
也.

伏願明勅朝廷, 以自今以後, 欲論辛·壬之事者, 只可曰某臣可罪也·可竄
也, 不可以一言半辭, 攙及先王, 一依宋 仁宗禁言太后時事之例, 幸甚."

上答曰:"疏中所論, 不能破脫曉然. 爾亦如此, 他尙何說? 所引宋 仁宗事,
是矣.[63]"

○ 藥房入侍. 左議政閔鎭遠曰:"臣於昨年敢陳手箚, 其第一條卽'大行大
王有違豫之候, 爲群小[64]所欺蔽, 必須明白下敎, 然後大行之德可明, 而所受

---

58) 然 : 底本에는 "意"로 되어 있다. 《御製皇極編》에 근거하여 수정하였다.
59) 纔 : 底本에는 "讒"으로 되어 있다. 《御製皇極編》에 근거하여 수정하였다.
60) 訐 : 底本에는 "奸"으로 되어 있다. 《御製皇極編》에 근거하여 수정하였다.
61) 於 : 底本에는 없다. 《御製皇極編》에 근거하여 보충하였다.
62) 爲 : 底本에는 "言"으로 되어 있다. 《歸鹿集 論任徵夏疏丙午》에 근거하여 수정하였다.
63) 矣 : 底本에는 없다. 《御製皇極編》에 근거하여 보충하였다.

之誣可洗’, 以爲今日第一義, 莫過於此. 自上特下備忘, 雖未能嚴正痛快如臣等之所望, 而上意所在, 則群下莫不知之. 旋因宋寅明上疏, 乃有備忘改下之擧, 比前尤不明白, 故群下莫不抑鬱矣. 蓋向時凶徒, 若明著先王違豫之實, 則渠輩罪狀, 將無以逃, 故必欲掩諱者, 此也. 昨見任徵夏疏避,[65] 皆自抑鬱中出來, 而亦小臣袖箚之意也, 今有徵夏遠竄之命, 臣實惶悚.”

上曰: “徵夏之疏, ‘一亂後一治’, 非泛然下語”, 又曰: “‘禮樂’云云, 向來群小之罪, 若欲臚列, 豈無他語而用此等語乎?” 鎭遠曰: “‘一亂’之言, 驟看誠妄矣, 蓋渠之本意, 殿下承群小[66]濁亂之後, 當一治之意云爾. 趙顯命疏中宋仁宗故事, 臣意則不然. 明肅太后多失德之女主也, 若我大行朝, 則少無失德, 違豫之中, 群小乘時欺蔽之·脅迫之, 乃與明肅比擬, 則豈不痛冤乎? 上於此事, 終不明示處分, 故擧懷抑鬱, 不特徵夏一人也.”

○ 玉堂【副應敎李秉泰·校理李顯祿·修撰黃梓】請對, 力救徵夏, 上不聽.

○ 承旨洪好人啓曰: “知事吳命恒等投呈一疏, 而不過如日昨[67]權扶·李善行輩疏語, 何以爲之?” 傳曰: “勿爲捧入.” 執義李端章請還收任徵夏遠竄之命.

○ 正言尹渉啓曰: “日昨善行等遠竄之後, 以更提此事, 則繩以不道之律, 特下備忘, 乃者吳命恒·李麟[68]徵·李萬選等輕視王言, 不有國法, 各率徒黨, 復襲善行之凶說,[69] 敢肆跳踉, 請幷命極邊遠竄. 趙顯命疏, 外事閃弄, 內藏機

---

64) 小: 底本에는 “少”로 되어 있다. 《御製皇極編》에 근거하여 수정하였다.

65) 避: 底本에는 “辭”로 되어 있다. 《御製皇極編》에 근거하여 수정하였다.

66) 小: 底本에는 “奸”으로 되어 있다. 《御製皇極編》에 근거하여 수정하였다.

67) 日昨: 底本에는 “昨日”로 되어 있다. 《御製皇極編》에 근거하여 수정하였다.

68) 麟: 底本에는 “獜”으로 되어 있다. 《御製皇極編》에 근거하여 수정하였다.

69) 說: 底本에는 없다. 《御製皇極編》에 근거하여 보충하였다.

巧, 用意之奸回, 造辭之陰慝, 十手難掩, 畢露無餘. 噫嘻! 渠於平日, 自謂彼輩中頭角稍出, 而豈料一至於此哉? 陰陽情態, 眩亂聖聰, 若顯命者, 尤不可一日緩其罪, 請極邊遠竄." 上答以"此等層激之論, 予實未曉".

○ 左議政李觀命疏略曰: "彼護逆之類, 熒惑聖聰, 文飾奸言, 以殿下之明聖 未免爲三至讒言所動撓, 拈出徵夏一句語, 以示未安之意, 又啓群小憑藉誣陷之資, 臣竊惜之." 上答以"任徵夏事, 其言旣妄, 則投畀之典, 烏可已乎?"

○ 正言閔應洙疏略曰: "趙顯命之疏, 指意近於宛轉, 辭語微有曲折, 比善行輩, 稍若有間, 而以臣愚見, 其可駭可惡者, 反有甚者. 噫! 愛戴吾君, 同出秉彝, 而顯命則乃曰'贊之薄之, 因其利害而爲之', 言之無倫, 何至是也? '全不省察', '不至太甚'之說, 自爲評品, 是果臣子之所敢萌心者乎? 其曰'顚覆成憲, 戕殺賢士, 爲美事耶? 爲哲行耶?'. 噫! 先王無顚覆成憲之事, 而顚覆者群小也; 先王無戕殺賢士之意, 而戕殺者群奸也.

顯命果知挈神器而授殿下, 爲先王之至仁盛德, 則彼斥建儲之擧, 使殿下受其誣逼者, 亦何[70]不爲顯命之所痛疾耶? 其曰'本然之德'云者, '下愚皆稟之於[71]初, 桀·紂·幽·厲亦未嘗無'云, 何其言無嚴至此耶? 至於渠輩欺蔽濁亂之跡, 一切歸之於先王, 如顯命者, 亦曰'此不過政刑之一事', 使不敢提論, 此爲凶黨自脫之計則得矣, 其於玷累聖德, 果何如耶?

'假令夫[72]人之父'云云, 雖甚近褻, 渠旣假設, 臣請因以詰之. 人有賢父兄, 不幸因[73]疾病, 家事或違其本情, 則其相愛者, 當明言於鄕黨州閭, 曰: '此由疾病, 而本情則未嘗有是也.' 爲其子者, 亦曰'疾病而然也'. 如是則明[74]言其疾

---

70) 何: 底本에는 "可"로 되어 있다. 《御製皇極編》에 근거하여 수정하였다.
71) 於: 底本에는 없다. 《承政院日記 英祖 2年 3月 6日》기사에 근거하여 보충하였다.
72) 夫: 底本에는 "大"로 되어 있다. 《御製皇極編》에 근거하여 수정하였다.
73) 因: 底本에는 없다. 《承政院日記 英祖 2年 3月 6日》기사에 근거하여 보충하였다.
74) 則明: 底本에는 "明則"으로 되어 있다. 《御製皇極編》에 근거하여 수정하였다.

者, 爲[75]愛其人乎? 諱其疾, 而以其事歸之於其人之所自爲者, 爲愛其人乎?[76] 明言其父之疾, 解惑於鄕黨者, 爲孝乎? 寧使本情不暴而不忍辨[77]者, 爲孝乎?

況其豪奴健僕乘其疾病爲之, 初無預於其父, 則爲其子者將諱其疾, 而以豪奴健僕之所爲, 隱然若其父之自爲而不敢言乎? 使顯命當之, 何擇而居之? 譸張爲說, 憑藉喝聾, 終至援据明牕事, 而請爲設禁, 則其所以眩幻疑亂, 果何如?"

上答曰[78]: "凡疏章, 有心而見, 則其辭亦有心, 而無心而見, 則其辭亦無心矣. 向予無心見之, 今爾有心見之, 予實病之."

丁未三年春, 京畿道幼學李永祚等疏請, 壬寅被禍人故判書李晩成·申鈦·宋相琦·金雲澤·校理金民澤·承旨金濟謙·武臣李宇恒·李尙馥·李壽民·沈檀等, 幷[79]令配享於士大夫書院, 上命還給.

○ 禮曹參議金祖澤疏斥時事, 語侵大臣, 至曰"忘君父之深讎, 視國事於秦瘠". 上下敎曰: "祖澤旣非諫官, 則當有出位之嫌, 而其無顧藉, 至於先王被罔極之誣說, 言之無倫, 胡至此哉? 若不嚴懲, 無以懲末世, 金祖澤削黜."
承旨洪龍祚·慶聖會繳還備忘, 上責以護黨, 從重推考.

○ 正言趙明翼·校理朴師聖陳疏, 營救祖澤, 上皆不納. 持平李膺疏, 請痛

---

75) 爲 : 底本에는 "謂"로 되어 있다.《御製皇極編》에 근거하여 수정하였다.
76) 諱 …… 乎 : 底本에는 없다.《承政院日記 英祖 2年 3月 6日》기사에 근거하여 보충하였다.
77) 辨 : 底本에는 "斥"으로 되어 있다.《御製皇極編》에 근거하여 수정하였다.
78) 曰 : 底本에는 이 아래에 영조의 비답이 빠져있다.《英祖實錄 2年 3月 6日》기사에 근거하여 보충하였다.
79) 幷 : 底本에는 그 뒤에 "幷"이 더 있다.《御製皇極編》에 근거하여 삭제하였다.

辨[80]忠逆之實, 入送彼中壬寅奏文, 必爲請還, 上不許.

○ 前正郎朴文秀疏, 略曰:"顧今國中, 豈無一介敢言之士? 而素不識何狀之權扶, 亦能倡疏扶倫於衆口[81]囁嚅之日, 炳然忠赤, 足令起敬." 持平李膺以遣辭陰巧, 意在嘗試, 請文秀削黜, 上不聽.

○ 備局堂上引見入侍時, 三司【掌令李光運·正言宋秀衡·校理趙明澤】合啓光佐·泰億·泰耇·錫恒事, 上曰:"已諭於筵中, 更何言也?"明澤曰:"輝賊曳屍歸來, 已爲埋瘞云, 臣民痛惋, 可勝言哉? 亟施孥籍, 宜矣." 上曰:"鳳輝生前斬允, 死後收孥, 何可聽也?"兩司請南九萬·尹趾完·崔錫鼎黜享事, 上曰:"廟庭配享, 事體至重, 誠極寒心."

光運讀[82]疏下五賊正刑之啓, 上命書傳教, 略曰:"正法五賊, 心所審愼, 三司之臣, 或以先正法於儒·夢爲達, 則不然. 既曰'五賊', 則區別, 不知其正當, 故消詳于心. 五賊之一時正法, 非王者重愼之道. 三司雖曰儒·夢, 予則以爲明誼亦其一也, 强爲區別, 豈不苟艱哉? 疏中鏡下一人, 依疏頭例, 其令王府, 須擬次律."

右議政李宜顯曰:"聖教誠然, 區別苟且矣, 此教不可頒示矣." 上曰:"然則卿意何居?"宜顯曰:"臣意則五賊不可區別矣." 禮曹判書申思喆曰:"眞儒·弼夢·明誼中一則正法, 其餘則[83]不施同律, 非一體勘斷之意也." 光運曰:"三年斬允之餘, 有此處分, 群情差强矣." 上曰:"諸臣欲正法於五賊耶? 日昨三司所爭, 惟在儒·夢, 今以次律論斷一逆, 則諸臣又復煩請, 極涉過矣." 判尹李秉常曰:"殿下或以多人之一時竝戮, 有所不忍. 而參疏之規, 例以官

---

80) 辨 : 底本에는 "斥"으로 되어 있다. 《御製皇極編》에 근거하여 수정하였다.

81) 口 : 底本에는 "中"으로 되어 있다. 《御製皇極編》에 근거하여 수정하였다.

82) 讀 : 底本에는 "請"으로 되어 있다. 《御製皇極編》에 근거하여 수정하였다.

83) 一則正法, 其餘則 : 底本에는 없다. 《承政院日記 英祖 3年 6月 29日》 기사에 근거하여 보충하였다.

品, 名在第二, 獨施次律, 豈不苟艱哉?"

上作色曰:"導人主以殺戮乎? 苟艱之判付, 何以頒布? 還入之."左參贊金
興慶等諸臣以還收爲言, 上曰:"旣以還收其誤命, 則猶且爭論, 何也?"宜顯
曰:"初下之命還收, 反不如前日無處分之時, 此臣等之縷縷力爭也."其餘前
啓, 幷依前下批.

○ 夏, 熙政堂三司請對入侍. 大司憲李喬岳【執義李根·掌令李光運·持平安相徽·
鄭彦燮·獻納金龍慶·校理申魯·趙明翼·副校理尹涉·趙明澤·洪鳳祚·柳謙明·李慶遠·正言宋秀衡
·鄭弘濟】等連前啓, 請疏下四賊正刑, 上曰[84]:"更見之, 果四賊耶?"喬岳曰:
"非五賊, 乃四賊."上曰:"其一, 則依昨日處分, 置之乎?"光運曰:"次律終是
失刑, 故兩司還寢之啓在下段. 至於四賊, 則三司合啓矣."上曰:"兩司足矣,
三司過矣."涉曰:"昨日次律勘斷之一賊, 兩司已發還寢之啓. 四賊則同一惡
逆, 處分尙遲, 群情怫[85]鬱, 至於三司合啓矣."上曰:"凡事貴乎從實, 此則不
然, 以譎詐·籠絡爲意, 烏在其非堯·舜不陳之義也?"仍拍案, 曰:"三司諸臣
籠絡君父, 一倂削黜."

承旨慶聖會垂涕而諫曰:"此則諸臣辭不達意而然, 敢請還收."記事官禹
世準欲書上敎, 涙下滂沱, 不覺失聲, 上曰:"兼春秋失聲而泣者, 出於爲君父
耶? 護薰論耶?"世準對曰:"聖敎處分顚倒, 不堪罔極, 自至失聲矣."假注書
安后奭曰:"今日處分, 此何擧措也?"記事官南躔曰:"處分過當, 竊恐有累
於聖德[86]矣."上良久下敎曰:"承旨泣諫, 反欲營救, 無嚴甚矣. 罷職. 咫尺君
父之前, 鳴咽失聲, 極涉駭然. 兼春秋禹世準, 削去仕版."

○ 備忘記:"身在喉舌, 今日三司之請對, 極其譎詐, 而偃然入啓, 殊極無

84) 上曰:底本에는 없다.《御製皇極編》에 근거하여 보충하였다.
85) 怫:底本에는 "拂"로 되어 있다.《御製皇極編》에 근거하여 수정하였다.
86) 德:底本에는 없다.《御製皇極編》에 근거하여 보충하였다.

嚴. 仕進承旨, 一併罷職."

○ 傳曰 : "身爲武弁, 甘心黨習, 訓鍊大將張鵬翼, 姑先罷職."

○ 備忘記 : "前後庭請請對人, 武臣外竝罷職."

○ 備忘記 : "昨日處分, 商量久審愼密矣, 敢懷不滿之心, 肆然陳達, 殊極無嚴. 昨日入侍諸臣, 竝罷職."

○ 備忘記 : "噫! 朋比滋甚, 視君父不如朋黨, 若此不已, 國將奚似? 近日三司諸臣, 一併罷職."

○ 備忘記 : "鄭錫三·宋寅明, 承旨除授. 行司直吳命恒, 吏曹判書除授. 御營大將李森之被誣, 已爲開釋, 敍用後仍差御將. 知事沈壽賢·兵曹判書除授. 司直李眞望, 兵曹參判除授. 金東弼敍用·都承旨除授. 前佐郎趙顯命, 持平除授. 鄭錫五給牒敍用, 仍爲正言."

○ 傳曰 : "金吾·秋曹以御將事, 應問諸人, 一併放送事, 分付."

○ 左議政洪致中·右議政李宜顯, 使錄事來納命召, 仍爲出城, 傳曰 : "受入."

○ 左承旨鄭錫三自鄕入來, 牌招事,[87] 傳曰 : "今姑改差."

---

87) 牌招事 : 底本에는 없다. 《御製皇極編》에 근거하여 보충하였다. 《承政院日記》의 관용적인 표현에 근거하여 '傳曰' 앞에 '敢啓'를 보충하여 번역하였다.

○ 傳曰：“時在黜門之人, 一併放送.”

○ 備忘記：“前判府事趙泰億, 放門黜而敍用.”

○ 備忘記：“水原府使洪禹傳白首之年, 甘心黨習, 首論三臣黜享事, 用意駭然. 其在示好惡之道, 不可坐罷而止, 削黜.”

○ 備忘記：“領府事鄭澔白首殘年, 斷斷黨習, 頃年一箚, 已極痛駭. 視國事於秦越, 猶甘心黨比. 噫! 三事之臣, 猶尙如此, 何以調制群工? 不可置之, 罷職.”

○ 傳曰：“前領府事李光佐, 給牒敍用, 仍拜領相. 前判書李台佐敍用, 戶曹判書除授.”

○ 備忘記：“君臣之義, 無所逃於天地之間, 一有不滿之心, 一有籠絡之意, 則其曰若何? 聖考賓天, 敢生貪權樂勢之心, 患得患失, 無所不至. 喬木世臣, 敢生死黨朋比之心, 不顧三百年宗社, 言念及此, 不覺痛冤. 頃年宋寅明疏中‘若欲蕩平, 是一轉移間事’, 頓然感悟矣. 謂忠謂逆, 姑不畢論, 以一事觀之, 同入請對, 爲殺兄之證, 作人一罪.

噫! 分門割戶, 古人戒之, 前後筵敎, 不啻丁寧, 位在三事者, 視若秦·越, 若此而能爲國乎? 且疏下之啓, 參酌處分之後, 敢生惟意所欲之計, 其曰‘爲君父討賊’, 而排布巧密, 若此之甚耶? 此等之態, 不忍正視, 此予所以明示好惡者也. 咨爾近密之臣, 體予蕩平之心, 務公祛邪, 保我邦家.”

○ 傳曰：出入近侍, 在京之人, 本院問啓[88)].【前參議沈珙·李廷傑·朴乃貞·徐命淵·

─────────
88) 啓 : 底本에는 “答”으로 되어 있다.《御製皇極編》에 근거하여 수정하였다.

權重經·李鳳年·前應敎趙最壽·柳萬重·金始炯·徐命彬·申致謹·李挺膺·趙迪命·姜必慶·姜樸·吳光運·尹光益·前監司宋成明·前府使趙文命】

○ 備忘記：趙文命吏曹參議除授, 尹光益修撰除授, 沈珙·李廷傑承旨除授, 姜樸副校理除授, 李挺膺掌令除授, 吳光運持平除授, 趙最壽獻納除授.

○ 承旨宋寅明疏略曰：“世道蕩譎, 憂虞萬端, 言及國事, 稅駕無地, 玉階方寸, 如隔弱水. 今幸聖心開悟, 處分赫然, 首除承旨, 固當竭[89]蹶, 而積釁如臣, 有難唐突.” 答以“勿辭”.

○ 熙政堂入侍. 承旨宋寅明進曰：“自古朋黨盛而國不亡者, 未之有也, 若論一分救急之方, 惟有‘破朋黨’三字也. 國初元無黨論矣, 宣廟朝, 始有朋黨, 中年益熾, 馴致播越之患. 末年轉深, 一轉而爲昏朝, 仁廟反正, 調劑黨論, 雖以趙挺·朴弘耆之凶黨, 初尙任使, 久而罪之. 反正諸臣, 其功如何? 而一爲朋比, 輒皆罪譴, 朝廷不敢肆爲黨論, 仁廟後百年昇平, 實我仁廟保合之功也.
　肅廟中年, 黨論分而又分, 翻覆無常, 然肅廟英明剛斷, 逈出千古, 有罪卽黜, 有才必用, 進退之間, 異色尙[90]多參錯. 故當路者有所憚, 而不至於[91]放肆, 失時者有所恃, 而不至於怨詛. 逮[92]自辛丑以後, 世道層激, 更無餘地, 一邊皆得重罪, 朝著無一[93]異色. 常人之情, 若無所顧畏, 則不覺漸[94]歸於放肆, 罪廢之人, 亦不能自知其罪, 怨入骨髓.
　甲辰冬, 殿下初政, 屢降備忘, 深示破黨之意, 前後處分, 至正至公, 殿下若於

---

89) 竭：底本에는 “踢”로 되어 있다. 用例를 고려하여 수정하였다.
90) 尙：底本에는 “常”으로 되어 있다. 《御製皇極編》에 근거하여 수정하였다.
91) 於：底本에는 없다. 《御製皇極編》에 근거하여 보충하였다.
92) 逮：底本에는 “退”로 되어 있다. 《御製皇極編》에 근거하여 수정하였다.
93) 一：底本에는 없다. 《御製皇極編》에 근거하여 보충하였다.
94) 漸：底本에는 “漸”으로 되어 있다. 《御製皇極編》에 근거하여 수정하였다.

其時堅守初志, 不爲人言所動, 則庶可有彌縫保合. 而不幸偏聽獨任, 雖務加裁抑, 而闕門之外,[95] 何由盡知?

此輩恣行黨伐, 專事報復, 當路者擅弄威福, 無敢誰何, 失勢者窮極無聊, 不敢一言, 若無今日處分, 國事難於措手, 實不知稅駕也. 今日爲黨論者, 各有世守之論[96], 聞見, 無非一邊之言, 習以爲常, 仍成痼疾矣. 窮凶極惡者外, 太半是公罪, 年前臣疏, 敢以好生仰勉者, 實慮誅戮太濫, 國脈斬喪矣.

臣若言於前, 而不言於後,[97] 是以此言愚弄君上, 只爲私黨營護而已, 豈忍爲此? 臣固以殺之一字, 矢不出口, 而聖上亦爲留念焉.

今日急務, 莫先於破朋黨, 先以破朋黨之意, 責勵臣下. 但念臣下非不知朋黨之弊, 而或有其志而無誠, 或有誠而無斷, 若非自上倡率, 則孰能拔於俗套? 雖於黜用之中, 不可用者, 勿拘顔情, 罪廢之中, 可用者, 勿慮時議. 若有黨論[98]之乖激者[99], 一切嚴懲, 自可爲破朋黨之歸, 何憚而不爲哉?

卽今罪黜之人, 亦豈全無才諝可用之人? 至於南人, 所謂己巳得罪, 皆是渠祖先之事, 豈可以其祖先之事, 塞其子孫乎? 此輩廢蟄, 幾四十年, 亦豈無感傷和氣之道乎?"

上曰:"今日處分, 外人則不知予本心, 必以爲換局, 而予意則不然, 以今日除拜見之, 可知予本心. 每以忠逆之分, 不擇玉石, 欲爲盡劉, 予於斬伐之後, 豈忍爲此? 予若不懲於向日慘毒, 則其後處分, 豈止於此乎? 方萬規親鞫時, 予不覺吞聲矣. 至於庭請, 實是意外, 此豈庭請之事乎? 近日事, 謂之朋黨, 可矣, 謂之忠逆, 則其可成說乎? 承宣領得予今日下敎之意, 盡心奉行, 則國事豈不庶幾乎?"

寅明曰:"臣雖無狀, 豈不竭誠奉承乎?"

---

95) 闕門之外 : 底本에는 없다. 《英祖實錄 3年 7月 1日》 기사에 근거하여 보충하였다.

96) 論 : 底本에는 이 뒤에 "者"가 더 있다. 《御製皇極編》에 근거하여 삭제하였다.

97) 後 : 底本에는 "前"으로 되어 있다. 《御製皇極編》에 근거하여 수정하였다.

98) 論 : 底本에는 그 뒤에 "者"가 더 있다. 《御製皇極編》에 근거하여 삭제하였다.

99) 者 : 底本에는 없다. 《御製皇極編》에 근거하여 보충하였다.

○ 傳曰："<u>任徵夏</u>事陳疏被謫人, 並放送."

○ 京畿監司<u>兪崇</u>疏, 略曰："昨今處分, 此何擧措? 一朝之頃, 上心猝變,
忠逆倒置, 賢邪莫分, 承宣泣諫示意者, 何在? 寧考實錄之[100]編摩者, 誰人?
以臣觀之, 殿下之國事, 將日非矣." 備忘記："今觀<u>兪崇</u>上疏一篇, 精神專在
眩亂黨比之意. <u>洞庭秋葉</u>等語, 尤爲駭然, 削黜."

○ 領議政<u>李光佐</u>處別諭, 卽爲偕來.

○ 左議政<u>趙泰億</u>處遣史官, 敦勉.

○ 吏曹參議<u>趙文命</u>疏略曰："大抵痛朋比之習, 撥亂亡之因,[101] 赫然改變,
陶鑄蕩平之治, 强無用之臣, 而畀以用捨之責, 特察其赤忱血腔, 都在此一事,
而以平生三字符, 亦嘗呈質於楓陛者稔[102]矣. 雖碌碌無術, 豈憚一承恩命, 以
贊我殿下一轉移乎?"
上答曰："今者處分, 予意豈偶然? 爾若[103]不出於今日[104], 三字符之語, 其
曰誠乎?"

○ 備忘記："疏下五人外, 前後被謫人, 並放送."

○ 備忘記："前判府事<u>柳鳳輝</u>放送, 仍爲給牒."

---

100) 之：底本에는 없다. 《承政院日記 英祖 3年 7月 2日》기사에 근거하여 보충하였다.
101) 因：底本에는 "日"로 되어 있다. 《承政院日記 英祖 3年 7月 2日》기사에 근거하여 수정하였
다.
102) 稔：底本에는 "諗"으로 되어 있다. 《御製皇極編》에 근거하여 수정하였다.
103) 若：底本에는 없다. 《御製皇極編》에 근거하여 보충하였다.
104) 今日：底本에는 없다. 《承政院日記 英祖 3年 7月 2日》기사에 근거하여 보충하였다.

○ 備忘記：“被謫蒙放武弁, 並給牒敍用.”

○ 司僕正李膺疏略曰：“今日處分, 是何舉措? 前後請對及庭請諸臣, 只是爲君父討亂逆而已. 殿下朋比之敎, 臣實左右求而不[105]可得也. 嗚呼! 凶逆橫肆, 忠良屛斥, 殿下獨不念辛丑辭位之日乎?”上斥以護黨眩亂, 特罷其職.

○ 諸承旨·掌令李挺膺同爲請對時, 承旨宋寅明曰：“前後被謫人, 聖敎不言某罪, 如任徵夏之罪犯, 尹恕敎之怪駭, 當不在此中矣.”上曰：“一脈公道, 於承宣見之矣.[106] 恕敎事, 向時人論罪, 誠太過, 其疏亦可駭. 至於朴長潤, 亦甚駭然, 姑不可[107]輕論. 徵夏及疏下五人外, 乙巳以後縉紳·儒生被謫人, 並放送蕩滌.”左承旨沈珙曰：“斯文是非, 各執所見, 牢不可破矣. 自在肅廟朝, 彼此皆必陳所懷, 自今以後, 館學疏則不必捧入矣.”

上曰：“辛丑以後, 世道紛紜, 皆自斯文始矣. 向來人以澔, 峻於黨論, 推爲宗匠, 至稱‘北斗’·‘泰山’, 予嘗笑之, 豈不痛哉? 一層爭端, 皆出於《家禮源流》, 今番特罷鄭澔者, 此也.”

寅明曰：“老·少論, 風習各異. 老論, 無論事之是非, 言出於大官黨論者, 則無不靡然從之, 少論, 意見各異, 言議各立, 雖以大官之勢, 不能奪匹夫之守. 此老論所以强於黨論, 而[108]害於國事, 最甚; 少論所以弱於黨論[109], 而害於國事, 不至於老論之甚矣. 且老論毋論賢否, 峻於黨論, 則稱爲宗主, 尊崇太過, 少論則雖自中所宗之人, 不甚許與矣.”上曰：“所達切實矣.”

李挺膺啓曰：“請遠竄罪人任徵夏, 絶島圍籬安置.”依啓. 又啓曰：“向來諸臣, 早夜營營, 惟在戕人而害物. 如李眞儒者, 當初雖參金一鏡疏, 而厥後崖

---

105) 不：底本에는 “可”로 되어 있다. 《御製皇極編》에 근거하여 수정하였다.

106) 矣：底本에는 “於”로 되어 있다. 《御製皇極編》에 근거하여 수정하였다.

107) 可：底本에는 없다. 《御製皇極編》에 근거하여 수정하였다.

108) 於黨論而：底本에는 없다. 《御製皇極編》에 근거하여 보충하였다.

109) 論：底本에는 “於”로 되어 있다. 《御製皇極編》에 근거하여 수정하였다.

異之狀, 世所共知, 絶島栫[110]棘, 已過三年. 日前有疏下之次一人, 次律勘斷之命矣, 毋或有歉於好生之德耶? 請寢其命." 依啓. 寅明曰: "一鏡以誣上不道死, 則臺臣啓辭, 何可具姓名呼之乎? 極未安矣." 上曰: "承旨可謂至公無私矣", 於是挺膺盡停前啓. 寅明曰: "寧海·時龍·時昌等事並停, 非矣." 且曰: "趙泰耉, 臣常憫之. 泰耉慈仁惻怛, 爲國血誠. 壬寅鞫獄之際, 至誠保護之狀, 臣實目見."

上曰: "趙泰耉'嫌'字之說, 向時以此爲其一案, 豈非可怪乎? 至於崔錫恒, 予知其局量, 以此局量, 足以調劑朝廷, 而後[111]所處事, 亦多非矣. 人皆病於黨論, 誰敢免哉? 然死後追削, 乃是一律. 日昨處分之後, 宜卽復官, 徐爲之者, 予意有在. 趙泰耉·崔錫恒, 并職牒還給." 沈珙曰: "趙泰耉體國至誠, 小臣業已陳達. 臣在玉堂時, 趙泰耉·崔錫恒入來藥房, 臣問其故, 錫恒答曰'李健命罪雖如此, 莫重封典成來, 其功足贖其死, 欲爲請對'. 云云. 本情如此, 向時人以封典成來, 故獨被莅斬之禍, 豈非萬萬情外耶?" 上曰: "予豈不知, 一邊之言皆出黨比哉?"

○ 備忘記: "向來人以鄭澔爲泰山北斗者, 無他, 鄭澔論議, 務刻故也. 當今大處分, 不可不明示好惡, 鄭澔削黜."

○ 義禁府, 文·武被謫蒙放.【南泰徵·朴纘新·李汝迪·李森·金世鼎·權扶·李善行·李顯章·尹恕敎·權益淳·呂善長·尹志·權益寬·沈橝·金壽龜·李泰和·李夏英[112]·金始燁·趙翼命·李世璉·柳重茂·李明彥·李普昱·尹會·柳弼垣·朴徵賓·李眞儉·李濟·李匡輔·柳綏·趙鎭禧·趙德隣[113]

---

110) 栫: 底本에는 "荐"으로 되어 있다.《承政院日記 英祖 3年 7月 3日》기사에 근거하여 수정하였다.

111) 以此局量 …… 而後: 底本에는 "而調劑之後"로 되어 있다.《承政院日記 英祖 3年 7月 3日》기사에 근거하여 수정하였다.

112) 英: 底本에는 "永"으로 되어 있다.《英祖實錄 3年 7月 5日》기사에 근거하여 수정하였다.

113) 隣: 底本에는 "獜"으로 되어 있다.《英祖實錄 3年 7月 5日》기사에 근거하여 수정하였다.

·沈埈·李衡秀·朴弼夔·李大源·韓游·睦天任·申慶濟·柳[114]迷·李基聖·李世最·李重迷·李巨源·李眞洙·梁聖揆·尹延·趙趾彬·尹大英·金重熙·梁廷[115]虎·李眞淳·具命奎·愼惟益·李景說·鄭啓章·尹彬·金岱】

○ 司宰奉事朴趾赫, 身病改差, 傳曰："此等之習駭然, 蔭官中稱病者, 各別申飭."

○ 備忘記："奧在先朝, 漸起斯文, 欲尋干戈, 不敢逞於我聖考英明矣. 一自《家禮源流》之後, 始快分黨, 各成讎隙, 末則戕殺, 噫嘻, 痛矣! 且於聖考處分黜陟也, 其所竄殛, 不過如干人, 寬仁之政, 蕩平之道, 即我家法, 欲法堯·舜, 當法祖宗. 今日急務, 莫先於破朋黨. 向者辛壬事, 其中雖懷無將之心者, 但誅其人, 何必戕殺一邊之人, 然後王章可伸耶? 玉石莫辨, 使一邊之人拂鬱, 亦黨習也. 一邊之人, 其曰'先朝處分, 刊于寶冊, 後王焉敢用捨於其間?', 此則大不然.

我聖考示聖意宸章者, 鎭黨習之盛意, 則其在人臣之道, 固懷蕩平公道, 道理堂堂, 而若以患失之心萌於心·無窮之慾係於胸, 則爲王者治乎? 不治乎?[116] 嗚呼! 國之建策, 非一人之私也. 當事者, 自謂忠也, 歷觀前史, 以定策爲功, 則權不移於下者, 鮮矣. 領相'國必亡'之說, 左相'門生'·'國老'之說, 正觸破朋黨之心, 反謂之逆, 豈不痛哉? 逆鏡之事, 言之痛心, 而隨參疏下, 豈皆有逆心而然哉? 只乘此機, 欲爲快伸之意. 雖然, 此等五人, 其在明好惡之道, 不可不嚴.

噫! 予在潛邸, 本無見惡於人, 何惡於予也? 不過黨習, 所敢曰'謀危', 曰'侵逼', 噫嘻, 痛矣! 此以君上爲朋黨之首, 豈有是理? 四昨年處分也, 斬伐之餘, 竄謫者多, 其在廣蕩平之道, 不可不處分. 而予意則欲爲滌冤鬱·導和氣, 豈意

---

114) 柳：底本에는 "朴"으로 되어 있다. 《英祖實錄 3年 7月 5日》 기사에 근거하여 수정하였다.
115) 廷：底本에는 "大"로 되어 있다. 《英祖實錄 3年 7月 5日》 기사에 근거하여 수정하였다.
116) 不治乎：底本에는 없다. 《御製皇極編》에 근거하여 보충하였다.

終至進退之境哉?

觀其所爲,[117] 棄國事於一邊, 日日經營者, 黨習朋比. 位在三事者, 鄭澔·李觀命視國事如秦越, 守黨習如大節, 至於前判府事閔鎭遠爲肺腑, 惟事黨習, 予尤慨然. 噫! 三司庭請之啓, 其曰是乎? 否乎?

柳判府事頃年一疏, 率則率矣, 不過深斥伊時諸臣之際, 語未照管之致. 若此而其曰'逆魁', 此非公心導君之意. 領相貫日之忠, 實非過矣. 甲辰大喪, 若非領相, 何能鎭安世道乎? 以罔測之名, 肆然加之, 尤可駭者, 合啓中'藥院移設'者也. 左相之'門生'·'國老', 已諭於再昨備忘, 尤可哂者, '杯酒釋憾'事也.

至於廟庭配享, 事體至重, 崔相, 予未能詳知, 九拜領相之際, 際遇可知. 若使南奉朝賀, 生於辛壬, 何有多濫之歎? 尹領府事, 志操卓異, 丁酉一疏, 斷斷無他, 我聖考業已洞燭, 以此事作辛壬之源, 何其惑之甚而誣之極也?

武弁·蔭官, 何關色目, 而驅之於黨論, 反治黨與, 此何道理? 至於吏胥, 不過口腹之類, 何係於朋比, 而朝廷進退, 及於此輩乎? 向日諸臣, 先私讎, 後國事, 兩司請對之爭, 終至於籠絡君父之境, 此予所以大更張者也. 若係於黨習者, 黜之竄之, 尤甚者, 屛諸遐外, 不與中國. 斯文事體, 非推上於朝廷之事, 如以玆事雜進者, 必將嚴加痛斥, 使中外臣庶, 曉然知之."

○ 承旨金東弼請對入侍, 啓曰:"當此大處分之日, 惡逆如徵夏類, 不宜饒貸, 其中不事黨論, 不無其人, 隨才是用, 偕至蕩平, 豈不幸甚[118]哉?"

○ 戶曹參議李秉泰疏略曰:"竊聞前日三司所論以爲逆者, 殿下特加優禮云, 苟如是也, 三司當被誣人之律. 臣久在三司, 討罪正[119]法之議, 靡不與同, 誅罰之加, 臣宜居先. 臣曾與三司登對極言, 殿下未嘗以爲非也, 忽於一朝,

117) 爲:底本에는 "謂"로 되어 있다.《御製皇極編》에 근거하여 수정하였다.
118) 甚:底本에는 없다.《承政院日記 英祖 3年 7月 6日》기사에 근거하여 보충하였다.
119) 正:底本에는 "王"으로 되어 있다.《御製皇極編》에 근거하여 수정하였다.

盡反前爲, 忠逆變於俄頃, 黜陟行於倉卒, 噫! 是何故? 今日向用之臣, 方有一
種新題目, 欲以簸弄半世, 拗引異己之人, 湊成參合之迹, 而殿下亦輕信其術,
未知聖意何居." 上特命削黜.

○ 持平吳光運疏略曰: "仙馭賓天, 萬事已畢, 而一種凶逆之徒, 或以疾患,
請頒八方, 或以一亂指先朝, 意欲何爲? 蓋其私黨之父兄, 以逆死於先朝, 故必
以先王爲[120]有疾, 必以先朝爲[121]一亂, 攘臂擔當, 恣意噴薄. 私黨之父兄, 則
欲洗其不刊之逆名, 吾君之父兄, 則欲加以不道之誣辱, 若有北面殿下之心,
安敢若是?" 答曰: "今爾疏論, 亦未免俗套, 然大義則是矣."

○ 前正郎李渝疏略曰: "今之所進者, 知逆鏡之逆, 而不卽角立, 見宗社之
危, 而有若越視, 不知殿下何取於此也? 丙申處分, 可以俟百世不惑, 而殿下提
論此事, 有若聖考之心, 鎭定黨習, 以聖上繼述之孝, 不擇賢邪, 一進一退, 欲以
是爲[122]蕩平之道, 其視洪範王道, 不免相反也." 上斥以護黨.

○ 諸承旨請對入侍時, 宋寅明曰: "臣於向時事, 亦有所憤駭者. 乙巳亢旱,
聖上親臨錄囚, 而全羅監司金祖澤, 職在道臣, 不體聖意, 專以黨論, 囚治多士,
拷掠狼藉, 景像愁慘. 其時廷臣, 專事壅蔽, 如此之狀, 何由得徹乎?" 上曰:
"此等擧措, 蓋由於黨而然矣. 旣聞之後, 不可置之, 金祖澤罷職不敍."

○ 館學儒生韓德玉【五十餘人】等疏論時事, 以爲: "今日處分, 以逆爲忠, 以
邪爲正." 上以不體聖訓, 猶尙黨習, 責之. 儒生等捲堂, 書進所懷, 復陳前說,
上特命停擧疏頭.

---

120) 爲: 底本에는 없다.《承政院日記 英祖 3年 7月 7日》기사에 근거하여 보충하였다.
121) 爲: 底本에는 없다.《承政院日記 英祖 3年 7月 7日》기사에 근거하여 보충하였다.
122) 爲: 底本에는 없다. 전남대본에 근거하여 보충하였다.

○ 兵曹參知趙鳴鳳陳疏, 以爲：“在外之元老, 體國之大臣, 或黜或罷, 此何擧措?” 仍爲徑[123]出, 上特命罷職不敍.

○ 刑曹參判金相玉疏救鄭澔, 上命還給其疏.

○ 開城留守趙榮福疏, 請與諸臣同被譴斥. 判尹權㦿疏論時事, 以爲：“忠逆之辨, 倏變於俄頃, 震薄之敎, 頓異於平日. 禮遇之元老迫蹴威責, 殆同僕隷. 前判府事閔鎭遠爲國家明義理, 則乃以爲護黨負國之一大案.” 仍乞解職, 上下敎責之.

○ 熙政堂入侍. 承旨李廷傑以爲：“故判書韓配夏卒於壬寅冬, 而逆虎畫像 在於癸卯春, 則謂其驅迫畫師秦再奚, 爲逆虎畫像云者, 極其爽實. 而以此追奪, 極爲可冤. 請伸雪. ‘凶’字·‘逆’字, 今番處分後, 不敢肆然於章奏之間, 而昨日館疏中‘凶’字, 比比有之矣.” 上曰：“昨日疏批中‘駭然’二字, 可以知之矣. 黨議乖激, 一轉爲竄謫, 再轉爲殺戮, 彼此攻擊, 相謂凶逆, 豈有半世盡爲凶黨, 半世盡爲忠黨乎? 以國事爲第二件, 朋黨爲第一義, 豈有爲國之道乎?”

○ 檢閱尹得和疏論時事, 上以甘心護黨, 特命削職.

○ 掌令洪尙宣·正言柳儼等, 論徵夏之罪, 請鞫問, 上不允.

○ 熙政堂入侍. 承旨金東弼以韓世良追奪傳旨, 因臺啓, 不得捧入之意仰稟, 上卽命給牒. 東弼又論韓配夏之冤, 上曰：“此判府事閔鎭遠之疏達而追奪者也”, 仍命[124]復官.

---

123) 徑：底本에는 “經”으로 되어 있다. 《御製皇極編》에 근거하여 수정하였다.
124) 命：底本에는 “官”으로 되어 있다. 《御製皇極編》에 근거하여 수정하였다.

○ 持平趙顯命疏陳十二條, 而其破朋黨曰:"蓋自辛壬以來, 莫可收拾, 過於致討, 憤嫉之私, 參於其間者, 辛壬人之罪也; 急於報復, 幷與關係至重者, 而一例塗抹者, 乙巳人之罪也. 殿下於兩邊得失, 旣已打破, 則黜陟用捨, 亦當公平, 而乃又純用進此退彼之例套, 何也?

辛壬之同聲唯諾, 乙巳之不言三司, 實黨人輩網打席卷之手法, 今以前後庭請請對爲案者, 何異於彼哉? 似此擧措, 不惟不能消破朋黨, 反有以激成也. 臣謂向時逼辱先王, 煽動凶言, 搆陷半國者, 誅流竄殛, 固無不可, 其外無故者, 當一視同仁, 無有限界. 至於受嗾逆鏡·擠擯善類者, 雖三年竄謫, 足懲其罪, 當此淸明之初, 不可不略示涇渭以伸公論. 且若己[125]巳人中,[126] 亦宜分別用之, 以施曠蕩之德.

臣嘗讀先正臣朴世采消朋黨箚, 其言正大公明, 實爲黨者之藥石, 爲今日準備者也. 要使世人, 知上意之無一毫虛僞, 執德堅固, 則百般跳梁, 千種走作, 無以[127]脫此匡郭, 自然感化[128], 自然馴習以底[129]於蕩平之域矣.

今日之擧, 固出於明好惡, 懲黨習之意, 然擧措無漸, 處分顚倒, 半日之內, 逐斥殆盡, 頃刻之間, 除拜紛紜, 若禍機迫在呼吸, 在殿下禮使之道, 決知其不當[130]也. 大臣體貌, 至爲尊嚴, 而現告罷職之擧, 前所未有, '狠愎'二字, 尤爲損於聖德. 其年則篤老也, 其位則領揆也, 彼雖有負於殿下, 但當付之公議, 何必以此等題目加之, 然後快耶?"上答以"俱甚切至. '狠愎'二字, 以'務刻'改焉."

○ 司諫柳綎疏略曰:"徵夏乃春澤之妹壻也, 賊畝之至親也, 一啓二啓, 兪音尙閟. 若夫逼辱先王, 自速邦刑之志述, 有何節義之可稱, 而至配賢祠, 國人

憤惋, 久而彌激." 上答以"<u>徵夏</u>事, 已諭於初啓. <u>尹志述</u>事, 當待大臣上來, 處分
矣."

○ <u>開城</u>留守<u>趙榮福</u>疏略曰："雷威震於斯須, 擧措顚倒, 忠邪變於一朝, 扶
抑太偏. 在一邊則無論所坐之輕重, <u>鏡</u>·<u>儉</u>餘黨亦在進用之中, 在一邊則不察
所爲者義理, 遽皆譴斥, 一進一退, 前後何限, 而豈有如今日之擧乎? 聖人所謂
'蕩蕩平平'者, 恐不若是也."
仍論<u>鄭澔</u>之剛介·<u>閔鎭遠</u>之[131]忠勤, 上以"甘心同去就之疏, 還爲下送".

○ 禮曹判書<u>金有慶</u>疏略曰："臣雖不能碎首丹墀, 乃復甘與<u>輝</u>·<u>鏡</u>之餘黨,
幷列於班行, 則人必曰'彼夫也, 將無所不至', 豈忍爲此?" 上責其謬戾, 許遞其
職.

○ 掌令<u>金澔</u>疏略曰："未知殿下之進退臣下者, 果何名耶? 蓋進者之所執,
卽討逆也, 退者之所執, 乃以逆爲忠, 指討而爲誣者也. 夫忠之與逆, 討之與誣,
乃霄壤也, 水火也, 其不可不辨也, 明矣. 殿下若以退者之言爲是, 則此乃逆眞
爲忠, 而臣等爲眞誣者也, 天下豈有誣忠而復進之理也? 何可諉之以蕩平, 而
幷與其忠逆之大關而勿論哉?"

---

131) 之：底本에는 없다. 《御製皇極編》에 근거하여 보충하였다.

皇極編　卷之十三[1])

老少【峻·蕩】

戊申四年春, 逆賊麟佐等擧兵叛, 遣都巡撫使吳命恒討平之. 上親鞫其逆黨·諸賊, 悉伏誅. 初上嗣位, 誅一鏡·虎龍等, 及乙巳老論進用, 盡驅一邊於逆. 於是鏡黨弼夢等, 益不自安, 爲計日急, 陰嗾維賢【端懿王后之弟也.】, 祖述鏡賊教文中語, 做出陰慘不忍聞之說, 誑誘人心, 與己巳餘孼, 合嶺·湖波蕩, 以至於稱兵. 少論中主蕩平者, 素貳於鏡黨, 上亦倚任之, 至是平賊謀劃, 盡出於少論, 而老論猶不以爲功, 疑其黨於逆, 持之不已.

○ 大司諫宋寅明啓曰 : "今日逆變, 實源於逆鏡教文. 當初誣上之律, 不足以正其凶逆之罪, 請更以大逆勘斷, 破家瀦澤等事, 依法擧行." 上從之.

己酉五年夏, 仁政門親鞫入侍時, 上命大臣沈壽賢·李台佐·李㙫等進前, 教曰 : "近來黨習, 無復可言, 昨年變亂, 旣出於此, 今日臣子復有黨心乎? 向者李道章, 出於嶺南, 今有錫孝, 言及於不敢言之地, 莫非黨目中所成也. '蕩平'之名, 出則已久, 終無實效. 若使予能調劑朝象, 豈有如此怪惡之輩? 不但無見卿等之面, 實無侍東朝之顏矣."

壽賢曰 : "當有鎭定之道, 何可責效於一朝一夕乎?" 㙫曰 : "聖上當建極于上, 從容開導, 庶乎挽回矣." 台佐曰 : "群下知君臣之大義, 自然漸至於不

---

1) 본편은 국립중앙도서관 소장본 《皇極編》(청구기호 : 古215-27-7)을 底本으로 한다.

言而化矣." 上曰：“當初薰禍, 不過罷黜, 而中至於遠竄, 末乃戕殺, 愈往愈甚.
領相及領府事入來, 則予欲從容問議, 尙無造朝之期, 奈何? 必致領相·領府
事, 然後予之所欲爲者, 與之消詳爲之, 則可見卿等, 不然則無更接之意矣."

○ 進士申鏶等疏, 請亡師李喜朝, 慘被誣捏, 竄死西塞, 乞蒙快雪.

○ 副修撰李亮臣上疏, 言辛丑建儲代理之義理光明, 聯箚大臣之忠貞冤死,
仍論領相李光佐十二罪. 其略曰：“忠賢之冤不伸, 則凶逆之論反伸, 將來之
憂, 不止於昨年而已, 以殿下之明達, 無奈[2]牽制於今日所柄用之大臣者耶?
噫! 當辛丑代理之議, 力加沮遏, 而謂之‘國必亡矣’. 及壬寅誣獄之起, 凶招誣
逼, 則必欲鍛鍊乃已, 罪一.
　逆鏡之罪惡旣著, 而擢擬以本兵之長, 以爲‘不識其出處’, 則能主文衡者, 豈
不曾讀前史? 以爲‘怵畏其勢焰’, 則欲畀兵權者, 豈異傅虎之翼哉? 罪二. 丁未
再相之後, 首主追罪之論, 以爲亂賊藉口之資, 罪三. 疏下五賊, 敢爲出陸之請,
以逐其他日稱兵之計, 罪四. 掛書變出之後, 一無驚痛之色, 不卽請捕, 罪五.
　泰徵之擢擬御[3]將, 已是越次, 而費力推薦, 畀以兵權, 末梢內應, 果是此賊.
思晟之末擬西閫, 薦望已定, 而再三往復, 必得首擬, 委以重鎭, 胡服凶圖, 又
非他人, 罪六. 啓一卽門徒, 而直以因上敎停刑書出, 生死操縱, 惟意所欲, 罪
七.
　逆溥粧船, 實受益寬之指揮, 則一處對質, 獄體不容已.[4] 而賊寬則終不請
拿, 逆溥則汲汲撲殺, 罪八. 北路按使之覈發逆寬之逆節也, 僚相之陳白變通,
仍令留鎭再按者, 誠得其宜. 而急急上箚, 沮戲查事, 雖曰‘不爲益寬地’, 其孰

---

2) 奈：底本에는 “乃”로 되어 있다.《承政院日記 英祖 5年 2月 28日》기사에 근거하여 수정하였
　다.
3) 御：底本에는 “訓”으로 되어 있다.《英祖實錄 5年 2月 28日》기사에 근거하여 수정하였다.
4) 已：底本에는 없다.《英祖實錄 5年 2月 28日》기사에 근거하여 보충하였다.

信之? 罪九. 逆夢出陸, 旣致稱兵, 則昔雖庇護, 今宜懲戢, 而乃以'向上赤心', 盛奬眞儒, 欲留逆鏡之種子, 罪十.

明彦之無臣節, 國人皆知, 而至拔罪籍之中, 特畀專對之任, 罪十一. 鞫事淹延, 天討久稽, 而乍出乍入, 終不自當. 壬寅誣獄, 則攘臂稱首; 今日按罪, 則閉門越視, 何其急於爲鏡·虎屠戮, 緩於爲殿下誅討也? 罪十二.

噫! 武將何限, 而授以兵權者, 率是逆魁; 人才何限, 而借其顧眄者, 無非賊黨. 知人固未易, 偶一爲之, 容或然矣, 人人而如此, 事事而如此, 豈不異哉? 然殿下猶不知悟, 視召亂之罪, 如平亂之功, 寵遇日加, 委任益專, 以至黨與勢成, 威福下移. 何不正其罪, 以謝八方, 一任恣橫, 以益危亡之禍哉?"

疏入, 上召入亮臣, 歷問疏語, 亮臣指陳仰對. 上怒曰: "汝自謂明知忠逆, 德修·麟重之輩, 謂之忠乎·逆乎? 當初百計擠排, 或慮鏡黨之入者, 德·麟也. 不知鏡·夢, 輕加擢用者, 領相以下, 予亦非之." 仍命遞差, 復召入直玉堂, 問其當鞫與否. 李宗城曰: "亮臣之言, 卽一變書, 看來心寒. 然旣在經幄之列, 不可鞫問矣." 金尙星曰: "此疏構虛捏無, 條列十二罪, 全欲傾軋領相. 殿下已燭其情狀, 而鞫問則不可矣." 上從之, 命竄亮臣于極邊.

○ 領議政李光佐疏略曰: "李亮臣之疏, 數臣十二罪, 其中若干條, 屢發於前後疏啓, 臣旣洞陳, 今不敢一一條辨. 而其曰'代理之議, 力加沮遏'云者, 最爲無理. 不曰'爭先王之釋務', 而必曰'遏聖上之代理', 欲以是爲構陷之資, 曾不知天日至明, 已燭其肝肺, 其亦可哀也. 渠輩初爲庭請, 而臣乃隨參, 苟如其言, 庭請亦出於沮遏乎? 其將奉承, 則庭請何爲, 旣已庭請, 則陳箚何爲? 旣已箚請節目, 則又何爲以隨人而入, 僕僕謝罪 而更請復回乎? 此何許大事, 而若是其反復乎?

不能討一鏡, 是臣至痛恨處, 若夫陞擬, 誠有委折. 臣與鏡, 漠然斷絶, 至登於渠之疏辭, 渠恒懷殺臣之心, 蓋不特氷炭·燕·越而已. 臣之不能盡分於鏡事, 固罪也, 若欲操鏡以⁵⁾累臣, 則人必不服矣.

徵·晟之薦望, 有眼不識梟獍, 固爲甚慙於張守珪, 臣將沒身自訟矣. 造船事, 必先鞫以船作逆之端, 然後方可以請拿, 溥乃不服徑斃, 權益寬, 何由輕拿? 李眞儒有向上之誠心, 非獨臣言之, 朝廷言之者多, 觀於鄭錫三筵奏, 鄭羽良疏辭, 亦可知也.

又曰'授兵柄者, 率是賊魁', '借顧眄者, 無非賊黨', 目之以'召亂', 其何忍爲此言乎? 久處於廟堂與銓地, 則凡在朝籍, 履歷近似者, 孰不一徑其差擬? 以此目以'召亂', 則昨年命將出師, 大小將領, 多是經臣差擬, 亦將歸臣以平賊之功乎?

丁未以後, 臣奉承蕩滌之聖旨, 一邊之愆負, 一切不問; 臣身之私憾, 全不置懷. 及至亂後, 論相薦銓, 凡百差除, 大加通融, 若無可以怨嫉臣者. 惟是丁未十月初六日大處分, 固出於聖上義理大權度, 建天地而不悖, 垂萬世而增光, 聖學·睿識, 高出百王, 分毫非有資於贊揚.

顧其事, 適在臣赴朝之後, 翌年春, 一奪兩竄, 復出臣筵奏之餘, 因是賈怨, 次骨痛髓矣. 當初時議, 或示弛大防之色, 臣以爲乙巳後事, 自反逆案以下, 一併蕩滌, 全然不論, 寬廣弘大, 蔑以加矣, 若夫大處分一撓, 則彝倫斁敗, 國不爲國, 何可爲也? 乃因此怨謗, 無所[6]不至, 視爲必報之讎, 百般架鑿, 直驅臣於湛滅之科, 可謂甚矣. 臣亦積經憂患, 豈欲賈取坑穽?

世間萬事, 無不掃蕩, 所守只在此義理頭顱, 又復毁之, 失其所以爲人者矣. 惟有抱此入地, 以待百世之公議, 豈禍福之所能移也?" 上優批慰諭之.

○ 正言吳瑗疏略曰:"噫! 惟我肅宗大王以正名義嚴倫綱爲大業, 所以貽謀垂裕者, 赫然光明. 一種之人, 與義爲仇, 欲逞其禍心. 而庚子以後, 景宗大王, 遵承先志, 未嘗或撓, 及至儲位旣定之後, 逆輝立幟, 諸賊影從, 必欲甘心於殿下. 列聖陰騭, 得有今日. 所可哀痛者, 彼奸凶輩, 幸國家不幸之會, 戕殺肅廟舊臣, 更變盡廟舊章, 顯行己私, 惟意所欲, 此豈有一毫顧念景廟之心乎? 若用春秋之法, 當日廷臣, 孰免於無君父背宗社之罪哉?

殿下於乙巳以後, 專以姑息爲事, 凡諸討罪之典, 一例寬縱, 遂使此輩膏唇拭舌於殿下之庭. 輒以辛壬擅弄之罪, 一切歸之於鏡·夢, 而便自謂'忠先王, 而爲社稷', 獨不畏先王陟降之靈, 俯鑑有[7]赫乎?

自鳳輝而世良, 自七賊而逆儉[8], 自逆虎之變書而爲鏡賊之敎文, 殿下獨於逆鏡, 治之最嚴, 於賊輝輩, 一切寬假. 故今之廷臣, 觀殿下之俯仰, 便用操縱之手段, 賊輝之官秩自如, 三賊之首領尚全. 今番逆變之後, 未聞追討其罪. 至以一鏡之上疏[9]·敎文, 分爲兩截事, 必欲脫三賊之逆名, 其何能服逆鏡已死之心乎?

嗚呼! 立於殿下之庭者, 何敢肆然抗首, 輒以周旋奉承於建儲代理之事, 謂有二心, 追施死者之一律, 臣未知其名果正而言果順乎? 逆輝追復台府之秩, 諸臣尙在丹書之籍, 如是而欲使人心無惑·逆亂不作, 其可得乎?

昨見領議政李光佐自訟之章, 則其言曰'大處分一撓, 則彝倫斁敗, 國不爲國', 又曰'樹萬世倫常之大業'. 夫聯箚者, 欲請代理節目之箚也, '彝倫'二字, 豈敢下得於此事, 指意所在, 與賊鏡三綱五倫之說, 豈有絲毫差異乎?

試問渠以聯箚·代理, 是一事耶, 二事耶, 則渠將何辭而對? 若又曰'聯箚, 是逆乎, 非逆乎?' 則渠又何說而對乎? 渠於今日, 豈不知理窮辭屈? 而猶不欲自服, 臣竊痛之.

元舅袖中之箚, 元老刳心之言, 實出於萬不獲已之血誠, 而殿下無所置念. 丁未[10]月之處分, 所以曲副凶逆之心者, 至矣盡矣, 猶不能弭患消亂, 而殿下不思懲毖, 凡於舊惡新犯, 一切寬容. 群臣無狀, 不能匡救, 如李光佐輩, 固

7) 有 : 底本에는 "其"로 되어 있다. 《英祖實錄 5年 3月 19日》 기사에 근거하여 수정하였다.
8) 儉 : 底本에는 "虎"로 되어 있다. 《英祖實錄 5年 3月 19日》 기사에 근거하여 수정하였다.
9) 上疏 : 底本에는 없다. 《英祖實錄 5年 3月 19日》 기사에 근거하여 보충하였다.
10) 十 : 底本에는 "七"로 되어 있다. 《英祖實錄 5年 3月 19日》 기사에 근거하여 수정하였다.

不足責, 末梢勘鞫之大臣, 猶且徒順上旨, 罔念大義, 凡於鞫治, 務從惟輕, 應請
拿, 而終不請拿者有之, 不當酌處, 而輕先酌處者甚多, 莫重大獄, 苟且了當.
身居鼎席, 爲君父討亂賊, 乃不能盡分如此, 將焉用彼爲哉? 由是, 倫綱不嚴,
政刑日弛.

乃有如吳光運者, 以奸臣遺餘, 蒙聖考擢用, 正宜革心圖酬, 而敢以'深憂遠
慮'等說, 恐動殿下, 其請調用廢痼之家者, 非庚申凶孽, 卽已巳逆種, 若有嚴畏
之心, 何敢發此言乎? 殿下不惟不置重辟, 又從而寵貴之. 豈謂知觀孝之逆情,
而發說於上變之後者, 眞足以爲功耶?

至於李栽, 乃玄逸之子也, 眞有可用, 隄防之道, 豈敢少弛? 前者薦擢, 已極
無嚴, 今光運, 又置之薦剡之首, 殿下豈知此人爲罪人之子乎? 朴長潤之負犯,
何等干係? 而當初減死, 頃年出陸, 大乖王法, 而日者喉司之臣, 敢陳歸覲之
請, 放肆無嚴, 一至於此乎? 李廷弼之棄郡逃避, 罪在罔赦. 益寬逆節, 初無可
疑, 而尹得和疏出之後, 如沈珙者, 乃敢曰'逆·不逆, 取裁尺五之天'. 噫! 君父
親問逆堅之罪, 而身爲獄官, 一味掩護, 如是而王綱可立乎?

殿下深痛朋黨之必至亡國, 以'蕩平'二字, 將欲保合調和. 而一邊人中, 乃有
自謂善[11]者出而奉承, 凡立殿下之朝者, 隨聲而應曰'蕩平! 蕩平!' 其名非不美
矣, 行之三年, 未見一分之效, 何哉?

倫綱頭顱, 自有一定是非, 萬無彌縫之道. 而今乃不問義理之如何, 惟以俱
收並蓄爲主, 其於朱子所謂'至極之標準'者, 何如哉?

今日之逆, 卽辛壬之逆, 而於今日則操之欲嚴, 而却緩於辛壬諸逆, 直蔽
罪[12]於一逆鏡, 以擅弄威福, 斷眞儒之罪, 而當眞儒之時, 權勢·名位, 不啻眞
儒比者, 反戴爲領袖.

而不恥[13]其論代理諸臣者, 淺深操縱, 屢變其言, 至於今日, 欲巧爲兩分, 而

---

11) 善:《英祖實錄 5年 3月 19日》기사에 "差異"로 되어 있다.

12) 罪: 底本에는 없다.《承政院日記 英祖 5年 3月 19日》기사에 근거하여 보충하였다.

13) 而不恥: 底本에는 없다.《承政院日記 英祖 5年 3月 19日》기사에 근거하여 보충하였다.

窘態畢露矣. 光運之疏, 肆爲跳踉, 外借'眞蕩平'之說, 實挾凶賊輩之勢, 欲售
其眩惑脅持之計, 豈不痛哉?"上責其構捏首相, 傾軋搢紳, 特削其職.

吏參宋寅明疏略曰:"蕩平之爲救時急務, 自臣未釋褐時, 見得如此. 吳瑗
卽臣一家親屬, 亦必耳熟於臣言, 則豈以臣爲今日創說者? 而'希合'之目, 非臣
所知, 設如瑗之言, 將順君上之美意, 不愈於忘君死黨之習耶?

區別之論, 臣自辛壬間爲此說, 誠有一箇權衡於其間, 丁未冬, 筵席所對,
亦不出此. 到今新經變亂, 痛戒黨習之日, 設有心迹之可論者, 一切曠蕩, 亦或
爲平物情之一助, 臣之一段苦心, 可質神明.

至於牽連惡逆, 罪累不輕者, 除非如瑗之病於黨論, 厚於自出者, 恐不當混
同容護, 瑗之以此責臣, 其亦過矣."上優答之.

○ 上引見大臣·卿宰于熙政堂, 諭以朝臣黨習已無可爲之勢, 涕泣下敎. 左
議政李台佐曰:"臣亦生長黨窩, 而以父兄之戒, 不爲黨論, 是素心也. 故都尉
鄭載崙, 嘗語臣以黨論源委曰:'黨論之極[14], 終必至於弑君父矣. 癸亥反正
後, 聖祖習知閭閻之情, 招諸功臣而申飭, 故西·南至爲連婚矣. 己亥邦禮後,
西·南各有所執, 南以西謂之亂[15]統而論以逆, 西以南爲告變, 故力塞之.

甲寅年, 南人當國, 以己亥怨毒之心, 多所斥逐, 欲殺先正臣宋時烈, 而不得
遂計. 至庚申按獄, 或至濫觴, 尼·懷之爭, 又出於其間, 仍有老·少之名. 景廟
誕降, 元子定號以差遲時月仰對者, 出於至公, 南人以爲不利景廟. 己巳·甲
戌, 轉輾層激, 末流之禍, 必至於亂逆之境云.' 臣初以爲過矣, 至今日, 其言果
驗矣."

上曰:"領府事有固執處, 今番予已知其不來矣. 昨年變亂後, 雖宗社再安,
予則不以爲功, 惟祛黨論, 然後始無愧心矣. 右相拜相時, 予以'忠厚'二字言之,

---

14) 黨論之極 : 底本에는 없다. 《承政院日記 英祖 5年 8月 18日》 기사에 근거하여 보충하였다.
15) 亂 : 底本에는 "賊"으로 되어 있다. 《承政院日記 英祖 5年 8月 18日》 기사에 근거하여
수정하였다.

未言之前, 已知其意思, 發語之際, 猶有難色.

吏判【趙文命】腔子裏, 惟懷蕩平主意, 元良定婚時, 非取他也, 取其不甚於黨論. 不知吾意, 政目儘好, 而不爲可來之道, 是猶閉門而招人也. 宋寅明辛壬間, 當予辭位時, 以李泌事有所達, 故知其心事. 其時如趙·崔兩相, 亦未能超出黨習, 卿不黨論, 故予嘗賢之. 卿等欲開心, 則予亦開心矣."

台佐曰:"殿下之敎, 臣等敢不奉行乎?" 李墤曰:"向[16]日鄭弘祥, 誤知臣意而陳疏, 調劑蕩平之道, 誠有難處之端. 四臣之中, 若分而二之, 或伸或仍, 則向時之人, 難保其有蕩平之效. 若全然昭雪, 則在廷之臣, 或有難安求退者, 如是之際, 何能和協乎? 臣每與趙文命·宋寅明諸人論此事, 實無善處之策, 深以爲悶." 刑判尹淳曰:"自上若下敎, 則臣亦當盡心."

禮參李廷濟曰:"今日聖敎丁寧惻怛, 小臣敢不奉承乎?" 都承旨趙顯命曰:"殿下於群下之言, 毋論是非, 一一曲從, 故臣嘗憂之. 丁未七月以後, 純用一進一退之例套, 不能正之於初, 今反悔之於後, 不亦勞乎? 甲戌以後, 少論疑老論, 後必爲逆, 辛丑事異於常規, 而裏面事, 有不可測知者, 故少論遂自處以先見之明, 群起而攻之. 領府事【李光佐】其時血戰, 憤嫉之心, 與傍觀自別. 故追奪至及於趙泰采, 臣雖知其心非出於爲惡, 而其論不相合, 只以殿下之容忍聽從, 爲他日不相保之漸. 蓋君臣之際, 不問是非, 意氣然諾, 則契合雖隆, 疑心一動, 可保其終始乎?"

上曰:"趙泰采事, 其時領府事以至誠陳之, 且以爲'數三宰臣, 俱無異議', 今聞卿言, 始知其不然矣." 台佐曰:"臣與領府事論泰采事, 臣以爲'聯箚外[17]別無可罪, 宜承上意, 有所分等'云, 則光佐責臣曰'黨論出後, 君臣等級漸弛, 當截然爲防, 方今聖明當宁, 須明此義理, 爲後世法程矣. 吾爲此言, 則老論愈當欲殺, 而吾當盡分而已. 且追奪, 非直斷逆耳'."

---

16) 向 : 底本에는 "尙"으로 되어 있다. 규장각본 《皇極編》(奎4878)에 근거하여 수정하였다(이하 '규장각본'으로 칭한다).

17) 外 : 底本에는 "則"으로 되어 있다. 《承政院日記 英祖 5年 8月 18日》 기사에 근거하여 수정하였다.

上曰："宋寅明嘗謂'予失機會'云, 其言是矣, 甲辰·丁未, 不能明定國是. 乙巳, 欲爲處分, 而時人以一鏡有罪[18], 故欲盡驅一邊人, 報復辛壬事. 其論領府事者, 率多架鑿, 李觀命入來, 必欲先殺領府事, 予甚慨然. 至於末梢, 欲就七人中, 先誅李眞儒·弼夢者巧矣. 故遂爲處分, 下大誥時, 亦不盡言, 豈能服人乎? 昨年以後, 老少俱出逆賊.[19] 建儲代理, 古亦有之, 豈可以此入於黨論乎?

予生晚, 不知黨論根本. 庚申·己巳, 尙不能知, 己亥禮[20]論, 亦無以詳知, 惟思守先朝處分而已. 至於老少, 則亦豈不知,[21] 因故相南九萬·崔錫鼎黜享之論, 知其根本矣.[22] 少論謂老論有他心於景廟, 而其人豈有不軌之心於景廟乎? 惟痛往事之過分矣. 老論以少論爲日後地, 老論初非不滿於景廟也, 少論初非阿諛於景廟也, 皆出於相疑也.

聖考時, 不敢售其言, 以《家禮源流》而發其端. 予於其時入侍, 聖考命左右取其一卷, 適以末卷進, 則有鄭澔跋文, 而其措語可見其平生, 故聖考有所處分. 而李眞儒又論權尙夏矣, 繼以墓文·擬書出, 而轉轉層激. 末稍處分, 登諸《御製》, 欲以鎭朝象, 而老論以此藉重, 以予爲負聖考遺訓. 而先正臣尹宣擧文集毀版之請, 先朝終不許之, 則聖考之意, 予亦仰[23]揣, 趙泰耇'彼此先正'之說, 似爲均平, 予以爲不易之論. 其後趙泰耇以藥院提調入來, 聖考見之, 亦爲欣然.

李廷熿之疏出後, 時象難矣, 故相柳鳳輝之疏怪矣, 亦豈爲逆乎? 只憎老論,

---

18) 有罪:底本에는 없다.《承政院日記 英祖 5年 8月 18日》기사에 근거하여 보충하였다.

19) 逆賊:《承政院日記 英祖 5年 8月 18日》기사에는 이 아래 "而亦未能盡源頭處而言之, 三次踟躕, 是予病痛失機云者是矣, 今日予豈不盡言心懷乎?"가 더 있다.

20) 禮:底本에는 "餘"로 되어 있다.《承政院日記 英祖 5年 8月 18日》기사에 근거하여 수정하였다.

21) 至於 …… 不知:底本에는 없다.《承政院日記 英祖 5年 8月 18日》기사에 근거하여 보충하였다.

22) 知其根本矣:底本에는 없다.《承政院日記 英祖 5年 8月 18日》기사에 근거하여 보충하였다.

23) 仰:底本에는 "抑"으로 되어 있다.《承政院日記 英祖 5年 8月 18日》기사에 근거하여 수정하였다.

見其[24]一夜間舉措, 而遽然陳疏, 非有不足於予也. 予之初疏, 爲搢紳章甫輩, 藉口之資, 故於心有未洽[25], 第五疏後, 心少安矣. 其時, 人雖請建儲, 在予道理, 若策建儲之功, 後世謂予何如主? 於此嚴其界限爲是. 而調劑黨習, 蕩平外無策, 在東宮思之矣.

景廟備忘中'兩可'之意, 使少論當之, 則將何以爲之? 聯箚一節, 領府事疑其將心, 而豈必爲逆乎? 此亦先朝已行之事, 而乃以逆疑之乎? 謂之'逆'者, 豈不有所挨逼乎? 忠於景廟者, 卽忠於予, 忠於予者, 卽忠於景廟, 以誰代理·建儲而可謂之逆耶? 此則少論不知所諱矣.

其時少論有一鏡, 老論有龍澤·天紀. 一鏡做出虎龍變書中'爲東宮者', 是辱予也. 領相趙泰耈白于大朝, 來慰東宮, 予知其用心之均平, 對說心曲. 李明誼則其時, 極口偏論, 予笑曰'予惟問寢視膳, 何爲此言耶?' 趙泰耈其時, 若能分玉石, 則庶不傷景廟盛德, 而乃不能然. 故自其後, 予不見朝報者, 緣予致此, 心不好矣. 白望招中'領府事, 少論之緩者, 藥峴 沈台檀, 南人之淸者'云, 此不過誦傳逆虎之言. 逆虎則欲去予者也, 不能痛治, 而白望則爲一鏡, 至用法外之刑者, 是乎?

領府事·趙判府事【泰億】謂以虎龍事切痛, 當問之說, 始陳於一鏡親鞫時, 虎龍情節, 初豈不知乎? 是乃蔽於黨論而然也. 虎龍初與天紀, 爛熳爲惡, 末乃爲一鏡, 欲除東宮, 豈可生置, 而爲東城君? 殺戮至此[26], 老論之欲相報, 亦不非矣, 以予仁弱, 故老論不得展其志, 只殺就商·師尙. 不知予心, 乃以[27]建儲爲功者誤矣.

---

24) 見其 : 底本에는 없다. 《承政院日記 英祖 5年 8月 18日》기사에 근거하여 보충하였다.

25) 故於心有未洽 : 底本에는 없다. 《承政院日記 英祖 5年 8月 18日》기사에 근거하여 보충하였다.

26) 此 : 底本에는 이 아래 "乎"가 더 있다. 《承政院日記 英祖 5年 8月 18日》기사에 근거하여 삭제하였다.

27) 以 : 底本에는 "疑"로 되어 있다. 《承政院日記 英祖 5年 8月 18日》기사에 근거하여 수정하였다.

丁未處分之後, 卿等宜先解之, 而不解之, 過疑而心惡之, 或以爲'捨此, 不可爲', 或以爲'世守此論, 不可捨矣'. 天紀等考見鞫案, 則可知爲逆, 而聯箚非逆也. 若謂之忠則過矣, 至於贈諡·建院, 又過矣.

上年後, 勿論南·西·老·少, 無不出逆, 若改前心, 同寅協恭, 則可以明君臣之義, 而猶守所執而不解之, 可乎? 卿等黨中, 一鏡·弼夢, 亦非逆乎? 眞儒, 予雖容恕, 疏下之啓, 已不可停, 如鳳祥之啓, 鄭益河尙不能停止. 疏下人, 不當出陸, 而海恩【吳命恒】乃請出陸, 領府事亦不能嚴守. 嚴於聯箚, 而庇疏下者, 豈非蔽於黨論乎?

頤命獨對有所云云, 先朝以宣廟朝七臣事托之, 卿等亦知之乎? 掌中'養'字, 謂之逆則冤矣. 問當今扶國者誰歟, 仍示'養'字, 頤命, 老論中燁燁者, 故謂'能扶國者'耳, 此豈爲逆乎? 金昌集則不是處多, 其孫又干逆獄, 故追奪後, 後世君臣之義, 可定矣. 至於李健命, 爲予請命, 成事而還, 一鏡之莅斬者, 不亦無嚴乎? 罪聯箚而召惟諾之人, 其肯來乎?

頤命·昌集, 則仍前追奪, 聯箚捨之, 使彼入來, 豈不好乎? 乙巳初, 領相【洪致中】獨訟李健命之冤者, 可謂公矣. 領府事於李明彥·李眞儒, 終始曲護, 領府事雖自知明彥不爲逆, 而彼[28]不知者, 以爲何如耶?

李森所捉白望環刀, 不過繡澁小刀, 而一鏡輩如得奇貨, 以此入於三手者, 豈不可怪乎? 一鏡當時雖不能討其罪, 伏法之後, 猶不能割棄, 豈非可恨乎?"

台佐曰: "丁未下詢時, 臣以'趙泰采則只參聯箚, 區別復官'之意仰對. 至於李健命事, 臣之意見, 前已仰達. 先正臣成渾云'朝廷利害, 卽義理所存', 正措此等處也. 聯箚時, 一邊庭請·一邊節目擧行者, 擧措顚倒, 似有陰陽手段. 而在朝廷大體, 不必深究, 如此而果有益於世道, 則臣何敢固守已見乎?"

戶判徐命均曰: "建儲代理, 豈敢爲逆? 此向時人脅持之言也. 聯箚時, 謂'動於死生禍福, 有挾雜之心', 苟有挾雜,[29] 則爲不盡分矣. 臣常以爲三人則同,

---

28) 領府事 …… 而彼: 底本에는 없다. 《承政院日記 英祖 5年 8月 18日》 기사에 근거하여 보충하였다.

而至於趙泰采稍有間焉, 似當參酌矣, 今承聖教, 何敢自是已見乎?"

尹淳曰: "如李健命莅斬等事, 臣屢言其怪駭, 而力不能止矣. 辛丑聯箚時, 臣與趙文命兄弟, 同爲宮官在闕中, 臣以爲'卽位之元年, 代理是何等重大, 而大臣當自請對, 何可使微官先言之乎?' 旣請趙聖復之罪, 賓廳求對, 一日三四啓, 又爲庭請, 似欲力爭. 而俄上聯箚, 因故相趙泰耉請對, 又爲隨入, 還收成命.

臣謂顯命曰: '兩日之間, 三變其事. 天下惟一箇是而已, 庭請是則聯箚非, 聯箚是則還收成命非也.' 以此觀之, 其心不純於景廟, 亦不純於殿下, 不無私意之挾雜, 擧措如此, 人安得不疑? 辛丑後, 責其不能盡分於景廟而罪之則可, 至於盡殺則過矣." 上曰: "其事果爲苟簡, 若論其罪, 不過削奪矣."

淳曰: "乙巳間賜諡·設院, 則少論皆有忿心. 丁未秋, 遂施追奪之律, 非以聯箚爲逆於景廟, 有不盡分處. 臣意則追奪非一律也, 以爲非過也." 上曰: "前旣慘刑, 今復追奪, 不過於分數乎?" 淳曰: "臣與宋寅明, 同里而居, 每論減等事, 臣則以爲追奪非過也. 今若減等而致其寅協, 固可爲也, 此如右相之言, 無益於事, 而徒令刑政顚倒矣. 自乙巳至今五年之間, 處分三變, 今番亦安知永爲金石之典? 恐無蕩平之效矣." 上曰: "今日下敎後, 豈有此慮乎?" 寅明曰: "臣與領相言, 以爲'四人聯箚, 決不可分而二之, 一並伸雪後, 若有別事, 則或以臺啓請之, 似可云矣'."

李廷濟曰: "臣自初以爲'金昌集·李頤命, 非景廟純臣', 不知此心出於良知, 或出於黨論也. 爲都憲時, 向時人於景廟無所顧藉, 心甚痛之, 遂以頤·集事, 有疏論矣. 今若以別罪, 罪頤·集, 則臣豈有他意哉?"

上曰: "卿等則見欺於一鏡. 而老論中則有知鏡·夢與[30]妖儓締結之氣色者, 必因張世相而知之. 此出怵而爲之, 非爲逆. 聯箚若以逆論斷, 則礙逼於何處耶? 雖曰非矣, 旣已誅死, 則到今追奪, 不亦已甚乎? 金昌集·李頤命則其名

---

29) 苟有挾雜: 底本에는 없다. 《承政院日記 英祖 5年 8月 18日》 기사에 근거하여 보충하였다.
30) 與: 底本에는 없다. 《承政院日記 英祖 5年 8月 18日》 기사에 근거하여 보충하였다.

與子及孫 爛熳於逆招, 不可擧論, 仍前追奪, 李健命·趙泰采復其官爵, 而院·諡事勿論, 可也."

○ 秋, 慶尙監司朴文秀疏略曰: "不幸彼此黨中, 俱出千古所無之逆變, 孰不憤惋? 而善惡之性, 不以父子兄弟而盡同, 則擧一黨, 無一箇忠義, 而共謀不軌, 決無是理. 但指不軌, 謂之逆, 可也, 盡分者, 謂之忠, 可也. 今乃不然, 彼黨則藉口於惡逆之出於此黨, 而盡驅此黨於逆; 此黨則藉口於惡逆之出於彼黨, 而亦盡驅彼黨於逆, 滿廷諸臣, 混被逆名, 古今天下, 寧有是耶?

'逆'之一字, 何等惡名? 而彼此黨人, 輕加於人者, 蓋以局面互換之際, 禍福隨之, 得之則享安泰之利, 失之則有誅竄之危. 故以爲鉗制一邊之資, 潛售網打鑽入之計.

今亮臣之曰忠曰逆, 是公耶·私耶? 於其同類, 則心知其爲逆, 而乃反曰忠, 於其異己, 則雖是無故者, 必欲污衊, 强加逆名, 此豈但死黨而已? 抑亦由患得而然也. 彼此黨人, 乃祖乃父, 莫非我朝臣子, 則爲其子孫者, 精白一心, 期保王室, 而不此之爲, 必欲構陷之·殺戮之, 殿下何不於亮臣疏而驗之?" 上慰諭之.

○ 副修撰金尙星疏略曰: "世道日險, 人心日怕, 今日論忠逆事, 不利則又論斯文事, 論斯文事, 不利則又肆引《春秋》大義, 明日逐李光佐, 又逐沈壽賢, 又及於宰輔·諸臣. 甚至辱人祖先, 惟以擊去爲計, 不知今日又論何事, 明日又逐何人, 以誰氣力, 可能抵當?

'蕩平'二字, 其亦末如之何, 此猶餘事. 臣之所駭惋者, 名在罪死之籍, 國有已斷之案, 而公肆獎詡, 無異建祠·復官之時. 如有一分國綱, 一分臣節, 則其放肆無憚, 必不至此. 白首老憲長, 不忍泯默, 深憂世道, 自盡臣分, 則'勢熖'·'風旨', 何關屛退之大臣? 而橫加醜悖, 快肆詬辱者, 亦可笑也.

噫! 相國之從前積忤, 旣由於深植倫彛, 憲長之及今見辱, 亦坐於洞辨義理,眼明心公者, 固已覷破心肝, 而'鼓張邪說', '力戰公議'等說, 一何無嚴之甚也?
一番之人, 出入三司, 豈自今日, 前何以口嚜舌瘖, 後何以氣健意豪?

此不過雖嚴辨罰, 而猶欠於明劈大源, 徒務鎭靜, 而自致於漸弛大防, 莫如
堅定不惑之案, 益懋建極之治, 而惟聖明留意焉." 上優答之.

○ 領議政洪致中疏略曰:"聖意洞察於聯箚之非罪, 俯燭於關係之至重,
旣晦之義理復明, 積鬱之公議稍伸. 第於兩臣事, 以其子若孫之故, 獨未蒙一
視之澤, 固知聖意出於勉循群情, 而竊恐其未及察也.

凡罪人之未承款者, 不爲隨坐, 自是朝家舊法, 昨年治逆, 至於未就服之類,
不用收司. 昨年之所不行於凶逆者, 豈忍加之於含冤旣骨之兩臣乎? 彼四臣
者, 同死國事, 同時追奪, 其有罪無罪, 理宜一體, 或伸或否, 終涉斑駁, 烏在其
四箚並雪之本意哉?"

上答曰:"今玆處分, 分界旣嚴, 其所主意, 非比尋常, 則設有所懷, 上來後
開陳, 則予當分明賜答矣."

○ 持平兪最基 · 獻納趙明翼等疏, 請並雪兩相之冤, 上切責之.

○ 領議政洪致中入侍時, 上曰:"黨論之末, 曰'忠' · 曰'逆', 彼自謂忠者, 豈
必盡以渠黨爲忠乎? 但病於雷同, 不能自拔. 惡逆之名, 何等重大, 而尋常加之
於人, 此非細事也."

致中曰:"持難於伸雪之論者, 臣亦不疑之. 但四人有罪則卽同, 無罪亦同,
何可分而二之乎? 當初賜死之時, 非以鞫案 · 聯箚, 分爲罪案, 全以四箚爲本.
丁未追奪時, 只曰'四箚犯分'云.

今則四箚義理旣伸, 仍置兩人於罪籍者, 未免斑駁. 一邊之人, 以此爲難進
之端者, 不無所執矣. 若使同罪者, 同復其官, 自上以'此後復爲黨論者, 繩以重
律'云, 則諸臣豈不祗承, 蕩平豈難做得乎?

器之則追施逆律, 省行則元不用逆律, 丁未處分, 亦不施孥戮之典. 今忽以逆律[31]施行, 則更用緣坐之律, 然後方可追施於其父祖矣. 聖意或以四人盡復, 爲偏重而然耶? 以不承款之子孫, 追罪父祖, 已非法律."

上曰 : "只脫兩人, 則老論不入, 盡脫四人, 則少論不入, 彼此所執, 皆自謂義理. 天紀輩之逆, 則當置而勿論, 而二人亦入於文案中, 今若伸雪, 則老論雖快, 少論必不服矣."

○ 領府事李光佐入侍時, 光佐曰 : "丁未入對, 小臣則四人中有嫌避故, 退伏.而大抵趙泰采, 則臣亦知其有差等, 而大匡官銜, 終不可仍給. 正如濫騎者, 流三千里, 減死者, 流三千里.[32] 旣死之人, 勿論輕重, 只是追奪一條. 故雖有差等, 不得區別, 事勢然也, 追奪則斷不可已矣. 殿下以朋黨將至亡國, 必欲至誠調劑, 孰無仰體之意? 他事則盡可蕩滌, 而只此一事, 關係特重故也."

都承旨趙顯命曰 : "領府事於壬寅未免撓蕩,[33] 其心則當容恕. 而今番凶逆, 藉口於辛壬之討逆, 則所當回思所以緩之之道, 而終不覺悟, 臣實慨然也."

光佐曰 : "趙顯命之言, 臣實曖昧矣. 亂後不緩等語, 非諒臣之言也. 趙文命政目, 亦有主客之異, 殿下處分, 亦有主客. 臣於廟薦, 亦不免襲用前套,[34] 自昨年變亂之後卜相時, 有相號者皆書入. 吏判薦望, 豈無涇渭, 而沒數書入. 惟李緯則以其前日上疏, 有類徵夏, 而病於黨論, 故雖可用之人, 獨爲拔之, 其後薦望, 亦皆用之矣.

蕩平之道, 固當脫略細故. 而自古未有全無是非之國, 處分當如泰山北斗,

---

31) 律 : 底本에는 없다. 《英祖實錄 5月 9月 1日》 기사에 근거하여 보충하였다.

32) 里 : 《承政院日記 英祖 5年 9月 2日》 기사에 의하면 이 아래 "律相似, 律無可分, 則輕重罪, 不得同律"이 더 있다.

33) 蕩 : 《承政院日記 英祖 5年 9月 2日》 기사에 의하면 이 아래 "殿下內經萬分危迫之境, 而全然不知, 外爲討逆, 此爲不可, 然緩峻之分, 宗社有賴"가 더 있다.

34) 亦不免襲用前套 : 底本에는 없다. 《承政院日記 英祖 5年 9月 2日》 기사에 근거하여 보충하였다.

而未幾有減等之論, 臣嘗非之. 如是頻變, 民何以信? 俄者有與領相同留之下
敎, 而終不可奉承矣."

○　大司諫洪景輔疏略曰："自中葉分黨以後, 所謂名節, 未免用之於黨論,
而其中言論·風節, 有不可以黨論廢者, 夫何蕩平以來, 朋黨未破, 名節先壞?
公卿·三司, 苟可以持祿保位, 則雖其身千億化而不知愧. 蘇軾論曰：'西漢之
衰, 如蛟龍釋風雲, 而安於豢養, 東漢之衰, 如人之病狂, 呼號奔走, 以自顚
仆[35].'

臣嘗目見數年前黨論盛時, 士大夫力爲新奇乖激之論,[36] 寧負君父, 不忍負
私黨, 倒屣奔走. 雖不可比擬東漢[37]名節, 氣習則類之, 今則一變而爲西漢之
衰. 風俗之變, 在於君上之轉移, 而惜殿下不能措三代之盛, 反爲矯枉而過
直[38]也."上下敎責之.

○　大司憲趙尙絅疏略曰："殿下頃日處分, 快伸聯箚之義理, 可謂有辭於
天下後世. 而第其分等兩臣, 未免大段斑駁. 代理聯箚,[39] 關係至重, 殿下旣欲
伸其義理, 則[40]卽當一時並雪, 無或片刻留難, 方爲十分明快, 何待更有商量
乎?"

○　正言閔亨洙疏略曰："蓋嘗推溯而論, 則當甲辰之大喪也, 未聞違豫之
報, 遽奉不諱之音. 而藥院無侍藥設廳之事, 敎文有'半夜憑几'之語, 一國臣庶,

---

35) 以自顚仆：底本에는 없다.《英祖實錄 5年 9月 18日》기사에 근거하여 보충하였다.
36) 士大夫 …… 論：底本에는 없다.《英祖實錄 5年 9月 18日》기사에 근거하여 보충하였다.
37) 東漢：底本에는 없다.《英祖實錄 5年 9月 18日》기사에 근거하여 보충하였다.
38) 直：底本에는 "急"으로 되어 있다.《英祖實錄 5年 9月 18日》기사에 근거하여 수정하였다.
39) 代理聯箚：底本에는 없다.《承政院日記 英祖 5年 10月 20日》기사에 근거하여 보충하였다.
40) 殿下 …… 則：底本에는 없다.《承政院日記 英祖 5年 10月 20日》기사에 근거하여 보충하였
다.

皆以爲‘吾王不幸, 無疾而暴薨’. 其後始聞《藥院日記》詳錄其時証候, 而屢朔彌留, 別症疊出. 當初彌留之時, 域中不得承聞, 未曉其故, 而《藥院日記》見者, 能幾人耶?

逆賊維賢, 以先王肺腑至親, 做出不忍聞之凶言, 不逞之徒, 雄唱雌和, 終至稱兵傳檄, 自稱義擧, 天經地義, 滅絶無餘. 而乙巳春, 天海之事, 其兆已見, 當其時也, 殿下苟能窮覈盡誅, 仍將先王症候, 曉諭八方, 則人心可定, 逆節可消.

勘亂之後, 最初親鞫時, 如干伏法者·陣上斬馘者外, 殿下以涵貸爲務, 本事則不忍聞爲敎. 凶徒增氣, 略無畏縮之意. 朝廷之上, 亦未有一人推本而明言之, 上辨聖誣, 下折奸萌者, 彼凶之不復生心, 有不可必. 噫! 爲人臣子, 目見君親之受誣, 不得出一言辨明之, 臣誠倫常之罪人也.”

上責其無據, 還給其疏, 仍命削黜.

○ 書講入侍時, 同知事尹淳曰：“辛壬年間, 甚者入於鏡·夢, 其次入於時論, 言議風生, 氣焰烜爀, 故相臣趙泰耉·崔錫恒若助之, 則其禍亦不可言, 而此兩人, 極力調劑. 其後泰耉被逐, 死於鄕, 錫恒又被逐矣. 其時作駭怪之擧者, 今反改頭換面, 臣之目所見無據之輩, 今爲可笑之事者, 比比有之. 此類, 殿下竊[41]勿取焉.”

庚戌六年春, 親鞫入侍時, 上謂李光佐曰：“親鞫雖姑罷, 卿不可退去, 仍爲留在. 俄者召閔鎭遠, 亦有意矣.” 命兩大臣進前, 上以左手執李光佐手, 右手執閔鎭遠手, 而下敎曰：“今日國事, 果何如耶? 幸有七大臣來會, 大臣股肱, 予心賴而慰遣矣. 親鞫若罷, 則卿等必皆退去, 予心當如何? 予見卿等尙有

---

41) 竊 : 底本에는 “切”로 되어 있다. 《承政院日記 英祖 5年 10月 23日》 기사에 근거하여 수정하였다.

一膜子42), 卿等必須去此膜子, 仍留可也. 古人有盃酒釋憾者, 予雖誠淺, 豈不解卿等之膜子乎?"

光佐曰："如此恩禮, 其可再試於臣子乎? 請退伏而仰達."上曰："未得諾, 則其可釋手乎?"鎭遠曰："聖上亦知小臣有病痛矣, 病痛非猝然可去. 且下敎中所謂'膜子', 自非小事. 臣以爲戊申以後變亂, 皆從甲辰諱疾中出來, 則此膜子 何可猝去乎?"上曰："領府事膜子, 在卿袖箚, 予亦以爲過矣. 至於領府事之言, 情志相阻之致也, 而卿亦過疑領府事矣. 今取鞫案見之, 有欲殺領府事, 送刺客之說, 雖以此見之, 可知其斷斷無他矣."

鎭遠曰："臣亦非謂彼有意而生逆賊, 但逆賊由此而生矣."上曰："侍藥廳未設, 只出於未遑. 其時事勢, 予在內皆知之, 卿則方在遠外, 故不知矣. 領府事豈諱疾而釀成賊變乎? 初雖不知而疑之, 人或明其不然, 則可以解惑, 況君父有言而不解乎?"光佐曰："大臣蒙準臣如此, 臣卽當出詣金吾, 俟斧鉞之命矣."

上曰："閔判府事知領府事爲凶惡之人, 我不忍爲之事, 何疑於人耶? 彼此疑阻, 閔判府事先解然後, 領府事可以爲解矣. 雖父兄之讐, 所當先國後私, 況卿等所爭, 皆爲予矣. 旣曰'爲予', 而反使予以此用心, 殆至生病, 何也? 卿等二人妥帖, 則時象妥帖, 不妥帖, 則時象終不妥帖矣."鎭遠曰："聖敎雖如此, 腔子裏旣有如此, 何可同事君耶? 臣如江湖鳧鴈, 去留何關?"上曰："不然. 而卿等二人中, 一人出去, 則時象終不妥帖矣."

鎭遠曰："小臣退去之後, 自可妥帖, 何如是過慮耶?"上曰："卿之意, 必以此爲義理, 予則以爲此非義理, 體國乃義理也."鎭遠曰43)："義理至精至薇, 臣豈44)明知? 而但自以爲體國, 故如是耳."上曰："此則非體國, 乃病國也."

42) 子：底本에는 "字"로 되어 있다.《承政院日記 英祖 6年 4月 25日》기사에 근거하여 수정하였다.

43) 後 …… 鎭遠曰：底本에는 없다.《承政院日記 英祖 6年 4月 25日》기사에 근거하여 보충하였다.

44) 豈：底本에는 "旣"로 되어 있다.《承政院日記 英祖 6年 4月 25日》기사에 근거하여 수정하였

鎭遠曰：“小臣與李光佐和解, 則何益於國耶?” 上曰：“卿何其不廣耶?” 鎭遠曰：“聖上旣知小臣之性偏, 四十年工夫, 亦非一朝可改. 只以難化之人處之, 而受罪則幸矣.” 光佐曰：“臣病猝重, 今將氣塞, 願乞暫退.”

上曰：“宋寅明則亂後言‘閔判府事之苦心, 臣始知之’云, 而卿則無此言. 蓋卿則不知閔判府事之心而過疑之矣.” 光佐曰：“聖上以臣爲不知閔鎭遠之心, 蓋人之心內, 固非往來之地, 有不可知者. 而彼若自以其心爲不然, 則當曰 ‘吾心則不然, 而其事則吾誤矣, 吾當爲法受罪’云, 可矣. 今並與其事而自是, 此豈是乎? 若彼之所以論臣, 其所捏出者, 實非人理之所可思及者, 卽此一事, 臣固疑其心與爲人矣.[45] 臣之此言, 亦非反詈言者也.”

鎭遠曰：“咫尺天威之下, 說來說去, 有若相爭, 極爲未安, 臣當退出後[46]陳疏矣.” 上曰：“閔判府事終不知領府事矣. 領府事豈釀成逆禍之人哉? 觀於戊申事, 亦豈不明白乎? 領府事之知閔判府事, 亦終不如宋寅明矣. 予之此言, 出於至公之心, 卿等之言, 亦不曰‘不公’, 而只出於疑阻中矣.”

○ 秋, 正言朴弼均疏略曰：“昨秋以來, 朝臣以李頤命·金昌集並伸事, 仰對者, 則輒使之從容陳白. 頃者諫臣之批, 則‘非臺臣干請’爲敎, 大哉王言, 前後有異. 肅廟御題昌集畫像贊[47], 際遇之盛, 爲如何哉?

今於丁未秋, 一邊人構捏慘誣之外, 討得別件罪目, 仍置追削之典, 樂毅所謂‘離毀辱之謗, 墮先王之名’者, 眞可以泣鬼神矣. 至於頤命之十年侍藥, 忠赤如血, 而身旣枉死, 猶靳伸復, 豈不悲哉?”

又曰：“重器本以有翼切姻, 許多罪犯, 旣當加刑, 而遽有還配之命, 輿情益激, 可勝言哉?” 上責之以好勝舊套.

다.

45) 臣 …… 人矣:《承政院日記 英祖 6年 4月 25日》기사에는 이 아래에 “向來亦有儒疏, 未知始發者誰, 而始發此言者, 心腑甚深矣.”가 더 있다.

46) 後: 底本에는 “矣”로 되어 있다.《英祖實錄 6年 4月 26日》기사에 근거하여 수정하였다.

47) 贊: 底本에는 없다.《承政院日記 英祖 6年 8月 19日》기사에 근거하여 보충하였다.

○ 副校理韓顯謩疏略曰: "四臣之復削, 自有不易之是非, 謂之有罪, 當盡削; 謂之無罪, 當盡復. 自前秋惻怛之敎, 彼所以爲四臣之罪者, 灑然一歸於光明正大之域. 於是乎內懷無聊之心, 强爲分二之議. 聖心先立蕩平於內, 惟並用之是急, 故蓋盡復之, 則慮在廷之或去, 盡削之, 則慮在外之不來, 分半削復, 以爲調停之術. 古聖王明是非, 建皇極之典, 必不如是也." 上責其紛紜, 還給其疏.

○ 大司諫金致垕疏略曰: "臣不忍效李喆輔之滿紙諛辭, 求媚於上, 謹以大義理, 昧死陳之. 嗚呼! 殿下之受誣, 今幾遭矣. 一被賊虎之誣, 再被逆鏡之誣, 三被天海之誣, 以至於賢·翼·麟·夢·弘彦等, 窮凶極惡之誣者, 爲四爲五矣. 爲殿下臣子者, 正當腐心痛骨, 以爲必辨之計, 而今日諸臣, 瘖無一言者, 何也? 豈聖上痛禁薰論, 故彼[48]以辨聖誣, 亦爲薰論而然耶?

爲君父伸誣者, 謂之'薰', 則彼拱手却立, 默不一辨者, 歸於何薰乎? 微我女中堯·舜, 明白痛快之遺敎, 則殿下罔極之誣, 幾無以昭暴. 嗚呼! 辛丑景廟之欲使殿下參決機務者, 深惟社稷之謨, 欲分乙丙之勞, 有何一毫虧損? 而惟彼凶邪之徒, 恐其不利於己, 遂爲諱疾之謀, 陰售不逞之計, 一邊大肆殺戮, 一邊力爲鉗脅. 疾病之來, 聖人所難免, 何諱之甚也?

侍藥設廳, 終不擧行, 凶逆之徒, 唱爲罔測之言, 厲階之生, 伊誰所致? 禍亂荐疊, 皆根於諱疾一款, 則國人聲罪之討, 安得免乎? 爲今國家之計者, 誠宜窮鞫痛治, 鋤盡根柢, 而奈之何去草而不鋤其根, 除末而反遺其本, 以貽無窮之患耶?

若於乙巳之初, 窮治凶黨, 則自無戊申之變, 若於戊申, 痛訊賊徒, 則自無今日之患. 徵·夢漏網於鏡·虎之誅, 而釀亂稱兵, 詹·孝, 倖逭於徵·夢之戮, 而挾匕埋蠱. 言之至此, 裂眥崩肝. 噫! 輝·儉·鏡·虎之搖動誣逼也, 殿下危如綴旒矣.

今日之自謂'純臣'者, 亦嘗有一人, 出言爲殿下保護之地乎? 且趙聖復之斃
桁楊, 何也? 非以參聞庶務之故乎? 李廷熽之竄極邊, 何也? 非以首請建儲之
由乎? 李健命之尤罹慘刑, 何也? 非以克準封冊之請乎?

及殿下將誅鏡賊, 則或覆逆, 或論救, 至其誅之也, 猶不忍以逆稱之, 至戊申
之變, 始指爲逆. 以疏下諸賊事觀之, 丁[49]未得志之初, 乃敢變逆爲臣, 而咸請
出陸, 及夢賊之稱兵也, 乃變臣爲賊, 而擬律之啓, 必減一等, 猶恐其傷.

此輩之與夢·鏡之賊, 始則沕然相合, 今則顯不自異, 而猶且覘上意之好惡,
以爲向背, 其黨凶·黨惡, 孰甚於此? 當辛壬之際, 此輩以代理·聯箚, 並驅於
逆, 今乃捨代理而罪聯箚, 此不難知也.

在今日則'代理'二字, 渠亦知其有礙於聖躬,[50] 故藏匿不言. 聯箚則出於四
臣, 故百計閃弄, 罪而後已, 殊不知罪聯箚者, 乃所以讐代理也, 可勝痛哉? 所
未可曉者, 殿下旣知其冤, 臨帳殿而下敎, 閉閤門而自責, 若將有大擧措, 末梢
歸宿, 僅止伸復兩大臣, 此果爲大公至正之擧耶?

正言尹興茂以朴弼均之請伸兩臣, 至於論罷, 其所謂'非今日所宜有者', 何
事也? 夫以朴長潤之罪, 而肆然請釋者, 謂'今日宜有', 而訟兩臣死國之冤, 獨
謂不宜有耶? 且以今番賊招所引者觀之, 多從蕩平, 顯秩中出來. 是何蕩平之
庭, 不見無黨無偏之美, 而只見逆黨之屢出耶?" 上責以一篇精神, 以循舊習,
捧納承旨推考.

○ 冬, 持平鄭益河疏略曰:"惡如凶彦, 罪如逆寬, 而猶且稱之曰'非逆', 殿
下之德化, 能變此輩之氣質則已, 不然他日國家之患, 不待智者而可知矣. 殿
下卽祚之初, 不誅虎夢, 而馴致戊申之變, 又於戊申, 不誅思孝, 而馴致今日之
禍. 若於今日, 留此兩逆, 則安知他日之追悔, 不如今日之追悔耶?

夏宅本居於淸州邑底, 不卽避居, 密爲往復, 淸州人言之甚詳.[51] 水原陣所

捉<u>明誼</u>之抵<u>夏宅</u>書, '欲往君所'之說觀之, 可知其反狀之節節符驗. 其子之犯逆如此, 則其父之同參, 尤無可疑矣. <u>宋眞明</u>·<u>鄭壽松</u>之所親聞目覩, 比諸<u>尹憲柱</u>之狀聞, 尤爲明的矣."

○ 持平<u>崔命相</u>疏略曰: "鞫獄甚秘, 雖不得其詳略, 聞傳說之語, 則<u>吳命新</u>及<u>蔡成胤</u>父子, 皆得脫云. <u>貞業</u>·<u>戒輝</u>, 自是賊<u>械</u>之婢僕, <u>命新</u>又是<u>械</u>妻之同氣, 則<u>械</u>之奴輩, 有何怨憾於其上典之至親, 乃敢援入必死之地乎?

其在按獄之道, 卽拿<u>命新</u>, 一處對辨, 而今則不然, 被援之人, 偃臥其家, 元告之類, 欲[52]其變辭而加刑, 如彼賤[53]人, 何以甘受重刑, 不變其言耶? 至於<u>山宗</u>說之事, 尤有可疑, 以其初招論之, <u>成胤</u>·<u>膺萬</u>之往來兩家, 亦可見情志之親密, 形跡之陰秘如是, 而謂之誣援, 其亦近理乎? 憂憤所激, 爲殿下更陳之."
上責之以猶踵舊習.

壬子八年夏, 大司諫<u>柳復明</u>疏略曰: "<u>景廟</u>行錄中, 不載儉獄事, 不勝駭惑. 向來逆宦·妖婢, 與賊<u>鏡</u>·凶<u>夢</u>, 相爲表裏, 幾覆宗社. 惟我先王, 至聖至明, 快揮乾斷. 撰述之臣, 固當大書特書之不暇, 今乃全不提論. <u>鳳輝</u>之初不載錄於誌文中者, 意極叵測, 今日詞臣, 又敢蹈襲餘套, 略無顧忌, 輿情莫不憤惋."
仍論聯箚兩臣之當伸, <u>李光運</u>等合啓之不可罪. 上命還給其疏.

乙卯十一年春, 知事<u>申思喆</u>等疏略曰: "辛丑危疑之際, 贊大策定國本

---

51) 甚詳 : 底本에는 "尋常"으로 되어 있다.《承政院日記 英祖 6年 5月 27日》기사에 근거하여 수정하였다.
52) 欲 : 底本에는 "恨"으로 되어 있다.《英祖實錄 6年 6月 24日》기사에 근거하여 수정하였다.
53) 賤 : 底本에는 "賊"으로 되어 있다.《英祖實錄 6年 6月 24日》기사에 근거하여 수정하였다.

者, 蓋其日大臣之力也. 當初構罪而戕害者, 建儲·聯箚也, 其後追奪者, 亦以聯箚爲案. 己酉處分, 猶且或伸或否, 雖見伸之兩臣, 不許復謚, 則不可謂伸矣. 未伸之兩臣, 初則用子若孫之說而難之, 今又分而二之.

至於金昌集, 乃加新般罪目, 爲其不可伸之端, 殿下果以昌集之遘禍, 不在於建儲·聯箚, 而在於今日聖敎所云云耶? 殿下所以罪昌集者, 旣是乙巳初未聞之敎, 又非[54]丁未後追削之案. 一人之身, 罪名隨變, 將使窮天極地之痛, 更無伸白之日, 以殿下之至明至仁, 何忍爲此也?"

丙辰十二年秋, 校理金聖鐸上疏, 訟其師李玄逸之冤, 上以其黨逆親鞫之, 仍命島配荐棘.

○ 進士李德臣疏略曰："賊臣聖鐸投進一疏, 顯訟玄逸, 聖怒赫然, 懲逆之擧, 疾於風雷, 可洩神人之憤. 而不意荐棘之命, 遽下於再訊之日, 實不勝憂憤之忱.

第以聖鐸所引玄逸疏中語論之, 所謂一句, 何等惡逆, 而隱然歸之於語言薄過. 帳殿親問之日, 敢以'一非'字, 泛然爲對, 若'其付之先天'一句語, 則諉以'自上不忍聞', 遊辭巧對. 知玄逸之爲逆, 而欲訟其冤, 固是逆也, 不知爲逆, 而泛以爲'非'[55], 亦逆也.

今之議者曰'與犯逆有間, 直置極律, 似涉過中', 或謂'自上傳生, 則不必力爭', 自有甲戌容護之論, 名義之壞亂, 極矣. 凡於懲討之擧, 一切寬緩, 陽托平反[56]之名, 陰濟邪私之意, 可勝痛哉?"

---

54) 非：底本에는 "作"으로 되어 있다. 《承政院日記 英祖 11年 2月 9日》 기사에 근거하여 수정하였다.

55) 非：底本에는 "是"로 되어 있다. 《承政院日記 英祖 13年 6月 12日》 기사에 근거하여 수정하였다.

56) 反：底本에는 "友"로 되어 있다. 규장각 소장 《皇極編》(청구기호：奎4878, 이하 '규장각본'

○ 豊原君 趙顯命疏略曰：“金聖鐸以妄言將抵於死, 是其自取, 固不足惜.
其實則玄逸根本也, 聖鐸枝葉也, 根本之玄逸, 死於牖下, 枝葉之聖鐸, 斃於桁
楊, 則本末輕重, 果何如也? 況朝廷初, 不以逆律勘玄逸, 以護逆責聖鐸, 不幾
近於罔民乎? 必欲以護逆誅聖鐸, 則追行孥籍於玄逸而後, 可也.

不然則金石之典, 自有次第, 而朝廷之名論太勝, 王獄之議讞失平, 惜乎殿
下之庭, 曾無一箇張釋之者耶? 國有事則曰是曰非, 可否相濟, 自三代已然.
今則一夫倡之, 萬人同聲, 在外則或憂其過中, 入對則皆言其可殺, 心口異行,
忍能面謾. 幺麼一聖鐸之生死, 不足言, 今日士大夫規模氣像, 一至於此, 臣不
勝寒心也.”

上特命削職.

○ 左議政金在魯疏略曰：“玄逸疏語, 萬萬悖逆, 而聖鐸乃敢露章顯訟, 欲
歸之於粹然無疵. 今若以玄逸爲非逆, 則無可更言, 苟知玄逸之爲逆, 則何可
以當初失刑, 並謂救之者, 非護逆乎? 苟如是, 設令希載徑死於辛巳之前, 則其
將斷以非逆, 而雖有伸救者, 不可謂護逆耶? 以重臣之名論·地望, 倡論如此,
世道之憂, 不可勝言. 臣以按獄之大臣, 理宜譴免.”上答以安心視事.

○ 副校理趙榮國疏略曰：“近來章奏之紛紜者, 殿下一切平分其過, 若無
適莫. 而獨於趙顯命竄配之請, 鄭履儉削黜之啓, 其用意搆陷之狀, 殿下非不
俯燭, 而猶未能痛加裁抑, 一任其跳踉, 顧何以平物情而靖時象乎?

抑臣之所痛惋者, 尹汲之悖疏耳. 十九下敎, 炳如日星, 其後處分李台重之
敎, 略曰‘台重視君父如無, 爲逆臣右袒’, 明明聖敎, 嚴如斧鉞, 孰敢萌伸救之
念? 而彼汲也, 敢以‘明大義’·‘定國是’等語, 筆之於奏御文, 殆有浮於台重‘忠
冤莫白’之說. 古今天下, 寧有如許臣分也?

至於‘儷代理’三字, 今日殿下之所嚴誅, 群下之所致討, 元不干於代理一事,

───────

으로 표기함)에 근거하여 수정하였다.

則渠何敢以此簡話頭, 欲售嫁禍之計哉? 臣謂尹汲, 不可不重譴也."

○ 右參贊尹惠敎【判尹金始炯·行司直李壽沆[57]·吏參鄭錫五·兵參李宗城·行司直李眞[58]淳】等疏略曰："自聞尹汲叵測之言, 驚痛悲憤, 寧欲無生. 昨日次對, 聖敎略曰'尹汲疏中「讎代理」三字, 今日爲臣子者, 豈欲樂聞?'云. 筵席語秘, 雖不能詳聞, 相對感祝, 自不覺涕淚之橫迸也.

嗚呼! 臣等之所以罪兩人者, 只在於前後三變, 無復臣節, 初何嘗一毫干涉於不敢言之地? 而彼乃以絶悖罔極之說, 加之於人, 抑何心哉? 伏乞明正尹汲樂禍無嚴之罪."

○ 奉朝賀李光佐疏略曰："伏聞朝臣交疏相攻, 至有'讎代理'三字云. 臣驚心痛骨, 殆不能定. 臣之自前論此者, 專在於旣庭請復陳籲, 旣陳箚而復請還收, 俄頃之間, 三次反覆. 此而不行大懲礪, 將無以爲萬世立民極, 毫髮豈涉於本事? 而乃敢架鑿空虛, 欲以是間構君臣之際, 噫嘻! 痛矣."

○ 豊原君 趙顯命疏略曰："臣文辭拙直, 不能婉遜, 致令見者駭愕, 聲討森嚴. 昔在辛巳夏, 故相臣李畲請放玄逸, 甲辰冬, 嶺人羅學川顯訟玄逸. 前後一玄逸也, 而學川訟之, 則奬用之, 聖鐸言之, 則誅戮之. 請放玄逸如故臣, 則推爲領袖, 略論聖鐸如臣者, 則不免爲護逆, 未知名義有時而輕重, 法律隨人而低仰耶?"

己未十五年春, 司果閔亨洙·通洙等疏略曰："先臣一生心事, 皎如日星. 及乙巳秉軸之後, 朝廷方以討逆爲請, 群議皆曰：'向來誣獄之鍛鍊, 專欲上及於不敢言之地. 而李光佐自初爲判義禁, 仍陞委官, 終始按獄, 則其罪豈下於鳳輝乎?'先臣獨曰: '鳳輝投疏於名號旣定之後, 有若駁正者然, 實爲鏡·虎之宗主, 宜先討此賊.'群議堅不聽, 故先臣不得已從之. 時有言鳳輝·光佐, 當並請一律者, 而此則先臣竟不從.

其後戊申, 先臣謫原州, 未幾逆變起, 監司李衡佐來見曰: '大監還朝之後, 若與領相, 蕩滌前事, 同做國事, 則領相必樂從矣. 如四大臣伸冤, 必大監之所欲爲, 而此亦何可已乎?'先臣答曰: '吾與領相, 豈有私怨? 而只是有疑, 不能解耳.'

衡佐問所疑, 先臣答曰: '吾見藥院甲辰日記, 其時上疾, 累朔沈綿, 而領相以都提調, 終始秘諱, 以致維賢輩, 做出凶言, 誑惑人心. 逆變旣發之後, 領相又無一言以明之. 領相今若上章自訟曰「甲辰大喪時, 聖疾之深重已久, 而慮致人心之危疑, 秘諱不敢言, 賊徒凶言之轉相詿誤, 蓋出於中外之未詳. 臣之當日諱疾, 雖出鎭安, 今安可逃罪?」云爾, 則其心之無他可知, 而吾之疑可解矣'. 數日後, 衡佐又來曰: '吾已書報于領相, 則答曰「不可爲」, 其言亦有理.'亦不肯明言書中辭意.

衡佐去後, 先臣顧謂臣等曰: '光佐之與聞賊謀, 雖未可知, 其心則終是逆矣. 古人有剚腹, 以明太子之無罪, 況今凶徒之詬天罵日至此, 則臣子之心, 當如何也? 今光佐不肯出一言, 以雪罔極之誣, 其不忠於國而陰助於賊, 明甚矣.'先臣以此, 斷然以光佐爲逆, 向使光佐, 誠用先臣之言, 而痛陳一疏, 則庶解宿昔之疑, 而必不至於斷之爲逆矣.

及至庚戌, 帳殿入侍, 殿下左右握手, 使之快釋疑阻, 同做國事, 而先臣以逆變, 由於諱疾, 不可同朝之意爲對, 將及衡佐酬酢事, 而殿下揮手止之, 故先臣泯默. 而每語臣等曰'此人終必禍國, 士大夫, 不可與同朝'. 其非有一毫偏黨之意如此.

而及至丁未, 殿下以先臣乙巳所爲, 認爲黨論而悉反之, 鳳輝之職牒依舊, 壬寅冤死之人, 還入於逆案, 而鍛鍊羅織之輩, 莫不登揚於膴仕. 先臣之苦心危衷, 併陷於朋黨之科, 臣等冤痛欲死之心, 容有其極哉?"

○ 冬, 右議政<u>兪拓基</u>疏, 請幷復兩臣.

庚申十六年春, 持平<u>鄭實</u>疏, 請亟施兩臣復諡之章, 仍擧群凶討罪之典. 又曰:"先正臣<u>宋時烈</u>, 受<u>孝廟</u>特達之知, 苟有害於世道者, 明辨痛斥, 仇怨溢世, 變起門墻. 肆惟<u>肅宗大王</u>末年一敎, 處分大定, 儻殿下克體遺訓, 勿撓浮議, 則義理復明·是非可定矣."

○ 時原任大臣·備堂引見入侍時【判府事<u>金興慶</u>·<u>宋寅明</u>·左議政<u>金在魯</u>·禮判<u>申思喆</u>·判尹<u>趙顯命</u>·吏判<u>趙尙絅</u>·左參贊<u>尹陽來</u>·兵判<u>金聖應</u>·行司直<u>鄭錫五</u>·吏參<u>徐宗伋</u>·大司諫<u>趙明澤</u>】, 上曰:"諸臣只知黨論之戰, 一邊則守之如北斗[59]·一邊則納之如坑塹, 古豈無建儲之事, 而黨論之相爭不絶, 豈若是也? 以四人言之, 聯箚何意? 此固可怪, 一邊則專以驅之於逆, 至入於敎文中, 此亦可怪.

自昨年秋, 予欲下備忘, 收殺而未果. 頃者<u>寧嬪房</u>歷臨時, 開見[60]木主粉面, 書'<u>安東 金氏</u>', 心有憾然. 子孫無狀, 不知先祖之忠節, 可勝痛哉? <u>石碏</u>, 有<u>石厚</u>, <u>盜跖</u>, 有<u>柳下惠</u>, 雖父子兄弟之間, 亦有無奈何之事, 渠輩皆生恐怵之心於<u>景廟</u>而然矣. <u>李頤命</u>, 必無是事, 而少輩聚會, 作爲此擧, 根本則雖爲予, 而其實出於希覬前頭之功矣."

仍傳曰:"世道日下, 黨習日痼, 不思其習之悛改, 猶恐務勝之或緩. 聯箚·代理, 若有北面其君之心, 豈敢爭其事乎? 兩臣之靳其復官, 非爲本事, 使後世爲臣者, 事君做事, 使之一心無他, 此所謂'正君君臣臣'之敎者也.

---

59) 北斗 : 底本에는 "斗支"로 되어 있다.《承政院日記 英祖 16年 1月 10日》기사에 근거하여 수정하였다.

60) 開見 : 底本에는 "聞"으로 되어 있다.《承政院日記 英祖 16年 1月 10日》기사에 근거하여 수정하였다.

頃年大臣以下入侍, 不爲復官兩臣中一人, 欲先下敎, 而其後又有葛藤, 置之矣. 李頤命, 其令該曹復官.

金昌集, 本事之外, 卽予所執者, 示絃韋而勵[61]他人, 追惟其先, 心有感愴. 以察影之事, 深惡於躬不覩不聽之人, 非王法涵包之意. 且昨冬處分之後, 此人之猶在丹書, 亦曰公乎? 先正忠節, 可存其孫, 畫像御贊, 其亦追感, 亦特復官. 否! 諸臣豈敢因此而臆[62]揣, 互相務勝乎?"

宋寅明曰: "臣以右相【兪拓基】筵奏與箚, 謂之非矣. 己酉處分, 旣伸兩人, 又以子若孫爲罪, 則便是聯箚得伸之日, 若以子孫之有罪無罪爭之, 可也, 必以聯箚之案, 未明爲說, 甚不可矣. 且今聖明, 當以子若孫之罪之有無, 詳考鞫案, 見其可恕, 然後方可明白爲之. 子若孫無可恕, 而無端改其處分, 豈成體例乎? 若見鞫案, 罪有可恕, 則臣當無辭奉承."

趙顯命曰: "此則關係大是非, 一邊之人, 以爲忠臣, 至於復官·贈謚·建院, 而臣則未見其忠; 一邊之人, 以爲大逆不道, 至於收孥籍産, 破家瀦澤, 而臣未見其大逆矣. 其子若孫之情節, 若不與知, 則便是平人, 若或與知, 則當有應被之律, 其與知與不與知, 皆無明白可據之證. 臣等意見, 與甲乙兩黨, 所以不同, 而亦所以奉承於分等之意者也." 上曰: "贈謚·書院, 不成說矣."

金在魯曰: "大體旣是, 則雖或有干涉於子孫之語, 豈可以此爲兩大臣之罪乎?" 上曰: "聽予下敎之後, 北面於予者, 決不當復有云云, 豊原之如是陳達, 未安矣." 寅明曰: "分等時, 臣旣參聞, 若以分等爲非而改之, 則臣安得無罪乎?" 顯命曰: "如是處分之後, 臣等當被罪矣." 金始炯曰: "分等區別, 國是已定, 處分如是卒[63]遽, 原任大臣, 更考鞫案之說, 誠是矣." 上曰: "重臣非

61) 勵: 底本에는 "礪"로 되어 있다.《承政院日記 英祖 16年 1月 10日》기사에 근거하여 수정하였다.

62) 臆: 底本에는 "仰"으로 되어 있다.《承政院日記 英祖 16年 1月 10日》기사에 근거하여 수정하였다.

63) 卒: 底本에는 "率"로 되어 있다.《承政院日記 英祖 16年 1月 10日》기사에 근거하여 수정하였다.

矣.”

○ 工判趙顯命疏, 略曰：“兩大臣復官之命, 臣旣與聞於己酉末議, 則今於處分之下, 當初妄論大臣之罪, 理難倖免. 臣於此事, 自有權衡, 所以贊成於分等之說, 庶幾有補於建極之治. 持之十年, 今復改之, 臣恐殿下之所以息爭者, 益使開之也. 仍乞解職.” 答以勿辭.

○ 戶判金始炯疏, 論處分太遽, 隄防大壞. 上責其爲黨, 特命罷職.

○ 領議政李光佐疏略曰：“昨日傳敎, 有金昌集復官之命, 臣不勝慨然失圖. 下敎若曰‘正君君臣臣之敎’, 又曰‘事君做事, 使之一心無他’. 殿下試思量, 如昌集, 可謂一心無他否乎? 昌集所自犯者, 雖以十九以後下敎觀之, 亦可謂昭然難掩矣. 十數年堅定, 無他端而變改, 恐君綱日卑, 世道日淪. 臣不固爭, 死不足贖其罪.” 上諭以勿引咎.

○ 戶判趙顯命疏略曰：“夫黨人之以忠爲逆, 以逆爲忠, 此不過國家刑政之一時得失, 顧何足爲人臣進退之大關也? 臣之所以進退者有之, 曰‘蕩平’是也. 始臣亡兄, 得此說於先正, 而授之於臣. 槩嘗以爲：‘此說行, 則搢紳之禍息, 而國脈延於無窮, 不然則國之危亡, 可立而待.’ 卽辛·乙[64]以來事, 可鑑也. 臣之所以立心持論者, 本欲如此, 故入而告於殿下者, 此也, 出而告於朋僚者, 此也, 發之於政事施措之間者, 亦此也.

昨秋以後, 朝廷之規模日新, 與夫所謂‘蕩平’者, 漸成燕·越, 則臣以已試蔑效之人, 旣不可以語勇於敗軍之餘, 而若使之改心易慮, 以濟事於今日之時象, 則又非臣之所能爲. 此臣所以不得已而有退, 而自靖之計也.” 答以勿辭.

---

64) 乙 : 底本에는 “巳”로 되어 있다. 《承政院日記 英祖 16年 2月 4日》 기사에 근거하여 수정하였다.

○ 時原任大臣入侍時, 下敎曰: "辛壬之人, 若負血脈,[65] 非爲國也, 其中雖云爲予, 而所謂'三手之說', 於景廟似如何矣." 左議政金在魯曰: "三手之說, 曾於乙巳反案時, 詳細辨破, 節節破綻, 皆有明證." 上曰: "此輩於世弟, 則未知何如, 而或有不平於景廟之心, 則非逆乎?" 右議政兪拓基曰: "若有不平於景廟之心, 則何敢爲伸辨之計哉?"

在魯曰: "丁未年所謂'還置逆案'者, 還袚於逆案而已, 非欲滅去其鞫案也." 拓基曰: "當初成獄之後, 名之曰'壬寅逆案'. 乙巳反案後, 書其目曰'誣案', 丁未, 書之以'三手逆案', 豈不駭痛乎?" 在魯曰: "希功望賞, 自爲身計, 則或有之矣." 拓基曰: "告之者虎賊也, 成之者鏡·虎輩也, 壬寅獄事, 皆無據矣."

上曰: "喜之《永貞詩》, 卿等思之乎?" 在魯曰: "此詩誠亦怪駭, 而揆其辭意, 則不過以爲群凶乘聖候違豫, 締結閹豎, 擅弄威權, 畢竟敗露無餘云, 而鏡賊强爲誣辭,[66] 歸之不敢言之地矣." 上曰: "故判決事徐宗一, 以明陵參奉, 有此夢, 酬酢於人, 故聞而作此矣. 古之《永貞行》亦怪異, 豈可比之於此時乎?"

○ 夏, 三司合啓【大司憲權𥛚·大司諫李聖龍·執義洪鳳祚·副應敎金尙魯·掌令李彙恒·宋時涵·持平李聖海·閔宅洙·校理李德重·正言李壽海·朴春普】論柳鳳輝·趙泰耉之罪, 請追奪. 又論李光佐之罪, 以鏡賊敎文之後, 擢擬本兵之長, 泰徵等, 列置藩閫, 幾售犯闕之計, 建儲代理之劄, 復置逆案, 甲辰大漸之時, 秘諱症患, 改稱藥名[67], 請姑先罷職.

上召見右議政兪拓基, 敎曰: "今此臺臣輩, 幾年仕宦, 嘿無一言, 而當此時,

---

65) 若負血脈: 底本에는 없다. 《承政院日記 英祖 16年 3月 7日》 기사에 근거하여 보충하였다.

66) 誣辭:《英祖實錄 16年 3月 8日》 기사에는 "註解"로 되어 있다.

67) 改稱藥名: 底本에는 "添入啓語"로 되어 있다. 《英祖實錄 16年 5月 19日》 기사에 근거하여 수정하였다.

不先不後, 惹起鬧端. 頃聞李箕鎭所達, 以爲過於分數, 到今思之, 其果先示機微也." 仍命罷職.

拓基曰: "此是大同之論, 嚴譴過矣." 上曰: "欲問此事, 命卿入侍. 今聞所達, 末如之何, 以禮勉副矣." 承旨洪龍祚請還收傳旨, 上特命遞差. 副修撰尹得敬及臺臣幷疏, 救大憲及承旨, 上皆不答. 又下公事留院之命, 左議政金在魯·判府事宋寅明等, 請對屢月力爭, 不能得. 於是大臣以下, 趍詣大王大妃殿閤外, 大妃殿以手札下敎于上. 上承命, 始許引見, 金在魯等, 請稱慶頒敎.

○ 備堂引見, 入侍時【左議政金在魯·右議政宋寅明·兵判趙顯命】, 寅明曰: "紀·澤, 初再招平問時, 便爲半承款矣." 上曰: "未刑推前, 承款, 無狀矣." 金在魯請去壬寅誣案, 宋寅明·趙顯命以爲: "旣伸四大臣之冤, 天紀·龍澤等, 則不可白脫." 上命考見草案.

顯命曰: "此獄一則干犯先朝, 一則干犯聖躬, 請一一悉陳. 始者, 虎龍告變之日, 臣以翰林在政院, 目見殊常之跡. 一鏡其日不待牌, 先爲入來, 判金吾沈檀家在城外, 日已向暮, 或欲催促, 則一鏡曰'吾已通報'云, 未幾, 檀果入來, 蓋上變前, 疑有曲折矣.

及虎龍捧招, 而龍澤先出, 龍澤者, 臣之外八寸, 習知其人殘劣, 故疑其所告之不實. 乙巳, 臣欲爲修史, 考見獄案, 則龍澤·天紀·麟[68]重輩, 平問[69]時所招, 便是半承服, 其締結無賴, 交通幽陰之狀, 狼藉現發. 乃是己亥·庚子年間事, 則其非換局圖謀, 卽爲謀逆情節, 可知.於是臣始變初見, 不歸於誣獄, 斷之逆獄矣.

今者左相之以爲誣獄者, 蓋虎龍招辭中一款, 有誣辱聖躬之言故耳. 臣等之意, 則虎龍凶言, 無損於天地之大, 日月之明, 此輩逆節, 虛實間, 旣曰'干犯先

---

68) 麟: 底本에는 "獜"으로 되어 있다. 《承政院日記 英祖 16년 6월 13일》 기사에 근거하여 수정하였다.
69) 平問: 底本에는 "同"으로 되어 있다. 《承政院日記 英祖 16년 6월 13일》 기사에 근거하여 수정하였다.

朝', 而若失於寬縱, 則恐爲聖德之累, 此則臣等愛君之苦心."

上曰: "左相及卿等所陳雖是, 而不正之案, 何以取信耶?" 顯命曰: "當是[70]時殿下毅然正色, 一邊之人, 有反獄之請, 則答以'干犯先朝, 不可輕議', 一邊之人, 言兩復之非, 則答以'今日北面者, 非所當言'. 如是兩鎭焉, 使不敢發言, 則調劑保合之好機會矣." 在魯曰: "臣受三朝厚恩, 若有干犯於景廟者, 則豈忍以黨心欲脫之哉? 三手之說, 右相及豊原, 已皆言其無據, 此說歸虛, 則未知更有何事干犯於景廟也? 臣實未曉也."

傳曰: "今則告廟頒敎, 卽予初政, 在上者當建極而已. 壬寅鞫案, 不可不釐正, 癸卯科名, 以別試付標. 鞫案中以士名者, 初結虎龍, 事關皇兄者, 誅之無赦. 其他鍛鍊, 名在丹書者, 亦可疏釋, 大臣稟處."

辛酉十七年, 上命定彼此逆案, 以一鏡之敎文·虎龍之凶書, 誣逼儲位, 謀危宗社, 及金龍澤等【李天紀·李喜之·沈尙吉·鄭麟重】蟣蝨白徒, 蟪蛛日月之罪, 議大臣·卿宰, 大誥頒示八方, 親製祭文, 告宗廟, 名曰'大訓', 入梓廣布, 永垂不刊, 復有以黨論請改者, 施以逆律事, 載於《續大典》.【乙亥逆獄後, 趙泰耉·李光佐·崔錫恒·柳鳳輝等, 追施逆律. 復以耉·輝等, 及一鏡疏下六賊, 與乙亥之賊, 追載於大訓. 至壬辰領相金致仁等, 以金龍澤等五人, 非逆而渾載於大訓爲不可, 請拔之, 上從之.】

○ 司直吳光運疏略曰: "禍亂之作, 苟求其源, 則當以黯·宗道爲首. 苟無黯·宗道, 則喜·龍輩何以輾轉背馳而爲亂, 苟非喜·龍輩, 則鏡·夢輩何以逆? 故爲亂於景廟者, 臣不曰喜·龍輩而曰黯輩也, 爲逆於殿下者, 臣不曰鏡·虎輩而曰喜·龍輩也. 欲治鏡·虎輩, 則先治喜·龍輩, 欲治喜·龍輩, 則先治黯輩. 若驚心於鏡·夢而末減喜·龍, 憤惋於喜·龍而緩治宗道者, 非理之正也.

天下之惡, 一也, 不忠於仁顯, 而忠於景廟, 無是理也, 不忠於景廟, 而忠於殿下, 亦無是理也. 夫是非者, 在於秉彝之天, 本非移易增損之物, 又非朝廷之所可定也. 自在於天地間, 付之於公共之論, 而今必欲決於朝廷者, 皆角勝得失之人也. 甲者之是非伸, 則甲者榮達之門通, 乙者之是非屈, 則乙者進就之塗塞. 故汲汲遑遑, 如抱牒於訟庭者, 俱出於利心也.

蓋自漢·唐以來, 當世朝廷之所是, 後世隨而是之乎? 朝廷之所非, 後世從而非之乎? 彼囂爭於冥冥之中者, 未必不知後世之難欺, 而俗人之腹, 常以爲: '《東國通鑑》誰見之乎? 百世之後, 誰知有吾? 但快吾之目前, 而利於吾身而已.' 人主則不然, 公議在朝廷, 則其世榮懷, 而其君享後世之令名, 公議不在朝廷, 則其世扤捏, 而其君受後世之譏議, 此是誰家事, 而一付臣下弄倒耶?

臣未經世變之時, 意謂是非如黑白易別, 及觀於世, 則不可以一邊爲純然白, 一邊爲純然黑. 有如同床醉夢, 互有醒時, 風水圖局, 移步卽異.

一人之身, 而或有昨日是, 今日非者; 一人之言, 而或有前截非, 後截是者. 或有事是而心不正者, 或有跡非而情可恕者. 彼其各循其私, 各務其勝, 或藉昨日之是, 而護今日之非, 或因前截之非, 而撐後截之是, 苟非公聽幷觀, 心無適莫者, 安能定今日之是非乎?

又竊以爲李膺·范滂之忠, 伸於中平, 而無救於漢亡; 魏忠賢·崔呈秀之逆, 定於崇禎, 而靡補於明亡. 若謂忠逆之定不定, 無關於興亡則不可, 必謂忠逆之定, 可救於危亡, 則臣不信也.

噫! 朋黨之禍, 其亦慘矣. 彼以一時之私意, 禍人萬世之宗祊. 粵我宣廟朝, 東西始分, 傾軋不已, 而壬辰之寇來, 龍灣一隅, 天步播越, 有識之士, 至今於悒. 仁祖改玉, 保合南西, 惟才是用,[71] 昏朝北黨, 餘毒未艾, 卒不免丙丁之亂, 而懲創旣深, 朝著寅協.

仁·孝·顯三朝, 論議息鬨, 風波不作, 而士大夫昇平日久, 癢生喜事, 顯廟末

---

71) 仁祖 …… 是用: 底本에는 없다. 《承政院日記 英祖 16年 7月 21日》기사에 근거하여 보충하였다.

年, 駸駸乎爭端之復闢. 而其後數十年, 仇怨日深, 戈戟大作, 黨窮朋極, 以至今日, 不可救矣. 噫! 物極必反, 變極必通, 以天理人事考之, 則今亦可以破淫朋而歸正道矣. 然破朋之術, 亦非一道, 臣請取過去已然之事言之.

己巳黨人時, 不惟異己者, 不得參錯, 雖自中淸濁之不協者, 亦皆滾作一片, 惟當路者, 喉氣是仰, 六年之間, 絶無官師相規. 若使此輩, 長享富貴, 則一邊之人, 能餘噍類, 而宗社之禍, 將至何境? 人臣之網打異論, 獨專權柄, 不惟不利於國, 於其身家, 亦非吉祥也. 爲今之計, 必須洗濯甲乙之非, 矯揉彼此之枉, 會歸皇極之至正, 然後方可以弭朋比之禍, 享和平之福.

臣嘗私論於屋下曰: '自有黨類以來, 元·凱·土亂尙矣; 其次, 希文朋, 八九分拯濟, 一二分好名; 其次東漢朋, 七八分忠義, 二三分血氣; 其次元祐朋, 溫公九分外, 諸人, 六七分公道, 三四分朋私; 其次東林朋, 六分士論, 四分黨論, 生·李黨以下, 坑塹視也.' 嗚呼! 白茅黃葦, 千里一色, 登岸壁立者, 何處得來也?

然黨論之名節, 有苗莠·朱紫之亂, 不可不辨也. 近世人心, 但知有朋儕, 不知有君父者, 黨論之禍也. 傍伺相制, 有罪輒訐, 故百餘年來, 雖有竊弄權柄之心, 終不能窟穴於朝廷者, 未必非朋黨之力也.

是非汩董, 趣向不明, 惟以爵祿爲準者, 蕩平之弊也. 惟其調停牽合, 鋒銳銷鈍, 雖有魚肉一邊之心者, 終不能大逞其手段者, 未必非蕩平之功也. 儻殿下, 盡蕩平之道, 副蕩平之名, 則消其禍與其弊, 而獨收其功與力也, 豈不美哉?"

上優答之.

丙寅二十二[72]年夏, 吏判朴弼周袖箚略曰: "竊惟殿下以帝王之尊, 躬閔·曾之行, 當肅廟·景廟升遐之際, 孝愛至誠, 實有感天地而格神明者. 夫何一種凶逆, 寔繁其徒, 前有辛·壬, 後有戊申, 詬天罵日, 罔有紀極, 噫噫! 痛矣.

---

72) 二 : 底本에는 "六"으로 되어 있다.《英祖實錄 22年 5月 24日》기사에 근거하여 수정하였다.

御撰《自省編》中, '違預分苦[73]'之云, 有不勝其感涕者, '違預'二字, 爲世所諱, 馴致前後禍亂. 若使此二字, 明於辛壬之際, 則鏡·虎諸賊, 無自而發. 夫君上有疾, 一國臣民, 擧無不知, 而一切諱之者, 其心以爲不如是, 則無以誣殿下而驅建儲臣於爲逆故也.

旣先之以鏡賊之敎文, 繼之以國門之掛書, 賴宗社之靈, 殿下之聖, 近來雖無事, 而或有餘蘖如弘彥者, 筆之於書, 稱爲野史, 使後世疑惑, 則豈非可慮之甚耶? 奉玆御編所云, 深仰聖見之高出, 而第於《大訓》中, 猶欠道破.

臣竊以爲以數句之語, 添載於《大訓》中, 彼誣殿下者, 更不得措其舌, 豈不爲至明·至順乎? 自有變亂以來, 天網過於恢恢, 雖就辛壬言之, 其伏王法者, 只有鏡·虎等數賊. 其餘則率從寬典, 或有仍據於上公之秩者, 惟殿下深思義理, 亟賜處分."

○ 右議政趙顯命疏略曰:"伏聞新冢宰以《大訓》中, 添入聖疾事爲請云. 臣雖未見箚本, 其旨意可知矣. 第以《大訓》言之, 則事體至嚴且重, 雖山林禮遇之臣, 宜不容輕議也. 大訓與《自省編》, 同一御製也, 流傳百代, 自可互相發明, 而必欲移此就彼者, 何也?

蓋《大訓》並論甲乙兩逆體段, 異於《勘亂錄》, 今欲添入於《勘亂錄》則可矣, 必欲添改於告廟之《大訓》者, 蓋以《大訓》爲未備[74]不完之書. 幸賴聖志堅定, 義理嚴正, 辭旨微婉, 臣奉讀再三, 不勝感歎之至.

抑臣之所大懼者, 《大訓》之嚴重何如, 而旣有請添者, 則後必有請刪者, 又將有請投水火者, 山林之意, 豈欲如是? 而末流之弊, 必至於此, 寧不可憂哉? 伏願殿下深留聖意, 嚴其隄防焉.

日昨,[75] 入侍之命, 殿下必以懲討事, 有欲俯詢者, 而臣雖入侍, 所以論柳鳳

---

73) 分苦：底本에는 없다. 《英祖實錄 22年 5月 24日》기사에 근거하여 보충하였다.

74) 備：底本에는 "滿"으로 되어 있다. 《英祖實錄 22年 5月 29日》기사에 근거하여 수정하였다.

75) 日昨：底本에는 "昨日"로 되어 있다. 《英祖實錄 22年 5月 29日》기사에 근거하여 수정하였

輝·趙泰耈者, 與左相豈有異見? 辛丑初, 趙泰耈所建白保護東宮·枳塞己巳人之論, 國家有賴, 而因此擯死於荒郊, 臣與左相心常憐之. 將功贖罪之說, 實爲允當, 願聖明裁處焉."

○ 靈城君 朴文秀疏, 斥朴弼周袖箚之非

○ 大司憲李宗城疏略曰 : "今三司方有兩大臣追奪之啓. 夫兩臣體國之誠, 事君之節, 本末俱在, 國人皆知, 而周羅傅會, 爲言罔極. 忠可以貫日, 而驅之於極罪, 善可以有世, 而擬之以重律, 噫! 亦甚矣.

況臣於故相臣李光佐, 親雖袒免, 義同師表, 見其遘閔於旣沒之後, 屬膺藩寄, 尙未能一白其冤. 懷祿不言, 有愧古人, 自靖之義, 不容冒處於臺諫. 玆從都門之外, 替納密符, 乞勘臣罪." 上命還給其章.

乙亥三十一[76])年春, 羅州有南門掛書之變【書中有'奸臣滿朝, 民陷塗炭'等語.】, 詗得定配罪人尹志可疑之狀, 志卽乙巳杖斃人就商子也【就商曾經武將·正卿, 以黨附鏡賊·締結妖儇, 被罪者.】. 遂設鞫嚴問, 少論廢族, 多株連被逮.

有李夏徵者, 卽明彦·明誼之至親, 而曾爲羅州牧使, 與志親密. 及就鞫, 納供 以一鏡凶疏爲有臣節. 於是三司諸臣爭言趙泰耈·柳鳳輝等, 不卽追討, 至有賊徵之凶言. 蕩平諸人, 自以爲 : "先見倡爲溯本之論, 欲追究辛壬事, 而議論不合, 猶多顧瞻之意."

副司直鄭翬良等五人【前監司沈星鎭·副司直李昌壽·鄭弘淳·吏議趙載洪】推前判書李益炡爲疏頭而陳疏, 其略曰 : "亂賊之生, 厥徒寔繁, 而懲討之典, 必先於罪首; 釁孽之作, 其積有漸, 而防弭之術, 莫急於禍本. 是以討賊而[77])殲厥魁者,

다.

76) 一 : 底本에는 "五"로 되어 있다. 《英祖實錄 31年 2月 11日》 기사에 근거하여 수정하였다.

所以讐凶徒也; 旣死而猶加討者, 所以懼生者也. 苟或治逆而但事其末, 制亂而不防其原, 則此豈爲國家慮患之意哉?

噫! 戊申逆變之窮凶極惡, 實是載籍之所未有, 而聖朝所以治之者, 先之以不殺之神武, 申之以用章之渙誥, 呴[78]濡漸磨, 以至三十年之久. 是宜帖伏凶醜, 鼓舞反側, 而獨奈何劇賊適去, 餘孼猶滋, 至於今日徵·志而極矣? 輝·耇兩凶, 唱之於前, 鏡·夢諸賊, 繼之於後, 締結綢繆, 必欲謀危國本, 使三百年宗社, 幾至有難言之憂.

嗚呼! 當時之事, 尙忍言哉? 幸賴我慈聖至慈, 景廟至友, 得保有今日, 此實天也. 思之至此, 尙不覺其凜然寒心. 而惟其霜氷久積, 醞釀決潰, 馴致滔天之禍, 此則戊申之亂, 不作於戊申, 而寔基於辛壬也. 其爲造禍之本, 唱亂之首者, 誠國人之所共知也.

惜乎! 最初討罪之論, 旣不能務積誠意, 公正致討. 聖上專懋包荒之仁, 過行涵貸之政, 間或疑之以挾雜之私, 轉輾激惱, 終始靳允. 遂至於天網太恢, 諸賊倖逭, 戊申之討, 率多漏網, 而丙[79]寅之典, 不過奪秩, 畢竟所以懲治者, 未免爲輕重倒置之歸. 於是乎逆肚凶脈, 互相祖述, 廢族·妖孼, 轉益糾結, 貌同心異, 殆不可測, 方來變故, 不知更伏何地. 是必大行元惡之誅, 昭揭王章之嚴, 然後孼種庶可自戢, 禍萌庶可逆折.

日昨大臣, 以輝·耇等諸賊追施逆律爲請, 此實出於擧國同憤之辭. 而側聽多日, 迄無處分, 臣等竊不勝抑鬱之至. 且念李光佐之負犯, 槪悉合辭之達, 而一兪尙靳, 崔錫恒之追削, 稍伸輿情之憤, 而官秩旋復, 人臣之負此罪名, 而得逭王法者, 寧有是理? 伏願殿下, 深留聖念, 亟賜裁處, 以存萬世君臣之綱, 不勝幸甚."

77) 而 : 底本에는 없다.《承政院日記 英祖 31年 3月 2日》기사에 근거하여 보충하였다.
78) 呴 : 底本에는 "呴"로 되어 있다.《承政院日記 英祖 31年 3月 2日》기사에 근거하여 수정하였다.
79) 丙 : 底本에는 없다. 규장각본에 근거하여 보충하였다.

答曰："省卿等之疏, 洞陳其根, 而語極正當. 噫! 釀成今日, 寔予之過, 寔予之過. 至於卿等, 大臣陳請者, 偶合予意. 此正予欲處分者, 有臣若此, 予將無憂. 噫! 乃父之子, 乃兄之弟, 聯名陳箚, 召元良侍坐, 呼寫其批, 不覺垂涕. 今當下批, 卿等以俟其諭."

仍命自趙泰耉以下, 皆追施逆律, 李光佐等並追奪. 前日少論之峻於黨議者, 恐禍及已, 一變前見, 毋論大官小官, 或聯疏, 或獨疏, 公車爲之堆積.

○ 前府使趙鎭世, 曾以臺閣擅停趙·崔合啓, 至是大恐, 亦上疏曰："向來大論方張之日, 猥隨諸臣之後, 輒敢停論, 臣於此時, 改心易慮, 欲以數斛純灰, 痛刮腸腑.[80]" 人多傳笑.

甲申四十[81]年夏, 傳敎若曰："昔武王受《洪範》於箕子, 一[82]篇之要, 卽建極也. 乙未以前, 猶可爲也, 丙申以後, 則消融保合爲難, 故辭儲位之章, 略陳其意. 辛壬以後, 心自憮然, 曰'誠難·誠難!', 自甲辰嗣服, 初心不撓.

噫! 乙亥事, 非我之功. 寔物極必反之理也, 何事建極, 何事神功? 每覽八字, 不覺靦然.

我國之人, 以黨習爲高致, 予則曰'雖消一黨, 一黨想必復生'. 此等之世, 若或放忽一事, 黨必復起, 初不過二, 而至四至六, 盛世其猶若此, 況末世? 噫! 執皇極之意, 勉勉不已! 予於文純, 有曠世之感, 故《南溪集》刊進之命, 意已在矣.

---

80) 腑：底本에는 "胕"로 되어 있다. 《承政院日記 英祖 31年 3月 7日》 기사에 근거하여 보충하였다.

81) 十：底本에는 그 뒤에 "四"가 더 있다. 《英祖實錄 40年 5月 15日》 기사에 근거하여 삭제하였다.

82) 一：底本에는 "二"로 되어 있다. 《承政院日記 英祖 40年 5月 15日》 기사에 근거하여 수정하였다.

其時因其孫叩謝之章, 僇辱先加, 予雖耄矣, 心不衰矣. 年少無倫之輩, 通文誣辱, 何足道哉? 既已嚴處, 尤何可論? 白首望八, 守四十載苦心, 猶恐有不承[83]權輿之歎. 雖無多士之請, 以頃年特爲賜祭之意, 其宜先命. 予之體皇極之意, 近百載, 君臣相孚, 其豈淺淺哉? 蹶然而覺, 夜分後, 特令原任大臣·禮判同入者, 只存體貌, 不詢問而斷行者, 意蓋[84]深也. 噫! 起於文字, 竟成昭鑑, 予不[85]身自當之, 而豈忍貽無限葛藤於沖子? 吁嗟! 此心陟降俯監, 彼蒼照臨, 令該曹, 特擧先正<u>文純公</u> <u>朴世采</u>從享文廟之典."

壬辰四十八年, 　上特命復故領議政<u>李光佐</u>·右議政<u>崔錫恒</u>·右議政<u>趙泰億</u>官爵.

---

83) 承 : 底本에는 "勝"으로 되어 있다. 《承政院日記 英祖 40年 5月 15日》 기사에 근거하여 수정하였다.
84) 蓋 : 底本에는 "可"로 되어 있다. 《承政院日記 英祖 40年 5月 15日》 기사에 근거하여 수정하였다.
85) 不 : 底本에는 없다. 《承政院日記 英祖 40年 5月 15日》 기사에 근거하여 보충하였다.

찾아보기

역주 |

김용흠

서울대학교 국사학과 학사, 연세대학교 대학원 문학석사·박사, 현 연세대학교 국학연구원 연구교수

주요논저 | 《조선후기 정치사 연구Ⅰ-인조대 정치론의 분화와 변통론》(2006), 《조선후기 실학과 다산 정약용》(2020), 《목민고·목민대방》(역서, 2012), 《형감》(역서, 2019), 《대백록》(역서, 2020), 《당의통략》(역해, 2020), 《동남소사》(역서, 2021), 《수문록 1·2》(역서, 2021· 2022), 《황극편 1·2·3》(역서, 2022·2023), 〈조선의 정치에서 무엇을 볼 것인가-탕평론·탕평책·탕평정치〉(2016), 〈조선후기 노론 당론서와 당론의 특징-《형감(衡鑑)》을 중심으로〉(2016), 〈《경세유표》를 통해서 본 복지국가의 전통〉(2017), 〈晚靜堂 徐宗泰의 정치 활동과 탕평론〉(2020)

원재린

성균관대학교 사학과 학사, 연세대학교 대학원 문학석사·박사, 현 연세대학교 국학연구원 연구교수

주요논저 | 《조선후기 성호학파의 학풍연구》(2002), 《임관정요》(역서, 2012), 《동소만록》(역서, 2017), 《형감》(역서, 2019), 《대백록》(역서, 2020), 《동남소사》(역서, 2021), 《수문록 1·2》(역서, 2021·2022), 《황극편 1·2·3》(역서, 2022·2023), 〈조선후기 남인당론서 편찬의 제 특징〉(2016), 〈성호사설과 당쟁사 이해〉(2018)

김정신

덕성여자대학교 사학과 학사, 연세대학교 대학원 문학석사·박사, 현 연세대학교 국학연구원 연구교수

주요논저 | 《형감》(역서, 2019), 《대백록》(역서, 2020), 《동남소사》(역서, 2021), 《수문록 1·2》(역서, 2021·2022), 《황극편 1·2·3》(역서, 2022·2023), 〈주희의 묘수론과 종묘제 개혁론〉(2015), 〈주희의 소목론과 종묘제 개혁론〉(2015), 〈기축옥사와 조선후기 서인 당론의 구성·전개·분열〉(2016), 〈16~7세기 조선 학계의 중국 사상사 이해와 중국 문헌〉(2018)

황극편皇極編 5 번역과 주해

김용흠·원재린·김정신 역주

초판 1쇄 발행 2024년 3월 26일

펴낸이 오일주
펴낸곳 도서출판 혜안

등록번호 제22-471호
등록일자 1993년 7월 30일

주소 04052 서울시 마포구 와우산로 35길 3(서교동) 102호
전화 02-3141-3711~2 / 팩스 02-3141-3710
이메일 hyeanpub@hanmail.net

ISBN 978-89-8494-714-6 93910

값 32,000 원